Probiotics
Physiological Function & Health

益生菌
生理功能与健康

刘振民　主编

化学工业出版社

·北京·

内 容 简 介

本书由乳业生物技术国家重点实验室、光明乳业研究院多年从事益生菌科研和应用的专家、学者编写而成。全书共分九章，内容包括益生菌概述、益生菌与肠道菌群、益生菌主要代谢产物及其生理活性、益生菌代谢、益生菌与免疫、益生菌与高胆固醇血症、益生菌与糖尿病和肥胖、益生菌与衰老、益生菌与口腔及皮肤健康。

本书理论性、系统性较强，可供从事益生菌研究的科研人员、技术人员阅读参考，也可供高等学校食品科学、生物技术、生物医药等相关专业师生学习参考。

图书在版编目（CIP）数据

益生菌生理功能与健康/刘振民主编 . —北京：化学
工业出版社，2022.4（2023.6重印）
ISBN 978-7-122-40787-0

Ⅰ.①益… Ⅱ.①刘… Ⅲ.①乳酸细菌 Ⅳ.①Q939.11

中国版本图书馆 CIP 数据核字（2022）第 026523 号

责任编辑：董 琳　　　　　　　　文字编辑：张春娥
责任校对：王 静　　　　　　　　装帧设计：张 辉

出版发行：化学工业出版社（北京市东城区青年湖南街 13 号　邮政编码 100011）
印　　装：北京科印技术咨询服务有限公司数码印刷分部
787mm×1092mm　1/16　印张 20¼　字数 474 千字　2023 年 6 月北京第 1 版第 3 次印刷

购书咨询：010-64518888　　　　　售后服务：010-64518899
网　　址：http://www.cip.com.cn
凡购买本书，如有缺损质量问题，本社销售中心负责调换。

定　　价：138.00 元

《益生菌生理功能与健康》编写人员

主　　编：刘振民

副 主 编：吴正钧　游春苹

编写人员：刘振民　吴正钧　游春苹　李　楠

　　　　　焦晶凯　鄢明辉　苗君莅　徐晓芬

　　　　　任　婧　高彩霞

前言

益生菌是大自然赋予人类的宝贵财富。

人类对益生菌认识的质的飞跃是从 20 世纪 90 年代至本世纪，科学家通过大量的动物实验和临床干预试验，获得了对益生菌更全面、更客观的认识，在益生菌对高血脂、糖尿病、肥胖、肠易激综合征（IBS）、炎症性肠病（IBD）等的作用以及在改善和预防过敏方面积累了大量的证据，对益生菌相关健康促进作用的作用机理和生物效应分子等进行了阐述，并从总体的角度阐述了益生菌与宿主的行为、认知能力和心情的关系，提出了"脑-肠轴"的概念，从单一菌的作用发展到免疫、激素分泌、神经活动等多角度进行综合评价。

微生物有个体特征，对个人而言是一个特定的标签。肠道微生物明显地受到基因、营养和外部因素的影响，随着年龄的增长也会不断变化。不同微生物对健康的影响与不同疾病相关的肠道微生物的特定变化有关。这为用作益生菌的肠道微生物提供了机会，可以预防和缓解某些疾病。

本书从益生菌的分类、鉴定、肠道菌群、生理功能、作用机理、代谢产物以及生物活性评价等方面对近二十年来的研究成果进行了总结，也加入了本书编者在上述领域的研究结果。本书注重科学性和实用性，数据充分，全面概括了益生菌生理功能与健康的各个方面。本书介绍了益生菌的最新研究进展，涉及生理学、生物学、生物化学等基础科学；增加了临床实验的方法、方案和模型等；引用了一些经典的图表和案例，更加生动和形象。

本书得到上海领军人才（编号：2015087）、上海科委项目（编号：19DZ2281400、17391901100）、"十三五"重点研发项目（编号：2018YFC1604200、2019YFF0217600）、国家百千万人才工程人才项目、乳业生物技术国家重点实验室、光明乳业股份有限公司资助出版。

本书由乳业生物技术国家重点实验室、光明乳业研究院多年从事益生菌研究的专家、学者编写而成。全书由刘振民统稿。本书编写过程中查阅了大量的国内外书籍和文献，理论和实践并重，希望可以帮助相关研究人员、教师、学生和生产工作者详细了解和系统学习益生菌相关的知识，同时希望有助于中国乳制品行业的健康持续发展。在此，衷心感谢为本书写作付出大量心血和汗水的朋友和同事们。

限于编者的水平和能力，书中难免有不妥及疏漏之处，敬请读者批评指正。

编者

2022 年 4 月

❯ 目 录

第三章
益生菌主要代谢产物及其生理活性
098

第四章

益生菌的代谢

154

第五章

益生菌与免疫

188

第六章

益生菌与高胆固醇血症 214

第七章

益生菌与糖尿病和肥胖 236

第八章

益生菌与衰老

270

第九章
益生菌与口腔及皮肤健康
298

第一章

益生菌概述

　　益生菌（probiotics），亦称益生素、活菌制剂、促生素、微生态制剂等。probiotics 一词由希腊语 "for live" 派生而来，译为 "为了生命"，与 antibiotics 相对立。益生菌的现代定义最初由 Lilley 和 Stillwell 在 1965 年提出，定义为 "由一种微生物分泌的可以刺激其他微生物生长的物质，是与抗生素作用相反的物质"。此后，随着对益生菌研究的不断深入，益生菌的定义也屡经修订。1989 年，益生菌的概念被 Fuller 进一步明确，仅仅局限在活的微生物制剂范围内，其主要功能在于能改善肠道内的菌群生态平衡。这一定义在 1992 年被 Havenaar 等进一步扩展为 "通过改善肠道内源性微生物，对动物或人类施加有益影响的单一或混合的活微生物"。世界粮农组织（FAO）和世界卫生组织（WHO）于 2001 年 10 月联合专家委员会就食品益生菌营养与生理功能召开第一次会议，并制订了一套评价食品用益生菌的系统方法指南。FAO/WHO《食品益生菌评价指南》明确规定，食品用益生菌是指 "当摄取适当数量后，对宿主健康有益的活的微生物"。欧洲权威机构欧洲食品与饲料菌种协会（EFFCA）于 2002 年给出最新定义：益生菌是活的微生物，摄入充足的数量后，对宿主产生一种或多种特殊且经论证的健康益处。近年来，随着生物技术的发展，益生菌的研究越来越引起微生物学家、免疫学家、营养学家的关注和重视，益生菌的定义日趋完善，形成了目前较为共识的定义，即：益生菌是含有生理活性的活菌，当被机体经过口服或其他给药方式摄入适当数量后，能够定植于宿主并改善宿主微生态平衡，从而发挥有益作用。

　　美国食品药品监督管理局（FDA）及饲料监察协会（AAFCO）1989 年公布的直接可以饲喂且安全的菌种已有 40 多种，在欧洲市场上销售的益生菌品种不少于 50 种。2001 年，我国卫生部公布的可用于保健食品的益生菌菌种有：婴儿双歧杆菌、两歧双歧杆菌、青春双歧杆菌、长双歧杆菌、短双歧杆菌、嗜热链球菌等，而目前在畜禽和水产养殖生产上较多应用的益生菌有四类：乳酸菌类（如嗜酸乳杆菌、双歧杆菌等）、芽孢杆菌类（如枯草芽孢杆菌、地衣芽孢杆菌、蜡样芽孢杆菌、粪链球菌等）、酵母菌类（如酿酒酵母、石油酵母等）和光合细菌类。

　　截至 2020 年 4 月，可用于食品的菌种名单如表 1-1 所示，共有 10 属、36 种微生物允许添加到食品中。

表 1-1　可用于食品的菌种名单

名称	拉丁学名
一、双歧杆菌属	*Bifidobacterium*
青春双歧杆菌	*Bifidobacterium adolescentis*
动物双歧杆菌（乳双歧杆菌）	*Bifidobacterium animalis*
两歧双歧杆菌	*Bifidobacterium bifidum*
短双歧杆菌	*Bifidobacterium breve*
婴儿双歧杆菌	*Bifidobacterium infantis*
长双歧杆菌	*Bifidobacterium longum*
二、乳杆菌属	*Lactobacillus*
嗜酸乳杆菌	*Lactobacillus acidophilus*
干酪乳杆菌	*Lactobacillus casei*
卷曲乳杆菌	*Lactobacillus crispatus*
弯曲乳杆菌	*Lactobacillus curvatus*
德氏乳杆菌保加利亚亚种	*Lactobacillus delbrueckii* subsp. *bulgaricus*
德氏乳杆菌乳亚种	*Lactobacillus delbrueckii* subsp. *lactis*
发酵乳杆菌	*Lactobacillus fermentium*
格氏乳杆菌	*Lactobacillus gasseri*
瑞士乳杆菌	*Lactobacillus helveticus*
约氏乳杆菌	*Lactobacillus johnsonii*
副干酪乳杆菌	*Lactobacillus paracasei*
植物乳杆菌	*Lactobacillus plantarum*
罗伊乳杆菌	*Lactobacillus reuteri*
鼠李糖乳杆菌	*Lactobacillus rhamnosus*
唾液乳杆菌	*Lactobacillus salivarius*
清酒乳杆菌	*Lactobacillus sakei*
三、链球菌属	*Streptococcus*
嗜热链球菌	*Streptococcus thermophilus*
四、丙酸杆菌属	*Propionibacterium*
费氏丙酸杆菌谢氏亚种	*Propionibacterium freudenreichii* subsp. *Shermanii*
产丙酸丙酸杆菌	*Propionibacterium acidipropionici*
五、乳球菌属	*Lactococcus*
乳酸乳球菌双乙酰亚种	*Lactococcus lactis* subsp. *diacetyl*
乳酸乳球菌乳脂亚种	*Lactococcus lactis* subsp. *cremoris*
乳酸乳球菌乳酸亚种	*Lactococcus lactis* subsp. *lactis*
六、明串球菌属	*Leuconostoc*
肠膜明串珠菌肠膜亚种	*Leuconostoc mesenteroides* subsp. *mesenteroides*
七、片球菌属	*Pediococcus*
乳酸片球菌	*Pediococcus lacticis*
戊糖片球菌	*Pediococcus pentosaceus*
八、葡萄球菌属	*Staphylococcus*
肉葡萄球菌	*Staphylococcus carnosus*
木糖葡萄球菌	*Staphylococcus xylosus*
小牛葡萄球菌	*Staphylococcus vitulinus*
九、芽孢杆菌	*Bacillus*
凝结芽孢杆菌	*Bacillus coagulans*
十、克鲁维酵母属	*Kluyveromyces*
马克思克鲁维酵母菌	*Kluyveromyces marxianus*

近年来，益生菌的研究越来越受到重视，大量临床及实验室的研究报道为益生菌的抗致病特性奠定了科学基础。由于益生菌作为纯生物产品，不含任何化学合成成分，具有无耐药

性、无残留等特点，因此，作为绿色安全饲料添加剂受到了前所未有的关注。益生菌对人体临床研究的影响见表1-2。

表 1-2 益生菌对人体临床研究的影响

病种	报道的临床影响	益生菌菌株
乳糖不耐	改善乳糖的吸收,减缓/消除症状	嗜酸乳杆菌(*Lactobacillus acidophilus*),双歧杆菌(*Bifidobacterium* spp.),保加利亚乳杆菌(*L. bulgaricus*)
轮状病毒腹泻	减少腹泻的持续时间,增强免疫力,减少病毒的传播	鼠李糖乳杆菌(*L. rhamnosus*)GG,罗伊氏乳杆菌(*L. reuteri*),两歧双歧杆菌(*B. bifidum*),嗜热链球菌(*S. thermophilus*)
旅游性腹泻	减少腹泻的发病率	*L. acidophilus* La-5,乳酸双歧杆菌(*B. lactis*) Bb-12,*L. rhamnosus* GG

国内外研制的益生菌制剂，主要是运用动物机体内正常的微生物菌群，特别是优势种群，经分离、鉴定、选种后利用不同生产工艺加工制成的活菌制剂，以不同的方式进入机体消化道，发挥生理功能。表1-3为一些常见益生菌的建议使用剂量。

表 1-3 一些常见益生菌建议使用剂量

婴幼儿急性腹泻	
Lactobacillus. rhamnosus GG (LGG)	250mL 的至少 10^{10} CFU 口服补水溶液,一天 2 次,2~5d
Lactobacillus reuteri	每天 10^{10}~10^{11}CFU,连续 5d
抗生素引起的腹泻	
布拉德酵母(*Saccharomyces boulardii*)	一天 $4×10^9$~$2×10^{10}$CFU,服用 1~4 周
LGG	一天 $6×10^9$~$4×10^{10}$CFU,服用 1~2 周
L. acidophilus 与 *L. bulgaricus*	每天 $2×10^9$CFU,连续 5~10d
L. acidophilus 与长双歧杆菌(*Bifidobacterium longum*)	每天 $5×10^9$CFU,连续 7d
L. acidophilus 与 *B. lactis*	每天 $1×10^{11}$CFU,连续 21d
梭菌感染	
S. boulardii	每天 $2×10^{10}$CFU,连续 4 周,配合万古霉素或者甲硝唑
旅行性腹泻	
LGG	每天 $2×10^9$CFU,出发前 2d 开始,旅途中继续服用
S. boulardii	每天 $5×10^9$~$2×10^{10}$CFU,出发前 5d 开始,旅途中继续服用
急性肠道综合征	
VSL♯3	每天 $9×10^{11}$CFU,连续 8 周
婴儿双歧杆菌(*B. infantis*)35624	每天 10^6~10^{10}CFU,连续 4 周
LGG 与其他微生物	每天(8~9)$×10^9$CFU,连续 6 个月
溃疡性结肠炎(UC)	
Escherichia coli Nissle 1917	实质性 UC:$5×10^{10}$CFU,一天 2 次,直到缓解(最多 12 周),接下来每天 $5×10^{10}$CFU,最多 12 个月;预防 UC:每天 $5×10^{10}$CFU(研究中的服用时间是 12 周)
S. boulardii	实质性 UC:250mg,每天 3 次,连续 4 周,配合美塞拉明
VSL♯3	实质性 UC:$1.8×10^{12}$CFU(2 粒 3g 的胶囊),每天 2 次,持续 6 周,配合传统治疗

续表

克罗恩病	
S. boulardii	巩固治疗:每天 1g,连续 6 个月,配合美塞拉明
结肠炎	
VSL♯3	巩固治疗:每天 1.8×10^{12} CFU,每次 1 粒 3g 胶囊,每天 2 次(研究中的服用时间是 9 个月);巩固治疗:每天 1.8×10^{12} CFU,每次 1 粒 3g 胶囊,每天 2 次(研究中的服用时间是 12 个月)
预防免疫性疾病	
LGG	孕妇预产期前 2～4 周,每天 10^{10} CFU,婴儿出生后给药 6 个月
外阴阴道假丝酵母菌病	
LGG	每个栓剂 10^{9} CFU,每天塞 2 粒,连续 7d
L. rhamnosus GR-1 与发酵乳杆菌(*L. fermentum*)RC-14	每天至少 10^{10} CFU 悬浮在脱脂乳中,分 2 次口服,连续 14d
L. acidophilus	含 10^{8} CFU/mL 的酸奶,每天 8OZ(1OZ=0.028kg),6 个月
免疫调节	一天 4×10^{9}～2×10^{10} CFU,服用 1～4 周
LGG	一天 6×10^{9}～4×10^{10} CFU,服用 1～2 周
L. acidophilus 与 *L. bulgaricus*	每天 2×10^{9} CFU,连续 5～10d
L. acidophilus 与 *Bifidobacterium longum*	每天 5×10^{9} CFU,连续 7d

第一节　益生菌的分类

一、益生菌及其相关种属

益生菌大致分为乳酸菌类、芽孢杆菌类和酵母菌类等,主要是乳杆菌属和双歧杆菌属。需要注意的是,益生菌包括了部分乳酸菌,但不是所有的乳酸菌都是益生菌。益生菌最主要核心特征是基于科学严谨的临床试验评价和循证医学证据的有益健康功能属性。

乳酸菌是一类代谢碳水化合物产乳酸,一般不形成芽孢但分类地位和生理学特征迥异的革兰阳性菌统称,不是微生物学和细菌学的分类学术语。常见的乳酸菌有乳杆菌属(*Lactobacillus*)、双歧杆菌属(*Bifidobacterium*)、乳球菌属(*Lactococcus*)、链球菌属(*Streptococcus*)、明串珠菌属(*Leuconostoc*)、肠球菌属(*Enterococcus*)和片球菌属(*Pediococcus*)等。在系统分类学上,乳酸菌主要隶属厚壁菌门(Phylum Firmicutes),包含 4 纲 7 目 18 科 39 属;放线菌门(Actinobacteria),包含 2 纲 2 目 3 科 12 属。双歧杆菌属在分类学上属于放线菌门,采用有别于一般乳酸菌的双歧发酵方式生成乳酸。乳酸菌的生长繁殖需要外源补充碳源、氮源、无机盐和微量元素等,受温度、pH 值和氧等多种胁迫因子影响,其在自然界分布广泛,一般情况下对产品、环境和宿主有益,但在特殊情况下会产生不良影响。

值得关注的是，兽用益生菌的研究与应用也是当前的热点。兽用益生菌是一类对畜禽生长和发育有促进作用的微生物，包括干酪乳杆菌、植物乳杆菌、嗜酸乳杆菌、德式乳杆菌乳酸亚种、地衣芽孢杆菌、酿酒酵母和产朊假丝酵母等，在防控疾病、促进黏膜免疫、抵抗应激和饲料消化等方面具有重要应用。2014 年 2 月 1 日农业部颁布实施《饲料添加剂品种目录（2013）》，使得兽用益生菌成为一种重要的替抗方案。

二、益生菌常用的种属

一种微生物是否可用作益生菌的选择标准应该包括如下几个方面：

① 菌体安全，不能是致病菌以及对宿主产生毒效应；

② 来源于健康人体的肠道，这一类微生物通常被认为对人体不构成危害，并且能够更好地适应机体肠道内的微生态环境；

③ 对胃酸、胆汁有较好的耐受性，并且当其通过胃和大肠时，对消化酶也有较好的耐受性，能够起着改善宿主健康的功效；

④ 具有可检测性，如对吸附在肠道上皮细胞的菌落的影响、存活能力、对人体大肠功能的影响、产生抑菌物质等。

鉴于上述各个特征，益生菌主要包括来源于健康人体肠道的乳杆菌和双歧杆菌，另外也包括一些具有益生作用的酵母菌等。作为益生菌使用的主要种属见表 1-4。

表 1-4 作为益生菌使用的主要种属

Lactobacillus spp.	*Bifidobacterium* spp.	其他
L. acidophilus	动物双歧杆菌 *B. animalis*	*Bacillus cereus*
L. bulgaricus	两歧双歧杆菌 *B. bifidum*	粪肠球菌 *Enterococcus faecalis*
干酪乳杆菌 *L. casei*	短双歧杆菌 *B. breve*	屎肠球菌 *Enterococcus faecium*
卷曲乳杆菌 *L. crispatus*	婴儿双歧杆菌 *B. infantis*	大肠杆菌尼尔森菌株 *Escherichia coli* Nissle
L. fermentum	乳酸双歧杆菌 *B. lactis*	
格氏乳杆菌 *L. gasseri*	长双歧杆菌 *B. longum*	
L. johnsonii		
植物乳杆菌 *L. plantarum*	**Streptococcus**	
	Streptococcus thermophilus	
L. reuteri		
L. rhamnosus GG	**酵母**	
	Saccharomyces boulardi	

乳杆菌和双歧杆菌都是革兰阳性菌，利用碳水化合物产生乳酸，都是由人体和动物肠道内的正常微生态菌落组成。

乳杆菌不产生芽孢，菌体形态呈杆状。它们有复杂的营养需求而且为严格发酵性、耐氧或严格厌氧、耐酸或嗜酸的细菌。乳酸菌大多生长在营养丰富并富含糖类的基质中，如人和动物黏膜细胞、植物体或以植物为原料的基质、污水、乳制品以及腐败了的食品等。

双歧杆菌为人类在整个生命过程中正常人体肠道内主要的微生物菌群组成。在新生婴儿出生后的几天里，粪便中便能检测出存在双歧杆菌，之后，其在数量上不断地增加。成年人体内的双歧杆菌数量高达 $10^{10} \sim 10^{11}$ CFU/g，但在成年后，这一数量随着年龄的增长而减少。双歧杆菌不运动，不产生孢子，具有多种外形，大部分菌种为严格厌氧型。同传统的发酵起始物一样，益生菌不但要具有技术上的可靠性和可检测的一系列属性，而且还要求具有在酸乳中培养的稳定性、菌株广泛来源于乳酸菌和其他具有促进宿主健康作用的微生物等一系列特征。

布拉德酵母被应用在一些相关的医药中，临床上对腹泻显示有较好的疗效。含有肠球菌的药品常常用于儿科疾病的治疗。益生菌的应用必须伴随着相关技术的应用，一种益生菌产品推向市场还必须考虑其货架期。

1. 乳杆菌属

乳酸杆菌属内种间差异较大，其早期分类是以表型特征作为分类依据，包括最适生长温度、同型/异型发酵能力和代谢产物等，但表型特征分类易受培养条件的影响，无法对部分相近种进行区分。20 世纪后期，人们利用基因型和化学分类学标准进行分类，包括 DNA-DNA 杂交、G+C 的摩尔分数和肽聚糖的化学结构等，对细菌新物种进行了描述。乳酸杆菌主要采用 16S rRNA 基因序列相似性分析作为分类依据，但是 16S rRNA 无法分辨不同分支乳酸菌之间的系统发育学关系。近 15 年来，细菌全基因组测序技术得到广泛使用，两个细菌基因组之间共享基因的平均核苷酸同源性（ANI）值被引入作为描述新细菌物种的标准。迄今为止，乳酸杆菌有效命名的菌种达到 261 种，证明乳杆菌属的遗传多样性水平远超其他菌属，甚至高于一些菌科。2020 年，来自全球 7 个国家、12 家权威机构的 15 位科学家利用已公布的大量全基因组数据，通过生物信息学分析完成了乳杆菌属的重要分类学变迁研究，将乳杆菌属重新划分为 25 个属，其中包括 23 个新属，并建议将明串珠菌科中的属划分至乳杆菌科。常见乳杆菌属用于益生菌的种如下所述。

（1）嗜酸乳杆菌

嗜酸乳杆菌（*Lactobacillus acidophilus*）是乳杆菌属的一种，革兰氏阳性，不产芽孢，无鞭毛，不运动，同型发酵乳糖，不液化明胶，接触酶阴性，最适生长温度为 30~38℃，最适 pH 值为 5.5~6.0，G+C 含量为 36.0%~37.4%，是一类厌氧或兼性厌氧的微生物。嗜酸乳杆菌是宿主（人和动物）肠道内的主要微生物之一，当存在一定数量时，能够调整和改善肠道内的有益微生物和有害微生物之间的平衡，进而起到增进宿主健康的效果，是目前极为重视研究开发的益生菌。

长期以来，国外对嗜酸乳杆菌的健康促进作用做了较多的研究，而国内在这方面的研究报道非常有限。体外和宿主（人和动物）体内试验以及长期的实践观察表明，服用含有嗜酸乳杆菌的制品具有众多的生理作用，例如能够促进乳糖的消化吸收，缓解乳糖不耐症，提高蛋白质、维生素等的吸收等。此外，有研究表明，嗜酸乳杆菌具有降低血清胆固醇、提高机体免疫力和抑制肿瘤发生的作用。

嗜酸乳杆菌具有抵御胃酸和高胆汁酸等极端条件的能力，同时具有加工和储藏中的稳定性，因而在益生菌产品中得到广泛应用。目前，含有嗜酸乳杆菌的产品种类很多，如嗜酸乳杆菌发酵乳、嗜酸乳杆菌与普通酸奶发酵剂混合发酵的乳制品、甜性嗜酸乳杆菌乳、嗜酸乳杆菌胶囊或片剂等。因此，嗜酸乳杆菌受到众多研究者的广泛关注，开发含有嗜酸乳杆菌的益生菌制品正成为当前研究的热点之一。

（2）德氏乳杆菌

德氏乳杆菌（*Lactobacillus delbrueckii*）是由 Beijerinck 于 1901 年分离得来，并用德国细菌学家 M.Delbruck 的名字来命名的一种革兰氏阳性菌。其菌体呈杆状，无芽孢，菌落圆形，接触酶阴性，兼性厌氧，15℃不生长，45℃生长；利用葡萄糖、半乳糖、麦芽糖、蔗糖、果糖、糊精，不利用牛奶、乳糖；同型发酵时利用葡萄糖产生的主要产物为乳酸。

由于此菌不能合成大部分的氨基酸，所以需要从培养基中获得。德氏乳杆菌在发酵工业，如乳制品发酵、肉制品发酵和啤酒发酵等中广泛应用，而德氏乳杆菌保加利亚亚种是乳制品发酵中最为常用的菌种之一，是最具有经济价值的发酵乳酸菌之一。

保加利亚乳杆菌在细菌分类学上的位置是属于裂殖菌纲真细菌目（Eubacteriales）、乳杆菌科（Lactobacillaceae）、乳杆菌属（*Lactobacillus*）、德氏乳杆菌（*Lactobacillus delbrueckii*）中的德氏乳杆菌保加利亚亚种（*Lactobacillus delbrueckii* subsp. *bulgaricus*）。

保加利亚乳杆菌为革兰氏阳性，专性同型发酵，通过糖酵解途径产生乳酸，且80%以上为D(＋)-型乳酸，不发酵乳酸盐，不液化明胶，不分解酪素，不产生吲哚和硫化氢，接触酶阴性，无细胞色素，联苯胺反应阴性，能发酵的糖有乳糖、葡萄糖、果糖、甘露糖等。保加利亚乳杆菌的营养要求复杂，需要氨基酸、肽、盐类、脂肪酸或可发酵的糖类，典型的需要泛酸和烟酸。保加利亚乳杆菌的最适生长温度是37～42℃，最低生长温度为22℃，最高生长温度为52.5℃，耐酸，通常生长所需的pH值为5.5～6.2，一般在pH值为5或更低的情况下可生长，在碱性条件下生长不良或不能生长。

保加利亚乳杆菌是典型的来自乳的乳酸菌，菌体长2～9μm、宽0.5～0.8μm，单一个体呈长杆状或成链，两端钝圆，不具运动性，也不会产生孢子。保加利亚乳杆菌的发现已有一百多年的历史了。1905年，保加利亚科学家斯塔门·戈里戈罗夫第一次发现并从酸奶中分离了保加利亚乳酸杆菌，同时向世界宣传保加利亚酸奶。俄国科学家、诺贝尔奖获得者伊力亚·梅契尼科夫发现长寿人群有着经常饮用含有益生菌的发酵牛奶的传统，并于1908年正式提出了"酸奶长寿"理论。保加利亚乳杆菌繁衍至今已经遍布全世界，其效能优异，助人健康长寿，作为发酵剂在食品工业中被广泛应用在酸奶的生产中。由于保加利亚乳杆菌具有调节胃肠道健康、促进消化吸收、增加免疫功能、抗癌抗肿瘤等重要的生理功能，因此，被规定为可用于健康产品的乳酸菌菌种之一，在食品发酵、工业乳酸发酵、饲料行业和医疗保健领域均有着比较广泛的应用。

当德氏乳杆菌保加利亚亚种与嗜热链球菌在乳中共同培养时，其产酸能力及菌种数量都比单独在乳中培养时高，表明这两种菌存在协同作用。这两种菌各自的代谢机制可利用彼此释放的物质满足自身代谢的需要。嗜热链球菌可以提供甲酸盐及二氧化碳刺激保加利亚乳杆菌的生长，而保加利亚乳杆菌能够合成胞外蛋白酶降解原料中的蛋白质，从而为缺少该种酶的嗜热链球菌提供生长所需的氨基酸及小肽类物质。

（3）发酵乳杆菌

发酵乳杆菌（*Lactobacillus fermentum*），革兰氏阳性，兼性厌氧，可发酵核糖、半乳糖、葡萄糖、果糖、甘露糖、麦芽糖、乳糖、蜜二糖、蔗糖、海藻糖、棉子糖、L-阿拉伯糖及甘露醇，广泛分布于人和动物的胃肠道中，是肠道、口腔和阴道的正常菌群。许多报道指出，发酵乳杆菌具有水解胆盐、降胆固醇的功能，它能够调节宿主体内微生物菌群的平衡，可以通过口服而到达肠道，很好地吸附在小肠的上皮细胞，并产生表面活性成分而阻止有害菌对肠道的黏附，从而改善宿主体内系统环境，对宿主健康具有促进作用。

Strompfova等把发酵乳杆菌菌株AD1口服作用于日本鹌鹑时，发现连续服用4d后，日本鹌鹑的粪便和盲肠中的乳酸菌数目明显增加，而粪便中大肠杆菌数目明显减少，同时服用 AD1 的日本鹌鹑的体重增加量也比对照组提高了 14%，表明发酵乳杆菌菌株 AD1 有明显的益生作用。

（4）格氏乳杆菌

格氏乳杆菌（*Lactobacillus gasseri*）是革兰染色阳性杆菌，不生成孢子，不具触酶、氧化酶及运动性，在好氧及厌氧环境中均能生长，属于兼性异质发酵型菌株，葡萄糖代谢时不产生气体，无芽孢，无荚膜，不运动，发酵产物以 L（＋）-乳酸为主，不产气，最适生长温度为 30℃，可在 10℃生长。

（5）约氏乳杆菌

约氏乳杆菌（*Lactobacillus johnsonii*）是乳酸杆菌的一种，能够防治家禽坏死性肠炎，降低仔猪腹泻率，提高小鼠小肠上皮细胞抗原受体的基因表达，刺激分泌型免疫球蛋白 A（SIgA）的产生以及调节环氧化酶-2（COX-2）、诱生型一氧化氮合酶（iNOS）、白介素-1β（IL-1β）、肿瘤坏死因子-α（TNF-α）、转化生长因子-β（TGF-β）、白介素-4（IL-4）和 γ-干扰素（IFN-γ）等细胞因子的水平。欧盟于 2010 年对约氏乳杆菌进行了安全资格认定（QPS），并批准其在饲料和食品中使用。因此，约氏乳杆菌是一种潜在的具有改善动物生产性能、提高机体免疫力的微生态制剂。

（6）植物乳杆菌

植物乳杆菌（*Lactobacillus plantarum*）的最适生长温度为 30～35℃，厌氧或兼性厌氧，菌种为直或弯的杆状，单个、有时成对或呈链状，最适 pH 值为 6.5 左右，属于同型发酵乳酸菌。

植物乳杆菌作为人体胃肠道的益生菌群，具有维持肠道内菌群平衡、提高机体免疫力和促进营养物质吸收等多种功能。由于其自身的益生特性及生物学特性，被广泛地应用于酸奶、干酪、乳酸菌饮料、干肠发酵、发酵泡菜及发酵调味品等食品中。

植物乳杆菌广泛分布在发酵食品中，有着长时间的食用历史，具有较安全的食用性，张开屏对植物乳杆菌进行了鉴定及生物学特性的研究，并通过动物试验模型方法认识到植物乳杆菌对小鼠无致病性，是安全的。靳志强等详细介绍了植物乳杆菌在人体肠道内的益生特性，认为在服用植物乳杆菌后对健康人群和病患者具有医疗保健作用，植物乳杆菌分泌的生物活性分子能激活免疫反应，能作为活疫苗在医学上使用。植物乳杆菌是乳酸杆菌属的一个菌种，作为益生菌具有很多乳杆菌的益生特性，如抗菌作用、整肠作用、调节免疫功能、营养作用、提高乳糖利用率、预防癌症、延缓机体衰老及降低体内胆固醇的作用。

（7）罗伊氏乳杆菌

罗伊氏乳杆菌（*Lactobacillus reuteri*）形状呈轻微不规则，是有圆形末端的弯曲杆菌，大小为（0.7～1.0）μm×（2.0～5.0）μm，通常单个、成对或以小簇存在。罗伊氏乳杆菌属专性异型发酵，能发酵糖产生 CO_2、乳酸、乙酸和乙醇。

罗伊氏乳杆菌是目前已报道的几乎天然存在于所有脊椎动物和哺乳动物肠道内的乳酸菌。它是新生儿和健康成年人肠道微生物菌群的主要成员，对维持新生儿和成年人的肠胃健康有积极的意义。罗伊氏乳杆菌对肠黏膜具有很强的黏附能力，可改善肠道菌群分布，拮抗有害菌定植，避免罹患肠道疾病。罗伊氏乳杆菌能产生一种被称为罗伊氏菌素（Reuterin）

的非蛋白质类广谱抗菌物质，能广泛抑制革兰氏阳性菌、革兰氏阴性菌、酵母、霉菌和病原虫等的生长。

罗伊氏乳杆菌益生菌制剂可改善人体机能，提高免疫力，从而促进人体健康。我国卫生部于 2003 年批准了罗伊氏乳杆菌可作为人类保健品的微生物菌种，且该菌已是国际上公认的新型益生乳酸菌，具有很高的理论研究和生产应用价值。

（8）鼠李糖乳杆菌

鼠李糖乳杆菌（*Lactobacillus rhamnosus*）作为一种从健康人体内分离而得到的益生菌，具有发酵产生 L-乳酸、代谢产物丰富、耐胃酸和耐胆汁、口服安全和口服后可在肠道短暂繁殖等优点，被用于人的各种腹泻、轮状病毒感染和过敏性疾病的预防和治疗，并取得良好的效果。另有研究发现，鼠李糖乳杆菌通过抑制大肠杆菌的黏附、降低大肠杆菌等致病菌的数量和提高肠道免疫功能等途径有效防治仔猪断奶所引起的腹泻等疾病。

（9）干酪乳杆菌

干酪乳杆菌（*Lactobacillus casei*）形状长短不一，两端方形，常以链状存在。其分布广泛，可从乳制品和消化道分离得到，能够发酵利用多种糖。最为人们熟知具有益生功效的干酪乳杆菌为干酪乳杆菌代田株（*L. casei* Shirota），队列研究和随机双盲安慰剂对照试验表明代田株能够抑制肠道中金黄色葡萄球菌等有害菌，改善排便状况和粪便性状，细胞分泌的多糖-肽聚糖化合物以无细胞毒性的方式诱导巨噬细胞分泌 IL-12，刺激免疫反应。

2. 双歧杆菌属

双歧杆菌（*Bifidobacterium*）是 1899 年由法国学者 Tissier 从母乳营养儿的粪便中分离出来的一种厌氧的革兰氏阳性杆菌，末端常常分叉，故名双歧杆菌。它是人体内存在的一种生理细菌，是人体益生菌中最重要的一大类。双歧杆菌主要栖居于人体和动物肠道下游，小肠上部几乎无双歧杆菌，而在小肠下部，其数量可达 $10^3 \sim 10^5$ CFU/g，大肠粪便中双歧杆菌的数目高达 $10^8 \sim 10^{12}$ CFU/g。此外，在人体口腔和阴道中也有双歧杆菌栖居。人体肠道内双歧杆菌的分布和数量被认为是评判肠道健康状况的重要指标，尤其是母乳喂养的婴儿。肠道内双歧杆菌所占比例如果不足，将引起肠道感染、消化不良、腹泻、肠道功能紊乱等疾病。

双歧杆菌是革兰阳性、多形态杆菌。菌体形状呈 Y 字形、V 字形、弯曲状、刮勺状、棒状等。双歧杆菌不形成芽孢，亚甲基蓝染色菌体着色不规则，无运动性，专性厌氧，过氧化氢酶阴性，不还原硝酸盐，吲哚反应阴性，明胶液化阴性，联苯胺反应阴性；最适生长温度为 36~38℃，最适生长 pH 值为 6.5 和 7.0，在 pH 值低于 5.0 或高于 8.0 的环境中不能生长，但双歧杆菌最适的生长条件和菌株本身的特性有很大的关系。

根据 DNA 同源性和糖发酵类型，双歧乳杆菌属可分为 24 种（1986 年版的伯杰氏细菌学鉴定手册），存在于人体中的有：两叉双歧杆菌（*B. bifidum*）、青春双歧杆菌（*B. adolescentis*）、婴儿双歧杆菌（*B. infantis*）、短双歧杆菌（*B. breve*）和长双歧杆菌（*B. longum*）。通常在婴儿肠道内以婴儿双歧杆菌、短双歧杆菌占优势；在成人肠道中缺少这两种双歧杆菌，主要是青春双歧杆菌和长双歧杆菌，有时还有少量的两歧双歧杆菌。

目前经研究证实，能够促进人体健康的双歧杆菌主要有 8 类：双叉双歧杆菌、婴儿双歧杆菌、长双歧杆菌、短双歧杆菌、青春双歧杆菌、角双歧杆菌、链状双歧杆菌、假链状双歧杆菌。

（1）青春双歧杆菌

2006 年，郭俊杰等研究了青春双歧杆菌细胞壁对小鼠腹腔巨噬细胞功能的影响，以及对人移行细胞膀胱癌细胞的体内外抑制作用，结果表明，青春双歧杆菌细胞壁注射组小鼠腹腔巨噬细胞产生的 IL-2 含量明显高于对照组。

（2）两歧双歧杆菌

两歧双歧杆菌是双歧杆菌的模式种。两歧双歧杆菌的许多菌株具有益生功能，例如 A. Gomi 等通过大鼠模型，发现 *B. bifidum* BF-1 具有胃肠道保护作用。

2000 年，王立生等以裸鼠为动物模型研究分叉双歧杆菌完整肽聚糖对裸鼠腹腔巨噬细胞分泌和杀瘤的调节作用。研究结果显示，分叉双歧杆菌完整肽聚糖能激活巨噬细胞，分泌大量的 IL-1、TNF-α 及 NO 细胞毒性效应分子。

（3）动物双歧杆菌与乳双歧杆菌

动物双歧杆菌和乳双歧杆菌是两个重要的乳酸杆菌。与动物双歧杆菌相比，乳双歧杆菌显示了更好的氧耐受性，保证其在商业乳产品中可以达到很高的菌数。

自 Meile 等对乳双歧杆菌进行了首次描述以来，对于该菌分类地位的争议从未停止。一些研究显示了其与动物双歧杆菌的密切相关性，曾将其描述为动物双歧杆菌。基于形态学特征、16S rDNA 序列分析和 DNA-DNA 杂交，Cai 提议，乳双歧杆菌应该被认为是动物双歧杆菌的同物异名菌。但是，新的基因证据认为，乳双歧杆菌和动物双歧杆菌应该在亚种水平被划分为两个分类单元，明确了其分类地位，将动物双歧杆菌重新分类为动物双歧杆菌动物亚种，将乳双歧杆菌重新分类为乳双歧杆菌乳亚种。

B. animalis subsp. *lactis* V9 是从 12 位健康的蒙古族儿童粪便中分离得到的 31 株双歧杆菌中筛选出来的 1 株耐酸性较强的潜在益生菌。经生理生化指标及分子生物学手段 16S rDNA 鉴定，确定其为动物双歧杆菌乳酸亚种。*B. animalis* subsp. *lactis* V9 具有良好的腹泻致病菌拮抗作用，能够抑制小鼠肠道相关致泻菌株的生长繁殖，其保护作用可能是通过 *B. animalis* subsp. *lactis* V9 的优势生长抑制肠道致泻菌株和调节肠道正常菌群实现的。

3. 链球菌属

嗜热链球菌（*Streptococcus thermophilus*）为革兰氏阳性菌，圆形或椭圆形，直径 $0.7\sim0.9\mu m$，不运动，成对或呈链排列，最低生长温度为 $20\sim25℃$，最高 $47\sim50℃$。嗜热链球菌不利用精氨酸，发酵过程中只利用较少种类的糖，如乳糖、果糖、蔗糖和葡萄糖。嗜热链球菌具有较弱的蛋白水解力，在没有类群特异性抗原的链球菌中是非常特别的一种菌。

嗜热链球菌是一种重要的工业乳酸菌，经常以单菌或与其他嗜热链球菌或其他微生物混合的形式，被广泛应用于发酵乳制品的生产中。作为发酵剂的嗜热链球菌发酵乳制品时有两个重要的作用，一是快速酸化凝乳；二是改善产品的质构特征。早在 1907 年，嗜热链球菌因为能促进胃肠道健康而被人们所知，不久，人们利用嗜热链球菌与德氏乳杆菌保加利亚亚种作为发酵剂菌株来生产酸奶。这两种菌到目前为止仍是制作酸奶的主要工业菌种。此外，嗜热链球菌还被用来生产多种干酪制品，如瑞士干酪（Swiss cheese）、砖状干酪（Brick cheese）、帕马森干酪（Parmesan cheese）、波萝伏干酪（Provolone cheese）、马索里拉干酪（Mozzarella cheese）及艾斯阿格干酪（Asiago cheese），近年来还与中温菌一起被用来生产切达干酪（Cheddar cheese）。

嗜热链球菌在乳品发酵中的主要作用就是迅速产酸。嗜热链球菌还能产生胞外多糖（EPS），胞外多糖能赋予发酵乳制品黏稠、拉丝的质构和流变学特征，且具有保水作用，能防止酸奶脱水收缩。还有研究报道了嗜热链球菌的其他益生特征（包括胆盐的分解、疏水性和β-半乳糖苷酶活性）和耐生物学障碍（胃液和胆盐）。嗜热链球菌也对儿童腹泻、早产儿小肠结肠炎以及其他人群肠炎疾病有较好的疗效。嗜热链球菌还能提高乳糖不耐症患者对乳糖的消化作用，产生抗氧化剂，促进肠道免疫系统发挥作用，减轻特定癌症的发生风险，缓解溃疡和炎症，减少肠道和生殖道感染。

4. 布拉德酵母菌

布拉德酵母菌（*Saccharomyces boulardii*）是一种热带酵母菌属真菌，由法国微生物学家 Henri Boulard 教授于 1923 年在中南半岛地区发现，并且成功地将其从当地土著人食用的荔枝和山竹等热带水果果皮中分离得到，该菌种以 Boulard 教授的名字命名。布拉德酵母菌是迄今为止所发现的唯一一株具有生态调节作用的生理性真菌。

布拉德酵母菌作为一种近年研究较多的益生菌，可以维持肠道菌群平衡、增强肠黏膜屏障、减少肠源性内毒素血症的产生，同时，通过调节和利用内源性代谢产物并且加速短链脂肪酸代谢而达到降低胆固醇的目的。有一篇文献将布拉德酵母菌用于新生儿坏死性小肠炎的预防，取得了良好效果。

布拉德酵母菌（亿活）是目前唯一上市的非致病性真菌类微生态制剂，不属于人体胃肠道原籍菌，不会被胃酸、胆酸所破坏，对抗生素天然耐受。研究表明，布拉德酵母菌可起到暂时性充当肠道益生菌，直接抑制外源性致病菌在肠道内黏附、侵袭和繁殖，调节肠道内微生态平衡，增强肠道免疫屏障功能等作用。

研究证明，布拉德酵母不具有致病力和侵染性，在 37℃ 高温下通常生长良好，且具有独特的生物学活性。1962 年，该菌开始作为处方药应用于治疗人类腹泻，1993 年开始用于改善单胃动物营养和健康的饲料添加剂，适用于母猪、仔猪、肉鸡、蛋鸡、犊牛、特种皮毛动物、水产动物等。

布拉德酵母菌作为微生态制剂的一种，具有天然、无毒副作用、安全可靠、无残留等多重优点，属于真菌类制剂，可与抗生素同时使用，并能有效预防抗生素滥用导致的肠道菌群失调。20 世纪 80 年代以来，西欧、美国等多个国家对布拉德酵母菌进行了大量的试验研究与应用研究。最新研究表明，布拉德酵母菌可抑制大肠杆菌内毒素的毒性，降低肠道内大肠杆菌数量，通过激活 α2β1 黏合蛋白受体加强小肠上皮细胞的修复。Tiago 研究报道，布拉德酵母菌细胞具有黏附致病菌的作用，一些致病菌黏附在布拉德酵母菌细胞表面，从而阻止了致病菌与肠上皮特异性受体结合而引起的宿主损伤。从布拉德酵母细胞壁分离到的 β-葡聚糖对硫酸右旋糖苷（DSS）诱发的小鼠肠道感染有很好的保护作用。

5. 芽孢杆菌类与肠杆菌

（1）蜡样芽孢杆菌

芽孢杆菌属微生物在自然界中广泛存在，从土壤、植物的根部、植物的体表及体内均可分离到大量的芽孢杆菌。芽孢杆菌是一类可产生大量不同化学结构多肽抗菌物质的物种。芽孢杆菌产生的抗菌物质，除少数外，大多都属于一个单一的种类，即多肽类。它们中的有些能抑制酵母、革兰氏阴性菌，有些主要抑制革兰氏阳性菌，有的还表现出抗病毒、抗支原体、抗肿瘤和抗真菌的生物学活性。好氧芽孢杆菌通过"生物夺氧"的方式消耗肠内过量的气体，与有害需氧菌（如大肠杆菌）形成空间和营养的竞争，恢复有益厌氧菌的菌群优势，达到维护微生物区系平衡的目的；研究证明，枯草芽孢杆菌和地衣芽孢杆菌有很强的蛋白酶、脂酶和淀粉酶活性，可以降解木聚糖、羟甲基纤维素、果胶等复杂的植物性糖类。有研究发现，芽孢杆菌能提高巨噬细胞的数量和活性，产生抗体和提高噬菌作用，增强动物免疫活性。还有研究表明，芽孢杆菌能促进吞噬细胞的吞噬功能，增加分泌型 IgA 的分泌，提高局部免疫。另外，芽孢杆菌能产生多种维生素，如 B 族维生素和维生素 K_2，起到助消化、促生长的作用。

蜡样芽孢杆菌（*Bacillus cereus*）大小为 $(1\sim1.3)\mu m \times (3\sim5)\mu m$，能够形成芽孢，菌体两端较平整，多数呈链状排列；其芽孢呈椭圆形，位于菌体中央稍偏一端；在营养肉汤中 32℃培养 3 天后，芽孢形成率在 90％以上，80～85℃水浴 5～10min 可刺激芽孢萌发；在葡萄糖琼脂上培养获得的细胞含有复红不着色的小球；在普通琼脂上形成的菌落较大，灰白色、不透明，表面粗糙似毛玻璃状或融蜡状，边缘常呈扩展状；甘露醇卵黄多黏菌素琼脂培养基上菌落为粉红色，周围有白色的沉淀环。其最低生长温度为 10～20℃，最高生长温度为 35～45℃，10℃以下和 63℃以上不繁殖，65～70℃菌体易死亡；pH 值 1～2 时不生长，pH 值 2～11 时可以生长，其中，pH 值 4.3～9.3 时迅速繁殖；最适生长氯化钠浓度为 1％，8％氯化钠对其生长有抑制作用，无盐情况下生长良好。蜡样芽孢杆菌不发酵甘露醇、木糖、阿拉伯糖，常能液化明胶，有运动性，可将硝酸盐还原，分解酪氨酸，厌氧时可利用葡萄糖，过氧化氢酶反应、卵黄反应、V-P 反应呈阳性。

蜡样芽孢杆菌的生理特征丰富多样，它是植物体表、根际和土壤、空气中的重要微生物种群。蜡样芽孢杆菌类制剂大多为非消化性药剂或食品添加剂，能选择性地促进生活在肠道的微生物的活性，同时抑制肠道内有害病菌的生长，降低宿主染病的机会，保证宿主健康。另外，蜡样芽孢杆菌在生长过程中还会产生有益的代谢产物，刺激和促进宿主的生长。

（2）凝结芽孢杆菌

凝结芽孢杆菌菌落形态为圆形白色，表面突出，革兰氏阳性，有芽孢，具有运动性，兼性厌氧，最适生长 pH 值为 6.6～7.0，最适生长温度为 37～45℃。可发酵葡萄糖产乳酸，产生的 L-乳酸能降低肠道 pH 值，抑制有害菌，并能促进双歧杆菌等有益菌的生长和繁殖。凝结芽孢杆菌兼具芽孢杆菌和乳酸菌的特点，抗逆性强，对酸和胆汁有较高的耐受性，在肠道中还会分泌大量有益物质，如淀粉酶、蛋白酶、维生素、氨基酸、短链脂肪酸和凝固素等，对胃肠道炎症有一定的治疗作用。凝结芽孢杆菌活菌片（爽舒宝）是唯一具有保水作用的益生菌制剂，可起到保水润肠作用，对孕妇功能性腹胀和便秘具有较好的治疗效果，且安全性好，还能产生多种消化酶，消除孕妇腹胀、腹部不适等症状。

（3）粪肠球菌

粪肠球菌（*Enterococcus faecalis*）是国内外认可的饲用微生物，其菌体形态为链球或球状。该肠球菌为革兰氏阳性兼性厌氧菌，对环境温度变化具有较强的耐受性，大多数能在低温10℃和较高温45℃的条件下生长，且能耐65℃的高温30min。粪肠球菌分布广泛，存在于人和动物的粪便中，是动物胃肠道正常菌群之一。

粪肠球菌的特性与作用有：粪肠球菌生长代谢速度快，有一定的耐酸性。侯璐用pH2.0和pH3.0的人工胃液处理从健康仔猪肠道中分离的粪肠球菌，结果表明，保存2h后存活率分别为86.1%和91.3%。粪肠球菌能分解葡萄糖，产生乳酸，抑制有害菌繁殖，促进动物消化机能。乳酸粪肠球菌作为肠道菌群，具有生物屏障作用，由健康人或动物分离的具有生理功能的细菌重新给人畜服用，对人畜是无害和安全的。

温彩霞的研究也表明，添加含有粪肠球菌的复合菌剂能明显抑制鸡白痢菌的生长，且粪肠球菌能定居于鸡的肌胃、嗉囊、盲肠和直肠中。王芳等在日粮中添加粪肠球菌发现，仔猪的日增重得到显著提高（$P<0.05$），降低了料重比。

（4）屎肠球菌

屎肠球菌（*Enterococcus faecium*）属于乳酸菌，由于它生长速度快，有较好的黏附能力，能产生乳酸及一些抗菌物质，被广泛地用作益生菌制剂。屎肠球菌在环境中广泛存在，并且属于肠道共生菌，在很多动物新出生2～3d内占优势地位，并且是一种兼性厌氧的乳酸菌，与厌氧、培养保存条件苛刻的双歧杆菌相比，更适合于生产和应用。1989年，美国FDA就公布它是可直接用于动物的菌种之一。

屎肠球菌是一类应用较广的乳酸菌类益生菌。已有许多研究表明，它具有改善动物生产性能、提高动物对疾病的免疫能力等的作用。

屎肠球菌为圆形或椭圆形，呈单个、成对或短链状排列，革兰氏阳性，无芽孢、无鞭毛，需氧或兼性厌氧，油镜下观察屎肠球菌，菌体多为单生、对生和链状较少。屎肠球菌对营养的要求较高，在血平板上经37℃培养18h后，可形成灰白色、不透明、表面光滑、直径为0.5～1mm大小的圆形菌落，无溶血现象出现，在YPD培养基和MRS培养基中均能迅速生长。屎肠球菌具有很好的抗逆性，可在10～45℃、pH值4.5～9.6、6.5% NaCl溶液、40%胆汁盐环境中生长；从精氨酸产氨，不分解鼠李糖、松三糖和山梨醇，能分解蔗糖、蜜二糖、乳糖、麦芽糖和棉子糖；一般对庆大霉素、卡那霉素、多黏菌素和链霉素不敏感，对青霉素、红霉素、万古霉素和阿莫西林较为敏感。

屎肠球菌进入动物肠道后，主要通过以下4个途径对宿主产生作用。

① 快速黏附肠道黏膜，通过排阻效应抑制病原菌黏附肠道，形成肠道屏障，保护肠道健康，维持微生态平衡；

② 代谢过程中产生乳酸、细菌素和过氧化氢等物质，可以降低肠道pH值，抑制动物病原菌繁殖，维持和调整肠道微生态平衡，减少肠道内毒素与尿素酶的含量，减少血液中毒素和氨的含量，促进动物器官成熟，改善动物生理状态；

③ 产生多种营养物质（如维生素、氨基酸、促生长因子等），营养物质可参与新陈代谢，促进动物生长；

④ 诱导机体产生细胞因子、干扰素、白介素等，可增强机体非特异性免疫，提高抗病

能力，降低炎症反应，促进肠道健康。

屎肠球菌类产品和其他微生态产品一样，最先在医药类产品中开发应用，如常见的小儿类肠道药"妈咪爱"，即是枯草芽孢杆菌与屎肠球菌的复合菌制剂。

屎肠球菌来源广泛，可分为非致病菌和致病菌两类，在菌株的筛选和使用上，应尤其慎重。其对抗生素的耐受性有两种表现，一方面，如果选用的屎肠球菌具有致病效果，那么动物食用后，将对机体本身带来危害，而且抗生素治疗效果甚微，演变为令人恐慌的"超级细菌"；另一方面，细菌的耐药性有水平传递作用，很可能这种耐药性会水平传递给其他致病菌，这样，动物机体的整体耐药性将升高，为动物疾病的治疗带来灾难性后果。

6. 明串珠菌属

明串珠菌（*Leuconostoc*）细胞呈圆形或椭圆形，多以成对或短链、中长链状存在，无运动能力，无芽孢，过氧化氢酶阴性，兼性厌氧，异型乳酸发酵，最适生长温度为20～30℃，最适生长 pH 为6～7。常见的属为肠膜明串珠菌和柠檬明串珠菌，其中肠膜明串珠菌为明串珠菌属的模式菌种，具有产胞外多糖、甘露醇和双乙酰等特性，能够有效改善发酵制品的质构和风味特性。由于明串珠菌肠道定植能力有限，高酸环境抑制生长，当摄入足够高活菌数时，益生效果才能体现，如含 10^8 CFU/mL 肠膜明串珠菌和乳酸乳球菌印度 Dahi 酸乳可降低儿童腹泻时间。Silva 发现柠檬明串珠菌具有较强的胃肠道耐受性，高产短链脂肪酸，对金黄色葡萄球菌和沙门菌等有害菌有显著抑制作用。

7. 其他益生菌

其他益生菌是指足量使用时对机体健康表型产生影响，以治疗疾病和改善健康为目的的菌株，拟杆菌属和嗜黏蛋白-阿克曼氏菌（*Akkermansia municiphila*，AKK）是下一代益生菌的主要研究对象。

（1）AKK 菌

AKK 菌是荷兰瓦赫宁根大学 Willem 团队于 2004 年从健康人体中分离得到，它隶属疣微菌门（Verrucomicrobia）阿克曼菌科（Akkermansiaceae）阿克曼菌属（*Akkermansia*），广泛存在于健康人体肠道中，在粪便中占到 1%～3%，能以黏蛋白作为唯一的碳源、氮源和能源物质，代谢产生乙酸、丙酸盐，幼年宿主中检出率高，随着年龄增大检出率下降。目前其已被证明具有调节免疫、缓解高血脂和动脉粥样硬化等功效。2017 年，Zitvogel 等发现 AKK 在增加癌症免疫治疗效果方面具有显著作用，将良好免疫治疗效果患者的粪便移植到无菌小鼠体内，免疫效果得到提高；对无免疫反应的无菌小鼠给予口服 AKK，再用免疫抑制剂来治疗，发现免疫得到恢复，小鼠体内的肿瘤几乎完全消失。

（2）脆弱拟杆菌

脆弱拟杆菌是哺乳动物肠道中常见的革兰氏阴性、无孢子的专性厌氧菌，是人肠道菌群中丰度最高的菌种之一。目前被证实其具有矫正系统 T 细胞分化，维护 Th1/Th2 平衡，刺激 $CD4^+$ T 细胞分泌 IL-10，诱导 Treg 细胞分泌细胞因子等作用。

（3）卵形拟杆菌

卵形拟杆菌是革兰氏阴性厌氧菌，有荚膜、无芽孢、不运动，对光敏感，可代谢多糖为其他菌群提供能量，具有接合和分解胆酸盐能力，能够参与胆汁和胆固醇代谢。报道发现其产生的角质形成细胞生长因子 KGF-2 和转化生长因子-β1，可治疗结肠炎临床症状。此外，卵形拟杆菌能够直接刺激肠道激活抗肿瘤反应，诱导产生 TNF-α 特异性抗体，具有预防癌症功效。

第二节　益生菌的分离保存

一、益生菌的分离

各种益生菌可以通过在适当的丰富培养基或选择性培养基上反复培养的方法，从人和动物的口腔、肠道内容物和粪便中分离得到。常用的培养基如表 1-5 所示。

表 1-5　益生菌的分离与培养方法

种类	通用培养基	选择性培养基	特殊添加物	培养条件
乳杆菌	MRS	SL[①]	环己酰亚胺[①]（Cycloheximide）（100mg/L）半胱氨酸[②]（0.05%质量分数）生长因子[③]其他糖类[④]	$10\%CO_2+10\%H_2+80\%N_2$
双歧杆菌	MRS	TPY[⑤]	抗生素[⑥]	$37\sim40℃$ $10\%CO_2+10\%H_2+80\%N_2$
链球菌	链球菌基础培养基[⑦]	TYC[⑨]	—	$5\%CO_2$，好气培养
肠球菌	心脑浸出物培养基[⑧]	卡那霉素七叶灵培养基[⑩]	—	$>3\%CO_2$，好气培养

① 抑制酵母的生长。

② 主要用于从肠道来源的样品中分离厌氧的乳杆菌。

③ 例如肉浸出物、番茄汁、新鲜酵母抽提物、麦芽汁、乙醇、甲羟戊酸（mevalonic acid）、啤酒渣等，主要用于增加对某些特定生活环境中乳杆菌分离的成功率。

④ 在分离异型发酵乳杆菌时，建议用麦芽糖、果糖、蔗糖或阿拉伯糖替代培养基中的葡萄糖。

⑤ TPY 培养基的配方：胰酪蛋白胨（BBL），10g；植物胨（BBL），5g；葡萄糖，5g；酵母抽提物（Difco），2.5g；Tween 80，1mL；盐酸半胱氨酸，0.5g；K_2HPO_4，2g；$MgCl_2·6H_2O$，0.5g；$ZnSO_4·7H_2O$，0.25g；$CaCl_2$，0.15g；微量的 $FeCl_3$；琼脂，15g；蒸馏水 1000mL。培养基经过 121℃灭菌 15min 以后，pH 在 6.5 左右。样品稀释时，可以采用相应的液体培养基。

⑥ 在部分情况下，使用卡那霉素（Kanamycin）、新霉素（neomycin）、巴龙霉素（paramomycin）、丙酸钠、LiCl、抗坏血酸或叠氮化钠可以提高分离的选择性。

⑦ 链球菌基础培养基的组成：胰蛋白胨（Proteose peptone），20g；酵母抽提物，5g；NaCl，5g；Na_2HPO_4，1g；葡萄糖，5g；蒸馏水 1000mL。溶解后将 pH 值调至 7.6，121℃灭菌 15min。

⑧ 心脑浸出物培养基的组成：小牛脑浸出物（固体），12.5g；牛心浸出物（固体），5.0g；胰蛋白胨，10.0g；葡萄糖，2.0g；NaCl，5.0g；Na_2HPO_4，2.5g；蒸馏水 1000mL。溶解后将 pH 调至 7.4，121℃灭菌 15min。

⑨ TYC 培养基的组成：胰酪蛋白胨，15.0g；酵母抽提物，5.0g；L-半胱氨酸，0.2g；Na_2SO_3，0.1g；NaCl，1.0g；$NaHCO_3$，2.0g；$Na_2HPO_4·12H_2O$，2.0g；乙酸钠（含三个结晶水分子），20.0g；蔗糖，50.0g；蒸馏水 1000mL。溶解后将 pH 调至 7.3，121℃灭菌 15min。

⑩ 卡那霉素七叶灵培养基的组成：胰酪蛋白胨，20g；酵母抽提物，5g；NaCl，5g；柠檬酸钠，1g；七叶灵，1g；柠檬酸铁铵，0.5g；叠氮化钠，0.15g；硫酸卡那霉素，0.02g；蒸馏水 1000mL。煮沸使之溶解后，121℃灭菌 15min。

⑪ 乳杆菌选择性琼脂（SL）：酪蛋白胨，10.0g；酵母抽提物，5.0g；磷酸二氢钾，6.0g；柠檬酸铵，2.0g；葡萄糖，20.0g；乙酸钠，25.0g；硫酸镁，0.575g；硫酸锰，0.12g；硫酸铁，0.034g；吐温-80，1mL；蒸馏水 1000mL，充分混匀后，加入冰乙酸 1.32mL，边加热，边搅拌，煮沸 1min 使所用组分溶解。避免长时间加热及使用高温灭菌。

二、益生菌的筛选

菌种的筛选是益生菌研制过程中的第一个重要环节，益生菌的选择必须符合安全性、功能特性和技术加工特性等标准。

根据 FAO/WHO（2002）指导规则确定菌株为益生菌的步骤见表 1-6，FAO/WHO 于 2001 年和 2002 年，以及欧洲食品安全局（EFSA）于 2008 年提出的菌株的鉴定方法见表 1-7。

表 1-6　确定菌株为益生菌的步骤

鉴定	通过表型和基因型方法在属和种水平鉴定菌株 在国际菌株保藏机构保存菌株
安全性评估	体外或动物模型验证 阶段 1 的人体研究 抗生素抗性测定
有效性评估	体外测试 动物试验 有一定样本量的双盲随机对照控制（DBPC）的阶段 2 人体临床试验或其他试验设计和主要结果以确定该菌株或产品的有效性 更可取的是，进行第二次独立的、双盲随机对照控制（DBPC）试验以证实研究结果

表 1-7　菌株鉴定方法

项目	FAO/WHO	EFSA
属鉴定	DNA-DNA 杂交 编码 16S rRNA 的 DNA 序列	编码 16S rRNA 的 DNA 序列
株鉴定	脉冲场凝胶电泳 随机扩增多态性 DNA	脉冲场凝胶电泳 随机扩增多态性 DNA
其他建议	糖发酵试验、质粒情况、在国际认可的菌种保藏机构保藏	

1. 菌种的安全性

安全性是益生菌菌种选择研究中最重要的方面。优良的益生菌不应给动物的健康带来危害及潜在的威胁。在应用益生菌之前，要对其安全性进行研究和探讨。益生菌的安全评价包括毒性、病原性、代谢活性和菌株的内在特性等指标。现多采用无菌动物和无特定病原研究益生菌菌株的病原性和毒性。对于益生菌菌株代谢活性安全性的研究集中在其是否能产生胺、氨、苯酚、吲哚、降解黏膜酶及致癌的次级胆盐，通过研究细胞的凝集活性评价细胞表面特性。选择安全的菌株应考虑以下几点。

① 用作饲料添加剂或医药的益生菌最好是在动物中存在的菌种，即从健康动物体肠道中分离出来的菌株，也可适当考虑能在动物生存环境下存活的其他有益菌种。

② 必须为非病原菌，即无致病性，且无毒、无畸形、无耐药性、无残留，不引起感染或胃肠道紊乱，不给动物健康带来潜在威胁。

③ 不能携带可遗传的抗菌抗性基因，最好保证菌种具有稳定的遗传性及可控性。

④ 选择益生菌菌种时，首先考虑选用已被实践证明对动物生长有益的且被广泛大量应

用的益生菌菌株。

　　由于抗生素药物的滥用，抗生素抗性除成为微生物的普遍特性外，还可引起各种微生物的感染问题。细菌的抗生素抗性分为固有抗性和适应环境而获得的抗性。固有抗性是一种与生俱来的特性，一般不会水平转移，没有转移到致病菌中的危险。而适应环境获得的抗性则源于基因变异，或其他细菌外源基因的插入，有可能在微生物间水平转移，引起耐药性的扩散。大多数双歧杆菌对萘啶酸、新霉素、多黏菌素 B、卡那霉素、庆大霉素、链霉素和灭滴灵具有固有抗性。1998 年，Charteris 提出双歧杆菌可普遍耐受万古霉素。此外，检测微生物抗生素抗性方法的不同也会影响数据之间的比较。

　　选择益生菌也需要关注抗生素抗性的可转移性、导致受感染宿主致病的可能性以及长期食用益生菌的安全性。

　　（1）抗生素抗性的可转移性

　　主要关注的是在胃肠道内共栖微生物和致病菌之间转移抗生素抗性的可能性。摄入益生菌的增加引发新的推测，这些菌可能成为抗生素抗性基因的储备地，从而将抗生素抗性基因转移给原有的菌甚至致病菌。许多研究已经筛选和鉴定了带有抗生素抗性的乳杆菌，它们分别来自发酵乳制品、干酪和多种肉制品。这些案例中，针对几种抗生素的抗性在本质上是固有的，与质粒介导的抗性相比，意味着有低传递转移性。有几项研究调查了抗生素抗性的水平转移（质粒介导），多数是在体外环境试验的，并不能说在体内环境转移。仅有很有限的研究调查了来自乳杆菌的、包含编码针对大环内酯、林可霉素类、链霉菌素 B 等抗生素抗性的结合质粒 pAMb1 在体内的基因转移；这种现象也在罗伊乳杆菌出现，可以转移pAMb1 到粪肠球菌。

　　另外的一项研究中，野生型的植物乳杆菌可以在体内水平转移红霉素、四环素的抗性基因到粪肠球菌，但与体外环境相比，转移量较低。也有相反的结果，同样的菌株也可以转移携带红霉素抗性基因 $erm(B)$ 的小质粒 pLFE1 给粪肠球菌，与体外相比有较高的转移率，意味着胃肠道可以提供适合抗生素抗性转移的更便利的环境。抗生素抗性的可转移性并没有获得一致性的认知；在人体测试时罗伊菌无法将基因 $tet(W)$ 转移给肠球菌、双歧杆菌和其他的乳杆菌，虽然作者并没有排除低转化率的、给粪便菌群其他菌的转移。虽然这些研究显示抗生素抗性因子可以从食物相关的菌转移给其他菌，也可能转移给致病菌，但是这在人体健康中的作用仍然存在争议。

　　（2）导致受感染宿主致病的可能性

　　健康人类中极少有关于乳酸菌感染的报道，但是已观察到原本受到感染的宿主中，部分乳酸菌会显示致病性，并导致感染。致病案例中，大部分是乳杆菌引起的心脏瓣膜细菌性感染。但事实上任何进入血液的细菌都可能黏附于心脏瓣膜，并在上面定植，从而导致瓣膜发炎。与其他微生物比较，引起菌血症的概率极低，菌血症病例中，由乳杆菌引起的占比0.1%，明串珠菌属小于 0.01%，而肠球菌属约为 5%～15%。

　　Sullivan 和 Nord 的一项研究表明，与乳酸菌菌株相关的大多数临床病例主要包括粪肠球菌、鼠李糖乳杆菌、干酪乳杆菌和植物乳杆菌。其他与临床感染有关的乳杆菌还包括詹氏乳杆菌（L. jensenii）和嗜酸乳杆菌。Salminen 等从 85 个病例的病人血液和病变器官中分离出益生菌包括鼠李糖乳杆菌（$n=46$）、干酪乳杆菌（$n=12$）、发酵乳杆菌（$n=12$）、詹氏乳杆菌（$n=3$）和格氏乳杆菌（$L. gasseri$）（$n=3$）。

虽然鼠李糖乳杆菌 LGG 因其益生功效而成为广为人知的益生菌之一，但是部分菌株仍具有致病性。有研究报道，鼠李糖杆菌属部分菌株，是导致风湿性心内膜炎症或者心脏瓣膜置换手术后感染的主要微生物种类。还有报道表明，鼠李糖乳杆菌 LGG 会引起罕见的菌血症，乳酸杆菌会加重已感染的宿主体的不良反应。Besselink 等的一项研究中，用乳杆菌和双歧杆菌菌株联合治疗急性胰腺炎患者，结果表明死亡率增加。Somayaji、Lynch、Powell 和 Gregson 在 2016 年的研究表明，由动物乳杆菌引起的慢性髋关节假体感染，后续会产生菌血症等并发症。此外，酵母菌也会引起血液感染，主要是在病后需要插管的患者中。

2014 年 4 月至 2015 年 9 月，印度两家医院报告了 7 例啤酒酵母菌感染患者，根据检查结果，建议严重患病者避免食用布拉德酵母菌（$S. bouardii$）。关于益生菌引起的菌血症、败血症和心内膜炎等见表 1-8。因此需要对所有供人类食用的益生菌进行严格的安全评估。

表 1-8 可导致感染的益生菌

疾病类型	益生菌名称	拉丁名
艾滋病	干酪乳杆菌	$L. casei$
结肠病	鼠李糖乳杆菌	$L. rhamnosus$
糖尿病	干酪乳杆菌	$L. casei$
结石症	约氏乳杆菌	$L. jensenii$
尿路感染	德氏乳杆菌	$L. delbrueckii$
心内膜炎	约氏乳杆菌	$L. jensenii$
菌血症	约氏乳杆菌	$L. jensenii$
肾盂肾炎	德氏乳杆菌	$L. delbrueckii$
心内膜炎	嗜酸乳杆菌	$L. acidophilus$
胆囊炎	发酵乳杆菌	$L. fermentum$
菌血症	鼠李糖乳杆菌	$L. rhamnosus$
牙龈脓肿/龋齿	乳杆菌属	$Lactobacillus$ spp.
心内膜炎	副干酪乳杆菌	$L. paracasei$
菌血症	乳杆菌属	$Lactobacillus$ spp.
菌血症	副干酪乳杆菌	$L. paracasei$
败血症	鼠李糖乳杆菌(LGG)	$L. rhamnosus$ GG
腹膜炎	副干酪乳杆菌	$L. paracasei$
脑膜脑炎	植物乳杆菌	$L. plantarum$

目前已有体外实验、动物体内模型实验和人体临床实验等，对益生菌安全性进行评估。Salminen 和 Marteau 提出了通过药理学，研究益生菌与宿主之间的相互作用以评估益生菌的安全性。Ishibashi 和 Yamazaki 提出使用致病性、传统性以及毒性、代谢活性等参数对益生菌的安全性进行评价。

欧洲食品安全局（European Food Safety Authority，EFSA）引入推定安全声明（Qualified Presumption of Safety，QPS）标准来评价益生菌的安全性，QPS 评价包括微生物的分类；微生物相关信息收集，包括实验数据、使用历史、工业应用情况、生理学数据和人体试验数据；致病性及其他副作用；最终规定的用途。欧盟产品安全论坛（European Union-Product Safety Forum of Europe，EU-PROSAFE）对益生菌的安全性设定了评估办法。联合国粮食及农业组织（Food and Agriculture Organization of the United Nations，FAO）、世界卫生组织（World Health Organization，WHO）和国际生命科学研究所在其关于食品安全评价的规则中，包含了益生菌的安全评价方法。各个国家的相关监管机构，如加拿大卫生部、美国食品药品监督管理局、厚生劳动省（日本）、中国国家卫生健康委员会等，都有其相应的益生菌安全性管理和评价指南。印度医学研究委员会/生物技术部制定了食品中使用益生菌的指南，包括益生菌对于抗生素的耐药性测试、副作用评估、产生毒素和溶血活性，以及益生菌在免疫功能低下个体中的感染性等。经济合作与发展组织（Economic Cooperation and Development，OECD）针对啮齿动物对于化学物品毒性的评估方法，现在也被用来进行益生菌安全性评价，评价方法包括反向突变试验、染色体畸变试验和微核试验等，以评估菌株的遗传毒性。

（3）长期食用益生菌的安全性

欧洲儿科胃肠病学、肝病学和营养协会（ESPGHAN）近期发布了关于在婴儿配方奶粉中补充益生菌或益生元的系统性综述，提出了安全性的议题，婴儿在早期摄入较长时间的益生菌可能会有重要的健康影响。尽管如此，目前可获得的科学数据表明，对健康的婴儿而言，摄入经评估的益生菌的配方奶粉不会引起安全问题。美国儿科医学会（AAP）就婴儿补充益生菌也做出了相似的结论。考虑到长期摄入，有几项随机对照试验（RCTs）评估了益生菌的长期效果以及摄入1年后或更长时间的评估。这些对照试验包括单独摄入乳杆菌或与双歧杆菌结合摄入，研究评估了摄入益生菌的怀孕期的准妈妈和产后持续1年的健康影响。负面影响的概率很低，荟萃分析表明益生菌摄入组和对照组的负面效果有相似的相对风险。

总之，益生菌的长期影响在很大程度上还是未知的，尤其是在很早的婴儿阶段摄入益生菌。长期跟踪的大规模同类研究是必要的，以便充分了解受调查人群摄入益生菌的安全性。目前还缺乏关于益生菌干预研究的负面效果的系统性报告以及这方面的评价，来自随机对照试验的证据并没有显示普通健康人群摄入益生菌出现风险增加，但是需要特别注意免疫功能低下和患重症的病人。不管使用何种益生菌，必须要做安全性的上市前评估以及上市后综合性的监管。

2. 作用的功能性

功能性是应用益生菌制剂的目的。研究证明，益生菌制剂在进入动物机体后，可与其胃肠道内的正常菌群产生相互作用，增加优势菌群数量，从而改善动物胃肠道微平衡；同时抑制部分病原菌生长，促进动物的健康和治疗疾病。选用益生菌菌株时，既要考虑益生菌菌株在理论上是否具有一定的功效，同时要探究菌株进入机体过程中及进入机体后是否仍能发挥一定的功能。研究发现，优良的益生菌菌种应主要具有以下功能。

① 具有耐胃酸和多种消化酶类的特性，以保证有足够数量的活菌定植于动物肠道并发挥益生作用。

② 耐胆汁性，不要过早地解离胆汁盐。胆汁盐的分解会影响到益生菌的功能，此特性也是作为益生菌菌株可以在小肠内存活的必要条件之一。

③ 具备良好的胃肠道黏附性及持久性，使其在动物胃肠道内定居时，能充分发挥其益

生功能。

④ 具有良好的免疫刺激性，而且不会引起炎症反应或产生威胁动物健康的潜在修饰基因，对病原菌具有抗诱变性和拮抗活性。

⑤ 可分泌具有特定功能的活性物质，如能产生有机酸、消化酶以及维生素、氨基酸、促生长因子等多种有益宿主的代谢产物，促进或改善动物健康。

3. 技术的可行性

菌株在具备了安全性并具有一定功能的基础上，还应具备一定的技术可行性，才能应用于菌株的工业化生产。

① 具有良好的感官特性及风味，同时不会产生难闻的气体。

② 在食品发酵和生产过程中能够提供具优良品质的生物活性物质，并且在培养和生产及储存过程中能保持理想的状态，有活性，同时具备一定的稳定性。

③ 在目标位点能够生产，且具有抗噬菌体特性。

④ 适于大量的生产和储存，在较高的浓度下仍具有较高的活性。

并非每一种益生菌都必须具备所有这些特点，但用于益生菌制剂时应尽可能选择能更多地满足以上特点的菌株。

鉴于上述各个特征，作为人类使用的益生菌通常需要满足以下要求：

① 人体来源，拥有可考证的安全和耐受记录；

② 能在胃酸和消化道胆汁存在的情况下存活；

③ 能改善肠道功能，纠正各种肠道异常症；

④ 产生维生素，能释放有助于食物消化、促进基本营养物质的吸收、钝化肠道内的致癌物和有毒物的各种酶；

⑤ 能黏附到人肠道上皮细胞，在黏膜表面定植，并能在消化道内生长繁殖；

⑥ 能产生抗菌物质，并且对各种人体致病菌具有广谱抗菌作用；

⑦ 能刺激免疫功能，增强宿主网状内皮细胞的防御功能。

Mercenier 等认为，理想的益生菌应符合的要求如图 1-1 所示。

三、益生菌的保存

尽管对于特定的菌株而言，可能存在特殊的保存方式和条件。但是，对于大多数的益生菌而言，通常可以按表 1-9 所列的条件与方法进行保存。

表 1-9　益生菌的保存

益生菌种类	保存期限	培养基及方法	保存时所采用的细胞生长阶段	保存温度	冷冻保护剂	移种频率
乳杆菌	短期	MRS 琼脂穿刺培养	对数生长前期	4～7℃	MRS 琼脂	每周一次
	短期	MRS 琼脂斜面	对数生长前期	−20℃	MRS 肉汤(液体培养基)	半年一次
	长期	MRS 液体培养	对数生长后期	冷冻干燥后，5～8℃保存	脱脂奶或马血清＋7.5%葡萄糖	10～20 年

续表

益生菌种类	保存期限	培养基及方法	保存时所采用的细胞生长阶段	保存温度	冷冻保护剂	移种频率
双歧杆菌	短期	MRS 肉汤培养基加 0.5％琼脂,穿刺培养	对数生长前期	3～4℃	MRS 肉汤培养基＋0.5％琼脂	2 周 1 次
链球菌	短期	合适培养基的斜面或穿刺管	对数生长前期	4℃	培养时所用的培养基	每周 1 次
	短期	石蕊牛奶 ＋ 10％CaCO₃＋0.3％酵母抽提物＋10％葡萄糖	对数生长前期	10℃	石蕊牛奶	每周 1 次
	长期	合适的培养基	对数生长后期	−80℃深度冷冻或液氮保存	1％胰蛋白胨＋0.5％酵母抽提物	半年 1 次
	长期	合适的培养基	对数生长后期	冷冻干燥后，5～8℃保存	0.1％葡萄糖＋0.1％盐酸半胱氨酸＋2％牛血清或脱脂奶	10～20 年
肠球菌	短期	石蕊牛奶＋1％CaCO₃	对数生长前期	4℃	石蕊牛奶＋1％CaCO₃	3 个月 1 次
	长期	合适的培养基	对数生长前期	冷冻干燥后，−20℃保存	营养肉汤＋灭活马血清＋葡萄糖	2 年 1 次

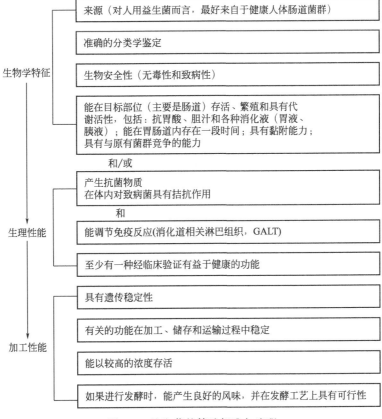

图 1-1　益生菌的筛选标准与流程

第三节　益生菌分类鉴定的技术与方法

一、用于细菌分类鉴定的特征

鉴定是分类学三大要素之一，旨在将未知菌通过表型特征和基因特征与已知菌相比较，从而得出未知菌的分类位置。该比较方法即为鉴定技术。鉴定技术可分为以下几类：常规鉴定、快速鉴定、分子生物学鉴定等。

常规鉴定的检测方法，即生理生化试验方法，包括革兰氏染色，芽孢染色，接触酶、氧化酶检测，厌氧生长检测，生长温度检测和耐热性检测，糖发酵试验，运动性检测，胱氨酸和半胱氨酸的需求测定，耐盐性和需盐性检测，葡萄糖发酵主要产物的测定，胞壁酸组成测定等。

快速鉴定亦可称数值鉴定或数码鉴定。根据鉴定对象采用不同的编码鉴定系列，接种一定数目的试验卡（card），适温培养一定时间后，将所得的结果以数字的方式表达，并与数据库数据对照，从而获得鉴定结果。此方法使得对未知菌的鉴定更加简易、微量和快速，较好地满足了临床需要。目前常用的细菌编码鉴定系统有很多，例如 Micro-ID、Minitek、Minibact、Biolog 和 API（Analytic Products Inc）鉴定系统等。API 是目前国内外应用最广泛的一种，以鉴定菌种广泛和结果正确而著称。

分子生物学方法鉴定乳酸菌主要以聚合酶链式反应（PCR）技术和核酸分子探针杂交技术为基础。PCR 是近年发展起来的一种体外扩增特异 DNA 片段的技术，是在模板 DNA、引物和 4 种脱氧核糖核苷酸存在的条件下依赖于 DNA 聚合酶的酶促合成反应。PCR 技术的特异性取决于引物和模板 DNA 结合的特异性。

二、生理生化试验方法

微生物的形态结构观察主要是通过染色，在显微镜下对其形状、大小、排列方式、细胞结构（包括细胞壁、细胞膜、细胞核、鞭毛、芽孢等）及染色特性进行观察，直观地了解细菌在形态结构上的特性，根据不同微生物在形态结构上的不同达到区别、鉴定微生物的目的。

细菌细胞在固体培养基表面形成的细胞群体叫菌落（colony）。不同微生物在某种培养基中生长繁殖，所形成的菌落特征有很大的差异，而同一种细菌在一定条件下，培养特征却有一定的稳定性，以此可以对不同微生物加以区别鉴定。因此，微生物培养特性的观察也是微生物检验鉴别中的一项重要内容。

① 细菌的培养特征　在固体培养基上，观察菌落大小、形态、颜色（色素是水溶性还是脂溶性）、光泽度、透明度、质地、隆起形状、边缘特征及迁移性等；在液体培养基中的表面生长情况（菌膜、环）、浑浊度及沉淀等；半固体培养基穿刺接种观察运动、扩散情况。

② 霉菌、酵母菌的培养特征　大多数酵母菌没有丝状体，在固体培养基上形成的菌落和细菌的很相似，只是比细菌菌落大且厚；液体培养也和细菌相似，有均匀生长、沉淀或在

液面形成菌膜。霉菌有分枝的<u>丝状体</u>，菌丝粗长，在条件适宜的培养基里，菌丝无限伸长，沿培养基表面蔓延。霉菌的基内菌丝、气生菌丝和孢子丝都常带有不同的颜色，因而菌落边缘和中心、正面和背面的颜色常常不同，如青霉菌孢子青绿色、气生菌丝无色、基内菌丝褐色。霉菌在固体培养基表面形成絮状、绒毛状和蜘蛛网状菌落。

1. 氧化酶的测定

（1）原理

氧化酶（细胞色素氧化酶）是细胞色素呼吸酶系统的最终呼吸酶。具有氧化酶的细菌，首先使细胞色素 C 氧化，再由氧化型细胞色素 C 使对苯二胺氧化，生成有色的醌类化合物。

（2）试剂

1％盐酸四甲基对苯二胺或 1％盐酸二甲基对苯二胺。

（3）方法

常用的测定方法有以下三种：

① 菌落法　直接滴加试剂于被检菌菌落上。

② 滤纸法　取洁净滤纸一小块，沾取菌少许，然后加试剂。

③ 试剂纸片法　将滤纸片浸泡于试剂中制成试剂纸片，取菌涂于试剂纸上。

（4）结果

细菌与试剂接触 10s 内呈深紫色，则为阳性。为保证结果的准确性，分别以铜绿假单胞菌和大肠杆菌作为阳性对照和阴性对照。

（5）应用

主要用于肠杆菌科细菌与假单胞菌的鉴别，前者为阴性，后者为阳性。奈瑟菌属、莫拉菌属细菌也呈阳性反应。

2. 过氧化氢酶的测定

过氧化氢酶试验，又名接触酶试验。

（1）试剂

3％过氧化氢溶液，临用时配制。

（2）方法

挑取一接种环固体培养基上的菌落，置于洁净试管内，滴加 3％过氧化氢溶液 2mL，观察结果。

（3）结果

于 0.5min 内发生气泡者为阳性，不发生气泡者为阴性。

3. 柠檬酸盐利用试验

（1）原理

当细菌可以利用铵盐作为唯一氮源，同时以柠檬酸盐为唯一碳源时，可在柠檬酸盐培养基上生长，分解柠檬酸盐为碳酸盐，使培养基变碱，指示剂溴麝香草酚蓝由绿色变为深蓝色为阳性，培养基不变色（绿色）为阴性。

（2）培养基

硫酸镁 0.2g，磷酸二氢铵 1.0g，磷酸氢二钾 1.0g，柠檬酸钠 5.0g，氯化钠 5.0g，琼脂 15.0g，1％溴麝香草酚蓝酒精溶液 8.0mL，蒸馏水 990mL。

（3）制法

将各物质（除溴麝香草酚蓝溶液外）混合于蒸馏水内，加热溶解，校正 pH 值至 7.0，再加入溴麝香草酚蓝溶液，混匀后分装试管，121℃、20min 高压灭菌后摆成斜面。培养基呈淡绿色。

将培养物划线接种，在最佳生长温度培养 7d。

（4）结果记录

微生物利用柠檬酸且在柠檬酸琼脂上的生长导致了碱性反应，因此，培养基中的溴麝香草酚蓝指示剂由绿色变为亮蓝色；如果微生物没有利用柠檬酸且在柠檬酸琼脂上没有生长，则培养基的颜色不发生变化。

4. 糖类发酵产酸试验

由于细菌各自具有不同的酶系统，对糖的分解能力不同，有的能分解某些糖产生酸和气体，有的虽能分解糖产生酸，但不产生气体，有的则不分解糖。具体试验方法有：①糖类发酵试验，这是鉴定细菌最常用的生化反应，特别是对肠杆菌的鉴定尤为重要；②葡萄糖代谢类型鉴别试验；③七叶苷水解试验；④淀粉水解试验；⑤甲基红试验；⑥V-P 试验；⑦β-半乳糖苷酶试验（ONPG 试验）。

糖发酵试验的操作过程如下所述。

（1）原理

由于各种细菌含有发酵不同糖（醇、苷）类的酶，故分解糖类的能力各不相同，有的能分解多种糖类，有的仅能分解 1～2 种糖类，还有的不能分解糖类。细菌分解糖类后的终末产物亦不一致，有的产酸、产气，有的仅产酸，故可利用此特点以鉴别细菌。

（2）培养基

在培养基中加入 0.5％～1％的糖类（单糖、二糖或多糖）、醇类（甘露醇、肌醇等）、苷类（水杨苷等）。培养基可为液体、半固体、固体或微量生化管等几种类型。

（3）方法

将分离的纯种细菌，以无菌操作接种到糖（醇、苷）类发酵培养基中，置培养箱中培养数小时至两周后，观察结果。若用微量发酵管，或要求培养时间较长时，应保持一定的湿度，以免培养基干燥。

（4）结果

接种的细菌，若能分解培养基中的糖（醇、苷）类产酸时，培养基中的指示剂呈酸性反应。若产气，可使液体培养基中导管内或半固体培养基内出现气泡，固体培养基内有裂隙等现象。若不分解，培养基中除有细菌生长外，无任何其他变化。

（5）应用

该试验是鉴定细菌最主要和最基本的试验，特别是对肠杆菌科细菌的鉴定尤为重要。

5. 克氏双糖铁（KIA）复合试验

（1）原理

该培养基用酚红指示剂，在酸性时呈黄色、碱性时呈红色。细菌如能发酵乳糖和葡萄糖而产酸产气，则斜面与底层均呈黄色，且有气泡产生。如只发酵葡萄糖不发酵乳糖，因葡萄糖含量少，斜面所生成的少量酸可因接触空气而氧化挥发，从而使斜面部分保持原来的红色；底层由于是在相对缺氧的状态下，细菌发酵葡萄糖所生成的酸类物质不被氧化挥发而保持黄色。如细菌分解蛋白质产生硫化氢，则与硫化亚铁作用生成黑色的硫化铁，使培养基变黑。

（2）方法

将待检菌接种于克氏双糖铁培养基中（底层穿刺，上层斜面划线），35℃培养24h，观察。

（3）结果

发酵乳糖和葡萄糖产酸产气，则上层和底层均呈黄色且有气泡产生；只发酵葡萄糖而不发酵乳糖，则底层变黄、上层仍为红色。如底层变黑，说明该菌产生硫化氢，生成黑色的硫化铁沉淀。

6. 乙酰甲基甲醇试验（V-P试验）

（1）原理

某些细菌在糖代谢过程中，分解葡萄糖产生丙酮酸，丙酮酸脱羧产生乙酰甲基甲醇，乙酰甲基甲醇在碱性环境中，被空气中的氧氧化为二乙酰，进而与培养基内蛋白胨中精氨酸所含的胍基起作用，生成红色化合物，则为V-P试验阳性。若培养基中胍基含量较少，则可加入少量含胍基化合物，如肌酸或肌酐等。试验时加入α-萘酚可加速此反应。

（2）培养基

葡萄糖蛋白胨水培养基。

（3）方法

将待检菌接种于上述培养基，于35℃培养48h后加入甲液（6% α-萘酚酒精溶液）和乙液（40%KOH溶液），振摇。

（4）结果

在数分钟内出现红色为阳性；如无红色出现且于35℃培养4h后仍如故者即为阴性。

（5）应用

本试验常与甲基红试验一起应用，因为前者阳性的细菌，后者通常为阴性。

7. 吲哚试验

（1）原理

某些细菌能分解蛋白胨中的色氨酸，产生靛基质。靛基质与试剂中的对二甲氨苯甲醛相作用，形成可见的红色化合物及玫瑰吲哚。

（2）培养基

蛋白胨1g，氯化钠0.5g，蒸馏水100mL。

将上述成分混合于蒸馏水中，加热溶解。调整 pH 值至 7.6，加热煮沸待冷却过滤，分装试管，每管约 3mL。121℃高压灭菌 20min。

（3）试剂

对二甲氨苯甲醛 1g，95％乙醇 95mL，浓盐酸 20mL。配置时，应先用乙醇溶液溶解对二甲氨苯甲醛，再缓慢加入盐酸即成。此试剂不能久存，宜少量配制，并避光保存于冰箱中或阴凉处。

（4）方法及结果

将细菌纯培养物接种到蛋白胨水培养基中，37℃培养 24～72h 后，沿管壁缓慢加入 2～3mL 的试剂于培养物的液面上。在两层液体交界面出现红色环者为阳性，阴性反应者不变色。

为了使颜色明显，在加入试剂之前，先向培养物中加入 1mL 乙醚，并充分振荡，使靛基质溶于乙醚中。静置片刻，使乙醚层浮于培养物的液面上。此时，再按上述方法徐徐加入试剂 5～10 滴，并观察判定结果。

8. 甲基红试验（M. R 试验）

甲基红试验用于测定细菌分解葡萄糖产酸的程度。若产生的酸可以降低 pH 值到 4.5 或更低，此时加入的甲基红指示剂呈红色。甲基红指示剂的变色范围为 pH 值 4.2（红色）～6.3（黄色）。

（1）原理

某些细菌在糖代谢过程中，分解葡萄糖产生丙酮酸，丙酮酸可进一步分解，产生甲酸、乙酸、乳酸等，使培养基的 pH 值降至 4.5 以下，当加入甲基红试剂则呈红色，为甲基红试验阳性。若细菌分解葡萄糖产酸量少，或产生的酸进一步转化为其他物质（如醇、酮、醚、气体和水等），则培养基的 pH 值仍在 6.2 以上，故加入甲基红指示剂呈黄色，此时为阴性。

（2）培养基与试剂

葡萄糖蛋白胨水培养基：蛋白胨 1g，磷酸氢二钾 1g，葡萄糖 1g，蒸馏水 200mL。

将上述各成分混合于蒸馏水中，加热溶解，调节 pH 值至 7.2，加热煮沸，待冷却后用滤纸过滤。分装试管，115℃灭菌 20min。

甲基红试剂：0.1g 甲基红溶于 300mL 95％乙醇中，加蒸馏水至 500mL 即成。

（3）方法

将待检菌接种于上述培养基，培养 2～4d，于培养基内加入甲基红试剂，立即观察结果。

（4）结果

呈现红色为阳性、橘红色为弱阳性、黄色为阴性。

（5）应用

该试验主要用于鉴别大肠杆菌与产气肠杆菌，前者为阳性，后者为阴性。此外，肠杆菌科中的沙门菌属、志贺菌属、柠檬酸杆菌属、变形杆菌属等为阳性，而肠杆菌属、哈夫尼亚菌属则为阴性。

9. 淀粉水解

（1）原理

某些细菌可以产生分解淀粉的酶，把淀粉水解为麦芽糖或葡萄糖。淀粉水解后，遇碘不再变蓝色。

（2）方法

以 18～24h 的纯培养物，涂布接种于淀粉琼脂斜面或平板（一个平板可分区接种，试验数种培养物）或直接移种于淀粉肉汤中，于 36℃±1℃ 培养 24～48h，或于 20℃ 培养 5d。然后将碘试剂直接滴浸于培养基表面，若为液体培养物，则加数滴碘试剂于试管中。立即检视结果，阳性反应（淀粉被分解）为琼脂培养基呈深蓝色，菌落或培养物周围出现无色透明环，或肉汤颜色无变化；阴性反应则无透明环或肉汤呈深蓝色。

淀粉水解是逐步进行的过程，因而试验结果与菌种产生淀粉酶的能力、培养时间、培养基含有淀粉量及 pH 值等均有一定的关系。培养基 pH 值必须为中性或微酸性，以 pH 值 7.2 最适。淀粉琼脂平板不宜保存于冰箱，因而以临用时制备为妥。

10. 石蕊牛奶

牛奶中主要含有乳糖和酪蛋白，在牛奶中加入石蕊是作为酸碱指示剂和氧化还原指示剂。这种检测被称为石蕊牛奶。石蕊在中性时呈淡紫色，酸性时呈粉红色，碱性时呈蓝色，还原时则自上而下地褪色变白。乳酸细菌发酵乳糖产酸，石蕊变红，当酸度很高时，可使牛奶凝固。如试验菌产生蛋白酶，使酪蛋白分解，则使牛奶变得较澄清、略透明，表明牛奶已胨化。

培养基：脱脂奶粉 100g 溶于 1000mL 蒸馏水中。每 100mL 脱脂牛奶加入 4mL 浓度为 25g/L（石蕊 2.5g，100mL 蒸馏水，放置一夜或更长时间，过滤）的石蕊牛奶。分装试管，牛奶高度为 4～5cm。113℃ 高压蒸汽灭菌 15～20min。

11. 明胶液化

（1）原理

有些细菌具有明胶酶（亦称类蛋白水解酶），能将明胶先水解为多肽，又进一步水解为氨基酸，从而失去凝胶性质而液化。

（2）培养基

蛋白胨 5g、明胶 100～150g、水 1000mL，pH 值 7.2～7.4。分装试管，高度为 4～5cm，灭菌。

（3）方法

挑取 18～24h 待试菌培养物，以较大量穿刺接种于明胶层约 2/3 深度或点种于平板培养基中。于 20～22℃ 培养 7～14d。要有未接种的空白对照。明胶层亦可培养于 36℃±1℃。每天观察结果，若因培养温度高而使明胶本身液化时应不加摇动，静置冰箱中待其凝固后再观察其是否被细菌液化，如确被液化，即为试验阳性。平板试验结果的观察是在培养基平板点种的菌落上滴加试剂，若为阳性，10～20min 后，菌落周围应出现清晰带环，否则为阴性。

12. 七叶苷水解

（1）原理

某些细菌可将七叶苷分解成葡萄糖和七叶素，七叶素与培养基中柠檬酸铁的二价铁离子反应，生成黑色的化合物，使培养基呈黑色。

（2）培养基

七叶灵 5.0g、柠檬酸铁铵 0.5g、氯化钠 8.0g、磷酸氢二钾 0.4g、磷酸二氢钾 0.1g 及蒸馏水 1000mL。校正 pH 值至 5.6±2，分装备用。

（3）方法

将待检菌接种于七叶苷培养基中，培养后观察结果。

（4）结果

培养基变黑色者为阳性，不变色者为阴性。

（5）应用

主要用于 D 群链球菌与其他链球菌的鉴别，前者阳性，后者阴性，也可用于革兰氏阴性杆菌及厌氧菌的鉴别。

13. β-半乳糖苷酶试验（ONPG 试验）

（1）原理

有的细菌可产生 β-半乳糖苷酶，能分解邻硝基酚-β-D-半乳糖苷（ONPG），生成黄色的邻硝基酚，在很低浓度下也可检出。

（2）试剂

0.75mol/L ONPG 溶液：取 80mg ONPG 试剂溶于 15mL 蒸馏水中，再加入缓冲液（6.9g NaH_2PO_4 溶于 45mL 蒸馏水中，用 30％NaOH 调整 pH 值为 7.0，再加水至 50mL）5mL，置 4℃冰箱保存。ONPG 溶液为无色，如出现黄色，则不应再用。

（3）方法

从克氏双糖铁培养基上取菌，于 0.25mL 无菌生理盐水中制成菌悬液，加入 1 滴甲苯并充分振摇，使酶释放。将试管置 37℃水浴 5min，加入 0.25mL ONPG 试剂，水浴 20min～3h，观察结果。

（4）结果

菌悬液呈现黄色为阳性反应，一般在 20～30min 内显色。

（5）应用

迅速及迟缓分解乳糖的细菌 ONPG 试验为阳性，而不发酵乳糖的细菌为阴性。本试验主要用于迟缓发酵乳糖菌株的快速鉴定。

14. 硫化氢产生

（1）原理

某些菌能利用培养基中的有机硫化合物产生硫化氢，硫化氢遇铅盐可形成黑色的硫化铅。利用此反应可检测硫化氢的产生。

（2）培养基

含半胱氨酸或胱氨酸的培养基，培养基的成分为：胰胨 10g，酵母提取物 5g，半胱氨酸 0.4g，肉浸膏 3g，NaCl 5g，葡萄糖 2g，蒸馏水 1L，pH 值 7.2～7.4。分装试管，每管培养液层高度为 4～5cm。118℃灭菌 15min 后备用。

乙酸铅试纸条的制备：将普通滤纸剪成 0.5~0.6cm 宽的纸条，长度根据试管和培养基高度而定。用浓度为 50~100g/L 的乙酸铅将纸条浸透，然后置于烘箱烘干，放入培养皿或试管内，灭菌后备用。

（3）结果

将新鲜培养物接种于培养液后，用无菌镊子取一乙酸铅试纸条悬挂于接种管内。试纸条下端接近培养液表面而不接触液面，上端用棉塞塞紧。试验中设空白对照，在未接种的试管培养基上悬挂乙酸铅试纸条。另外以接种已知菌的阴性反应作对照。置于合适培养条件，观察比较，纸条变黑即为阳性。

15. 精氨酸水解试验

细菌的精氨酸双水解作用是将精氨酸经过两步水解，生成有机胺和无机氨。鉴定细菌的精氨酸试验，无论是发酵菌还是非发酵菌、革兰阳性菌还是革兰阴性菌，测的都是精氨酸双水解酶，使用脱羧酶试验培养基。所以，赖氨酸脱羧酶、鸟氨酸脱羧酶和精氨酸双水解酶用同一种基础培养基，为 Moeller 配方或 Falkow 配方，均须加盖石蜡油。对于发酵菌，细菌生长后，培养基变黄为阴性、变紫为阳性；对非发酵菌，培养基颜色不变为阴性、变黄为阳性。另有一种精氨酸双水解酶专用培养基，其中使用的是酚红指示剂，这种配方目前已不使用。细菌生化反应表中的精氨酸双水解酶的阳性百分率也不是在这种培养基上做的结果，所以，该配方实际已淘汰。

16. 硝酸盐（Nitrate）还原试验

（1）原理

有些细菌具有还原硝酸盐的能力，可将硝酸盐还原为亚硝酸盐、氨或氮气等。亚硝酸盐的存在可用硝酸试剂检验。

（2）方法

临试前将试剂 A（磺胺酸冰醋酸溶液）和 B（α-萘胺乙醇溶液）试液各 0.2mL 等量混合，取混合试剂约 0.1mL，加于液体培养物或琼脂斜面培养物表面，立即或于 10min 内呈现红色即为试验阳性，若无红色出现则为阴性。

用 α-萘胺进行试验时，阳性红色消退很快，故加入后应立即判定结果。进行试验时必须有未接种的培养基管作为阴性对照。α-萘胺具有致癌性，故使用时应加以注意。

17. 尿素酶（Urease）试验

（1）原理

有些细菌能产生尿素酶，将尿素分解，产生 2 个分子的氨，使培养基变为碱性，酚红呈粉红色。尿素酶不是诱导酶，因为不论底物尿素是否存在，细菌均能合成此酶。其活性最适 pH 值为 7.0。

（2）培养基

蛋白胨 1.0g，0.2% 酚红溶液 6.0mL，氯化钠 5.0g，琼脂 20g，磷酸二氢钾 2.0g，D-葡萄糖 1.0g，蒸馏水 1000mL。

加热溶解各成分于蒸馏水中，分装于试管，121℃灭菌 15min，冷却至 50℃，在每支试管中无菌加入足量的20%灭菌尿素溶液（预先过滤灭菌），使最终含量为2%，将培养基制成斜面，放置，备用。

（3）方法

按斜面接种培养方法接种，同时将不加尿素的基础培养基接种作为对照，以证明氨的产生是来自尿素而非蛋白胨水。在最佳生长温度培养1～7d。

（4）结果记录

尿素酶的产生使尿素水解产生氨，培养基的pH值升高，颜色发生变化，从黄色变为粉红色或红色。

18. API 鉴定系统

API鉴定系统的主要部分是API试剂条及检索工具，此外，有些反应还需使用添加试剂。

API试剂条由透明的PVC材料制成，不同的试剂条有不同数量的反应杯，每个反应杯内包被有相应的干燥生化基质，常见的生化反应有以下5类。

（1）发酵试验

包括碳水化合物与醇的分解代谢试验，结果是通过pH值的变化引起酸碱指示剂颜色的改变来判断的，如葡萄糖、乳糖、甘露糖、蔗糖、甘露醇、肌醇、山梨醇等。

（2）同化试验

根据待测菌能否利用反应杯中的单一物质作为碳源来生长进行判断，如葡萄糖、阿拉伯糖、甘露糖、甘露醇、N-乙酰葡糖胺、癸酸、乙二酸、苹果酸等。

（3）发酵或同化抑制试验

根据待测菌是否受到反应杯中特异抑制物的抑制而不能产生分解代谢或不能生长来判断。

（4）酶试验

根据待测菌含有相应的酶就可分解底物，再通过显色反应来判断，如碱性磷酸酶、氧化酶、β-半乳糖苷酶、赖氨酸脱羧酶、鸟氨酸脱羧酶、色氨酸脱羧酶、吲哚产生等。

（5）其他生化反应

其他生化反应如硝酸盐还原、七叶苷水解、明胶液化、亚硝酸盐还原等。

三、化学分类特征的分析方法

1. 细胞脂肪酸测定

脂肪酸是生物体内不可缺少的能量和营养物质，是生物体的基本结构成分之一。绝大部分脂肪酸在细胞中以结合形式存在，构成具有重要生理功能的脂质。脂肪酸是构成生物膜的重要物质；是有机体代谢所需燃料的储存形式；作为细胞表面物质与细胞识别、种族特异性和细胞免疫等密切相关。细菌根据其种类的不同，以及生长条件、营养状况等的差异，菌体中所含有的脂肪酸成分（种类和含量）会有较大的区别。依据此种差别，可以对未知菌株进行鉴定，对临床分离菌株进行亲缘关系分析等。由于脂肪酸组成不仅有种类的差异，而且有含量的差异，所以在某些方面具有传统生化反应鉴定不可比拟的优越性。利用脂肪酸鉴定细菌的适用范围非常广泛，几乎可以用于所有可培养的细菌，但古生菌不能使用脂肪酸甲酯谱图（FAME）进行分析，因为它的极性脂质是以醚而不是酯键的形式出现的。只要在相同的条件下培养细菌，用相同的方法提取和分析脂肪酸成分，结合聚类分析等统计方法就可以完成细菌的分型工作。现代微生物学研究表明，微生物细胞结构中普遍含有的脂肪酸成分与微生物 DNA 具有高度的关联性，各种微生物具有其特征性的细胞脂肪酸指纹图谱。目前就脂肪酸分析在细菌鉴定上的准确性有学者做了相关研究，以 16S rDNA 序列聚类为基准，脂肪酸聚类对革兰阴性菌和杆菌类细菌的准确率相对较高。

1963 年，Awe 率先将气相色谱应用于大肠杆菌的菌体脂肪酸成分分析，创建了一个全新的细菌化学分类方法，其后，这种分析技术不断地被报道应用于假单胞菌、分枝杆菌、链球菌、芽孢杆菌、梭形杆菌等不同属的菌种的鉴定研究。

2. 细胞呼吸醌的测定

呼吸醌广泛存在于微生物的细胞膜中，是细胞膜的组成成分，在电子传递链中起着重要的作用。醌的含量与土壤和活性污泥的生物量呈良好的线性关系的研究表明，醌含量可用作微生物量的标记。有两类主要的呼吸醌：泛醌（ubiquinone，UQ），即辅酶 Q；甲基萘醌（menaquinone，MK），即维生素 K。醌可以在按分子结构分类（UQ 和 MK）的基础上依据侧链含异戊二烯单元的数目和侧链上使双键饱和的氢原子数进一步区分。研究表明，每一种微生物都含有一种占优势的醌，而且，不同的微生物含有不同种类和分子结构的醌。因此，醌的多样性可定量表征微生物的多样性，醌谱图（即醌指纹）的变化可表征群落结构的变化。用醌指纹法描述微生物群落的参数如下。

① 醌的类型和不同类型的醌的数目；

② 占优势的醌及其摩尔分数；

③ 总的泛醌和总的甲基萘醌的摩尔分数比；

④ 醌的多样性和均匀性；

⑤ 醌的总量等。

对两个不同的群落，由上述分析所得的数据可以计算出另一个参数——非相似性指数（D），用于定量比较两个群落结构的差异。

醌指纹法具有简单快速的特点，近几年来广泛用于各种环境微生物样品（如土壤、活性污泥和其他水生环境群落）的分析。胡洪营考察了醌指纹法分析活性污泥群落的分析精度，证明此方法是一种可靠的分析方法。然而，醌指纹法也存在一定的局限性，它不能反映具体哪个属或哪个种的变化。

3. 细菌细胞壁的组成与分析方法

细胞的化学特征（传统上指的是化学分类学）一般是指细胞的各种结构元素（肽聚糖、二氨基庚二酸等）、细胞膜（脂肪酸、极性脂、色素等）和细胞质的构成（聚胺）。建议研究者必须选择与待分类菌株亲缘关系相近的菌株作为参考菌株，通过比较两者的化学特性来确定待测菌株的分类地位。不同化学特征的在菌株鉴别方面的作用具有一定的差异。

（1）肽聚糖

肽聚糖结构的差异可用于鉴别各种革兰氏阳性菌，然而在变形菌门和拟杆菌门之间却没有差别，二者属于革兰氏阴性菌。构成肽聚糖的重复单元通常由双糖单位（N-乙酰葡糖胺和 N-乙酰胞壁酸）、四肽侧链和肽桥三部分构成，肽聚糖结构的差异最常见的是肽桥之间的交联形式。肽聚糖类型的分析、连接的方式（直接或中间桥连接、肽桥的氨基酸序列）和四肽侧链的氨基酸序列决定了肽聚糖的类群，可以分为类群 A（两条肽链通过一条肽链的三位氨基酸连接到另外一条氨基酸的四位氨基酸）和类群 B（两条肽链通过一条肽链的第二位氨基酸连接到另外一条氨基酸的四位氨基酸）。其中，类群 B 是微杆菌科（microbacteriaceae）和丹毒丝菌科（erysipelothrix）细菌的细胞壁肽聚糖特征。除这两个科外，其他已分析肽聚糖结构的细菌都具有类群 A 的肽聚糖。四肽侧链的氨基酸序列（包括二氨基氨基酸）在一个属内细菌中是一致的。然而，在肽侧链之间的交联形式上出现了很大程度的变化，而这一点在特定种类的种之间不同（如微杆菌属），但是也有报道称藤黄微球菌的单一菌种之内的不同菌株也存在差异。

在描述一种新的革兰氏阳性菌时，对于肽聚糖构型的分析是必需的，至少应该提供肽聚糖的氨基酸组成。在大多数情况下，因为肽侧链的氨基酸组成可能会在被描述新种所在属其他种的特征里，所以这个特征应该作为重要指标进行描述。作为一个已知的属内被描述的新种，其肽聚糖侧链的完整组成应该与此属内其他种的特征保持一致，同时也应该提供能将其从属内区分出来的肽桥的特点。

目前已经在一些革兰氏阳性古细菌的细胞壁中发现了假胞壁质（一种特殊的肽聚糖），其中的 N-乙酰胞壁酸被 N-acetyl talosuronic acid（N-乙酰塔罗糖醛酸，存在于古菌中）替代。典型肽聚糖的结构如图 1-2 所示。

构成肽聚糖的肽非常均匀地分布在肽聚糖中。肽聚糖的糖链（聚糖部分）是由 N-乙酰基葡糖胺和 N-乙酰胞壁酸残基交替由 β-1,4 键连接而成，N-乙酰胞壁酸首先是 Strange 和 Dark（1956 年）发现，后来经过进一步的研究，证实 N-乙酰胞壁酸是 N-乙酰基葡糖胺在 C3 位羟基与 D-乳酸的羟基以醚键缩合的产物（3-O-D-乳酸醚葡糖胺），N-乙酰胞壁酸仅存在于细菌中。

肽聚糖中的多糖部分变化并不大，如胞壁酸的 6-羟基的乙酰化和磷酸化和偶尔的情况下的肽或者 N-乙酰基取代基的变化。在分枝杆菌、诺卡氏菌属 kirovani 和微单孢菌中，胞壁酸以 N-乙酰基的形式出现，但以 N-羟衍生物的形式出现。在两位置的氨基基团不会被乙酰基（—COCH$_3$）取代，但会被羟基（—COCH$_2$OH）基团取代。对革兰氏阳性和革兰阴性细菌的研究表明，只有葡胞壁酸出现在细胞壁上，迄今尚未发现半乳胞壁酸的出现。

Ghuysen 曾详细讨论了聚糖链的长度，对于不同的物种，链的平均长度是在 $10\sim65$ 之间变化的双糖单位。虽然特殊情况下，细胞壁的形状和平均链长之间有一定的关系，但是却没有证据表明其普遍关系。

肽的部分是由氨基酸的 N 末端连接到胞壁酸的羧基上，而且氨基酸由 L 型和 D 型交替连接。D 构型的氨基酸的出现是肽聚糖的典型特征。由图 1-3 也可以看到。

肽侧链与糖链的连接通常是 L-丙氨酸结合到胞壁酸上，然后是 D-谷氨酸，其通过自身的 γ-羧基连接到一个 L 型的双氨基的氨基酸上，最后是由 D-丙氨酸连接到此二氨基酸上。在某些情况下，谷氨酸的 α-羧基会被替代，另外，也会在 C 末端发现一个额外的 D-丙氨酸。肽的这部分通常被称为肽亚基。L 型的二氨基酸中，没有结合在肽亚基上的氨基基团，会与

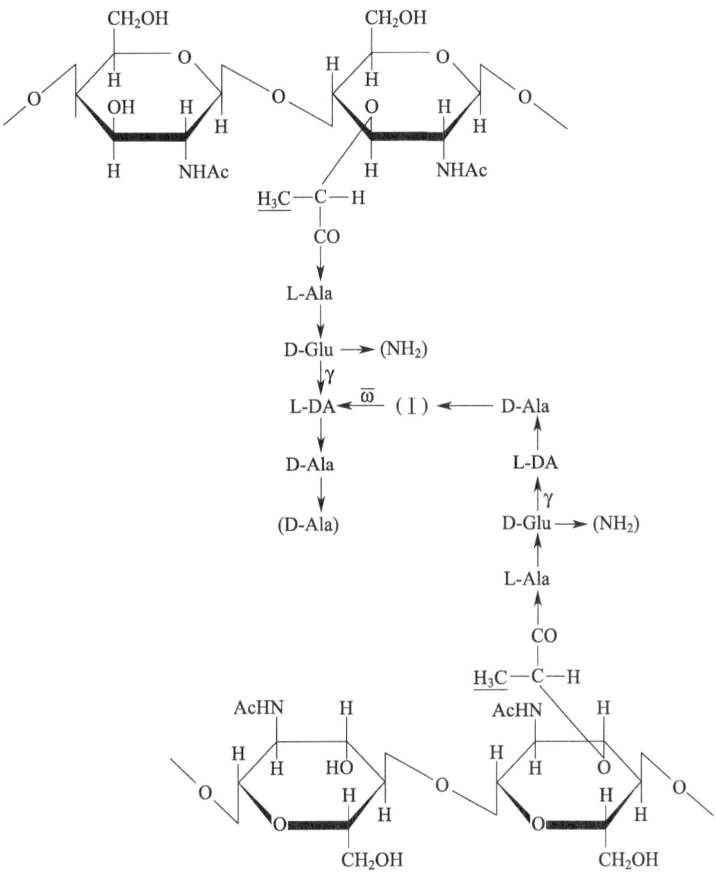

图 1-2　典型肽聚糖的结构

L-DA—L-二氨基酸；I—中间肽桥；括号中的基团取代有可能不发生；

γ，$\overline{\omega}$—发生取代的氨基酸的位置

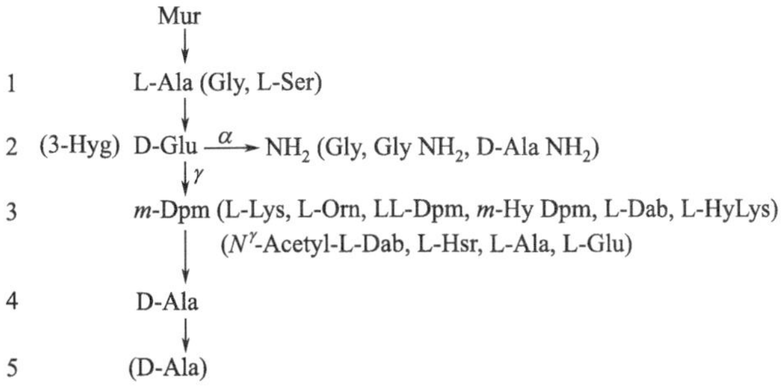

图 1-3　肽部分的氨基酸和连接方式

Mur—胞壁酸；L-Ala—L-丙氨酸；Gly—甘氨酸；L-Ser—L-丝氨酸；D-Glu—D-谷氨酸；3-Hyg—3-羟基谷氨酸；

m-Dpm—内消旋二氨基庚二酸，通常采用的缩写形式为 m-DPA；L-Lys—赖氨酸；L-Orn—鸟氨酸；LL-Dpm，

m-HyDpm—LL-γ-羟基二氨基庚二酸；L-Dab—L-二氨基丁酸；L-HyLys—γ-羟基赖氨酸；

N^{γ}-Acetyl-L-Dab—N^{γ}-乙酰-L-二氨基丁酸；L-Hsr—L-同型丝氨酸；

图中括号内表示可能出现的取代氨基酸或基团

邻近肽亚基 D-丙氨酸的 C 末端形成一个肽的连接，有时也会通过肽桥连接。因此，肽聚糖中的肽部分，只能通过组成的肽亚基或肽亚基和一个肽之间的肽桥连接。肽桥连接通常是从一个肽亚基的二氨基酸的 ω-氨基基团连接到另一个肽亚基的 D-丙氨酸的羧基基团。在少数情况下，连接是由 D-谷氨酸的 α-羧基连接到另外一个肽亚基的 D-丙氨酸的羧基基团上。在细胞壁结构的化学组成中，肽桥的连接方式存在有很多种形式。

肽亚基中的氨基酸的序列和变化可见图 1-3。氨基酸与胞壁酸的连接通常是由 L-甘氨酸连接的，但是有时也会被甘氨酸或者 L-色氨酸替代。

（2）脂肪酸及其衍生物

脂肪酸、甘油酯是几乎所有细菌细胞膜的典型组成成分。Sherlock MIS 系统（MIDI Inc.）提供了一个综合性的数据库，可以查看不同细菌细胞膜各种脂肪酸的组成情况。

在表征脂肪酸时，含有 1% 或者超过 1% 的成分都要列出。如果主要峰的成分没能识别出来，可以不写在主峰表中。在这种情况下，应该以等链长度（ECL）的形式表示出来。这样可以方便将来的研究者能够根据给出的 ECL 进行结构解析。

当对脂肪酸的形式进行比较时，一般在一个分类群内的变动很小，所以要特别注意某一类群内饱和脂肪酸和不饱和脂肪酸的变化。羟基化脂肪酸是否存在应谨慎对待。

除了游离脂肪酸，现在已经有越来越多的证据表明，在某些细菌的特定菌群中存在一系列的极性脂质。这些化合物似乎是由一个脂肪酸和一个小分子比如一个氨基酸缩合而成。目前已知的例子有鞘脂和烷基胺等，也有报道称 *Thermomicrobium roseum* 中一种重要的脂质是长链二元醇。对于有这些物质存在的菌群，应当采取多种方法分析，确认是否有这些物质存在，同时所使用的方法也应当详细陈述。

四、基于遗传信息的分子生物学鉴定方法

1. DNA 中 G+C 含量分析

生物体的遗传物质 DNA 中四种碱基 G、C、A、T 的排列和比例是 DNA 特性的决定因素。Storck 系统测定了真菌 DNA G+C 含量（摩尔分数），确定 G+C 含量（摩尔分数）作为真菌分类鉴定的遗传学参考标准之一。染色体 DNA G+C 含量（摩尔分数），即 DNA 的碱基组成具有种特异性，且不受菌龄和外界因素的影响，成为细菌分类和菌种鉴定的重要指标。其测定方法不断被改进和创新，主要包括纸色谱法、浮力密度法、高效液相色谱法、热变性温度（melting temperature，T_m）测定法（T_m 法）和荧光法等。其中 T_m 法操作简便、精确度高、重复性好，最为常用。此法在国外发展较早，在国内也引起越来越多的重视。此法利用 DNA 的增色效应求 T_m 值，G+C 含量（摩尔分数）与 T_m 值呈正比例关系。

T_m 法测定 G+C 含量（摩尔分数）的原理如下。DNA 双螺旋在一定离子强度和 pH 值缓冲液中不断加热时，碱基对间的氢键断裂，使 DNA 双链（天然构型）打开，逐渐变成单链（变性构型），导致核苷酸在 260nm 处的紫外光吸收值明显增加（增色效应）。当双链完全变成单链后，紫外光吸收值停止增加，紫外光吸收值增加的中点所对应的温度即为热变性温度。DNA 由 A-T 和 G-C 两种碱基对组成，具有三个氢键的 G-C 比具有两个氢键的 A-T 碱基对结合得更牢，热变性过程中打开氢键所需的温度更高。因此，DNA 样品的 T_m 值直接取决于样品中 G-C 碱基对的绝对含量。利用增色效应测定 T_m 值，代入特定公式可求出

不同细菌 DNA G+C 含量（摩尔分数）。

DNA 适当稀释后置于带加热装置的紫外分光光度计中完成热变性，根据变性过程中各温度和对应的相对吸光度绘制 DNA 热变性曲线，热变性曲线中点的温度即为 T_m 值。所测 T_m 值代入公式即可计算出细菌染色体 DNA G+C 含量（摩尔分数）。实验室常使用的参比菌株是大肠杆菌 K12（51.2%G+C），若测定的大肠杆菌 K12 T_m 值为 90.5℃，使用公式：

$$1\% \ SSC \ G+C=(T_m-69.3)\times 2.44$$
$$0.1\% \ SSC \ G+C=(T_m-53.9)\times 2.44$$

若 T_m 值为其他时，使用公式：

$$1\%SSC \ G+C=51.2+2.44\times[T_m(未知菌)-T_m(大肠杆菌 K12)]$$
$$0.1\% \ SSC \ G+C=51.2+2.08\times[T_m(未知菌)-T_m(大肠杆菌 K12)]$$

对 T_m 值的主要影响因素是溶液中的离子强度。测定 T_m 值必须精确配制缓冲液的浓度，测定高 T_m 值（92℃以上）时，可通过改变缓冲液浓度，如由 1% SSC 改用 0.1% SSC（T_m 约降低 16℃），或使用不同的缓冲液，如磷酸盐缓冲液（约降低 20℃）来克服测定的困难。

G+C 含量（摩尔分数）测定使得微生物分类学依据由表型特征向遗传型特征深化，对表型特征相似的疑难菌株鉴定、新菌种的命名和建立一个新的分类单位等是一项重要的、必不可少的分类鉴定指标。G+C 含量（摩尔分数）测定也可作为细菌种属间亲缘关系的参考标准。一般认为，两株细菌的 G+C 含量（摩尔分数）差别小于 2% 是无意义的，含量差别在 2%～5%，判定两株细菌为同种内的不同菌株；差别在 5%～15%，判定两株细菌同属不同种；差别大于 15%，判定两株细菌不同属甚至不同科。

G+C 含量（摩尔分数）测定的主要作用在于否定，即 G+C 含量（摩尔分数）不同的两个菌株，可肯定不是同种细菌。但 G+C 含量（摩尔分数）相同的细菌，不能武断地认为是相同或相似的细菌。因为 G+C 含量（摩尔分数）虽相同，其碱基排列顺序（遗传密码）不一定相同，尚需结合表型鉴定为未知菌定种或通过核酸杂交鉴定菌株间的亲缘关系。

T_m 法重复性较好，G+C 含量（摩尔分数）标准差为 ±（0.4%～1.0%），但该法对 4 个碱基以外的稀有碱基不敏感，G+C 含量（摩尔分数）测定适于 30%～75% 的范围，过高或过低都会出现偏差。

2. 16S rDNA 测序

编码 16S rRNA 的基因具有高度保守性，同时在不同的菌株间也含有变异的碱基序列，能较好地体现不同细菌不同属种属之间的差异。通过对其序列进行分析，可以判定不同菌属、菌种间遗传关系的远近。

16S rRNA 被选择作为系统发育分析标记分子，具有如下特点：①它是构成蛋白质合成机器（核糖体）的关键成分，对所有的生物都至关重要（真核生物中是 18S rRNA）；②进化缓慢，保守性强；③保守区和高变区交替分布，便于在不同层次上的比对和分子生物学操作，如利用不同分类学层次的保守片段作为标记序列，设计引物或探针；④在细胞内的含量高，提取容易；⑤分子大小适宜（1500bp），既包含了足够的信息，又便于序列分析。

基于 16S rRNA 微生物系统发育多样性的研究极大地推动了微生物多样性研究的发展，

《伯杰氏细菌系统手册》第二版和《微生物学》第十版（Brock Biology of Microorganisms, tenth edition）的分类体系就是按照 16S rRNA 的系统发育进行编排的。

虽然 16S rRNA 基因序列广泛应用于细菌鉴定或构建细菌的系统进化关系，但对亲缘关系很近的菌株，由于序列的相似度太高就会失效。因此，16S rRNA 基因序列分析更适用于确定种以上分类单位的亲缘关系。

3. DNA-DNA 分子杂交方法

DNA-DNA 分子杂交（molecular hybridization）百分率可反映核苷酸顺序的相似程度，进而可以阐明细菌之间的亲疏关系，可以在基因组水平上研究细菌间的区别和关系，用于种水平的分类学研究和新种的确立。1987 年，国际系统细菌学委员会（ICSB）规定，DNA 相关性大于等于 70% 或杂交分子的热解链温度差小于等于 5℃ 作为细菌种的界限。

DNA-DNA 杂交的方法有很多种，按其作用环境可分为固相分子杂交和液相分子杂交两个基本类型。常用的固相分子杂交法有琼脂凝胶法和滤膜法；液相分子杂交法有羟基磷灰石法、内切酶分析法、复性速率法以及荧光微孔板测定法等。

DNA 分子杂交的方法各有利弊。固相分子杂交法操作简单，但杂交效率较低。琼脂法测得的结果约为实际同源性的 40%；硝酸纤维素膜法杂交结果可达到实际同源性的 75%。液相分子杂交法的效率较高，可达 75%～95%。这两种方法都需要同位素标记 DNA，给试验工作带来许多麻烦，而复性速率法的优点恰恰是不需要同位素标记。复性速率法较简单，易操作，短时间内就能得出结果。但用此法即使完全异源的两株菌，也能给出 20%～30% 的相似性，因此最好用于比较相似的菌株。

4. 全基因组 DNA 脉冲场凝胶电泳（PFGE）的鉴定方法

将待测菌株的细菌包埋于琼脂块中，用适当的内切酶在原位对整个细菌染色体进行酶切，酶切片段在特定的电泳系统中通过电场方向不断交替变换，以及合适的脉冲时间等条件下而得到良好的分离。

PFGE 中内切酶的选用至关重要，所采用的内切酶常为寡切点酶（low frequency cleavage restriction endonucleases），这种酶切后的片段少而大，适于 PFGE 电泳。有研究通过对细菌的 PFGE 电泳图谱的内切酶的选择研究发现，四核苷酸 CTAG 在许多 G+C 含量大于 45% 的细菌染色体中是比较少见的，在所试验的 16 个细菌的染色体中，被 1 个或多个可识别 CTAG 位点的内切酶酶切，每 100000bps 中不到 1 次，这些酶的识别序列分别为：Xba I（TCTAGA）、Sep I（ACTAGT）、Avr II（CCTAGG）和 Nhe I（GCTAGC）。同样地，在许多含 G+C 小于 45% 的基因组，CCG 和 CGG 更少。这样用 Sma I（CCCGGG）、Rsr II（CGGWCCG）、Nae I（GCCGGC）和 Sac II（CCGCGG）进行酶切，对产生平均超过 100000bps 的片段是非常合适的。

对 PFGE 结果的观察，可因不同研究者而出现较大差异，Tenover 等经过多年的研究提出了 PFGE 的解释标准。

（1）不可区分（indistinguishable）

酶切图谱间有同样的条带数，且相应条带大小相同，流行病学上则认为相同，这种经 PFGE 证实的结果，用其他方法检测不可能显示实质性的差异。

（2）紧密相关（closely related）

PFGE 试验中，当待测菌株与其衍生菌株（如点突变、插入或 DNA 缺失）或与参考菌株出现 2～3 条带的差异。

（3）可能相关（possibly related）

待测菌株与参考菌株出现 4～6 条带差异，此时能用简单地插入或 DNA 限制性位点的获得或缺失来解释，表明两者间存在大概率的亲缘关系一致。

（4）不相关（unrelated）

待测菌株的 PFGE 图谱与参考菌株不同（有 7 个或更多个条带的差异），则可认两者亲缘关系不一致，在分类上具有显著的差异性。

五、基因组时代的分类工具

分类程序总是依靠技术进步不断发展，因为引入的创新方法已经提供了原核生物分类的新机会。为了找到在分类程序中结合基因组数据的最好途径，第二次伯杰氏国际学会微生物系统学会议于 2014 年 4 月在苏格兰爱丁堡举行，会议的主题是"在基因组时代定义微生物多样性"。

基因组数据可以从很多数据库获得，其中值得推荐的是在线基因组数据库（genomes online database，GOLD），从中可以获得详尽的基因组、宏基因组测序项目及其全世界相关数据的信息。

还有些其他的在线数据库和工具，可以从完整的基因组或单序列获得分类数据。它们是综合微生物资源库（comprehensive microbial resource，CMR）、DNA 银行网络（DNA bank network）、全球基因组生物多样性网络（global genome biodiversity Network）、综合核糖体 RNA 数据库（comprehensive ribosomal RNA databases）、核糖体数据库项目（ribosomal database project）、RibAlign，以及可以在核酸研究网站获得软件。

正在进行的大型测序项目，称为细菌和古细菌的基因组百科全书（Genomic Encyclopedia of Bacteria and Archaea，GEBA），拟测定来自生命发育树多样性分支的成千上万个细菌和古细菌的序列，这也是首次采用生命发育树作为指导来测序目标菌的一次尝试。提取可靠的信息要求标准化的描述基因组和分析程序便于交换和整合基因组信息，这也是基因组标准联合会（Genomic Standards Consortium，GSC）及其开放的杂志——基因组科学的标准（Standards in Genomic Sciences）的目标。

可以期望近期关于种的描述将包括该类菌株的基因组序列，这得益于测序成本的降低；数字 DNA-DNA 杂交（DDH）将取代基于实验药剂的传统实验 DDH 以及 G＋C 含量的测定。在这一点上，双歧杆菌、乳杆菌以及相关微生物的分类学分委员会最近出版了双歧杆菌、乳杆菌以及相关属的新分类描述的建议最低标准。这也给在乳酸菌分类中整合基因组数据提供了指导。

乳杆菌科包括最大数目的 GRAS（一般公认安全）菌种。许多菌种因为其对发酵食品生产的作用而成为在食品微生物或人类营养中的最重要的细菌，也作为益生菌使用。很多新种的发现引起属的进一步完善，也伴随着系统发育群组的数目的增加。已经描述的新种有：巴克乳杆菌（*Lactobacillus Backii*）、居里乳杆菌（*L. Curieae*）、粪乳杆菌（*L. Faecis*）、转化人参皂苷乳杆菌（*L. Ginsenosidimutans*）、黑龙江乳杆菌（*L. Heilongjiangensis*）、岩手乳杆菌（*L. Iwatensis*）、牡丹江乳杆菌（*L. Mudanjiangensis*）、嫩江乳杆菌（*L. Nenjiangensis*）、*L. okkaidonensis*、米乳杆菌（*L. Oryzae*）、青贮饲料乳杆菌（*L. Silagei*）、松花江乳杆菌（*L. songhuajiangensis*）、龙仁乳杆菌（*L. Yonginensis*）、蜜蜂乳杆菌（*L. Apis*）、野鼠乳杆菌（*L. Rodentium*）。这些新种被认为属于不同的系统发育群组，使得该属的系统发育结构变得更复杂。在新的分类系统，德氏乳杆菌、蜜蜂乳杆菌（*L. apis*）、啮齿动物乳杆菌（*L. rodentium*）可能会保持属的名字。

关于乳酸菌的代谢知识最主要来源于乳杆菌属，主要分为同型乳酸发酵和异型发酵。在同型发酵中，乳酸菌按照糖酵解途径（EMP 途径）降解己糖产生的有机酸中超过 85% 是乳酸。异型发酵则通过利用磷酸戊糖途径（PP 途径）降解己糖，也降解戊糖，除了产生乳酸外，也产生乙醇、乙酸和二氧化碳。异型发酵可以是兼性或专性的，兼性发酵分别由 EMP 途径、PP 途径降解己糖和戊糖；专性异型发酵中，己糖和戊糖通过葡萄糖磷酸途径（PP 途径的第一阶段）降解，同时产生二氧化碳。考虑到实际的多样性，必须注意这些信息来自很有限种属的研究，代谢群组与系统发育簇之间不呼应。

基因组序列的获得使得可以分析乳杆菌目中属于糖酵解途径（EMP 途径）和磷酸戊糖途径（PP 途径）的 42 个基因的分布和组合情况。这种分析可以揭示在被检查的两种代谢途径中失去/获得基因的特定世系趋势的出现情况。在乳杆菌属中，德氏乳杆菌是丢失中心 EMP 途径基因最多的乳酸菌群簇。经分析，所有 11 株菌缺少丙酮酸脱氢酶复合体（PDHc）的操纵子编码，其由 4 种基因组成（*pdhA*、*pdhB*、*pdhC*、*pdhD*）是连接基因型到它们的表型的关键，属于同型发酵，葡萄糖经过乳酸脱氢酶（LDH）排他性地转化为乳酸。另一方面，明串珠菌科和专性异型发酵的乳杆菌（包括罗伊氏乳杆菌、短乳杆菌、布赫内氏乳杆菌）正是由于丢失了磷酸果糖激酶（PFKA），该酶是启动 EMP 途径关键酶，依赖于 ATP 将果糖磷酸化。所以，葡萄糖发酵是通过 PP 途径驱动的，在专性异型发酵中引起二氧化碳的产生。

在德氏乳杆菌中，观察到完整的 PDHc 操纵子缺失和 *pfkA* 基因的存在，这表明尽管存在表型多样性，但仍存在合乎逻辑的基因组合。事实上，兼性和专性异型发酵的种属，如 *Lact. acetotolerans*、*Lact. fornicalis*、*Lact. hamsteri*、*Lact. intestinalis*、*Lact. jensenii*、*Lact. psittaci*，揭示了一个与同型发酵种属可比较的基因型背景，因此它们的表型可能源自另外的代谢途径。有趣的是，在同型发酵的 *Lact. iners* LMG18914^T 和 *Lact. amylotrophicus* LMG11400^T，已经获得了 pdhA-和 pdhB-目标引物的 PCR 产物。值得注意的是，获得序列揭示了 *Staphylococcus warneri* L37603（98%）和 *Streptococcus haemolyticus* JCSC1435（91%）之间的高相似度，这表明水平基因转移可能出现，因为这些菌共同存在于相似的生境（如人的胃、阴道和临床样品中）。这种推测也经过有限的基因组前期观察得到再次证实。这显示出乳杆菌目中存在不只一个拷贝的磷酸丙酮酸水合酶基因（*eno*），一种是最早来自革兰阳性菌的，另外一种最可能来自放线菌。

这些研究表明，基因组数据对于正确阐述基因型和表型之间的准确关系有重要的作用，使得可以三维立体式地描述分类、基因型协调、系统发育和表型数据成为可能。此外，关于乳酸菌进化的这些判断可能在发展一种"自然"（即反映进化关系）的科和属的分类方法方面取得重要结果。以基因组序列为基础的方法有助于解释在一个单基因座出现的扭曲进化的情况。几种序列的测定有助于进一步理解微生物进化过程中出现的情况。

参考文献

[1] Daniel M Lilly，R H S. Probiotics：Growth-Promoting Factors Produced by Microorganisms. Science，1965，147（3659）：747-748.

[2] Afrc R F. Probiotics in man and animals. Journal of Applied Bacteriology，1989，66（5）：365-378.

[3] Havennar R H J. The lactic acid bacteria. Wood B J B ed，1992，1（99）：151-170.

[4] 吴蜀豫，冉陆. FAO/WHO《食品益生菌评价指南》. 中国食品卫生杂志，2003，15：377-379.

[5] 布坎南 R E，吉布斯 N E. 伯杰氏细菌学鉴定手册. 第 8 版. 北京：科学出版社，1984：797-798，805-806.

[6] Sreekumar O，Hosono A. Immediate Effect of Lactobacillus acidophilus on the Intestinal Flora and Fecal Enzymes of Rats and the *In Vitro* Inhibition of *Escherichia coli* in Co-culture. Journal of dairy science，2000，83（5）：931-939.

[7] Quiberoni A，Guglielmotti D，Binetti A，et al. Characterization of three *Lactobacillus delbrueckii* subsp. *bulgaricus* phages and the physicochemical analysis of phage adsorption. Journal of applied microbiology，2004，96（2）：340-351.

[8] Buchanan R，Gibbons N. Bergey's manual of determinative bacteriology Williams and Wilkins. Baltimore，Md，1974：548-549.

[9] 杨洁杉，郭兴华，凌代文. 乳酸菌——生物学基础及应用. 北京：中国轻工业出版社，1996.

[10] Sharpe M E. A serological classification of lactobacilli. Journal of general microbiology，1955，12（1）：107-122.

[11] 张和平，张列兵. 现代乳品工业手册. 北京：中国轻工业出版社，2005.

[12] 张延超，包艳，王水泉，等. 发酵乳杆菌的生物学特性，生理功能及应用前景. 农产食品科技，2009，2（4）：33-36.

[13] A H，R S，L C P. Characteristics of the adhesive determinants of Lactobacillus fermentum 104. Applied and Environmental Microbiology，1991，57（2）：499-502.

[14] Reid G，Bruce A W，Fraser N，et al. Oral probiotics can resolve urogenital infections. FEMS Immunology and Medical Microbiology，2001，30（1）：49-52.

[15] C H，Jet H V，Db J. Purification and characterization of a surface-binding protein from *Lactobacillus fermentum* RC-14 that inhibits adhesion of *Enterococcus faecalis* 1131. FEMS Microbiology Letters，2000，190（1）：177-180.

[16] Strompfova V，Marcinakova M，Gancarcikova S，et al. New probiotic strain *Lactobacillus fermentum* AD1 and its effect in Japanese quail. Veterinarni Medicina，2005，50（9）：415-420.

[17] EFSA. Scientific opinion on the maintenance of the list of QPS biological agents intentionally added to food and feed. EFSA J，2010，8（12）：1944.

[18] 张开屏. 植物乳杆菌的鉴定及生物学特性的研究. 呼和浩特：内蒙古农业大学，2008.

[19] Liu Z D，Guo B H，Wang Y Y，et al. Cholesterol removal from media by *Lactobacillus plantarum* ST-III. Milchwissenschaft-Milk Science International，2008，63（2）：134-137.

[20] Liu J R，Wang S Y，Chen M J，et al. Hypocholesterolaemic effects of milk-kefir and soyamilk-kefir in cholesterol-fed hamsters. British Journal of Nutrition，2006，95（5）：939-946.

[21] Belviso S，Giordano M，Dolci P，et al. *In vitro* cholesterol-lowering activity of *Lactobacillus plantarum* and *Lactobacillus paracasei* strains isolated from the Italian Castelmagno PDO cheese. Dairy Science & Technology，2009，89（2）：169-176.

[22] Ha C G，Cho J K，Lee C H，et al. Cholesterol lowering effect of *Lactobacillus plantarum* isolated from human feces. Journal of Microbiology and Biotechnology，2006，16（8）：1201-1209.

[23] Chen F Y，Lee M T，Huang H W. Sigmoidal concentration dependence of antimicrobial peptide activities：a case study on alamethicin. Biophysical journal，2002，82（2）：908-914.

[24] Isolauri E, Rautanen T, Juntunen M, et al. A human *Lactobacillus* strain (*Lactobacillus casei* sp. strain GG) promotes recovery from acute diarrhea in children. Pediatrics, 1991, 88 (1): 90-97.

[25] 马鹏飞, 陈有亮, 金鸟君. 鼠李糖乳杆菌功能特性的研究进展. 科技通报, 2009, 25 (2): 202-206.

[26] 许勇茜, 岳隆耀, 刘光男, 等. 鼠李糖乳杆菌 LGG 对大肠杆菌 K88＋攻毒的断奶仔猪肠道菌群的影响. 中国兽医杂志, 2009, (4): 36-37.

[27] Zhang L, Xu Y Q, Liu H Y, et al. Evaluation of *Lactobacillus rhamnosus* GG using an *Escherichia coli* K88 model of piglet diarrhoea: Effects on diarrhoea incidence, faecal microflora and immune responses. Veterinary microbiology, 2010, 141 (1): 142-148.

[28] Ventura M, Canchaya C, Fitzgerald G F, et al. Genomics as a means to understand bacterial phylogeny and ecological adaptation: the case of bifidobacteria. Antonie Van Leeuwenhoek International Journal of General and Molecular Microbiology, 2007, 91 (4): 351-372.

[29] Gomes A M P, Malcata F X. *Bifidobacterium* spp. and *Lactobacillus acidophilus*: biological, biochemical, technological and therapeutical properties relevant for use as probiotics. Trends in Food Science & Technology, 1999, 10 (4-5): 139-157.

[30] Annan N T, Borza A, Moreau D L, et al. Effect of process variables on particle size and viability of *Bifidobacterium lactis* Bb-12 in genipin-gelatin microspheres. Journal of Microencapsulation, 2007, 24 (2): 152-162.

[31] Mokarram R R, Mortazavi S A, Najafi M B H, et al. The influence of multi stage alginate coating on survivability of potential probiotic bacteria in simulated gastric and intestinal juice. Food Research International, 2009, 42 (8): 1040-1045.

[32] 郭俊杰, 姜韬. 青春双歧杆菌细胞壁免疫调节和抑瘤作用研究. 医学研究杂志, 2006, 5: 51-53.

[33] Gomi A, Harima-Mizusa Wa N, Shibahara-Sone H, et al. Effect of *Bifidobacterium bifidum* BF-1 on gastric protection and mucin production in an acute gastric injury rat model. Journal of Dairy Science, 2013, 96 (2): 832-837.

[34] Meile L, Ludwig W, Rueger U, et al. *Bifidobacterium lactis* sp. nov, a moderately oxygen tolerant species isolated from fermented milk. Syst Appl Microbiol, 1997, 20 (1): 57-64.

[35] Cai Y M, Matsumoto M, Benno Y. *Bifidobacterium lactis* Meile et al. 1997 is a subjective synonym of *Bifidobacterium animalis* (Mitsuoka 1969) Scardovi and Trovatelli 1974. Microbiology and Immunology, 2000, 44 (10): 815-820.

[36] 高鹏飞, 孙志宏, 麻士卫, 等. 蒙古族儿童源益生特性双歧杆菌的筛选及鉴定. 微生物学报, 2009, 49 (2): 210-216.

[37] A M, Y L. Genetics of Streptococcus thermophilus: A Review. Journal of Dairy Science, 1989, 72 (12): 3444-3454.

[38] Benbadis L, Brignon P, Gendre F. Mutant Lactobacillus bulgaricus strains free from beta-galactosidase activity: US, 07563436. 2009-07-21.

[39] I R, Sk T, Tu M. Streptococcus thermophilus strains: Multifunctional lactic acid bacteria. International Dairy Journal, 2010, (20): 133-141.

[40] 文飞球, 巫剑峰. 布拉氏酵母与消化道疾病. 第十届全国微生态学学术会议论文集, 2010: 434-438.

[41] Tiago F, Martins F S, souza E, et al. Adhesion to the yeast cell surface as a mechanism for trapping pathogenic bacteria by Saccharomyces probiotics. Journal of medical microbiology, 2012, 61 (Pt 9): 1194-1207.

[42] Paik H, Bae S, Park S, et al. Identification and partial characterization of tochicin, a bacteriocin produced by *Bacillus thuringiensis* subsp. *tochigiensis*. Journal of Industrial Microbiology and Biotechnology, 1997, 19 (4): 294-298.

[43] 张响英, 唐现文. 微生态制剂在动物生产中的应用. 饲料博览, 2000, 11: 31-32.

[44] 王芳, 梁全忠, 焦福林, 等. 日粮添加粪链球菌对仔猪生产性能的影响. 兽药与饲料添加剂, 2006, 11 (5): 7-8.

[45] Maia O B, Duarte R, Silva A M, et al. Evaluation of the components of a commercial probiotic in gnotobiotic mice experimentally challenged with *Salmonella enterica* subsp *entericaser*. Typhimurium. Veterinary Microbiology, 2001, 79 (2): 183-189.

[46] Devriese L，Colque J，Herdt P D，et al. Identification and composition of the tonsillar and anal enterococcal and streptococcal flora of dogs and cats. Journal of Applied Bacteriology，1992，73（5）：421-425.

[47] Grozdanov L，Raasch C，Schulze J，et al. Analysis of the genome structure of the nonpathogenic probiotic *Escherichia coli* strain Nissle 1917. Journal of bacteriology，2004，186（16）：5432-5441.

[48] Cukrowska B，Lodinova-Zadnikova R，Enders C，et al. Specific proliferative and antibody responses of premature infants to intestinal colonization with nonpathogenic probiotic *E. coli* strain Nissle 1917. Scandinavian Journal of Immunology，2002，55（2）：204-209.

[49] Grabig A，Paclik D，Guzy C，et al. *Escherichia coli* strain Nissle 1917 ameliorates experimental colitis via toll-like receptor 2- and toll-like receptor 4-dependent pathways. Infection and Immunity，2006，74（7）：4075-4082.

[50] Kruis W，Fric P，Pokrotnieks J，et al. Maintaining remission of ulcerative colitis with the probiotic *Escherichia coli* Nissle 1917 is as effective as with standard mesalazine. Gut，2004，53（11）：1617-1623.

[51] Hafez M，Hayes K，Goldrick M，et al. The K5 Capsule of *Escherichia coli* Strain Nissle 1917 Is Important in Stimulating Expression of Toll-Like Receptor 5，CD14，MyD88，and TRIF Together with the Induction of Interleukin-8 Expression via the Mitogen-Activated Protein Kinase Pathway in Epithelial Cells. Infection and Immunity，2010，78（5）：2153-2162.

[52] Hafez M，Hayes K，Goldrick M，et al. The K5 Capsule of *Escherichia coli* Strain Nissle 1917 Is Important in Mediating Interactions with Intestinal Epithelial Cells and Chemokine Induction. Infection and Immunity，2009，77（7）：2995-3003.

[53] 郭兴华. 益生菌基础与应用. 北京：科学技术出版社，2002.

[54] Robredo B，Singh K V，Baquero F，et al. Vancomycin-resistant enterococci isolated from animals and food. International journal of food microbiology，2000，54（3）：197-204.

[55] Von Mering C，Jensen L J，Kuhn M，et al. STRING 7-recent developments in the integration and prediction of protein interactions. Nucleic acids research，2007，35（suppl 1）：D358-D362.

[56] Moubareck C，Gavini F，Vaugien L，et al. Antimicrobial susceptibility of bifidobacteria. Journal of Antimicrobial Chemotherapy，2005，55（1）：38-44.

[57] Charteris W，Kelly P，Morelli L，et al. Antibiotic susceptibility of potentially probiotic Bifidobacterium isolates from the human gastrointestinal tract. Letters in applied microbiology，1998，26（5）：333-337.

[58] 杨郁，张丽靖. 乳酸菌耐酸机理的研究. 食品工程，2008（4）：42-45.

[59] Cross M L. Microbes versus microbes：immune signals generated by probiotic lactobacilli and their role in protection against microbial pathogens. FEMS Immunology & Medical Microbiology，2002，34（4）：245-253.

[60] Pineiro M，Stanton C. Probiotic bacteria：legislative framework—requirements to evidence basis. The Journal of nutrition，2007，137（3）：850S-853S.

[61] Marteau P. Safety aspects of probiotic products. Food & Nutrition Research，2001，45：22-24.

[62] Lederberg J，Mccray A. The Scientist：'Ome Sweet' Omics-A Genealogical Treasury of Words. The Scientist，2001，17（7）.

[63] Donohue D，Salminen S. Safety of probiotic bacteria. Asia Pacific Journal of Clinical Nutrition，1996，5：25-28.

[64] Saxelin M，Chuang N H，Chassy B，et al. Lactobacilli and bacteremia in southern Finland，1989-1992. Clinical infectious diseases，1996，22（3）：564-566.

[65] Saxelin M，Rautelin H，Salminen S，et al. Safety of commercial products with viable lactobacillus strains. Infectious Diseases in Clinical Practice，1996，5（5）：331-335.

[66] 张刚. 乳酸细菌基础、技术和应用. 北京：化学工业出版社，2007.

[67] 万明. 细菌分子遗传学分类鉴定法. 上海：上海科学技术出版社，1990.

[68] Blattner F R，Plunkett G，Bloch C A，et al. The complete genome sequence of *Escherichia coli* K-12. Science，1997，277（5331）：1453-1462.

[69] Brooijmans R J W，de Vos W H，Hugenholtz J. The electron transport chains of *Lactobacillus plantarum*

WCFS1. Applied and Environmental Microbiology，2009，75：3580-3585.

[70] Endo A，Irisawa T，Futagawa-Endo Y，et al. *Lactobacillus faecis* sp. Nov. ，isolated from animal faeces，International Journal System Environment microbiology，2013，63：4502-4507.

[71] Hollenbeck B L，Rice L B. Intrinsic and acquired resistance mechanisms in *Enterococcus*，Virulence，2012，3：421-433.

[72] Mattarelli P，Holzapfel W，Franz M A P C，et al. Recommended minimal standards for description of new taxa of the genera *Bifidobacterium*，*Lactobacillus* and related genera. International Journal System Environment microbiology，2014，64：1434-1451.

第二章

益生菌与肠道菌群

　　微生物学研究发展的初期，当微生物学之父列文虎克利用自己发明的显微镜开始研究微生物的同时，对于人体微生物的研究也开始了。人体微生物的数量达数万亿，分布于人体的各个部位，共同组成了人体微生态系统。由于受到复杂多样的人体内外因素的影响，因而人体微生态系统极为复杂。人体微生态系统包括口腔、皮肤、泌尿、胃肠道四个微生态系统，各个功能系统之间是相辅相成、密切联系的。这些正常菌群自人体离开母体就开始定植，并伴随终身。经过漫长的生物进化过程，正常菌群与人体处于共生状态，并与人体建立起密切的关系，这对促进人体生理机能的完善尤其是免疫功能的成熟起着非常重要的作用。正常菌群与机体形成相互依存、互为利益、相互协调又相互制约的统一体。

　　微生物有个体特征，对人体个体而言是一个特定的标签。人体的肠道微生物明显地受到基因、营养和外部因素的影响，随着年龄的增长也会不断变化。特定的微生物标签可能用作疾病的生物标记，帮助诊断疾病、检测疾病的变化以及预测治疗之后的效果。益生菌的肠道微生物可以预防和治疗某些疾病，益生菌疗法可以用作其他治疗方法的辅助手段或作为主要治疗方法，影响肠道或其他非肠道的器官的数据需要积累。

　　人体肠道微生态系统是人体微生态系统的重要组成部分，定植在人体肠道内十分复杂而又相对稳定的数量巨大的微生物区系，对人类的健康以及各种生命活动的正常进行有着十分重要的生理意义。根据肠道菌群对宿主的生理影响，可将肠道菌群分为三大类：①与宿主共生的生理性细菌，为专性或兼性厌氧菌，是肠道的优势菌群，如拟杆菌、双歧杆菌、乳杆菌和消化球菌是肠道菌群的主要构成者，具有营养及免疫调节的作用；②与宿主共栖的条件致病菌，以兼性厌氧菌为主，为肠道非优势菌群，如肠球菌、肠杆菌，在肠道处于微生态平衡时是无害的，而在特定的条件下具有侵袭性时，会对人体有害；③病原菌，大多数为过路菌，长期定植的机会少，生态平衡时这些菌数量少，不会致病；如果数量超出正常水平，则可引起宿主发病，如变形杆菌、假单胞菌和韦氏梭菌等。肠道菌群按一定比例组合，各菌间互相制约、互相依存，受饮食、生活习惯、地理环境、年龄及卫生条件的影响而变动，在质和量上形成一种生态平衡。处于理想状态时，在消化道内有特定量的有益微生物，以维持消化道内的平衡和养分的消化吸收，但是在生理和环境应激时，则会造成消化道内微生物区系紊乱，病原菌大量繁殖，出现临床病态。

第一节　人类微生物组研究计划

人类微生物组计划揭示出共栖的微生物与其人类宿主之间有趣的共生关系。人体微生物研究确定存在于人体的重要分类群组是人类微生物组计划的重大贡献。确定基因组学、生活方式和人体微生物群之间的潜在关系揭示出复杂的宿主-微生物平衡。人体微生物群与人体的共进化也发展了一种机制，获得难得的营养物质并成为人体代谢产物固有的一部分，通过与宿主上皮细胞的相互作用调节免疫功能。胃肠道是一个有多种酶、胆汁和极端 pH 值的厌氧环境。与一部分可以在实验室培养和操作的微生物相比，人体微生物群是由大量的、不能培养的细菌种属组成。人体与微生物维持着一种从依附性到有益性的关系。

一、人类微生物组概述

人类基因组和人类微生物组的和谐统一、协同作用是确保人体健康的前提。2003 年，被誉为生命科学"登月计划"的人类基因组计划宣告完成，与此同时，科学家们也发现尚未解决的问题依旧很多：首先，庞杂的人类基因组基因解密工作并不能为人类的健康、疾病等相关问题的解决提供充分证据；鉴于研究手段落后、人类微生物组基因数目庞大（总和约为人类基因组数目总和的 100 倍）等原因，对于与人类基因组计划同等重要的人类微生物组研究计划仍知之甚少；其次，许多动物研究报道了肠道菌群结构的紊乱可能与部分疾病密切相关，仍待进一步验证；诸多科学家开始将目光转向人类微生物组计划，意图借助人体微生物菌群的研究，探究其与人体健康的关系，试图为预防和控制代谢类疾病等慢性疾病提供依据。

二、人类微生物组计划的启动

第一个真正意义上的人类微生物组研究计划酝酿了两年之久，2007 年底由美国国立卫生研究院（National Institutes of Health，NIH）宣布正式启动，命名人类微生物组计划（human microbiome project，HMP）。该计划是人类微生物组研究计划的开山之作，由美国主导，诸多欧盟国家以及中国、日本等十余个国家参与其中；项目预期在 5 年内成功绘制900 种以上在人体不同部位的细菌参考基因组序列；HMP 一期工作已于 2012 年完成，并获得了 3000 株微生物的基因组序列。事实上，与人类基因组计划一样，HMP 一期项目完成的工作只是"冰山一角"。2013 年人类微生物组计划第二期（iHMP）拉开序幕。iHMP 对怀孕和早产群体、炎症性肠病患者及Ⅱ型糖尿病患者等三类特殊疾病人群的微生物组和宿主进行分析，试图通过建立数据库、构建模型等一系列手段来解析宿主与微生物间的相互作用。2019 年 Nature 杂志发布了 iHMP 的研究成果，提到人与人之间微生物组成的差异比每个个体因自身条件改变而产生的差异更大，当肠道中出现微生物和生化变化时，免疫系统对全身产生反应、产生抗体；同时该计划追踪了与早产相关的菌群多样性的变化。以上两期工作为微生物组工作的开展打下了良好基础。2013～2015 年，微生物组质量控制计划（the microbiome quality control project，MBQC）在美国顺利完成，探索了人体菌群样本的扩增子测序的标准化和质量控制标准，对人类相关微生物群落的技术和计算方法的评估进行了标准化和质量控制。

三、 美国的人类微生物组计划

美国在人类微生物组相关计划的研究工作中相对领先。在 2007 年人类微生物组计划之后，美国又启动了美国肠道计划（American gut project，AGP）。该计划以人体肠道菌群为唯一的研究对象，旨在获得人体不同时期下的肠道菌群的基本特征，并提高了全民参与度。基于在 HMP 承担部分生物信息分析工作的经验，2015 年密歇根大学医学院发起了密歇根微生物组计划（the michigan microbiome project，MMP），借助几个健康人群队列的肠道菌群测序和体脂率检测，探寻肠道微生物组与人体健康的关系。2016 年，美国联合政府、研究机构及社会团体等，开启了美国国家微生物组计划（national microbiome initiative，NMI），该计划既拓展了其研究领域，又构建了一幅规模大、跨学科、深度研究的微生物组宏伟蓝图。2017 年以来，微生物组免疫计划（microbiome immunity project，MIP）汇集了全球智慧来构建一套完整的人体微生物组蛋白结构集，为研究相关疾病及人类基因组的研究奠定了基础。此外，美国也相继推出医院微生物组（hospital microbiome）计划、家庭微生物组（home microbiome）计划、皮肤微生物组（skin deep microbiome）计划等诸多研究计划，意在进一步拓展和完善本国的人类微生物组研究。

四、 其他国家的人类微生物组计划进展

除美国外，欧洲、美洲及亚洲国家的科学家们也积极投身于人类微生物组的研究中（表2-1）。

在 HMP 启动后不久，欧盟 MetaHIT 计划（人体肠道宏基因组计划）随之发布，2008～2012 年这 4 年的时间内，该项计划成功建立了大量人体肠道细菌基因的参考目录，并同时开发了生物信息学工具，从而存储、组织和解释这些信息；通过构建疾病与健康人群队列，获得了病人和健康人携带细菌基因的差异特征，确定肠道宏基因组数据集的基因在不同人体中的分布规律；开发了研究与特定疾病相关的细菌基因的功能的方法，以更好地了解疾病机制和宿主与微生物的相互作用的机制，开启了微生物关联分析的先河。

2009 年，英国、美国、法国、中国等几国科学家成立了国际人类微生物组研究联盟（IHMC），旨在全面协调国际人类微生物组的研究。基于宏基因组研究的话语权，2013 年欧盟也顺利开启了名为宏基因组（metagenopolis，MGP）计划的 MetaHIT 的二期计划，目的在于明确肠道菌群对健康和非感染性疾病的影响，确定菌群与肠道细胞相互作用的关键组成部分，并开发出细菌种群建模的新方法。自 2013 年至今的"我的新肠道计划"（my new gut project）主要工作是结合肠道微生物多样性测序和代谢组学分析，了解人类肠道微生物分布如何影响肥胖、行为和生活方式相关的疾病。2016 年起，欧盟（法国）的微生物组之心（cardiobiome）计划，核心在于开发一个生物信息学云平台，用于分析和存储人体微生物组数据，并进一步同步到个人电子病历中。从 2008～2010 年，法国国家科研署发起肥胖微生物组（microobes，human intestinal microbiome in obesity and nutritional transition）计

划，主要关注的方向仍然是人体微生物组与能量代谢及营养的关系。

2012 年，由欧洲神经胃肠病学与动力学会（ESNM）发起健康微生物组（gut microbiota for health）计划，平台的定位主要是分享肠道菌群知识，提高公众对肠道菌群的认识和兴趣。2012 年，比利时根特大学 Jeroen Raes 及其团队发起的比利时人肠道菌群计划（flemish gut flora project），通过超过 1000 例的粪便样本搜集和分析，建立肠道菌群、生活方式与健康管理之间的联系。2012 年至今，欧盟（荷兰）的深度命脉计划（life lines-deep project），对一个 16.7 万的人群队列跟踪数十年，并结合多组学进行数据分析和解读，研究策略涵盖 5 个部分，即全基因组基因型数据、全基因组甲基化数据、全基因组基因表达数据、血浆代谢组学、肠道微生物群落数据。

自 2008～2013 年，爱尔兰的老年人微生物组学（eldermet）计划，使用免疫学、遗传学、表观遗传学、生物化学和多组学技术，研究整体饮食是如何在老年功能性衰退中发挥作用。此外，包括加拿大在内的微生物组（microbiome）计划，2007 年初启动的中国-法国人体肠道元基因组科研合作计划，2017 年开启的中国科学院微生物组计划也都各有建树。随着测序技术的迅猛发展和成本的不断降低，微生物组研究计划已呈现百花齐放的态势。

表 2-1　各国人类微生物组相关研究计划

序号	主持国家	年份	项目名称	研究目标
1	美国	2007～2012	人类微生物组计划 （HMP）	16S rRNA 测序，绘制 900 种以上的驻扎在人体不同部位的细菌参考基因组序列
2	美国	2013 至今	人类微生物组计划第二期（iHMP）	解析三类特殊疾病人群的宿主与微生物间的相互作用
3	美国	2013～2015	微生物组质量控制计划（MBQC）	探索人体菌群样本的扩增子测序的标准化和质量控制标准
4	美国	2013 至今	美国肠道计划 （AGP）	获得人体不同时期下的肠道菌群的基本特征，提升全民参与度
5	美国	2015 至今	密歇根微生物组计划 （MMP）	研究肠道微生物组对人体健康特别是体重健康管理中的作用
6	美国	2016 至今	美国国家微生物组计划（NMI）	解决各类生态系统的微生物基本问题，提高公民认知、储备人才，检测及分析工具的开发
7	美国	2017 至今	微生物组免疫计划 （MIP）	试图构建一套完整的人体微生物组蛋白结构集
8	欧盟	2008～2012	欧盟 MetaHIT 计划 （人体肠道宏基因组计划）	开启了微生物关联分析的先河，宏基因组测序
9	欧盟	2013 至今	宏基因组 MetaGenoPolis （MGP）计划	MetaHIT 二期计划，通过定量和功能基因组学技术建立人类肠道微生物对健康和疾病的影响
10	欧盟	2013 至今	我的新肠道计划（my new gut project）	关注营养代谢和能量平衡和人体肠道菌群的关联
11	欧盟	2016 至今	微生物组之心（cardiobiome）计划	主要研究的是急性心肌梗死患者的血液微生物组
12	爱尔兰	2008～2013	老年微生物组（eldermet）计划	主要针对老年人的肠道菌群计划

续表

序号	主持国家	年份	项目名称	研究目标
13	欧盟	2008～2010	肥胖微生物组（microoobes）计划	描述肠道菌群与宿主的营养和代谢状况之间的关系，并找到基于宏基因组的标志物
14	欧洲	2012至今	健康微生物组（gut microbiota for health）计划	平台定位是一个国际化的大众肠道菌群信息共享和讨论平台
15	欧盟（比利时）	2012至今	比利时人肠道菌群计划（flemish gut flora project）	通过超过1000例的粪便样本搜集和分析，建立肠道菌群、生活方式与健康管理的联系
16	欧盟（荷兰）	2012至今	深度命脉计划（lifelines-deep project）	旨在调查健康人群中普遍存在的危险因素，找到和调控导致慢性病的环境因素，关注慢性病和老年人疾病的发展与健康管理
17	中国	2017至今	中国科学院微生物组计划	聚焦研究人体肠道微生物组、家养动物肠道微生物组、活性污泥微生物组的功能网络解析与调节机制，创建微生物组功能解析技术与计算方法学，建设中国微生物组数据库与资源库

人体微生物组计划（HMP）主要的目标之一是通过比较分析，确立人类微生物群的成员与健康或疾病的关联，如肥胖引发的糖尿病。通过人体微生物组计划的菌株分析支持了泛基因组的发展，迄今为止多数肥胖和健康相关微生物的研究仅揭示了目（order）、科（family）或属（genus）水平的比较和基因表达的关系，这几乎不能揭示乳酸菌个体的作用。可以期望随着微生物组研究变得更加深入，这些将有助于了解菌株特异性进化和针对提升人体健康的特定途径的健康机制。

第二节　肠道菌群的结构

人体肠道中存在大量的共生菌群，其数量约1000万亿个，大约是人体细胞总数的10倍。同时，肠道内微生物基因的数量约为300万个，是人类基因组基因数量的100多倍，如此大量的基因能够帮助微生物适应多变的环境，形成了与人体密不可分的共生关系。由于人体胃和小肠大部分区域的pH值较低，所以多数微生物在其中不能生长，因此，该区域微生物的数量及多样性较低，每克胃或十二指肠内容物中仅含有$10\sim1000$个细菌，而包括小肠回肠末端、大肠结肠和直肠部分在内的下消化道区域则栖息着数量巨大的微生物，每克回肠内容物中含有$10^4\sim10^7$个微生物，每克结肠内容物中微生物的数量能达到$10^{10}\sim10^{11}$个。

一、人肠道菌群的结构组成

人肠道中的微生物主要以专性厌氧菌为主，其含量是兼性厌氧菌和好氧菌总数的$100\sim1000$倍。尽管目前自然界中的细菌可以划分为50个细菌门，但是人肠道中的细菌主要以厚壁菌门（Firmicutes）、拟杆菌门（Bacteroidetes）、变形菌门（Proteobacteria）和放线菌门

（Actinobacteria）4 个门为主，其相对含量占到了总含量的 99％以上。近年来，几个大的居民调查试验均显示人肠道菌群主要是由若干个属于厚壁菌门和拟杆菌门的、已知的优势菌属构成。然而不同国家、不同遗传背景和生活习惯的居民肠道菌群的组成差异还是非常大的，例如拟杆菌属（Bacteroides）是西方居民肠道中相对含量最多且个体间差异最大的细菌属之一，韩国居民是栖粪杆菌属（Faecalibacterium），而中国居民肠道中含量最多的细菌属为考拉杆菌属（Phascolarctobacterium）。这说明人体肠道菌群组成是极为复杂和易于受各种因素影响的，且在属水平上就已经表现出较高的多样性和个体差异性。

1. 小肠的微生物组成

（1）空肠的微生物组成

Wang 等用 16S rDNA 文库分析的方法，对一位健康的瑞典中年妇女空肠部位的菌群进行了研究。研究发现，空肠部位厚壁菌门细菌占绝对优势地位（78％），其次为变形菌门细菌（13％），此外还包括拟杆菌门和放线菌门的细菌。在克隆序列中，68％被鉴定为链球菌（Streptococcus spp.），主要包括缓症链球菌（S. mitis）、唾液链球菌（S. salivarius）、口腔链球菌（S. oralis）、副溶血链球菌（S. parasanguinis）和咽峡炎链球菌（S. anginosus）；另外，3％被鉴定为 γ-变形杆菌（Gamma Proteobacteria），包括嗜血杆菌（Haemophilus spp.）、埃希菌（Escherichia spp.）、假单胞菌（Pseudomonas spp.）等；拟杆菌门细菌则包括产黑普氏菌（Prevotella melaninogenica）和洛氏普氏菌（Prevotella loescheii）；其他非链球菌的厚壁菌门细菌包括小韦荣球菌（Veillonella parvula）、易忽略难养杆菌（Mogibacterium neglectum）、厌氧消化链球菌（Peptostreptococcus anaerobius）等。

Hayashi 等采用 16S rRNA 基因文库和末端限制性片段长度多态性分析（terminal restriction fragment length polymorphism，T-RFLP）研究了 3 位日本老人的空肠部位肠道内容物的微生物菌群，发现空肠内容物中变形菌门和厚壁菌门细菌占据绝对优势地位，另有少部分放线菌门和拟杆菌门细菌，这与 Wang 等的发现类似。但在 Hayashi 等的研究中，空肠部位的变形菌门细菌主要包括克雷伯菌（Klebsiella），而厚壁菌门细菌则主要为乳杆菌（Lactobacillus），链球菌相对较少。

空肠部位的菌群组成与其他肠道部位不同，相对来说，空肠部位的微生物多样性最为简单，且表现出接近结肠微生物多样性增加的趋势。在人类粪便中常见的优势菌群，如球形梭菌（Clostridium coccoides）与柔嫩梭菌（C. leptum）没有在空肠内检测到。

（2）回肠的微生物组成

Wang 等的研究中，回肠部位的优势细菌为拟杆菌门（49％）和厚壁菌门（39％）细菌，其次为疣微菌门（Verrucomicrobia）、变形菌门和梭杆菌门（Fusobacteria）细菌。拟杆菌门细菌的组成进一步被鉴定为多形拟杆菌（B. thetaiotaomicron）、普通拟杆菌（B. vulgatus）和单形拟杆菌（B. uniformis）。厚壁菌门细菌的组成被鉴定为梭菌属ⅩⅣa、Ⅳ、Ⅸ 和ⅩⅣb 群以及较少的链球菌。而 Hayashi 等的研究中，未在回肠部位发现拟杆菌门细菌，主要是变形菌门细菌（克雷伯菌）、厚壁菌门细菌（肠球菌、乳杆菌和链球菌）。两者的差别可能与年龄及人种有关。回肠末端的细菌组成与结肠和直肠远端黏膜黏附细菌的组成相近，但它们与空肠的细菌组成差异很大。

2. 大肠的微生物组成

（1）盲肠的微生物组成

Hayashi 等发现，盲肠内容物的微生物组成的复杂性高于空肠和回肠。在其中 1 位 78 岁男性研究个体的盲肠部位，检测到球形梭菌（50%）与柔嫩梭菌（25.6%）；在 1 位 85 岁女性研究个体中则主要发现阿氏肠杆菌（*Enterobacter asburiae*）（36.3%）和粪肠球菌（*Enterococcus faecium*）（35.2%）；在 1 位 87 岁女性研究个体中主要发现链球菌（57.6%）和球形梭菌（16.3%）。与之相对比的是，Marteau 等通过 16S rRNA 探针杂交发现，盲肠内容物中乳杆菌、肠球菌和大肠杆菌占优势地位（50%），而拟杆菌、球形梭菌与柔嫩梭菌则只占 13%，严格厌氧菌如双歧杆菌（*Bifidobacteria*）、拟杆菌、球形梭菌和柔嫩梭菌等在盲肠内的含量较低；兼性厌氧菌在盲肠所有细菌中占 25%，而在粪便中只占 1%。

（2）结肠和直肠的微生物组成

Hold 等发现，结肠部位的细菌菌群中拟杆菌门和厚壁菌门细菌为优势细菌，且厚壁菌门细菌主要包括球形梭菌或柔嫩梭菌。Wang 等的研究发现，在结肠和直肠部位，黏附菌群的优势成员为厚壁菌门和拟杆菌门细菌。厚壁菌门细菌主要由梭菌属ⅩⅣa、Ⅳ、Ⅸ和ⅩⅣb构成；拟杆菌门细菌则主要包括普通拟杆菌、多形拟杆菌、卵形拟杆菌（*B.ovatus*）和单形拟杆菌。疣微菌门细菌、变形菌门细菌，如大肠杆菌、约氏不动杆菌（*Acimtobacter johmonii*）、华德萨特菌（*Sutterella wachworthemis*）和微黄奈瑟球菌（*Neisseria subflava*）和梭杆菌门细菌可变梭杆菌（*Fusobacterium varium*）也有所检出，但比例较低。与之类似，Hayashi 等的研究发现，结肠和直肠内容物的微生物菌群中，厚壁菌门细菌占优势地位，其次为变形菌门细菌。厚壁菌门细菌包含唾液链球菌（*S.salivarius*）、溶纤维丁酸弧菌（*Butyrivibiio fibrisolvem*）等；变形菌门细菌包含克雷伯菌和大肠杆菌等。

不同个体间，大肠的微生物菌群组成变化较大。Hayashi 等发现，在 1 位 78 岁男性研究个体的乙状结肠部位检测到球形梭菌（32.2%）与柔嫩梭菌（30.0%）；在 1 位 85 岁女性研究个体中主要发现阿氏肠杆菌（22.2%）和肠球菌（18.9%）；在 1 位 87 岁女性研究个体中主要发现乳杆菌（28%）、双歧杆菌（11%）和球形梭菌（10%）。另外 1 组包含 9 位 60 岁志愿者（没有临床症状和近期药物治疗）的乙状结肠的微生物菌群的研究表明，多数个体的微生物菌群组成较为复杂，只有 1 个个体，91%的克隆序列都类似于大肠杆菌。个体之间的菌群组成和多样性差异较大，从整体研究群体上看，含量最多的是大肠杆菌、普通拟杆菌和扭曲瘤胃球菌（*Ruminococcus torques*）。各个体中分布最多的是单形拟杆菌和普通拟杆菌，9 个研究对象中，有 7 个均有发现。在 5 个研究对象中，发现粪拟杆菌（*B.caccae*）、吉氏拟杆菌（*B.distasonis*）、腐败拟杆菌（*B.putredinis*）、多形拟杆菌和扭曲瘤胃球菌。条件致病菌包括脆弱拟杆菌（*B.fragilis*）、大肠杆菌和沃氏嗜胆菌（*Bilophila wadsworthia*）在多个个体中均有发现，而鲍曼不动杆菌（*Acinetobacter baumannii*）、埃氏螺旋体（*Brachyspira aalborgi*）、人心杆菌（*Cardiobacterium hominis*）、产气荚膜梭菌（*Clostridium perfringens*）、肺炎克雷伯菌（*K.pneumoniae*）和小韦荣球菌则仅在单一个体中发现。

同一个体内，大肠不同部位的菌群组成变化不大。Green 等应用变性梯度凝胶电泳（denaturing gradient gel electrophoresis，DGGE）技术研究了 33 个个体组织活检样本中大肠黏膜黏附菌的组成情况。结果表明，同一个体大肠不同位置黏膜黏附细菌的组成没有明显差异。大肠不同位置黏膜黏附细菌主要为常规方法难以培养的微生物，其他的主要属于拟杆菌、瘤胃球菌、普氏粪杆菌和梭菌。Zoetendal 等的研究同样发现，个体内升、横与降结肠的优势菌群组成非常类似。Eckburg 等的研究证明也证实不同位置的黏膜黏附菌群组成差别不大。

3. 粪便的微生物组成

粪便样本易于取得，且对研究对象没有损伤，易于被研究对象接受，因此，很多肠道菌群的研究是基于粪便菌群组成的研究。Ben-Amor 等发现，健康成人粪便中主要的微生物类群为拟杆菌、球形梭菌和柔嫩梭菌。Zhang 等对 9 位中年个体的研究发现，厚壁菌门和拟杆菌门细菌占优势地位，同时含有较少的变形菌门、放线菌门、梭杆菌门和疣微菌门细菌。Tumbaugh 等对双胞胎及其父母共 156 个个体的研究同样发现，厚壁菌门和拟杆菌门细菌为优势细菌，以及较少的放线菌门和变形菌门细菌。拟杆菌门细菌中常见的优势细菌有普通拟杆菌、单形拟杆菌、多形拟杆菌、卵形拟杆菌、粪便拟杆菌（*B. stercoris*）、粪拟杆菌（*B. caccae*）、腐败拟杆菌（*B. putredinis*）、屎拟杆菌（*B. merdae*）、多毛拟杆菌（*B. capillosus*）、脆弱拟杆菌和迪氏类拟杆菌（*Parabacteroides distasonis*）；厚壁菌门细菌中常见的优势细菌有 *Faecalibacterium prausnitzii*、直肠真杆菌（*Eubacterium rectale*）、挑剔真杆菌（*E. eligens*）、凸腹真杆菌（*E. ventriosum*）、惰性真杆菌（*E. siraeu*）、卵瘤胃球菌（*R. obeum*）、扭曲瘤胃球菌（*R. torques*）、活泼瘤胃球菌（*R. gnavus*）、柔嫩梭菌等。

Qin 等对 124 位欧洲人的粪便研究发现，整个研究群体含有 1000～1500 种常见的细菌类群，每个个体至少有 160 种且具有相似性。而 Lin 等对孟加拉国和美国儿童粪便菌群组成的对比研究则表明，孟加拉国儿童的菌群具有更高的生物多样性，含有更多的普氏菌属（*Prevotella*）、丁酸弧菌属（*Butyrivibrio*）和颤螺菌属（*Oscillospira*），而拟杆菌则较少。这一差异可能与环境及遗传因素的不同有关。

在人类粪便中常见的优势细菌如拟杆菌、球形梭菌和柔嫩梭菌在盲肠、结肠和直肠内也可检测到。尽管粪便的菌群组成研究起来最为方便，但不能忽略肠道黏膜黏附细菌菌群组成与粪便菌群组成的差异。Eckburg 等发现，粪便样本与黏膜样本的菌群组成差别较大，粪便菌群的多样性要大于黏膜菌群的多样性，厚壁菌门在粪便中的相对比例大于黏膜菌，而拟杆菌门在黏膜菌中的相对比例大于粪便。Lepage 等研究了克罗恩氏病（Crohn's disease，CD）人和溃疡性结肠炎（ulcerative colitis，UC）患者以及健康个体的大肠活检样本和粪便样本，发现黏膜黏附菌群与粪便菌群的结构差异较大。

二、人体肠道核心菌群

人体肠道核心菌群的结构预测见图 2-1。

尽管在个体水平上肠道菌群表现出极端的多样性，但是科学界一直存在着一个理论，即人体肠道中存在核心肠道菌群。早在 2009 年，美国科学家 Hamady 就对人体肠道菌群的构成提出了 5 种模型。

（1）稳固核心菌群（Substantial core）模型

在大多数人群中肠道菌群是相似的。

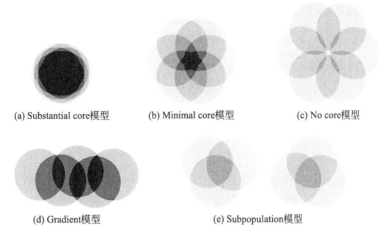

(a) Substantial core模型　　　(b) Minimal core模型　　　(c) No core模型

(d) Gradient模型　　　　　(e) Subpopulation模型

图 2-1　人体肠道核心菌群结构预测

（2）极少核心菌群（Minimal core）模型

不同人群共用极少数的核心肠道菌群。

（3）无核心菌群（No core）模型

个体肠道菌群差异极大。

（4）渐变菌群（Gradient）模型

肠道菌群的构成在不同人群中是渐变的。

（5）亚群菌群（Subpopulation）模型

不同亚群之间存在共同的肠道菌群，但是并不交叉。

近年来，Arumugam 提出了 Enterotype（类群）的定义。该研究团队通过对欧洲人群肠道菌群的研究发现，所研究的志愿者在属的水平分为三个类群，分别以拟杆菌属、普氏杆菌属和瘤胃球菌属为核心。Qin 等通过对包括健康人和Ⅱ型糖尿病患者在内的 345 位志愿者的肠道菌群结构进行分析发现，它可以划分为三个分别以普氏杆菌属、双歧杆菌和瘤胃球菌属、拟杆菌属为核心的独立无交集的聚类。

基于更加精细水平的分类操作单元（operational taxonomic units，OTU）分类研究对于核心菌群的争论有很重要的推动意义。Martinez 等发现 3 名健康美国青年人肠道中存在着 16 个共有的极其稳定的 OTU，包括双歧杆菌属、拟杆菌属、栖粪杆菌属、瘤胃球菌属、布劳特菌属（*Blautia*）、多尔菌属（*Dorea*）、真杆菌属和粪球菌属（*Coprococcus*）。同年，Ling 等在对儿童的肠道菌群研究中发现，在这些儿童肠道内存在着 12 个共有的 OTU。Huse 等通过对人类元基因组计划中的 200 名志愿者的核心肠道菌群研究后发现，7 个隶属于栖粪杆菌属、拟杆菌属、颤杆菌属（*Oscillibacter*）的核心 OTU 稳定地存在于所有志愿者体内。综合上述研究可以发现，不同人群肠道中是存在共有菌属的，它至少涵盖下述菌属：双歧杆菌属、拟杆菌属、栖粪杆菌属、瘤胃球菌属、普雷沃菌属和颤杆菌属。这些共有菌属与体内短链脂肪酸的产生以及纤维的消化有密切关系，在肠道中发挥着不可替代的作用。

三、人体肠道菌群的建立：从出生到衰老

人体从来都不是一个孤立的个体，还包括数量庞大的共生菌群。人体肠道菌群与宿主微环境构成微生态系统并作为其中最主要的组成部分之一，有助于人体正常的新陈代谢、免疫反应等生理功能的顺利进行。肠道菌群在人类健康中发挥着重要作用，长期以来一直与代谢、免疫、营养等功能相关，也与肠-脑轴或肝-肠轴相关。肠道和肠道菌群分别被冠以人体"第二大脑"和"隐形器官"的称号，从出生到衰老死亡，人体内的肠道菌群也历经了一个多因素作用的动态变化过程。

近年来序列的指数增长和其他组学方法的爆炸式发展，使我们对肠道菌群有了更深入的了解。现在的主流观点认为，人类肠道菌群在出生时建立，胎盘或羊水中的微生物使菌群最初在胎儿内的定植，但是这一过程是由不同的因素决定的，这无疑对微生物群的稳态有影响。自胎膜破裂开始，新生儿体内的肠道微生物便开始接触母体（母乳喂养）及周围的微生物，并经历由无到有、丰富度不断增加的过程，大部分肠道微生物是严格厌氧菌，主要分布的是厚壁菌门和拟杆菌门的微生物。有研究指出，胎龄及生产方式都会对婴儿肠道菌群的组成产生重大影响。胎龄是影响早产儿肠道菌群多样性的重要因素；生命初期，剖宫产新生儿的肠道菌群多样性不如顺产儿；母乳是婴幼儿早期最理想的食物来源，母乳喂养较非母乳喂养有更高的乳酸菌丰富度和更高的菌株多样性，对于儿科常见过敏性疾病，母乳喂养显示出在生命早期通过肠道菌群定植等调节免疫发育可减少过敏的优势。

年龄是影响肠道菌群变化的一个重要因素，早期的肠道菌群会受胎龄、生产方式、喂养方式等多种因素影响。研究指出，新生儿至婴儿阶段，检测到不同丰富度的双歧杆菌、肠杆菌、乳酸菌、类杆菌、肠球菌及梭菌等的存在，其中双歧杆菌是婴幼儿肠道中的主要类群。在菌群门的水平上，放线菌门是仅次于厚壁菌门和拟杆菌门的主要菌群，而这一组成会在之后的成长过程中不断发生变化。人类肠道菌群组成的重要改变发生在生命的第一阶段，在1~2岁时变得相对稳定，3岁后达到成人结构，总数量达到约 10^{14} 个，包含细菌、真核生物、病毒和古细菌。在门的水平，80%~90%的肠道菌群是由厚壁菌门和拟杆菌门构成。在属和种的水平，成人中的多样性非常高，并且具有较高的个体差异。老龄化是一个引起胃肠道变化的自然过程，免疫衰老，甚至营养不良。另外，生活方式、饮食和药物对早期微生态组成和功能具有不可避免的影响。微生物的多样性在老年时减少；然而，拟杆菌门和厚壁菌门仍然为优势菌，其他一些门的菌相对丰度也有所增加，尤其是变形杆菌门。

人体的微生物群一般在生命的前三年时就基本可以形成，类似于成人的微生物群结构，但最近的研究表明，微生物群的形成可能需要更长的时间。这一发现也为童年时期对儿童提供包括微生物的饮食等措施，预防和控制不良反应甚至是疾病提供了可能。一项针对30名20~25岁的中国青年肠道细菌分离、计数、分析和16S rRNA基因测序鉴定的研究结果指出，青年群体的肠道优势菌群为长双歧杆菌，总体来看双歧杆菌群落相对稳定，且与年龄关系密切，与饮食和生活环境关系较小，而相比之下，乳酸杆菌的群落较为复杂。基于实时荧光定量PCR法的研究结果，从整体上看，相较胎儿和婴幼儿组，儿童组、成年人组和老年人组别中双歧杆菌、乳酸菌丰富度整体较低。随着年龄增长，双歧杆菌、乳酸菌等肠道有益菌数量明显降低，而肠道中性菌数量明显增加，肠道定植抗力呈现下降趋势。此外，在整个

生命发展的过程中，饮食差异、环境暴露、疾病干扰等因素都不可避免地影响着肠道菌群的多样性和丰富度的变化。

四、肠道菌群中有重要生理意义的细菌

肠道各部位及粪便中的菌群组成有一定的不同。整体来说，除含有微生物较少的空肠外，其他部位以拟杆菌和梭菌为最主要的组成成员。乳杆菌、双歧杆菌等乳酸菌虽然在肠道细菌中所占的比例不大，但它们与宿主健康有密切的关系，且常作为益生菌进行研究，因此，也在此做一介绍。

1. 双歧杆菌

双歧杆菌属于放线菌门，是一种厌氧的革兰氏阳性杆菌，在人体肠道内普遍存在，是与人体健康密切相关的益生菌。人肠道中的双歧杆菌主要有：短双歧杆菌（$B. breve$）、婴儿双歧杆菌（$B. infantis$）、长双歧杆菌（$B. longum$）、两歧双歧杆菌（$B. bifidum$）、角双歧杆菌（$B. angulatum$）、青春双歧杆菌（$B. adolescentis$）、假小链双歧杆菌（$B. pseudoc atemlatum$）、齿双歧杆菌（$B. dentium$）等。双歧杆菌分布在肠道中的数量随年龄段的增长而减少，分布最多的是婴儿时期，成年人肠道中双歧杆菌约占总细菌的 3%。

2009 年，Rocio Martin 等采用定量 PCR 及变性梯度凝胶电泳（DGGE）的方法对婴儿肠道中双歧杆菌的组成进行了检测分析，认为短双歧杆菌、青春双歧杆菌、长双歧杆菌、两歧双歧杆菌及齿双歧杆菌是婴儿肠道中主要的双歧杆菌。同年，Francesca Turroni 等对人体肠道中的双歧杆菌进行了多样性分析，采用 16S rRNA 基因序列分析及内转录间隔区（ITS）序列分析的方法，发现长双歧杆菌、假小链双歧杆菌、青春双歧杆菌、短双歧杆菌、两歧双歧杆菌、齿双歧杆菌等普遍存在于人体肠道中。

由于在婴儿肠道中普遍存在，双歧杆菌被认为是有益的细菌，且常用于益生菌微生态制剂中。作为健康人肠道内定植且占绝对优势的一种很重要的生理活性菌，双歧杆菌执行很多与人体健康密切相关的功能。对于某些腐败菌和低温细菌，双歧杆菌通过产生有机酸对其产生抑制作用，从而起到抗菌作用；由于机体吞噬细胞的吞噬活性可以在双歧杆菌的存在下激活，从而提高了机体的抗感染能力及免疫功能；双歧杆菌可以降低机体胆固醇水平，因其在发酵过程中产生一种影响胆固醇合成的物质；双歧杆菌还可以调节肠道正常细菌菌群平衡，起到防止便秘的作用；双歧杆菌的代谢活动还可以明显增加血液中超氧化物歧化酶的含量，从而起到抗衰老的作用。

2. 乳杆菌

乳杆菌属于厚壁菌门，也在人体肠道中普遍存在，是一类厌氧、无芽孢、革兰氏染色呈阳性的细菌，其发酵糖类的主要终产物是乳酸。人肠道中的乳杆菌主要有：植物乳杆菌（$L. plantarum$）、唾液乳杆菌（$L. salivarius$）、干酪乳杆菌（$L. casei$）、副干酪乳杆菌（$L. paracasei$）、罗伊氏乳杆菌（$L. reuteri$）、嗜酸乳杆菌（$L. acidophilus$）、瑞士乳杆菌（$L. helveticus$）、鼠李糖乳杆菌（$L. rhamnosus$）、发酵乳杆菌（$L. fenmentum$）等。

2011 年，Stsepetova 等对中年人和老年人肠道中的乳杆菌多样性进行了对比分析，采用种属特异性 PCR 分析揭示出肠道中乳杆菌属的多样性特征与年龄相关，老年人肠道中乳杆菌的数量高于中年人。中年人肠道中乳杆菌数量较低，相对来说，定植比较多的是嗜酸乳

杆菌和瑞士乳杆菌。而在老年人肠道中，植物乳杆菌、副干酪乳杆菌和罗伊氏乳杆菌占绝对优势。乳杆菌数量还与某些代谢指标相关，如中年人血浆葡萄糖值与 BMI 值呈正相关，与肠道中副干酪乳杆菌数量呈负相关，而老年人血浆葡萄糖值与肠道中发酵乳杆菌数量呈负相关。2006 年，Monique Haarman 等研究发现，乳杆菌属对某些疾病发挥有益的作用，如腹泻和过敏性疾病等；嗜酸乳杆菌、干酪乳杆菌、德氏乳杆菌、发酵乳杆菌、副干酪乳杆菌、植物乳杆菌、罗伊氏乳杆菌、鼠李糖乳杆菌等普遍存在于婴儿肠道中。Wall 等用选择培养的方法发现，婴儿粪便中乳杆菌组成单一，而成人则含 2～3 种菌株；婴儿粪便中的菌株为格氏乳杆菌或唾液乳杆菌，而成人粪便中的菌株为鼠李糖乳杆菌、干酪乳杆菌或副干酪乳杆菌。

作为健康人肠道内定植且占绝对优势的一种很重要的生理活性菌，乳杆菌对人体健康有着十分重要的作用。由于其发酵糖类的终产物是乳酸，可以帮助机体消化吸收；乳杆菌可以通过酸化肠内环境来阻止某些有害菌与肠上皮细胞的黏附，从而阻碍有害菌在肠道内的定植，进而优化胃肠功能，减少疾病发生；乳杆菌还可以刺激免疫球蛋白的产生，从而增强机体的免疫力。由于乳杆菌对人体健康有重要作用，因此常被用于益生菌菌种。

3. 拟杆菌

拟杆菌属于拟杆菌门，也称类杆菌，在人体肠道中占绝对优势，是一类专性厌氧、不形成孢子、革兰氏染色呈阴性的细菌。人体肠道中的拟杆菌主要有：脆弱拟杆菌、多形拟杆菌、卵形拟杆菌、单形拟杆菌、普通拟杆菌、吉氏拟杆菌（*B. distasonis*）、艾格茨氏拟杆菌（*B. eggerthii*）、粪拟杆菌、屎拟杆菌、粪便拟杆菌等。

2011 年，曾红根等对试验动物进行了拟杆菌微生态制剂的饲喂。研究证实，服用拟杆菌微生态制剂后，可有效提高试验动物产生免疫抗体的能力，从而提高免疫力，预防疾病。

对于拟杆菌的益生作用，很多国外学者从不同方面进行了大量的研究，发现拟杆菌在帮助宿主分解多糖提高营养利用率、加快肠黏膜的血管形成以及免疫系统发育以提高宿主的免疫力、维持肠道微生态平衡等方面均有着举足轻重的作用，特别是拟杆菌对多糖的利用方面的作用尤为突出。2003 年完成的多形拟杆菌基因组测序和 2004 年完成的脆弱拟杆菌基因组全测序及后续蛋白质组学分析使人们对拟杆菌在肠道中的定植有了更深入的理解。拟杆菌的主要能源为食物中的植物多糖和机体来源的多糖，在人体肠道中的复杂多糖分解为简单糖类的过程中具有重要的作用。多形拟杆菌可以分解多种类型的葡萄糖苷键，从而将复杂多糖降解为简单糖类；降解的简单糖类更易被长双歧杆菌等吸收利用。

对无菌鼠的研究表明，多形拟杆菌还辅助合成肠上皮黏膜所需的糖类，如岩藻糖可由多形拟杆菌的岩藻糖酶合成。拟杆菌能感应肠液内岩藻糖的含量，进而可以调节人体肠上皮岩藻糖的合成量，并且当宿主食物中缺乏戊糖时，拟杆菌还可以诱导宿主产生 α-1,2-岩藻糖基转移酶，继而生成带有岩藻糖基团的糖。有研究表明，接种多形拟杆菌还可导致无菌动物回肠中 Na^+/葡萄糖共运输蛋白（SGLT-1）mRNA 的水平升高，这使得即使在相同肠内葡萄糖含量的情况下，定植多形拟杆菌可加快葡萄糖从肠道运往其他需要之处，更有利于宿主正常机能的完成。

4. 梭菌

梭状芽孢杆菌属于厚壁菌门，也称厌氧芽孢杆菌，简称梭菌，是一类能形成芽孢、兼性厌氧、革兰氏染色呈阳性的杆菌，也是人体肠道内数量较大的一类细菌。梭菌中，以球形梭菌亚群（*C. coccoides* subgroup）和柔嫩梭菌亚群（*C. leptum* subgroup）为肠道内数量最大的两个类群。Kabeerdoss 等发现，杂食个体的粪便中梭菌属细菌比例高于素食个体。Pryde 等发现，梭菌Ⅳ、ⅩⅣa 群，包括真杆菌、罗氏菌属、普氏粪杆菌和类球菌，是发酵产生丁酸的主要细菌。丁酸在能量代谢和正常肠道上皮细胞的发育过程中有着重要的作用，并且具有抵抗肠道疾病的作用。

5. 其他重要微生物类群

硫酸盐还原细菌（sulfate reducing bacteria，SRB）属于变形菌门，是一种厌氧的细菌，广泛存在于自然环境及人体肠道中，例如脱硫弧菌属（*Desulfovibrio*）在人体肠道内较为常见。

肠杆菌属于变形菌门，是一类不形成孢子、周身鞭毛或无鞭毛、革兰氏染色呈阴性的杆菌，兼营呼吸代谢和发酵代谢，广泛分布于自然界及人体肠道中，大多数肠杆菌为正常菌群或条件致病菌，少数为致病菌。

肠球菌属于厚壁菌门，是一类兼性厌氧、不形成孢子、无鞭毛、革兰氏染色呈阳性的球形或卵圆形细菌，广泛分布于自然环境及动物肠道中。近年的研究证实，肠球菌是一类仅次于葡萄球菌的重要的感染致病菌，部分肠球菌不仅可引起尿路感染、皮肤软组织感染，还可引起危及生命的腹腔感染、败血症、心内膜炎和脑膜炎等。

五、人肠道菌群的功能

人体肠道中的微生物群落与宿主之间的关系极为密切，不仅能产生短链脂肪酸以及维生素 K 等人体自身无法编码生成而又对健康具有积极意义的营养物质，还对宿主肠道上皮细胞的分化与成熟有促进作用，同时能调节宿主能量存储与代谢，并对宿主的肠道免疫系统具有激活作用。因此，肠道菌群对人体的作用可以概括为营养代谢、免疫调节和保护三个方面。

1. 营养代谢作用

人体肠道内的微生物因数量是人类基因组基因数量的一百多倍，因此，肠道微生物的高丰度和多样性决定了它可以编码一些人体自身无法编码的酶，并通过生化途径代谢产生一些人体自身无法生产而又必需的营养物质。"宿主与肠道菌群的共代谢"理论就指出，一些代谢产物的生成是由宿主基因调控的，但也有一些代谢产物是由宿主和肠道菌群共同协作生成的。例如在肝脏中，胆固醇可以通过经典途径（classical pathway）或者旁路途径（alternative pathway）降解为初级胆汁酸，初级胆汁酸随胆汁进入肠道，并在肠道中细菌的作用下生成次级胆汁酸。Akao 等比较了普通大鼠和无菌大鼠对口服黄芩苷的吸收情况，发现在普通大鼠体内，黄芩苷通过肠道细菌的代谢生成黄芩苷元，黄芩苷元被肠道吸收并通过共轭作用再次生成黄芩苷。而无菌大鼠的血液中则只能检测到极少量的黄芩苷。他们的结果说明，黄芩苷本身并不能被肠道吸收，只有当其由肠道菌群代谢之后，才有可能以黄芩苷元的形式被宿主吸收。

肠道微生物的代谢方式主要包括发酵、甲烷化和硫还原三种，分别促使电子在有机碳与有机碳、有机碳与无机碳、有机碳与硫酸盐之间流动，且三种代谢方式中以肠道微生物对通过膳食摄入的蛋白质、脂肪以及糖类的发酵最为重要。肠道中的很多细菌可以将人体不易消化利用的膳食纤维代谢生成短链脂肪酸，从而为人体的代谢提供一定的能量。Backhed 等研究发现，尽管摄入的食物量降低了，但是给成年无菌小鼠接种在正常环境下饲养的小鼠肠道菌群后，经过 10～14d 其身体的脂肪增加了 60%，究其原因在于肠道微生物有助于帮助宿主从食物中捕获更多的能量。同时，很多短链脂肪酸对人体健康所表现出的积极意义，并不仅仅局限在提供能量这一方面，例如丁酸还可以抑制 D-乳酸盐等潜在有害物质的积累，从而对人体起到保护作用。值得一提的是，除了生成脂肪酸等有益物质外，肠道微生物在厌氧条件下代谢蛋白质和肽还可能生成酚类和胺类等对人体有害的毒性代谢产物。同时，肠道微生物通过增强脂肪组织中脂蛋白脂酶的活性，促使脂细胞对脂肪酸的吸收作用，从而对宿主的脂质代谢和吸收产生影响。除此以外，肠道微生物还在维生素 K 的合成以及钙、镁、铁等离子的吸收方面具有重要意义。

由肠道微生物代谢产生的短链脂肪酸（short-chain fatty acid，SCFA）对人体健康有着极其重要的作用。短链脂肪酸是糖类和氨基酸代谢的一类重要的终产物。短链脂肪酸极易被人类结肠吸收，也可以促进结肠对于盐和水的吸收，还能对肠道上皮细胞的分化与成熟起到促进作用。以大鼠为例，相对于正常大鼠而言，无菌大鼠因其肠道内的部分营养基质没有微生物进行分解代谢，导致盲肠内黏液的大量积累，所以其盲肠的容积明显变大；同时也导致了肠细胞生长周期的延长及增殖活性的降低。此外，也有研究报道称，肠道微生物可以促使小肠绒毛毛细血管的生长。

2. 免疫调节作用

近年来，肠道菌群对宿主免疫的影响和调节作用也越来越受到研究者的关注。人体肠道黏膜内的黏膜免疫系统是人体最大的免疫系统之一，肠道菌群能够诱导黏膜免疫反应，使其对外来侵害及时做出反应。正常的肠道黏膜保持着对外来物质进行免疫应答的能力，这一应答网络是由宿主细胞间的信号传递所调控的，而同时，肠道菌群也与宿主的免疫系统进行信号交换。正常的肠道菌群能够调节一系列广泛的、功能各不相同的免疫相关基因的激活或关闭，诱导 T 细胞和 B 细胞的活化，从而帮助宿主抵御外来病原菌的侵害。

肠相关淋巴组织（gut-associated lymphatic tissue，GALT）是肠道内黏膜免疫系统的主要组成部分，由淋巴小结、抗体分泌细胞、肠黏膜上皮内淋巴细胞等组成，这些淋巴组织的免疫功能对宿主健康发挥着重要的作用。GALT 与肠上皮细胞形成宿主的第一道免疫防线，共同阻止有害细菌、物质及病毒等进入肠道内。正常肠道微生物可以促进免疫器官的发育成熟、刺激宿主加强抗体产生、加强吞噬细胞功能和增加干扰素产生等，从而增强宿主的黏膜免疫，提高机体的特异性和非特异性免疫功能。

肠黏膜巨大的表面积决定了它能与外界环境中的各种抗原充分接触，同时又因为肠黏膜层栖息着大量的免疫细胞和微生物，所以这就不难理解为什么肠道微生物能够对宿主的免疫具有一定的调节作用。相对于正常的动物而言，无菌条件下饲养的动物无论是肠系膜淋巴结的数量还是形态大小都明显偏小，同时，其抗体的分泌量也偏低。

在健康人的肠道内，共生菌群和宿主的免疫系统呈现良好的互作关系。研究证明，在人体正常的肠道菌群里，有一些种类的细菌能够抑制炎症的发生，而另一方面，也有一些共生菌具有在某些条件下引起炎症的特性。因此，肠道菌群同时具有抑制和促进炎症反应的潜能，肠道菌群的组成与免疫系统的运作密切相关。近年来，越来越多的研究表明，克罗恩氏病和溃疡性结肠炎等炎症性肠炎的发生与肠道中的微生物有着密切的关系，而这些炎症性疾病是由 T 细胞反应引起的，均表现出肿瘤坏死因子（tumour necrosis factor，TNF）和干扰素 γ（interferon-γ，IFN-γ）等促炎因子明显升高的特征。研究者们发现，这些肠道免疫系统的行为与肠道细菌的活动有关。例如，Ivanov 等发现，无菌小鼠的小肠固有层内缺乏 TH17 细胞的形成。而当研究者将 TH17 细胞形成正常的小鼠肠道内的细菌移植到无菌小鼠体内之后，该细胞即得以形成；而当移植的细菌不包含拟杆菌门时，小鼠体内也达不到正常的免疫平衡。

研究表明，健康居民肠道中以柔嫩梭菌为代表的一类细菌的含量与炎症的发生呈现负相关。而另一方面，以梭菌属和肠球菌属为代表的一些与宿主共生的潜在致病菌在一定条件下，其数量增加到一定程度则可以引起炎症的发生。同时也有研究进一步证实，丁酸等短链脂肪酸以及共轭亚油酸等细菌代谢产物可以降低炎症性肠炎的发病风险。具有丁酸盐产生功能的梭菌目细菌以及具有共轭亚油酸产生功能的乳杆菌目（Lactobacillales）、双歧杆菌目（Bifidobacteriales）和放线菌目（Actinomycetales）细菌也被应用于炎症性肠炎的临床治疗中。

此外，肠道内的微生物与宿主之间的相互作用影响了宿主肠上皮细胞的生长与分化。2010 年，Maragkoudakis 等对肠道中乳酸菌的研究显示，肠道中乳酸菌可有效保护人类和动物的肠上皮细胞及在肠道病毒感染中发挥作用的免疫细胞，进而促进上皮细胞的生长与分化。早在 1997 年，Gordon 等就通过给无菌动物灌喂已知菌的试验发现，肠道内的微生物在很大程度上影响了宿主肠上皮细胞的生长与分化。

3. 保护作用

肠道菌群可以遮蔽肠道上皮细胞或黏液层上的黏附位点，从而抵抗致病菌黏附定植。Wells 等的研究表明，肠道菌群，尤其是其中的厌氧菌，在防止致病菌定植和转位方面具有重要的作用。当机体接受抗生素治疗时，肠道菌群会发生改变，使机体易于被特定致病菌感染，例如抗生素治疗导致的艰难梭菌增生形成假膜性结肠炎拟杆菌。正常情况下，肠道菌群中的拟杆菌的某些种可以抑制艰难梭菌感染。由于肠道菌群的存在，难以建立稳定的肠道细菌感染模型。Barthel 等报道，用链霉素处理小鼠后，可以建立稳定的沙门菌感染大肠炎模型，也从侧面反映了肠道菌群具有抵抗致病菌黏附的作用。此外，有大量报道证实，乳酸菌可以抑制致病菌对肠道上皮细胞或黏附素的黏附以及产生抑菌物质杀死致病菌。例如，Hooper 等给无菌小鼠接种分离自正常小鼠肠道的多形拟杆菌菌株，发现此类肠道共生菌在最大程度上降低了利用同一种营养物质的病原菌的入侵和定植。Lievin 等分析了 14 株从人类婴儿粪便中分离得到的双歧杆菌，发现其中 2 株具有产生一种细菌素的能力，且能阻止鼠伤寒沙门菌（Salmonella typhimurium）菌株 SL 1344 对人肠壁 Caco-2 细胞系的入侵；相比无菌小鼠，体内分别只定植这两种双歧杆菌之一的小鼠也能够抵御鼠伤寒沙门菌菌株 C5 引起的致死性感染。国内陈臣等对植物乳杆菌 ST-Ⅲ黏附抑制机制的分析表明，表面蛋白对大肠杆菌与 Caco-2 细胞的黏附表现出极强的抑制作用，而对沙门菌与 Caco-2 细胞的黏附没有抑制作用。推测 ST-Ⅲ对大肠杆菌与 Caco-2 细胞黏附的抑制作用主要是通过其表面蛋白与 Caco-2 细胞的甘露糖受体相结合，阻止了大肠杆菌与甘露糖受体的结合，而对沙门菌黏附的抑制作用主要是通过空间位阻形成的。因此，当具有很强黏附能力的 ST-Ⅲ与致病菌共同作用于肠细胞时，能通过竞争性占位效应，形成生物膜，抑制了致病菌的黏附和侵入，从而保护了细胞膜的完整性，使宿主细胞免受损伤。

肠道菌群产生乳酸和细菌素等由抑菌病原菌生产的物质，为肠道微生物构建了防止外源微生物侵入的一道重要防线，对宿主的组织进行了有效的保护。人体肠道细胞可以产生防御素（defensins）和内源性抗菌多肽类物质如克瑟琳菌素（cathelicidins），能破坏包括肠道共生菌和外源性病原菌的细胞膜结构，而研究发现某些细菌或其代谢产物能够促使肠道细胞产生不同的抗生物肽。进一步的研究发现，防御素类等抗生物肽需要被金属蛋白酶（metallo-proteinase）蛋白水解后才能发挥其生物活性，而多形类杆菌能促使该酶的产生，从而起到对宿主组织的保护作用。此外，肠上皮细胞的通透性在一定程度上可以对肠道的屏障功能产生影响。有研究报道称，益生菌能够减小肠上皮细胞的通透性，而条件致病菌具有相反的作用。

第三节   影响健康人肠道菌群结构的因素

人体生物学是由人体基因组和人体微生物组两部分组成的，其中人体基因组的改变是极为困难的，但人体肠道内微生物构成的改变相对比较容易。研究发现，基因型、饮食、年龄、生活方式等因素均可能对健康人的肠道菌群结构产生影响。

一、宿主的基因型

人体内肠道菌群具有宿主特异性，且健康个体的肠道菌群结构可在长时间内保持稳定。某种程度上，宿主的基因型决定着肠道菌群结构的多样性。在人类的进化过程中，与其他高等哺乳动物相比，人体内肠道菌群的结构也更接近于与其有共同进化祖先的灵长类动物，且人之间共有的菌属水平的细菌种类多于人与其他动物共有的细菌群落。2001 年，Zoetendal 利用温度梯度凝胶电泳（temperature gradient gel electrophoresis，TGGE）技术对人的粪样菌群进行了分析，发现生活环境差异很大的同卵双生子的肠道菌群的相似度要高于具有相似生活环境和饮食习惯的夫妇及无遗传关系的个体。由此可判断，宿主的基因型是肠道菌群多样性的重要影响因素之一。而若改变宿主的基因型也可改变肠道菌群的组成。Ley 等于 2001 年的研究中指出，瘦体素（leptin）基因突变的小鼠模型伴随着肥胖的发生，其肠道菌群内的厚壁菌门和拟杆菌门的比例也发生相应的变化。现在已经有研究者认为人肠道内 2/3 的细菌是每个个体独有的，只有 1/3 的细菌是不同人群所共有的。

厚壁菌门和拟杆菌门是人体肠道中最为优势的两个门，而其比值（F/B）是研究人员用来反映宿主肠道菌群构成的常见指标。研究发现，不同地区人的 F/B 比值差异较大，在非洲儿童中，该比例为 0.47，欧洲儿童则为 2.81，Nam 等报道了韩国人的 F/B 平均值为 2.94。

二、年龄因素

胃肠道因年龄因素引起的生理变化，不可避免地影响着肠道菌群的群落结构。研究表明，新生儿在未分娩前肠道是无菌的。在分娩经产道的过程以及分娩后母亲对婴儿的亲吻拥抱等举动，来自母亲产道、口腔、皮肤以及环境中的微生物在婴儿肠道中不断定植。不同的分娩方式对于婴儿肠道菌的组成是有一定影响的。Gronlund 等通过培养的方法对 34 例自然分娩的儿童及 30 例剖宫产儿童的肠道菌群组成进行长达半年的跟踪研究，分别在婴儿出生后 3d、10d、30d、60d、180d 收集粪便样品进行分离培养，结果表明，剖宫产婴儿粪便菌的定植晚于自然分娩的婴儿。剖宫产婴儿肠道中的双歧杆菌类似细菌（*Bifidobacteria*-like bacteria）在肠道菌中所占的比例在婴儿出生一个月以后才与自然分娩的婴儿相当，而乳酸菌类似细菌（*Lactobacillus*-like bacteria）在剖宫产婴儿肠道中所占的比例在婴儿出生 10d 以后才与自然分娩的婴儿相当。剖宫产婴儿出生 1 个月时，肠道内的产气荚膜梭菌的含量明显高于自然分娩的婴儿；在剖宫产婴儿两个月月龄前，粪便样品中都没有脆弱拟杆菌的成员；在剖宫产婴儿 6 个月大的时候，肠道内拟杆菌属成员的比例还是明显低于自然分娩的婴儿的。该研究表明，不同的分娩方式在婴儿出生六个月的时候还会对肠道菌群的组成造成影响。

婴儿肠道菌群的群落结构与成年人有着明显的不同，其微生物的丰度和多样性均低于成年人。在 1～2 周大的时候，婴儿肠道内开始有大量的属于肠杆菌科（Enterobacteriaceae）的革兰氏阴性条件致病菌栖息，这些菌主要包括大肠杆菌、克雷伯菌属和志贺菌属（*Shigella*）。由于这些好氧菌的栖息，肠道内出现厌氧条件，从而为拟杆菌属、双歧杆菌属和梭菌属等厌氧菌的生长创造了条件，直到 1～2 岁的时候，其肠道菌群的群落结构逐渐成人化（adult-like）。成年人的肠道结构相对复杂，同时也相对稳定，且有研究表明，这种稳定性能够持续数十年，主要是由若干个属于厚壁菌门和拟杆菌门的已知的优势菌属构成。到 65 岁时，成年人肠道菌群的群落结构才开始随着年龄的增长而发生变化。研究表明，与年龄相关的肠道微生物的变化主要包括厌氧菌数量的增加，双歧杆菌、乳杆菌或拟杆菌数量的减少。

不少研究已经表明，人体肠道微生物的组成和多样性特征在不同年龄段人群间存在差异。2010 年，内蒙古农业大学张和平教授的团队研究了益生菌在不同年龄志愿者中的定植情况，共征集 24 名健康志愿者，分为青年组、中年组和老年组。每个志愿者每天饭后服食益生菌 *L. casei* Zhang 片剂，连续服用 28d，分析了采集的志愿者粪便样品。结果发现，*L. casei* Zhang 在青年人肠道中的定植数高于中年人和老年人。停止服用后，老年人肠道中残留的活菌数高于中年人和青年人。2013 年，江南大学郭壮等通过选取中国四川地区 5 例健康汉族婴儿、6 例青年人和 6 例中年人的粪便样品作为研究对象，以 454 焦磷酸测序技术结合多变量统计学方法检测肠道菌群的多样性，表明中青年人肠道中的微生物主要隶属于厚壁菌门，而婴儿的主要为变形菌门，克雷伯杆菌属为多数婴儿肠道中的优势细菌属，而非以往文献报道的双歧杆菌。上述结果表明，婴儿肠道菌群的群落结构明显不同于中青年人，但中青年人肠道菌群的群落结构相似，同时，婴儿肠道菌群的群落结构个体之间的差异要显著大于青年人和中年人。

近年来，各国的多位学者分别对健康老年人和成年人的肠道菌群进行了比较分析。研究发现，健康老年人肠道中双歧杆菌（主要是青春双歧杆菌和长双歧杆菌）、肠球菌和梭状芽孢杆菌的数量低于成年人；拟杆菌、乳杆菌、梭菌、肠杆菌和链球菌的数量显著增加，高于成年人。2011 年，M. J. Claesson 等收集了 161 位 65 岁以上老年人及 9 位成年人肠道菌群的样品，采用 454 焦磷酸测序技术测定了 16S rRNA 基因的 V4 区序列，每个个体产出超过 40000 条测序片段（reads）。研究发现，68％的个体肠道中最优势菌群为拟杆菌门，平均比例为 57％，厚壁菌门所占比例约为 40％。但是和一些疾病或健康相关的菌群在不同个体中所占的比例差别极大，包括变形菌门、放线菌门和 Faecalibacteria。老年人的核心微生物组与年轻人也有鲜明的差异，前者拟杆菌属所占的比例更大，梭菌属在两者之间具有不同的丰度模式；分析 26 组 0 时刻和三月后的粪便样品，发现 85％的个体在这两个时间的微生物组成极其相近，这表明老年人的肠道菌群呈现出时间稳定性。2002 年，Blaut 等运用系统发育分析揭示出老年人肠道菌群的多样性程度比成年人高，未知菌种所占的比例也比较高，说明随着年龄的增长，肠道微生物的多样性程度逐渐增高。2006 年，Mueller 等开展了一项具有代表性的研究，通过对 230 例来自法国、德国、意大利、瑞典四个国家的健康人粪便样品进行研究，揭示了年龄对肠道微生物组成方面差异的影响。所有志愿者分为两个年龄组：平均年龄为 35 岁的中年组和平均年龄为 75 岁的老年组。应用以种特异性的 16S rRNA 标记的寡核苷酸为探针的荧光原位杂交（FISH）与流式细胞术相结合分析粪便样品，发现四个国家所有老年志愿者肠道中肠杆菌的含量普遍高，这种特性与志愿者所处的地域位置无关，与年龄有关。2011 年，Jelena 等对中年人和老年人肠道中的乳杆菌属多样性进行了对比分析，采用种属特异性 PCR 分析揭示出肠道中乳杆菌属的多样性特征与年龄相关。老年人肠道中乳杆菌的数量、体质指数（BMI）、空腹血糖值的水平都高于中年人。中年人肠道中乳杆菌的数量较低，相对来说，定植比较多的是嗜酸乳杆菌和瑞士乳杆菌，而在老年人肠道中植物乳杆菌、副干酪乳杆菌和罗伊氏乳杆菌占绝对优势。鼠李糖乳杆菌可以在中年人肠道中检测到，而老年人没有。两类人中，高 BMI 值的个体检测到同质发酵乳杆菌和沙克乳杆菌，其数量与宿主的年龄有关。

　　婴儿、成年人和老年人肠道优势菌群在组成、分布和数量上存在差异，报道最多的是双歧杆菌，其数量不是恒定的，随着年龄的增长发生显著的变化。2004 年，Bartosch 等的研究表明，健康老年人肠道中双歧杆菌的数量低于成年人；2008 年 Tiihonen 等和 2009 年 Mariat 等的研究也获得了类似的结果。2010 年，Biagi 等的研究发现，百岁老人肠道中双歧杆菌的数量低于成年人。有研究表明，生命过程中双歧杆菌比乳杆菌对人类健康更为有益，青年病患者肠道中双歧杆菌的数量显著下降。He 等在从 7 例健康成年人与 6 例健康老年人的粪便样品中分离到 51 株双歧杆菌菌株，经过鉴定，发现在健康成年人肠道中出现的双歧杆菌有青春双歧杆菌、短双歧杆菌、婴儿双歧杆菌和长双歧杆菌；而在老年人肠道中出现的双歧杆菌有青春双歧杆菌和长双歧杆菌。作者通过体外试验检测这些菌株对于肠黏膜的吸附能力，结果表明，从健康老年人肠道中分离到的双歧杆菌和黏膜的吸附能力与从健康成年人肠道中分离到的双歧杆菌相比有所下降，这也可能是双歧杆菌在老年人肠道中种群数量减少的原因之一。所以，肠道中双歧杆菌的减少可作为衡量衰老和疾病的重要标志。

三、饮食因素

　　尽管宿主年龄等自身因素对肠道菌群的形成具有极为重要的影响，但是包括膳食结构在内的后天因素对于健康人肠道菌群结构的形成也有着不可忽视的影响。早期研究发现，膳食结构的不同对于人肠道菌群的结构具有显著的影响。近期研究更加证实了长期食用高蛋白、高脂肪的食物能促使肠道内拟杆菌属细菌的生长，而食用富含糖类的食物则可以增加人肠道内普氏菌属细菌的含量。经常饮用红茶和食用香蕉也可对肠道菌群的结构产生影响，此外，研究还发现，母乳喂养的婴儿肠道内双歧杆菌属细菌的含量要显著高于配方奶粉喂养的婴儿。2011 年，美国的 G. D. Wu 研究团队通过研究 98 名志愿者的饮食与肠道菌群的结构，发现肠道菌群可以清晰地分为 2 个以拟杆菌属和普氏杆菌属为核心的独立无交集的类型，而通过饮食与肠道菌群的关联性分析，他们发现饮食是重要的决定因素。2013 年，美国的 David 课题组通过联合宏基因组、宏转录组和代谢组技术，研究饮食对于肠道菌群的影响。在试验中，所有的志愿者被分为两组，一组只摄入植物性的食品，另一组则摄入动物性的食品。经过对样品的测试分析，发现仅仅 1d 的时间，饮食就可以改变机体肠道菌群的结构，而动物性食品对机体肠道菌群的影响要比植物性食品的影响大得多。

Wang 等通过跟踪两例自然分娩的婴儿肠道菌群在出生后六个月的动态变化，发现在母乳喂养阶段，婴儿肠道相对稳定，但是在断奶期间，肠道菌的变化比较明显。另外也有研究发现，食用奶粉的婴儿肠道内有一个相对复杂的微生物系统，包括葡萄球菌（*Staphylococci*）、肠杆菌、梭菌；而母乳喂养的婴儿肠道内则是双歧杆菌占优势。Davies 等利用 FISH 的方法研究了红茶对于肠道菌群的影响，结果表明，志愿者在服用红茶以后，肠道内的细菌组成发生了变化，一些还未经过鉴定的粪便细菌显著减少，这可能是因为摄入红茶中高含量的多酚（polyphenols）可以改变肠道菌群的组成。为了研究饮食对肠道微生物群落多样性的影响，C. D. Filippo 等比较了 15 个健康欧洲孩子（EU）及 14 个健康非洲农村孩子（BF）肠道微生物群落的组成。EU 的饮食具有典型的西方特色，而 BF 的食物则能代表传统的非洲乡下的饮食构成。研究人员通过 PCR 扩增 29 个粪便样品的 16S rRNA 基因 V5～V6 区 DNA 片段并进行高通量测序，共获得了 438219 条高质量的测序片段（reads）。RDP 数据库比对结果显示，94.2% 的测序片段属于放线菌门、拟杆菌门、厚壁菌门和变形菌门，然而它们在 EU 和 BF 中的比例具有显著差异。BF 肠道中拟杆菌占大部分，而厚壁菌所占比例较低。有趣的是，含有大量纤维素和木聚糖水解基因的普雷沃菌和木糖杆菌属菌株只存在于 BF 中，并且所占比例较高。

此外，越来越多的研究证实，口服益生菌能够促使肠道中可产生乳酸的细菌的生长，并降低肠道的 pH，同时，益生菌可与潜在致病菌争夺在肠道中的黏附位点和有机基质，从而达到调节肠道菌群的目的。2011 年，华盛顿大学 Gordon 实验室给志愿者和大鼠服用含有乳双歧杆菌（*B. lactis*）的发酵牛乳，并对粪便中微生物的构成和代谢进行检测，研究发现，益生菌菌株的摄入能对肠道菌群的代谢产生一定的影响。此外，虽然菊粉等物质在人的胃和小肠部分很难被消化，但在正常情况下能被大肠中的微生物完全发酵，并作为有益的基质对肠道中双歧杆菌和乳酸杆菌的生长起到促进作用，同时抑制梭菌和大肠杆菌的生长，对人体肠道菌群的群落结构起到调节的作用。

四、城乡生活方式

目前探讨城乡生活方式对肠道菌群结构影响的研究报道还是非常有限的。K. W. Mah 等采用纯培养的方法对生活在泰国南部农村和新加坡城市的儿童肠道微生物构成进行了研究，结果发现，农村儿童体内乳酸菌、大肠杆菌以及葡萄球菌的含量要高于城市儿童。Y. Benno 等亦采用纯培养的方法对生活在日本 Yuzurihara 长寿村的农村老人和生活在东京的城市老人的肠道微生物构成情况进行了比较分析，结果证实农村老人肠道内死亡梭杆菌和青春双歧杆菌的含量明显偏高，但拟杆菌属的含量偏低。C. D. Filippo 等采用焦磷酸测序的方法对生活在非洲布基纳法索（Burkina Faso）村庄和意大利佛罗伦萨（Florence）的儿童肠道微生物构成情况进行了研究，结果证实非洲儿童肠道内微生物的多样性和丰度均高于欧洲儿童。内蒙古农业大学曹宏芳等以生活在锡林郭勒盟牧区和呼和浩特市城区的蒙古族健康青年人群为研究对象，通过 PCR-DGGE 和 q-PCR 分子生物学手段对其肠道菌群进行了多样性分析和定量分析。研究发现，两类人群肠道菌群的两大优势菌群均为厚壁菌门和拟杆菌门，且瘤胃球菌属、栖粪杆菌属及 δ-变形菌纲（δ-Proteobacteria）为人体肠道最优势菌。然而研究还发现，牧区人群肠道菌群中的奇异菌属（Atopobium）、拟杆菌属、脱硫弧菌属、柔嫩梭菌（Faecalibacterium prausnitzii）、乳杆菌属和双歧杆菌属的含量均高于城市人群，且双歧杆菌组间的差异非常显著，牧区人群肠道菌群中的含量极显著低于其在城市人群肠道中的含量。对乳杆菌和双歧杆菌中常见菌种的定性分析结果显示，干酪乳杆菌存在于两组所有个体，而植物乳杆菌在牧区人群中的存在比例略低于城市人群，而短乳杆菌、嗜酸乳杆菌、瑞士乳杆菌和发酵乳杆菌在牧区人群的检出率均高于城市人群。双歧杆菌内除了角双歧杆菌（B. angulatum）在牧区人群的检出率显著低于城市人群，其余的包括婴儿双歧杆菌、长双歧杆菌和短双歧杆菌及青春双歧杆菌在牧区人群的检出率均高于城市人群，且婴儿双歧杆菌和青春双歧杆菌在两类人群中的检出率差异较大。由此可见，两类人群肠道微生物的构成存在较大的差异。2013 年，江南大学郭壮等选取 28 例西藏草原的牧民和 15 例拉萨的城市居民的粪便样品作为研究对象，进行肠道菌群研究，虽然城市居民肠道菌群的多样性和丰度大于牧区居民，但牧区居民组内平均 UniFrac 距离大于城市居民（$P < 0.05$），结果表明，牧区和城镇居民肠道菌群的群落结构具有显著区别，城市居民肠道菌群的多样性和丰度要显著高于牧民，但居民肠道群落间的个体差异较大。城乡居民肠道菌群结构差异中最为关键的细菌类群多为短链脂肪酸产生菌。

五、宿主的性别

不同性别的个体其肠道菌群组成也存在差异，但针对性别对肠道菌群影响的专题研究很少。Mueller 等对来自欧洲不同的 4 个国家共 230 个健康个体的肠道菌群多样性进行普查，结果发现，男性肠道内拟杆菌-普氏菌属（Bacteroides-Prevotella group）的数量显著多于其在女性中的含量。Aguirre de Carcer 等以基于 16S rRNA 基因杂交的 DNA 芯片（DNA microarray）技术对澳大利亚人群的肠道黏膜菌群进行比较，也发现男性样本中的普氏粪杆菌、拟杆菌属、梭菌属、普氏菌属、肠球菌属和双歧杆菌属的数量较多，而女性样本中的链球菌属、韦氏球菌属、瘤胃球菌属及曼海姆菌属（Mannheimia）等细菌的数目较多。Whelan 等于 2009 年的研究中也揭示了女性粪便中的双歧杆菌的量显著高于其在男性中的量。但在同年，Li 等的研究结果却表明粪便中包括梭菌属、柔嫩梭菌类群及拟杆菌属的三种优势菌群并不存在性别差异。

六、运动情况

运动情况也会影响一个人的肠道菌群构成。有研究表明，减少老年人两周的活动量就可以对食物通过肠道的时间造成一定的影响。9 名健康的老年人在测试期间不做任何形式的体育运动，结果表明，食物在结肠的通过时间由原来的（10.9 ± 2.7）h 延长到了（19.5 ± 2.9）h，而且在食物通过右半结肠到左半结肠的过程中时间明显增加。研究者认为，运动可以加速肠道的蠕动，减少肠内容物通过肠道的时间，从而改变肠道细菌的生长环境。在动物试验中，人们发现在遗传背景相同、饮食也相同的小鼠中，天天进行锻炼的小鼠肠道菌群组成与不锻炼的小鼠肠道菌群组成有明显的差异。

七、抗生素

肠道内正常的菌群结构可以看作是宿主健康的"保护伞"，但是在人们服用抗生素治疗和预防疾病的时候，也扰乱了肠道菌群的生态平衡。目前已经有很多研究关注抗生素对肠道菌群造成的影响。抗生素本身的性质、吸收情况、代谢途径都会对肠道细菌造成扰动。临床上由于抗生素治疗引起的腹泻及真菌感染比较常见，另外就是抗生素抗性菌的增加。有研究表明，在服用抗生素以后，肠道内的重要厌氧菌，如双歧杆菌、乳酸杆菌、拟杆菌都会大量减少，而一些病原菌如肠球菌则呈现增加的趋势。Rafii 等比较了一例患有溃疡性结肠炎的患者在发病时及用抗生素治疗后肠道菌群的结构及其酶活性的变化。作者研究了 5 种抗生素治疗方案，结果表明，肠道内的偶氮还原酶（azoreductase）、硝基还原酶（nitroreductase）、氧化还原酶（oxidoreductase）以及葡糖醛酸酶（glucuronidase）、硫酸酯酶（sulfatase）的活性在抗生素治疗以后降低。通过随机引物扩增，发现在进行抗生素治疗前与治疗后肠道菌群的结构发生了变化。2010 年，Dethlefsen 等应用 454 焦磷酸测序分 5 个阶段研究了环丙沙星对 3 名志愿者肠道菌群的影响。试验期间，3 名志愿者分 2 次服用，每次服用环丙沙星一周，研究人员采集志愿者样品进行肠道菌群研究。试验发现，在服用抗生素的 3～4d 以及停药的一周内，志愿者肠道菌群的多样性锐减，然后逐渐开始恢复，但不能恢复到服用前的水平，而且服用环丙沙星会导致一些肠道细菌的不可逆的缺失。耐万古霉素肠球菌（Vanco-mycin-Resistant *Enterococcus*，VRE）等高度耐药性细菌感染引起的血液病是一个日益严重的临床难题，而准确诊断高危病人是否患有细菌性败血症仍极富挑战。最近的研究表明，抗生素能够改变肠道微生物的多样性。为了对生素的影响情况进行分析，Carles Ubeda 等以感染了 VRE 的小鼠为研究材料，采用 454 高通量测序技术对其回肠样品的 16S rRNA 基因的 V2 区进行了测序。研究结果显示，对小鼠进行抗生素治疗会导致外源 VRE 几乎完全取代小肠和大肠的正常菌群。在临床上，研究人员也发现接受造血干细胞移植的患者在血液感染之前，使用抗生素治疗会导致 VRE "称霸"肠道菌群。抗生素能扰乱正常的共生肠道菌群，并为医院中的感染性病菌"统治"肠道菌群提供机会。因此，通过高通量 DNA 测序分析肠道微生物多样性，为诊断高危病人是否患有细菌性败血症提供了有效的手段。

八、疾病

疾病也可以影响肠道菌群的组成，而肠道菌群也在很多疾病的发生和发展中起着不容忽视的作用。目前的研究表明，不仅肠道疾病与菌群有密切的关系，一些非肠道类疾病也和肠道菌群有着密不可分的关联。

1. 肠道类疾病

Hopkin 等通过培养的方法比较 4 例健康老年人与 4 例患有艰难梭菌引起腹泻（Clos-tridium difficile-associated diarrhoea，CDAD）的老年人的肠道菌群的组成，结果表明，患病老年人肠道内的菌群多样性减少，患病老年人肠道内的厌氧菌与兼性菌的种类比为 3.5：

1；而在健康老年人肠道内的比例是 5.9：1，说明厌氧菌在患病老年人肠道内减少，尤其是双歧杆菌的数量明显减少。Seksik 等通过点杂交技术定量地检测了 16 例健康个体及 17 例患有克罗恩氏病的病人粪便样品中的菌群组成，使用针对拟杆菌、双歧杆菌、乳杆菌、柔嫩梭菌、肠杆菌等的探针，结果发现，这些细菌存在于所有的研究样本中，其中肠杆菌在患病个体的肠道内数量明显增加。另外，还用了温度梯度凝胶电泳（TGGE）的方法比较了不同个体肠道内菌群组成的多样性变化，结果表明，虽然在患病个体中肠道优势菌的平衡被破坏，但是菌群多样性还是维持在一个比较高的水平。Mitchell 等应用焦磷酸测序对克罗恩病患者与正常人的肠道菌群进行比较发现，克罗恩病患者的拟杆菌门和变形菌门的比例显著高于健康人，而厚壁菌门则显著低于健康人，认为这种区别在很大程度上与梭状芽孢杆菌有关。

　　Marchesi 等采用 454 高通量测序技术比较了结肠肿瘤和正常结肠黏膜微生物组成的区别。测序样品来自 6 个接受了切除术的结肠癌早期患者，选择的测序区域为 16S rRNA 基因的 V1～V3 区。将获得的测序序列与 Sliva 和 RPD 数据库进行比对分析，发现两个不同位点的微生物定植模式具有惊人的差异。虽然结肠癌患者个体之间存在一定的差异，肠道肿瘤组织总是为昆虫类杆菌属和一些有益菌形成微生态环境，而潜在的致病性肠杆菌在这些部位却不具有代表性。研究还发现，结肠癌相关的生理和代谢改变招来了更适宜在肿瘤组织中生存的共生细菌，它们具有很强的竞争优势，可能取代了致病菌而牵涉结肠癌的病因中。

　　上海交通大学的王婷婷等选取 46 例结直肠癌患者和 56 例健康对照志愿者的粪便样品作为研究对象，以 454 焦磷酸测序技术结合多变量统计学方法检测细菌 16S rRNA 基因 V3 区的多样性。研究发现，结直肠癌患者的肠道菌群整体结构与健康对照人群具有显著的差异，其中拟杆菌门细菌在结直肠癌患者肠道中的数量显著偏低，而变形菌门细菌则显著偏高。利用冗余分析（RDA），找出了 48 个在两类人群肠道菌群结构的差异中最为关键的细菌类群。这其中，有 4 类细菌均属于拟杆菌属，但其变化特征并不一致：一类与脆弱拟杆菌具有98.1%序列相似度的细菌在结直肠癌患者肠道中的丰度较高；而两类分别与普通拟杆菌具有100.0%和98.7%序列相似度的细菌，以及一类与单形拟杆菌具有97.5%序列相似度的细菌则在健康个体肠道中的丰度较高。另外，一些可能是条件致病菌的细菌在结直肠癌患者的肠道中的丰度更高，它们分别属于肠球菌属、埃希菌/志贺菌属、克雷伯菌属、链球菌属和消化链球菌属等。另一方面，产丁酸盐的罗氏菌属（Roseburia）以及毛螺菌科（Lachnospir-aceae）的其他丁酸盐产生菌在健康个体肠道中的丰度更高。还以人体内绝大部分丁酸盐产生菌的丁酸盐产生途径必需基因丁酰-辅酶 A 辅酶 A 转移酶（Butyryl-coenzyme A CoA transferase）基因为分子标签，通过实时定量 PCR 的方法验证了结直肠癌患者肠道中丁酸盐产生菌数量的显著减少。以上试验结果表明，结直肠癌患者的肠道菌群相比于健康人，出现了整体失调的现象。而这一现象的主要特征就是对肠道健康有益的丁酸盐产生菌的减少以及对健康有害的条件致病菌的增加。

2. 非肠道类疾病

　　关于肠道菌群和肥胖的关系一直是科学界研究的热点。现有证据表明，肠道菌群可以控制动物的脂肪代谢，引发全身的低度慢性炎症，从而导致出现肥胖症。Kelly 等研究了有亲缘关系的瘦体素（leptin）基因突变的纯合子小鼠、杂合子小鼠及野生型小鼠，给这些小鼠喂食同样的富含多糖的食物以后，瘦体素基因突变的纯合子小鼠有发胖症状。在对这些小鼠盲肠内容物中的细菌组成进行 16S rRNA 基因文库分析并测序 5088 条以后，发现小鼠肠道内菌群的变化都是在门的水平上，肥胖小鼠肠道内拟杆菌门的丰度与瘦型小鼠相比下降了50％，而厚壁菌门的含量则上升，这表明通过调节肠道菌群的结构可能会对肥胖个体的能量吸收起到调节作用。

肠道微生物可以作为一种环境因素调节人体脂肪储存，与肥胖的发生有关；肠道微生物对于食物中多糖的降解和吸收有很重要的作用。有研究表明，在给成年无菌小鼠肠道内重新定植来源于正常饲养小鼠的肠道菌群以后，在短短两周时间内，尽管这些小鼠的食物摄入量减少，但是脂肪含量增加了 60％，而且胰岛素抗性增加。结果发现，微生物可以抑制肠道上皮细胞的空腹诱导脂肪细胞蛋白（Fasting-induced adipocyte protein，Fiaf）的表达，而Fiaf 是脂蛋白脂酶（Lipoprotein Lipase，LPL）的抑制物，当 LPL 的活性增加的时候，就会加强来源于肝脏的三酰甘油在脂肪细胞中的积累，从而导致发胖。为了去除基因型的影响，P. J. Turnbaugh 等对胖瘦不同的同卵双胞胎（31 对）、异卵双胞胎（23 对）及其母亲（46 个）共 154 个个体的肠道微生物进行了研究，采用 454 高通量测序平台测定了这些个体中微生物 16S rRNA 基因的 V2 区和 V6 区，并选取了 18 个个体，测定了其肠道微生物群落的 DNA。结果表明，肥胖与肠道门级微生物的变化相关，胖人与瘦人相比，微生物多样性明显降低，拟杆菌门所占比例较低，而放线菌门所占比例较高。鸟枪法读数与多个数据进行比对，发现不同个体中含有大量共有的微生物基因，在基因水平上可将它们定义为"核心微生物组"；而个体中的微生物与核心微生物组的偏离，则与各种不同的生理状态相关（如胖瘦）。

在国内，上海交通大学的赵立平课题组对肥胖与肠道菌群的关系进行了深入研究，并取得了重大成果。他们研究发现，通过调节肠道菌群可以达到使宿主体重锐减的效果。此外，该课题组还成功鉴定出了与肥胖密切相关的条件致病菌——阴沟肠杆菌（E. cloacae）。阴沟肠杆菌可以产生内毒素，能够让本来吃高脂饲料吃不胖的无菌小鼠发展出严重的肥胖症；同时能够引起小鼠炎症和胰岛素抵抗，也可以关闭消耗脂肪需要的基因，激活合成脂肪的基因，通过临床研究发现，阴沟肠杆菌在一个体重达 175kg 的肥胖患者肠道里过度生长，占到总菌量的 1/3 之多。经过用一种特殊设计的营养配方干预以后，这种病菌的数量很快下降到检测不出来的水平，而患者的体重在将近半年里下降了 51.4kg，高血糖、高血压和高血脂等症状也恢复正常。为了进一步验证，研究组将这种细菌分离，接种到无菌小鼠体内，结果造成了小鼠的严重肥胖和糖尿病的早期症状——胰岛素抵抗，从而证明了这种细菌是导致该病人肥胖的原因而不是结果。

现在的研究表明，很多非侵染性的疾病也与肠道菌群有关，比如糖尿病。过氧化物酶体增殖物激活受体（peroxisome proliferator-activated receptor-γ，PPAR-γ）是在宿主的脂肪组织中高效表达的一种核内受体，而肠道菌群可以影响哺乳动物体内 PPAR-γ 的转录和调控，与胰岛素抵抗的发生和 Ⅱ 型糖尿病的发展可能有关。

Ⅱ型糖尿病是一种由遗传和环境因素共同引起的复杂内分泌性疾病。近年来的研究表明，Ⅱ型糖尿病与肠道菌群存在相关性。2012 年，中国华大基因团队完成了"肠道微生物与 Ⅱ 型糖尿病的宏基因组关联分析"，研究表明，Ⅱ 型糖尿病患者仅出现了中度的肠道微生态菌群失调，具体表现为患者肠道中丢失了一些益生菌，有害菌和致病菌的含量反而提高。该研究从分子水平上明确了中国糖尿病患者与健康人群在肠道微生态组成及功能基因和代谢通路方面的差异，同时，间接地表明肠道环境的氧化压力可能与糖尿病存在一定的关系。为了研究糖尿病与肠道微生物的关系，Nadja Larsen 等以 18 个 Ⅱ 型糖尿病男性患者及 18 个正常男性为研究对象，采用 454 高通量测序技术对其粪便中微生物 16S rRNA 基因的 V4 区进行了测序。序列分析结果发现，这些序列分别属于 5 个门的微生物，包括厚壁菌门、拟杆菌门、变形杆菌门、放线菌门和疣微菌门，其中厚壁菌门和拟杆菌门所占的比例高达 90% 以上。糖尿病患者的肠道菌群中厚壁菌门和梭菌纲的含量明显低于正常人。另外，拟杆菌门/厚壁菌门以及拟杆菌-普雷沃菌属/球形梭菌-直肠真杆菌的比例与血糖浓度呈正相关，但是与体质指数却不相关。β 变形杆菌（Beta proteobacteria）在糖尿病患者中也有大量富集现象，并且这类细菌与血糖浓度也呈正相关。以上结果显示，人类 Ⅱ 型糖尿病的病因与肠道微生物群落组成的变化有联系。

孤僻症（autistic spectrum disorder，ASD）在儿童早期的发病率很高，在男孩中的发病率是女孩的 4 倍。由于在患有 ASD 的个体中肠道功能失调的情况比较普遍，这些儿童很多都有腹痛、腹胀、便秘、腹泻症状，所以研究者认为，肠道菌群功能失调与 ASD 的严重程度有一定的关系。Helena 等研究了 58 例 ASD 患者、12 例与 ASD 儿童有亲缘关系的健康儿童以及 10 例与 ASD 儿童没有关系的健康儿童的肠道菌群组成。作者通过 FISH 技术，比较了这些儿童肠道内的双歧杆菌、拟杆菌、溶组织梭菌（C. histolyticum）、乳杆菌、肠杆菌、直肠真杆菌的数量，结果发现，溶组织梭菌在 ASD 儿童肠道中的数量很大，与两组健康儿童相比都有显著性差异。梭菌属在肠道内可以产生毒素，包括神经毒素。研究者认为，在孤僻症患者肠道内毒素物质过度表达，从而使得这些毒素物质在血液中的含量增加，从而产生一系列的后果。患者的家长也认为患儿病情的严重程度与肠道病症的严重程度呈正相关。这就表明了在肠道内过度生长的某些梭状芽孢杆菌产生的神经毒素可能是导致儿童孤僻症的主要原因，肠道菌群的结构和功能与该病的发生发展有着密切的关系。

过敏性湿疹也是婴儿常见病。研究表明，该病症也与肠道菌群有关。2013 年，芬兰 Nylund 利用基因芯片技术研究过敏性湿疹的肠道菌群构成和多样性，采集了 34 个婴儿（15 名患者和 19 名正常婴儿）6 个月和 18 个月的粪便样品。通过分析芯片图谱发现，患有过敏性湿疹的婴儿肠道菌群的多样性要比健康婴儿更为复杂。在 6 个月时，2 组婴儿肠道菌群没有显著差异，到第 18 个月时，则差异显著。其中健康婴儿肠道中拟杆菌的数量是湿疹病患儿的 3 倍。

第四节　益生菌与胃肠道健康

肠道菌群的微生物组成及其与健康和疾病的关系是 21 世纪的研究热点。随着近年来国内外的分子生物学、基因组学、生物信息学的蓬勃发展，使得肠道菌群的相关研究加速开展起来，包括乳杆菌属、双歧杆菌属、酵母菌属、链球菌属和肠球菌属在内，以乳杆菌、双歧杆菌和芽孢杆菌为代表的益生菌可以作为肠道菌群调节剂，被报道可以调节肠道菌群、改善机体免疫功能和防控各类人群慢性疾病，从而在改善人体健康中发挥积极的作用。富含益生菌的食物及益生菌制剂等也日益成为相关领域的研究热点。大量文献报道指出了益生菌对肠道菌群的保护作用，包括可以借助调节肠道有益菌和有害菌的定植数量，改善肠道菌群的多样性及丰富度，平衡肠道微生态等，从而达到治疗肠道及肠道外疾病的目的。

一、益生菌与胃肠道健康的关系

人们在日常生活中的饮食习惯都会不知不觉地影响着胃肠道健康。目前，胃肠道健康没有明确的定义，根据 1948 年 WHO 对健康的定义，建议用更加详细的内容来代替无疾病状态。Brenner 等认为，胃肠道健康即在医生诊断后没有胃肠疾病征象，无肠道疾病风险，没有确诊的肠道疾病，身心良好的状态。从患病个体的角度来看，他们期望胃肠道健康是没有症状，至少不需要去看病。从医生角度来说，他们希望能够诊断潜在的胃肠道疾病，特别是恶性肠病，尤其是在患者没有明显症状的情况下。致力于肠道健康课题的科学委员会主要依赖排除法和某些主观标准，商讨制定了五条肠道健康标准（表 2-2）。

表 2-2 肠道健康标准

主要标准	肠道健康征象
食物消化和吸收正常	食物消化和吸收正常，营养状况正常，有效吸收食物、水和矿物质，肠道运动节律、通过时间正常，无腹痛、腹胀；粪便正常，无恶心、呕吐、腹泻、便秘和腹胀
胃肠道无疾患	无胃酸性疾病，无胃食管反流或其他的胃肠炎症性疾病；无酶缺乏或糖类不耐受；无炎症性肠病、乳糜泻或其他炎症性疾病、无结肠直肠或其他胃肠肿瘤
肠道微生态正常稳定	无细菌过度生长，肠微生物组成和活力正常；无胃肠感染或抗生素相关性腹泻
正常的免疫功能	胃肠黏膜屏障正常，黏液分泌正常，无细菌易位；IgA 水平正常，免疫细胞的数量和活性正常；免疫耐受，无过敏或黏膜高反应性
健康状态	生活质量高，或肠道舒适度正常；5-羟色胺分泌正常，肠神经系统功能正常

健康人的胃肠道内栖居着数量庞大、种类繁多的微生物，这些微生物统称为肠道菌群。肠道菌群按一定的比例组合，各菌间互相制约、互相依存，受饮食、生活习惯、地理环境、年龄及卫生条件的影响而变动，在质和量上形成一种生态平衡。处于理想状态的动物是在消化道内有特定量的有益微生物，以维持消化道内的平衡和养分的消化吸收；但是在生理和环境应激时，则会造成消化道内微生物区系紊乱，病原菌大量繁殖，出现临床病态，因而益生菌在维持肠道菌群平衡乃至胃肠道健康中起着决定性的作用。

人体胃肠道是益生菌定植并发挥作用的主要场所，益生菌在肠道微环境中进行代谢活动，影响人体的食物药物成分代谢、细胞更新、免疫反应等诸多生理活动。已有的试验数据和临床案例证实了益生菌对胃肠道健康的积极影响。益生菌具有缓解便秘、乳糖不耐受症和减少术后综合征的疗效；临床试验还表明，益生菌可以改善应激性肠炎和炎性肠病；益生菌的抑菌活性可以有效地减少胃肠道中的病原菌；体内、体外试验也显示了益生菌在抗结肠癌和对术后肠道改善中的效果。这些进一步表明益生菌为现有的胃肠道治疗提供了一个选择性的治疗方法。然而，各种临床试验表明，益生菌的影响根据不同的益生菌菌株、配方、剂量和对象而异，此外，其预防的效果要远远好于治疗的效果。因此，需要采用更严格控制的动物和临床实验，从而控制精确阐明潜在机理并确立特殊疗效的剂量，合理发挥益生菌的功能。

二、益生菌治疗各种胃肠道疾病的研究进展

1. 治疗及缓解腹泻

近些年，使用益生菌抑制和治疗腹泻成为热点，例如急性腹泻、抗生素相关性腹泻（antibiotic-associated diarrhea，AAD）、轮状病毒引起的腹泻、辐射引起的腹泻等。腹泻患者多存在肠道菌群失调，而微生态制剂通过增加腹泻患者肠道内有益菌的数量和活力，抑制致病菌的生长，以恢复正常的菌群平衡，达到缓解腹泻症状的作用，这对于成年人或小儿细菌性腹泻、痢疾、顽固性难治性腹泻均有良好的预防和治疗效果。

急性腹泻是儿童最常见的疾病，可分为侵袭细菌感染性腹泻和非侵袭性细菌感染性腹泻。儿童时期肠道免疫功能不健全，肠道菌群处于生理性演替过程，其肠道定植能力等生理功能也处于相对不稳定状态。年龄越小，肠道微生态平衡越脆弱，也更容易受到各种因素如病毒、细菌、食物毒素、药物作用、变态反应、全身性疾病等的影响。腹泻时肠道菌群紊乱，以双歧杆菌为主的益生菌数量明显减少，易使病原菌侵袭和定植，从而导致腹泻；而腹泻又加重了肠道菌群紊乱。临床研究证明，益生菌对缓解和缩短急性肠炎的益生作用，可通过很多途径，例如发酵乳、益生菌口服液、益生菌胶囊和添加益生菌的脱脂奶粉。补充有益活菌制剂对小儿腹泻有较好的治疗作用。给药后，补充了人体肠道正常生理性细菌，并在肠道内定植、增殖，形成一层有保护作用的生物屏障；肠道微生态菌群发酵糖产生乙酸和乳酸，同时能产生一些抗菌活性物质，形成有广泛抗菌作用的化学屏障；并且双歧杆菌等刺激机体免疫系统，产生免疫球蛋白 A（immunoglobulin A，IgA）等免疫活性物质，形成免疫屏障。

大量研究证明，益生菌能够有效抑制或者缓解成年人和儿童的感染性腹泻。益生菌对于儿童来说特别重要，主要是因为益生菌能够使儿童的免疫体系更加完善，使肠道微生物中的益生菌增多，并且降低致病菌的种类和数量。在儿童护理中心，那些营养不良的儿童更容易受到肠道疾病和呼吸道疾病的侵袭。在秘鲁对 204 个营养不良的儿童进行试验，发现食用益生菌的试验组的腹泻发生概率相对于没有食用益生菌的对照组有显著降低。法国研究人员对 287 个儿童进行随机控制性研究，一个试验组每天食用含 10^8 CFU/mL 干酪乳杆菌的酸奶酪，另一组食用未经过发酵的牛奶，发现食用酸奶酪的试验组和另一组相比，其腹泻发生概率和腹泻时间显著降低。

益生菌在治疗急性腹泻，尤其是滤过性毒菌引起的腹泻中的作用，也在欧洲和美国得到了广泛的研究。在这些研究中，乳酸菌 LGG、嗜酸乳杆菌、罗伊氏乳杆菌、酵母菌以及一种嗜热链球菌、嗜酸乳杆菌及保加利亚乳杆菌的结合产品导致了腹泻的激烈程度及持续时间的减少。无论是在发达国家还是发展中国家，采用单独给药或作为口服在水合疗法的一部分都有这样的疗效。Guandalini 等研究显示，嗜酸乳杆菌治疗可使儿童感染性腹泻迅速恢复，患者的平均病程及平均住院天数均明显缩短。黄培宁将 132 例霉菌性肠炎患者随机分成 2 组，治疗组使用微生态制剂治疗，对照组使用抗真菌药物治疗，探讨微生态制剂对霉菌性肠炎的治疗效果，霉菌性肠炎患者疗程结束后总治愈好转率分别为 100% 和 97.1%，治疗组和对照组霉菌性肠炎患者总不良反应发生率分别为 1.5% 和 23.4%，因此认为微生态制剂对霉菌性肠炎疗效确切，且无明显的不良反应。

20 世纪 50 年代以来，随着抗生素的广泛应用，抗生素相关性腹泻（AAD）也逐渐被临床医生所重视。微生态制剂可有效地治疗和预防 AAD。微生态制剂可用于广谱抗生素所致的危重病患者中存在的肠道菌群失调。应用抗生素和微生态制剂是否会影响活菌制剂的功效，以及活菌制剂中是否会有耐药因子传递给机体中其他细菌造成耐药因子扩散，是微生态制剂对抗生素耐受性的两个关键问题，如培菲康、妈咪爱不宜与常用抗菌药物配伍；整肠生可与庆大霉素、头孢噻肟配伍，不宜与环丙沙星、氧氟沙星、呋喃妥因、四环素配伍。AAD 是一种服用抗生素引起的常见的综合征，尤其是服用广谱的抗生素，例如氨苄西林、阿莫西林、头孢和克林霉素。对 AAD 有抑制作用的益生菌包括乳杆菌属、双歧杆菌属、链球菌属、粪肠球菌和酵母菌等。

儿童益生菌研究的首要领域之一是治疗和预防腹泻。已经证实乳酸菌 LGG 在儿科抗生素相关腹泻方面显示了良好的治疗作用。1999 年，芬兰开展了一项双盲临床试验，涉及了119 例平均年龄为 4.5 岁的儿童，在服用抗生素期间，每天服用乳酸菌 LGG 两次的试验组，腹泻的发生率比对照组明显降低，分别为 5％和 16％。该研究同时发现了腹泻患者消化道内微生物菌群发生了变化。在同一年，还报道了另一项涉及服用抗生素治疗呼吸系统感染的儿童的研究。188 位患者中，服用乳酸菌 LGG 组的儿童腹泻症状改善比对照组有明显提高，分别为 48％和 17％。乳酸菌 LGG 和酵母菌在患有这些疾病的成人中也显示了有益的作用。Aloysius 等所做的荟萃分析（Meta 分析）表明，微生态制剂可防止 AAD 的发生，其中布拉德酵母和乳杆菌的微生态制剂效果最好。

随着近几十年来大量应用广谱抗生素，抗生素引起腹泻的发病率和死亡率不断提高，医院病人服用抗生素后有 3％～29％的病人会引起腹泻；而艰难梭菌（Clostridium difficile）则是引起这些腹泻的主要致病菌。艰难梭菌在健康成人体内的定植率为 3％，然而在医院病人中则达到 15％～35％。艰难梭菌是一种革兰氏阳性芽孢杆菌，在 1935 年第一次被发现，并于 1978 年被确认为条件致病菌。艰难梭菌引起的腹泻症状从温和性腹泻到急性腹泻、中毒性巨结肠炎，甚至能够引起死亡。有许多临床试验证明，益生菌辅助治疗和预防艰难梭菌引起腹泻（Clostridium difficile-associated diarrhoea，CDAD）的效果明显。一个设计良好随机可控的双盲试验，用布拉德酵母和万古霉素联合使用治疗 124 位患有 CDAD 的病人。试验结果显示，经过 4 周的跟踪治疗后，和对照组相比，服用布拉德酵母的病人其复发情况显著下降。有 3 个临床试验将益生菌作为治疗 CDAD 的主要药物。一个研究用乳酸杆菌和双歧杆菌治疗患有 CDAD 的病人，每天服用 2×10^{10} CFU 剂量的菌体，发现和对照组相比，服用益生菌的病人的 CDAD 发病率显著降低。在艰难梭菌携带者中，服用布拉德酵母的病人艰难梭菌毒素的量有显著降低（益生菌组为 46％，对照组为 78％），因此，可以推测益生菌有抵抗毒素的作用，这和益生菌分泌的一种蛋白类物质有关。益生菌分泌的蛋白类物质能够抑制艰难梭菌的毒素发生作用，益生菌和药物配合使用的效果要比单纯使用益生菌治疗CDAD 更加明显。研究发现，LGG 对于 CDAD 具有很好的预防效果。LGG 能够产生的抑菌物质是一种广谱抑菌制剂，包括抑制艰难梭菌的生长。11 个接受抗生素治疗的病人服用LGG 用来治疗艰难梭菌的复发，其中有 8 个病人腹泻立即停止，另外 3 个人在后续的治疗中得到康复。LGG 能够有效地预防健康的志愿者服用红霉素所引起的 CDAD 腹泻，结果显示，和对照组相比，服用了 LGG 的志愿者发生腹泻的概率结果将会很低。2012 年，一项纳入 20 项试验（包含 3800 名参与者）的 Meta 分析显示，益生菌与 CDAD 发生率降低 66％ 相关。该研究提供了抗生素治疗期间对益生菌预防有利的中等水平证据。益生菌与 CDAD 发生率降低 66％ 相关，并且不良事件极少。益生菌预防可防止 1000 例患者中 33 次抗生素相关的 CDAD 发作，临床相关的不良事件相对风险为 0.82。在接受益生菌治疗的患者中，9.3％ 发生不良事件，而对照患者这一比例为 12.6％。

辐射引起的腹泻在接受放射性肿瘤治疗的患者中很常见，并且已有很多尝试用益生菌治疗这种综合征。研究证明，生物治疗用益生菌可保护病人抵抗辐射腹泻的威胁，服用益生菌的患者可以接受更大剂量的辐射治疗来增加疗效。

轮状病毒是发展中国家引起儿童严重腹泻的主要原因。在发展中国家，急性腹泻是引起儿童死亡的主要原因。最近的研究表明，轮状病毒引起腹泻的机制和其他致病菌的作用机制相似。临床上，轮状病毒会使肠道黏膜部分受损，肠道菌群遭到破坏。要引起腹泻需要两个阶段，第一个阶段是渗透性腹泻，第二个阶段是致病菌的大量生长。在益生菌抑制轮状病毒侵袭的报道中得出结论：在临床上，益生菌在预防和治疗轮状病毒引起的腹泻方面有很重要的作用。许多研究报告显示，益生菌的数量决定了腹泻持续的时间和频度。双歧杆菌 HN019 能够降低轮状病毒和大肠杆菌引起试验猪腹泻的严重程度，可能是通过增强免疫力的方式抑制腹泻的。因为双歧杆菌和酵母菌能够有效地降低轮状病毒引起的急性腹泻的发生概率，在医院里已经被用来预防早期腹泻。LGG 也被用来降低轮状病毒腹泻的发生。在医院儿童中进行的一项研究中，给营养不良的儿童预先食用 LGG 能够降低轮状病毒引起的腹泻的发生概率，益生菌对于营养不良的儿童也能起到保护作用。

对于常去旅游的旅行者而言，腹泻是其遇到的主要健康问题之一。尽管其病症仅限于个人，而且在大多数情况下，无需采用任何特殊形式的治疗措施即可恢复，但由于发病率高，仍然需要寻找安全有效的预防和治疗措施。旅行者腹泻主要是由致病菌通过食物或水进入人体内破坏正常菌群而引起的。旅行者腹泻是一个综合性的症状，不仅在发展中国家发生，在发达国家也普遍发生。根据旅行的不同地点和旅游类型，发生旅行者腹泻的概率为 20％～50％。腹泻本身所造成的伤害并不严重，但是会严重干扰假日和旅行，造成诸多不便。旅行者腹泻会带来一系列的并发症。产毒素的大肠杆菌是引起旅行者腹泻的主要原因。许多研究表明，益生菌能够有效地阻止各种形式的腹泻。Oksanen 等研究从芬兰到土耳其旅行的 820 人，研究发现，服用 LGG 组的腹泻率为 41％，和没有服用益生菌组的 46.5％ 没有太大区别。然而另外一个研究 LGG 降低腹泻的发生率的研究发现，和对照组 39.5％ 相比，服用益生菌组的腹泻发生率为 29.3％。在一个类似的双盲试验中，让 56 个到埃及旅游为期两周的丹麦旅行者服用具有活性的冻干菌粉，服用益生菌的试验组腹泻的发生率为 43％，但是不服用益生菌的对照组腹泻的发生率为 71％。

2. 缓解乳糖不耐受症（lactose intolerance）

全球近 70％ 的人群存在乳糖消化不良的问题，乳糖消化不良主要是体内缺乏乳糖酶（β-半乳糖苷酶）导致的。人体存在 β-半乳糖苷酶，乳糖被 β-半乳糖苷酶水解成单体，进入血液前被肠道上皮细胞吸收。但是有的人在遗传上或后天缺少 β-半乳糖苷酶，不能消化的乳糖被肠道细菌合成短链脂肪酸和气体（氢气、二氧化碳、甲烷），它们会造成身体不适，导致腹泻，医学上将这种情况定义为乳糖不耐受症。

根据发生的原因，可将乳糖不耐受症分为三类：先天性乳糖不耐受症、原发性乳糖不耐受症（又称成人型乳糖酶缺乏）、继发性乳糖不耐受症。各型的主要表现为：先天性乳糖不耐受症是一种常染色体隐性遗传疾病，婴儿在出生时，其乳糖酶活性低下或缺乏，最终导致肠胃功能严重失调，该类型较为少见；原发性乳糖不耐受症是最常见的一种，随着年龄增长，绝大多数人的乳糖酶活性逐渐降低，直至成年期时，其酶活力几乎完全消失，从而引发机体发生该病症；继发性乳糖不耐受症是由于小肠上皮细胞破损、小肠黏膜疾病或某些全身性疾病导致暂时性乳糖酶活性低下，从而引起机体发生该病症，并且此类变化具有可逆性，随着病因的消除，乳糖酶活性亦恢复正常，不耐受症也随之治愈。

肠道内有众多的细菌，特别是乳酸菌能产生乳糖酶，补充人体的不足，缓解乳糖不耐受的症候群。一些乳酸菌具有发酵乳糖的能力，例如乳杆菌属、双歧杆菌属和链球菌属，可缓解乳糖不耐受症状，并且它们通常被添加到乳制品中来发酵其中的乳糖。因而服用乳酸菌发酵制得的酸奶以用来改善乳糖不耐受症状已被广泛认可。其机制概括为三个方面：一是活菌所含有的 β-半乳糖苷酶对乳糖有消化作用；二是延缓胃排空速率，减慢肠转运时间；三是改善肠道代谢内环境和平衡。

Meimandipour 等建立了一个模拟鸡盲肠的生物模型，添加了两种乳酸杆菌后进行体外培养，经过 24h 培养，鸡盲肠模型中原有的厌氧菌、乳酸杆菌及双歧杆菌的数量均有所增加，同时乳酸、丙酸及丁酸的生成增多，说明在鸡盲肠中，乳酸杆菌作为益生菌，通过促进乳酸、丙酸及丁酸的生成重建菌群平衡。He 等让 11 名筛选出来的乳糖不耐受患儿持续服用含双歧杆菌的益生菌胶囊和酸奶 14d，分别检测补充前、中、后 3 个阶段受试者粪便外源性和内源性双歧杆菌的分布，并在补充前和结束后对受试者进行乳糖不耐受负荷试验，记录他们的症状并评分。结果发现，双歧杆菌在补充时及补充后都明显增生，但是停止补充后，外源性的双歧杆菌不能在结肠中继续存活，而益生菌的补充使得肠内环境发生了改变，促进了内源性双歧杆菌的生长，同时益生菌的补充可以缓解乳糖不耐受的症状。

在国内，亦有许多临床报道益生菌在乳糖不耐受症治疗方面的疗效，也产生了许多治疗病症的微生态制剂。如麦海燕等应用枯草杆菌二联活菌颗粒治疗继发性乳糖不耐受症 172 例，并将母乳或牛奶喂养次数减半，其治疗组的有效率（96.51%）明显优于对照组（76.19%），且未发现毒副作用，保证了患儿母乳喂养的顺利进行，取得较好的临床效果。赵显峰等采用交叉试验设计，应用呼气氢气法研究了 68 名乳糖不耐受小学生饮用不同牛奶时乳糖不耐受的发生情况，结果显示，饮用低乳糖牛奶和酸奶可有效降低乳糖不耐受的发生。钟燕以经乳糖负荷试验筛选的乳糖不耐受者 11 名为研究对象，持续摄入益生菌（长双歧杆菌）和酸奶（含保加利亚乳杆菌、嗜热链球菌、动物双歧杆菌）14d 进行补充研究。试验分 3 个阶段，每个阶段为 1 周。在第 2 阶段，受试者每天摄入 3 次酸奶。在第 2 阶段前后 1d 分别进行双标稳定同位素 ^{13}C-lactose（乳糖）/[2]H-glucose（葡萄糖）负荷试验，分析受试者摄入底物后 6h 呼气 H_2 浓度值以及血浆 ^{13}C-glucose 浓度和 [2]H-glucose 浓度，并计算乳糖消化指数（lactose digestion index，LDI）、乳糖消化量和口-结肠转运时间（orocecal transit time，OCTT）。整个试验期间共收集 5 次粪便样本，分析 β-半乳糖苷酶的活性。结果表明，在第 2 阶段补充结束后，个体乳糖不耐受症状评分显著低于补充前；LDI、乳糖消化量、OCTT 和各时间点呼气 H_2 浓度在补充前后无显著性改变；粪便 β-半乳糖苷酶活性在补充第

1周即开始升高，补充第 2 周显著高于基值。以上结果表明，持续摄入益生菌和酸奶具有明显改善乳糖不耐受症状的作用，其原因可能与结肠 β-半乳糖苷酶活性的增加有关。

3. 治疗肠道易激综合征 (irritable bowel syndrome, IBS)

肠道易激综合征（IBS）是一种功能性肠道失调，有腹痛或不适，胃肠胀气，伴随便秘或腹泻症状，而肠道结构正常。普遍认为 IBS 由社会心理学因素、肠动力失调、肠道功能脆弱、神经递质失衡和感染引起。目前还没有根治 IBS 的方法，一般采取对症和支持治疗，但常常达不到满意的效果。

IBS 生理学常见的病理包括小肠细菌的增殖、肠道能动性的改变、内脏敏感和食品发酵不适产生过多的氧。研究发现，当患者的肠微生物菌群发生改变时，肠道感染机会增加。因此，增加益生菌可能是改善症状的有效方法之一。研究表明，益生菌缓解 IBS 是通过产生细菌素和短链脂肪酸（SCFA）来保持一个健康的肠道菌落状态，通过竞争抑制病原菌的黏附，达到改善肠道障碍功能的目的。根据动物模型和人类肠切片分析，益生菌对这些症状有潜在的治疗作用，益生菌可以诱导肠上皮细胞表达黏蛋白，抑制致病菌黏附和向肠黏膜内移位，避免肠道免疫细胞激活和炎性因子释放，抑制炎症发展。

IBS 是一种缺乏了解的、普遍存在的、有多种症状表现的功能性胃肠道紊乱，出现腹痛、腹胀、大便习惯改变以及不舒服的症状，一般认为是脑-肠轴的紊乱。低成功率的药物干预治疗这种疾病导致集中在开发医疗制剂用于脑-肠轴，进一步集中使用抗生素治疗和益生菌干预疗法。有相当多的研究使用双歧杆菌和乳酸菌作为医疗制剂治疗 IBS 和抑郁症。可能的机制包括改变细胞因子和色氨酸产生，调节大麻素受体表达，使免疫反应正常化，促使基底去甲肾上腺素浓度回复，行为缺陷出现逆转，调节 GABA（γ-氨基丁酸）受体的表达以及调控组织脂肪酸的产生。益生菌作为医疗制剂治疗 IBS 和抑郁症的可能作用机制见表2-3。

表 2-3 治疗 IBS 和抑郁症的可能作用机制

菌株	目标	组织/器官
鼠李糖乳杆菌	GABA$_{B1b}$ 受体	大脑皮层、海马体、杏仁核
	GABA$_{Aa2}$ 受体	海马体、前额叶皮质、杏仁核
短乳杆菌	花生四烯酸 AA	脑
	二十二碳六烯酸 DHA	脑
嗜酸乳杆菌	阿片类受体	肠道上皮细胞
婴儿双歧杆菌	免疫反应	血液
	去甲肾上腺素	脑

Quigley 等应用婴儿双歧杆菌可以使 IBS 患者的 IL-10/IL-12 比例失调恢复正常，并且减轻其症状。Kajander 等也发现，组合益生菌比单独菌株的治疗效果更好，同时，这些菌株（包括 LGG、Lc705 株、费氏丙酸杆菌、薛氏丙酸杆菌和短双歧杆菌 Bb99）可缓解 IBS 的所有症状，使肠道菌群稳定，胃肠胀气和腹痛显著减轻。Niedzielin 等报道，将 40 例 IBS 患者分成 2 组，进行随机双盲安慰剂对照研究。1 组患者 20 例作为治疗组（服用乳杆菌制剂），另 1 组 20 例为安慰剂组，疗程 4 周。结果治疗组 95.0% 症状改善，而安慰剂组为

50%。Moayyedi 等对 1650 位 IBS 患者进行研究后，发现益生菌在治疗 IBS 时发挥了重要的作用。

一个法国研究团队采用多中心随机安慰剂对照双盲设计发现，动物双歧杆菌 DN173010 可显著改善 IBS 患者的腹胀症状，并且对每周排便次数小于 3 次的 IBS 患者可明显增加患者的排便次数。一个小型试验表明，40 例符合罗马Ⅲ标准的 IBS 患者服用嗜酸乳杆菌 2012 和 2013 共 4 周，发现相较于安慰剂组明显改善了患者的腹痛症状。多种益生菌联合使用更有益于改善 IBS 患者的症状。韩国一项研究中选择符合罗马Ⅲ标准的 IBS 患者采用两歧双歧杆菌 BGN4、乳酸双歧杆菌 AD011、嗜酸乳杆菌 AD031 和干酪乳杆菌 IBS041 联合治疗，结果证实可显著改善患者腹痛和排便困难。

几组采用植物乳酸杆菌 299v 治疗 IBS 的试验结果差异很大。Niedzielin 等观察了植物乳杆菌 299v（Lp299v）对 IBS 患者的影响，治疗 4 周后，与对照组相比，Lp299v 治疗组患者的腹痛明显减轻，便秘患者的排便频率趋于正常。95% 的 Lp299v 治疗组患者总的 IBS 症状改善，而安慰剂组仅为 15%；并且发现以活性形式补充益生菌，不管是否采用其他药物，症状改善均比单独给予失活的益生菌或其他药物明显。Nobaeck 等发现服用含有 2×10^{10} CFU Lp299v 的野玫瑰果饮料 4 周后，40% 以上的治疗组 IBS 患者肠胃胀气减轻在 50% 以上，而安慰剂组仅为 18%；治疗后 12 个月随访时，治疗组患者肠功能仍好于对照组。Sen 等采用双盲对照交叉方法研究 Lp299v 对 12 例 IBS 患者症状和结肠发酵的影响，发现患者服用 6.25×10^{9} CFU/d 的 Lp299v 后，尽管治疗组在摄取乳果糖后 120min 时，呼气氢水平显著减少，但氢总产量和症状并无明显改变。

益生菌 VSL♯3 是由 8 种不同的革兰氏阳性细菌组成的混合菌群，有两个研究报道了益生菌 VSL♯3 在结肠运输中的效应，一个是腹泻为主的 IBS 患者，另一个是胃胀为主的 IBS 患者。在腹泻为主的 IBS 患者的运输中无显著影响，在胃胀为主的 IBS 患者中，调整基线运输后，VSL♯3 相对于安慰剂组能显著延迟结肠运输，这种对运输的影响并不伴随着肠功能的恶化。Bazzocchi 等的研究表明，结肠的反射推动反应引起的球状扩张在 VSL♯3 的开放研究期间被减少。进一步的研究试图探索粪便延迟运输的机制、对结肠感觉的潜在影响和营养素在结肠的发酵作用等。

益生菌治疗 IBS 的机制目前还不明确，但是都和调控肠道菌群和肠道黏膜之间的平衡有关。可能的机制包括调节肠道菌群、增强黏膜屏障、调节免疫而发挥抗炎作用。这几种机制之间也相互联系、相互影响、互为因果。可能是益生菌调节了肠道的免疫功能后，改变了肠道的微生态环境，进而影响到肠道菌群的生长增殖，调整各菌群之间的比例；也可能是益生菌调整了肠道菌群间的比例后，进而调节免疫系统，产生抗炎作用和增强黏膜屏障。IBS 本身是一种临床表现复杂、病因多样的异质性症状群，而目前报道的研究所包含的样本量偏少，难以对这些患者按症状学或病理生理特征进一步分层，说明不同亚型与益生菌效果的关系。因此，在未来的研究中，应通过对不同症状亚型和病理生理亚型 IBS 患者粪便和肠道菌群进行定量和定性研究，为益生菌用于 IBS 治疗奠定基础，并针对性地研究不同益生菌制剂对各型 IBS 患者临床症状甚至肠道菌群的影响，确立益生菌治疗 IBS 的医学依据。

4. 治疗炎症性肠病 (inflammatory bowel disease, IBD)

炎症性肠病是一种病因未知的，以肠道免疫功能紊乱为主的非特异性炎症肠炎，主要包括溃疡性结肠炎（ulcerative colitis，UC）和克罗恩氏病（Crohn's disease，CD）。炎症性肠病的炎症过程是对各种刺激如感染或组织损伤的生理反应，一些疾病中致炎因子的持续激活和免疫系统的不耐受可能会导致慢性炎症。IBD症状包括肠道黏膜的发炎、腐蚀和溃烂，也包括腹痛、腹泻和直肠出血等，影响世界总人口的 3% ～ 15%，其发病机制目前还不清楚，可能包含过敏、免疫紊乱和遗传倾向等原因，但是肠微生物菌群的参与起了重要作用。采用传统和分子生物学技术研究炎症性肠病患者的肠道菌群组成，发现肠道有益菌（如双歧杆菌属和乳杆菌属）的细菌数量减少，而其他菌（如拟杆菌属和大肠杆菌属的细菌）的数量增加，这种生态失调引起肠道中有益菌和有害菌的失衡，从而导致发生炎症。

目前，尽管 IBD 尚无已知药物可治愈，但益生菌的免疫调节作用可以增加对 IBD 的治疗效果，通过减少肠道抗原、平衡肠道菌群来维持肠道屏障的作用，减少免疫应答介质的分泌，减轻 IBD 的症状，甚至可以长期缓解其症状。据报道，益生菌缓解 IBD 是通过抑制病原菌的增长和分泌杀菌成分，并通过形成 SCFA 来降低细胞腔内的 pH 值。益生菌及其代谢产物（如 SCFA 及细菌素）可以杀死或抑制致病菌的生长繁殖，同时，益生菌还可以抑制致病菌毒素的产生，减少病原菌对肠道的破坏，维持肠道正常菌群平衡和肠道屏障功能，从而预防和缓解 IBD。Samanya 和 Yamauch 等给鸡喂食益生菌枯草芽孢杆菌（*Bacillus subtilis*）来推动肠道绒毛组织学改变，缓解 IBD 症状，例如绒毛高度和细胞有丝分裂，其本质是通过益生菌枯草芽孢杆菌更好地维持肠道正常菌群，增加消化酶活力和减少氨。体外使用 Caco-2/TC-7 细胞试验发现，将开菲尔乳杆菌涂在培养基的上层，可保护上皮细胞免于肠炎沙门菌（*Salmonella enteritidis*）引起的破坏。

在小鼠慢性 IBD 模型中，针对益生菌抗发炎特性及其对促炎性细胞因子的抑制性能进行试验，结果表明，干酪乳杆菌代田株（*Lactobacillus casei* strain shirota）能下调促炎细胞因子（如 IL-6 和 NF-κB）的表达水平。有学者给由硫酸右旋糖苷（dextran sodium-sulphate，DSS）诱发的结肠炎小鼠服用乳杆菌和双歧杆菌后，发现结肠炎小鼠肠道中有害微生物的生长繁殖得到抑制，可能因为益生菌代谢产生 SCFA，降低了肠道 pH 值，形成不利于病原菌生长的微环境。同时，由双歧杆菌代谢产生的乙酸通过调节肠上皮细胞增强肠道防御功能，阻止侵袭性病原菌的入侵，能维持肠道中正常菌群的平衡。罗伊氏乳杆菌产生的一种潜在的抗菌物质罗伊菌素（reuterin），可以阻止肠道中病原菌的过度生长，维持肠道菌群平衡，缓解 IBD 症状。

益生菌还能下调 UC 患者炎症肠段组织中促炎性细胞因子的表达。TNF-α 是与 UC 发病关系最密切的促炎因子，监测 TNF-α 的水平对 UC 的诊断、分析、判定病变活动情况及严重程度有重要意义。而 NF-κB、IL-1 等可引起炎症反应，最终导致肠黏膜损伤。在 UC 患者中发现，微生物菌群的组成发生了较大的变化，促炎反应的细菌（如肠杆菌、脆弱拟杆菌等）增加，而起保护作用的细菌（如乳杆菌和双歧杆菌等）减少。用益生菌进行治疗，通过肠上皮细胞的相互作用，可以减轻 IBD 的症状。其机制可能是 SCFA 的类别改变，减少促炎细胞因子分泌，提高 Th1/Th2 的比例，清除病原体。一些大肠炎的小鼠模型（缺少 IL-10）表明，乳酸杆菌和 VL#3 一种分布在 8 个属、含双歧杆菌在内的益生菌菌剂能减少细菌易位，降低结肠的肠黏膜渗透性。植物乳杆菌无菌培养的上清液能抑制肠道的炎症反应，如抑制小鼠结肠细胞和巨噬细胞的 NF-κB 和蛋白酶体的活化。

有研究表明，服用 3 种双歧杆菌混合物（日本产品 BFM，由短双歧杆菌、两歧双歧杆菌和嗜酸乳杆菌 YIT0168 组成）后，NF-κB、IL-1 和 TNF 的水平比使用安慰剂组的低，而 IL-10 的水平增高，其缓解疼痛的效果也优于安慰剂组。李云燕等通过观察嗜酸乳杆菌对患有 UC 小鼠结肠黏膜中黏蛋白 MUC2 的表达，得出结论为嗜酸乳杆菌对急性期 UC 小鼠有治疗作用，疗效与剂量呈正相关，其机制可能与嗜酸乳杆菌促使结肠黏膜 MUC2 的表达上调和结肠黏膜中黏液细胞数量的增多有关。霍丽娟等应用益生菌和柳氮磺胺吡啶（SASP）治疗 UC 模型大鼠，结果显示，益生菌能通过抑制炎性因子的表达，与 SASP 起到同样治疗 UC 的目的。颜玉等研究发现，采用乙酸 UC 大鼠模型，给予双歧杆菌治疗后，大鼠血清中的促炎因子 IL-6、IL-8 和 TNF-α 均有明显降低，说明双歧杆菌可通过降低肠道通透性，调节抑制细胞因子，对大鼠 DSS 结肠炎肠道黏膜发挥保护作用。野生型的小鼠口服短双歧杆菌可以改善结肠炎，但是 IL-10 基因敲除的小鼠口服短双歧杆菌后则没有这种效果，表明短双歧杆菌阻止炎症主要是通过诱导免疫细胞产生抗炎细胞因子 IL-10 实现的。摄食益生菌可以增强调节性 T 细胞的活性来增强机体的免疫机能，预防和缓解肠道炎症。健康的志愿者服用含嗜酸乳杆菌 La1 和两歧双歧杆菌 Bb12 的发酵牛乳产品 21d，志愿者免疫细胞对大肠杆菌的吞噬能力增强，非特异的和抗感染的免疫防御能力因为服用以上菌株而有所提高。

近年来，应用益生菌治疗溃疡性结肠炎取得显著的临床疗效。何劲松等用 5-氨基水杨酸配合口服双歧三联活菌肠溶胶囊治疗 UC，结果显示，益生菌能有效地治疗溃疡性结肠炎，且降低患者内毒素水平，说明益生菌发挥了生物拮抗、促进肠屏障功能和抑制及清除对人体有害病菌等有益作用。Kruis 等报道在 327 例 UC 患者维持治疗中比较美沙拉嗪（5-氨基水杨酸，成品名）和益生菌的治疗效果，两组患者分别服用美沙拉嗪 500mg、3 次/d 和大肠杆菌 Nissle 1917、1 次/d，疗程为 12 个月，结果显示，益生菌在维持和缓解 UC 的过程中与美沙拉嗪的作用相似，且没有不良反应。Macfarlane 等给活动期的 UC 患者口服含有双歧杆菌的合生元 1 个月，结果发现定植在肠黏膜上的双歧杆菌明显增多，表明益生菌可改善菌群。崔海宏等对 30 例 UC 患者应用双歧杆菌治疗后，其核转录因子 κB（NF-κB）与 DNA 结合蛋白表达明显减少，表明益生菌可下调 NF-κB。田树英等通过临床观察发现口服双歧杆菌、嗜酸乳杆菌、肠球菌三联活菌胶囊对缓解期 UC 维持缓解有较好的疗效，与美沙拉嗪的疗效相近。Ishikawa 等在持续 12 周的试验中发现，轻到中度活动性溃疡性结肠炎患者在每日服用 100mL 含有 1×10^{10} CFU 双歧杆菌的发酵奶可减轻其临床症状。崔静等的研究结果也显示轻至中度活动性溃疡性结肠炎患者应用益生菌治疗 12 周后，缓解率及达到临床缓解时间与 5-氨基水杨酸组无明显的统计学差异。Zocco 等对 187 例溃疡性结肠炎患者分别应用 LGG（1.8×10^{10} CFU/d）、5-氨基水杨酸（2.4g/d）和 5-氨基水杨酸加 LGG，治疗 12 个月后，3 组复发率的比较差异没有统计学意义。在一个开放性试验中，为了明确益生菌 VSL♯3 治疗活动性 UC 患者的价值，这些轻至中度（$n=34$）溃疡性结肠炎的患者，接受混合益生菌治疗 6 个月后再次评估。采用目的治疗分析，在 VSL♯3 治疗的患者中有 53% 的缓解率，9% 的患者没有变化，9% 的患者症状加重，5% 的患者未完成最终评估。在另一个随机、双盲试验中，144 例轻至中度 UC 患者已经接受至少 4 周 5-氨基水杨酸治疗，或是接受免疫抑制剂治疗，病情依旧复发。试验组（71 例）加用 VSL♯3 剂量为 3.6×10^{11} CFU/d，对照组（73 例）服用安慰剂。持续 8 周后，VSL♯3 组溃疡性结肠炎疾病活动指数（disease activity index，DAI）下降 50％的患者明显多于对照组。

克罗恩病（CD）是一种原因不明的肠道炎症性疾病，在胃肠道的任何部位均可发生，但容易发生于末端回肠和右半结肠。尽管 CD 尚无根本的治愈方法，但益生菌有减轻和预防 CD 复发的作用。干酪乳杆菌通过特异性下调关键促炎介质能够抵消大肠杆菌对发炎黏膜的促炎作用。益生菌的免疫调节功能已经用于治疗儿童 CD，益生菌 LGG 可改善 CD 患儿的肠屏障功能，其与抗炎药物美沙拉嗪联合应用能延长 CD 的无复发时间。Lin 等和 Steed 等用罗伊氏乳杆菌 ATCC PTA 6475 通过抑制 MAP 激酶调节 C-Jun 和转录因子 AP-1 的活化，抑制人类促炎性因子 TNF，进而缓解 CD，减少组织学损害。在一个对患有轻至中度活动性 CD 的儿童的研究中，通过甘露醇/纤维二糖的通透性测试，发现接受 LGG 治疗会改善肠道的渗透性，在接受益生菌治疗 12 周后达到最大效果。目前，CD 的发病机制和益生菌的治疗机制尚不完全了解，仍需进行更多的随机临床试验。

5. 改善便秘

随着饮食结构的改变及精神和社会压力的增大，便秘已成为困扰现代人的主要问题之一，严重影响着人们的生活质量。早期的研究发现，饮用酸奶可明显改善便秘，研究表明，乳酸菌是调节小肠运动进而改善便秘的主要因素。饮用发酵乳后，乳酸菌在肠道内增殖，使粪便中的水分含量增加，乳酸菌的代谢产物乳酸、乙酸等有机酸刺激肠道，使肠道蠕动加快，改善便秘。

现已发现益生菌具有很好的治疗和缓解便秘的功能。Shimoyama 在调查 25 位慢性便秘病人的肠菌群时发现，双歧杆菌的数量明显减少，有一半病人通过服用双歧杆菌使病情得到了缓解。Tanoka 调查 57 位老年人（平均年龄为 78 岁），大约有 70％的人有便秘现象，39％的人经常服用药物来治疗便秘。当这些老年人连续服用 100mL 双歧杆菌发酵乳 20d 后，大部分病人的排便次数都有增加，便秘也得到了控制。Zoppi 等对 22 名便秘儿童与 20 名健康儿童的粪便的研究发现，需氧菌和厌氧菌在总数量上无差别，但是便秘儿童粪便中的梭状芽孢杆菌的数量高于健康儿童，差别有统计学意义；部分细菌如肠球菌和真菌在数量上有所降低，但和健康人群相比无统计学意义的差别。王记成等对 43 例便秘者和 9 例健康人群的粪便进行化验分析后，发现健康人群粪便中双歧杆菌的数量为 8.95lg CFU/g±0.92lg CFU/g，而便秘者为 6.1lg CFU/g±0.92lg CFU/g。给予便秘者连续服用 21d 动物双歧杆菌（$B. animalis$）V9 菌粉 1.0×10^{10} CFU/d 后，便秘者粪便中双歧杆菌的数量上升，接近于健康人群水平，而拟杆菌和肠球菌在数量上有不同程度的下降。浙江大学医学院张片红等采用自身对照试验，研究 77 例便秘患者口服益生菌颗粒 30d，记录并量化服用前、后患者的胃肠道症状和不良反应情况。研究发现，患者的各项症状如排便次数、大便的性状异常、排便状况异常等症状明显改善，便秘治疗的最终有效率为 71.40％，无不良反应。中国农业大学任发政教授研究长双歧杆菌 BBMN68 活菌液对便秘模型小鼠润肠通便作用，将 BALB/c 雄性小鼠随机分为空白组、模型组、阳性对照组和 3 个剂量的给药组。给药组分别经口给予低、中、高剂量（1×10^{7}CFU/mL、1×10^{8}CFU/mL、1×10^{9}CFU/mL）的长双歧杆菌 BBMN68 活菌液 0.1mL/(kg·d)；空白组和模型组给予 0.1mL/(kg·d) 的质量分数为 10％的脱脂奶；阳性对照组给予 1×10^{8}CFU/mL 动物双歧杆菌菌悬液 0.1mL/(kg·d)。用复方地芬诺酯制造小鼠便秘模型，建模后各组分别给药，观察各组小鼠的首次排黑便时间、

5h 内排便粒数和质量，测定粪便含水量和小肠墨汁推进率。结果表明，长双歧杆菌 BBMN68 给药 7d，可明显改善便秘小鼠首次排黑便时间、增加排黑便粒数和质量；长双歧杆菌 BBMN68 给药 15d 可显著提高便秘小鼠小肠墨汁推进率，表明长双歧杆菌 BBMN68 具有润肠通便功能。

研究发现，益生菌对缩短结肠传输时间、促进食物残渣快速通过结肠具有很好的效果。一项双盲的随机对照研究对 72 位健康成年人（21～42 岁）用造影剂检查结肠的传输时间，结果显示，用动物双歧杆菌 DN-173010 治疗后，总的结肠传输时间缩短了 21%，乙状结肠的传输时间缩短了 39%，尤其是女性更为显著（加热后的细菌服用后无效果）。丹尼斯克于 2010 年完成了其专利菌株 HOWARU——乳双歧杆菌 HN019 对结肠运载时间（CTT）和消化系统的双盲、随机、安慰剂对照试验。100 名有轻微胃肠道不适的健康受试者（平均年龄为 44 岁，64% 为女性）随机分成三个剂量组，进行 14d 进食习惯相似的试验。高剂量组 34 人，每天服用 10^{10} CFU 的 HN019；低剂量组 34 人，每天服用 10^9 CFU；安慰剂组 33 人，维持 14d。在第 0 天、第 14 天用腹部 X 射线显影进行 CTT 评估，每天记录进食频率和种类，并记录试验前后 9 种消化道症状发生的频率。试验结果表明，高剂量组的 CTT 从平均 (49 ± 30)h 下降到 (21 ± 32)h（$P<0.001$），低剂量组从 (44 ± 33)h 下降到 (43 ± 31)h，而安慰剂组无变化。关于所考察的 9 种消化不适症状，高剂量组改善了 8 种，低剂量组改善了 7 种，安慰剂组改善了 2 种。因而，可以得出一定剂量的 HN019 可以减少结肠运载时间，改善胃肠道消化不适的症状。

6. 治疗结肠癌

结肠癌又称大肠癌，指发生在人和动物大肠部位的恶性肿瘤，是威胁人类健康的主要癌症之一。结直肠癌是一个全球性的问题。据国际癌症研究署 2002 年度数据库资料显示，当年在全球范围内男性约有 550000 例结直肠癌新发病例和约 278000 例死亡病例，女性相对应的数字则分别为 473000 例和 255000 例，其总数占到全球男女性癌症发病的 9.4%，且尤其多见于北美、澳大利亚、新西兰和部分欧洲国家。目前，结直肠癌的治疗主要以外科手术、化学治疗和放射治疗为主，然而其副作用较大，往往给患者带来巨大的痛苦。

在大多数结肠癌患者中，通过用益生菌来抵抗癌症已呈现出良好的治疗效果。研究表明，一些肠道菌群（部分拟杆菌和梭菌）是结肠癌的病原菌，可以从食物中产生致癌的物质，而其他一些菌体（乳杆菌和双歧杆菌）可抑制腐败肠道菌群，具有保护肠道的功效。益生菌可使与结肠癌有关的酶（如 7α-羟化酶、β-葡萄糖苷酸酶、硝基还原酶等）的活性显著降低，从而降低肿瘤发生的危险性。因此，通过饮食的干预来加强结肠微生物菌落的平衡，可降低患结肠癌的风险。由于乳酸杆菌等在肠黏膜表面形成一个屏障，阻止了致病菌的入侵和定植，使肠道菌群得到改善，从而抑制了致癌物质的产生。Wollowski 等发现，保加利亚乳杆菌和嗜热链球菌可能降低粪便中的酶类、诱变剂、次级胆盐等致癌因素的水平。双歧杆菌和乳酸杆菌还能分泌某些降解致癌物质（如 N-亚硝胺）的酶，预防化学致癌物引起的肿瘤发生。另外，由于乳酸菌及其代谢产物活化了免疫功能，从而抑制了癌细胞的生长增殖。

Capurso 等比较了 1980～2005 年间的 29 个关于益生菌对结肠癌或肿瘤影响的大鼠/小鼠试验。这些试验绝大部分是由注射化学致癌剂造模，并以口服益生菌（其中 19 个研究）或合生元（其中 10 个研究）进行干预（包括造模前、伴随造模过程及造模后的干预）。所使用的益生菌包括长双歧杆菌、嗜酸乳杆菌、LGG 和嗜热链球菌。在这些研究中，有 26 个研究显示出显著的效果。但是在造模过程中和造模结束后干预成功的例子仅见于 2 个研究，其用于干预的物质分别是嗜热链球菌或保加利亚乳杆菌发酵的牛奶以及一种经过基因改良的乳酸乳杆菌菌株产生的内皮生长抑制素（endostatin）。而其余的益生菌干预试验均只发现造模前干预能起到一定的预防作用。在另外几个研究中，研究者们发现，对造模前或造模后的动物进行合生元的干预均显示出了显著的抑癌效果。这些结果说明，益生菌的活动更有可能影响癌前病变的生成或肿瘤发生的早期过程，而乳果糖、乳铁蛋白等益生元和膳食纤维的添加则更有助于抑制肿瘤的发展过程。

Ishikawa 等在 4 年内跟踪了 398 例曾接受结肠腺瘤切除的日本人，发现其中手术后接受干酪乳杆菌干预的个体复发结肠肿瘤的概率显著低于无干预的个体。2006 年在欧洲进行的一项针对 37 例结直肠癌病人和 43 例息肉切除病人的为期 12 周的饮食干预试验中，两组病人分别随机分为干预组和安慰剂组，在干预组个体饮食中添加两种益生菌（乳酸双歧杆菌和德氏乳杆菌）以及益生元 BeneoSynergy1（一种富集果寡糖的菊粉混合物），发现相比安慰剂组，干预组息肉切除个体的粪悬液所导致的结肠细胞 DNA 损伤和细胞坏死明显降低，结肠黏膜样本中细胞的增殖速率显著降低，外周血单核细胞（peripheral blood mononuclear cells）分泌的白介素 2（interleukin 2）也明显降低。在结直肠癌个体中，干预组个体则只出现了干扰素 γ（interferon γ）升高的现象。

7. 治疗益生菌与幽门螺杆菌感染

幽门螺杆菌（Helicobacter pylori，Hp）感染是慢性胃炎、消化道溃疡及胃癌的主要病因之一。目前，治疗 Hp 引起的疾病主要是利用三联法，即用质子泵抑制剂（PPI）和两种抗生素联用或是铋盐结合两种抗生素的策略治疗，主要抗生素药物是阿莫西林、克拉霉素和甲硝唑等。此种治疗策略能够很好地治疗 Hp 引起的疾病，治愈率可达到 90% 以上。然而，抗生素的治疗方案也存在许多问题，如抗生素会引起胃肠道微生态环境紊乱，出现腹胀、腹泻及便秘等一系列消化道病症，甚至发生更为严重的不良反应，如抗生素相关性肠炎、耐药性菌株的出现，导致治疗反复进行。近年来，益生菌制剂的应用为防治 Hp 感染提供了新思路，其不仅能提高 Hp 根除率，也可改善胃肠道微生态环境，减少抗生素相关不良反应，从而提高患者对 Hp 根除治疗的依从性。此外，益生菌制剂具有安全性高、不良反应小、无耐药性等优点，已成为当今研究的重点。

临床试验表明，益生菌具有很好的改善 Hp 感染并减轻不良反应发生率的效果。其中主要用到的益生菌是约氏乳杆菌（L. johnsonii）La1、干酪乳杆菌、短乳杆菌和詹氏乳杆菌（L. gasseri）LG21 等，有 7 个临床研究表明益生菌治疗对 Hp 引起的胃炎有显著作用，但是益生菌都不能清除 Hp。给 Hp 患者服用 L. johnsonii La1 发酵上清液，结果显示，治疗后 4 周，所有服用 La1 发酵上清液的患者 Hp 感染减轻。一项 Meta 分析纳入意大利、捷克、波兰、墨西哥的 8 项研究共 1372 例 Hp 感染患者，结果显示，乳酸杆菌联合 Hp 三联疗法较单用三联疗法可显著提高 Hp 根除率（82.26%：76.97%），并可减少腹泻、腹胀、味觉异常等不良反应。另一项 Meta 分析纳入 15 项研究共 1572 例 Hp 感染患者，结果显示，益生菌联合抗生素的 Hp 根除率（88.53%）显著高于单独应用抗生素（82.73%），不良反应发生率显著降低（5.0%：24.3%）。Cats 等研究口服干酪乳杆菌代田株对 Hp 的抑制作用，表明服用酸奶的志愿者的尿素酶活力降低。当 Hp 在体内已存在的情况下，乳酸菌虽然不显著，但可以轻微抑制 Hp 感染。Sahagun 等也证实在体内干酪乳杆菌代田株具有一定的抑制 Hp 的能力，用干酪乳杆菌代田株结合抗生素三联法治疗 Hp 患者，清除率达到 94%；而单用抗生素治疗 Hp 患者，清除率仅达到 76%。结果说明抗生素联用代田株治疗法能够提高清除 Hp 的效果。Sakamoto 等用含有詹氏乳杆菌 LG21 发酵的酸奶对 Hp 患者进行治疗，结果表明，前 9 周患者体内 Hp 数量无显著差异；在第 18 周时，患者体内 Hp 的数量明显降低；而停止服用后，患者体内又能重新检测到 Hp，表明 LG21 不能完全清除 Hp。Armuzzi 等对 60 例无症状 Hp 感染者随机应用克拉霉素、替硝唑、雷贝拉唑治疗 1 周及乳杆菌或安慰剂治疗 2 周，并随访 3 周。结果显示，乳杆菌可明显减轻腹泻、恶心、味觉障碍等不良反应。这些结果表明，益生菌在辅助治疗幽门螺杆菌引起的疾病方面能起到一定的作用。

近年来，有不少研究利用动物试验来评价益生菌拮抗幽门螺杆菌的效果，主要用到无菌小鼠、SPF（无特定病原体）级小鼠和普通清洁级小鼠。无菌小鼠模型表明，乳酸菌的治疗可以降低 Hp 或猫螺杆菌（*H. felis*）在小鼠胃中的定植量及减轻 Hp 引起的炎症。普通小鼠试验中，口服嗜酸乳杆菌 LB 发酵上清液可以降低 *H. felis* 的定植量、尿素酶活性并减轻 *H. felis* 引起的炎症。在 SPF 小鼠模型中，喂食干酪乳杆菌代田株可以降低 Hp 定植量及减轻 Hp 引起的炎症。同时，研究表明，乳酸菌抑制 Hp 或 *H. felis* 的能力依赖于菌株特异性，如唾液乳杆菌（*L. salivarius*）在无菌小鼠中抑制 Hp 的能力及降低 Hp 引起的炎症的效果比嗜酸乳杆菌或干酪乳杆菌好。因此，动物试验研究表明，益生菌的治疗虽然不能够清除 Hp，但能够有效降低 Hp 引起的炎症。

目前，不少研究者采用益生菌和食物的活性成分来辅助治疗 Hp 感染的患者，得到比较好的效果。一些特殊的乳杆菌和双歧杆菌在体外拮抗 Hp 效应是通过产生细菌素或是有机酸等物质抑制 Hp 生长或对上皮细胞黏附。益生菌的这些保护作用在动物试验中已得到证实。一些临床试验评价益生菌定植成年人和小孩的情况，结果表明，益生菌虽然不能够清除 Hp，但可以降低其密度，使 Hp 在胃中的定植量处在一个低水平。关于辅助抗生素治疗过程，一方面，一些益生菌可以增加清除率，或是降低抗生素引起的副作用；另一方面，益生菌的抗氧化性和抗炎性能够加强胃黏膜的功能，降低黏膜炎症。这些结果表明，益生菌可能可以作为辅助治疗 Hp 感染和相关胃部炎症的物质。然而由于益生菌在上消化道的行为和生物学特性仍未完全明确，防治 Hp 的机制尚不明确；同时由于菌株特异性，拮抗幽门螺杆菌的作用机制各不相同。因而，对益生菌干预 Hp 感染仍需进行更多方面的研究。

8. 益生菌其他潜在应用

目前有关益生菌在婴儿及儿童中的使用方面的研究还包括坏死性小肠结肠炎（necrotizing enterocolitis，NEC）。坏死性小肠结肠炎是 ICU 中新生儿最常见的急腹症。新生儿肠道正常菌群定植是一个复杂过程，是营养因素、免疫因素和环境因素综合作用的结果，分娩方式、喂养方式、抗生素应用以及出生后生活环境等因素都可影响新生儿肠道细菌定植。早产儿、低出生体重儿及处于重症监护的新生儿肠道内菌群定植延迟，肠道内细菌种类缺乏，尤其是乳酸杆菌和双歧乳杆菌缺乏。这种异常的定植模式更容易导致潜在致病菌的过度生长及 NEC 的发生。1999 年，Hoyas 等对益生菌预防 NEC 进行大样本临床研究，口服益生菌（嗜酸乳杆菌、婴儿双歧杆菌）组早产儿 NEC 发病率（34/1237）明显低于对照组（85/

1282）。Caplan 等报道肠内给予益生菌能有效预防新生儿 NEC 的发生，减少使用抗生素。益生菌可减少妊娠 33 周早产儿发生 NEC 的风险，但组间败血症发生率并无显著性差异。补充某些肠道益生菌可降低 1500g 早产儿重症 NEC 的死亡率。2010 年，Deshpande 等对益生菌预防极低出生体重早产儿 NEC 进行 Meta 分析，纳入 11 项临床随机对照试验，共 2176 个胎龄＜34 周的早产儿，试验组给予口服益生菌（各项试验益生菌的种类、剂量不同，但均于生后 10d 内给予，持续时间超过 7d）。结果显示，口服益生菌可使极低出生体重早产儿 NEC 的发病率下降 30％。总的来说，目前的研究发现，混合益生菌在降低低出生体重儿 NEC 的发生方面有一定的疗效，但对于免疫系统发育不全的婴儿，需要更多前瞻性的多中心研究来对其疗效及安全性提供更有力的证据。

各种各样的术后综合征（例如菌血症）、感染和疾病复发都归因于细菌的增殖和移位、肠道上皮完整的缺失及肠道术后病人缺乏免疫球蛋白的抵抗力。有报道称，益生菌通过抑制病原菌的增长及调节免疫系统，具有潜在抵抗这些术后综合征的能力。陈海良观察口服益生菌对大肠癌术后患者炎症反应及肠道屏障功能的影响。选取 2012 年 1～12 月拟行大肠癌手术者 50 例，随机分为对照组和益生菌组，各 25 例。两组均于术后第 3～7 天给予等氮量、等热量营养支持。对照组术后当天起，连续 3d 应用头孢唑肟钠、奥美拉唑预防治疗。益生菌组于术后第 1 天起给予酪酸梭菌活菌片 2.1g/d，分 3 次口服，共 1 周。术后每日观察两组患者体温及心率；术前和术后第 1 天、第 5 天、第 8 天分别检测白细胞计数（WBC）、C 反应蛋白（CRP）、血清组氨酸脱羧酶（HDC）、D-乳酸、二胺氧化酶水平；观察两组感染并发症发生情况。益生菌组术后发热持续时间、术后 8d 平均心率明显低于对照组（$P<0.05$）。术后感染并发症的发生率两组间的差异无统计学意义，但术后益生菌组 WBC 和 CRP 恢复正常时间显著快于对照组（$P<0.05$）。术后 8d，益生菌组血浆 D-乳酸、二胺氧化酶、血清 HDC 水平显著低于对照组（$P<0.05$）。以上结果表明，口服益生菌能改善大肠癌术后患者肠道屏障功能，有利于术后早期炎症反应的恢复。

三、益生菌促进胃肠道健康的机制

1. 益生菌与肠道屏障作用

肠道屏障和胃肠微生物是保证肠道健康的两个主要因素。肠道屏障是机体抵御病原微生物和食物变应原进入肠道的第一道防线，肠道屏障功能可以维持肠道上皮细胞的完整性，从而发挥肠道上皮细胞对生命体的保护作用。一旦这种屏障功能受到干扰，细菌和食源性抗原就容易抵达黏膜下层，引发炎症反应，从而导致肠道功能紊乱（比如 IBD）。益生菌能保护这道防线，刺激肠上皮黏蛋白的产生，促进肠上皮细胞分泌 β-防御素，增强肠上皮细胞的自我保护，同时，增加紧密连接蛋白对上皮细胞层的作用，从而抵抗病原对上皮细胞紧密连接的破坏。研究数据表明，益生菌对受损的肠道屏障功能有修复的作用。Madsen 等研究发现，口服 VSL＃3 能降低 TNF-α 和 IFN-γ 在肠黏膜内的分泌，恢复 IL-10 基因敲除小鼠受损的结肠屏障功能和维持上皮细胞的完整性。Lam 等研究发现，LGG 可以抑制酒精对黏膜的破坏作用，在连续服用 10^9 CFU/mL 益生菌 LGG 3d 后（2 次/d），由酒精造成的黏膜破坏部位减少了 45％，服用益生菌 LGG 对维持黏膜的完整性有较大的作用。EcN1917 在 T84 上皮细胞中不仅可以阻止致病性大肠杆菌对黏膜屏障功能的干扰，而且可以修复黏膜，从而保持其完整性。作用机制是：通过调节紧密连接闭锁小带蛋白 Zo-2 以及蛋白激酶 C（PKC）的表达并重新分配，使紧密连接复合物重构，从而降低酒精对黏膜的破坏作用。干酪乳杆菌 W56、唾液乳杆菌 W24、嗜酸乳杆菌 W70 和乳酸乳球菌 W58 等可以产生热休克蛋白 70（Hsp70），从而修复由沙门菌引起的肠道黏膜损伤。VSL♯3 益生菌制剂也可以产生热休克蛋白，从而维持黏膜的完整性。此外，也可以通过预防细胞素引起的上皮细胞损伤，从而促进黏膜屏障功能的增强。近来的研究证明，由 LGG 分泌的两种蛋白质（p40 和 p70）可以阻止细胞素引起的细胞凋亡，进而增强肠屏障功能，主要有两种途径：一是通过磷酸肌醇-3 激酶（PI3K）的依赖性途径激活抗细胞凋亡蛋白激酶 B（AktPKB）；二是通过抑制 TNF、IL-1 和 IFN 对促凋亡 p38/MAP 活化。通过研究发现，向小鼠和人上皮细胞或者是小鼠结肠移植体中分别加入 p40 和 p70 专一性抗体，它们的抗细胞凋亡功能就消失，从而证明 p40 和 p70 具有抗细胞凋亡的功能，益生菌能够保护上皮细胞，避免上皮细胞受促凋亡因子的侵害，维持肠道内稳态。

益生菌能调节肠道上皮细胞的功能，肠上皮细胞识别肠道菌群后，释放淋巴细胞生成素、TGF-β 和 IL-10 等，直接影响树突状细胞（DC）分泌前炎症因子；益生菌通过模式识别方式刺激树突细胞，调节 1 型辅助 T 细胞（TR1）、Th2 和 Th3 细胞的分化比例，抑制炎症反应，维持肠道免疫稳定。其可能的作用机制包括：①益生菌作用于肠道紧密连接复合物，调节肠道的通透性，维持肠道机械屏障功能；②调节和预防上皮细胞凋亡；③诱导细胞核内保护基因表达增强，减少促炎症反应基因表达，从而起到免疫调节作用；④减少活性氧族增殖的信号转导。同时，益生菌能调节炎性信号通路。肠道上皮细胞受炎症刺激，激活 IκB 的泛素化途径（UBQ 途径），使 IκB 从 NF-κB 上解离并降解，通过刺激效应通路，使细菌产物如肽聚糖和脂多糖与模式识别受体（PRRs）相互作用，从而活化 NF-κB，易位入细胞核内并激活促炎性基因如 TNF-α 和 IL-8 的转录。而共生菌可通过阻断 IκB 的泛素化途径，抑制 NF-κB 的活性，从而阻断促炎性基因的激活。

在 Hp 引起的疾病中，常发现黏液素分泌降低，造成黏膜屏障的破坏。研究表明，在人的胃细胞系中，Hp 可以抑制 MUC1 和 MUC5A 基因的表达。植物乳杆菌（L. plantarum）和鼠李糖乳杆菌可以在体外增加 MUC2 和 MUC3 基因的表达，随后使结肠癌细胞可以胞外分泌黏液素。这些性质表明，益生菌可以修复胃黏膜的黏膜通透性，形成黏膜屏障，抑制 Hp 等病原菌的黏附。

2. 调节宿主的免疫功能

除了增强物理屏障作用，共生菌和补充的特殊益生菌也能够增加小肠黏液的分泌，促进免疫屏障功能。细菌和免疫系统相互作用，细菌的衍生物如代谢产物能与肠细胞和免疫活性细胞产生应答。共生菌不同于病原体，不被肠道内的巨噬细胞杀灭，不引起肠道黏膜的免疫反应。树突状细胞摄取共生菌，将其转运至肠系膜淋巴结，这些摄取共生菌的树突状细胞（DC）能诱导特异性 M 细胞的局部免疫应答，产生分泌性 IgA。这种由共生菌和益生菌刺激产生的特异性局部免疫不引起宿主全身和黏膜的炎症。某些益生菌可刺激单核细胞产生促炎因子 TNF-α，称促免疫调节类益生菌；而另一些可抑制单核细胞产生 TNF-α 的益生菌称抗炎类益生菌。益生菌的此种效应可缓解炎症性疾病，也可预防和治疗机体感染。抗炎类益生菌可减少慢性炎症的发生，预防和治疗 IBD 和 IBS；而促免疫调节类益生菌可用来增强机体免疫，预防和治疗急性胃肠道感染。

通过模式识别受体，肠道相关的免疫系统可以识别肠道微生物，例如 Toll 样受体（Toll-like receptor，TLRs）。TLRs 可以分别识别微生物特定产物（如脂多糖）、细胞壁成分以及特定的 DNA 结构。TLRs 有两条主要的活化途径，一条途径为活化转录因子 NF-κB；另外一条途径是活化 MAP 激酶（促分裂原活化的蛋白激酶，mitogenactivated protein kinase）。益生菌可以通过刺激 TLRs 受体起作用。MyD88 为 TLRs 衔接蛋白，与 TLRs 类似，也具有 Toll-IL-1 受体（TIR）域，通过 TIR-TIR 间的相互作用可向 TLRs 发出指令，MyD88 和 TLRs 间的作用可导致 IL-1 受体相关激酶-4（IL-1 receptor associated kinase-4，I-RAK-4）募集，最后激活 NF-κB 和 MAP 激酶。一些益生菌或益生菌制剂就是通过这样的交互作用来进行免疫调节的。硫酸右旋糖苷（DSS）诱导的患有结肠炎的小鼠口服 γ 射线预处理过的 VSL♯3 能够减缓炎症反应，在缺乏 TLR2 和 TLR4 受体的小鼠中都有发现这种作用，但是在 TLR9-/-和 MyD88-/-小鼠中却没有被发现。这个试验表明 TLR9 是核心受体，且 TLR 由非甲基化细菌 DNA 激活，MyD88 是实现 TLR9 功能的核心受体蛋白，VSL♯3 发挥其功能是通过细菌 DNA 与 TLR9 的识别，而不是通过细胞壁成分与 TLR2 或者是 TLR4 受体的结合来进行调节的，通过从 VSL♯3 中提取细菌 DNA 并将 DNA 应用到大肠炎小鼠模型中验证了这种假设。

另外，通过调节免疫细胞生成促炎反应细胞素或抗炎反应细胞素，益生菌也可以实现免疫调节。在健康的受试体中，LGG 可引起抗炎症反应的 IL-10 的合成，从而抑制肠道微生物刺激产生的 $CD4^+$ T 细胞分泌促炎症反应物质 IFN-γ、IL-6 和 TNF-α。长期服用益生菌发酵乳可以增强小鼠肠黏膜的免疫反应。服用发酵乳 98d 后，小鼠肠道中的分泌 IgA 和 IL-10 细胞增加，从而增强了 BALB/c 小鼠的免疫力，与此同时，CD4 和 $CD8^+$ 细胞也有所增加。活菌数为 10^8 CFU/mL 的嗜酸乳杆菌 Bar1 和长双歧杆菌 Bar33 益生菌制剂在 HT-29 模型中可以通过抑制 IL-8 的合成，从而抑制急性炎症反应。有假说提出，益生菌是通过刺激树突状细胞依次轮流产生抗炎细胞素而实现免疫调节的。植物乳杆菌 299v 和 VSL♯3 都证明了可以刺激树突状细胞产生 IL-10。

Hp 引发的胃炎表征与各种各样的炎症介质释放有关，比如趋化因子和细胞因子。IL-8 是这些细胞因子中最早发现与 Hp 引发的胃炎有关的，IL-8 能够导致黏膜中中性白细胞和单核细胞迁移，激发黏膜层中单核细胞和树突状细胞产生肿瘤坏死因子（TNF-α）、IL-1 和 IL-6。IL-1 和 IL-6 刺激 $CD4^+$ T 细胞，产生大量细胞因子，包括 IL-4、IL-5、IL-6 和 IFN-γ。这些反应不能清除感染，并且会导致持续炎症。益生菌可以通过黏附上皮细胞调节宿主的免疫反应，并可以通过调节抗炎因子的分泌从而降低胃的炎症反应。体外试验证实，唾液乳杆菌能够抑制 Hp 诱导的胃上皮细胞 IL-8 的分泌。动物试验表明，乳酸益生菌通过免疫调节，特别是调节炎症因子和抗炎因子的平衡来降低胃的炎症反应。动物试验还表明，服用益生菌可以降低 Hp 感染的动物血清中的 IgG，同时减轻胃的炎症反应。临床试验表明，服用益生菌可以通过刺激局部 IgA 反应增强黏膜屏障，从而稳定黏膜的功能。但是，益生菌的免疫调节作用很难归纳。益生菌由于菌株特异性，能够产生各种各样的免疫反应，宿主的免疫状态也会影响免疫反应。

3. 产生抑菌物质

大多数益生菌尤其是乳酸菌耐酸，适应肠道生态环境，适于在人畜肠道内繁衍增殖。在健康人畜的肠道中，各种细菌的种类、数量和定居部位是相对稳定的，它们相互协调、互相制约，共同形成一个微生态系统。益生菌能抑制病原菌（如霍乱弧菌、福氏志贺菌、空肠弯曲菌、鼠伤寒沙门菌、金黄色葡萄球菌）的生长，促进双歧杆菌、嗜酸乳杆菌、粪链球菌的生长。如果由于抗生素、放疗、化疗、应激、年龄和饮食等原因，引起体内肠道菌群失调紊乱，即破坏了微生态的这种平衡，就可能导致这样或那样的疾病发生。乳酸菌除具有黏附作用外，还能产生非常重要的抑制物质，调整菌群之间的关系，维持和保证菌群最佳优势组合及这种组合的稳定性。乳酸菌产生的主要抑制物质有细菌素、乙酸和乳酸、过氧化氢、胞外糖苷酶等。

（1）细菌素

由乳杆菌属、双歧杆菌属、肠球菌属、戊糖片球菌属、明串珠菌属和链球菌属等产生的抑菌物质包括过氧化氢、短链脂肪酸（乳酸和乙酸）以及细菌素。细菌素作为一种抗菌肽，包括由嗜酸乳杆菌产生的细菌素 lactacin B（乳酸杆菌素）、由乳酸球菌产生的 Nisin（乳球菌素）、植物乳杆菌产生的植物乳杆菌素（Plantaricin）等。有研究表明，嗜乳酸杆菌素（Acidophillin）、双歧菌素（Bifidin）等对葡萄球菌、梭状芽孢杆菌、沙门菌、志贺菌等有拮抗作用。罗伊氏乳杆菌能产生一种被称为罗氏菌素（Reuterin）的抗菌物质，能阻止革兰氏阳性菌、革兰氏阴性菌、酵母及部分丝状真菌的增殖。在体外试验中，植物乳杆菌 DDEN11007 产生的细菌素 AcH 可以抑制单增李斯特菌（*L. monocytogenes*）的生长。干酪乳杆菌、乳酸乳球菌、枯草芽孢杆菌等在体外都能产生细菌素，能抑制 Hp。细菌素的抗菌谱窄，绝大部分细菌素是通过膜渗透或者是影响某些酶来杀死相关的微生物。

（2）产酸性物质

乳酸菌在体内发酵乳糖时，产生大量的乳酸、乙酸，pH 值下降，肠内处于酸性环境，对致病菌有拮抗作用。低 pH 值有利于肠道蠕动，维持正常生理功能，阻止致病菌的定植。在慢性胃炎患者的胃中，Hp 菌体表面有尿素酶，能分解宿主体内的尿素，产生氨，中和胃酸，保护菌体免受伤害。益生菌通过产有机酸来抑制 Hp 的尿素酶活性，从而达到抑杀 Hp 的目的。

（3）产过氧化氢

乳酸菌产生的过氧化氢对病原菌和腐败菌有抑制和杀灭的作用，使其不能生长繁殖，从而减少内毒素、腐胺、吲哚、氨、硫化氢等有害物质的产生，使肠道内的有益微生物在竞争中占优势。

（4）其他抑菌物质

具有胆盐水解酶的双歧杆菌、乳杆菌等还可将结合的胆酸分解为游离胆酸，游离胆酸对致病菌有一定的抑制作用。有些益生菌产生的胞外糖苷酶可以降解肠黏膜上皮细胞的复杂多糖，阻止毒素的黏附和侵入。

4. 抑制肠道病原菌的入侵和定植

益生菌呈现的抑菌活性机制还有抑制病原菌黏附在肠道表面的作用。益生菌与致病菌竞争肠道黏膜表面的结合位点，然后定植于肠道内，这可能是益生菌发挥其功能的机制之一。排出病原菌时，由于肠道定植是微生物在肠道上皮的结合能力的体现，所以能否黏附于肠黏膜表面是一个重要的因素。益生菌通过与致病菌竞争肠道上皮细胞的结合位点，阻止致病菌在肠道内定植。Collado 等分别研究比较了单株的 LGG、鼠李糖乳杆菌 LC705、短乳杆菌 99 或者是它们之间的组合与致病菌对肠道黏膜结合位点的竞争性。研究结果表明，益生菌在一定程度上可以抑制致病菌与肠道黏膜的结合，从而与致病菌竞争结合位点。Candela 等分别研究了乳杆菌和双歧杆菌对肠道上皮细胞的作用，研究结果表明，嗜酸乳杆菌 Bar13、植物乳杆菌 Bar10、长双歧杆菌 Bar33 和乳酸双歧杆菌 Bar30 都可与鼠伤寒沙门菌（$S.\,typhimurium$）和大肠杆菌 H10407 等致病菌竞争 Caco-2 细胞株上皮细胞表面的结合位点。光明乳业研究院的陈臣等通过研究 ST-Ⅲ 对致病性大肠杆菌和肠炎沙门菌黏附 Caco-2 细胞的排除、竞争和替代作用，表明 ST-Ⅲ 对大肠杆菌与 Caco-2 细胞黏附的抑制作用主要是由于其表面蛋白与 Caco-2 细胞上的甘露糖受体相结合，阻止了大肠杆菌的结合，而对沙门菌黏附的抑制作用主要是通过空间位阻形成的。益生菌竞争性排斥可能是基于益生菌与致病菌竞争相同的复合糖受体位点。近年来，甘油醛-3-磷酸脱氢酶（GAPDH）（在植物乳杆菌 LA318 的细胞表面表达）被证明是调节微生物结合到人类肠道的黏附素，研究认为，GAPDH 如黏附素一样，使得乳酸菌可以与致病菌竞争特定的结合位点。

幽门螺杆菌的黏附也可被益生菌所抑制。研究表明，唾液乳杆菌使胃上皮吸附的 IL-28 释放，阻止幽门螺杆菌的感染。此外，乳酸菌能分泌蛋白质类似物，这些物质不仅可以抑杀 Hp，同时还可以阻碍致病菌与胃肠道上皮细胞的黏附。如肠球菌 TM39 能分泌一种类细菌素蛋白质，抑制 Hp 的生长及黏附胃黏膜细胞；肠球菌 GM-1 能破坏 Hp 细胞膜结构，使细胞内物质溢出，从而抑制 Hp 的黏附。肠球菌 GM-1 还能改变 Hp 的细胞形态，使其由杆状变成球状，失去感染能力。Mukai 等的研究表明，罗伊乳杆菌可以与 Hp 竞争黏附 asialo-GM1 和硫苷脂，从而预防早期 Hp 的定植。周方方等研究了干酪乳杆菌 LC2W 和 Hp 与 MKN-45 细胞共培养时的竞争、排除和替代作用，结果表明，LC2W 可以竞争 Hp 的黏附位点，发挥竞争性的占位效应，保护了细胞膜的完整性，使宿主细胞免受损伤。

近三十年来，益生菌制剂的研制取得了较大的进展，并已广泛应用于临床研究，借以调整人体内微生态群落或种群结构，保持菌群平衡，促进内环境的稳定，提高宿主的健康状态，对消化系统疾病的防治起到了一定的作用。益生菌制剂可以直接或间接地通过调节内源性的微生态系统或免疫系统作用于肠道，以不良反应小、治疗效果显著、适合长期服用等优点备受消费者青睐，因此，在治疗胃肠道疾病方面正突显其难以替代的作用。但目前有关益生菌治疗疾病的研究依然不充分，主要体现在作用机制、疗效维持时间、安全性问题、多种益生菌组合治疗及数据统计等方面。因此，需要研究者们对益生菌的益生机制有更多的了解，对相关疾病的治疗做更长期的调查研究以及在临床上不断探索，为将来开发多种高效的益生菌制剂奠定理论基础和实践经验。

第五节　肠道菌群结构与功能的研究方法

长期以来，为了研究肠道菌群的成员及其功能，科学家们建立和发展了众多的技术手段。经典的微生物学研究方法主要是通过对细菌进行纯培养，然后在不同的培养条件下对细菌的生理活性进行研究。然而，由于肠道菌群在肠道中复杂的繁殖条件，分离培养时的操作和培养条件，例如培养基（氧化还原电位、pH 值、营养配比等）和氧气浓度等很难真实模拟体内情况，从而在培养时造成了选择性偏离，使结果与肠道菌群的真实组成有一定的差异，尤其是各组成细菌的定量很难精确。此外，现有的常用培养基和分离培养条件对多数的肠道菌群组成成员无法培养，只有＜30％的肠道微生物可以进行分离培养。随着分子生物学技术的飞速发展，在对环境中的复杂微生物群落进行研究时，科学家们越来越多地运用不依赖于培养的方法，来全面分析各种微生物在环境中的活动和对环境的影响。

一、基于分离培养的方法

在肠道微生物学研究中，科学家们通常使用一定的选择性液体培养基或固体培养基，对粪便或肠道黏膜、肠道内容物等样本进行培养和富集，并对培养得到的细菌种类进行分析。根据肠道细菌的特性，对肠道菌进行培养通常需要在厌氧的条件下进行，严格的厌氧和培养基的选择对于肠道菌的分离和生长具有非常重要的意义。

对环境中获得的细菌菌株进行培养有助于全面、完整地研究细菌的功能和不同生长条件下的生理活性。例如，Falony 等以果寡糖为唯一碳源，将长双歧杆菌菌株 BB536 分别与来源于人体肠道的丁酸盐产生菌株粪无氧杆菌（*Anaerostipes caccae*）DSM 14662 和肠罗斯蓓瑞菌（*Roseburia intestinalis*）DSM 14610 进行共培养，发现了这些细菌之间两种不同的交叉互养（cross-feeding）模式：*A. caccae* 不能降解果寡糖，但可以利用长双歧杆菌分解果寡糖得到的果糖生长；而 *R. intestinalis* 则可以在培养基添加乙酸盐的条件下降解果寡糖。这些行为的揭示有助于理解肠道微生态系统中各种细菌对营养成分的利用情况和各种细菌之间的相互作用。

局限于纯培养的方法有很多不足之处。首先，体外培养体系难以模拟微生物在肠道中自然生长繁殖的条件，因此，绝大多数的肠道微生物都还不能通过纯培养的方法得到分离；其次，仅仅依靠形态学和生理生化检测也不能对菌株进行准确鉴定。因此，在对肠道菌群进行结构和功能的研究时，研究者们通常结合分离培养方法和分子生物学方法，对感兴趣的细菌种类进行研究。例如，Duncan 等从 5 个个体的粪便样品中分离出了 9 株可以利用乳酸并代谢产生丁酸盐的细菌，并提取细菌 DNA 进行 16S rRNA 基因的测序，按照序列对其进行了分类鉴定。这些细菌中有 4 株属于霍氏真杆菌（*E. hallii*），有 2 株属于 *A. caccae*，它们均可利用 D-乳糖和 L-乳糖；而其余 3 株属于梭菌 XIVa 类群，它们则只能利用 D-乳糖。当培养体系中存在葡萄糖时，这些细菌会优先利用葡萄糖，直至葡萄糖耗尽后再开始利用乳糖。同时还发现人体肠道中常见的丁酸盐产生菌 *R. intestinalis*、直肠真杆菌和柔嫩梭菌则不能利用乳糖。

二、培养组学

宏基因组学的诞生彻底改变了对人类微生物组以及健康和疾病之间关系的理解，但产生了诸多未知的微生物的序列。针对这一问题，一直被忽视的原核生物的纯培养技术对阐明这些生物的作用仍然至关重要。伴随生物测序等检测技术的与时俱进和蓬勃发展，由 Raoult 的团队研发并现实可行的一种微生物菌群的研究方法，即微生物培养组学（culturomics），作为一种研究人体微生物的新兴生物技术，展现出不同于分离培养、16S rRNA、宏基因组学等传统研究方法的独特优势，提供了对微生物群的全新见解。其作为一种结合多种培养条件、基质辅助激光解吸离子化飞行时间（MALDI-TOF）质谱分析及 16S rRNA 基因测序等技术综合培养检测微生物的方法，极大程度地提高了微生物分离数量和速度，有望在未来，成为除宏基因组学外，研究人类微生物的主要方法之一。

一项分别借助经典的宏基因组分析技术与微生物培养组学的比较研究，对 2 名纤瘦的非洲人与 1 名肥胖欧洲人的粪便基因组进行分析检测结果显示：通过培养学获得了 32500 个菌落，产生了来自 7 个门、117 个属的 340 种细菌，而同一样本的并行宏基因组分析（con-current metagenomic analysis）产生了 698 个表型，包括 282 个已知物种，其中 51 个与微生物培养组学鉴定的微生物组测序检测结果重叠，提示了微生物培养组学可以作为人类肠道微生物研究的范式转变，有助于克服宏基因组学测序固有的深度基因偏好性问题，检测出更多未知菌株并在一定程度上对宏基因组测序结果做出补充。这一结果也在耐药结核病患者的肠道菌群的比较研究中被证实，通过培养，微生物培养组学鉴定出 39 种细菌，远高于焦磷酸测序的 18 种表型，包括 1 种新物种以及 3 种以前在人类肠道中没有观察到的细菌，且只有 2 个与焦磷酸测序重叠的表型。微生物培养组学以其自身技术的优势，可经培养检测到之前未知微生物群，并展示出更加灵敏、检测限更低，同时将检测技术深入到株的水平等优点。

Pfleiderer 等运用微生物培养组学测试了 88 种培养条件，产生了 12700 个不同的菌落，确定了 133 种细菌，包含 19 种之前从未从人类肠道中分离出来的细菌，并从中成功鉴定出 11 种源自单一神经性厌食症患者粪便样本的新细菌，表明了微生物培养组学检测新菌种的可行性，进而也为细菌基因库的拓展做出贡献。基于上述研究技术的发展，可以看出微生物培养组学在肠道菌群研究中具有进一步应用的潜力。

三、分子生态学研究方法

分子生态学方法通常以环境中各种微生物的基因组核酸（DNA 或 RNA）为研究对象。在以肠道菌群为对象的分子生态学研究中，研究者们最常使用核糖体小亚基 RNA 基因（细菌中的 16S rRNA 基因）的全部或部分序列作为分子标签来代表物种，以基因序列的多样性代表物种的多样性，从而对菌群的组成结构进行分析。细菌 16S rRNA 基因具有广泛性、进化变异小、具备高保守区和高变区（V 区）等特点，同时，序列还具有信息量巨大且更新迅速的公开数据库，如 ribosomal database project（RDP）、SILVA、Greengenes 等。研究者们可以方便地将自己研究中的 16S rRNA 基因序列与数据库进行比对，确定细菌的分类地位。类似地，为了对肠道菌群中具有特定功能的类群进行检测，研究者们也建立了以功能基因片段为分子标签的分析方法。

常用的分子生态学分析方法分为两大类：基于 DNA 指纹图谱的分析方法和基于 DNA 测序技术的分析方法。除此之外，实时定量 PCR（real time quantitative PCR）和荧光原位杂交（fluorescence in situ hybridization，FISH）技术也是常用的分析手段。

1. 指纹图谱技术

（1）变性/温度梯度凝胶电泳（DGGE/TGGE）

作为目前在微生物分子生态学研究领域应用最为广泛的技术手段之一的 DGGE/TGGE 技术最早由 Muzyer 等将其应用于微生物群落结构的研究中，随后又由 Zoetendal 将其用于人体肠道菌群的分析研究中。由于具有相同片段长度而序列不同的双链 16S rRNA 基因分子的解链温度（T_m）或变性剂（尿素、甲酰胺）浓度是不同的，所以当不同的双链 DNA 序列在聚丙烯酰胺凝胶中顺着梯度或者温度迁移时，其迁移位置是不同的，最终可以形成能够代表微生物群落构成的指纹图谱。DGGE/TGGE 技术具有加样量小、分辨率高和重复性好等优点，但其分离片段通常小于 500bp，而且 PCR 扩增所需的 G＋C 碱基对含量不能低于40％。同时，该技术手段通常只能检测到样品中相对含量大于 1％的优势菌群，可能会忽略一些含量偏低的菌群。为了提高 DGGE/TGGE 技术在分析某些含量较低的微生物类群时的分辨率，研究人员开发了类群特异性 PCR-DGGE/TGGE 技术。例如张家超等通过开发针对人体肠道菌群中乳酸菌的特异性 PCR-DGGE/TGGE 技术发现，干酪乳杆菌、唾液乳杆菌、植物乳杆菌、瑞士乳杆菌和嗜酸乳杆菌是健康居民中较为普遍的乳酸菌种。

Li 等以 16S rRNA 基因 V3 区片段为分子标签，用 DGGE 的方法比较了一个中国四世同堂家庭中 7 个个体的肠道菌群，并发现不同性别的家庭成员的肠道菌群结构具有一定的差异。为了对肠道菌群中一些特定类群的多样性进行研究，还建立了针对拟杆菌属、乳酸菌类群和柔嫩梭菌类群 16S rRNA 基因片段的类群特异性 DGGE/TGGE 技术并进行了广泛应用。Zhang 等比较了溃疡性结肠炎患者结肠溃疡和非溃疡部位黏膜菌群组成的差异，发现乳酸菌类群和柔嫩梭菌类群在这两种不同位置的组成在两类人群之间都具有显著差异。Pang 等用特异性 TGGE 技术跟踪了一名 10 岁男孩在 22 个月里肠道内拟杆菌属的组成状况，并利用割胶测序的方法对图谱上各个条带所包含的 DNA 序列信息进行了分析和鉴定。

自运用 PCR-DGGE 指纹图谱技术研究肠道微生物以来，科学家们通过阐明肠道微生态系统的复杂性和微生物群落与宿主之间的相互作用，比较深入地分析了肠道微生物。2001年，Zoetendal 运用 DGGE 技术研究了同卵双生双胞胎的肠道菌群，发现双胞胎之间的肠道菌群构成在很大程度上相似，而无关联的个体之间肠道菌群构成不同，夫妻之间肠道菌群构成的相似度也不及双胞胎，从而揭示出基因型对肠道菌群构成的影响远远大于饮食习惯或环境因素。利用该技术研究发现，分离自结肠黏膜的优势细菌与分离自结肠的细菌是相同的，但与分离自粪便的优势细菌显著不同。Campieri 和 Shannahan 等利用 DGGE 技术对炎症患者的肠道菌群进行了研究，揭示出某些炎症（如溃疡性结肠炎等疾病）的发病机制与肠道微生物有很大的关系。利用 PCR-DGGE 指纹图谱技术，Ott、Ben-Amor、Seksik 等共同发现，与健康人的肠道微生物相比，溃疡性结肠炎患者的肠道微生物在其发生疾病的过程中极不稳定，甚至发生改变。2005 年，Matto 等运用 DGGE 指纹图谱技术对肠道易激综合征（IBS）患者和健康人的肠道微生物进行了对比分析，发现肠道易激综合征患者的肠道微生物与健康人相比极不稳定，原因可能是研究过程中肠道易激综合征患者服用抗生素导致的。

（2）末端限制性片段长度多态性（T-RFLP）

T-RFLP 是一种基于 PCR 技术、荧光标记技术、限制性酶切技术和 DNA 序列自动分析技术，利用 5′端荧光标记的引物扩增微生物标记序列或特异的目的片段的检测技术，同

DGGE/TGGE 技术相比，具有分辨率较高、重复性良好及数字化较易、适合于多样本间微生物群落比较的优势。T-RFLP 技术已被广泛应用于肠道微生物群落结构的比较分析中，H. Hayashi 等利用 T-RFLP 技术对 3 个尸检个体的各个肠段微生物群落结构进行了分析，揭示了不同个体不同肠段的微生物群落结构有明显的差异；同时，O. Hojberg 等和 A. S. Fairchild 等都运用了 T-RFLP 技术分析了动物肠道内微生物群落的结构。Andoh 等利用 T-RFLP 技术检测了健康人和溃疡性结肠炎患者肠道各段的菌群结构，发现二者具有显著的差异。Sakamoto 等采用双歧杆菌特异性 PCR 结合 T-RFLP 技术，证明了 T-RFLP 能够灵敏检测人肠道中双歧杆菌的组成和变化情况，并比较了不同引物在检测人肠道内双歧杆菌时的优劣，发展了适用于特异性检测双歧杆菌的 T-RFLP 技术。为了进一步分析末端片段序列信息，Mengoni 等还建立了特殊的扩增方法来得到末端片段序列，通过克隆测序的方法来得到末端片段的详细序列信息，进行下一步的深入研究。

T-RFLP 技术因其分辨率较高、重复性良好及数字化较易，非常适合于多样本间的比较，但由于 T-RFLP 技术只考虑每种 DNA 分子的末端信息，信息量较少，且不同种类细菌的末端酶切位点可能相同而造成群落的多样性被低估的可能。随着核酸测序技术的不断发展，数据库中核酸序列的不断丰富，T-RFLP 技术自身参数的不断优化，通过与其他分子技术的相互配合，必将在微生物群落结构调查、微生物与环境及宿主之间的关系等诸多方面得到更广泛的应用。

2. 定量 PCR

实时荧光定量 PCR 技术于 1996 年由美国 Applied Biosystems 公司推出，该技术的问世实现了 PCR 从定性到定量的飞跃。近些年来，由于该方法高效准确的定量特性，被广泛用于肠道微生物菌群中某些特定菌群的定量分析。定量 PCR 的原理是利用荧光信号的变化实时监测 PCR 扩增反应中每一个循环扩增产物量的变化，通过达到设定阈值所需循环数（C_t 值）和标准曲线的分析对起始模板进行定量分析。定量 PCR 分绝对定量和相对定量，绝对定量可以精确地计算出起始反应模板的浓度，而相对定量是计算起始反应模板的相对浓度，可以根据试验的条件和要求选择相应的定量类型。Matsuki 通过实时荧光定量 PCR 研究了肠内双歧杆菌的分布，发现青春双歧杆菌、链状双歧杆菌、长双歧杆菌是肠道内主要的双歧杆菌；监测了健康人 8 个月内的双歧杆菌的组成变化，结果显示其组成基本上是稳定的。2010 年，Ereqat 等基于目的基因设计了特异性引物，结合定量 PCR，细菌可被鉴定到不同株的水平。Marika 等利用定量 PCR 研究了合生元对健康老年人志愿者肠道微生物的影响。将 51 位老年人随机分成两组，一组饮食含有合生元，这种合生元由嗜酸乳杆菌 NCFM 和乳糖醇组成，另一组为对照组，分别进食两个星期。进食量一天两次，总剂量每天 10g 乳糖醇和 2×10^{10} CFU 细胞的益生菌。在合生元干预前期、中期和后期，用定量 PCR 技术来定量分析粪便中的六类菌属，微生物组成的相对改变用 G+C 的百分比成分分析。微生物 G+C 的百分比图谱显示，肠道菌群结构发生相对改变，双歧杆菌水平在合生元进食中增加。定量 PCR 结果证实了微生物组成的改变：内源性的双歧杆菌和乳酸杆菌总含量提升。结果证明，通过合生元产品的补充，老年人的肠道菌群发生有益的改变。

由于定量 PCR 具有极高的敏感度（可对小于 5 拷贝的基因序列进行定量分析），可分析极其微小的基因表达差异，并可相对快速、高通量自动分析，自动化程度高且在密闭反应器中进行，使得交叉污染的可能性最小化等特点，该技术已广泛应用于各种微生物生态系统中重要种群的定量研究。

3. 荧光原位杂交 (FISH)

在复杂的微生态系统中，一个更直接的鉴定单细胞的方法是以特异性 16S rRNA 寡聚核苷酸为探针的荧光原位杂交。这个技术被应用于人体肠道双歧杆菌的定量及小鼠肠道沙门菌的检测。肠道中存在的一些细菌的种特异性的探针和引物已被设计。FISH 技术最早始于1969 年，并由 Pardue 等和 John 等两个研究小组开发，通过使用放射性同位素标记的 DNA或 28S rRNA 与爪蟾卵细胞制备物进行杂交，然后进行显微放射自显影检测，可在保持细胞形态完整的条件下检测出细胞核酸序列。1988 年，Giovannoni 等将 FISH 技术引入细菌学研究中，使用了放射性标记 rRNA 寡核苷酸探针检测微生物。2004 年，Matsuki 等应用定量 PCR 和 FISH 技术对 6 名健康志愿者肠道内的 6 种优势菌群进行了定量分析。2002～2005 年，研究者利用 FISH 技术分别在研究中揭示出粪便微生物的大部分是由球形梭菌、直肠真杆菌、柔嫩梭菌、拟杆菌、奇异菌、双歧杆菌、霍氏真杆菌、瘤胃球菌等组成的，特别是球形梭菌、柔嫩梭菌、拟杆菌占肠道微生物的一半多，奇异菌和双歧杆菌构成了肠道微生物的约 10%，肠球菌、肠杆菌、韦氏球菌相对来说比较少。

由于微生态系统的多样性，复杂的人体肠道内微生物的探针设计达到种的水平是有困难的。因此，更方便的是应用已设计出的肠道中大多数细菌的属和族的特异性探针，然而这些探针的数量也是有限的。另外，此技术单独使用时也存在着可导致假阳性和假阴性结果的诸多问题，例如某些微生物的自身荧光、探针的特异性欠佳，均可导致对微生物群落结构多样性的高估；而微生物细胞壁对探针穿透力的影响、探针设计不合理等也都可导致杂交信号的降低，造成了结果的假阴性。因此，FISH 技术与其他技术的配合使用会提高结果的准确率。

4. 测序技术

尽管 DGGE/TGGE 和 T-RFLP 等技术的应用为人们认识肠道微生物生态学提供了新的视角，然而这些方法并不能让研究人员在一次试验中全面、平行分析多个样本中的微生物群落信息，因而更不能对不同来源的多样本间的微生物分子生态学进行关联分析。

(1) 454 焦磷酸测序技术

第二代测序仪 Roche 454——焦磷酸测序（pyrosequencing）平台的出现为研究人员全面、快速、准确地研究微生态环境中微生物多样性提供了新的方法。该测序平台结合了单分子乳滴 PCR（emulsion PCR）、微流体技术（microfluidics）和焦磷酸测序技术，具有不需要克隆建库的方式而获得 DNA 序列信息、不需要荧光标记的引物或核酸探针、不需要进行电泳和过程全自动化的特点。同时，研究人员在焦磷酸测序前为每个样品加上一段 8～10个被称作样品特异性条形码（barcode）或者标签（tag）的核苷酸序列，这样就可以实现高通量、多样本的平行试验。这种方法被称为多重条形码焦磷酸测序技术（multiplex barcoded pyrosequencing），该方法的应用可以使人们一次试验分析多个样本，大大节约了试验成本，提高了试验效率；而且可以实现不同样本间的关联分析。因此，这一技术已广泛应用到深矿井、土壤、深海生物圈、慢性创伤部位、人类口腔及肠道等微生态环境中微生物多样性的检测和研究中。

De Filippo 等应用焦磷酸测序技术对 15 名欧洲儿童和 14 名非洲布基纳法索儿童的肠道菌群进行了研究。研究结果表明，饮食习惯和环境差异均对肠道菌群的组成具有较大的影响。Dethlefsen 等采用同样的方法分析了使用环丙沙星 10 个月期间人肠道微生物的变化，表明抗生素可以导致人肠道中定居细菌的长期改变。Beards 等评估了非消化性糖类制成的低能量巧克力对肠道菌群是否具有调节作用，发现肠道中双歧杆菌的数量均显著增加，乳杆菌的数量得到了极显著的增加，表明食用降低热值的糖替代物可改善肠道健康。上海交通大学生命科学技术学院赵立平教授课题组率先在国内开始应用焦磷酸测序技术对多个样品的微生物群落结构进行大规模的分析比较，并且建立了相关的数据分析平台，为进一步提高研究水平创造了良好的条件。通过对两种基因型的小鼠在两种饮食（高脂和低脂）饲养条件下的肠道菌群的高通量测序与代谢分析，展示了菌群结构与饲料、基因型和代谢表型间的关联，并且鉴定出一些与表型相关的关键菌群，最终揭示出饮食导致的菌群结构变化使菌群趋于形成病原相关的群落，并且由此导致了代谢性疾病的发生。该研究展示出新一代测序技术的强大能力，对多样品的精细微生物群落的同时测定和比较，可以找到与环境条件或功能相关的微生物类群。之后，他们又陆续运用测序技术开展了中药黄连素预防代谢综合征的机制、结直肠癌的发生发展过程中肠道菌群的变化规律、肠道菌群作为致病因素在肥胖病发生发展中的地位和作用等研究，取得了一系列丰硕的成果。内蒙古农业大学张和平教授及其团队也于 2010 年左右采用 454 焦磷酸测序技术陆续开展对肠道菌群的研究，以 454 焦磷酸测序技术为基础，对中国不同地区、不同种族和生活方式的人群的肠道菌群进行研究。研究发现，性别、民族、城乡栖息地及饮食等因素对人体肠道微生物构成均有一定的影响，中国人群肠道微生物构成具有复杂性和独特性的特点。另外，益生菌对于肠道菌群的结构和组成有重要影响，通过向 24 名健康志愿者口服干酪乳杆菌 Zhang 片剂，服用 28d 后，停止服用，分别在服药期和停药期取样，测定肠道微生态群落、短链脂肪酸、总胆汁酸（TBA）的变化。研究表明，益生菌干酪乳杆菌 Zhang 可以在人体肠道内存活，并改善肠道菌群结构，影响肠道微生态的丰度，提高短链脂肪酸的代谢水平，抑制次级胆汁酸的形成，并给受试者肠道微生物带来积极、持续的影响。

（2）宏基因组学技术

焦磷酸测序虽然可以让研究人员在一次试验中全面、平行地分析多个样本中的微生物群落信息，但不能对样品中的微生物及其基因进行功能分析。为了有效弥补这一不足，宏基因组学技术应运而生，该技术不需要对样品中的微生物进行分离培养就能直接发现和利用基因对未知的功能基因进行分析。

Turnbaugh 等结合 454 焦磷酸测序技术和传统的鸟枪法测序对肥胖和正常小鼠的肠道菌群进行了分析，该研究认为，肥胖小鼠能从摄入的食物中摄取更多的能量的原因在于其肠道微生物富含参与能量代谢的基因。通过使用 Illumina 平台 Qin 对 124 个欧洲人粪便样品进行测序，研究发现，肠道微生物基因的数量约是人自身基因的 150 倍。而每个个体的肠道菌群所包含的基因数目为 (536112 ± 12167) 个。在这些基因中，有一部分是存在于所有细菌中的、维持基本生存的看家基因（housekeeping genes），如基本碳循环、氨基酸代谢、核酸及 ATP 合成等；还有一部分则与不同细菌在肠道中的功能有关，如对宿主细胞和蛋白质的附着作用、肠上皮细胞糖脂代谢等。他们还发现炎症性肠炎患者肠道菌群中的基因数目平均比健康人少约 25%；同时也指出在目前的知识和技术水平下，绝大部分序列的意义和基因的功能还没有被阐释清楚，还有待未来更加深入的探讨。Arumugam 等对欧洲人肠道菌群结构进行了分析，研究人员结合 454 测序技术和鸟枪法测序指出肠道菌群类型的形成与长期的膳食有关，而与性别以及肥胖等因素无关。Yatsunenko 等采用鸟枪法测序分析了 110 位委内瑞拉亚马孙州、非洲马拉维和美国城市人的肠道菌群结构。结果发现，相对于成年人来讲，婴儿肠道细菌携带更多的与叶酸合成相关的基因，而老年人肠道细菌更多携带的是与叶酸代谢相关的基因。通过采用新一代鸟枪法深度测序技术，华大基因的研究人员鉴定出约 60000 个与 2 型糖尿病相关的分子标记，并指出同健康居民相比，糖尿病患者的肠道微生物组成发生了中度的变化。

四、调节肠道微生物的疾病模型

从人出生起肠道微生物便与人类相伴相生，共同进化。调节和重塑肠道菌群的方法作为一种恢复宿主和微生物之间平衡的合理策略，在诸多常见疾病，如神经系统疾病、心血管疾病及其代谢综合征、癌症、自身免疫综合征、过敏性疾病、炎症等中发挥防控作用。益生菌也被报道在其中发挥了维持胃肠道菌群平衡，进而表现出增强疾病防控疗效的积极作用。

神经系统疾病是一个全球性的问题，肠道微生物在神经系统疾病方面的调节作用，并不仅仅表现在改善与衰老相关的认知能力的下降等，还可能进一步因为肠道微生物的失调而导致帕金森病（PD）等神经系统疾病。对 36 例 PD 患者进行的长达 2 年的肠道菌群变化及人口学特征分析证实，PD 的进展与肠道菌群失调有关，PD 进展过程中肠道菌群总数减少，同时下降的时间分布可能因细菌而异，并可能有助于区分进展迅速和进展缓慢的 PD 病理患者。研究指出，帕金森病患者肠道菌群与抑郁有密切的相关性。基于肠道菌群理论，有研究探讨针刺在治疗帕金森抑郁症中的应用，结果显示针刺疗法可能通过调节肠道菌群来治疗帕金森抑郁症的可能性。此外，基于目前的 PD 传统药物及临床治疗都易导致运动障碍的副作用这一前提，人脐带血等离子治疗结合传统药物被证实通过调节肠道运动并抑制了与肠道微生物群相关的炎症反应而达到较好的治疗效果，揭示了肠道和大脑之间的一个关键的病理链接，从而开辟了一种新的治疗途径。

除神经系统疾病外，肠道菌群也在心血管疾病及其代谢综合征中发挥良好作用。近年来的研究发现，肠道菌群是影响人体健康的重要因素，并且肠道微生物的变化也影响着机体对能量物质的吸收、肠道功能的发挥以及机体非特异性免疫功能的调节，从营养、代谢、疾病等各个方面都与生理活动有关。肠道微生物已经成为身体的一部分，影响着宿主的免疫，在肥胖、糖尿病、代谢综合征等疾病中起着非常重要的作用。肥胖症发病率的迅速增加已经在全球范围内造成了一个严重的公共问题。肥胖、炎症与肠道菌群密切相关，肥胖导致的相关炎症主要由内质网应激、Toll 样受体 4（TLR4）激活和肠道菌群改变引起。反过来，肠道菌群等因素也对 TLR 功能有整体的调节作用。研究三者的关系为找寻合适的肥胖症治疗靶点提供了可能。2 型糖尿病是一种常见的慢性疾病，其发病机制复杂。流行病学研究表明，肥胖、高热量饮食、缺乏体育活动和高龄是 2 型糖尿病发生的最重要因素。幸运的是，越来越多的证据表明，肠道微生物在其中发挥了重要的作用。近年的一项研究将肠道菌群作为黄连素治疗 2 型糖尿病的新靶点，研究黄连素这一传统中药的糖尿病治疗效果。动物实验也证实了青春双歧杆菌可以通过增加双歧杆菌、乳酸菌，减少肠杆菌、肠球菌，配合二甲双胍的使用，达到改善 2 型糖尿病大鼠肠功能和降低血脂的作用。更有学者指出，粪便微生物群移植或将成为肥胖症及糖尿病的未来治疗有益选择。

癌症一直是困扰人类的最大的健康杀手之一，因此研究肠道菌群对癌症的预防和控制作用尤为重要，其中研究最为广泛的是结直肠癌，结直肠癌一般是指结肠癌或直肠癌，其病因和发病机制尚不明确，其发生、发展受个体差异、肠道菌群、环境等多重因素影响。近年来，肠道菌群与结直肠癌（CRC）成为一个热门的研究课题。诸多研究旨在揭示肠道菌群的微环境在结直肠癌发病中的作用，并为结直肠癌的治疗提供新的防治方法。一方面，研究指出长期接触抗生素，如万古霉素、新霉素和链霉素或其组成的抗生素混合物，导致肠道微生物群落的选择性减少和保护性黏液层的变薄，从而导致肿瘤生长的增加；另一方面，随着研究的不断深入，肠道菌群的潜在调控机制也不断被发现。例如，防御素作为肠道菌群与肠黏膜相互作用的中介物质，在结直肠癌发生发展中的潜在积极防控作用。一项纳入 23 例受试者（9 例为 CRC ，14 例为正常结肠组）的试验，采用 16S rRNA 基因扩增子测序对每个受试者的黏膜管腔界面微生物组进行采样和分析，结合菌群功能预测工具 PICRUSt 预测微生物群落功能，在健康和 CRC 样本中确定了不同水平的肠道菌群，观察到丰富的细菌种类，在结直肠癌患者肠道菌群中产生丁酸盐的细菌属真杆菌显著减少，而肠道菌群中的种属数量显著增加，这一发现有望成为早期检测 CRC 的生物标志物。此外，通过将 60 只雌性乳腺癌模型大鼠随机分为对照组、模型组，分别以 200mg/kg 和 400mg/kg 喂食岩藻多糖，结合肠道组织病理学分析以及 16S rRNA 高通量测序对肠道菌群组成进行综合分析，发现补充岩藻多糖可以改善粪便菌群组成，修复肠道屏障功能，表现了岩藻多糖作为肠道菌群调节剂具有预防乳腺癌的可能性。

肠道菌群也在自身免疫综合征、过敏性疾病、炎症等具有潜在价值。例如，肠道菌群自身或其代谢物通过开启多重机制启动自身免疫机制，在自身免疫性肝病的发生、发展和防控的诸多环节中起重要作用；肠道菌群紊乱导致了过敏性鼻炎、哮喘、湿疹、食物过敏等过敏性疾病的发生。大量实验证实，围产期和新生儿期肠道菌群定植的多样化既有助于促进宿主免疫系统的发育和成熟，又诱导了机体免疫耐受；同时起到降低慢性自身免疫性疾病、过敏性疾病发生的风险。这些研究结果也提示了增补益生菌对儿童甚至成年人健康可能发挥重要作用。

五、无菌动物模型

综合当前的研究趋势，肠道菌群有望成为防控人类疾病、保证健康的重要靶点，但在肠道菌群实际的研究过程中，面临实验操作标准化、可控、数据分析及质控等方面的问题，同时也对实验模型提出了更高的要求，无菌动物则应运而生。无菌动物主要指的是一种全身所有部位都无任何活的细菌、真菌、病毒及寄生虫的动物，作为一种理想的动物模型，为研究微生物与机体之间的相互作用提供了有利的实验工具。其典型特点是免疫系统处于休眠状态，寿命一般较对照组长，以及盲肠较长等，由于无菌动物先天不具备肠道菌群，容易制备成目标实验模型，成为理想的研究肠道微生态作用的工具。例如，可以借助无菌动物、细菌感染、益生菌或抗生素干预来调节肠道微生物群，因此实现对宿主认知行为的调节。

六、研究模型和案例

　　肠道菌群在人类健康尤其是在慢性疾病防控中起到了积极作用，与此相关的研究模型十分丰富，包括各类动物，如大鼠、小鼠、家兔等，也可以按照各类不良症状、慢性疾病构造动物模型，甚至可以是虚拟的机器学习模型。在大鼠肝转移模型中，口服干酪乳杆菌（*Lactobacillus casei*）发挥了较好的抗转移活性，不仅观察到干酪乳杆菌（BLP）可明显抑制肝肿瘤定植，同时模型经接种 AH60C 肿瘤细胞后，BLP 组的肝脏肿瘤定植受到明显抑制，从而表明干酪乳杆菌在预防术后微转移方面起到的治疗作用。为探究抗生素对肠道菌群的潜在影响，可以采用不同剂量头孢曲松钠灌胃给药，观察和培养小鼠肠道优势菌群，从而建立起重度小鼠肠道菌群失调模型。机器学习模型则是采用随机双盲自对照设计，让 35 名健康志愿者连续 9d（每天 16g）摄入低聚果糖（FOS）或半乳糖（GOS），结合 16S rRNA 基因高通量测序研究益生元摄入后肠道菌群的变化，采用 PICRUSt 来推断细菌群落功能模块的差异，采用基于肠道菌群初始数据的随机森林模型，识别益生元摄入 5d 后双歧杆菌的变化，并建立一个连续的指标来预测双歧杆菌的变化。这是一种基于初始肠道菌群数据的机器学习模型，证实了短期益生元干预可以显著减少肠道菌群中 α 菌群的多样性，从而为个性化的营养干预和肠道菌群的精确调控提供了依据。

　　除上述研究方法之外，质谱技术也越来越广泛地应用于微生物组学研究中。例如，基于对菌体蛋白质分析的 MALDI-TOF 技术具有在复杂体系中同时区分不同蛋白质组分的特点，可为肠道菌群的快速、准确、高通量鉴别提供可靠方法。

　　肠道微生物群落及其对人类健康的影响近年来已成为研究热点。肠道菌群分析是进行复杂微生态系统分析的基础。如何对肠道菌群丰度与数量变化进行全面分析已经成为开展微生态研究的瓶颈问题。为了突破这一瓶颈，越来越多的研究者开始使用多种手段联合的方式来开展肠道菌群研究。各种分析方法的发展以及多种方法的联用，正在为微生物组学研究注入新鲜活力，大力推动微生物组学研究的进展。

参考文献

［1］　O'Hara A M，Shanahan F. The gut flora as a forgotten organ. Embo Reports，2006，7（7）：688-693.

［2］　Giannella R A，Broitman S A，Zamcheck N. Gastric acid barrier to ingested microorganisms in man：studies in vivo and in vitro. Gut，1972，13（4）：251-256.

［3］　Wang M，Ahrne S，Jeppsson B，et al. Comparison of bacterial diversity along the human intestinal tract by direct cloning and sequencing of 16S rRNA genes. FEMS Microbiology Ecology，2005，54（2）：219-231.

［4］　Hold G L，Pryde S E，Russell V J，et al. Assessment of microbial diversity in human colonic samples by 16S rDNA sequence analysis. FEMS Microbiology Ecology，2002，39（1）：33-39.

［5］　Hayashi H，Takahashi R，Nishi T，et al. Molecular analysis of jejunal，ileal，caecal and recto-sigmoidal human colonic microbiota using 16S rRNA gene libraries and terminal restriction fragment length polymorphism. Journal of Medical Microbiology，2005，54（Pt 11）：1093-1101.

［6］　Green G L，Brostoff J，Hudspith B，et al. Molecular characterization of the bacteria adherent to human colorectal mucosa. Journal of Applied Microbiology，2006，100（3）：460-469.

［7］　Qin J，Li R，Raes J，et al. A human gut microbial gene catalogue established by metagenomic sequencing. Nature，2010，464：59-65.

[8] Hamady M, Knight R. Microbial community profiling for human microbiome projects: Tools, techniques, and challenges. Genome Research, 2009, 19 (7): 1141-1152.

[9] Qin J, Li Y, Cai Z, et al. A metagenome-wide association study of gut microbiota in type 2 diabetes. Nature, 2012, 490 (7418): 55-60.

[10] Martinez I, Muller C E, Walter J. Long-term temporal analysis of the human fecal microbiota revealed a stable core of dominant bacterial species. PLoS One, 2013, 8 (7): e69621.

[11] Martin R, Jimenez E, Heilig H, et al. Isolation of bifidobacteria from breast milk and assessment of the bifidobacterial population by PCR-denaturing gradient gel electrophoresis and quantitative real-time PCR. Applied and Environmental Microbiology, 2009, 75 (4): 965-969.

[12] Turroni F, Foroni E, Giubellini V, et al. Exploring the diversity of the bifidobacterial population in the human intestinal tract. Applied and Environmental Microbiology, 2009, 75 (6): 1534-1545.

[13] Haarman M, Knol J. Quantitative real-time PCR analysis of fecal *Lactobacillus* species in infants receiving a prebiotic infant formula. Applied and Environmental Microbiology, 2006, 72 (4): 2359-2365.

[14] Xu J, Bjursell M K, Himrod J, et al. A Genomic View of the Human Bacteroides thetaiotaomicron Symbiosis. Science, 2003, 299 (5615): 2074-2077.

[15] Kuwahara T, Yamashita A, Hirakawa H, et al. Genomic analysis of Bacteroides fragilis reveals extensive DNA inversions regulating cell surface adaptation. Proceedings of The National Academy of Sciences of the United States of America, 2004, 101 (41): 14919-14924.

[16] Kabeerdoss J, Devi R S, Mary R R, et al. Faecal microbiota composition in vegetarians: comparison with omnivores in a cohort of young women in southern India. The British Journal of Nutrition, 2012, 108 (6): 953-957.

[17] Pryde S E, Duncan S H, Hold G L, et al. The microbiology of butyrate formation in the human colon. FEMS microbiology letters, 2002, 217 (2): 133-139.

[18] Backhed F, Ding H, Wang T, et al. The gut microbiota as an environmental factor that regulates fat storage. Proc Natl Acad Sci USA, 2004, 101 (44): 15718-15723.

[19] 郭壮. 应用焦磷酸测序技术对不同人群肠道微生物群落结构的研究. 无锡: 江南大学, 2013.

[20] Maragkoudakis P A, Chingwaru W, Gradisnik L, et al. Lactic acid bacteria efficiently protect human and animal intestinal epithelial and immune cells from enteric virus infection. International Journal Food Microbiology, 2010, 141 (suppl 1): S91-S97.

[21] Gordon J I, Hooper L V, McNevin M S, et al. Epithelial cell growth and differentiation. III. Promoting diversity in the intestine: conversations between the microflora, epithelium, and diffuse GALT. The American journal of physiology, 1997, 273 (3 Pt 1): G565-570.

[22] Lievin V, Peiffer I, Hudault S, et al. *Bifidobacterium* strains from resident infant human gastrointestinal microflora exert antimicrobial activity. Gut, 2000, 47 (5): 646-652.

[23] Jelena S, Sepp E, Kolk H, et al. Diversity and metabolic impact of intestinal *Lactobacillus* species in healthy adults and the elderly. The British Journal of Nutrition, 2011, 105: 1235-1244.

[24] Mueller S, Saunier K, Hanisch C, et al. Differences in fecal microbiota in different European study populations in relation to age, gender, and country: a cross-sectional study. Applied and Environmental Microbiology, 2006, 72 (2): 1027-1033.

[25] Biagi E, Nylund L, Candela M, et al. Through ageing, and beyond: gut microbiota and inflammatory status in seniors and centenarians. PloS One, 2010, 5 (5): e10667.

[26] Wu G D, Chen J, Hoffmann C, et al. Linking long-term dietary patterns with gut microbial enterotypes. Science, 2011, 334 (6052): 105-108.

[27] Wang M, Ahrne S, Antonsson M, et al. T-RFLP combined with principal component analysis and 16S rRNA gene sequencing: an effective strategy for comparison of fecal microbiota in infants of different ages. Jounal of Microbiology Methods, 2004, 59 (1): 53-69.

［28］ De Filippo C，Cavalieri D，Di Paola M，et al. Impact of diet in shaping gut microbiota revealed by a comparative study in children from Europe and rural Africa. Proceedings of The National Academy of Sciences of the United States of America，2010，107（33）：14691-14696.

［29］ McNulty N P，Yatsunenko T，Hsiao A，et al. The impact of a consortium of fermented milk strains on the gut microbiome of gnotobiotic mice and monozygotic twins. Science Translational Medicine，2011，3：106.

［30］ De Carcer D A，Cuiv P O，Wang T，et al. Numerical ecology validates a biogeographical distribution and gender-based effect on mucosa-associated bacteria along the human colon. Isme Journal，2011，5（5）：801-809.

［31］ Humblot C，Lhoste E，Knasmuller S，et al. Protective effects of Brussels sprouts，oligosaccharides and fermented milk towards 2-amino-3-methylimidazo［4，5-f］quinoline（IQ）-induced genotoxicity in the human flora associated F344 rat：role of xenobiotic metabolising enzymes and intestinal microflora. Journal of Chromatography，2004，802（1）：231-237.

［32］ Dethlefsen L，Huse S，Sogin M L，et al. The pervasive effects of an antibiotic on the human gut microbiota，as revealed by deep 16S rRNA sequencing. PLoS Biology，2008，6（11）：e280.

［33］ Hopkins M J，Sharp M，Macfarlane G T. Age and disease related changes in intestinal bacterial populations assessed by eel 1 culture，16S rRNA abundance，and community cellular fatty acid profiles. Gut，2001，48（2）：198-205.

［34］ Ubeda C，Taur Y，Jenq R R，et al. Vancomycin-resistant Enterococcus domination of intestinal microbiota is enabled by antibiotic treatment in mice and precedes bloodstream invasion in humans. Journal of Clinical Investigation，2010，120（12）：4332-4341.

［35］ 王婷婷. 肠道菌群结构变化与结直肠癌发生发展关系的研究. 上海：上海交通大学，2012.

［36］ Fei N，Zhao L. An opportunistic pathogen isolated from the gut of an obese human causes obesity in germfree mice. ISME Journal，2013，7（4）：880-884.

［37］ Nylund L，Satokari R，Nikkila J，et al. Microarray analysis reveals marked intestinal microbiota aberrancy in infants having eczema compared to healthy children in at-risk for atopic disease. BMC Microbiology，2013，13：12.

［38］ Falony G，Vlachou A，Verbrugghe K，et al. Cross-feeding between *Bifidobacterium longum* BB536 and acetate-converting，butyrate-producing colon bacteria during growth on oligofructose. Applied and Environmental Microbiology，2006，72（12）：7835-7841.

［39］ Duncan S H，Louis P，Flint H J. Lactate-utilizing bacteria，isolated from human feces，that produce butyrate as a major fermentation product. Applied and Environmental Microbiology，2004，70（10）：5810-5817.

［40］ Zhang M，Liu B，Zhang Y，et al. Structural shifts of mucosa-associated lactobacilli and *Clostridium leptum* subgroup in patients with ulcerative colitis. Journal of Clinical Microbiology，2007，45（2）：496-500.

［41］ Pang X，Ding D，Wei G，et al. Molecular profiling of Bacteroides spp. in human feces by PCR-temperature gradient gel electrophoresis. Journal of Microbiological Methods，2005，61（3）：413-417.

［42］ Shanahan F. Probiotics：a perspective on problems and pitfalls. Scand J Gastroenterol Suppl，2003，（237）：34-46.

［43］ Hojberg O，Canibe N，Poulsen H D，et al. Influence of dietary zinc oxide and copper sulfate on the gastrointestinal ecosystem in newly weaned piglets. Applied and Environmental Microbiology，2005，71（5）：2267-2277.

［44］ Andoh A，Sakata S，Koizumi Y，et al. Terminal restriction fragment length polymorphism analysis of the diversity of fecal microbiota in patients with ulcerative colitis. Inflammatory Bowel Diseases，2007，13（8）：955-962.

［45］ Sakamoto M，Hayashi H，Benno Y. Terminal restriction fragment length polymorphism analysis for human fecal microbiota and its application for analysis of complex bifidobacterial communities. Microbiology and Immunology，2003，47（2）：133-142.

［46］ Bjorklund M，Ouwehand A C，Forssten S D，et al. Gut microbiota of healthy elderly NSAID users is selectively modified with the administration of *Lactobacillus acidophilus* NCFM and lactitol. Age（Dordr），2012，34（4）：987-999.

［47］ Dethlefsen L，Relman D A. Incomplete recovery and individualized responses of the human distal gut microbiota to repeated antibiotic perturbation. Proceedings of The National Academy of Sciences of the United States of America，

2011, 108 (S1)：4554-4561.

［48］ Beards E, Tuohy K, Gibson G. A human volunteer study to assess the impact of confectionery sweeteners on the gut microbiota composition. British Journal of Nutrition，2010，104 (5)：701-708.

［49］ Ley R E, Turnbaugh P J, Klein S, et al. Microbial ecology：human gut microbes associated with obesity. Nature，2006，444 (7122)：1022-1023.

［50］ Yatsunenko T, Rey F E, Manary M J, et al. Human gut microbiome viewed across age and geography. Nature，2012，486 (7402)：222-227.

［51］ 刘双江，施文元，赵国屏. 中国微生物组计划：机遇与挑战 ［J］. 中国科学院院刊，2017 (3)：34-43.

［52］ 江海燕，钱万强，朱庆平. 关注正在兴起的人类微生物组研究 ［J］. 中国科学基金，2013 (3)：17-20.

［53］ 瞿涤，张文宏. 人体微生物组研究与人类健康 ［J］. 微生物与感染，2017，12 (1)：1.

［54］ Graf D, Di Cagno R, Fåk F, et al. Contribution of diet to the composition of the human gut microbiota ［J］. Biochemical Journal，2015，26 (1)：477-480.

［55］ Bashan A, Gibson T E, Friedman J, et al. Universality of human microbial dynamics ［J］. Nature，2016，534 (7606)：259-262.

［56］ Desbonnet L, Garrett L, Clarke G, Kiely B, Cryan J F, Dinan T G. Effect of the probiotic *Bifidobacterium infantis* in the maternal separation model of depression. Neuroscience，2010，170：1179-1188.

［57］ Bravo J A, Forsythe P, Chew M V, Escaravage E, Savignac H M, Dinan T G, Bienenstock J, Cryan J F. Ingestion of *Lactobacillus* strain regulates emotional behavior and central GABA receptor expression in a mouse via the vagus nerve. Proceedings of the National Academy of Sciences USA，2011，108：16050-16055.

［58］ Rousseaux C, Thuru X, Gelot A, Barnich N, Neut C, Dubuquoy L, et al. *Lactobacillus acidophilus* modulates intestinal pain and induces opioid and cannabinoid receptors. Nature Medicine，2007，13：35-37.

［59］ Wall R, Marques T M, O'Sullivan O, et al. Contrasting effects of *Bifidobacterium breve* DPC 6330 and Bididobacterium breve NCIMB 702258 on fatty acids metabolism and gut microbiota composition. American Journal of Clinical Nutrition，2012，95：1278-1287.

［60］ Sender R, Fuchs S, Milo R. Revised Estimates for the Number of Human and Bacteria Cells in the Body. PLoS Biology，2016，14 (8)：e1002533.

［61］ Sender R, Fuchs S, Milo R. Are We Really Vastly Outnumbered? Revisiting the Ratio of Bacterial to Host Cells in Humans. Cell，2016，164 (3)：337-340.

［62］ Sara Q, Marco C, Cristina G, et al. From lifetime to evolution：timescales of human gut microbiota adaptation ［J］. Frontiers in Microbiology，2014，5：00587.

［63］ Odamaki T, Kato K, Sugahara H, et al. Age-related changes in gut microbiota composition from newborn to centenarian：a cross-sectional study ［J］. BMC Microbiology，2016，16 (1)：90.

［64］ 郭飞翔. 广西巴马长寿地区不同年龄人群肠道菌群分析 ［D］. 扬州大学，2015.

［65］ Pfleiderer A, Lagier J C, Armougom F, et al. Culturomics identified 11 new bacterial species from a single anorexia nervosa stool sample ［J］. European Journal of Clinical Microbiology & Infectious Diseases，2013，32 (11)：1471-1481.

［66］ Lagier J C, Kheliaffa S, Tidjani A M, et al. Culture of previously uncultured members of the human gut microbiota by culturomics ［J］. Nature Microbiology，2016，1：16203.

［67］ Cerdó T, Ruiz A, Acuña I, et al. Gut microbial functional maturation and succession during human early life ［J］. Environmental Microbiology，2018，20 (6)：2160-2177.

［68］ Milani C, Duranti S, Bottacini F, et al. The First Microbial Colonizers of the Human Gut：Composition, Activities, and Health Implications of the Infant Gut Microbiota ［J］. Microbiology and Molecular Biology Reviews，2017，81 (4)：e00036-17.

［69］ Liu H, Zeng X, Zhang G, et al. Maternal milk and fecal microbes guide the spatiotemporal development of mucosa-associated microbiota and barrier function in the porcine neonatal gut ［J］. BMC Biology，2019，17 (1)：106.

［70］ Han S，Jianlan G，Qing Z，et al. Role of intestinal flora in colorectal cancer from the metabolite perspective：a systematic review ［J］. Cancer Management & Research，2018，10：199-206.

［71］ Durack J，Lynch S V. The gut microbiome：Relationships with disease and opportunities for therapy ［J］. Journal of Experimental Medicine，2019，216 (1)：20-40.

［72］ Gilbert J A，Blaser M J，Caporaso J G，et al. Current understanding of the human microbiome ［J］. Nature Medicine，2018，24 (4)：392-400.

［73］ Surana N K，Kasper D L. Moving beyond microbiome-wide associations to causal microbe identification ［J］. Nature，2017，552 (7684)：244-247.

益生菌主要代谢产物及其生理活性

益生菌（probiotics）是指通过定植作用改变宿主某一部位菌群的组成，从而产生有利于宿主健康作用的单一或组成明确的混合微生物。在食品、医药等领域应用较多的益生菌主要有 7 个属，包括乳杆菌属、链球菌属、肠球菌属、乳球菌属、片球菌属、明串珠菌属和双歧杆菌属。目前已知的乳酸菌发挥主要生化功能特性的作用机制，除了定植、主要代谢产物（乳酸等）改善肠道内环境、有效酶活力外，其他代谢产物，如短链脂肪酸、细菌素、胞外多糖、维生素等也发挥着重要作用。本章将深入地阐述上述乳酸菌代谢产物的生物合成、制备、种类、结构及其生理活性，探讨其促进人类健康的潜力。

第一节　短链脂肪酸（SCFA）

机体肠道系统中存在着大量的细菌来维持肠道的微生态平衡，这些细菌的主要功能之一就是代谢功能，表现为对膳食中难消化物质的发酵。细菌可以通过不同的代谢途径来发酵底物，产生能量和营养物质供给自身生长，同时对宿主产生有利的影响。短链脂肪酸（short-chain fatty acids，SCFA）是大肠细菌代谢的主要终产物，是碳链为 $1\sim6$ 的有机脂肪酸，主要由厌氧微生物发酵难消化的糖类而产生，包括乙酸、丙酸、丁酸、异丁酸、戊酸、异戊酸、己酸和异己酸等，其中乙酸、丙酸和丁酸含量最高，三者占短链脂肪酸的 $90\%\sim95\%$。SCFA 的重要作用表现为：可以影响结肠上皮细胞的转运，促进结肠细胞和小肠细胞的代谢、生长、分化，为肠黏膜上皮细胞及肌肉、心、脑、肾提供能量，增加肠道血液的供应量，影响肝对脂质和糖类的调控等。

一、SCFA 的产生及影响因素

1. SCFA 的产生

SCFA 是结肠内重要的有机酸，由饮食中的糖类经肠道细菌酵解生成。其底物主要是非淀粉多糖、不可消化淀粉，其他如不可吸收寡糖、少量蛋白质及胃肠道分泌物、黏膜细胞碎屑也与 SCFA 的生成有关。盲肠、结肠是细菌酵解的主要部位。大肠内容物每克含菌量高达 $10^{11} \sim 10^{12}$ CFU，结肠的无氧状态为厌氧菌酵解提供了理想的环境与场所。升结肠和盲肠中 SCFA 的含量较高，这是由于此部位的细菌首先接触到经小肠输送来的糖类，这些细菌的发酵活性最强。虽然升、降结肠中 SCFA 的浓度不同，但乙酸、丙酸、丁酸的比率却相同。人肠道中主要发酵糖类底物的细菌如表 3-1 所示。

表 3-1　人肠道中主要发酵糖类底物的细菌

菌属	粪便平均菌数/(lg CFU/g 干重粪便)	主要发酵产物
拟杆菌属	11.3	乙酸、丁酸、琥珀酸
双歧杆菌	10.2	乙酸、乳酸、乙醇、甲酸
真杆菌属	10.7	乙酸、丁酸、乳酸
瘤胃球菌属	10.2	乙酸
消化链球菌属	10.1	乙酸、乳酸
乳杆菌属	9.6	乳酸
梭菌属	9.8	乙酸、丙酸、丁酸、乳酸
链球菌属	8.3	乳酸、乙酸

　　到达结肠的糖类，有些是还未消化吸收的食物残渣，有些是黏蛋白及宿主的分泌物，其数量和类型主要取决于食物在胃肠道被消化吸收的程度，这些物质都可在结肠中被微生物发酵。

　　肠道细菌酵解不需要氧分子或其他无机离子作为最终电子受体，酵解反应自行平衡。肠道细菌对糖类代谢的主要终产物是乙酸、丙酸、丁酸、二氧化碳、甲烷、氢气和水，如图 3-1 所示。其中乙酸、丙酸、丁酸所占比例高达 85%。不同酵解底物生成的 SCFA 总量、比

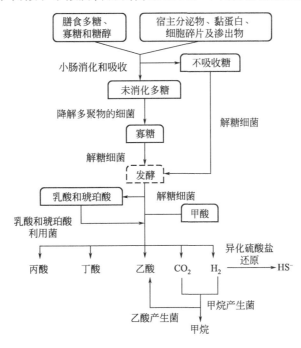

图 3-1　肠道细菌产生 SCFA 的主要途径

例不尽相同，但乙酸盐所占比例最高，如果胶生成乙酸、丙酸、丁酸的比例为 80：12：8，淀粉则为 62：15：22，通常混合餐为 63：22：8。若每天有 20g 糖类在结肠中被代谢，则生成 SCFA 的量约为 200mmol/L。

进入结肠的蛋白质和氨基酸进行肠酵解后的主要产物也是短链脂肪酸。梭菌能够利用多种氨基酸生成相应的多种有机酸，如可通过丙烯酸途径由丙氨酸产生丁酸，也可在苏氨酸脱水酶和酮酸脱氢酶的参与下由苏氨酸产生丙酸。乙酸可通过 Stickland 反应从甘氨酸产生，也可通过谷氨酸、赖氨酸、鸟氨酸、丝氨酸的发酵而产生。谷氨酸的主要发酵产物是乙酸和丁酸，谷氨酸进行厌氧代谢有两个途径，一个是甲基天冬氨酸途径，常见于梭菌；另一个是羟基谷氨酸途径，常见于梭杆菌、消化链球菌和氨基酸球菌。

2. 底物对 SCFA 产生的影响

许多研究结果表明，糖类底物（如寡糖、非淀粉多糖、淀粉多糖）不同，结肠微生物发酵产生的短链脂肪酸的比例和生理作用也不同。

寡糖是指由 2~10 个单糖通过糖苷键连接而成的低聚合度的糖类化合物，可通过被肠道细菌发酵而对机体产生积极的作用。许多研究发现，果寡糖可以改善机体对胆固醇的代谢，而这与其在肠道被发酵而产生的短链脂肪酸有关。许梓荣等的研究表明，每日饮食中添加 1.5% 果寡糖可以提高结肠中乙酸、丙酸、丁酸以及血浆中乙酸的水平，此外，果寡糖抑制肝脏羟甲基戊二酰辅酶 A（HMG-CoA）还原酶的活性可能是通过其发酵代谢产物丙酸和乙酸发挥作用的。给断奶仔猪饲喂一定量的低聚异麦芽糖，会使其盲肠、结肠内的乙酸、丙酸、丁酸浓度显著升高，研究表明，肠道中 SCFA 的升高和 pH 的降低有利于肠黏膜保持完整的形态结构并促进黏膜细胞的增殖。粪便细菌的体外发酵试验表明，不同种类的寡糖被降解成不同种类的短链脂肪酸，如果胶与木聚糖降解的主要产物是乙酸，阿拉伯半乳聚糖的降解产物则以丙酸为主。

大多数膳食纤维的主要组成成分是非淀粉多糖，经肠道细菌发酵可产生短链脂肪酸，这可能影响肝脏葡萄糖的生成。不同的多糖底物经发酵后可以产生不同比例的 SCFA，这主要是由于糖类结构的不同而影响肠道中不同菌群的发酵能力。常见的非淀粉多糖包括谷物 β-葡聚糖、戊聚糖等。谷物 β-葡聚糖被证明具有降低血清胆固醇和调节糖尿病人血糖水平等生理功能，这些作用的发挥与其在消化道的代谢有关，即 β-葡聚糖在消化道的发酵产物会影响它的生理活性。添加不同分子量和不同剂量的燕麦 β-葡聚糖能够促进肠道中双歧杆菌和乳酸杆菌的增殖，抑制大肠杆菌的增殖。肠道中益生菌的存活数量影响其对底物的发酵能力，已有研究报道，一种含乳酸杆菌的燕麦发酵饮料可以增加人体粪便中 SCFA 的含量，影响粪便 pH 以及粪便的细菌数量，但是添加双歧杆菌和乳酸杆菌的酸奶在连续饮用 3 周后，粪便中 SCFA 的量没有发生变化，说明底物被发酵的能力可能和肠道中菌群的变化有关。申瑞玲等的研究表明，给小鼠灌胃燕麦 β-葡聚糖可以增加结肠内丁酸的产生。丁酸盐是所有发酵产物中最重要的一种，是人类结肠、盲肠上皮细胞最重要的能量来源，在维持肠道内环境稳定和预防结肠癌发生等方面有着重要的作用。

Tatsuya Morita 等的试验结果显示，给大鼠饲喂土豆和直链玉米淀粉的混合物时，大鼠盲肠内产生大量丁酸。抗性淀粉也是一种结肠细菌发酵的底物，大鼠盲肠内容物中 SCFA 的含量随抗性淀粉摄入量的增加而增加。对健康人群所做的试验表明，含有抗性淀粉的膳食可以增加粪便中丁酸的含量，且产生的平均粪丁酸和 SCFA 之比高出对照组 31%，这对结肠健康是有利的。丁酸是结肠细胞的一种重要能源物质，因此，有学者提出，结肠疾病如溃疡性结肠炎是能源缺乏性疾病。目前，虽然还没有确切的数据表明结肠丁酸可以预防结肠癌，但研究发现，结肠癌病人的血液中丁酸和 SCFA 的比例比正常人的低。

3. 其他因素对 SCFA 产生的影响

SCFA 的种类和数量还受到 pH 值、发酵基质的数量、类型、降解速率、降解程度以及肠道菌群和宿主生理状态等因素的影响。在升结肠偏酸的环境中，未被小肠消化的物质提供的可利用的底物多，细菌生长活力高，引起 SCFA 的含量也很高，可达 142mmol/kg；当肠内容物进入降结肠时，可酵解的底物减少，酵解速率降低，SCFA 含量亦下降，只有 96mmol/kg。结肠细菌的种类或培养条件，对产生的 SCFA 的类型和数量都有很大的影响。产气荚膜杆菌在碳源限制培养时，主要产物为乙酸、丁酸、琥珀酸和乳酸；短双歧杆菌在糖类限制的条件下，主要产物是甲酸和乙酸，碳源过多时主要是乙酸和乳酸；卵形拟杆菌在碳源限制时，主要产物为乙酸、琥珀酸和丙酸，碳源过多时则主要为乙酸和琥珀酸。结肠内淀粉的量增加时，粪便样品中水解淀粉的细菌在厌氧菌总数中的比例增加，产生的丁酸的浓度及其在 SCFA 中的比例也随之增加。

二、 SCFA 的吸收

虽然肠内 SCFA 生成量较大，但每天粪便排出量仅为 7～20mmol，这是因为大部分 SCFA 在结肠内已被吸收。正常生理状况下，结肠内 SCFA 以阴离子形式存在，但其吸收通过离子与非离子形式进行，以经由上皮的非离子形式弥散为主。因此，SCFA 的吸收需要肠腔内的阳离子，可以通过盲肠、近端结肠上皮的 Na^+-K^+ 泵交换，或将 CO_2 转化为碳酸而分解出阳离子（H^+）与碳酸氢根（HCO_3^-）。在细胞内，一旦 SCFA 重新离子化，阳离子就与 Na^+ 交换，后者再通过 Na^+-K^+ ATP 泵出。而离子形式的 SCFA 吸收可能经由 SCFA-HCO_3^- 交换，因此，SCFA 吸收过程刺激了肠道 Na^+、Cl^- 的吸收以及 HCO_3^- 的分泌，SCFA 对肠道电解质和水的吸收起着重要的作用。将用 ^{14}C 标记的 SCFA 送入结肠，15min 后即可在呼气中检出，6h 内 50% 的标记物经呼吸系统排出。增加吸收面积或吸收时间、提高腔内浓度都可增加 SCFA 在肠道的吸收。不同的 SCFA 在结肠不同节段的吸收率不同，乙酸在盲肠与近端结肠的吸收率最高，而丁酸在远端结肠的吸收率最高。

三、 SCFA 的代谢

一旦结肠黏膜上皮细胞吸收了乙酸、丙酸、丁酸，它们就可被转运至肝脏进一步代谢或被结肠黏膜上皮细胞用作能源消耗，其代谢途径见图 3-2。乙酸和丙酸的代谢部位与丁酸不同，发挥的功能和作用亦不相同。

乙酸是膳食纤维在肠中被酵解后的主要代谢物之一，也是胆固醇合成最主要的底物，在机体内，大部分乙酸被吸收进入血液，然后进入肝脏进行代谢，其代谢产生的能量可供给周

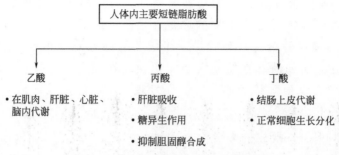

图 3-2　人体内主要 SCFA 的代谢途径

边组织。对于瘤胃动物，乙酸是重要的代谢养分，这是因为所有到达瘤胃的葡萄糖均为细菌的发酵产物。当人食用含发酵糖类的食物后，会在其静脉血中发现有乙酸的存在。乙酸来源于盲肠，被肠道上皮组织摄取后，在门静脉血液中出现，最终穿过肝脏进入外周组织而被肌肉代谢。当门静脉中的乙酸降低到临界水平以下时，肝脏会分泌游离乙酸。乙酸可以被许多组织摄取和利用，是机体从小肠不能消化吸收的糖类中得到能量的主要途径。膳食中补充乙酸可以降低餐后血糖和胰岛素反应，这种作用可能由上消化道机制（如阻抑胃排空或抑制消化酶活性等）所介导。

体外培养的游离结肠上皮细胞，75％的氧消耗来自丁酸盐的氧化。若丁酸是唯一可利用的能源物质，则可完全被结肠黏膜上皮细胞利用，生成酮体和 CO_2。体外研究表明，在以葡萄糖、酮体、谷氨酰胺等作为能源物质时，结肠黏膜上皮细胞首选丁酸。只有少量丁酸盐可透过结肠黏膜上皮细胞，因此，在门静脉血中，丁酸的浓度很低。与此相反，相当量的乙酸、丙酸未被结肠黏膜上皮细胞代谢，而是经门静脉转运至肝内作为能源物质。静脉血中，乙酸的浓度在禁食时为 $50\mu mol/L$，进食后在肠道细菌酵解糖类后可达 $100\sim300\mu mol/L$，无结肠的病人则乙酸浓度很低。乙酸盐半衰期仅为几分钟，可被脑、骨骼肌和心肌所代谢。在肝内，乙酸可用来合成长链脂肪酸、谷氨酰胺、谷氨酸盐及 β-羟丁酸，而约 50％的丙酸在肝内被用作糖原异生的底物。动物试验中发现，丙酸盐可引起血胆固醇水平下降。人体试验结果表明，丙酸盐能抑制肝脏合成胆固醇，并使血胆固醇向肝脏内再分布。

四、 SCFA 的生理功能

1. 促进肠道水和 Na⁺ 吸收

非离子化短链脂肪酸的吸收可促进 Na^+-H^+ 交换，刺激 Na^+ 的吸收；丁酸还可通过产能提供 ATP，增加细胞内 CO_2 的含量，CO_2 经碳酸酐酶作用产生 H^+ 而促进 Na^+-H^+ 交换；Na^+ 的吸收又刺激了 $SCFA^-$ 的吸收。结肠黏膜上皮细胞对 Na^+ 的吸收增加，然后增加对水的吸收，由此可以推测，饮食性纤维生成的 SCFA 具有抗腹泻作用。抗生素抑制肠道菌群，减少 SCFA 生成，引起肠道水钠吸收降低，可导致抗生素相关性腹泻。肠道管饲营养时，由于大部分配方中糖类大都在小肠吸收，因而结肠细菌的发酵底物减少，SC-FA 生成相应减少，这使得结肠黏膜上皮细胞营养不良和结肠内水钠的吸收降低，容易引发腹泻。

2. 促进结肠细胞增殖

用放射性元素标记的胸腺嘧啶脱氧核苷进行动物试验，试验结果表明，饮食中添加纤维素可提高结肠隐窝上皮细胞的更新和迁移速度。将瓜尔豆胶和果胶添加到大鼠的饮食中，发现其结肠上皮细胞增殖加快，而低纤维饮食导致以黏膜发育不全、结肠上皮细胞增殖减少为特征的结肠萎缩。流质饮食中添加可溶性纤维可促进病人术后结肠上皮细胞的增殖，进而维持结肠黏膜的完整。给结肠内灌注丁酸，能促进黏膜生长，表现为黏膜总量、DNA 含量和有丝分裂指数的增加。

给大鼠结肠灌注乙酸、丙酸、n-丁酸混合液，能增加空肠、近端结肠黏膜 DNA 含量，刺激肠上皮细胞增殖。其中丁酸对结肠上皮细胞增殖与黏膜生长起主要作用，对隐窝上皮细胞增殖的剂量依赖性、刺激作用强弱的顺序是丁酸＞丙酸＞乙酸。

3. 提供能源底物

结肠中经由酵解产生的能量主要依赖于饮食性糖类的质和量。如果人们摄入平衡饮食，理论上 3%～9% 的机体总需求能量来自于肠酵解产生的能量（20～60g 物质被酵解），以淀粉为主食的人群中所占比例更高。SCFA 作为首选的代谢性底物，可提供结肠黏膜所需总能量的 70%，其中大鼠结肠上皮细胞首选的能源物质是丁酸。在远端结肠发生的主要是丁酸的氧化，而葡萄糖、谷氨酰胺的氧化则主要在近端结肠。人类结肠细胞对 SCFA 能源物质的选择利用与大鼠中的发现相类似。

4. 增加肠血流

向腔内灌注 SCFA，结肠血流可增加 24%，提示 SCFA 有扩张结肠血管的作用，其中以丁酸的作用最强。离体结肠试验发现，单独应用 SCFA 的任一种或混合应用，阻力动脉均出现明显的浓度依赖性扩张作用，这表明 SCFA 能改善结肠微循环，对结肠黏膜产生营养作用。SCFA 对末端回肠微循环也有影响，能使离体的人回肠动脉舒张，且在质、量上与对结肠血流的作用相似。也有研究发现，SCFA 在体内可刺激 Hartmann 术后直肠黏膜的血流增加。

5. 刺激胃肠激素生成

胰腺和胆道的分泌物可刺激肠黏膜生长。胃泌素、肠高血糖素、酪酪肽（peptide YY，PYY）是介导肠上皮细胞增殖和肠黏膜生长的三种主要的激素。可酵解纤维能够刺激结肠上皮细胞增殖，与整个肠道肠高血糖素及结肠 PYY 水平升高密切相关，而与血浆胃泌素水平无明显相关。但将 SCFA 灌入有神经支配的正常大鼠的盲肠，其产生的空肠营养作用却与空肠胃泌素水平增高相关；若将 SCFA 灌入去神经支配的大鼠盲肠，并不提高胃泌素水平，也无促进空肠营养的作用；这说明肠道有无神经支配可影响 SCFA 的空肠营养作用和肠道胃泌素的生成。空肠 PYY 水平在有神经支配与去神经支配时增加都不明显。静脉注射 SCFA，其可直接刺激胰腺腺泡分泌胰高血糖素和胰岛素，且作用强弱依赖于 SCFA 剂量。

6. 抗病原微生物及抗炎作用

伤寒沙门菌是重要的肠道致病菌，属细胞内寄生菌，可引起伤寒等严重的肠道传染病。巨噬细胞是人体主要的吞噬细胞，在许多病原体的清除和破坏中起重要作用。刘婷婷等研究了伤寒沙门菌及其短链脂肪酸作用菌诱导人巨噬细胞凋亡的差异，试验结果表明，SCFA 作用菌及原菌均能诱导巨噬细胞发生凋亡，但 SCFA 组在不同时间诱导巨噬细胞的凋亡率均高于对照组，且都具有统计学意义。因此，SCFA 可促进伤寒沙门菌诱导巨噬细胞凋亡。进一步的研究发现，沙门氏菌作用于巨噬细胞后，会诱导凋亡蛋白（caspase）3 和 caspase 8 表达上升，同时 NO 及 TNF-α 的产生上升，导致巨噬细胞凋亡；沙门氏菌经过 SCFA 作用后，caspase 3 和 caspase 8 表达降低，同时 NO 及 TNF-α 的产生也减少，巨噬细胞凋亡减少。

炎症的一个重要特征就是内皮细胞活化，进而上调 E-选择素、细胞间黏附分子-1（ICAM-1）和血管细胞黏附分子-1（VCAM-1）等白细胞黏附分子的表达，然后导致白细胞黏附到血管内皮，而后移至组织中。据报道，所有种类的 SCFA 对炎性反应都有一定的治疗作用，它们能减少 IL-6 蛋白从培养器官中释放，但在效能上存在差异，丙酸和丁酸具有等效作用，而乙酸作用较小。有研究表明，通过下调由 NF-κB 诱导的前炎性细胞活素的表达和促进肠道水钠的吸收，膳食纤维和 SCFA 可以降低炎性肠病（inflammatory bowel disease，IBD）的发病率。Takato 等认为，SCFA 虽然可以抑制结肠中基质金属蛋白酶的分泌，但在抗炎过程中发挥重要的作用。Milo 等研究了添加 SCFA 的全肠外营养（TPN）对小型猪促炎细胞因子水平的影响后发现，饮食中添加 SCFA 的动物小肠中 IL-1β 和 IL-6 的水平比标准 TPN 组高，而且回肠中 IL-6 的水平比空肠高，说明灌注添加 SCFA 的 TPN 液能增加小型猪小肠促炎细胞因子 IL-1β 和 IL-6 的水平。此外，有研究追踪了临床上使用 SCFA 灌肠液对慢性放射性直肠炎的治疗效果，结果表明，5 周后 SCFA 灌肠组病人与对照组相比，直肠出血天数以及出血范围显著减少，且血红蛋白显著增加。然而，这些效果在随访 6 个月后就消失了。因此，SCFA 灌肠液可以加速慢性放射性直肠炎的康复，但必须对患者持续给予此灌肠液，才能在临床、内镜和组织学检查中观察到治疗效果。

考虑到肠道微生物在生产 SCFAs 过程中的重要作用，益生菌疗法可以作为临床上治疗慢性炎性肠病（IBD）的备选方案之一。当用传统的治疗方法对 IBD 患者的疗效并不显著时，学者们推荐使用益生元和益生菌来治疗 IBD。此外，在 IBD 模型中，人们已经观察到普氏粪杆菌（F. prausnitzii）具有的丁酸依赖性的抗炎效果。用普氏粪杆菌治疗的结果表明，其可降低 IL-12 的水平和升高 IL-10 的水平，从而降低结肠炎的发生率，这说明丁酸盐可在保护机体、避免炎性肠病中发挥着重要的作用。

7. 抗肿瘤作用

傅红等以高分化的人结肠癌 Caco-2 细胞为模型，研究三种 SCFA（乙酸盐、丁酸盐和丙酸盐）对细胞增殖、分化和转移的影响，结果发现，三种 SCFA 均可影响人结肠癌细胞的表型，显著延长肿瘤细胞增殖的时间，增强癌细胞分化标记物组蛋白酶的表达，并抑制癌细胞的转移，认为 SCFA 通过抑制癌细胞的增殖、分化和转移而起到抗肿瘤的作用。该研究还表明，不同食物纤维素中所含的脂肪酸盐和不同脂肪酸盐的比率所产生的抗癌效果不同，应提倡摄入高丁酸盐/乙酸盐比率的纤维素饮食，以充分增强 SCFA 抗结肠癌作用。据报道，从人体肠道中分离得到的一株益生菌费氏丙酸杆菌（Propionibacterium freudenreichii）可以通过 SCFA 介导的凋亡而杀死结直肠癌细胞。Lan 等的研究结果表明，胞外 pH 值从 5.5 升高到 7.5，这一变化对丙酸菌通过 SCFA 介导的诱导 HT-29 细胞凋亡的机制会产生重大影响。丁酸在毫摩尔浓度下就能发挥抑制肿瘤细胞增殖、诱导分化和凋亡的作用，并且还能抑制肿瘤新生血管的形成。尽管丁酸能在肿瘤生长过程中发挥抗恶性肿瘤细胞增殖的作用，但对正常上皮细胞的生长是安全的，不会像小分子化疗药物在杀死肿瘤细胞的同时也会对正常细胞造成严重的损伤。

丁酸盐作为组蛋白脱乙酰酶（HDAC）的抑制剂，可以抑制大多数组蛋白脱乙酰酶类的活性，但对Ⅲ类 HDAC、Ⅱ类中的 HDAC6 和 HDAC10 没有抑制作用。研究发现，粪便菌群的发酵上清液中富含丁酸和丙酸，且表现出很强的抑制结肠癌（CRC）细胞中 HDAC 的活性。它的抗 HDAC 活性来自于其阻断了骨髓干细胞向树突细胞的分化，这一阻断主要是通过依赖于 Na^+ 偶联的单羧酸转运载体（SLC5 A8）通路抑制 HDAC 的活性而实现的。SLC5 A8 蛋白主要在结肠中表达，是 Na^+ 偶联的 SCFA 载体。有研究者报道了转运丁酸的 SLC5 A8 蛋白的特征及该蛋白在结肠癌细胞中调节丁酸转运的过程，研究结果表明，SLC5 A8 蛋白转运丁酸是通过 Na^+ 依赖的电生理过程实现的。在人类结肠癌、小鼠结肠癌模型和结肠癌细胞株中，蛋白 SLC5 A8 独自并不发挥抗肿瘤作用；只有在有丁酸参与的情况下，结肠癌细胞中 SLC5 A8 蛋白会重新表达，导致癌细胞凋亡。SLC5 A8/丁酸盐诱导凋亡基因表达的变化包括促使凋亡基因的上调和抗凋亡基因的下调。因此，结肠中 SLC5 A8 能通过调节细菌发酵产物丁酸来抑制肿瘤生长。SCFA 还可通过调节结肠细胞表型、DNA 的合成与甲基化、细胞周期蛋白 D1 和 c-myc 的水平来保护结肠黏膜，避免其转化为肿瘤。通过群体试验很难观测到丁酸和丙酸治疗结肠癌的显著效果，但是通过一个个的病例研究可以看到益生菌或发酵的乳制品在预防结肠癌发生等方面有重要的作用。介入性研究的结果表明，人类受试者在摄入益生菌或发酵乳制品后，CRC 风险的标记物从高风险区转移到了低风险区。在临床上，虽然脂肪酸进入 CRC 化疗的方案还在初始研究阶段，但是越来越多的数据表明，SCFA 具有有效的抗肿瘤活性。

8. 调控基因表达

G-蛋白偶联受体 41（GPR41）和 GPR43 是 SCFA 在人或动物上皮黏膜细胞和内分泌细胞的受体蛋白，SCFA 可刺激回肠和结肠酪酪肽（PYY）多肽和 5-羟色胺（5-HT）的释放。有研究表明，不同的 SCFA 及组合对 GPR41 和 GPR43 的活性有不同程度的影响。各 SCFA 对GPR41 活性影响的强弱顺序为：丙酸＝戊酸＝丁酸＞乙酸＞甲酸；而对 GPR43 活性影响的强弱顺序则有所不同：乙酸＝丙酸＝丁酸＞戊酸＞己酸＝甲酸。在 SCFA 混合物调控组蛋白乙酰化的作用中，丁酸和丙酸存在累加效应，而乙酸则不具备，说明生理浓度的丙酸和丁酸比其单独存在具有更加复杂的生物效能。单独使用丁酸不能上调肠上皮高血糖素原和葡萄糖转运蛋白2（GLUT-2）基因的表达，而 SCFA 混合物可以上调上述两个基因的表达，表明 SCFA 间具有协同调控作用。为探讨结肠细胞上负责 SCFA 活性的候选基因，研究者共分析了可能对 SCFA 产生响应的 30000 个基因序列，所有的基因通过寡核苷酸芯片来鉴别。其中，丁酸对基因表达有最显著的影响，乙酸影响最小。因此，在分子水平方面，SCFA 对基因表达的应答是有差异的，从而为鉴别可对膳食纤维生物活性产生响应的基因提供重要的借鉴。

9. 降血脂和降血糖

SCFA 混合物可以刺激盲肠膳食纤维的发酵，从而影响血液中胆固醇的水平，尤其是丙酸，经结肠吸收以后由肝脏代谢，用作能源，并可以抑制肝胆固醇的合成。有文献报道，日常饮食中添加丙酸钠会使猪血清中胆固醇水平以及肝脏中 HMG-CoA 还原酶活性显著降低。

但 Hara 等的试验发现，给大鼠饲喂 SCFA 的混合物可以降低血液胆固醇水平，而乙酸是其中的有效成分，它可以抑制外周组织胆固醇的合成，但具体的作用机制还不清楚。目前，对 SCFA 中降低血液胆固醇的成分是有争议的，需要进一步研究才能证实。体外试验结果表明，丙酸可能抑制胆固醇的合成，提高高密度脂蛋白和三酰甘油的比例。膳食中的丙酸还能降低血糖和胰岛素水平，肝中的丙酸可以调节糖类和脂肪的代谢。在反刍动物类，丙酸是合成葡萄糖的主要前体，而对于人类，目前还没有确切的研究结果表明丙酸对人体的糖类代谢有明显的影响。有研究表明，长期给予丙酸盐可降低空腹血糖的浓度，这可能与其抑制肝脏释放葡萄糖有关。

第二节　胞外多糖（EPS）

根据存在位置的不同，微生物多糖可分为胞内多糖、细胞壁多糖和胞外多糖（exopolysaccharides，EPS）三种。乳酸菌（LAB）大量产生的多糖主要是胞外多糖。胞外多糖的种类很多，按照其所含糖苷基的情况可分为同型多糖（homopolysaccharides，HoPS）和异型多糖（heteropolysaccharides，HePS）。同型多糖中糖苷单体只有一种，如葡萄糖苷组成的葡聚糖和果糖苷组成的果聚糖。葡聚糖是葡萄糖的高聚物，其主链主要由 α-1,6 键连接组成（占总化学键的 50％）。在 α-D-葡聚糖糖苷键中，也有以 α-1,2、α-1,3 和 α-1,4 连接的支链。某些乳酸菌可以发酵产生葡聚糖，特别是链球菌和肠膜明串珠菌。由于口腔链球菌能够产生葡聚糖，其为牙菌斑的主要成分，因而引起了人们对葡聚糖的研究兴趣；而肠膜明串珠菌产生的葡聚糖可以作为临床、制药、研究和商业用途的化学制品，因而具有很大的商业价值。果聚糖是自然界中分布最广泛的生物高分子，是由以 β-2,6 键和 β-2,1 键连接的呋喃果糖基组成的同多糖。根据连接键的不同，果聚糖可以分为菊粉和左聚糖（levan）两种类型。左聚糖这一术语主要用来描述由 β-2,6 键连接的 D-呋喃果糖残基作为主链，以一些 β-2,1 键连接作为分支点所组成的微生物果聚糖。异型多糖也称杂多糖，是由两种以上（一般为 2~4 种）不同的糖苷基组成的聚合体。这类 EPS 是由线性的以及分支结构的重复单位所组成。

近几十年来，人们对乳酸菌的兴趣与日俱增。由于这些细菌具有公认的安全性，它们产生的 EPS 被广泛地用作食品工业中的增稠剂、凝胶剂以及稳定剂。在这一方面最重要的应用领域无疑是乳制品工业，在这一领域，EPS 被用于生产不同质地和口味的发酵乳制品。现有研究结果表明，乳酸菌 EPS 具有良好的生物活性，如免疫调节、抗肿瘤、降血脂、调节胃肠道菌群等，对人类健康大有裨益。以下将对乳酸菌 EPS 的合成及遗传调控、分离纯化、结构鉴定和生物活性等进行详细阐述。

一、产 EPS 的菌株

产 EPS 的乳酸菌来源广泛，绝大部分来源于乳制品，如酸奶、Kefir 制品、奶酪等，还有一些来源于发酵肉制品和蔬菜等。目前已经报道的产 EPS 的乳酸菌有：嗜热链球菌（*S. thermophilus*）、嗜酸乳杆菌（*Lb. acidophilus*）、干酪乳杆菌（*L. casei*）、德氏乳杆菌保加利亚亚种（*Lb. delbrueckii* ssp. *bulgarius*）、瑞士乳杆菌（*Lb. helveticus*）、乳酸乳球菌乳脂亚种（*Lc. lactis* ssp. *cremoris*）、乳酸乳球菌（*Lc. lactis* ssp *lactis*）、植物乳杆菌（*L. plantarum*）、肠膜明串珠菌（*Leuc. mesenteroides*）、酒样乳杆菌（*L. kefiranofaciens*）等。其中研究较多的是：嗜热链球菌筛选菌株 *S. thermophilus* EU20，NCFB2393，IMDO 01，SFi6，SFi39 和 SFi12 等；保加利亚乳杆菌（*Lb. bulganicus*）筛选菌株 *L. bulganicus* CNRZ 397，CNRZ 1187，CNRZ 416，Lb1，LY03 等；乳酸乳球菌乳脂亚种筛选菌株 *L. lactis* subsp. *cremoris* NIZO B35，NIZO B40，AHR 53 等。

二、 EPS 的种类和结构

按照组成不同，乳酸菌产生的 EPS 可以分为三大类：①葡聚糖类，如右旋糖酐（dextran）、改性葡聚糖及变异聚糖（mutans）；②果聚糖类，如左聚糖（levan）和菊粉（inulin）；③由中温乳酸菌及嗜热乳酸菌产生的杂多糖。

通常，葡聚糖被定义为一种主要包括 α-1,6 键的葡聚糖，结构随着生产菌株的不同而不同。其商业生产菌株是肠膜明串珠菌 NRRL B-512F，图 3-3 所示为由该菌产生的具有代表性的右旋糖酐（dextran）的化学结构，其主链由 α-1,6 键连接，支链由少量（约占 5%）的 α-1,3 键连接。由其他一些细菌产生的葡聚糖的结构是多种多样的。肠膜明串珠菌 NRRL B-1355、肠膜明串珠菌 NRRL B-1498 和肠膜明串珠菌 NRRL B-1501 产生的葡聚糖，有一个以

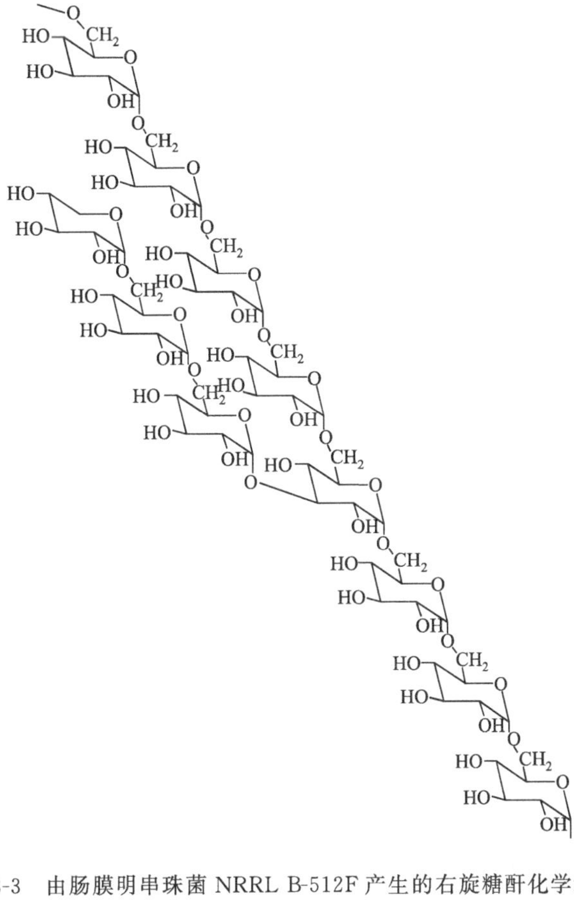

图 3-3　由肠膜明串珠菌 NRRL B-512F 产生的右旋糖酐化学结构

α-1,3 键和 α-1,6 键规律性交替连接的骨架。由于这种多糖不具有连续的 α-1,6 键显著区域，所以它并不是真正意义上的葡聚糖，因而将其命名为交替葡聚糖（alternan），其代表性化学结构如图 3-4 所示。

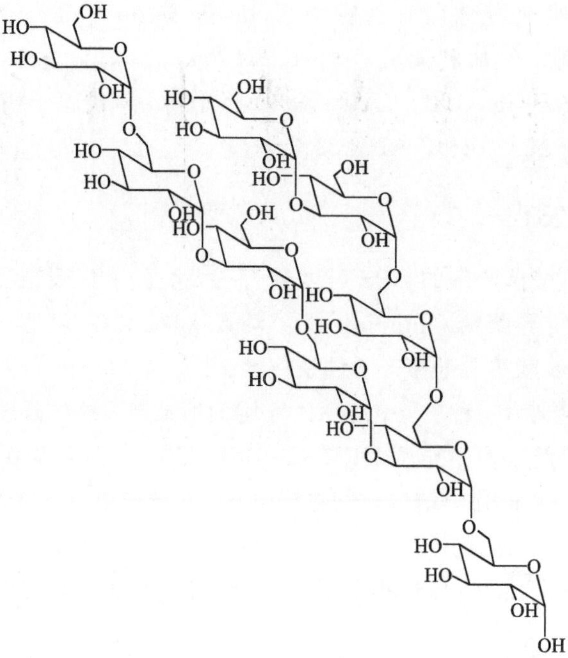

图 3-4　交替葡聚糖具有代表性的化学结构

从化学结构上看，果聚糖具有多种分子结构，由一个葡萄糖单位连接两个或更多个果糖单位。已知有三种果聚三糖，每一种都是通过一个糖苷键，将果糖连接到蔗糖分子三个伯羟基中的一个上而形成的。果糖与蔗糖分子中的果糖基的第一个碳相连，形成 1-蔗果三糖（也叫异蔗三糖）；其与第六位碳相连形成 6-蔗果三糖。这两种三糖都有一个葡萄糖末端和一个果糖末端。果糖若与蔗糖分子中的葡萄糖基的第六位碳相连，则形成蔗果三糖，具有两个果糖末端。左聚糖主要是微生物来源的、由 β-2,6 键连接的 β-D-呋喃果糖残基组成的，同时具有少量以 β-2,1 键连接的支链，如图 3-5 所示。

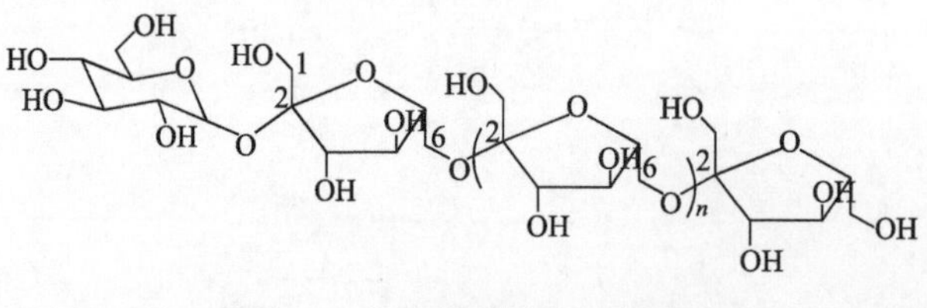

图 3-5　左聚糖的化学结构式

微生物左聚糖具有相似的结构，不同微生物生产的左聚糖，具有不同的聚合度和分支度。另外一种类型的菊苣糖（inulin）主要是植物来源，由 β-2,1 键连接的 β-D-呋喃多糖残基组成，分子链的第一个单体是 β-D-呋喃果糖残基或者 β-D-吡喃葡萄糖残基，其化学结构如图 3-6 所示。

目前，人们对乳酸菌所产生的杂多糖研究的还比较少，其产量总体水平较低，一般为 200mg/L，而且其性质也常会发生改变。这类 EPS 是由一些线性的或分支结构的重复单位构成。这些重复单位通过 α 键或 β 键连接，其大小从二糖到庚糖不等。大多数杂多糖含有不同比例的 D-葡萄糖、D-半乳糖或 L-鼠李糖，有时也会出现其他一些己糖如 D-甘露糖或戊糖如 D-木糖及 D-阿拉伯糖。在少数 EPS 中，还发现存在有氨基己糖以及糖醛酸。表 3-2 列出了乳酸菌合成的几种 EPS 单糖组成，表 3-3 列举了部分乳酸菌 EPS 结构中的重复单元。

嗜中温乳酸菌的 EPS 的化学组成的变化程度要高于嗜热乳酸菌产的 EPS，前者常含有一些乙酰化或者是磷酸化的残基。部分乳球菌也能产生 EPS，这些 EPS 中常含有葡萄糖及半乳糖，而且鼠李糖及带电残基的存在也是相当普遍的。大多数能够引起啤酒及白酒变质的片球菌可合成高分子量的 β-葡聚糖。嗜热乳酸菌产的 EPS 中，大多数含有 D-葡萄糖和 D-半乳糖，有时也会出现 L-鼠李糖。

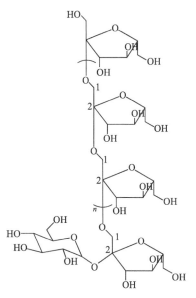

图 3-6 菊苣糖的化学结构式

表 3-2 乳酸菌合成的几种 EPS 单糖组成

菌株	Gal	Glc	Rha	其他
德氏乳杆菌保加利亚亚种 NCFB2772(*L. delbruechii* subsp.*bulgaricus*)	+	+	+	—
德氏乳杆菌保加利亚亚种 CNRZ1187	+	+	+	—
德氏乳杆菌保加利亚亚种 CNRZ416	+	+	+	—
干酪乳杆菌 CG11(*L. casei* CG11)	—	+	+	—
干酪乳杆菌 CG11	+	+	+	—
瑞士乳杆菌 var.*jugurti* 变种(*L. helveticus* var.*jugurti*)	+	+	+	—
瑞士乳杆菌 LB161	+	+	—	Ac, P
马乳酒样乳杆菌(*L. kefirano faciens*)	+	+	+	—
副干酪乳杆菌(*L. paracasei*)	+	+	—	—
副干酪乳杆菌 34-1	+	+	—	GP
鼠李糖乳杆菌(*L. rhamnosus*)	+	+	—	—
清酒乳杆菌 *L. sake* 0-1	—	+	+	Ac, GP
清酒乳杆菌 0-1	—	+	+	—
乳酸乳球菌乳脂亚种 LC330(*L. lactis* subsp.*cremoris* LC 330)	+	+	—	GlcNAc
乳酸乳球菌乳脂亚种 LC330	+	+	—	GlcNAc P
乳酸乳球菌乳脂亚种 SBT0495	+	+	+	P
片球菌(*Pediococcus*)	—	+	—	—
嗜热链球菌 EU20(*S. thermophilus* EU20)	+	+	+	—
嗜热链球菌 CNCMI733	+	+	—	GalNAc
嗜热链球菌 OR901(*S. thermophilus* OR901)	+	—	+	—
嗜热链球菌 S3	+	—	+	Ac

注：Gal 为半乳糖；Glc 为葡萄糖；Rha 为鼠李糖；Ac 为乙酸盐。

表 3-3　部分乳酸菌 EPS 结构中的重复单元

菌种	重复单元
德氏乳杆菌保加利亚亚种 NCFB2772	β-D-Gal*p*　　　　　β-D-Gal*p*　　　　　α-L-Rha*p* ↓　　　　　　　　↓　　　　　　　　↓ →2)-α-D-Gal*p*-(1→3)-β-D-Glc*p*-(1→3)-β-D-Gal*p*-(1→4)-α-D-Gal*p*-(1→
瑞士乳杆菌 LB161	β-D-Glc*p*　　　　　　　　　β-D-Glc*p* ↓　　　　　　　　　　　↓ →4)-α-D-Glc*p*-(1→4)-β-D-Gal*p*-(1→3)-α-D-Gal*p*-(1→2)-α-D-Glc*p*-(1→3)-β-D-Glc*p*-(1→
类干酪乳杆菌 34-1	sn-glycerol-3-phosphate-3 ↓ →3)-β-D-Gal*p*NAc-(1→4)-β-D-Gal*p*-(1→6)-β-D-Gal*p*-(1→6)-β-D-Gal*p*-(1→
清酒乳杆菌 0-1	β-D-Glc*p*-(1→6)　　　　　(Ac)$_{0.85}$ ↓　　　　　　　↓ →4)-β-D-Gal*p*-(1→4)-α-D-Glc*p*-(1→3)-β-L-Rha*p*-(1→ ↑ -sn-glycerol-3-phosphate-(3→4)-α-L-Rha*p*-(1→3)
乳酸乳球菌乳脂亚种 SBT0495	α-L-Rha*p*-(1→2) ↓ →4)-β-D-Glc*p*-(1→4)-β-D-Gal*p*-(1→4)-β-D-Glc*p*-(1→ ↑ α-D-Gal*p*-1-phosphate
嗜热链球菌 CNC-MI733	α-D-Gal*p*-(1→6) ↓ →4)-β-D-Gal*p*-(1→4)-β-D-Glc*p*-(1→3)-α-D-Gal*p*NAc-(1→
嗜热链球菌 OR901	β-D-Gal*p*-(1→6)-β-D-Gal*p*-(1→4) ↓ →2)-α-D-Gal*p*-(1→3)-α-D-Gal*p*-(1→3)-α-L-Rha*p*-(1→2)-α-L-Rha*p*-(1→
嗜热链球菌 S3	β-D-Gal*f*2Ac ↓ →3)-β-D-Gal*p*-(1→3)-α-D-Gal*p*-(1→3)-α-L-Rha*p*-(1→2)-α-L-Rha*p*-(1→2)-α-D-Gal*p*-(1→

注：Gal 为半乳糖；Glc 为葡萄糖；Rha 为鼠李糖；Ac 为乙酸盐。

　　EPS 具有与蛋白质类似的三维立体结构，其一级结构，即糖基的组成、糖基排列顺序、相邻糖基的连接方式、异头碳的构型以及糖链有无分支、分支的位置等，决定了它的高级结构。一级结构中相对较小的变化都会引起 EPS 空间构型及其性质的巨大改变。EPS 的二级结构是指多糖的骨架链内以氢键结合所形成的聚合体，即多糖分子的主链构象并不涉及侧链的空间排布。二级结构进一步卷曲、折叠形成特定构象的三级结构。多糖的四级结构是多糖链间的相互协同结合，即亚单位现象。由于乳酸菌 EPS 的种类繁多、结构多样，目前对于其结构及与功能的关系的报道还相对较少。

三、EPS 的生物合成及遗传调控

　　微生物胞外多糖的生物合成因菌种不同而发生在生长的不同阶段和环境条件下。按合成位点和合成模式的不同，微生物胞外多糖的合成分为位于细胞壁外的同型多糖的合成与位于细胞膜上的异型多糖的合成。同型多糖的合成为不依赖 C55-脂酰磷酸（C55-lipid-pp）的合成模式，异型多糖的合成则为依赖 C55-lipid-pp 的合成模式。

1. 同型多糖的生物合成

同型多糖，如由肠膜明串珠菌生产的葡聚糖，是在胞外合成的，合成体系包含糖基供体（蔗糖）、糖基受体及葡聚糖蔗糖酶。在葡聚糖的合成中需解决的问题包括：单链或多链反应、启动子、主链延长方向、链的终止、受体机制及支链连接方式等。葡聚糖的合成属单链反应机制，葡聚糖蔗糖酶是一个糖苷转移酶（蔗糖-6-葡萄糖基转移酶），它将供体（如蔗糖）的糖苷基团转移到受体即正在延长的葡聚糖主链上，蔗糖可启动其自身的多聚化反应，并不需要葡萄糖作为启动子。葡聚糖的合成特点是以蔗糖为唯一底物，合成所需的能量来自蔗糖的水解而不是糖基核苷酸，不需要脂载体和独立的分支酶，产物分子量大。葡聚糖的生物合成如图 3-7 所示。

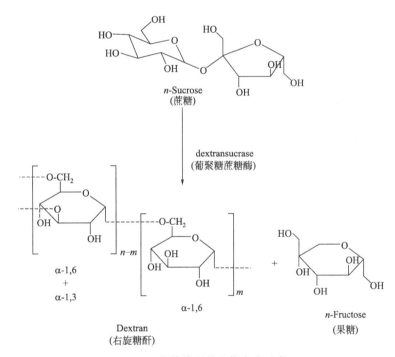

图 3-7　右旋糖酐的生物合成示意

2. 异型多糖的生物合成

与同型多糖的生物合成相比，异型多糖的生物合成过程比较复杂，涉及多种酶与蛋白质。异型多糖的生物合成是在细胞质内由许多复合体聚合而成的。典型的杂多糖（HePS）生物合成途径见图 3-8。

由图 3-8 可以看出，葡萄糖和乳糖是异型多糖的来源。葡萄糖-6-磷酸是糖酵解途径和异型多糖合成途径的关键中间产物，它既可以经磷酸己糖异构酶转化形成果糖-6-磷酸，进入糖酵解途径，产生的 ATP 一部分用于异型多糖的合成；又可以经 α-磷酸葡萄糖变位酶转化形成葡萄糖-1-磷酸，进入异型多糖合成途径。葡萄糖-1-磷酸经相关酶转化形成异型多糖前体糖核苷酸，这些糖核苷酸发挥着重要的作用，不仅为聚合提供能量，而且可以激活糖基和促进糖基的相变（如差向异构、脱羧、脱氢等）。糖核苷酸前体在糖基转移酶的作用下，将

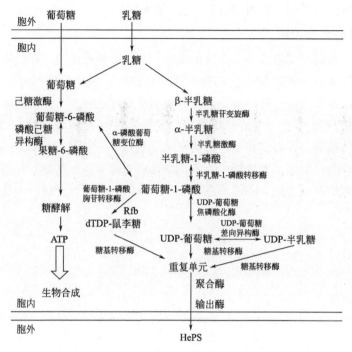

图 3-8   典型的杂多糖（HePS）生物合成途径

第一个糖基加载在一种磷酸盐脂载体上，随后相关的一种或多种特异性糖基转移酶按一定顺序将新的糖基加载在不断增长的重复单元上。最终聚合成异型多糖，通过细胞膜转移分泌到胞外。目前重复单元的聚合机制以及聚合体的分泌输出机制仍不是很清楚，但已有初步证据证明 LAB 中存在类异戊二烯脂载体。图 3-9 所示的是乳酸乳球菌乳脂亚种 NIZO B40 异型多糖的生物合成模型。

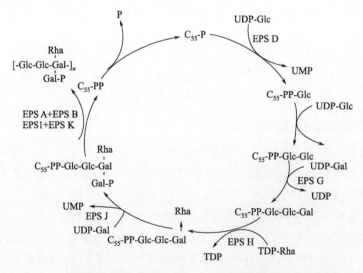

图 3-9   乳酸乳球菌乳脂亚种 NIZO B40 HePS 的生物合成模型

通过和同型多糖的合成体系比较可以发现，异型多糖的合成体系除了具有糖基供体（糖核苷酸）、糖基受体（增长中的重复单元）外，还包括脂载体、酰基供体及酶系统。脂载体整合多糖的重复单元；乙酸、丙酮酸、3-羟基丁酸等的活性形式是酰基，为胞外多糖的合成所必需；酶系统包括己糖激酶、糖核苷酸合成及转移酶、糖基转移酶、聚合酶等。异型多糖的合成始于糖核苷酸的胞内合成，之后，糖核苷酸在液态载体中形成重复的单元，最后一步将重复单元聚合，并从细胞膜运输到细胞外，或者共价黏附在细胞壁上，如荚膜多糖；或者分泌到环境中，如黏液多糖。

异型多糖的生物合成是一个耗能过程。前体糖核苷酸的合成，脂载体的磷酸化，重复单元的聚合及集合体转移输出都需要能量。而乳酸菌产生的能量远远不够，这在很大程度上限制了异型多糖的产量。因此，在培养过程中增加过量水平的 ATP 可以大大提高 EPS 的产量。另外，糖核苷酸前体和类异戊二烯糖脂载体还参与细胞壁多聚物，如肽聚糖、磷壁酸、脂多糖等的生物合成。所以，糖核苷酸和类异戊二烯糖脂载体的浓度水平也是影响 EPS 产量的关键因素，在细菌生长缓慢，细胞壁大分子合成减少的情况下（如在低温情况下），异型多糖的产量会提高。此外，在异型多糖的生物合成过程中，涉及大量的特异性糖基转移酶和相关活性蛋白，可以通过提高糖基转移酶及活性蛋白的浓度和活性水平，从而提高其产量。

3. EPS 合成的遗传调控

随着乳酸菌分子生物学研究的不断深入，至今已经有 22 种乳酸菌基因组完成测序并公布，至少有 12 株的测序工作正在进行中。乳酸菌基因组在一个特定的范围内变化，1.8～2.6Mb 不等，但是植物乳杆菌（*Lactobacillus plantarum*）的基因组相对较大，为 3.3 Mb。双歧杆菌和乳酸杆菌这两种革兰氏阳性菌分别具有较高和较低的 G＋C 含量，其中长双歧杆菌（*Bifidobacterium longum*）的 G＋C 含量高达 60.1%，而乳酸杆菌从 30.9%～50% 不等。

eps 基因位于染色体或质粒上，如嗜热链球菌的 *eps* 基因位于染色体上；乳酸乳球菌乳脂亚种 MS 产 EPS 的特性受一个大小为 18.5kb 的质粒的控制；干酪乳杆菌干酪亚种产 EPS 的特性受一个大小为 4.5kb 的质粒的控制；产 EPS 的德氏乳杆菌保加利亚亚种不含质粒。*eps* 基因簇通常是单向排列，转录成单个多顺反子 mRNA，并协调表达的。不同 *eps* 基因簇中基因的系统性、转录方向和推测的功能都具有高度的保守性。根据其同源性研究，*eps* 基因簇分为四个功能区域：中心区域，即编码 EPS 重复单元生物合成过程中必需的特异性糖基转移酶的基因；中心区域两侧的 2 个区域，它们编码了在聚合和输出过程中控制链长、输出和聚合的酶的基因；位于基因簇开头的调控基因区域。

图 3-10 显示了 4 种不同的嗜热链球菌菌株 *eps* 基因簇。通过比较可以发现，5′端都存在编码嘌呤核苷酸磷酸化酶的 *deoD* 基因，嘌呤核苷酸磷酸化酶作用于核苷酸的合成和分解反应。5′端的 *epsA-epsD* 在不同菌株之间显示了高度的保守性：*epsA*、*epsB* 是调控序列；*epsC* 是聚合序列；*epsD* 是跨膜运输序列，而且在不产 EPS 的菌株中也发现了相同的序列。第 5 个基因 *epsE* 编码了糖基-1-磷酸转移酶，它参与 EPS 合成单元中的第 1 步：将己糖-1-磷酸加载到脂载体上。目前已经证明至少有 2 种糖基转移酶是由 *epsE* 编码的，一种是半乳糖-1-磷酸转移酶（M_r＝26000），一种是葡萄糖-1-磷酸转移酶（M_r＝52000）。*epsE* 下游的基因编码了糖基转移酶以及一些未知功能的酶，参与了 *EPS* 的聚合及输出、糖的生物合成过程。一些学者认为，*eps* 基因簇 3′端可以通过 orf14.9 来鉴定，但是，一些菌株（如 Sfi6、MR-1C 等）*eps* 基因簇 3′端 orf14.9 下游仍存在编码序列，或编码糖基转移酶或编码与跨膜转运有关的蛋白质。

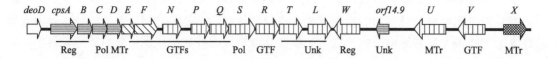

Sfi6, MR-2C, MTC360:

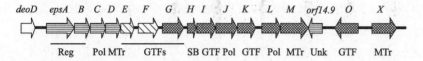

Sfi39, FI9186, MTC310:

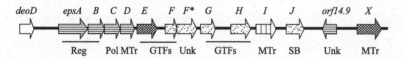

NCFB2393:

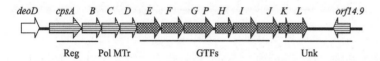

图 3-10　4 种不同的嗜热链球菌 *eps* 基因簇

GTF—糖基转移酶；MTr—跨膜运输；Pol—聚合反应；Reg—调控；SB—糖的生物合成；Unk—未知

针对 LAB EPS 的合成量低的问题，很多学者都致力于利用基因工程技术，通过对 EPS 合成途径的基因调控，达到增加 EPS 产量的目的。在图 3-14 中可以看出，从葡萄糖-6-磷酸转化成葡萄糖-1-磷酸再形成 UDP-葡萄糖是 LAB EPS 生物合成途径中的关键限制性步骤，葡萄糖-1-磷酸和 UDP-葡萄糖的浓度水平决定着 EPS 合成量的高低。因此，可以通过过量地表达涉及限制性步骤的磷酸葡萄糖变位酶、UDP-葡萄糖焦磷酸化酶或 UDP-半乳糖差向异构酶，使细胞内 UDP-葡萄糖和 UDP-半乳糖大量积累，从而提高胞外多糖的产量。对于某些乳酸菌如干酪乳杆菌，UDP-半乳糖对胞外多糖的形成也具有重要的影响。但是在乳酸球菌中过量地表达 UDP-葡萄糖焦磷酸化酶和葡萄糖-1-磷酸胸苷基转移酶，可以使 UDP-葡萄糖、UDP-半乳糖和 dTDP-鼠李糖的水平提高，但对 EPS 的产量影响不大。因此可以看出，不同 LAB 菌株细胞内激活糖的水平对 EPS 产量的影响是不同的。另一种提高 EPS 产量的方法是在生物合成过程中多糖聚合作用的水平上，通过提高参与 EPS 聚合作用的糖基转移酶的酶活性来实现产量的提高。如在乳酸球菌中，过量地表达起始糖基转移（priming-glycosyltransferase），可以使 EPS 的产量得到一定程度的提高。此外，通过克隆整个 EPS 基因簇，并在多拷贝数的单个质粒中过量地表达也可以调控 EPS 的生物合成。

在利用基因工程技术对 LAB 改造过程中，发现了 EPS 的产量及其黏度在 LAB 表达过程中存在不稳定的问题，这同样表现出了改造 LAB 菌株基因水平上的不稳定。如 1 株嗜热链球菌在相同的试验条件下，不同时间内 EPS 的产量和黏度分别在 45～340mg/L 和 41～240mPa·s 之间变动。在大多数 LAB 菌株中，这些显性性状是由质粒 DNA 编码的，而这种性状的不稳定性甚至可能丢失是源于质粒的丢失。如所有嗜热链球菌 *eps* 基因簇都位于染色体上，这种显性性状的不稳定或者丢失可能是由于插入序列的位置位于或者接近 *eps* 基因簇，或者是一些菌株的 *eps* 基因本身就具有不稳定性。

四、 EPS 的发酵生产及分离纯化

1. EPS 的发酵生产

产胞外多糖的微生物来源于不同的生态环境，通常碳氮比（C/N ratio）比较高的环境适合于产多糖微生物的生长，例如制糖、造纸和食品工业的废水中一般含有产胞外多糖的微生物。而产胞外多糖的微生物通常使用复合培养基或者化学合成培养基进行分离，在培养基上形成黏液样且肉眼可见的菌落；但 Morin 也指出，微生物在固体培养基上形成的菌落形态特征与其在液态培养基中产多糖的能力并无直接联系。虽然微生物多糖的发酵过程可通过观测发酵液的黏度、浓度、分散性以及多糖的构象变化来反映，但要获得高产量的微生物胞外多糖，必须对其发酵过程进行控制，即对其环境条件和生产仪器操作进行调控。一般来说，微生物胞外多糖的产量与多种培养条件有关，如碳源、氮源和无机盐的利用以及温度和pH 值等；此外，培养条件还能影响胞外多糖的结构特性，如分子量、残基数、分支程度和构象等。

碳源的种类很多，如蔗糖、葡萄糖、乳糖、麦芽糖、甘露醇、山梨醇、乳清、糖浓缩液、甲醇以及 $C_9 \sim C_{16}$ 的 *n*-烷烃类等，它们都可以用来生产微生物胞外多糖。通常情况下，碳源影响胞外多糖的产量及其分子量。比如，由果糖和葡萄糖培养基发酵产生的海藻糖的分子量分别为 500000Da 和 276000Da。德尔布吕克乳杆菌（*Lactobacillus delbruckii*）在葡萄糖和果糖的培养基上会合成不同的多糖，当以葡萄糖为碳源时，能合成 25mg/L 由葡萄糖和果糖组成的多糖（比例为 1:2.4）；而以果糖为碳源时，则能合成 80mg/L 由葡萄糖、半乳糖和鼠李糖构成的多糖（比例为 1:7:0.8）。然而，Petry 等则报道，不管在何种碳源的培养基上，由 *Lactobacillus delbruckii* 合成的胞外多糖的组成都不会发生变化；此外，Degeest 以及 Escalante 等也得到了相似的结论，即不同的碳源不会引起胞外多糖组成的变化，而只会影响胞外多糖的产量。West 和 Strohfus 研究了不同碳源对结冷多糖产量的影响，结果发现，许多碳源都能促进胞外多糖的产生，但菌体生长速度和多糖的产生并无直接联系，即较高的菌体生长速度并不一定得到较高的胞外多糖产量。

目前，用于胞外多糖生产的氮源主要是硫酸铵、蛋白胨、硝酸钠、尿素和酵母膏等。通常，使用有机氮源会产生较高的比生长速率和胞外多糖产量，很可能是由于其中含有少量的生长因子；同时，一些氮源中所含有的碳也可以作为胞外多糖合成的底物。另外，胞外多糖的产量会随着 C/N 的增加而升高，据 Vergas-Gareia 等报道，当培养基中的氮源浓度增加时，其生物量会增加，而胞外多糖的产量则降低；一般来说，在较低的氮源浓度的培养基中才能获得较高产量的胞外多糖。此外，添加复合氮源也有助于提高胞外多糖的产量，Gorret 等证明了向培养基中添加酵母膏能同时提高丙酸丙杆菌（*Propioni bacterium acidi propoinici*）的菌体生长量和胞外多糖产量。

培养基中的磷酸盐含量能影响胞外多糖的产量，在不含磷酸盐的培养基中，克雷伯菌属（*Klebsiella* spp.）能得到最高的胞外多糖产量；而在控制 pH、无磷酸盐和乙酸盐的培养基中，最高的海藻酸盐的产量可以达到 7g/L。此外，未添加 Fe^{3+}、Zn^{2+} 和 NH_4^+ 的培养基对

保加利亚乳杆菌（*Lactobacillus bulgaricus*）的菌体生长和胞外多糖产量均无明显影响。据报道，胞外多糖的组成也不会随着无机盐浓度的变化而变化，当向培养基中单独添加 Mn^{2+} 或者和柠檬酸盐、Ca^{2+} 以及 SO_4^{2-} 一起添加，可以显著地提高干酪乳杆菌（*Lactobacillus casei*）胞外多糖的产量。

据 Lee 等报道，较高的搅拌速度能同时提高海洋细菌济州韩氏菌（*Hahella chejuensis*）的胞外多糖产量及发酵液的黏度，Yang 和 Liau 等也得到了相似的结果，即较高的搅拌速度和通气速率有利于灵芝（*Ganoderma lucidum*）多糖的形成。从多糖合成的机制来看，要将胞内合成的单糖运送到细胞外必须连接 C_{55} 的类异戊二烯醇的磷酸盐，而多糖的聚合过程则主要是在细胞外通过多糖聚合酶完成的，因此，一些主要的能量代谢过程、将糖氧化成相应的醇的过程以及还原性吡啶核苷酸的氧化过程都需要氧气的参与。所以提高氧气利用率有助于提高胞外多糖的产量。一般来说，向培养基中添加洗涤剂能改善氧气的浓度，如添加了洗涤剂的培养基中的 *Xanthomonas* 细胞比未添加的要小，而较小的细胞体积有助于提高其摄氧速率。另外，较高的通气速率也会引起某些微生物如出芽短梗霉（*Aureobasidium pullulans*）和腐皮镰刀霉（*Fusarium solani*）胞外多糖产量的降低。

培养基黏度的变化是微生物分泌胞外多糖的直接结果。在胞外多糖的生长过程中，发酵液表现出非牛顿流体的特性。非牛顿流体又被称为假塑性流体，即随着剪切速率的增加，流体的表观黏度降低。此外，培养基的黏度变化也可能是因为在生物反应器中搅拌、传质、氧气及热传递不均匀引起的，在这种情况下，也会引起胞外多糖质量的改变，如分子量、分支程度和流变学性质等。一般来说，发酵液的黏度和多糖的浓度有一定的相关性，而和菌体浓度无关，因此，黏度也是衡量多糖产量的一个重要参数。

微生物胞外多糖的发酵一般可分为分批发酵和补料分批发酵两种，而微生物在其对数生长期并未同时合成胞外多糖。在分批发酵过程中，只有当培养基中一种或多种营养元素缺乏的时候才会合成胞外多糖，并且在高 C/N 条件下才能获得最大的胞外多糖产量。据报道，在低稀释率的连续培养过程中，假单胞菌属（*Pseudomonas*）、产碱菌属（*Alcaligenes*）和克雷伯菌属（*Klebsiella*）可获得高水平的多糖。一般来说，较低的稀释率能增加微生物的停滞时间，并促进其对培养基中碳源的利用；而在高稀释率下，类异戊二烯酯类的缺乏将导致多糖合成量的减少。

一般来说，胞外多糖合成的最适温度通常低于微生物的最适生长温度。较低的培养温度能引起菌体生长速率及其生物量的降低，同时将引起菌体对数生长期的延长和较高的发酵液黏度。微生物最适生长温度和最适胞外多糖合成温度的不同很可能是由于参与胞外多糖前体物质合成酶的活性不同引起的，如鸟苷二磷酸（GDP）甘露糖醛酸作为海藻酸合成的前体，其大量合成所需要的温度低于产生菌的最适生长温度。此外，也有学者指出，温度的降低能引起微生物生长速率和细胞壁多聚物合成量的降低，可为胞外多糖的合成提供更多的前体物质。

通常，许多微生物都适合在中性 pH 值的培养基中合成胞外多糖，且大多数微生物只有在恒定的 pH 值条件下才能产生最大量的胞外多糖，因而可通过在培养过程中调节 pH 值来控制胞外多糖合成的路径。此外，某些微生物如丙酸杆菌（*Propionibacterium acidipropionici*）的最适产胞外多糖的 pH 值为 5.2～6.5，且要向培养基中添加 2%～4% 的 NaCl；脑膜炎球菌（*Neisseria meningitidis*）也在酸性 pH 值培养基中胞外多糖产量较高。另外，在培养过程中，如果搅拌不足会造成在反应器中形成明显的 pH 值梯度，这对发酵过程的监控和发酵液 pH 值的调节是不利的。

微生物通常在接种后的 24h 内达到最大的生长速率（对数生长期），而在稳定期达到最大的胞外多糖产量。一些其他的因素，如内源性的多糖水解酶也能影响胞外多糖的特性，某些多糖如海藻酸在微生物生长的后期会被海藻酸酶（alginase）水解，从而引起发酵液黏度的降低。有学者指出，胞外多糖和细胞壁多聚物（如肽聚糖、磷壁酸和脂多糖）在生物合成过程中会竞争类异戊二烯的糖基脂质载体，因而，胞外多糖的合成和细胞生长没有必然的联系。此外，在多糖合成过程中，细胞的大小和形状会发生变化，如小核菌（*Sclerotium glucanicum*）和齐整小核菌（*Sclerotium rolfsii*）在生长过程中通常在其周围包裹一层硬葡聚糖（scleroglucan），这将会引起传质速率的降低，从而引起胞外多糖产量的降低。

渗透性在微生物生长和胞外多糖合成过程中都起着关键作用。快速生长型的根瘤菌（*Rhizobium melilotii*）在不同的培养基渗透压下，能产生两种不同的水溶性胞外多糖，分别为琥珀酰聚糖（succinoglycan）和半乳葡聚糖（galactoglucan），即当培养基中不含 NaCl 时，两种胞外多糖的比例为 1∶1，而当培养基中的 NaCl 浓度达到 0.6mol/L 时，琥珀酰聚糖的比例会达到 85%。

向培养基中添加表面活性剂会显著增加胞外多糖的产量。在野油菜黄单胞菌（*Xanthomonas campestris*）生长 24h 后，向培养基中添加 0.1g/L 的 TritonX-100 可将黄原胶的产量提高 1.45 倍；此外，发酵液中未观测到明显的起泡现象。表面活性剂可以改变氧传递速率，从而增加胞外多糖的产量，而不会影响菌体产量和发酵液的黏度。此外，表面活性剂也能通过与细胞膜的相互作用而提高胞外多糖的合成及释放速度。

2. EPS 的提取和分离纯化

由于胞外多糖在发酵液中的浓度相对较低而黏度较高，且发酵液中通常含有菌体和其他溶质分子（如色素、蛋白质和无机盐等），因而微生物胞外多糖的下游处理工艺主要包括以下几个方面：

① 发酵液的浓缩，要求工艺简单，保证微生物的稳定性，所得的多糖容易储存且溶解性好；

② 多糖的纯化，减少非多糖类物质以提高多糖的功能特性；

③ 发酵液中酶的灭活。多糖的提取、分离和纯化是研究多糖结构和活性的基础，只有得到相对纯度较高的多糖组分，才能更好地分析其结构和探究其重要的生理功能。

虽然多糖的来源不同，但其提取、分离和纯化的方法是基本一致的。首先，发酵液先进行适当稀释，然后经离心或超滤将菌体除去，所得的上清液使用活性炭等除去其中含有的色素分子，再用有机溶剂（如乙醇、异丙醇和四氢呋喃等）反复沉淀，再透析去除小分子杂质，从而得到多糖的粗品；粗多糖再经过离子交换柱和凝胶柱的分级纯化后而得到不同组分的多糖纯品，可用于进一步的化学结构鉴定以及生物活性研究。

提取微生物胞外多糖之前，需要先将其同菌体分离开来。当胞外多糖以黏液的形式存在时，可通过离心将其和菌体分离。离心的转速和持续时间取决于多糖的特性及其黏度。此外，也可通过超滤的手段除去发酵液中绝大多数的菌体及其碎片。如果胞外多糖是热稳定的，也可通过加热的方法将菌体除去，因为热处理不仅可以降低发酵液的黏度，也能杀死微生物细胞，并使发酵液中的酶灭活。而当胞外多糖以荚膜形式存在时，必须让多糖先和菌体分开，所选择的方法主要取决于多糖和菌体的连接属性。通过离心可使和菌体连接较弱的多糖分离开来，而和菌体连接较强的多糖则需要更为剧烈的条件，如在离心和乙醇沉淀之前使用碱处理、将发酵液在沸水或盐溶液中 60℃ 加热 15min 或者超声波处理的方法。此外，高压蒸汽灭菌的方法也常用于荚膜多糖和菌体的分离，但会导致细胞的裂解和发酵液黏度的降低。

胞外多糖的提取通常采用有机溶剂沉淀的方法，即向发酵上清液中加入能与水混溶的有机溶剂，而有机溶剂能降低多糖在水中的溶解度，且能部分脱除多糖中所含的色素。常用的有机溶剂主要是醇类、酯类和醚类等，且沉淀不同多糖的最适有机溶剂也不同，如沉淀普鲁蓝多糖时，选择使用低亲水性的有机溶剂沉淀的效果好，如丙酮、异丙酮、四氢呋喃和二氧杂环己烷等，而若选择高亲水性的有机溶剂，如甲醇、乙醇和丙酮等，则沉淀的效果差。除了有机溶剂外，溴化十六烷基三甲铵（CTAB）也常用于酸性多糖的沉淀。

胞外多糖的分离和纯化是为了去除多糖粗提物中的非多糖组分并得到单一组分的多糖。经过有机溶剂沉淀得到的粗多糖一般含有一些游离的蛋白质、色素以及小分子物质，因而需先对粗多糖进行初步的分离纯化。对于蛋白质而言，可用蛋白质沉淀剂如三氯乙酸、鞣酸等或加热变性法除去；少量蛋白质则用 Sevag 法或三氟/三氯乙烷法除去；若多糖与蛋白质结合形成糖蛋白，可先用蛋白酶切断蛋白链再配以 Sevag 法去除蛋白质。对于色素而言，可用乙醇或丙酮进行反复沉淀洗涤，除去部分醇溶性杂质；也可用阴离子交换树脂如 DEAE-纤维素等来吸附色素；若多糖与色素是结合的，可进行氧化脱色，如先用浓氨水将粗多糖溶液调至 pH 8.0 左右，再滴加 H_2O_2，50℃ 保温 2h，值得注意的是，氧化脱色法会造成多糖链的断裂；此外，应尽量避免用活性炭处理，因为活性炭会吸附多糖，造成多糖损失。对于小分子杂质而言，可以用透析或超滤法去除。按上述方法处理得到的就是多糖的半纯品。

经脱色、脱蛋白和透析等处理得到的粗多糖大多是由几种多糖所组成的，因此，需采用适当的方法对粗提物进行分离纯化，将混合多糖分离成为单一多糖。目前用于多糖分离纯化的手段主要包括分步沉淀法、季铵盐沉淀法、盐析法、金属络合物法、柱色谱法、超滤法和电泳法等。其中，应用比较广泛的主要是超滤法和柱色谱法。

超滤法是在常规微粒过滤的基础上发展起来的细微粒子过滤技术，属于膜分离的一种，其原理是，通过使用不同孔径的超滤膜（1～100nm）来分离不同分子量（10^3～10^6）和形状的多糖。目前，超滤膜技术广泛应用于各类多糖的分离、浓缩、纯化等过程，具有回收率高、不易破坏多糖的生物活性和能耗低等优点，因而适合于工业化生产。

柱色谱法是一种物理的分离方法，具有分离效率高、设备简单、操作方便、条件温和、不易造成物质变性等优点，是多糖分离纯化的重要手段。由于多糖常为中性或弱酸性，因而可以根据其电荷性质及其结构特点，选取合适的柱色谱分离方法进行分级纯化，常用的柱色谱方法主要是离子交换柱色谱和凝胶柱色谱等。离子交换柱色谱是利用化学键合的方法，将具有交换能力的离子基团交联于固定相球形介质的表面，该离子基团可与流动相中的带电粒子发生可逆性离子交换反应而进行分离。最常用于多糖分离的离子交换树脂是 DEAE-纤维素、DEAE-葡聚糖和 DEAE-琼脂糖等。凝胶柱色谱是利用凝胶色谱介质交联度的不同，其所形成的网状孔径的大小也不同，可根据流动相中溶质的分子量大小进行分离。最常用的凝胶柱色谱主要是葡聚糖凝胶（sephadex）、琼脂糖凝胶（sepharose）、聚丙烯酰胺葡聚糖凝胶（sephacryl）等。

五、 EPS 的结构分析

多糖的结构分析在多糖的研究中起着承前启后的重要作用，既是对分离纯化出来的多糖结构的鉴定，又是对多糖修饰及多糖构效关系研究的起点，表 3-4 列举了常用的分析多糖结构的方法。多糖的糖链结构包括一级结构、二级结构和二级以上的高级结构，其中，一级结构是糖链结构的研究基础。测定糖链的一级结构，需要解决以下几个问题：

① 糖链中糖残基的种类、环型（即吡喃型或呋喃型）及其分子摩尔比；

② 糖链的分子量；

③ 糖链中糖残基之间的连接方式；

④ 糖链中每个糖残基的构型（即 α 型或 β 型）；

⑤ 糖链分支点的位置、分支点上糖残基的结构；

⑥ 糖链复合物中的糖链与非糖部分（肽链、脂质等）的结构。

多糖的结构分析需要物理学方法如核磁共振、质谱、红外光谱等，化学方法如甲基化反应、部分酸水解等，以及生物学方法和免疫学方法等综合运用和协同配合。

表 3-4   常用的分析多糖结构的方法

	分析方法	可获得的结构信息
物理法	红外光谱(IR)	糖环的类型、糖苷键的构型有无取代基及其种类
	核磁共振(NMR)	糖苷键的构型、连接位置、糖残基组成及其比例、取代基的种类及其位置
	质谱(MS)	糖苷键的连接顺序、取代基的种类及其位置
化学法	薄层色谱法(TLC)、气相色谱(GC)	单糖组成及摩尔比
	高效液相色谱(HPLC)、离子色谱	单糖组成及摩尔比
	甲基化分析	糖苷键的构型和连接顺序、分支的连接位置及数目等
	高碘酸氧化和 Smith 降解	糖苷键的连接顺序
	凝胶渗透色谱(GPC)	分子量及其分布
生物法	酶解	糖苷键的连接顺序、构型等

1. 完全酸水解法

分析多糖中糖残基的种类以及各糖残基的比例，一般首先需要将多糖进行水解，以得到单糖组分或是糖链的片段，完全酸水解法是多糖水解最为常用的方法之一。完全酸水解是将多糖与强酸进行作用，使多糖的糖苷键完全断裂。最常用于多糖水解的酸是盐酸、硫酸和三氟乙酸。其中，硫酸主要用于水解中性糖；三氟乙酸可用于单糖组成中含有氨基糖、乙酰糖的多糖水解；盐酸则用于含糖醛酸的多糖水解。水解的难易程度与组成多糖的单糖性质、单糖环的形状和糖苷键的构型有关。一般呋喃型糖苷键较吡喃型糖苷键易水解，α 型较 β 型易水解，而含糖醛酸或氨基糖的多糖较难水解。经水解得到的单糖可通过 TLC、HPLC 和 GC（需先经过衍生化处理）进行定性和定量分析，从而得到多糖的单糖组成及其摩尔比。

2. 部分酸水解法

部分酸水解是选择温和的条件（即稀酸、适当的温度和时间）水解多糖，使糖链中某种类型的键特异性地打断，从而保持其他键的完整性。通常利用多糖链中的部分糖苷键如呋喃型糖苷键、位于链末端的糖苷键和位于支链上的糖苷键易水解，而糖链的主链部分对酸水解相对稳定的特点，对多糖采用部分酸水解处理，再经醇析、离心从而将上清液和沉淀分离开（多糖部分酸水解之后的醇析产物主要是多糖主链的重复性结构片段，而上清液中则是位于糖链末端和支链上的糖链片段）；最后，再分别对上清液和沉淀进行上述的完全酸水解处理及 GC 等分析，可得到多糖主链及其支链的单糖组成及其摩尔比。

3. 甲基化分析法

甲基化分析法是确定糖链中糖基间的连接位置最常用的方法。该法首先将多糖游离羟基完全甲基化，使所有的游离羟基转变为甲氧基。多糖的甲基化方法较多，有 Purdie 法、Haworth 法、Menzies 法、Hakomori 法等；而最常用的是改良的 Hakomori 法，即先将样品溶于无水二甲亚砜（DMSO）中，然后与氢氧化钠反应，使多糖上的游离羟基离子化，多糖成为阴离子后，易与 CH_3I 反应生成甲基化多糖；甲基化反应的关键在于甲基化完全，通常采用红外光谱法来检测 $3500cm^{-1}$ 处有无吸收来判断甲基化多糖中是否含有游离羟基；完全甲基化的糖链可用甲酸水解，即先用 90% 的甲酸水解，然后用 0.05 mol/L 的 H_2SO_4 或三氟乙酸水解，生成不同的甲基化单糖（对于含呋喃环的多糖，水解条件应减弱）；再将甲基化单糖还原成部分甲基化戊糖醇；最后产物经乙酰化，进行气质联用分析，通过气相色谱的出峰顺序和对质谱谱图的主要离子碎片的分析，便可以较准确地确定单糖的组成、构型、相对含量以及各单糖残基的连接方式。

将多糖的游离羟基甲基化要求无水强碱性环境和有甲基供体。由于多糖的羟基是弱的亲核试剂，需要较强的碱性条件才能使羟基的质子解离，形成亲核能力较强的烷氧基离子以利于甲基化反应的进行。Purdie 等首次使用氧化银和碘甲烷进行甲基化反应；之后，Haworth 改用氧化银、氢氧化钠和 $(CH_3)_2SO_4$ 作为甲基化反应体系。Haworth 法被沿用了近五十年，直到发现无水体系更有利于甲基化反应后，Hakomori 对 Haworth 法进行了改进，用甲基亚磺酰甲基钠（SMSM）为强碱、碘甲烷作为甲基供体。由于制备 SMSM 的步骤复杂，操作烦琐，Ciucanu 用 NaOH 粉末代替了 SMSM，使实验操作趋于简单化。

甲基化分析步骤比较复杂，除了严格要求化学试剂的纯度外，操作条件也必须严格控制，特别是干燥无水、氮气的保护以及温度的控制是甲基化反应的关键。

4. 高碘酸氧化法和 Smith 降解

高碘酸可以选择性地氧化断裂糖分子中的连二羟基或连三羟基处，生成相应的多糖醛、甲酸，反应定量进行。每开裂一个 C—C 键消耗一分子高碘酸，通过测定高碘酸的消耗量和甲酸的生成量，可以判断糖苷键的位置、连接方式、支链状况和聚合度等结构信息。以葡聚糖为例，以 1→2 或 1→4 位键合的葡萄糖基经高碘酸氧化后，糖基每消耗一分子高碘酸，无甲酸生成；而以 1→6 位键合的葡萄糖基消耗二分子高碘酸，生成一分子甲酸；以 1→3 位键合的糖基不被高碘酸氧化。高碘酸的氧化反应必须在控制的条件下进行（溶液 pH 值控制在 3～5，且应避光和低温），以避免副反应的产生（超氧化反应）。Smith 降解是将高碘酸氧化产物还原后进行酸水解或部分水解。由于糖基之间以不同的方式连接，经高碘酸氧化和 Smith 降解后会生成不同的产物，对降解产物进行分析可得到糖基间连接方式的信息。

5. 质谱法

质谱分析是确定糖链残基顺序最有效的方法。在了解单糖组成之后，可根据质谱的裂解规律和碎片组成来推测多糖链中糖残基的连接顺序。20 世纪 50 年代，因糖的难挥发性和热不稳定性，限制了电子轰击质谱（EI-MS）对多糖的研究。而近年发展的各种质谱技术，如电喷雾电离质谱（ESI-MS）、快原子轰击质谱（FAB-MS）和基质辅助激光解吸电离飞行时间质谱（MALDI-TOF-MS）等在糖的序列分析和结构鉴定研究中正越来越起着重要的作用。其中，ESI-MS 技术灵敏度高，无需衍生化就能区分 N-糖肽键型和 O-糖肽键型，且能精确测定糖蛋白的分子量及其中寡糖的序列，FAB-MS 可测定聚合度高于 30 的多糖分子量，同时，它还可确定糖链中糖残基的连接位点和序列；而 MALDI-TOF-MS 可直接分析聚合度达 40 的多糖。

6. 红外光谱法

红外光谱也是研究多糖结构的重要手段，可确定多糖的糖苷键构型（α 型和 β 型）、糖环的形式（吡喃环和呋喃环）、有无取代基及其种类。如通过 890cm^{-1} 处有无吸收峰来判别 β-糖苷键的存在，840cm^{-1} 处有无吸收峰来判别 α-糖苷键的存在；吡喃糖在 1100～1010cm^{-1} 间应有三个强吸收峰，而呋喃糖在相应区域只出现两个峰；810cm^{-1}、870cm^{-1} 是甘露糖的吸收峰；当糖链中含有取代基团时，磷酸基在 1300～1250cm^{-1} 处有 P═O 伸缩振动，磺酸基在 1240cm^{-1} 处有 S═O 伸缩振动，850～820cm^{-1} 处有 C—O—S 伸缩振动，酯在 1740cm^{-1}，羧酸离子在 1700cm^{-1}、1414cm^{-1}，羰基在 1650cm^{-1}、1550cm^{-1} 附近有振动吸收。

红外图谱的解析，需要掌握以下关于糖类官能团的知识。

① O—H，N—H 和 C—H。糖类存在着分子间和分子内氢键，O—H 的伸缩振动在 3600～3200cm^{-1} 出现一种宽峰。酰化或者醚化后，这组峰会消失；如果是部分羟基被取代，则这组峰相应减弱。一般来说，没有氢键的二级 O—H 的吸收峰在 3630cm^{-1} 附近，分子内的氢键在 3560cm^{-1} 附近，分子间的氢键在 3400cm^{-1} 以下。

N—H 也在这个区域有伸缩振动，往往与 O—H 难以区分。在有氢键的情况下，N—H 的吸收峰要稍低于 O—H 的波数，可以此加以区别。

C—H 的吸收峰比较弱，而且出现在更低的区域 3000～2800cm^{-1}，在这区域的两组吸收峰是糖类的特征吸收峰。在 1400～1200cm^{-1} 所看到的不太尖的吸收峰是 C—H 的变角振动。

1200～1000cm^{-1} 间比较大的吸收峰是由两种 C—O 伸缩振动所引起的，其中一种是属于 C—O—H 的，另一种是糖环的 C—O—C。

② C═O。各种糖的乙酰酯均有 1775～1735cm^{-1} 处的吸收峰，各种糖的水化物都有

$1665\sim1635cm^{-1}$ 处的吸收峰，非水化物则无此吸收峰。在此需要说明的是，多糖中乙酰氨基（—NHCOCH$_3$）的 C＝O 伸缩振动在 $1648cm^{-1}$ 附近出现。乙酰氨基的确定，对于像甲壳素（chitin）这样的多糖来说，红外光谱是有用的。需要指出的是，糖的种类不同，如 N-乙酰氨基葡萄糖和 N-乙酰氨基半乳糖，虽然均是在 C2 上有一个 CH$_3$CONH，但吸收峰的位置有些不同。衍生化对乙酰氨基吸收峰的位置也有影响，一般是移向高波数。

③ C—O—C。除了吡喃糖基的糖苷键及吡喃环的醚键有特征吸收峰外，有 O—H 发生烷基取代形成的各种 C—O—C 键不能加以区别，只能表示醚化的程度。

④ 氨基。一级和二级氨基的 N—H 变角振动出现在 $1650\sim1590cm^{-1}$，D-葡萄糖胺的 $1621cm^{-1}$ 以及 $1601cm^{-1}$ 处的强吸收峰就是这种 N—H 的变角振动。

7. 核磁共振法

核磁共振法（NMR）是在 20 世纪 70 年代才引入到多糖结构的研究中，开始并不是获得多糖结构信息最有力的工具，但随着 NMR 技术的发展和高磁场 NMR 仪器的出现，所得到的 NMR 谱的质量越来越高，使原来在低磁场 NMR 上不能分辨的信号得以分开，从而获得更多的信息，在多糖结构的光谱解析中逐渐起着决定性的作用。尤其是在 20 世纪 80 年代发展起来的二维（2D）NMR 技术可使多糖的 ^{1}H 和 ^{13}C NMR 谱得到归属，使确定多糖的结构成为可能。

由于绝大多数多糖都可以溶于水和二甲亚砜（DMSO），因而常用氘代水（D$_2$O）和氘代二甲亚砜（DMSO-d6）作为多糖 NMR 分析的溶剂。对于多糖分子而言，由于不同糖残基中非异头质子的亚甲基和次甲基的化学位移非常靠近，其 ^{1}H NMR 谱峰严重重叠，大部分质子共振峰出现在 δ（$3.0\sim4.0$）$\times10^{-6}$ 的非常小的区域内，给解析带来困难。相比之下，多糖的 ^{13}C NMR 谱有较大的化学位移范围，通常位于 δ（$60\sim120$）$\times10^{-6}$ 的范围内，且谱线很少重叠，因而分辨率高。此外，2D NMR 也是分析多糖结构的重要手段，其可分析多糖的组成、构象及糖苷键的连接方式等。其中，关联 2D NMR 目前使用最广泛，可以获得同核位移相关谱和异核位移相关谱，同核位移相关谱包括氢-氢化学位移相关谱（^{1}H-^{1}H COSY）、双量子滤波化学位移相关谱（DQF-COSY）、全相关谱（TOCSY）和 COSY-45；而异核位移相关谱主要包括异核多量子相干（HMQC）、异核单量子相干（HSQC）、异核多键相关（HMBC）。此外，核欧沃豪斯增强谱（NOESY）和旋转坐标欧沃豪斯增强谱（ROESY）也是确定多糖结构和构象的重要方法。

通过 ^{1}D 和 ^{2}D NMR 技术，主要可得到以下的多糖结构信息。

（1）糖残基

多糖的异头碳的 ^{13}C NMR 谱的化学位移一般位于（$90\sim110$）$\times10^{-6}$ 的范围内，因而可根据这一范围内峰的个数来确定糖残基的数目，还可根据峰的相对高度来估算糖残基的相对比例；而多糖的异头氢的化学位移则位于（$4.4\sim5.5$）$\times10^{-6}$ 的范围内，可通过 ^{1}H、C-COSY、HMQC 和 HSQC 进行归属。

（2）单糖组成

多糖 ^{1}H 中的重叠峰（H2、H3、H4、H5 和 H6）可通过 DQF-COSY、TOESY 和 COSY-45 进行归属；而 ^{13}C 谱中的 C2、C3、C4、C5 和 C6 可通过 C-COSY（^{1}H、^{13}C 关联谱）、

HMQC 和 HSQC 进行归属。

（3）糖苷键的连接方式及其连接顺序

一个单糖残基的异头氢与相连的单糖残基上的碳原子的相互作用可通过 HMBC 和 NOESY 进行分析，从而得到糖苷键的连接方式和连接顺序。

（4）异头构型

与 α 型异头碳相比，β 型异头碳在 ^{13}C 谱中常位于低场；一般来说，β 型异头碳在 ^{13}C 谱中的化学位移在 $(103\sim105)\times10^{-6}$ 的范围内，而 α 型异头碳则位于 $(97\sim101)\times10^{-6}$ 的范围内；此外，偶联常数（coupling constant）J，如邻偶联常数（^3J）、^{13}C 和 ^{1}H 的偶联常数（$^1J_{CH}$ 和 $^4J_{CH}$）也可用于鉴别糖的异头构型，例如，对于 1→4 连接的多糖而言，α 型异头碳和 β 型异头碳的 $^1J_{C1-H1}$ 值分别为 170Hz 和 160Hz。

（5）取代基团的位置

当多糖中的羟基被其他基团如甲基、乙酰基、硫酸基和磷酸基取代时，其 ^{1}H 的化学位移会向低场移动 $(0.2\sim0.5)\times10^{-6}$，而 ^{13}C 则会向低场移动 $(6\sim7)\times10^{-6}$。

六、 EPS 的理化性质

1. EPS 的黏着性

Buchanan 和 Hammer 用正常稠度的牛奶到其发酵产品的黏性物质可以用拉长丝的变化来描述奶制品的黏着性，他们把这一变化归因于发酵过程中乳酸菌产的胞外多糖。黏着性是多糖生成的重要特性，表现在奶制品的黏度增加以及黏滑或高脂肪的口感。通常，乳酸菌在发酵过程中产的胞外多糖增加了奶制品的黏性，但是胞外多糖的规整性和弹性等参数对高蛋白含量的奶制品的性质影响更大。胞外多糖和蛋白质之间的相互作用情况对奶制品的质构性能影响很大。婴儿双歧杆菌和嗜热链球菌产的胞外多糖是聚电解质，而德氏乳杆菌产的胞外多糖是中性糖。瑞士乳杆菌发酵 32~60h 后产的胞外多糖可拉成直径为 11.3~21.0mm 的丝线，这说明了瑞士乳杆菌强健的活力。瑞士乳杆菌产的胞外多糖的分子量可高达 26.5×10^6，其最高产糖量可达 0.73 g/L，发酵时间为 60h。

在 37℃和培养基的 pH 值为 5 时，将黏性瑞士乳杆菌发酵 0~84h，其产的胞外多糖的分子量在 $(3\sim26500)\times10^3$ 之间变化，而同样条件下，非黏性瑞士乳杆菌和嗜热链球菌产的胞外多糖的分子量在 $(3\sim395)\times10^3$ 之间变化。将一个黏性菌株发酵培养 12~60h，体系中成黏性的丝的直径从 11.3mm 增大到 21.0mm；将发酵培养的时间延长到 72~84h，体系中成黏性的丝的直径减小了 5.6~6mm；同时，其产的胞外多糖的分子量降低了 2.7×10^6，这可能是随着发酵时间的进一步延长，体系内此黏性菌产的胞外多糖发生了酶降解。

2. EPS 的流变性

乳酸菌胞外多糖的流变性能对其总体特征有重要的影响，而它们的分子特征又可显著地影响其流变性能，因此，在被批准作为食品添加剂之前，需要详细了解它们的分子特征。将 EPS 的结构研究和流变学研究信息结合起来可以揭示出不同胞外多糖分子之间显著的差异，它们的流变学性能主要取决于其固有的物理化学性能，如其分子量及分子量多分散度、单糖组成和分支度等。EPS 表现出显著的增稠和剪切变稀特性以及高的固有黏度。一些产黏的乳酸菌、双歧杆菌和它们产的生物高分子具有特殊的功能特性和工艺特性，因此它们在烘焙产品中有着广泛的应用。

EPSs 的理化性质取决于它们的分子量、单糖组成、一级结构和它们与牛奶中的离子和蛋白质的相互作用。因此，一个纯化的 EPS 的流变性能可能与其在一个发酵产品中的流变性能有所不同。由于在发酵过程中的整个体系中有胶体形成和 EPS 的生物合成，因此，发酵产物是一个高度交联的凝胶体系。聚合物的流变性能可以从两个方面来表征：黏性和弹性。黏性是指一个聚合物抵抗外力而不发生形变的能力。发酵乳制品的黏性特征可以用黏滑性和流动性来描述。聚合物的弹性是指其在外力作用下发生形变，当外力撤消后能恢复原来大小和形状的性质。EPSs 的这些黏弹性特征促使发酵乳制品呈现出结构紧实的胶体样特征。一个发酵乳制品的黏弹性对其感官质量、是否具有吸引人的外观和宜人的口感非常重要。

黏度也是 EPS 溶液的一个重要的特征。EPSs 具有的乳化特性和黏度是其在极端 pH 值、温度和盐度等条件下应用时所需的理想特征。EPS 溶液的黏度取决于其化学结构和性质，如单糖组成、分子链的刚性、分支度和分子链中的侧链基团等。EPS 溶液的固有黏度和表观黏度被研究得最多。固有黏度是多糖的一个重要的特征，可以以此将其从发酵液中分离出来。一个分子链规整的高分子量的多糖通常表现出高的固有黏度。两株不同的嗜热链球菌可以产生产量相当且化学组成和结构相似的 EPSs，但是这两种 EPSs 的分子量不同。研究发现，这两种 EPSs 对酸奶的黏度有不同的影响，这就是由它们的分子量不同而导致的固有黏度不同进而引起的。因此，产不同 EPSs 的乳酸菌菌株增强酸奶黏度的程度各不相同。表观黏度和 EPS 生成这两者之间的直接关系还没有测定，表观黏度是在 25℃ 的条件下测定的，其单位是 mPa·s。均方回转半径用来表征多糖链的分子尺寸大小。乳酸乳球菌 NIZO B891 产的分子量是 2.4×10^6 的胞外多糖的均方回转半径小于乳酸乳球菌 NIZO B40(90) 产的分子量是 1.4×10^6 的胞外多糖的均方回转半径。乳酸乳球菌 NIZO B40 的 EPS 的主链是由 β-1,4-糖苷键连接的糖残基组成，分子链规整，因而容积大；而乳酸乳球菌 NIZO B891 的 EPS 的主链是由 α-1,6-和 β-1,6-糖苷键连接的糖残基组成，分子链有一定的柔顺性，因此，其均方回转半径较小。

嗜热链球菌产的 EPSs 的分子链是无规卷曲的线团，而不是有序规整的刚性链，乳酸乳球菌乳脂亚种产的 EPS 也是由无规卷曲的线团组成。这些分子链呈无规卷曲态的 EPSs 没有固定不变的形状，它们具有不确定的波动的三级结构。这种类型的 EPSs 溶液的黏度与其浓度和均方回转半径相关。

七、 EPS 的生物活性

近年来，乳酸菌 EPS 被广泛研究的原因主要是基于两个方面，其一是 EPS 的物理化学特性，EPS 作为食品添加剂添加到食品中或者在发酵食品中由乳酸菌直接发酵产生，都可以改善食品的流变性、质构、稳定性、持水性和口感等；其二是乳酸菌 EPS 的生物活性，EPS 具有许多对人类健康有利的生物活性，如作为益生元可调节肠道菌群以及具有免疫调节活性、抗肿瘤活性、降胆固醇活性和抗氧化作用等（图 3-11）。

1. 益生作用

益生元是一种膳食补充剂，通过选择性地刺激一种或数种菌落中的细菌的生长与活性而

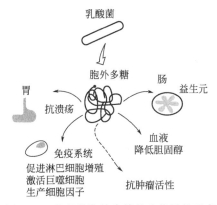

图 3-11　乳酸菌胞外多糖的生物活性示意

对寄主产生有益的影响，从而改善寄主健康的不可被消化的食品成分。有效的益生元在通过胃肠道时大部分不被消化，而进入到肠道后才被肠道菌群所利用，只刺激有益菌群的生长，对肠道内有潜在致病性或腐败活性的有害细菌没有促进作用。大量文献报道，有些乳酸菌的胞外多糖具有益生元的作用，可调节人体肠道菌群，促进人体健康。

用体外和体内模型模拟人体胃肠道环境可研究胞外多糖耐受体内环境而不被降解的能力。用含有 102mg 乳酸乳球菌属的一个亚种 NZ4010 产的胞外多糖的麦片粥喂食老鼠，收集老鼠粪便并检测粪便中该胞外多糖的回收率，发现该多糖的回收率为 96%，表明其在人体胃肠道不被降解。不同菌属的菌株产的胞外多糖耐受体内胃肠道环境而不被降解的能力不同，乳杆菌 0-1 和瑞士乳杆菌 Lh59 产的胞外多糖是目前文献报道中耐受胃肠道环境能力最强的多糖。此外，Korakli 等报道乳杆菌 TMW1.392 产的 levan 型胞外多糖可以促进两歧双歧杆菌、短双歧杆菌、婴儿双歧杆菌、青春双歧杆菌的增殖，目前，这些菌株都被作为益生菌而广泛使用。在 pH 值控制的发酵过程中，所有双歧杆菌的生长呈现两个阶段，第一阶段是选择果糖进行代谢而快速生长，第二阶段是生长进入停滞期后开始利用胞外多糖。这些结果都表明益生菌的胞外多糖有作为益生元的潜力，但是仍然需要进一步的体内试验来验证这些结果。

乳酸菌 EPS 还可以促进菌体在肠黏膜上的非特异性黏附作用，其中荚膜多糖（CPS）使菌体更容易在肠道内定植。EPS 由于能够增加食品的黏度，使得发酵乳制品可以在胃肠道内存留更长的时间，这对益生菌在肠道内发挥其益生作用十分有益。所以，一株高产且具有良好黏附性 EPS 的益生菌具有更高的应用价值。

2. 乳酸菌 EPS 对肠道炎症和癌症的预防

乳酸菌 EPS 不仅可以作为结肠共生菌群的碳源，还可以调节结肠共生菌群的生长和代谢的激活，从而维持结肠的稳态平衡。同时，乳酸菌 EPS 在肠道中又可以被一些微生物代谢，其中的代谢产物短链脂肪酸可以被肠上皮细胞吸收，降低结肠的 pH 值，使肠道内容物的溶解度增加，并抑制二次胆酸的形成和减少不必要病原体的扩散。与此同时，它们还可以作为结肠的能量底物，增强将要产生病变细胞的免疫能力，使突变的肿瘤细胞凋亡或者向正常的细胞转变，并抑制致癌基因的表达，对溃疡性结肠炎和结肠癌的预防具有重要作用。另外，有些乳酸菌 EPS 不能被肠道内的微生物降解，这样的 EPS 即为益生元，此 EPS 会刺激肠壁，加快肠蠕动，有利于排便，降低致癌物质和结肠接触的机会，起到了预防便秘和结肠癌的作用。

3. 免疫刺激活性

大量文献报道，乳酸菌能诱导巨噬细胞和 T 细胞的免疫应答，它们产的胞外多糖在其免疫增强活性中扮演了重要角色。许多双歧杆菌、乳球菌属和乳杆菌属等食品级的菌株产的胞外多糖还被报道具有免疫刺激活性。青春双歧杆菌 M101-4 产的水溶性胞外多糖由葡萄糖、半乳糖和 N-乙酰胞壁酸组成，可增加小鼠脾细胞对 ^{3}H 标记的胸腺嘧啶的摄取，表明该水溶性多糖可促进脾细胞的增殖。除了双歧杆菌产的胞外多糖，乳酸乳球菌亚种 KVS20 产的胞外多糖还能刺激 B 细胞加速有丝分裂。在这个试验中，研究者使用的该胞外多糖的剂量是 100 μg/mL，其增强小鼠脾细胞有丝分裂活动指数为 6.29，试验结果还表明，该多糖只促进 B 细胞的有丝分裂而对 T 细胞没有影响，此外，研究者还发现，不管是整个菌体还是该菌的细胞壁成分，都不能诱导脾细胞进行有丝分裂。

除了诱导激活 B 细胞，乳酸乳球菌亚种 SBT 0495 产的胞外多糖（由葡萄糖、半乳糖和鼠李糖组成）还可增强某些特定的鼠源抗体的活性。益生菌胞外多糖的免疫增强活性还体现在可刺激巨噬细胞释放细胞因子，而这些细胞因子可以和其他免疫细胞通信，从而激发并增强机体的免疫功能，如鼠源巨噬细胞在胞外多糖的刺激下释放的干扰素（IFN）和白介素-1(IL-1) 等细胞因子。例如，乳酸乳球菌亚种 KVS20 产的胞外磷酸化多糖可激活小鼠脾 Mϕ 巨噬细胞释放干扰素 27.6IU/mL，而对照组释放的干扰素的量为 9.7IU/mL。事实上，研究者注意到胞外多糖刺激巨噬细胞释放细胞因子的时候伴有 IFN-mRNA 的表达。用乳酸乳球菌亚种 KVS20 产的胞外磷酸化多糖刺激脾巨噬细胞，导致 IL-1 的活性增强，同时伴有 IL-1-mRNA 的表达。

除了乳酸乳球菌外，其他一些乳酸菌产的胞外多糖也具有上述刺激巨噬细胞释放细胞因子而增强免疫活性的功能，例如，鼠李糖乳杆菌 RW-9595M 产的胞外多糖可刺激肿瘤坏死因子（TNF）、IL-6、IL-12 和 IFN-γ 等细胞因子的释放。事实上，鼠李糖乳杆菌产的胞外多糖的高分子量部分（F1）促进鼠源脾细胞增殖的效果（相对于对照细胞为 130.8%）与 0.1μg/mL 的脂多糖相当（132.7%），脂多糖是一种公认的强免疫刺激剂和促 B 细胞分裂剂。上述试验结果都是采用鼠源细胞系获得的，Chabot 等发现，用鼠李糖乳杆菌 RW-9595M 产的胞外多糖可刺激人源外周血单核细胞释放 IL-6 和 IL-12p40 两个细胞因子。

文献报道，酸奶发酵剂保加利亚乳杆菌 OLL1073R-1 产的胞外多糖能刺激小鼠 B 淋巴细胞加速有丝分裂。更具体地讲，用离子交换色谱法分离保加利亚乳杆菌 OLL1073R-1 产的胞外多糖后获得一个中性多糖组分（NPS）和一个酸性多糖组分（APS-1073），该酸性多糖组分加强了小鼠 B 淋巴细胞的有丝分裂活动。APS-1073 的刺激剂量在 200μg/mL 时，脾细胞的有丝分裂活动最强，APS 上的磷酸基是其诱导脾细胞进行有丝分裂的关键基团。Sato 等用化学方法将磷酸基团连接到肠膜明串珠菌产的葡聚糖 dextran（P-dextran）上，发现 P-dextran 可以特异性地诱导 B 细胞进行有丝分裂，而 dextran 不具有这一特性。体内和体外试验表明，APS-1073 还可以增强巨噬细胞的吞噬能力，NPS 没有这样的活性。用 APS-1073 刺激小鼠巨噬细胞样细胞系 J774.1 后引起巨噬细胞的形态发生了相当大的改变，同时，研究者也发现，APS-1073 刺激后，该细胞产生并分泌了 IL-1、IL-6、IL-12p40、IL-10 等细胞因子。这些试验结果表明乳酸菌和双歧杆菌产的胞外多糖可以在试验动物体内诱导细胞免疫。

4. 抗肿瘤活性

1982 年，日本学者 Shiomi 等报道了乳酸菌 EPS 具有抗肿瘤作用，引起了众多学者对乳酸菌 EPS 抗肿瘤活性的研究兴趣。研究表明，有些乳酸菌产的 EPS 具有抗肿瘤特性。

有文献报道酸奶有一定的抗肿瘤活性，其机制之一就可能与发酵生产酸奶过程中发酵剂产的胞外多糖的活性有关。Bodana 等的研究发现，来自保加利亚乳杆菌和嗜热链球菌发酵的奶制品中的提取物有抗诱变活性。保加利亚乳杆菌 OLL 1073R-1 产的胞外多糖的磷酸化多糖组分能激活巨噬细胞 Mφ，极大地增强了巨噬细胞 Mφ 对骨肉瘤细胞 S180 生长的抑制。酸性多糖（APS）激活巨噬细胞所引起的肿瘤细胞抑制率低于 90%，而脂多糖（LPS）引起的抑制率高于 90%。还有报道酸性多糖可有效激活巨噬细胞从而抑制 P388 肿瘤细胞的生长，APS 和 LPS 的肿瘤细胞抑制率可达到 60%。

邢书函等从藏灵菇中筛选出一株干酪乳杆菌 KL1，发现它可产 EPS，然后研究了它的纯化后的 EPS 抑制人结肠癌细胞 HCT-8 的增殖并诱导其凋亡的作用。CCK-8 法的试验结果表明，此 EPS 能有效降低 HCT-8 细胞的活力并抑制它的增殖，而且此 EPS 对 HCT-8 细胞的生长抑制具有时间-剂量依赖特性。用 Annexin V-FITC 试剂盒检测 HCT-8 细胞凋亡情况，试验结果显示，EPS 处理组的阳性细胞数明显高于对照组，因此可得出此 EPS 可诱导 HCT-8 细胞发生凋亡，进而抑制 HCT-8 细胞的增殖。冯美琴等研究发现，植物乳杆菌 70810 产生的 EPS-1 和 EPS-2 对体外培养的大肠癌细胞 HT-29 的增殖均具有明显的抑制作用，抑制率随着 EPS 浓度的增加而逐渐增大，即 EPS-1 和 EPS-2 对 HT-29 细胞的增殖抑制具有浓度依赖性。阳性对照 5-Fu 在 $50\mu g/mL$ 时，对 HT-29 细胞的抑制率达到 68.51%，但组分 EPS-2 对 HT-29 的抑制率明显高于 EPS-1，这可能与其结构参数如分子量、单糖组成、分支度、分子构象、糖苷键的构型等有关。Haroun 等从植物乳杆菌（*L. plantarum*）NRRL B-4496 中分离得到一种以 β-(1→4) 和 β-(1→6) 键连接而成的葡聚糖，发现它在体外可以抑制肠道癌细胞 CACO、宫颈癌细胞 Hela、结肠癌细胞 HCT116、肝癌细胞 Hep-G2、乳腺癌细胞 MCF-7、喉癌细胞 HEP-2 等的生长，其半抑制浓度分别为 $9.07\mu g/mL$、$15.8\mu g/mL$、$17.6\mu g/mL$、$19.9\mu g/mL$、$24.2\mu g/mL$、$34.7\mu g/mL$，此外，其可以抑制小鼠体内欧利希腹水癌细胞的生长，小鼠的平均存活时间延长了 88.9%。Liu 等发现，干酪乳杆菌（*L. casei* 01）代谢产生的 EPS 能显著抑制结肠癌细胞 HT-29 的增殖，但小肠上皮细胞 407 不受其影响，并可以减少细胞毒素 4-硝基喹啉-1-氧化物的侵害。

多糖抗肿瘤活性与其分子量、单糖组成、分支度、分子构象、糖苷键的构型、溶解度、黏度等有关，但主要与其立体构型有关。目前尚未发现较为统一的构效关系，不同种类的多糖的抗癌活性结构可能有所不同，有学者发现水解壳聚糖使其分子量变小后抗癌活性增强。近年来，多糖受体的发现对阐明多糖的作用机制有重要意义。研究推测，多糖分子可能存在一个或几个寡糖片段的"活性中心"，多糖与受体作用时，只有分子中的"活性中心"与受体结合，因而在保持完整的"活性中心"的前提下，小分子量的多糖可能具有良好的生物学活性。

现有的研究结果表明，一级结构是 β-(1→2) 连接的葡聚糖、甘露聚糖、半乳聚糖，它们大都有一定的抑制肿瘤的活性；β-(1→3) 葡聚糖、半乳聚糖有较明显的抑制肿瘤的活性，有人用 ^{13}C NMR 分析推断，认为是 β-(1→3) 多糖骨架上的多羟基基团对抗肿瘤活性起了重要的作用；以 β-(1→3) 为主链的葡聚糖如有 β-(1→6) 支链的，有的有抗肿瘤活性，有的没有抗肿瘤活性。近年来的一些研究结果表明，含乙酰化的 β-(1→6)-D-葡聚糖有抗肿瘤活性，但是如果除去分子链中的乙酰基，就丧失了抗肿瘤活性；β-D-葡聚糖具有三螺旋构象，这对于抑制 S180 肉瘤是必需的。β-(1→3)-D-葡聚糖骨架上的多羟基基团，对抗肿瘤活性起重要作用。乳酸菌胞外多糖的抗肿瘤活性是通过增强和恢复免疫功能、影响血液供应、刺激一种器官或组织（如肾上腺和网状内皮系统）再分泌一种物质作用于肿瘤细胞以及中和细胞表面的负电荷来实现的。

5. 降血压和降血脂作用

目前，关于乳酸菌 EPS 降血脂和降血压的报道还不多，仅发现干酪乳杆菌（*Lactobacillus casei*）产生的一种多糖-糖肽聚合物（SG-1）对自发性高血压大鼠（SHR）和肾性高血压大鼠（RHR）具有明显的降血压作用。事实上，关于多糖降血压和降血脂的功能活性研究就比较少，这一方面可能与多糖降血压和降血脂的机制比较复杂，没有简单的体外模型而只能通过动物模型来评价有关；另一方面，多糖的降血压和降血脂的效果可能不如小分子化学药物那么显著，而影响动物试验结果的因素又很多，如果没有很好的动物模型且严格控制试验条件，很可能导致多糖降血压和降血脂的试验结果并不理想。

Nakajima 等报道乳酸乳球菌乳脂亚种产的胞外多糖有降低大鼠血清胆固醇的作用。在这个研究中，研究者发现，被喂食黏稠发酵乳（84.0mg/d）的大鼠的血清胆固醇浓度低于被喂食非黏稠发酵乳（95.7mg/d）的大鼠的血清胆固醇浓度，前者的高密度脂蛋白和总胆固醇的含量比显著高于后者。Kang 等研究了来源于运动发酵单胞菌（*Zymomonas mobilis*）的胞外多糖的降血脂活性，动物试验表明，给大鼠喂养其胞外多糖（经结构鉴定为果聚糖）能有效抑制脂肪酸合成过程中的两种酶（肝脏脂肪酸合酶和乙酰辅酶 A 羧化酶）的 mRNA 表达，而对肝脏中的苹果酸酶、磷脂酸磷酸水解酶，以及 β-羟甲基戊二酰辅酶 A 还原酶的基因表达没有影响。

6. 抗氧化作用

近年来，乳酸菌胞外多糖的抗氧化活性正逐渐成为国内外研究的热点。

自由基和脂质过氧化产物是引起氧化损伤的重要原因，自由基的清除、抑制脂质氧化也是评价抗氧化性的重要指标。大量研究表明，一些乳酸菌 EPS 具有抗氧化作用。许女等研究了干酪乳杆菌 KW3 产生的 EPS 的抗氧化活性，体外试验表明，当 EPS 浓度为 200 $\mu g/$ mL 时，其对 DPPH 自由基的清除率为 37.53%，总抗氧化能力（FRAP 值）为（600.16±15.23）$FeSO_4 \cdot 7H_2O$ $\mu mol/L$。体内抗氧化试验显示，EPS 可显著降低衰老小鼠血清、肝和脑组织中的 MDA 含量，提高 SOD 和 GSH-Px 活性。孟祥升等研究发现，副干酪乳杆菌 H9 产生的 EPS 的抗氧化能力随着浓度的升高而增强，当 EPS 浓度达到 200mg/L 时，其对羟自由基、超氧自由基和 DPPH 自由基的清除率分别为（55.3±1.5）%、（68.7±1.1）% 和（70.8±0.6）%。颜炳祥等研究了硒化的 EPS 抗氧化活性，结果表明，硒化的 EPS 总抗氧化能力及对羟自由基的清除能力增强，而对超氧阴离子自由基的清除能力变化不大。Kanmani 等研究发现，海狮链球菌（*S. phocae*）PI80 代谢产生的 ESP 在体外对羟自由基和超氧自由基具有较强的清除能力。Pan 等从一株乳酸乳球菌亚种（*Lactococcus lactis* subsp. *lactis* 12）菌株中分离得到一种分子量为 $6.9×10^5$ 且大部分由果糖和鼠李糖组成的 EPS，研究发现，它不仅对羟自由基和超氧阴离子自由基具有较强的清除能力，还可以提高小鼠体内过氧化氢酶和超氧化物歧化酶的活力。

关于多糖的抗氧化机制，目前还停留在猜测阶段，可能的解释主要有以下几种。

① 多糖分子直接作用于自由基本身。对于 OH·，多糖提供氢原子与其迅速结合成水，

其本身则转化为带有单电子的碳自由基，进一步氧化成过氧自由基，最终分解为对机体无害的产物。对于 $O_2^- \cdot$，多糖直接与其发生氧化反应以清除之。对于脂质过氧化，多糖分子可以捕捉链式反应过程中生成的活性自由基（ROS），阻断或减缓氧化反应的进行。

② 多糖分子螯合催化 ROS 产生的金属离子。很多的金属离子如 Fe^{2+}、Cu^{2+} 等具有促进 OH·产生、启动脂质过氧化反应的作用。被多糖分子螯合后，反应过程受到抑制，最终阻遏了 ROS 的产生。

③ 多糖分子可提高体内抗氧化酶系活力，从而发挥作用。文献多有报道多糖可以提高体内超氧化物歧化酶（superoxide dismutase，SOD）、过氧化氢酶（catalase，CAT）等酶的活力，促进胞内 SOD 的产生及释放，从而间接地发挥抗氧化作用。

目前对于多糖抗氧化作用机制的研究才起步，多糖结构与功能的关系至今尚不清晰。但可以肯定的是，多糖的抗氧化活性必然与其结构有关。另外，多糖的空间结构、多糖的分子量大小等都能影响其活性。胞外多糖抗氧化活性的强弱不是单一因素导致的结果，而是由多糖的分子量、单糖组成、构型和糖苷键连接方式等结构特征的多方面因素相结合导致的。

现在对于多糖抗氧化活性的构效关系的研究也不如对于其抗肿瘤活性构效关系的研究。构效关系的研究是一个系统的、庞大的工程，国内外的研究还不足以说明结构与抗氧化功能之间的明确关系。但是，一些相关报道有助于人们理解结构对于多糖抗氧化活性的影响。

多糖中的半缩醛基团、伯仲羟基等与氧自由基间有明显的相互作用。有报道称，药物中含羟基个数越多，其抗氧化能力越强；但能力强弱并不仅仅取决于羟基个数，还与其活性状态有关。糖链上糖单元种类对自由基清除活性也有一定的影响，不同单糖种类的多糖，其生物学活性差异较大。张雪报道由甘露糖、葡萄糖和半乳糖形成的糖苷键，更容易被自由基氧化降解，由葡萄糖、半乳糖、甘露糖等组成的灰树花多糖也具有抗氧化作用。糖苷键连接方式也是决定多糖活性的重要因素。目前没有查阅到糖苷键构型对于多糖抗氧化活性影响的研究报道，但有关于其抗肿瘤活性的报道称，绝大多数具有抗肿瘤活性的多糖，如香菇多糖、茯苓多糖等，多具有 β-(1→3)-D-葡聚糖结构。Tsiapali 等对葡聚糖及其衍生物的抗氧化活性进行了测定，发现磷酸化和硫酸化后的葡聚糖，抗氧化能力更强，且硫酸化程度越高，抗氧化活性越强，说明多糖的取代基的种类和数量都能影响其抗氧化活性。引入的取代基团改变了分子的横向次序和定向性，使得分子更为伸展，羟基基团更为暴露，更易与自由基发生反应，导致抗氧化活性增强。多糖分子量也是抗氧化活性的重要影响因素。Zhang 等比较了分子量在 $(28.2 \sim 151.7) \times 10^3$ 之间的硫酸多糖发现，分子量越小，抗氧化活性越高，多糖分子量越大，分子内部缠绕越多，活性基团暴露越少，越不利于其抗氧化活性的发挥。但是，也不是分子量越小越好，因为多糖分子量太低无法形成特定的活性结构，或者跨膜进入细胞而被吸收同化而根本没有机会发挥作用。此外，一般认为多糖在溶液中的特定的空间构象是其生物学活性所必需的。例如多数具有免疫活性的多糖（尤其是葡聚糖），都以 β-(1→3)-糖苷键连接，形成规则的三股螺旋结构。同理，抗氧化活性的产生必然也与其空间结构相关。只有弄清楚多糖分子在溶液（考虑到体内多是液体环境）中的构象，才能深入研究其构效关系，从而更好地加以利用。

第三节　γ-氨基丁酸（GABA）

γ-氨基丁酸（γ-aminobutyric acid，GABA）是一种广泛存在于动物、植物和微生物体内的非蛋白质氨基酸，是哺乳动物、甲壳类动物和昆虫神经系统中最重要的抑制性神经递质。在植物体内，γ-氨基丁酸可形成类似脯氨酸的环状结构，而在一些与根瘤菌共生的固氮植物的根瘤中，可以结合态存在。GABA于1883年首次合成，最初仅被认为是植物和微生物的一种代谢产物。1950年，科学家发现动物脑中存在高浓度的GABA，在1950～1965年间的研究表明，GABA是哺乳动物中枢神经系统的抑制性神经递质，主要以高肌肽（homocarnosine）的形式分布于脑组织（1～10mmol/L）。

GABA作为一种抑制性神经递质起到分子信号的作用，具有多种生理功能。研究表明，GABA不仅具有降低神经元活性、防止神经细胞过热以及降低血压的作用，还具有防止动脉硬化、调节心律失常、降低血脂、增强肝功能等生理功效。而且，GABA对癫痫、惊厥、亨廷顿病和帕金森病等多种精神疾病具有一定的疗效。尽管GABA具有重要的生理功能，但随着人们生活压力的增大和年龄的增长，体内的GABA含量日益减少。因此，从食物中补充GABA对人体健康意义重大。植物组织中GABA的含量极低，通常在0.3～32.5μmol/g，不能满足人体的生理需求。已有文献报道，植物中GABA的富集与植物所经历的胁迫应激反应有关，在受到缺氧、热激、冷激、机械损伤、盐胁迫等胁迫压力时，会导致GABA迅速积累。对植物性食品原料采用某种胁迫方式处理后，或通过微生物发酵作用使其体内GABA含量增加，用这种原料加工成富含GABA的功能产品已成为研究热点。近年来，GABA作为一种新型的功能性因子，已被广泛应用于食品工业领域。利用富含GABA的发芽糙米、大豆和蚕豆等原料开发的食品已面市。

一、GABA 的结构和理化性质

GABA的化学名为4-氨基丁酸，别名为氨酪酸、哌啶酸，分子式为$C_4H_9NO_2$，分子量为103.12。其化学结构如图3-12所示，氨基位于γ-C的位置。GABA为白色或几乎白色的结晶或结晶性粉末，微臭，有强吸湿性，在25℃时解离常数K_a为3.7×10^{-11}、K_b为1.7×10^{-10}，密度为$1.21g/cm^3$，熔点为203℃，极易溶于水，微溶

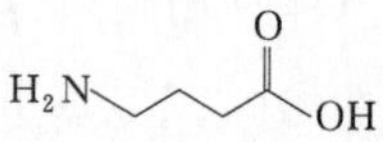

图3-12　GABA 的化学结构

于热乙醇，不溶于冷乙醇、乙醚和苯；在常温常压下稳定，在熔点温度以上分解形成吡咯烷酮和水，在强氧化剂作用下分解为氮氧化物、一氧化碳和二氧化碳。

二、GABA 的合成和转化途径

1. 植物本身代谢途径

在植物体内有两条GABA合成和转化途径，一条是谷氨酸经谷氨酸脱羧酶（glutamic acid decarboxylase，GAD）催化谷氨酸脱羧合成GABA，称为GABA支路途径（GABA shunt）（图 3-13）；另一条是由多胺降解产物转化形成 GABA，称为多胺降解途径（poly-amine degradation pathway）（图 3-14）。

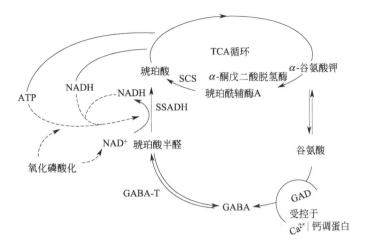

图 3-13　合成和转化 GABA 的支路途径

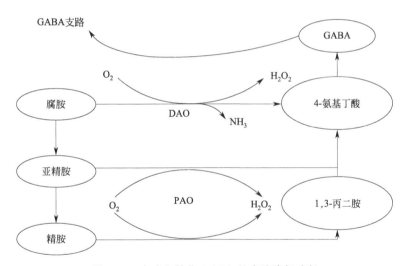

图 3-14　合成和转化 GABA 的多胺降解途径

（1）GABA 支路

在高等植物中，GABA 的代谢主要由三种酶参与完成，首先在 GAD 作用下，L-谷氨酸（glutamic acid，Glu）在 α-位上发生不可逆脱羧反应生成 GABA，然后在 GABA 转氨酶（GABA transaminase，GABA-T）催化下，GABA 与丙酮酸和 α-酮戊二酸反应生成琥珀酸半醛，最后经琥珀酸半醛脱氢酶（succinic semialdehyde dehydrogenase，SSADH）催化，琥珀酸半醛氧化脱氢形成琥珀酸最终进入三羧酸循环（krebs circle）。这条代谢途径构成了 TCA 循环的一条支路，称为 GABA 支路。

Ludewig 等敲除拟南芥中调控琥珀酸半醛脱氢酶表达的基因后再对其进行光和热激处理，结果发现，拟南芥中活性氧和 GABA 得到了显著提高，此结果进一步证实植物中 GA-BA 支路的存在。在植物中，存在于细胞质中的 GAD 和线粒体中的 GABA-T、SSADH 共同调节 GABA 支路代谢，其中 GAD 是合成 GABA 的限速酶。植物 GAD 含有钙调蛋白（CaM）结合区，GAD 活性不仅受 Ca^{2+} 和 H^+ 浓度的共同调控，还受到 GAD 辅酶——磷酸吡哆醛（PLP）以及底物谷氨酸浓度的影响。这种双重调节机制将 GABA 的细胞积累与环境胁迫的性质和严重程度联系起来。冷激、热激、渗透胁迫和机械损伤均会提高细胞液中 Ca^{2+} 浓度，Ca^{2+} 与 CaM 结合形成 Ca^{2+}/CaM 复合体，在正常生理 pH 值条件下能够刺激 GAD 基因表达，提高 GAD 活性；而酸性 pH 值刺激 GAD 的出现是由于应激降低了细胞的 pH 值，减缓细胞受到酸性危害。植物中 GABA 支路被认为是合成 GABA 的主要途径。目前，大多数研究集中在如何提高 GAD 活性实现 GABA 富集。

（2）多胺降解途径

多胺（polyamine，PAs）包括腐胺（putrescine，Put）、精胺（spermine，Spm）和亚精胺（spermidine，Spd），其中以腐胺作为多胺生物代谢的中心物质。多胺降解途径是指二胺或多胺（PAs）分别经二胺氧化酶（diamine oxidase，DAO）和多胺氧化酶（polyamine oxidase，PAO）催化产生 4-氨基丁醛，再经 4-氨基丁醛脱氢酶（4-amino aldehyde dehydrogenase，AMADH）脱氢生成 GABA 的过程，多胺降解途径最终与 GABA 支路交汇后参与 TCA 循环代谢。其中二胺氧化酶和多胺氧化酶是分别催化生物体内 Put 和 Spd、Spm 降解的关键酶。

蚕豆发芽期间，厌氧胁迫可诱导多胺合成的关键性酶活性的提高，促进多胺的积累，同时多胺氧化酶活性也随之提高，通过多胺降解途径促进了 GABA 的合成与积累，提高了蚕豆的抗逆境能力。研究表明，大豆根中游离多胺含量在盐胁迫下增加，DAO 活力提高，GABA 富集量增加 11～17 倍。尽管多胺降解途径被认为是合成 GABA 的另一条重要途径，但其在单子叶植物中合成 GABA 的能力远低于 GABA 支路。目前，对于多胺降解途径的研究多集中在豆类等双子叶植物上，其贡献率在 30% 左右。

2. 微生物代谢途径

GABA 的合成需要谷氨酸脱羧酶（GAD）的催化，GAD 是一种胞内的吡哆醛 5′-磷酸依赖酶，催化不可逆的 L-谷氨酸 α-脱羧生成 GABA。GAD 主要分布在高等植物、动物和许多微生物中，包括细菌、真菌等。除了对人体健康有促进作用外，细菌产生的 GABA 对酸性环境下的微生物细胞也有抵抗作用。

在微生物中，GABA 代谢是通过 GABA 支路完成的，利用微生物体内较高的 GAD 活性，将 Glu 脱羧形成 GABA，然后在 GABA-T、SSADH 的作用下，GABA 进入下游的分解过程生成琥珀酸半醛、琥珀酸参与微生物的生理代谢。微生物富集 GABA 就是通过对培养基的优化以及菌株的改良使其具有较高的 GAD 活性，增加 GABA 合成率，降低分解率来实现的。目前，大量研究已证明 GAD 在原核到真核微生物中都有存在，此外，利用微生物中 GAD 脱羧形成 GABA 不受资源、环境和空间的限制，与其他方法相比具有显著优势。

以谷氨酸及其钠盐（谷氨酸钠）或富含谷氨酸的物质为原料，利用大肠杆菌、曲霉菌、乳酸菌和酵母菌等微生物的发酵作用实现 GABA 富集的方法称为微生物发酵法。微生物发酵法具有成本低、富集 GABA 含量高的优点。利用微生物发酵富集 GABA 的研究已有文献报道，在早期的研究中，以大肠杆菌为生产菌进行微生物发酵富集 GABA 的研究较多，其原理是利用大肠杆菌体内较高的 GAD 活性，将谷氨酸脱羧转化为 GABA。利用大肠杆菌发酵生产 GABA 具有发酵速度快、产量高的优点，但存在一定的安全隐患。近年来，一些安全性较高的微生物，如乳酸菌、酵母菌、曲霉菌等用于 GABA 富集的研究已有报道。

在能够产生 GABA 的微生物中，包括乳杆菌在内的乳酸菌（LAB）被认为是细菌中 GABA 的主要生产者。目前，已经报道了微生物中 GABA 的产生主要是通过腐胺的降解或谷氨酸的脱羧这两种途径。但腐胺降解途径在乳杆菌中并不常见。在乳杆菌中，GABA 由磷酸吡哆醛（pyridoxal 5′-phosphate，PLP）依赖性的谷氨酸脱羧酶（glutamate decarboxylase，GAD）通过 L-谷氨酸的不可逆 α-脱羧而合成，整个过程还伴随着一个 H^+ 的消耗，因此 GAD 系统与许多乳杆菌的耐酸性有关。GAD 系统主要由谷氨酸脱羧酶、Glu/GABA 反向转运蛋白和转录调节因子组成。其中谷氨酸脱羧酶负责 GABA 的合成，Glu/GABA 反向转运蛋白负责将胞外的谷氨酸运输到胞内并将胞内合成的 GABA 转移到细胞外。但并不是所有的乳杆菌都有 GAD，而有 GAD 的乳杆菌也可能存在 Glu/GABA 反向转运蛋白和转录调节因子缺失。谷氨酸被电性 L-谷氨酸/GABA 逆向转运所吸收。通过谷氨酸脱羧酶（GAD）使 L-谷氨酸脱羧，消耗细胞内的 H^+，并通过 GABA 产生质子动力。GABA 生产的示意图见图 3-15。

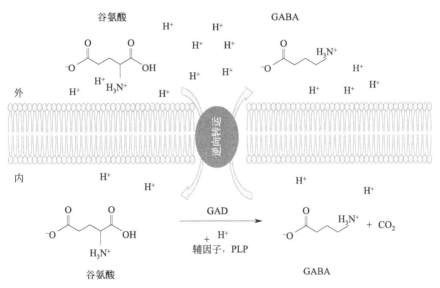

图 3-15　GABA 生产的示意
PLP—吡哆醛-5′-磷酸

（1）乳酸菌发酵法

乳酸菌是动物肠道内的正常菌群，是对人体安全有利的食品微生物，已被广泛应用于发酵食品的生产中。目前，已有文献报道乳球菌属（*Lactococcus*）、乳杆菌属（*Lactobacillus*）等一些乳酸菌具有合成 GABA 的能力。林谦等对产 GABA 的乳酸菌（YS2）发酵条件进行初步优化并对优化条件下的谷氨酸脱羧酶基因（*gadB*）进行了纯化，结果表明，在初始 pH 值 6.0、用牛肉膏和蛋白胨为氮源、用蔗糖为碳源的条件下发酵，GABA 含量可达到 5.68g/L，与优化前相比提高了 30%，且此条件下纯化后的 GAD 活性达到 1.06U/mg。利用乳酸菌对经过冷激的红豆进行发酵处理时发现，在 37℃ 条件下发酵 24h，红豆中 GABA

产量达到了 682mg/L，是未进行发酵的 20 倍。利用乳酸杆菌 GABA100 和双歧杆菌 BGN4 对天麻粉进行联合发酵处理并对其发酵条件进行优化，结果表明，在含有 3g/100mL L-谷氨酸、10g/100mL 冷冻天麻粉、初始 pH 值 6.5 的培养基中添加 0.5％菌液，在 30℃条件下进行联合发酵 6d，GABA 产量为 122.2mmol/L。吴非等对保加利亚乳杆菌 L2 进行紫外诱变处理得到高产 GABA 的菌株 L2-4，其在含有 1％ L-谷氨酸的培养基中的 GABA 产量为 4.235g/L，相对于原菌株的 GABA 产量提高了 25.63％。由此可见，利用乳酸菌发酵生产 GABA 不仅可以通过优化培养基实现，也可以采用诱变育种的技术对菌株进行改性以达到 GABA 富集的目的。利用乳酸菌发酵生产 GABA 具有产量高、安全性好的优点，但其发酵速度慢、发酵周期比较长，适用于深层发酵。

在乳酸菌中，产生和释放 GABA 的能力与抗酸性压力有关，这使得微生物可以通过胃肠道进入，在肠道中发挥有益的作用。此外，氨基丁酸的合成与 ATP 的产生有关。

考虑到 GABA 作为食品和药物中的生物活性成分的潜力，含 GABA 的功能食品的开发在过去几年引起了人们的极大关注。生物合成法比化学合成法更有前途，因为它们的反应过程简单，催化效率高，反应条件温和，环境相容性好。

乳酸菌具有在生长培养基中产生和释放 γ-氨基丁酸的能力，这一特征取决于菌株。能够合成 γ-氨基丁酸的主要乳酸菌属于短乳杆菌（*Lact. brevis*）、乳酸乳球菌（*L. lactis*）、副干酪乳杆菌（*Lact. paracasei*）、布氏乳杆菌（*Lact. buchneri*）、瑞士乳杆菌（*Lact. helveticus*）和植物乳杆菌（*Lact. plantarum*）（见表 3-5）。其中，短乳杆菌是目前报道的 GABA 产量最大（345.83mmol/L）的菌株。许多发酵条件，包括 pH 值、培养时间、温度、培养基成分以及不同的发酵策略都可以得到优化，以实现乳酸菌菌株最大限度地生产 GABA。

表 3-5 产 GABA 的乳杆菌、来源及产量

菌株	来源	GABA 产量
L. brevis K203	韩国泡菜	44.4g/L
L. brevis NPS-QW-145	韩国泡菜	25.831g/L
L. brevis BJ20	韩国泡菜	2.465g/L
L. brevis NCL912	中国泡菜	345.83mmol/L
L. brevis CECT8181	奶酪	0.94mmol/L
L. plantarum DW12	发酵食品	4g/L
L. plantarum DSM19463	奶酪	498.1mg/L
L. plantarum NMZ	发酵食品	1.032mmol/L
L. paracasei NFRI7415	发酵鱼	302mmol/L
L. buchneri WPZ001	发酵香肠	129g/L
L. buchneri MS	韩国泡菜	251mmol/L
L. helveticus ND01	马奶酒	165.11mg/L
L. casei QL-20	发酵食品	584mg/L
L. rhamnosus YS9	蔬菜	187mmol/L
L. delbrueckii PR1	奶酪	63.0mg/kg

（2）酵母菌发酵法

酵母菌是一种含有大量氨基酸、蛋白质的兼性厌氧菌，在发酵食品的生产中应用广泛，其安全性较高，且具有较高的 GAD 活性，是生产 GABA 的理想菌株，但目前对于利用酵母菌发酵产生 GABA 的研究比较少。李亚莉等以近平滑假丝酵母（*Candida parapsilosis*）GPT-5-11 为实验菌株，在初始 pH 值 6.5、含有 0.5％谷氨酸的培养基中 37℃发酵 48h，GABA 产量最高可达 2.58g/L。以遗传稳定、高产 GABA 的酵母菌株为材料，对其产 GABA 的发酵条件进行了优化，结果表明，在培养温度为 30℃，摇床转速为 220r/min，接种量为 4％，培养时间为 4d 时，发酵液中 GABA 含量达到了 2.588g/L，比优化前提高了53％，为 GABA 工业化生产提供了参考依据。酵母菌发酵生产 GABA 具有发酵速度快、安全性高等优点，但其发酵产量相对较低。

（3）曲霉菌发酵法

曲霉广泛分布于谷物、空气、土壤和各种有机物中，是发酵工业的重要菌种之一。有研究者选取曲霉进行固体发酵时发现，向培养基中添加硝酸钠、磷酸氢二钾时，GABA 产量分别达到 1267.6mg/kg、1493.6mg/kg，这表明培养基中的营养物质会对菌株产 GABA 能力有影响。对米曲霉 3.800 进行紫外诱变处理，得到稳定高产 GABA 的突变菌株 3.800-4，然后分别在含有 10g/L 谷氨酸的 PDA 综合培养基和大豆-水的发酵培养基中发酵培养 72h，GABA 产量分别达到 4.491g/L、0.874g/L，相对于原菌株提高了 23.58％、29.67％。有研究对 20 株产 GABA 的红曲菌种进行了筛选并对高产菌株发酵工艺条件进行了优化，结果表明，高产菌 MXL-8 在含有 2％大米粉、2.0％蛋白胨、1.5％酵母膏、0.15％硝酸钠、0.15％磷酸二氢钾和 0.2％硫酸镁的培养基中培养 6d，其 GABA 的产量为 22.373mg/mL，为利用红曲发酵生产富含 GABA 的食品提供了实验依据。曲霉发酵法生产 GABA 发酵速度较慢，产量相对较低，但其安全性较高。

（4）混合菌发酵法

将不同种的菌株混合发酵生产 GABA 的方法称为混合菌发酵法，可以克服单一菌株发酵的缺点，GABA 发酵产量高，具有较好的发展前景。利用红曲霉 M1、红曲霉 M2、酿酒酵母 Sce01 和乳酸菌 Lac01 四种菌株，以萌芽米为原料进行混合发酵，结果表明，M1＋M2＋Sce01＋Lac01 菌株组合在发酵温度 25℃、时间 6d、pH 值 4.0、乳酸添加量为 3％时发酵，GABA 含量达到 13.05mg/g。研究者利用红曲霉、乳酸杆菌在 pH 值 4～4.5、30℃的条件下进行混合发酵，GABA 产量为 0.52g/L，比 SM048、Lac.1 菌株单独发酵分别提高了147.62％和 62.5％。

由以上可知，不同菌株产 GABA 的能力有所差异，它们有各自的优缺点，但在实际生产中要求菌株必须满足安全生产标准。大肠杆菌虽然具有生长速度快、产量高等优点，但由于存在生产安全隐患因此不常用于食品工业；而乳酸菌、酵母菌以及霉菌等一些安全性较高的菌株正逐步应用于食品工业领域。酵母菌和曲霉虽然生产 GABA 能力低，但具有安全性较高、发酵速度快等优点，通过利用现代诱变育种技术对其生产能力进行提高，将会在食品生产中得到广泛应用；乳酸菌不仅具有较高的生产安全性和较高的 GABA 生产能力，还具有免疫调节、保持肠道菌群平衡等生理功能，因此可以利用乳酸菌发酵制备 GABA 发挥其自身的益生效应，还可以利用基因技术对乳酸菌进行改性以克服其发酵周期长的缺点。此外，混合发酵法逐渐受到国内外研究者的关注。混合发酵就是利用多种菌株的相互作用，通过不同代谢途径的组合完成单一菌株不能单独完成的复杂发酵过程。目前，对混合发酵的报道越来越多，混合发酵生产 GABA 具有广阔的研究前景。

三、 GABA 的生理作用

GABA 在交感神经系统中是主要的抑制性神经递质。GABA 还具有降血压、镇静和利尿作用，可预防糖尿病，提高血浆生长激素浓度和脑内蛋白合成率。此外，有研究称 GABA 可促进皮肤创伤的愈合过程，并提高氧化应激下真皮成纤维细胞的存活率。

GABA 对生物体的作用主要通过其与相应的受体结合而产生。GABA 受体主要有以下三类。

① GABA$_A$ 受体。主要位于中枢神经系统（CNS）突触后膜，与 GABA 结合后引起神经元的抑制。

② GABA$_B$ 受体。分布于 CNS 及外周组织、内分泌组织和非神经组织（如平滑肌细胞、女性生殖系统、胰腺、膀胱等），激活后可通过突触前和突触后机制产生抑制效应。此外，GABA$_B$ 受体激活还与体温调节、脂肪氧化、血压调节、消化系统功能调节等许多作用有关。

③ GABA$_C$ 受体。类似于 GABA$_A$ 受体，主要存在于视觉神经通路，可能在视网膜中视杆通路的信息传递和调控中起重要作用。

GABA 是哺乳动物中枢神经系统中主要的神经传递物，主要起抑制兴奋的作用。而人体肠道的部分微生物也能够产生 GABA，所以能够产生 GABA 可能也是益生菌发挥改善睡眠效果的途径之一。GABA 与不同受体结合后产生不同的生物学作用，目前比较明确的作用有以下两点。

① 神经调节作用。GABA 在改善应激和情绪紊乱方面具有重要作用。摄入 GABA 可以提高葡萄糖磷脂酶的活性，从而促进大脑的能量代谢，增加脑血流量和氧供给量，改善神经技能，从而达到改善睡眠和易怒症状等功效。

② 血压调节作用。GABA 的舒缓血管和降血压的生物学作用已经在动物实验和临床研究中进行了阐述，其可能机制与 GABA 的外周神经节阻断作用等有关。

此外，GABA 作为一种抑制性神经递质，在人体中发挥着重要的生理作用，如镇静安神、调节心率、增强记忆力以及调节激素分泌等。由食物中摄取的外源性 GABA 降血压作用研究较多，目前关于外源性 GABA 改善睡眠的研究也在逐渐展开。失眠总和焦虑、抑郁等疾病相伴而生，40％的失眠患者有一种或几种精神障碍，其中焦虑障碍占到 24％。失眠和焦虑存在中等程度的相关性。在失眠与焦虑共病的患者中，焦虑障碍先于失眠的情况占 73％，而失眠先于焦虑的情况占 69％。因此失眠是焦虑发作的常见症状之一，也是焦虑发病的主要因素，反过来，焦虑也可以是失眠的危险因素。所以，缓解焦虑也是治疗失眠的一个重要手段。

（1）缓解焦虑

Liu 等研究了 GABA 对邻苯二甲酸二辛酯（diethylhexyl phthalate，DEHP）诱导大鼠焦虑模型的影响，结果发现 GABA 降低了大鼠的前额叶皮层一氧化氮和一氧化氮合酶水平，并在旷场实验和高架十字迷宫实验中缓解了 DEHP 诱导大鼠焦虑行为。除了动物实验，还有一些人群实验表明，摄入 GABA 能够减轻压力，缓解焦虑。有研究证明口服 100mg GABA 60min 后，和对照组相比，GABA 显著增加了大脑 α 波并减少了 β 波，表明 GABA 可以促进放松和减少焦虑。Nakamura 等给受试者食用了 10g 富含 28mgGABA 的巧克力 15min 后进行算术任务，完成后记录心电图并收集唾液样本，使用心率变异性（heart rate variability，HRV）和唾液嗜铬粒蛋白 A（chromograninA，CgA）的变化评价 GABA 巧克力对算术任务诱导的心理应激作用，结果表明 GABA 巧克力使人迅速从紧张状态恢复到正常状态，具有减轻心理压力的作用。除此之外，还有一些关于口服 GABA 或含 GABA 的食品可以缓解职业疲劳、影响应激状态下人的情绪和行动能力的报道。

（2）改善睡眠

有动物实验表明，GABA 口服给药后大鼠戊巴比妥钠诱导的睡眠潜伏期缩短，睡眠持续时间延长。Zhao 等研究了 GABA 红茶的改善睡眠作用，也得到了类似结果。Mabunga 等使用咖啡因诱导小鼠睡眠障碍模型，研究含 GABA 米胚芽提取物改善睡眠障碍的作用。实验结果表明，摄入高 GABA 含量后使咖啡因诱导的睡眠障碍正常化。而人群实验方面，有研究发现 GABA 能显著缩短受试者睡眠潜伏期并增加非快速眼动睡眠时间，并且血液中 GABA 含量在口服 30min 后达到峰值。Byun 等设计了随机双盲实验，发现食用了含 GABA 米胚芽提取物的失眠患者睡眠潜伏期减少，睡眠效率提高。

关于外源性 GABA 如何影响神经系统存在很多说法。现在的研究一般认为 GABA 无法通过血脑屏障（blood brain barrier，BBB），但也有研究报道 GABA 可以穿过 BBB。还有研究发现 BBB 上的 BGT-1 蛋白可以参与 GABA 的转运。所以 GABA 能否通过 BBB 还需更加严格的实验来证明。而另一种说法认为 GABA 可能通过对肠道产生影响而间接发挥作用。胃肠道中有大量 $GABA_B$ 受体，而 $GABA_A$ 和 $GABA_B$ 受体可以调节小肠嗜铬细胞释放 5-HT。此外，由于迷走神经的传入神经元部位也有 $GABA_B$ 受体大量表达，在接收到刺激后，迷走神经将信号传递至 VLPO 区、中缝核、蓝斑等结构，调节脑中神经递质的分泌，影响大脑功能。GABA 受体还存在于多种免疫细胞中并参与免疫调节过程，例如一些炎症细胞因子释放，表明 GABA 也可以通过免疫调节途径发挥作用。

四、 GABA 产品开发现状

医学上素有"药食同源"的理论，是指通过合理膳食从食品补充一些功能成分，达到预防及治疗疾病的目的。由于 GABA 拥有重要的生理功能，日本厚生省、欧盟食品安全局（European food safety authority，EFSA）和美国食品及药物管理局（Food and Drug Administration，FDA）已承认乳酸菌发酵生产的 GABA 为天然食品添加剂，2009 年中国卫生部批准此类 GABA 为新资源食品，使得 GABA 功能食品成为近些年开发的热点。目前，已成功开发出富含 GABA 的茶叶、发酵乳等产品。

Chen 等使用 S. thermophilus fmb5 开发了一种富含 GABA 的功能性发酵乳，并进行了发酵条件优化，最优条件下的 GABA 含量可达 9.66g/L。Song 等研究了利用 L. rhamnosus GG 发酵富含 GABA 的豆乳，其 GABA 含量为 1.22mg/mL。Kim 等进行了富含 GABA 黑树莓汁的开发，在 37℃发酵 15d 得到了最高 GABA 产量。还有一些将 GABA 作为食品补充剂的产品，例如糖果和巧克力等。虽然现在市场上 GABA 产品有很多，但消费量还处在一个较低的水平，因此，一方面需要对消费者进行宣传和知识普及，另一方面也需要科研院所加大研发力度，研制出消费者更青睐的产品。

第四节　生物膜

一、生物膜概述

大部分的微生物生命是以生物膜的形式发展起来的，要么是在表面，要么是在聚集体中。

微藻是全球规模的初级生产者，它们涉及了所有的海洋和淡水生态系统。微藻的生长与叶绿素 a 浓度、细菌种群直接相关，这两个变量与浮游细胞的数量密切相关。细菌不仅与微藻的浓度存在正相关关系，而且与胞外多糖（EPS）的产量也存在正相关关系，细菌-微藻混合培养的 EPS 大于微藻无菌培养的 EPS。这些细菌群落在调节种群动态和藻类代谢方面起着关键作用。藻类与共生菌在光自养条件下的相互作用可能涉及了互利共生。有大量的数据报道，藻类的胞外产物能够通过分泌碳水化合物、有机酸、含氮物质和维生素来刺激菌株的生长。一些自然生态系统的研究已经证实，来自浮游植物的有机物被细菌用作生长的基质。微藻也可通过产生有机分泌物或有毒代谢物来抑制细菌的生长，微藻与细菌的相互作用如图 3-16 所示。

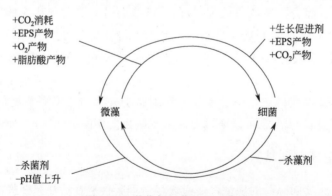

图 3-16　微藻与细菌的相互作用

在这个生态系统中，细菌和微藻是主要的组成部分，是营养链和有机物循环的基础。生物膜是与附着在表面 EPS 和其他分子有关联的微生物群落。生物膜的形成始于有机分子在表面上的积累，任何表面浸入液体几秒或几分钟，这种物理化学反应就会发生。大分子膜形成几个小时后，细菌开始定植。

细胞外聚合物（多糖、蛋白质、核酸、脂质和腐殖酸的混合物）在生物膜中起关键作用，最近被定义为细菌和微藻混合生物膜的稳定机制，只有当微藻与细菌相结合时，其含量才会显著提高。此外，细胞外聚合物在水生系统中对微量金属的循环利用也很重要，有利于金属与细菌和藻类的结合，胶体物质可将其从表水和大颗粒物中去除。细菌定植在受胁迫的藻类细胞中比在健康的藻类细胞中更占优势，这可能与细胞裂解后作为衰老过程的一部分或在诱导压力条件下从细胞中释放有机物质有关。无法采用物理技术将细菌从藻类中除去。更重要的是，藻类物种受益于细菌的存在，提高了它们的生长速度。

大多数的相互作用都受到化学信号的强烈调控。虽然在生物膜的正、负相互作用中许多现象被描述了，但目前有一些研究在探索微生物产生这种相互作用所涉及的化合物的化学和分子性质，这就是将来需要深入研究混合生物膜产生的基础。

二、乳酸菌生物膜

1. 在自然界广泛存在的乳酸菌生物膜

生物膜是由附着在表面的固有细菌群落和细胞外的聚合物，如蛋白质、DNA 和多糖，组成的自产基质形成的。生物膜细菌的生活方式已经被广泛研究了 20 年，主要是通过参与囊性纤维化的铜绿假单胞菌（*Pseudomonas aeruginosa*）生物膜研究的开创性工作而进行的。生物膜可在多种生物或非生物载体上形成。对于微生物细胞来说，生物膜是一个庇护所，它可以提高对恶劣环境和环境波动的保护，如 pH 值或氧的变化、生物杀菌剂或抗生素的存在，以及在生物膜下宿主的反应。据估计，生物膜中存在的固着细菌抵御抗生物剂的浓度是浮游细菌的 1000 倍。生物膜细菌对其他致死条件的高抗性是由于生物膜基质等不同因素阻碍了杀菌剂的反应，在应激反应或抗生素中生物膜细菌的基因优先表达，以及由生物膜衍生的变种的出现，增强了它们在不利条件下生存的能力。

乳酸菌（LAB）是一组革兰氏阳性（＋）、非孢子形成的球菌、球杆菌或杆状菌，存在于食品或饲料产品中，其核苷酸组成低于 50% GC 和以乳酸为主要碳水化合物分解代谢终点产物。乳酸菌包括：贫养菌属（*Abiotrophia*）、气球菌属（*Aerococcus*）、狡诈球菌属（*Dolosicoccus*）、孤僻球菌属（*Eremococcus*）、法克莱菌属（*Facklamia*）、球孢菌属（*Globicatella*）、依那韦格拉菌属（*Ignavigranum*）、碱菌属（*Alkalibacterium*）、异体杆菌属（*Allofustis*）、异缘球菌属（*Alloiococcus*）、奇异杆菌属（*Atopobacter*）、奇异球菌属（*Atopococcus*）、异位杆菌属（*Atopostipes*）、肉杆菌属（*Carnobacterium*）、德菌收藏菌属（*Desemzia*）、伪粒球菌属（*Dolosigranulum*）、短粒链菌属（*Granulicatella*）、似杆菌属（*Isobaculum*）、产乳酸杆菌属（*Lacticigenium*）、海洋拟乳杆菌属（*Marinilactibacillus*）、鱼球菌属（*Pisciglobus*）、发串球菌属（*Trichococcus*）、巴伐利亚球菌属（*Bavariicoccus*）、短小链球菌属（*Catellicoccus*）、肠球属（*Enterococcus*）、肠球菌属（*Enterococcus*）、蜜蜂球菌属（*Melissococcus*）、钝头杆菌属（*Pilibacter*）、四联球菌属（*Tetragenococcus*）、漫游球菌属（*Vagococcus*）、乳杆菌属（*Lactobacillus*）、片球菌属（*Pediococcus*）、明串珠菌属（*Leuconostoc*）、果糖杆菌属（*Fructobacillus*）、酒球菌属（*Oenococcus*）、魏斯氏菌属（*Weissella*）、乳球菌属（*Lactococcus*）、乳卵形菌属（*Lactovum*）、链球菌属（*Streptococcus*）。这些细菌是从包括土壤、植物、青贮饲料、牛奶、发酵食品以及人和动物胃肠道在内的全球食物网中存在的众多物质中分离出来的。虽然乳酸菌生物膜的研究远远少于病原体生物膜的研究，但在乳酸菌存在的不同生物群落乳酸菌生物膜都有报道，这包括食物链（植物、牛奶、肉产品和食品加工厂）、动物及人体，以及工业和家庭环境。因此，乳酸菌生物膜似乎是在一个连续的栖息地上定植，在这些栖息地很可能出现相互交叉生长。

食品和农产品中的大多数乳酸菌都被认为是安全的，并且得到了美国 FDA 颁发的 GRAS（一般公认安全）认证和欧洲 EFSA 颁发的 QPS（合格的安全假设）认证。基于此，并考虑到乳酸菌在许多农产品转化为加工食品的过程中起着至关重要的作用，为了加速和更好地控制发酵过程，经常通过添加由某些乳酸菌组成的细菌发酵剂来加强本地产品中存在的乳酸菌菌群。这种做法导致食品中存在一种重要的乳酸菌生物群，易在食物基质上和食品生产环境中形成生物膜（约 10^9 CFU/g），最终通过食用发酵产品活性乳酸菌存在于人和动物中。乳酸菌生物膜也被认为是有益的，它们的主要功能之一是防止腐败和病原体的发展。食品加工厂的例子来自一些传统的奶酪制造技术，如利用木质桶进行牛奶发酵，这些奶酪是用原料奶制成的，其复杂的微生物群在木桶上迅速形成生物膜。常驻生物膜如同菌种的储藏库释放到牛奶中，使牛奶发酵和奶酪成熟，而无需添加外源发酵剂。乳酸菌生物膜在人体内和动物体内也常被认为是有益的。由于取样限制、活检取样和样品制备时保存生物膜的困难，它们在人体内的研究很少。在人体阴道中存在有益健康的乳酸菌生物膜已经被证实。在人体胃肠道中，由乳杆菌组成的乳酸菌生物膜可能覆盖了存在于肠道中的食物残渣，并参与了它们的消化过程。虽然食物残渣相关生物膜的菌群组成与非黏附菌群相似，但两个群落在分解不同碳水化合物的效率和产生最多的短链脂肪酸类型上都表现出明显的代谢性差异。在动物中，类似生物膜的乳酸菌群落在啮齿类动物、鸡、猪中早已被观察到，最近在蜜蜂等昆虫中也发现了类似生物膜的群落。蜜囊用于收集和运输花蜜到蜂房，其中定居着由各种乳酸菌菌株组成的复杂的乳酸菌生物膜。这种生物膜附着在蜜囊壁上。该乳酸菌群落已被证明能产生抗生素，以拮抗蜜蜂经常采集的花朵上存在的微生物。这种由乳酸菌群产生的抗菌剂也被证明可以在体内抑制两种主要的蜜蜂病原体（深食软球菌和芽孢杆菌），这体现了乳酸菌生物膜在蜜蜂健康中发挥着关键作用。这个重要的乳酸菌生物群对用来控制某些细菌疾病的抗生素很敏感。

某些乳酸菌可能对食品有害，如某些肉类产品、咸菜、葡萄酒和啤酒，因为它们会产生不需要的味道和黏液。在某些情况下这个问题很棘手，因为乳酸菌菌群在一定的种群水平上是有益的，在一定的种群水平上是有害的，因此需要对乳酸菌种群进行控制。乳酸菌生物膜除了可能会使某些食品变质外，还可能会导致设备生物膜化，以及随后的腐蚀和降低传热。在切达奶酪中，一些非发酵剂乳酸菌（NSLAB），如弯曲乳杆菌（*Lact. curvatus*）生物膜产生一种外消旋酶，将 L（＋）-乳酸转化为较难溶的 D（－）-乳酸，生成乳酸钙晶体。这些都是无害的，但是消费者会把白色的雾状物误认为霉菌的生长，并拒绝食用这些奶酪。在制糖厂，由于生产中存在将蔗糖转化为葡聚糖的葡聚糖酶，所以明串珠菌属是一大隐患。不溶性葡聚糖除了造成蔗糖的大量损失外，还会堵塞过滤器、管道和容器，而可溶性葡聚糖会改变蔗糖糖浆的黏度，并延缓蔗糖的结晶速度。此外，葡聚糖是明串珠菌生物膜基质的重要组成部分，同时也是其他细菌的重要组成部分，可以促进设备上生物膜的形成。病原菌和乳酸菌混合菌种生物膜的形成还可能引发食品安全问题，因为混合菌种生物膜比单一菌种生物膜具有更高的消毒抗性。

这些研究表明，尽管乳酸菌生物膜的特性远不如病原体微生物群，但在食物链中存在有益和有害双重特性。与病原体生物膜相似，乳酸菌生物膜比浮游生物膜表现出更强的对环境的抵抗特性。该特性适用于不同的抑制剂和防腐剂，如有机酸（即乙酸、柠檬酸、乳酸和苹果酸）和用于食品工业的乙醇，也体现在其对食品工业中用于设备清洁的消毒剂的耐药性。因此，需要在不同的环境中控制生物膜的形成，并需要了解在乳酸菌中控制生物膜形成的因素。

2. 生物膜生命周期

微生物生物膜被比作人类的城市。人们选择一个城市，选择最适合自己的社区，建立自己的家园，偶尔在生活条件恶化时离开。这种生物膜的拟人化比喻指的是浮游细菌，它们定居在一个生态位上，附着在一个表面上，产生胞外基质，生成生长中的三维成熟生物膜，这可以被认为是一个细菌建筑。它们偶尔离开生物膜，在另一个更有利的生态位形成一个新的群落。多物种生物膜是自然界生物膜的主要存在形式，受社会特征的支配，生物膜包含不同氧浓度、pH 值、氧化还原电位等不同种类的微环境。这导致了生物膜的异质性，形成功能结构系统。细菌群根据它们喜欢的特定微环境进行分布，并在它们之间形成共生关系。生物膜细菌的这种表面上的积聚生活，受到外来环境因素的影响，如生物表面的理化性质、细菌的营养供应以及主要的水动力条件等。

为了在生物膜内进行生长，细菌通过称为群体感应（quorum sensing，QS）的过程利用细胞间通信，使它们能够感知当地的环境条件，并通过调节特定的基因来适应环境。群体感应利用一种化学语言，这种语言由自我产生的小分子组成，这些小分子的积累使细菌能够当感觉到细胞或群体达到最小数量时，细菌就会做出反应。这种通过小的可扩散分子交流的方式特别适合于在有限的扩散环境下的细菌，例如生物膜，有报道这种方式影响和塑造细菌生物膜的形成。在乳酸菌中，两种类型的信号分子，即小的转化后的修饰肽（称为 AIP 的自诱导肽）和 LuxS 衍生的自诱导因子-2（AI-2），已经被证明会影响生物膜的生成。一种 AIP 系统被指定为乳酸杆菌 agr 一样模块的 Lam，调节植物乳杆菌（*Lact. plantarum*）WCFS1 中的黏附和生物膜的形成。AIP 是一种环状五肽，其环状结构与葡萄球菌 agr 系统的 AIP 相似。在粪肠球菌（*E. faecalis*）中也存在一种类似的粪链球菌调节器（fsr）群体感应系统，该系统参与了生物膜的形成。除了这些在乳酸菌生物膜生活方式中起关键作用的调节因子外，其他参与乳酸菌生物膜形成的细菌因素如下所述。

菌毛是在革兰氏阴性和革兰氏阳性菌中参与生物膜形成的细菌附属物。最近的发现揭示了它们是乳酸菌生物膜第一步形成的主要贡献者。通常，菌毛是三种菌体的异聚物，其中一种是主菌体亚基，形成菌体轴，其他辅助菌体亚基分别位于菌体的基部和顶端。菌毛蛋白亚基通过专门的被称为 sortases C 的转肽酶共价连接。乳酸菌菌毛可以驱动菌体细胞的黏附和聚合，这是生物膜形成的两个必要步骤。在 *L. lactis* IL1403 菌株模型中，尽管该细菌有一个菌毛操纵子，但在标准培养条件下不能产生菌毛。该操纵子在 *L. lactis* IL1403 中过表达后，产生了有菌毛的细胞，表现出一种自聚集表型，并形成了比无菌毛的相应细胞更厚的生物膜。部分分子解剖结果表明，自聚集表型是由轴菌毛寡聚物的表面介导的，而轴菌毛寡聚物的存在则驱动了其特有的生物膜结构。显微镜观察发现，纤毛之间的联系可能与所观察到的细菌聚集有关。最近，通过原子力显微镜（AFM）对乳酸菌鼠李糖乳杆菌 GG 的分析中，描述了菌毛之间的这种同质相互作用。

菌株和粪肠球菌（*Ent. faecalis*），在非生物和生物的表面上都有菌毛乳酸菌的黏附。研究表明，菌毛与天然乳酸乳球菌（*L. lactis*）对胃黏液的黏附有关，与鼠李糖乳杆菌

（*Lact. rhamnosus*）GG 对胶原的黏附（一种细胞外的蛋白基质）有关。这与功能性结合域的存在是一致的。例如在一些菌毛中血管性血友病（von Willebrand）因子的 A 型域和胶原结合域。总的来说，这些观察表明菌毛是涉及生物和非生物表面定植的重要因素，它们可用于根除乳酸菌生物膜从而有利于菌落的生长。在益生菌和保护生物膜策略中，乳酸菌分别定植于生物和非生物表面，最好选择有菌毛机制的菌株。

在乳酸菌中，其他细胞表面因子参与了黏附和随后的生物膜形成。在粪肠球菌（*Ent. faecalis*）中，管家分选酶（分选酶 A，SrtA）参与细菌的初始黏附和随后生物膜的形成。SrtA 突变体在静态生长条件下表现为中等程度的生物膜形成缺陷，而在水动力条件下则表现为明显的生物膜形成缺陷。管家分选酶 A 锚定大多数细菌蛋白（sortase dependent protein，SDPs）和细菌细胞壁新生菌毛。SDPs 在其 C 端含有一个细胞壁分类信号，该信号包括一个五肽信号（Leu-Pro-x-Thr-Gly，x 代表任 1 种氨基酸，LPxTG），随后是一个疏水区域和一个阳离子。在粪肠球菌的泛基因组中，预测了大约 40 个 SDPs，其中一些包含假定的功能性黏接域。在人阴道分离的植物乳杆菌中，SrtA 也被证明参与自聚集，黏附到阴道上皮细胞，并形成生物膜。在鼠李糖乳杆菌 GG 中，一种称为 MabA 的蛋白质（用于黏附和生物膜调节）LPxTG 信号参与了黏附小鼠胃肠道和生物膜的形成。一个相应基因被删除的衍生物显示出与 CaCo-2 细胞的黏附和生物膜的形成减少了 2 倍。鼠李糖乳杆菌菌毛蛋白突变体几乎完全丧失了黏附特性和生物膜形成能力。这说明 MabA 可以作为黏附和生物膜形成的调节剂，并在黏附过程的后期发挥作用，即菌毛会启动远距离接触，而 MabA 会进行短距离接触。MabA 在鼠李糖乳杆菌（*Lact. rhamnosus*）LC705 中的表达比菌株 GG 中的低约 9 倍。此外，在前一个菌株中没有产生菌毛，这是鼠李糖乳杆菌（*Lact. rhamnosus*）LC705 低黏附性的原因。

当 GG 和 LC705 的生物膜用广谱蛋白酶处理时，观察到附着的细胞完全解体，这表明蛋白质如 MabA 和菌毛（在 GG 株中）是鼠李糖乳杆菌生物膜形成的关键因子。黏液结合蛋白（MBP）也是一种分选酶 A 底物，是参与乳酸菌宿主定植的重要因素。尽管它们在人体内和动物黏膜生物膜发育中的作用尚不清楚，但最近的一项 Meta 转录组学方法比较了小鼠前胃生物膜和后肠腔菌群的转录水平，结果显示，前胃生物膜中产生了过量的 MBP。总的来说，这些数据表明 SDPs 起了关键作用，它的多数功能还未知，在机理上引发了在不同的乳酸菌存在的生态位中形成生物膜。

乳酸菌可能与酵母共存于一些传统的发酵食品中，如醋、清酒、橄榄和奶酪。这可能导致混合物种生物膜的，其形成产生依赖于共聚集的先决条件。对乳酸菌-酵母共聚集的分子基础已经进行了研究。生化和分子生物学方法都揭示了这种相互作用是基于甘露糖特异性黏附素目标甘露聚糖，即一种酵母细胞壁甘露糖聚合物。这些黏连素已被证明是植物乳杆菌分选酶 A 的 LPxTG 底物。由于植物乳杆菌是人体肠道中出现的通用型乳酸菌，甘露糖特异性黏附素也可能与 GIT 中乳酸菌生物膜形成有关，这是由之前对不同革兰氏阴性菌的研究得出的结论，表明这些黏连素是肠道定植的介质。参与 D-丙氨酸化的 dlt 操纵子已被证明，通过调节细菌表面的净负电荷可影响黏附和乳酸菌中生物膜的形成。在粪肠球菌（*E. faecalis*）中，与野生型菌株相比，*dltA* 缺失突变体对上皮细胞的黏附和生物膜的形成均减少。在罗伊氏乳杆菌（*Lact. reuteri*）中，在 *dltA* 突变体和野生型菌株中发现了与小鼠前胃上皮相似的黏附，尽管突变体在体内未能在前胃上皮上形成生物膜。在小鼠前胃生物膜的 Meta 转录组学方法中，dlt 转录表达在前胃生物膜中是后肠腔菌群中的 368 倍。相反，在鼠李糖乳杆菌 GG 中，dlt 突变体对人肠上皮细胞的黏附和生物膜的形成均无影响。值得注意的是，后者是菌毛，正如上面在 MabA 中观察到的，菌毛可能是参与黏附和生物膜形成性状的主要细菌结构。

一旦细菌附着在表面上，接下来就会通过细胞外聚合物（多糖、蛋白质和 DNA）的产生来形成生物膜。多糖是生物膜形成的主要分子，参与了许多过程，包括黏附、聚集、生物膜聚合、保水、抗生物杀灭剂和感染后的宿主防御。多糖由许多乳酸菌生成，已区分出三种类型，即荚膜型、细胞壁型和分泌型多糖，在生物膜形成过程中似乎表现出不同的作用。虽然大多数乳酸菌多糖的研究都集中在其在食品的质构特性，但最近的证据表明，它们可能会影响乳酸菌生物膜的形成。荚膜多糖可能通过减少细菌黏附而对生物膜的形成产生不利影响。这已经在植物乳杆菌中被观察到，荚膜多糖基因表达的增加与表面黏附性降低和生物膜形成的减少有关。我们假设这些多糖可以保护细菌黏附因子，这些黏附因子在黏附的主要步骤中参与了生物膜形成，正如之前在金黄色葡萄球菌中观察到的那样。鼠李糖乳杆菌 GG 也得出了同样的结论。有假设提出一些多糖可以保护菌毛，这些菌毛已被证明在该菌株的黏附和生物膜特性中是必不可少的。

葡聚糖和少量的果聚糖在罗伊氏杆菌中产生，罗伊氏杆菌分别由葡萄糖酵母菌素酶（GftA）和菊粉蔗糖酶（Inu）介导聚合和随后形成生物膜。尽管最终的上皮定植与野生型菌株相似，GftA 突变株显示了小鼠肠道的延迟定植。Schwab 等在他们对小鼠前胃生物膜的 Meta 转录组学方法中发现，果聚糖和葡聚糖蔗糖酶等在前胃生物膜中的含量是后肠腔菌群的约 50 倍。总而言之，这突出了胞外多糖在生物膜形成和某些乳酸菌的生态性能中的作用。尽管尚不清楚它们是在表面定植阶段进行干预，还是作为生物膜基质的组成部分进行干预。粪肠球菌 OG1RF 中，肠球菌多糖抗原的 18 基因簇编码涉及多糖生物合成的酶和转运蛋白，并参与初级细菌黏附和生物膜的形成。另外两种糖酵母菌素酶 BgsA 和 BgsB（用于生物膜相关的糖脂合成）分别驱动双甘油酯和单甘油酯的合成，参与生物膜的形成。BgsA 和 BgsB 缺失突变体在聚苯乙烯板上的黏附水平未受影响，但生物膜形成受损。这表明，与其他糖酵母菌酶不同，相应的 BgsA 和 BgsB 酶不参与细菌最初的表面附着，而是与细菌在生长的生物膜中的积累有关。

细胞外 DNA（eDNA）是生物膜基质的重要组成部分，主要是由自溶酶驱动的细菌自溶作用所致，其中一些已经在乳酸菌中被识别。在粪肠球菌 OG1RF 中，自噬素突变株显示生物膜形成通过两种机制受损。细菌黏附表现为自噬素依赖和 DNA 无关。这是通过对自噬素突变体的研究发现的，与野生型菌株相比，自噬素突变体的黏附力降低。这不是因为释放的 DNA 水平较低，是因为用 DNase I 处理的野生型菌株在初级黏附中没有受到影响。有学者提出，在自溶素突变体中，细菌链越长，结合位点越少，细胞沉积速率越低。相反，生物膜的成熟依赖于 DNA。在静态和流体动力条件下，DNA 酶处理的生物膜和自溶酶突变体的生物膜都未能形成天然野生菌株生物膜观察到的三维结构。在乳酸菌菌株 L. lactis MG1363 中，自溶素突变株也黏附在表面。在静态条件下，生物膜显示多孔丝状 3D 结构，是由于突变的链接和这些生物膜中低 DNA 含量。

生物表面活性剂是两性分子化合物，主要是脂肽和糖肽，由具有表面活性和乳化活性的微生物产生。因此，它们涉及不同生物膜的动力学，例如微生物的黏附和解吸、细菌的群集、生物膜内通道的建立，从而使营养物质能够在较低的生物膜层中供应。生物表面活性剂也是细菌从生物膜中分离的关键因素，使细菌能够回到浮游生物的生活中，并在另一个微环境中建立新的群落。乳酸菌能生成生物表面活性剂，其部分表征显示了对致病菌（如大肠杆菌、表皮葡萄球菌、金黄色葡萄球菌）和酵母菌的抗黏附和抑制活性。这些来自乳酸菌的生物表面活性剂很可能调节生物膜的形成。发酵乳杆菌（*Lact. fermentum*）ATCC9338 产生了一种生物表面活性剂，通过降低糖酵母菌素酶编码基因的表达，对变形链球菌（*Strep. mutans*）生物膜的形成产生了负面影响。这些酶参与细胞外葡聚糖的生成，而细胞外葡聚糖是牙齿表面定植和形成生物膜导致龋齿的关键。这表明乳酸菌生物表面活性剂可能使乳酸菌生物膜具有作为表面保护生物膜对抗病原体的潜力。这些化合物的分子特征应该进行研究，以便分析它们的生成、作用模式等特性。

3. 乳酸菌生物膜的健康和生物技术潜力

虽然许多乳酸菌（LAB）被认为是益生菌，但很少有研究关注它们的活动与它们在人类和动物体内的生物膜生活形态有关。乳酸菌生物膜存在于人类的阴道中，主要由惰性乳杆菌（*Lact. iners*）和卷曲乳杆菌（*Lact. crispatus*）形成，占菌群的 90%。这种乳酸杆菌菌群被认为是通过产生抗菌物质、刺激宿主防御和屏障作用来保护泌尿生殖道免受病原体的侵袭。全球阴道病的流行率较高，主要的致细菌或酵母菌性阴道病与乳酸菌群下降至总微生物群的 7% 有关。阴道乳酸菌生物的枯竭伴随着阴道病原体数量的增加，通过口服或阴道给药途径补充益生菌，可以提供一种替代性的可持续治疗或使用抗菌剂附加处理。筛选抑制阴道病原体相关体外表型的报道，包括自聚集、黏附、生物膜形成能力、过氧化氢和细菌素的生成等。然而，在人体内和动物体内的研究中产生了不同的结果。阴道加德纳菌（*Gardnerella vaginalis*）是细菌性阴道病的主要致病菌，是一个高度竞争的生物膜前体，既能附着在乳酸杆菌定植的阴道上皮上，又能置换部分乳酸菌菌群。因此，几个生物膜形成者之间的竞争导致阴道畸形。由于阴道加德纳菌生物膜与浮游细菌相比，对乳酸菌所产生的抑制性代谢物表现出更强的抗性，试图通过杀菌来根除是不成功的，而重点放在对阴道加德纳菌黏附和生物膜移位的抑制可能更有希望。

乳酸菌因其极具潜力的免疫调节特性而被推荐用于治疗多种消化道疾病，包括肠道感染和炎性肠病（IBD）。乳酸菌株可能具有免疫抑制作用，也可能具有免疫刺激作用，两者都有治疗的潜力。免疫抑制株减少了 IBD 诱导小鼠模型的炎症反应，而黏膜免疫系统的刺激则可防止肠内感染。在免疫调节的领域，最近的研究表明，生物膜乳杆菌比浮游生物更有效地减少了 LPS 激活人类单核细胞产生的炎性细胞因子。通过对这些乳酸菌生物膜产生的效应物进行定性分析，发现伴随蛋白 GroEL 参与了所观察到的抗炎作用。这些观察结果表明，未来对乳酸菌体内功能的研究应将乳酸菌视为具有不同于浮游细胞功能特性的生物膜前体。在未来探索乳酸菌生物膜的潜力，应该选择合适的人类乳酸菌菌株，因为有越来越多的证据表明乳酸菌的宿主特异性，内生菌株在体内竞争时胜过外来菌株。

乳酸菌生物膜也有潜在的食品、饲料安全问题，最终目标是开发保护性生物膜，以防止食品加工设备中单核细胞增生李斯特菌（*Listeria monocytogenes*）的滋长。Zhao 等成功地从家禽加工厂的地漏中分离出了抑制李斯特菌的乳酸菌菌株，没有检测到单核增生李斯特菌。其中一些乳酸菌菌株在竞争排斥试验中非常有效，可以将单核增生李斯特菌的生物膜数量降低到检测水平以下。这些菌株反复应用在李斯特菌污染的地漏中，病原体数量急剧减少（约 4lg10CFU/100cm²）。在第二个实验中，两种生物膜前体（*L. lactis* C-1-92 和 *Ent. durans* 152）的组合显示出对单核细胞增生李斯特菌的强抑制作用（第一周使用 4 次）。这导致了李斯特菌生物膜种群在检测水平以下，并在菌株应用后的 13 周内防止了李斯特菌对地漏的再次污染。

意大利的拉古萨奶酪（Ragusano）采用传统的奶酪制作技术，使用木桶进行生奶发酵。木材上迅速发育的生物膜以嗜热乳酸菌为主，未见病原菌和腐败生物，说明乳酸菌生物膜可能存在屏障作用。在法国瑞布隆（Reblochon）奶酪成熟过程中使用的木质架子上也有相同类型的保护生物膜。在天然生物膜覆盖的货架上成熟时，李斯特菌的沉积种群数量减少，而在覆盖了死生物膜的货架上，李斯特菌的数量在奶酪成熟时急剧增加。在另一项研究中，Woo 和 Ahn（2013）显示了几种益生菌菌株在竞争、排除或取代李斯特菌和沙门菌生物膜方面的潜力。根据益生菌菌株不同，病原体生物膜的减少程度是可变的。

乳酸菌生物膜的保护作用涉及多种机制同，一种与营养物质的竞争有关，被称为詹姆逊效应（Jameson effect）。曾有报道说明了天然生物膜菌群在干酪成熟木架上对李斯特菌的抑制作用。与李斯特菌单培养相比，与生物膜共培养的单核增生李斯特菌的生长速率没有降低，但当生物膜菌进入稳定期后，病菌停止生长，导致病菌最大种群密度降低。这可以用生物膜细菌的营养消耗和衰竭来解释。细菌素的产生是乳酸菌生物膜提供保护的另一种机制。在从地漏中分离出的高保护菌株中，出现了一株乳酸乳球菌（*L. lactis*）菌株可以作为细菌素 Nisin 的产生菌株。这种产生 Nisin 的乳酸菌生物膜确实能够使李斯特菌生物膜在李斯特菌与乳酸乳球菌同时黏附时降低到检出限以下，并能使病原体延迟黏附乳酸乳球菌生物膜。

另外，可能干预乳酸菌生物膜保护的机制与空间竞争有关。这已经在 *L. lactis* MG1363 消灭单增李斯特菌 LO-28 和 EGDe 菌株的生物膜中得到证实。用共聚焦激光扫描显微镜观察双重李斯特菌、乳酸乳球菌连续流生物膜动力学显示，李斯特菌细胞被限制在与支架接触的生物膜基上，并被 *L. lactis* 细胞覆盖。使用基于个体建模的双物种生物膜的开发建模（IBM），提出生物膜形成初期的空间竞争是由两菌株的生长参数决定的。与单核增生李斯特菌相比，*L. lactis* 显示出更短的潜伏期和更短的产生时间使其更容易占据生物膜的表层。生物膜的进一步发展有利于 *L. lactis* 的主要营养供应，而李斯特菌细胞，嵌入在生物膜的底层，被剥夺了营养和维持生存的生活方式。

乳酸菌生物膜的高细胞密度、乳酸菌的无害性以及乳酸菌生物膜的自然抗逆性，促进了在生物技术问题中尝试利用这些细菌群落。在乳酸生产中，采用鼠李糖乳杆菌（*Lact. rhamnosus*）RS93 的填充床生物膜反应器（PBBR）比含有化学固定细菌的反应器产生更多的酸。在另一个系统，由德氏乳杆菌（*Lact. delbrueckii*）NCIM 2365 PBBR 与槽式生物反应器耦合，生物膜从接种生物反应器的 PBBR 中释放细胞，浮游菌和生物膜菌在双反应器中进行糖发酵。这使得乳酸的产量比单一的生物反应器更高，同时表现出了长期的可持续性和稳健性，允许连续发酵 1000h，而不需要新的接种。这说明乳酸菌生物膜是在生物技术过程中具有竞争性的替代细胞固定化系统。

植物乳杆菌凝集酵母和形成混合物种生物膜的能力被用于评估其在乙醇生产中的潜力。酿酒酵母-植物乳杆菌 HM23 混合菌种在纤维素的珠子上形成的生物膜在连续 10 次培养 24h

后，具有良好的乙醇生产水平和高稳定性。混合菌种生物膜与单菌种生物膜的比较表明，混合菌种生物膜具有较强的耐洗性和较强的抗细菌污染能力，这可能与植物乳杆菌产生乳酸有关，维持着低 pH 值。

乳酸菌已被作为细胞工厂，无论是在体外生产和生物分子的后续纯化，还是在体内由乳酸菌本身在宿主体内传递生物分子。细菌素 Nisin 是由乳酸乳球菌菌株生产的，其作为添加剂的工业用途已在世界许多国家得到批准。使用 *L. lactis* 生物膜反应器提高 Nisin 产量的尝试，不仅使 Nisin 的产量比悬浮细胞反应器提高了约 2 倍，而且极大地减少了 Nisin 生产的滞后阶段。

病原体的生物膜的破坏和消灭对医学和食品微生物学家来说是一个巨大的挑战，相比之下，乳酸菌的生物膜在许多问题上具有巨大的潜力。生产具有保护作用的生物膜是一种很有前途的应用，它可以保护生物和非生物表面不受病原体生物膜的侵害。从目前该领域的研究现状来看，乳酸菌能够在许多环境中形成多物种生物膜，并通过竞争、拮抗和抑制机制有效地阻止病原体。这表明，乳酸菌生物膜是环境的保护者，可作为在人类和动物健康以及世界工业中使用杀菌剂和抗生素的潜在替代品。

在生物膜形成或预防过程中涉及的大量细菌因子已在乳酸菌中得到鉴定或表征。这是为了开发可靠的方法，以在不同的应用中利用乳酸菌生物膜。值得注意的是，这些特征因子大多涉及生物膜形成的初始步骤，细菌效应因子通过基质的构建（偶尔也会分解）促进生物膜的成熟。基质由 EPS 组成，EPS 主要由胞外多糖、蛋白质、eDNA 及其降解产物组成。EPS 被称为"生物膜的暗物质"，因为它具有复杂多变的化学结构和高度的时空异质。胞外多糖是重要的 EPS 组分，由于其在食品中的结构特性，目前在乳酸菌中研究较多，但其化学性质对生物膜基质构建的贡献却很少被探索。此外，EPS 降解酶是重要的。①在聚合物的分解和低分子量产物的释放中，这些低分子量产物可被生物膜种群用作碳源和能源。②在细胞从生物膜中分离和分散的过程中，使得新的生物膜可以在其他地方形成。这对于更好地控制乳酸菌生物膜在不同环境中的黏合性和分散性是必要的，这些细菌可以在不同的环境中被使用。

三、益生菌生物膜对口腔健康的影响

最近关于口腔生物膜中天然微生物平衡对维持健康的重要性的研究为牙科带来了一个新概念：要防止口腔生态破坏，而不仅仅是修复蛀牙。因此，使用益生菌促进口腔健康的新趋势日趋明显，尽管局部和系统的作用机制在很大程度上仍然未知。以下将简要介绍口腔生物膜在健康和疾病中的作用，并在临床试验的基础上检验了益生菌治疗在牙科中的证据。几项研究显示益生乳酸菌和双歧杆菌对唾液变异链球菌（*S. mutans*）有拮抗作用。研究显示减少了龋齿发生率和阻止了根龋齿。其他试验已经报道了对牙龈炎和牙周炎的有益影响，如菌斑指数、牙龈指数、探查深度、龈下微生物群和龈沟液中促炎细胞因子水平等，没有不良反应的报告。但在提出临床建议之前，需要进一步的研究。

人类微生物组计划提供的观点是人类生物膜与人类共同进化并对健康发挥重要作用。新的关键分子生物学技术，如 DNA 杂交、16S rDNA 测序和微阵列等，为研究早期不可培育的微生物开辟了可能性，并使研究人员能够研究复杂的生物膜组成及其功能。目前，人类口腔微生物群落数据库包含 600 多个分类单元和 13 个门，其中只有 40% 左右可以用传统的基于琼脂的方法培养。目前的认识是，口腔微生物群并不是被动的，而是积极地维持口腔健康。口腔生物膜甚至可以直接保护某些情况，如牙釉质侵蚀。因此，牙科学正面临着一个真正的新范式来控制和管理各种口腔疾病。

1. 口腔生物膜的健康与疾病

生物膜遍布全身，而牙菌斑可能是人体最容易获得的生物膜。生物膜是一种微生物的集合，其中的细胞相互黏附在受保护的表面上。口腔生物膜形成的不同步骤如图 3-17 所示。成熟而复杂的生物膜是一个高级的、相互关联的功能细菌群落，如具有共同聚集、代谢交换、细胞间通信（群体感应）和遗传物质交换等功能。

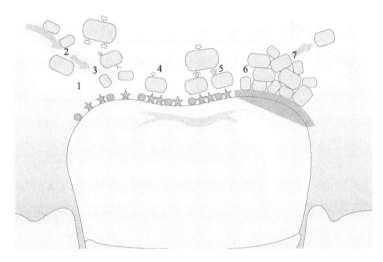

图 3-17　膜形成、黏附和定植的示意

1—薄膜的形成；2—细菌被动地输送到牙齿表面；3—细菌受到微弱的静电力的吸引可逆地保持；
4—通过细菌上的粘连素和膜上的受体，黏附成为不可逆；5—附在初级定植剂上的二次定植剂（共附）；
6—细菌的生长导致生物膜的成熟；7—解黏附可能发生

口腔生物膜的确切组成因主体和位置的不同而不同（光滑的表面、裂隙、接近唾液腺等）。最重要的是，生物膜受遗传因素、饮食、环境和压力的影响。新生婴儿的口腔是无菌的，但在几个小时后，口腔就会感染第一种链球菌。母体是婴儿口腔微生物的主要来源，环境条件对其微生物组成有很大影响，暴露于各种微生物的顺序和时间决定了口腔生物膜的建立和组成。例如，剖宫产的婴儿与阴道分娩的婴儿相比，唾液中的细菌多样性降低，健康和保护性的细菌减少。从长远来看，这甚至会对他们日后患上蛀牙带来负面影响。根据卫生学推测，接触多种有益菌的婴儿患哮喘和异位湿疹的风险较低，因此建议使用含益生菌的婴儿药水、婴儿配方奶粉等。最近一项口腔研究发现，与使用无菌奶嘴的婴儿相比，使用清洁奶嘴的婴儿患湿疹的概率更小。4 个月大时唾液中微生物的模式也可以被清楚地区分出来，说明了建立健康的生物膜的重要性。

一个稳定和多样化的生物膜与健康有关，特别要强调的是，口腔微生物群对于保持口腔和牙齿健康有积极的作用。生物膜在某些条件下具有保护作用。当一个稳定的生物膜受到刺激时，有益菌和致病菌之间的平衡被打破，多样性减少。导致牙釉质脱矿的生物膜应激的主要原因是频繁和过量地摄入糖，尤其是精制蔗糖的摄入。由于细菌产酸，降低了生物膜的

pH 值，而生物膜通过过度生长的耐酸和产酸细菌来适应这种环境。同样，当生物膜的稳定性受到病原菌产生的炎性蛋白的挑战时，促进了蛋白水解表型的生长，导致牙龈炎，最终导致牙周病。在这两种情况下，有益菌和有害菌之间失去了正常的稳定性和平衡，多样性显著减少。目前的生态菌斑假说被称为生态斑块假说。

这一生态理论的一个重要结果是，世界上最常见的龋齿病不再被认为是由如变形链球菌（*S. mutans*）等特定病原体引起的。在过去的非特异性菌斑假说中，预防是通过每天至少两次细致的刷牙，机械地清除所有的菌斑（生物膜）。在特异性菌斑假说的时代，重点不是消除所有的菌斑，而是使用抗菌药物治疗特定的病原体。以目前的生态学观点来看，治疗应该试图控制而不是消除斑块菌群。因此，益生菌的使用非常适合口腔微生物学的范式转变，不是通过针对特定的口腔病原体来治疗口腔疾病，而是采用生态的、以微生物为基础的方法治疗。

2. 益生元和口腔健康

益生元是一种不易消化的食物成分，通过刺激某些有益菌的生长和活性来影响宿主，如低聚糖、菊粉和乳果糖。虽然在普通医学中进行了研究，但这一概念似乎尚未进入口腔研究领域。2013 年 12 月进行 PubMed 检索时，没有发现任何与临床相关的已发表文献，尽管如此，一些间接的发现还是值得一提的。一项临床试验比较了母乳喂养和奶瓶喂养的婴儿唾液中的微生物多样性。母乳含有丰富的低聚糖，母乳喂养的婴儿比配方奶喂养的婴儿有更多样、更健康的细菌。在 3 个月大时，25％的母乳喂养的婴儿体内含有有益的乳酸菌，而在用奶瓶喂养的婴儿中，这一比例为 0。最近的研究表明，儿童摄入富含纤维的饮食与唾液分泌率增加有关。唾液分泌和缓冲能力的增加与龋病的活动性呈负相关，因为除了机械清洁外，唾液还含有生物膜调节剂，如电解质、抗菌酶、免疫球蛋白和氨基酸。这些氨基酸在口腔健康方面特别有意义，因为可能以益生元的形式起作用。健康的微生物群在口腔生物膜中具有精氨酸溶解特性，将精氨酸转化为铵，从而抵抗口腔生物膜中的低 pH 值的胁迫。在最近的临床试验中，作为氟化物和钙的辅助剂，用于儿童和成人的根龋病变。因此，含精氨酸的牙膏在预防儿童龋齿方面提高了 20％的效果，可改善早期龋病的再矿化，与单独含氟的阳性对照组相比，其对成年人活性根龋的抑制效果更佳。目前，很多的研究都是在龋病普遍流行的国家进行的，因此需要在龋病负担较低和牙科保健较普遍的社区确认研究结果。

3. 益生菌和口腔健康

益生菌已被用于治疗许多口腔疾病，包括龋齿、牙龈炎、牙周疾病、口臭和口干。大量的叙述性综述表明益生菌是一个热门话题，然而，大多数是体外实验研究，临床试验的科学质量好坏参半。一些研究采用了充分的随机对照设计，而在其他一些研究中，偏倚和混杂因素的风险是从中风险到高风险的。

4. 未来的趋势

一些研究正在探索口腔微生物群落在健康和疾病中的作用，从而扩展在此研究领域的知识。益生菌的概念将继续获得研究的关注，特别是作为口腔医学中与行为和生活方式相关的一般疾病，如与代谢综合征之间的联系。益生菌的概念对消费者也很有吸引力，随着消费者意识的增强，新的产品和品牌将会出现在柜台上。虽然使用天然有益菌似乎没有争议，但转基因菌株可能会受到质疑，至少对于婴儿和婴儿的早期阶段是这样的。一个关键的问题是确定和找到适合各种口腔疾病的最佳菌种。到目前为止，已经采用了来自胃肠道或泌尿生殖系统的菌株，这些菌株在口腔环境中可能不是最理想的。因此，需加强寻找和定位对口腔健康有效的益生菌。体外实验表明，口服益生菌菌株是首选，但很少有临床试验。例如，从儿童口腔中分离出的乳酸菌比从发酵肉制品中分离出的乳酸菌对唾液覆盖的牙齿表面附着程度更高。另一个问题是不同菌株的组合是否比单一菌株更有效。此外，每日最佳剂量尚未确定，来自全球实验室的初步数据表明，可能出现明确的剂量反应关系，也许将来会提倡更高的剂量。总之，更好地理解益生菌的分子机制、益生菌混合物与单一菌种的作用、益生菌制剂的作用以及摄入益生菌的状况应有助于阐明益生菌补充剂对口腔健康的临床价值。

随着生物膜介导的口腔疾病预防和管理的新模式出现，人们对益生菌的兴趣正在迅速增长。每天摄入益生菌补充剂可以起到以下作用。

① 影响和恢复口腔生物膜的平衡和多样性；

② 抑制唾液中变形链球菌的水平；

③ 预防及遏制蛀牙，特别是与氟化物混合使用；

④ 减少牙菌斑的数量，对牙龈炎和牙周袋有良好的效果，特别是与传统牙周治疗相结合，如洁治和拔牙；

⑤ 预防口腔黏膜炎，减少口腔异味。

因此，应该强调的是益生菌疗法不是替代疗法，而是一种补充疗法，应该结合并添加到实证方法中，用于临床实践。

参考文献

[1] 顾瑞霞，谢继志. 乳酸菌与人体保健. 北京：科学出版社，1995.

[2] Yuji N, Aklyoshi H. Function of Fermented Milk. Lond and New：Elsevier Applied Sci，1995：10-21.

[3] 陈艳，曹郁生，刘晓华. 短链脂肪酸与肠道菌群. 江西科学，2006，24（1）：38-41.

[4] 许梓荣，胡彩虹，夏枚生. 果寡糖对肥育猪胆固醇代谢的影响. 营养学报，2002，24（4）：393-397.

[5] Reimer A R, Thomson A B R, Rajotte R V, et al. Proglucagon messenger ribonucleic acid and intestinal glucose up-take are modulated by fermentable fiber and food intake in diabetic rats. Nutr Res，2000，20：851-864.

[6] Rolandelli R H, Koruda M J, Settle R G, et al. The effect of enteral feedings supplemented with pectin on the healing of colonic anastomoses in the rat. Surgery，1986，99：703.

[7] Cummings J H, Gibson G R, Macfarlane G T. Quantitative estimates of fermentation in the hindgut of man. Acta Veterinaria Scandinavica，1989，86：76.

[8] Mortensen F V, Nielsen H, Aalkjaer C, et al. Short chain fatty acids relax isolated resistance arteries from the human ileum by a mechanism dependent on anion exchange. Pharmacology and Toxicology，1994，75：181.

[9] Tcdelind S, Westberg F, Kjerrulf M, et al. Anti-inflammatory properties of the short-chain fatty acids acetate and propionate：a study with relevance to inflammatory bowel disease. World J Gastroentrol，2007，13（20）：2826-2832.

[10] Galvez J, Rodriguez-Cabezas M E, Zarzuelo A. Effects of dietary fiber on inflammatory bowel disease. Mol Nutr Food Res，2005，49：601-608.

[11] Takato K, Akira A, Atsushi N, et al. Inhibitory effects of short-chain fatty acids on matrix metalloproteinase secretion from human colonic subepithelial myofibroblasts. Dig Dis Sci，2009，54（2）：238-245.

[12] Pinto A, Fidalgo P, Cravo M, et al. Short chain fatty acids are effective in short-term treatment of chronic radiation proctitis：randomized，double-blind，controlled trial. Dis Colon Rectum，1999，42（76）：788-796.

[13] Sokol H, Seksik P, Furet J P, et al. Low counts of *Faecalibacterium prausnitzii* in colitis microbiota. Inflamm

Bowel Dis，2009，15：1183-1189.

[14] 傅红，师英强，莫善兢. 短链脂肪酸对人结肠癌 Caco-2 细胞增殖分化的影响与临床意义. 中华消化杂志，2003，23（8）：473-475.

[15] Monica C，Elvira B，Oscar D H，et al. The effects of short-chain fatty acids on colon epithelial proliferation and survival depend on the cellular phenotype. J Cancer Res Clin Oncol，2006，132（8）：487-497.

[16] Waldecker M，Kautenburger T，Daumann H，et al. Inhibition of histonedeacetylase activity by short-chain fatty acids and some polyphenol metabolites formed in the colon. J Nutr Biochem，2008，19：587-593.

[17] Shin-ichiro K，Retsu M，Hisayoshi H，et al. Short-chain fatty acid receptor，GPR43，is expected by enteroendocrine cells and mucosal mast cells in rat intestine. Cell Tissue Res，2006，324（3）：353-360.

[18] 曾军英，孙志洪，谭支良. 游离脂肪酸受体蛋白研究进展. 生命科学，2008，20（3）：474.

[19] Gardiner G E，Casey P G，Casey G，Lynch P B，Lawlor P G，Hill C，Fitzgerald G F，Stanton C，Ross R P. Relative ability of orally administered *Lactobacillus murinus* to predominate and persist in the porcine gastrointestinal tract. Applied and Environmental Microbiology，2004，70：1895-1906.

[20] O'connor E B，Barrett E，Fitzgerald G，Hill C，Stanton C，Ross R P. Production of Vitamins，Exopolysaccharides and Bacteriocins by Probiotic Bacteria. Blackwell Publishing Ltd，2005：177.

[21] Cotter P D，Hill C，. Ross R P. Bacteriocins：Developing innate immunity for food. Nature Reviews Microbiology，2005，3：777-788.

[22] 钟颜麟，彭志英，赵谋明. 乳酸菌胞外多糖的研究. 中国乳品工业，1999，27（4）：7-10.

[23] Slodki M E，England R E，Plattner R D，et al. Methylation analyses of NRRL dextrans by capillary gas-liquid chromatography. Carbohyd Res，1986，156：199-206.

[24] Misaki A，Torii M，Sawai T，et al. Structure of the dextran of *Leuconostoc mesenteroides* B-1355. Carbohydr Res，1980，84：273-285.

[25] Cerning J. Exocellular polysaccharides produced by lactic acid bacteria. FEMS Microbiol Rev，1990，87：113-130.

[26] Valerie M Marshall，Eoin N Cowie，Rod S Moreton. Analysis and production of two exopolysaccharides from *Lactococcus lactis* subsp. *cremoris* LC330. Journal of Dairy Research，1995，62：621-628.

[27] Isabel Hallemeersch，Sophie De Baets，Vandamme Erick J. Biopolymers，2004，5：16.

[28] Grobben G J，Sikkema J，Smith M R，et al. Influence of fructose and glucose on the production of exopolysaccharides and the activities of enzymes involved in the sugar metabolism and the synthesis of sugar nucleotides in *Lactobacillus delbrueckii* subsp. *bulgaricus* NCFB 2772. Appl Microbiol Biotechnol，1996，46：279-284.

[29] Van den Berg D，Robijn G W，Janssen A C. Production of a novel extracellular polysaccharide by Lactobacillus sake 0-1 and characterization of the polysaccharide. Appl Environ Microbiol，1995，61：2840-2844.

[30] Ariga H，Urashima T，Michihata E，et al. Extracellular polysaccharide from encapsulated *Streptococcus salivarius* subsp. *thermophilus* OR 901 isolated from commercial yogurt. J Food Sci，1992，57：625-628.

[31] Ricciardi A，Clementi F. Exopolysaccharides from lactic acid bacteria：structure，producton and technological applications. Ital J Food Sci，2000，12：23-45.

[32] Oba T，Doesburg K K，Iwasaki T，et al. Biosynthetic pathway of the exopolysaccharide "viilian" in *Lactococcus lactis* subspecies *cremoris* SBT 0495. Abstracts of the Fifth Symposium on Lactic Acid Bacteria. Veldhoven，1996：Abstract D10.

[33] 张文羿，孟和，张和平. 乳酸菌基因组学研究进展. 微生物学报，2008，48（9）：1270-1275.

[34] 李全阳，夏文水. 乳酸菌胞外多糖的研究. 食品与发酵工业，2002，29（5）：86-90.

[35] Almiron-Roig E，Mulholl F，Gasson M J. The complete cps gene cluster from Streptococcus thermophilus NCFB2393 involved in the biosynthesis of a new exopolysaccharide. Microbiology，2000，146：2793-2802.

[36] Svvnsson M，Waak E，Svensson U，et al. Metabolically improved exopolysaccharide production by streptococcus thermophilus and its influence on the rheological properties of fermented milk. Applied and Environmental Microbiology，2005，71（10）：6398-6400.

[37]　Van Kranenburg R，Vos H R，Van Swan I，et al. Functional analysis of the glycosyltransferase genes from *Lacto-coccus lactis* and other grarn-positive cocci：complementation，expression，and diversity. Journal of Bacteriology，1999c，181（20）：6347-6353.

[38]　Grobben G J，Boels I C，Sikkema J，et al. Influence of ions on growth and exopolysaccharides by *Lactobacillus del-brueckii* subsp. *bulgaricus* NCFB 2772. Journal of Dairy Research，2000，67：131-135.

[39]　Lee H S，Park H S，Lee J H，et al. Effect of aeration rates on production of extracellular polysaccharide，EPS-R，by marine bacterium *Hahella chejuensis*. Biotechnology and Bioprocess Engineering，2001，6：359-362.

[40]　Dassy B，Stringfellow W T，Lieb M，et al. Production of type 5 capsular polysaccharide by *Staphylococcus aureus* grown in semi-synthetic medium. Journal of General Microbiology，1991，137：1155-1162.

[41]　Wekner A，Onken V. Influence of dissolved oxygen concentration and shear rate on the produetion of *Aureobasidium pullu-lans*. Biotechnology Letters，1991，13：155.

[42]　Sutherland I W. Microbial exopolysaccharides synthesis. Washington D C：Arnerican Chemical Society，1977：40-57.

[43]　Ganeel F，Novel G. Exopolysaccharide production by *Streptococcus salivarius* spp. *thermophilus* culture l. Conditions of pro-duction. Journal of Dairy Science，1994，77：685-688.

[44]　Van Beek S. Caracterisation des activites metaboliques des ferments utilizes en industrie des viandes，Evaluation de Ia production de polysaccharides exocellulaires par des souches de pediocoques et de laetobacilles. Memoire de fin d'etudes. Institut Superieur Agrieole de Beauvias，France，Centre de recherehe et de development sur les aliments，St. Hyacinthe，Quebee，Canada. 1997，70.

[45]　Navarini L，Gesaro A，Ross-MurPhy S. Exoplysaccharides from Rhizobium meliloti YE-2 grown under different os-molarity conditions：Viscoelastic properties. Carbohydrate Research，1992，223：227-234.

[46]　Singh R S，Saini G，Kermedy J F. Pullulan：Microbial sources，production and applications. Carbohydrate Poly-mers，2008，73：515-531.

[47]　Staub A M. Removal of Protein-Sevag method. Methods in Carbohydrate Chemistry，l965，5：5-6.

[48]　Jiang J，Guo Y，Niu A. Extraction，characterization of *Angelica sinensis* polysaccharides and Modulatory effect of the polysaccharides and Tai Chi exercise on oxidative injury in middle-aged Women subjeets. CarbohydratePolymers，2009，77：384-388.

[49]　Strasser G R，Amado R. Pectic substances from red beet（*Beta vulgaris conditiva*）. Part1. Structural analysis of rhamnogalacturonan I using enzymic degradation and methylation analysis. Carbohydrate Polymers，2001，44：63-70.

[50]　Haworth W N. Haworth methylation. Journal of Chemical society，1915，107：13-22.

[51]　Ciucanu I，Kerek F. A simple and rapid method for the permethylation of carbohydrates. Carbohydrate Research，1984，131：209-217.

[52]　Barber M，Bordoli R S，Sedgwick R D，et al. Fast-atom bombardment of solids as an ion source in mass spectrosco-py. Nature，1981，293：270-275.

[53]　Karas M，Bahr U，Biemann U. Matrix-assisted laser desorption ionization mass spectrometry. Mass Spectrometry Reviews，199，10：335-357.

[54]　Adeyeye J，Azurmendi H F，StrooP J M，et al. Conformation of the hexasaccharide repeating subunit from the Vib-rio cholera O139 capsular polysaccharide. Biochemistry，2003，42：3979-3988.

[55]　Bubb W A. NMR spectroscopy in the study of carbohydrates：Characterizing the structural Complexity. Concepts in Magnetic Resonance PartA，2003，19：1-19.

[56]　Canquil N，Villarroel M，Bravo S，Rubilar M，Shene C，Behavior of the rheological parameters of exopolysacchar-ides synthesized by three lactic acid bacteria. Carbohydr Polym，2007，68：270-279.

[57]　Patel A K，et al. Polysaccharides from Probiotics as Food Additives. Food Technol. Biotechnol，2010，48（4）：451-463.

［58］ Skriver A，Holstborg J，Qvist K B. Relation between sensory texture and rheological properties of stirred yogurt. J Dairy Res，1999，66：609-618.

［59］ Vaningelgem F，Zamfir M，Mozzi F，Adriany T，Vancanneyt M，Swings J，De Vuyst L. Biodiversity of exopolysaccharides produced by *Streptococcus thermophilus* strains is reflected in their production and their molecular and functional characteristics. Appl Environ Microbiol，2004，70：900-912.

［60］ Navarini L，Abatangelo A，Bertocchi C，Conti E，Bosco M，Picotti F. Isolation and characterization of the exopolysaccharide produced by *Streptococcus thermophilus* SFi20. Int J Biol Macromol，2001，28：219-226.

［61］ Chabot S，Yu H L，de Leseleuc L，Cloutier D，van Clasteren M R，Lessard M，Roy D，Lacroix M，Oth D. Exopolysaccharides from *Lactobacillus rhamnosus* RW-9595M stimulate TNF，IL-6 and IL-12 in human and mouse cultured immunocompetent cells，and IFN-γ in mouse splenocytes. Lait，2001，81：683-697.

［62］ Kitazawa H，Harata T，Uemura J，Saito T，Kaneko T，Itoh T. Phosphate group requirement for mitogenic activation of lymphocytes by an extracellular phosphopolysaccharide from *Lactobacillus delbrueckii* ssp. *bulgaricus*. International Journal of Food Microbiology，1998，40：169-175.

［63］ Kitazawa H，Ishii Y，Uemura J，Kawai Y，Saito T，Kaneko T，Noda K，Itoh T. Augmentation of macrophage functions by an extracellular phosphopolysaccharide from *Lactobacillus delbrueckii* ssp. *bulgaricus*. Food Microbiology，2000，17：109-118.

［64］ Perdigon G，Valdez G F，Rachid M. Antitumour activity of yogurt：study of possible immune mechanisms. Journal of Dairy Research，1998，65：129-138.

［65］ Xing S H，Lian Z X，Sun Y，et al. Inhibitory effect of exopolysaccharides produced by *Lactobacillus casei* strain KL1 from tibetan kefir on proliferation of human colon cancer cells. Food Sci，2012，33（7）：284-288.

［66］ Haroun B M，Refaat B M，El-Menoufy H A，et al. Structure analysis and antitumor activity of the exopolysaccharide from probiotic *Lactobacillus plantarum* NRRL B-4496 *in vitro* and *in vivo*. J App Sc Res，2013，9（1）：425-434.

［67］ Volpi N，Tarugi P. Influence of chondroitin sulfate charge density，sulfate group position，and molecular mass on Cu^{2+}-mediated oxidation of human low-density lipoproteins：effect of normal human plasma-derived chondroitin sulfate. Journal of Biochemistry，1999，125（2）：297-304.

［68］ Cerning J，Renard C，Thibault J，et al. Carbon source requirements for exopolysaccharide production by *Lactobacillus casei* CG11 and partial structure analysis of the polymer. Applied and Environmental Microbiology，1994，60（11）：3914-3919.

［69］ Harding L P，Marshall V M，Hernandez Y，et al. Structural characterisation of a highly branched exopolysaccharide produced by *Lactobacillus delbrueckii* subsp. *bulgaricus* NCFB2074. Carbohydrate Research，2005，340（6）：1107-1111.

［70］ 李艳辉，王琦. 真菌多糖的生物活性与构效关系研究评价. 吉林农业大学学报，2002，24（2）：70-74.

［71］ Weng B C，Lin Y C，Hu C W，et al. Toxicological and immunomodulatory assessments of botryosphaeran（β-glucan）produced by *Botryosphaeria rhodina* RCYU 30101. Food and Chemical Toxicology，2011，49（4）：910-916.

［72］ Peng X，Xiong Y L，Kong B. Antioxidant activity of peptide fractions from whey protein hydrolysates as measured by electron spin resonance. Food Chemistry，2009，113（1）：196-201.

［73］ Zhang E X，Yu L J，Zhou Y L，et al. Studies on the Peroxidation of Polyunsaturated Fatty Acid from Lipoprotein Induced by Iron and The evaluation of The Anti-oxidative Activity of Some Natural Products. Acta Biochimical Biophysica Sinica，1996，28（2）：18-21.

［74］ Kojima I，Shibata H E. Pertussis toxin blocks angiotensin II-induced calcium influx but not inositol trisphosphate production in adrenal glomerulosa cell. FEBS Letters，1986，204（2）：347-351.

［75］ Vaughan E E，Heilig H G H J，Zoetendal E G，Satokari R，Collins J K，Akkermanns A D L，de Vos W M. Molecular approaches to study probiotic bacteria. Trends in Food Science and Technology，1999，10：400-404.

［76］ Kleerebezem M，Boekhorst J，van Kranenburg R，et al. Complete genome sequence of *Lactobacillus plantarum* WCFS1. Proceedings of the National Academy of Sciences，2003，100：1990-1995.

［77］ LeBlanc J G，van Sinderen D，Hugenholtz J，et al. Risk assessment of genetically modified lactic acid bacteria using the concept of substantial equivalence. Current Microbiology，2010，61：590-595.

［78］ Adeghate E，Ponery A S. GABA in the endocrine pancreas：cellular localization and function in normal and diabetic rats. Tissue Cell，2002，34：1-6.

［79］ Di Cagno R，Mazzacane F，Rizzello C G，et al. Synthesis of gamma-aminobutyric acid (GABA) by *Lactobacillus plantarum* DSM19463：functional grape must beverage and dermatological applications. Appl Microbiol Biotechnol，2010，86：731-741.

［80］ Han D，Kim H Y，Lee H J，et al. Wound healing activity of gamma-aminobutyric Acid (GABA) in rats. J Microbiol Biotechnol，2007，17：1661-1669.

［81］ Plokhov A Y，Gusyatiner M M，Yampolskaya T A. Preparation of γ-aminobutyric acid using *E. coli* cells with high activity of glutamate decarboxylase ［J］. Applied Biochemistry and Biotechnology，2000，88 (1)：257-265.

［82］ Kim J Y，Lee M Y，Ji G E. Production of γ-aminobutyric acid in black raspberry juice during fermentation by *Lactobacillus brevis* GABA100 ［J］. International Journal of Food Microbiology，2009，130：12-16.

［83］ Dhakal R，Bajpai V K，Baek K H. Production of gaba (gamma-aminobutyric acid) by microorganisms：a review. Brazilian Journal of Microbiololgy，2012，43 (4)：1230-1241.

［84］ Liu H，Guo Y，Yang T，et al. Intervention effect of gamma aminobutyric acid on anxiety behaviorinduced by phthalate (2-ethylhexyl ester) in rats. International Journal of Neuroscience，2018，128 (10)：928-934.

［85］ 中国营养学会. 中国居民膳食营养素参考摄入量（2013 版）. 北京：科学出版社，2013：604-606.

［86］ Dovretsov S. Marine biofilms. Chapter 9. Durr S，Thomason J C. Biofouling. Wiley-Blackwell，Singapore，2010：405.

［87］ Rivas M O，Vargas P，Riquelme C E. Interactions of Botryococcus braunii cultures with bacterial biofilms. Microbial Ecology，2010，60 (3)：628-635.

第四章

益生菌的代谢

微生物通过大量相互联系且复杂的代谢途径维持它们的存活增殖，这些途径涉及生物合成和能量产生。每种代谢途径都包含了许多反应，而这些反应都是由不同的酶控制的。酶的合成与活性水平是维持与控制微生物细胞功能的关键所在。有一种调控机制源于生长基质中的营养分解产生的低分子量化合物，这些营养成分包括糖类、蛋白质、脂类以及一些微量元素。因此，基质的成分对于微生物细胞的生长与分裂是很重要的。

第一节　组学技术揭示的代谢研究

一、糖代谢

1. 基础糖代谢

在发酵食品、饲料生产及实验室所用培养基中，糖是乳酸菌（LAB）生长的主要碳源和能量来源。乳酸菌对于碳水化合物的吸收有许多不同的转运系统，如磷酸烯醇式丙酮酸-葡萄糖磷酸转移酶系统（phosphoenolpyruvate-dependent glucose phosphotransferase system，PTS）、三磷酸腺苷（ATP）结合盒式转运系统和糖苷-戊糖苷-己糖苷转运蛋白系统。在乳酸乳球菌中，葡萄糖的吸收形式主要是通过甘露糖或纤维二糖特异性 PTS 系统或者一个或多个非 PTS 转移酶系统。乳酸菌能够利用葡萄糖，同时也能代谢几种常见的己糖，但发酵其他糖的能力取决于菌株本身。乳制品中的乳酸菌可以利用牛奶中的大部分糖和乳糖作为碳源，而植物来源的细菌可以利用多种其他碳水化合物，包括 β-葡萄糖苷。此外，对二十株乳酸乳球菌乳脂亚种和乳酸亚种的表型和基因型进行分析发现不同菌株之间基因型不同，这两组菌种具有独特的碳水化合物发酵和酶活性谱，其中乳酸乳球菌乳脂亚种基因型谱更加广泛。

细胞结合或者由二糖水解释放到细胞质中的单糖会以 6-磷酸葡萄糖的形式进入糖酵解或者莱洛伊尔途径（Leloir pathway）进行代谢（图 4-1）。

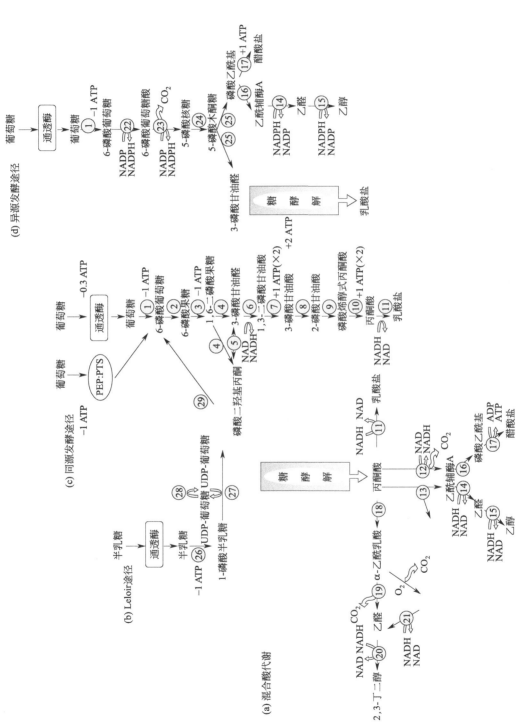

图 4-1　葡萄糖代谢途径

在乳酸乳球菌中，由 PTS 系统转运的乳糖被水解成 6-磷酸半乳糖，通过塔格糖途径（Tag6P）转化，然后在磷酸丙糖形式下进入糖酵解。在一些乳酸菌中，只有乳糖的葡萄糖部分被发酵，而半乳糖部分被排出，这导致基质中的半乳糖积累。半乳糖吸收可以通过非 PTS 半乳糖渗透酶（GalP）系统，并通过 Leloir 途径（galMKTE）代谢。半乳糖也可以通过 PTS^{Lac}（lacFE）系统吸收，并通过 Tag6P 途径（lacABCD）进一步代谢为磷酸丙酯。最新发现了另一种替代吸收代谢途径，即通过半乳糖 PTS 途径进行半乳糖易位，然后 6-磷酸半乳糖去磷酸化变为乳糖，其可通过 Leloir 途径进一步代谢。此途径已被用于基因工程菌株，半乳糖消耗率提高 50%。

糖发酵可以单独产生乳酸，或与其他有机酸和乙醇组合形成乳酸。乳酸菌代谢产物的不同形成了三种发酵类型：同型发酵、混合酸代谢和异型发酵。目前，乳酸菌中糖酵解速率的控制和调节尚不完全清楚，乳酸乳球菌中糖酵解速率不是由单一的酶、ATP 依赖性机制或糖转运控制，但不排除这些机制的相互作用可能控制糖酵解速率。

近年来，随着肠道微生物生态学研究的深入以及商业用寡糖益生元等需求的增加，对于糖的研究已经从可消化的二糖转变为难以消化的高级寡糖。然而，很少有高级寡糖代谢的研究数据，这些寡糖常见于谷物、牛奶、水果和动物的肠道中。目前仅对四种寡糖基团的代谢有比较详尽的报道，分别是：麦芽糖糊精和异麦芽低聚糖（IMO）、低聚果糖（FOS）、β-半乳寡糖（β-GOS）、棉子糖家族寡糖和 α-半乳寡糖（分别为 ROF 和 α-GOS）。

除了代谢糖之外，乳酸菌还能够将糖导向胞外合成胞外多糖（EPS）。这些长链糖类会松散地附着在细胞表面上形成胶囊状结构或分泌到胞外环境中。

胞外多糖的结构、大小和糖组成不尽相同，分为两类。一类是同型多糖（HoPS），是由同一种单糖（如 α-D-葡聚糖、β-D-葡聚糖、果聚糖或聚半乳糖）组成；另一类是杂多糖（HePS），由不同类型的单糖（如 D-葡萄糖、D-半乳糖、L-鼠李糖及其衍生物）组成。HoPS 通过高度特异性糖基转移酶以及葡聚糖或果聚糖-蔗糖酶在细胞外合成。HoPS 合成特别需要蔗糖作为底物并由其水解产生能量。有学者已对葡聚糖-蔗糖的晶体结构、反应和产物特异性以及 α-葡聚糖聚合物的结构进行了分析。

杂多糖由葡萄糖、半乳糖或其他单糖通过几种类型的糖基转移酶的组合作用合成。杂多糖生物合成涉及四个主要的连续步骤：糖转运到细胞质中、糖的磷酸化、重复单元前体的聚合和胞外多糖输出到细胞外。约氏乳杆菌 FI9785 中两种胞外多糖的合成依赖于 14kb 胞外多糖基因簇。然而，目前对胞外多糖生物合成的精确调节基质尚不清楚。推测胞外多糖的合成可以通过以上四个步骤中的任意一步进行调节。

2. 糖代谢的实际应用

乳酸菌发酵糖的能力已广泛用于各种食品的生产。因为乳酸菌对乙醇、低 pH 值和高温具有耐受性，因此具有提高生物燃料和生化产品产值的潜力。目前从天然底物中生产乳酸已得到越来越多的关注。天然底物包括来自农、林业的淀粉或木质纤维素材料，因为其丰富、价格低廉、多糖含量高并具有可再生性。此外，来自乳酸菌的胞外多糖可在食品工业中作为乳化剂、增稠剂、增黏剂和稳定剂使用。胞外多糖已被用于改善发酵乳制品、酸面团等其他发酵食品及谷物饮料的流变特性和质地，还可以提高无麸质面包的质量、安全性和可接受性，并取代高粱酸面团中的亲水胶体。来自乳酸菌的胞外多糖在农业食品行业应用方面具有很大的潜力，巨大的结构多样性可能会带来更加创新的应用。但是，大多数乳酸菌仅能产生少量的多糖，因此，仍然需要优化的胞外多糖生产和回收方法。

来自乳酸菌的胞外多糖对人体也具有一定的益生作用。通过嗜酸乳杆菌 606 和植物乳杆菌 70810 的细胞结合产生的胞外多糖已被证明具有抗肿瘤特性。胞外多糖还表现出改善巨噬细胞和肠上皮细胞的免疫调节活性。此外，罗伊氏乳杆菌产生的胞外多糖可以抑制大肠杆菌（产肠毒素）诱导的猪红细胞血细胞凝集，表明胞外多糖具有治疗功能的潜力。来自植物乳杆菌 Lact. plantarum 70810 的胞外多糖具有金属结合能力，可用作从环境中去除铅的潜在生物吸附剂。乳酸菌还可以生产多种功能性低聚糖，可用作益生元、营养保健品、甜味剂、保湿剂、抗结肠癌药物和免疫刺激剂。一些乳酸菌益生菌也可以利用益生元化合物，如不易消化的低聚果糖 FOS、菊粉型果聚糖或 β-葡聚糖等，这些益生元可以刺激乳酸菌在胃肠道中的共生作用。

二、脂质的代谢

1. 脂肪和脂肪酸的分解

脂肪和脂肪酸可作为很多微生物生长的碳源和能源。脂肪在脂肪酶的作用下水解成甘油和脂肪酸。相对来说，真菌中的脂肪酶可能更加丰富，但某些乳酸菌中的脂肪酶也具有活性，甚至可以在高盐浓度发酵食品中发挥作用，同时具有良好的热稳性。有学者研究了植物乳杆菌中编码脂肪酶的基因 lp-3562，该基因对三丁酸甘油酯和其他长链底物有活性，同时该酶在酸性条件及高于 20％的 NaCl 浓度下也显示了活性。还有研究者通过组合短乳杆菌和植物乳杆菌共培养以获得高脂肪酶活性，这种脂肪酶特性在食品发酵应用中极具吸引力。

脂肪水解生成的甘油可通过甘油激酶催化生成 α-磷酸甘油，这个反应要消耗 1 分子 ATP，再经 α-磷酸甘油脱氢酶催化生成二羟丙酮磷酸，再进入 EMP 或 HMP 途径进行分解。组成脂肪的高级脂肪酸在进入氧化分解阶段之前先进行活化，活化过程是脂肪酸转变为脂酰-CoA 的过程，脂肪酸活化是由线粒体外的脂酰-CoA 合成酶催化的，由 ATP 提供能量。随后脂酰-CoA 进入线粒体，由于催化脂酰-CoA 氧化的酶系全部分布在线粒体的基质中。脂酰-CoA 进入线粒体后，在基质中逐步被氧化降解为乙酰-CoA，可进入三羧酸循环被彻底氧化生成 CO_2 和 H_2O，或经乙醛酸循环再沿 EMP 途径逆转合成糖类。脂肪酸的氧化分解主要是逐步脱氢和碳链的降解。脂肪酶被广泛应用于食品工业中，如乳脂中含有高浓度的短链和中链脂肪酸，当通过脂解作用释放出来时，它们直接有助于促进乳制品及食品的风味。

2. 脂质的合成

微生物中常见的脂肪酸有饱和脂肪酸和不饱和脂肪酸。一些微生物能产生多不饱和脂肪酸（又称多烯酸），如二十碳五烯酸（EPA）和二十二碳六烯酸（DHA）等，这些不饱和脂肪酸具有降血脂、抗血栓和抗动脉粥样硬化作用。人们一直在探索 EPA 等多不饱和脂肪酸的新来源。除了直链的脂肪酸外，还有支链的、羟基化或甲基化的及带环的脂肪酸，如乳杆菌的顺-9，10-亚甲基十六烷酸，就是带环的脂肪酸。这种脂肪酸是微生物所特有的，而且具有重要作用。微生物不仅能合成促进人体健康的脂类，同时对食品工业发展有重要意义，如研究切达干酪中 C6:0 和 C18:3 游离脂肪酸的比例似乎与牛奶脂肪的比例相同，但是游离丁酸（C4:0）的相对浓度远高于牛奶脂肪，这表明丁酸盐的形成是由脂肪酶选择性释放出来或者由干酪中的微生物合成的。脂肪酶的特异性还影响干酪的风味，干酪中甘油三酯的 sn-3 位置有短链脂肪酸，对干酪的风味影响最大，此外干酪的 pH 值也会影响脂肪酸的风味，因为羧酸和它的盐类风味差别很大。脂肪酶在一些表面霉菌干酪或蓝纹干酪的成熟过程中至关重要，可以形成干酪特有的风味，在一些传统的细菌干酪中，过渡的脂肪酶作用可能不太受欢迎，因为过量的脂肪酸会导致干酪产生腐臭味，但是适度的脂肪酶解对这些干酪的风味起促进作用，尤其是与蛋白水解达到平衡时。

饱和脂肪酸经过羧化、缩合、还原、脱水、第二次还原和延长等步骤进行合成。这些步骤被分为两个阶段，即丙二酰-CoA 的合成和多酶复合体参与的脂肪酸合成；不饱和脂肪酸的合成是饱和脂肪酸进一步脱饱和。微生物不饱和脂肪酸合成方式有两种。一种是在好氧条件下，在饱和脂肪酰-CoA 基础上脱饱和，生成不饱和脂肪酸。反应时需要氧分子和 NADPH$_2$ 及铁氧还原蛋白，该反应由一种特异的 NADPH$_2$ 还原酶（一种黄酶）和特异的脱饱和酶所催化。另一种是在厌氧条件下的脱饱和作用，这个反应是由一种特殊的脱水酶催化的，生成不饱和脂肪酰-ACP，进一步添加 2 碳片段，形成碳链比较长的不饱和脂肪酸。环丙烷脂肪酸，特别是 C$_{17}$ 环丙烷酸和 C$_{19}$ 环丙烷酸，是由不饱和脂肪酸在双键上加入 C$_1$ 单位形成的，C$_1$ 的供体是 S-腺苷甲硫氨酸。具有甲基分支的脂肪酸合成途径有两种，一种与软脂酸合成基本相似，只是合成初期的引物为具有甲基分支的脂酰-CoA；另一种是在已合成的硬脂酸的不饱和键上加入甲基。β-羟基脂肪酸通常存在于与脂结合的或糖苷结合的胞外脂类中，这些脂肪酸可能是由于不饱和脂肪的一个双键经水化作用生成的；聚 β-羟基丁酸（PHB）的合成是从乙酰-CoA 开始，经一系列反应生成 β-羟基丁酰-CoA，然后再聚合成多聚体。

脂肪和卵磷脂合成过程如图 4-2 所示。磷脂酸位于中心地位，可以合成甘油三酯或合成 CDP-甘油二酯，再由 CDP-甘油二酯合成各种磷脂，磷脂酸可以通过 3-磷酸甘油酸与脂酰-CoA 反应、甘油二酯激酶催化甘油二酯磷酸化或甘油一酯磷酸化后与脂酰-CoA 结合这三种方式合成。磷脂酸在磷脂酸磷酸酶的催化下脱去磷酸，再接收 1 分子脂酰-CoA 合成甘油三酯。磷脂酸形成磷脂酰乙醇胺后，在甲基供体下可以形成卵磷脂。

3. 胆固醇的降解作用

部分乳酸菌对胆固醇有一定的同化吸收作用，不仅可以吸收液体介质中的胆固醇，还可以吸收半固体介质中的胆固醇，对降低人体血液胆固醇有重要意义。有学者对实验室保存的从人类粪便中分离的乳杆菌进行实验，发现不同的乳酸菌去结合胆盐的能力不同，不同的菌株可以通过解离甘氨胆酸盐或者牛磺胆酸盐而促进胆固醇的转化。另有学者发现分离自猪粪便中的嗜酸乳杆菌在厌氧条件下及添加胆盐的情况下，能够吸收培养基中的胆固醇，将其灌胃高脂饮食的猪，结果显示可以抑制血清胆固醇的水平增加。关于乳酸菌降低胆固醇的机理也有很多研究，有学者提出乳酸菌细胞可以产生胆盐水解酶，胆盐水解酶可以使结合态的胆盐转变为氨基酸残基及游离胆酸。由于结合态胆盐亲水性较好，易被肠道吸收，而游离胆酸溶解度降低，肠道吸收少，更容易随粪便排出，所以机体要合成新的胆盐。而胆固醇是合成胆盐的前体物质，因此血清中胆固醇的含量会用于合成新的胆盐，从而降低胆固醇含量。另

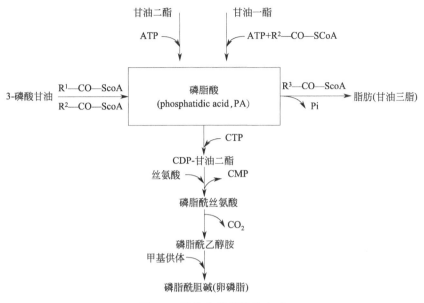

图 4-2　脂肪和卵磷脂的合成

外，菌体细胞膜对胆固醇有一定吸附作用，有学者研究发现不仅细胞外膜容易嵌入胆固醇，大量的胆固醇也可以被细胞质膜吸收，灭活菌体和休眠菌体通过细胞膜结合胆固醇，也会降低胆固醇的含量。乳酸菌可以产生胞外多糖，有研究表明胞外多糖可以将胆固醇黏于细胞膜上或者吸收胆固醇，细胞膜肽聚糖也能促进细胞膜对胆固醇的吸收。

三、蛋白质水解系统

乳酸菌就氨基酸种类而言是营养缺陷体。因此，乳酸菌依靠完全活跃的蛋白水解系统满足它们的氨基酸需求。乳酸菌的蛋白水解成分是迄今为止最有特色的，它们不仅影响乳酸菌生理学，还涉及乳制品结构和风味的形成。乳酸菌基因组学分析有助于进一步完善测序物种中蛋白质水解体系的特征。

从乳制品中分离的乳酸乳球菌菌株大多数是氨基酸营养缺陷型，可以利用乳蛋白作为氨基酸来源。即使来自距离相差较远的亚洲、欧洲、北美和新西兰不同地域，这些乳制品菌株也表现出相同的特征。乳酸菌可以使用环境蛋白质作为氨基酸来源，这也体现了蛋白水解系统的重要性。乳酸菌依赖该系统来获得必需氨基酸，这些必需氨基酸用于合成多肽、蛋白及其他生物分子。氨基酸是芳香族化合物的合成前体，对食品最终风味的形成非常重要。蛋白水解还能产生其他分子，如与乳酸菌益生作用相关的生物活性肽。

乳酸菌中的蛋白水解系统可分为几个步骤：蛋白质降解、肽转运、肽降解和氨基酸分解代谢。乳酸菌蛋白水解系统如图 4-3 所示。

1. 蛋白质降解

乳酸菌中蛋白质降解的最初研究集中在对酪蛋白降解的研究上，使用乳酸乳球菌作为模式菌株。乳酸菌中的酪蛋白水解由细胞包膜蛋白酶（CEP）引发，将蛋白质降解为寡肽，基因缺失研究表明，在缺乏功能性 CEP 的情况下，乳酸菌不能生长在牛奶中。但是，由于

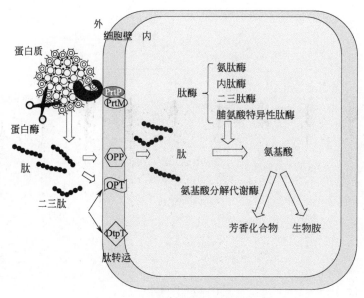

图 4-3　乳酸菌蛋白水解系统

CEP 是胞外酶，CEP 产生的肽也可以被蛋白酶阴性突变体菌株吸收利用，而使它们可以在培养基中存活。

　　蛋白酶（lactocepins）是一组不同的 CEP 蛋白酶，属于枯草杆菌丝氨酸蛋白酶家族。CEPs 通过转肽酶 sortase A（SrtA）锚定在细胞壁上。乳酸菌的蛋白酶 lactocepins 由 *prtP*、*prtB*、*prtS* 和 *prtH* 编码，这些基因由于功能结构域的数目不同而有所差别。CEP 在菌株间分布差异很大。总体而言，乳酸菌中最丰富的旁系同源物是 *prtH*3，超过 80％的测试菌携带该基因，其后是 *prtH* 和 *prtH*4 基因。大多数乳酸菌仅含有一种 CEP。然而，在瑞士乳杆菌 CNRZ32 中鉴定出了 4 种 CEP 基因，分别是 *prtH*，*prtH*2，*prtH*3 和 *prtH*4。瑞士乳杆菌包含的多种蛋白酶基因解释了它的高蛋白水解活性。在所有表征的瑞士乳杆菌中，*prtH*2 基因是比较常见的。但是对瑞士乳杆菌 BGRA43 中的蛋白酶分析发现，唯一具有活性的基因是 *prtH*。CEP 激活需要成熟蛋白酶 PrtM，在瑞士乳杆菌 CNRZ32 已经鉴定了两种 PrtM，分别是 PrtM1 和 PrtM2。还有其他研究报道指出 PrtM1 需要 PrtH 进行激活，而 PrtM2 在激活其他 CEP 旁系同源基因中起作用。

　　虽然 CEP 活性最初是使用酪蛋白作为底物进行评估的，但是在非乳基质或非发酵环境中分离出的乳酸菌也表现了酪蛋白的水解特性。例如，瑞士乳杆菌 BGRA43 分离于人类粪便，它有很强的蛋白水解活性并且能够完全水解 α_{s1}-酪蛋白、β-酪蛋白和 κ-酪蛋白。此外，由副干酪乳杆菌 VSL♯3 分泌的蛋白酶 lactocepins 可以在体外选择性地降解细胞相关和组织分布的趋化因子 IP-10 以及其他促炎趋化因子。这个发现表明，尽管 CEP 有广谱靶向切割位点，但由 *prtP* 编码的蛋白酶 lactocepins 具有很高的选择特异性。因此，表面电荷或三维结构等这些额外的蛋白质特征决定了其能否被切割。促炎趋化因子的选择性降解也可能与 *prtP* 表达调控差异有关。

　　最新的研究表明 PrtS 与猪链球菌的产毒性能相关，但在嗜热链球菌和猪链球菌中，细胞壁相关蛋白酶 PrtS 是高度保守的（95％同一性），PrtS 在嗜热链球菌中的主要作用是将酪蛋白切割成寡肽。很显然，该功能与嗜热链球菌在乳环境下能很好地生长有关。对嗜热链球菌中的 PrtS 的分布分析发现，PrtS 在原始菌株中很少出现，但在工业菌株中很常见。此外，这种乳生态环境赋予了嗜热链球菌适应牛奶基质生长的重要代谢特性，并且这种特性可能在嗜热链球菌中出现了横向转移。综上所述，这些研究结果表明由于食物生产的环境压力，从而导致了嗜热链球菌通过基因获取和选择而进化。

蛋白质进一步降解后，将二肽、三肽和寡肽转运到细胞中。目前已经在乳酸菌中发现了三种转运系统，分别是寡肽、二肽和三肽转运系统（Opp、Dpp 和 DtpT）。嗜酸乳杆菌、短乳杆菌、干酪乳杆菌、鼠李糖乳杆菌和乳酸乳球菌均具有所有这三种肽转运系统，DPC4571等一些瑞士乳杆菌菌株也有这三种肽转运系统，但是 H10 等瑞士乳杆菌仅有两种肽转运系统，分别是 Opp 和 DtpT，罗伊氏乳杆菌仅有 DtpT 一种功能性肽转运系统。这些结果表明，即使是相同物种的不同菌株的蛋白水解系统也不同。

2. 肽酶

一旦酪蛋白衍生的肽被乳酸菌细胞摄入，就会通过多种特异性肽酶的协同作用而降解。肽酶是乳酸菌中蛋白水解系统非常重要的部分，并且参与肽水解和必需氨基酸的释放。肽酶可分为两大类：内肽酶和外肽酶。内肽酶水解寡肽的内部肽键产生可被外肽酶进一步降解的肽。外肽酶作用于寡肽的末端产生更小的肽或氨基酸。

已经发现的乳酸菌内肽酶主要是 PepO、PepF、PepG 和 PepE，它们都作用于 NH_2—R—COOH 底物。PepO 由 *pep*O、*pep*O2 和 *pep*O3 三个旁系同源基因编码。在瑞士乳杆菌中，这些基因是相同的。然而，由于基因功能的丧失或序列多态性，可能会观察到菌株异质性，影响单个肽酶的特异性或活性。

PepF 也由 *pepF*、*pepF*1 和 *pepF*2 三个旁系同源基因编码。在乳酸乳球菌中，*pepF*1 位于染色体上，而 *pepF*2 位于质粒上。*pepF*2 的位置解释了不同乳球菌菌株之间该基因的可变性。

在乳球菌和链球菌中没有 PepE 和 PepG 内肽酶。在乳杆菌中，发现了 *pepE* 和 *pepE*2 两种基因编码 PepE。在瑞士乳杆菌中，奶酪、乳清、威士忌麦芽和商业菌株等不同来源的菌株的基因几乎是普遍保守的。PepE 在瑞氏乳杆菌的脱苦功能中也起着重要作用。

外肽酶传统上按其特异性分类，并且已在乳酸菌中鉴定出四个外肽酶组：氨肽酶、二肽酶、三肽酶和脯氨酸特异性肽酶。氨肽酶水解来自 N-末端寡肽 NH_2—R—COOH 的单个氨基酸。氨肽酶可分为一般或特异性的氨肽酶，一般氨肽酶（PepN 和 PepC）存在于所有基因组中，通常每个基因组有一个氨肽酶基因存在。一些乳酸菌基因组具有两个旁系同源基因，它们可能具有相同功能。如在约氏乳杆菌中有两个 PepC 旁系同源基因。特异性氨肽酶根据它们水解的残基类型进行分类。PepS 对芳香族残基具有特异性，目前仅在嗜热链球菌中发现此基因。PepA 对 Glu 和 Asp 残基具有特异性，在链球菌和一些乳杆菌和乳球菌中存在 PepA 基因，而在片球菌和酒球菌中不存在。PepM 对甲硫氨酸残基具有特异性，存在于乳杆菌、乳球菌、链球菌、片球菌和酒球菌中。

二肽酶是针对 NH_2-R-COOH 二肽的特异性外肽酶。PepD 二肽酶家族对多种二肽具有广泛的特异性。在乳酸菌中，*pepD* 基因表现异质分布，旁系同源基因 0～6 个不等。PepV 也由多个旁系同源基因编码，存在于所有乳酸菌中，并且具有广泛的特异性。

三肽酶从 NH_2—R—COOH 三肽的 N-末端释放氨基酸。三肽酶具有广泛的特异性，优先靶向疏水性肽，但不水解脯氨酸残基。目前在乳酸菌中唯一鉴定的三肽酶是 PepT，$pepT$ 基因存在于所有乳酸菌基因组中，而且在嗜酸乳杆菌、约氏乳杆菌和格氏乳杆菌等乳酸菌中是以两个 $pepT$ 旁系同源基因出现。

脯氨酸特异性肽酶可以从肽的 N-末端水解脯氨酸残基。脯氨酸亚氨肽酶（PepI）对 N-末端脯氨酸肽具有氨肽酶活性，并且优选三肽水解。脯氨酸酶 PepR 对二肽具有广泛的特异性。所有乳酸乳球菌中都不存在这些脯氨酸特异性肽酶。来自瑞士乳杆菌和鼠李糖乳杆菌的脯氨酸二肽细胞提取物活性在 PepR 缺失突变体中显著降低。这些研究结果表明，PepI 和 PepR 可能与分解乳杆菌中含有脯氨酸肽的特异性蛋白的水解能力相关。

PepP 是一种脯氨酸肽酶，可切割寡肽中与脯氨酸相连的任何 N-末端氨基酸。PepQ 也是脯氨酸肽酶，但对脯氨酸二肽具有特异性。除了米酒乳杆菌和戊糖片球菌，在其他乳酸菌基因组中均发现一个 $pepP$ 基因。$pepP$ 基因在这些基因组中的缺失可能是基因丢失引起的。$pepQ$ 基因在所有乳酸菌基因组中均等分布，每个基因组有 1 个 $pepQ$ 拷贝基因。但是在德氏乳杆菌保加利亚亚种中有 2 个 $pepQ$ 旁系同源基因，一个旁系同源基因与其他同源序列聚类，另一个位于一个单独的聚类中。这可能是由于原始的 DNA 复制（ancient duplicaiton）或基因水平转移（HGT）引起的。PepX 是脯氨酸特异性内肽酶，存在于所有乳酸菌基因组中。通常在每个基因组有一个 $pepX$ 基因，但有些乳酸菌基因组具有两个肽酶同源基因，而且通常这些乳酸菌来自于乳环境。$pepX2$ 是乳酸乳球菌乳酸亚种 IL1403 中 $pepX$ 的同源基因。这个 $pepX2$ 基因最初被注释为一种名为 ymgC 的假定蛋白质。PepX2（ymgC）组的唯一成员来自乳酸乳球菌乳酸亚种和片球菌。

3. 蛋白水解系统的技术应用

蛋白水解系统为乳酸菌提供了生长所需的氨基酸。例如保加利亚乳杆菌和瑞士乳杆菌具有非常广泛的蛋白水解酶，因此酸奶中蛋白水解菌株是保加利亚乳杆菌而不是嗜热链球菌。瑞士乳杆菌可在干酪生产中作为附属发酵剂来水解苦味肽。保加利亚乳杆菌编码 Dpp 系统，偏向于水解疏水性二肽和三肽，嗜热链球菌编码一般的二肽和三肽转运蛋白 DtpT，这表明当它们一起生长时，可以水解更多的肽，如植物乳杆菌、酒类酒球菌和肠膜明串珠菌等来自植物的乳酸菌编码较少的蛋白水解酶，这与其生长在富含纤维而蛋白质较少的生态环境相关。乳蛋白也被用来作为获得生物活性肽的原料。从乳酸菌蛋白水解中分离出多种具有免疫、抗菌、类阿片、抗癌、矿物质结合和抗高血压等功能性的肽。

4. 氨基酸分解代谢

氨基酸的代谢与发酵食品的质量和安全性相关，如风味化合物和生物胺的合成。通常认为乳酸菌在营养限制条件下，氨基酸分解代谢作用在乳酸菌获得能量的过程中具有重要作用。此外，氨基酸代谢也被认为在 pH 值控制机制中发挥作用。

氨基酸降解对于挥发性化合物的合成和蛋氨酸、支链及芳香族氨基酸的氨基转移非常重要。转氨作用是 α-酮酸形成的主要降解途径，然后 α-酮酸降解成其他芳香族化合物。氨基酸向酮和羟基酸的转化由乳酸杆菌引发，乳酸球菌进一步将这些产物转化为羧酸。乳酸菌和非发酵乳酸菌之间的这种合作可以增强干酪风味。

亮氨酸、缬氨酸和异亮氨酸分解代谢可分为两部分。第一部分包括主要的降解途径，氨基转移酶反应将氨基酸转化为 α-酮酸，其中亮氨酸转化为 α-酮基异己酸盐（KICA）。第二部分通过三种不同途径将所得化合物转化为醛、醇或羧酸，三种途径分别是 α-酮酸脱羧、氧化脱羧和产生 α-羟基异己酸盐（HICA）的替代脱氢途径。芳香族氨基酸也被氨基转移酶 AraT 降解。色氨酸、苯丙氨酸和酪氨酸通过转氨作用分别产生吲哚丙酮酸、丙酮酸苯酯和对羟基苯基丙酮酸。通过芳香族氨基酸转氨作用产生的 α-酮酸通过酶促（脱氢、脱羧或氧化脱羧）或化学反应进一步降解为其他化合物。

硫化合物是有效的异嗅物质，由硫氨基酸分解代谢产生，影响许多发酵食品的风味。蛋氨酸分解代谢产生多种挥发性硫化合物（VSC），如 H_2S、甲硫醇、二甲基硫醚（DMS）、二甲基二硫醚（DMDS）和二甲基三硫化物（DMTS）。有研究表明来自生的山羊乳干酪的乳酸菌菌株具有多种酶活力，对于 L-蛋氨酸形成 VSC 至关重要。乳球菌对含硫化合物的特异性 C-S 裂解酶和氨基转移酶的活性高于乳杆菌和明串珠菌。

氨基酸分解代谢也会产生生物胺（BA）。生物胺是主要通过氨基酸脱羧作用形成的碱性含氮有机化合物。生物胺存在于多种食品中，包括乳制品，并且可以积累到较高的浓度。食用含有大量这些胺的食物会对人体产生毒性。酪氨酸、组氨酸、赖氨酸、鸟氨酸和精氨酸可以分别被脱羧成酪胺、组胺、尸胺、腐胺和胍丁胺。胍丁胺可以进一步脱氨基生成腐胺。氨基酸脱羧途径包含氨基酸向细胞内的转运、脱羧以及转化为生物胺后向细胞外的转运。氨基酸和生物胺的转化是通过转运蛋白进行的，酪氨酸、组胺和腐胺的生物合成途径已经在乳酸菌中进行了表征。大多数乳酸菌菌株中编码脱羧酶和转运蛋白的基因都位于染色体上。尽管有学者建议将乳酸菌中的生物胺产生定义为菌株特异性，但对粪肠球菌、杜伦肠球菌和屎肠球菌的基因组的分析表明，酪胺的产生是物种特异性的。酪胺的生物合成需要酪氨酸、脱羧酶（TDC）和转运蛋白（TyrP）。编码 TDC 和 TyrP 的基因形成一个染色体簇，并且这个染色体簇 TDC 基因的上游始终存在第三个开放阅读框，该阅读框编码一个与酪氨酰 tRNA 合成酶同源的蛋白质。在奶酪中，乳杆菌和肠球菌属是酪胺的主要产生菌种。

由于在乳制品乳酸菌中不存在鸟氨酸脱羧酶途径，因此有学者提出胍丁胺途径可能是腐胺合成的主要途径。这些细菌通过三个步骤经胍丁胺脱亚氨酶（AgDI）、腐胺转氨甲酰酶（PTC）和氨基甲酸酯激酶（CK）三种酶催化胍丁胺生成腐胺。然后，反向转运蛋白将腐胺转化为胍丁胺。除腐胺外，该反应还会生成 ATP 和 NH_3。已在屎肠球菌、粪肠球菌、短乳杆菌和弯曲乳杆菌中鉴定出胍丁胺途径，在后两种菌种中，酪胺和腐胺途径均与染色体相关。一些乳球菌菌株也能由胍丁胺产生腐胺。在乳球菌中，部分菌株携带相关功能基因簇，而另一些菌株则由于在该基因簇中带有插入基因而使该簇失去相应功能。研究表明，这些携带插入基因的菌株可能是由携带该基因簇的原始菌株进化而来的。如果菌株环境中不存在胍丁胺，那么基因簇可能会累积突变，甚至丢失。

胍丁胺途径类似于精氨酸脱亚氨酶途径（ADI），ADI 是由精氨酸脱亚氨酶、鸟氨酸氨基甲酰转移酶和 CK 催化的三个反应组成。ADI 途径在乳酸菌之间分布广泛，并且已经在肠球菌、乳杆菌、乳球菌、明串珠菌、酒球菌、链球菌和魏氏菌属中得到了鉴定。

组胺是发酵产品中经常发现的另一种生物胺，由组氨酸经组氨酸脱羧酶（HdcA）催化产生。组胺的合成也需要一种可使组氨酸和组胺相互转换的抗转运蛋白。组胺基因簇具有编码 HdcB 蛋白的基因，该基因与 HdcA 蛋白共转录，是 HdcA 基因成熟所必需的。在该簇中还发现了编码与组氨酸 tRNA 合成酶同源的蛋白质的基因，尽管其位置在乳酸菌属间不尽相同。HDC 基因簇已经在乳杆菌、酒类酒球菌、嗜热链球菌、盐水四联球菌、嗜盐四联球菌和希氏乳杆菌进行了鉴定，除了希氏乳杆菌其余均位于染色体上。生物胺合成总是需要氨基酸的存在。但是，不同生物胺对 pH 值、碳源或温度等其他参数也有不同要求。

四、柠檬酸代谢和芳香化合物的合成

除了糖，一些乳酸菌物种可以代谢柠檬酸盐。乳酸菌的柠檬酸盐发酵可以产生挥发性化合物。在发酵乳制品中，这些化合物是 C_4 化合物，例如二乙酰、乙偶姻和丁二醇，它们是许多发酵乳制品的典型香气化合物。因此，目前如乳酸乳球菌双乙酰亚种、明串珠菌属和魏斯氏菌等柠檬酸盐代谢乳酸菌常用作发酵剂或附属发酵剂来生产这些 C_4 化合物。然而，在葡萄酒、啤酒和香肠等其他发酵产品中，通过乳酸菌发酵柠檬酸盐产生的挥发性化合物通常被认为会产生异味，在发酵这类产品中需要避免产生。

1. 柠檬酸转运

柠檬酸通过各种膜相关的通透酶进行转运，这一步限制了柠檬酸的可利用程度。相反，在细胞质中形成的挥发性化合物的分泌则不需要特定的转运蛋白。大多数乳酸菌使用 2-羟基羧酸盐（2-HCT）转运蛋白来运输柠檬酸盐，该转运蛋白可以转运二羧酸和三羧酸。2-HCT 转运蛋白家族包括来自乳酸乳球菌、明串珠菌和魏斯氏菌的 *CitP* 转运蛋白。CitP 是一种可以通过交换 H-柠檬酸−2 价盐和乳酸−1 价盐从而产生膜电位的逆向转运蛋白（图 4-4）。

在乳酸乳球菌双乙酰亚种中，CitP 由位于柠檬酸盐质粒上的 citQRP 操纵子进行编码，控制 cit 操纵子转录的启动子在低 pH 值下被激活，该现象被认为是微生物适应酸的一种应激性反应，这已在牛奶和奶酪中的乳酸乳球菌双乙酰亚种的转录组学分析中得到证实。类肠膜魏斯氏菌和肠膜明串珠菌乳脂亚种的 *citP* 基因（citMCDEFGRP）分别位于质粒或染色体 *citI* 基因簇中。有学者在非发酵的自然环境中生长的乳酸乳球菌双乙酰亚种中还观察到了扩大的柠檬酸盐质粒（15～23kbp）。

在粪肠球菌和干酪乳杆菌中，柠檬酸盐分别由 *CitM* 和 *CitH* 转运蛋白运输，两者都属于柠檬酸盐-金属同源物（*CitMHS*）家族。柠檬酸盐以 Ca^{2+}、Mn^{2+} 和 Fe^{3+} 阳离子复合物的形式被 *CitMHS* 转运蛋白运。其他类型的柠檬酸盐转运蛋白也在植物乳杆菌、酒类酒球菌以及非典型的野生乳酸乳球菌双乙酰亚种中被鉴定。

2. 柠檬酸盐转化为丙酮酸并生成芳香化合物

进入细胞后，柠檬酸盐在柠檬酸裂解酶（CL）复合物催化下转化为乙酸盐和草酰乙酸盐。然后，草酰乙酸被草酰乙酸脱羧酶（OAD）脱羧，产生丙酮酸和二氧化碳。通过对多种乳酸菌基因组的分析鉴定出了编码 OAD 的 α-亚基、β-亚基和 δ-亚基的基因。然而，OAD 在乳酸菌中的生理作用仍然知之甚少，仅有少量粪肠球菌和干酪乳杆菌中的 OAD 的相关研究。其他如乳酸乳球菌双乙酰亚种、类肠膜魏斯氏菌、肠膜明串珠、植物乳杆菌和酒类酒球菌等乳酸菌中，草酰乙酸被可溶性细胞质苹果酸酶（ME）脱羧。最新研究证明粪肠球菌的 cit 基因座既含有编码 OAD 的基因也有编码 ME 的基因。

乳酸菌中的丙酮酸代谢可产生不同的终产物，包括乳酸盐、甲酸盐、乙酸盐和乙醇以及

益生菌的代谢
165

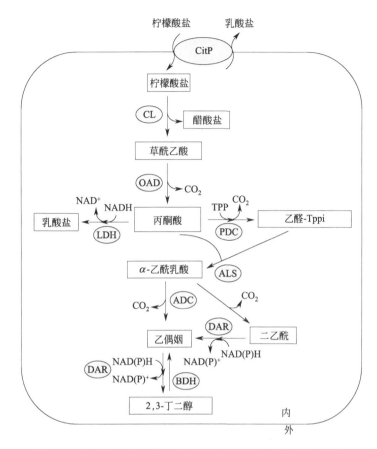

图 4-4　乳酸乳球菌、明串珠菌和魏斯氏菌中的柠檬酸盐代谢

CL—柠檬酸裂解酶；OAD—草酰乙酸脱羧酶；LDH—乳酸脱氢酶；PDC—丙酮酸脱羧酶；

ALS—α-乙酰乳酸合酶；ADC—α-乙酰乳酸脱羧酶；DAR—二乙酰丙酮还原酶；

BDH—2,3-丁二醇脱氢酶；Tppi—硫胺素焦磷酸盐

重要的芳香化合物二乙酰、乙偶姻和丁二醇。

3. 柠檬酸盐和琥珀酸盐的转化

一些乳酸菌菌种不能将柠檬酸转化为丙酮酸，而是利用 CitT 转运蛋白通过苹果酸和富马酸生成琥珀酸。此外，近来使用计算机模拟分析在干酪乳杆菌中鉴定了完整的三羧酸（TCA）循环途径。在过量和有限的碳水化合物环境下，乳酸菌种柠檬酸循环的优势代谢产品分别是乙酸和 L 型乳酸。痕量的 D-乳酸、乙偶姻、甲酸、乙醇和二乙酰产生证实具有 OAD 活性。但是琥珀酸、苹果酸和丁二醇产生没有观察到 OAD 活性。

4. 柠檬酸代谢的生物动能学

葡萄糖和柠檬酸的共代谢在同型发酵和异型发酵乳酸菌中产生不同的生理作用。在同型发酵乳酸菌中，柠檬酸盐的吸收利用对抗酸能力具有保护作用。在异型发酵乳酸菌中，柠檬酸发酵中每摩尔柠檬酸盐会产生额外 1mol 的 ATP。在牛奶中，乳酸乳球菌乳亚种丁二酮变种代谢乳糖并产生乳酸，在反应过程中乳酸由反向转运 CitP 蛋白交换成柠檬酸。乳酸乳球菌乳亚种丁二酮变种是同型发酵乳酸菌，将葡糖糖转化为乳酸，同时每摩尔葡萄糖产生

2mol ATP。丙酮酸转化为乳酸过程中，之前消耗的 NAD^+ 再生以维持氧化还原电位。在葡萄糖和柠檬酸盐存在条件下，每摩尔柠檬酸盐产生 1mol 丙酮酸而不产生 NADH。过量的丙酮酸转向 α-乙酰乳酸的合成并产生芳香化合物。与乳酸乳球菌乳亚种丁二酮变种类似，在发酵后期，干酪乳杆菌有更高的生物量，主要是由于柠檬酸钙盐和碳水化合物共代谢抵消了由于后期产酸对碳水化合物代谢生长的抑制作用。

五、乳酸菌代谢的研究方法

1. 基因组学、比较基因组学和宏基因组学研究乳酸菌代谢

基于下一代测序技术，快速增加了公开基因组的数量，从而彻底变革了微生物科学。第一个乳酸菌基因组由 Bolotin 等在 2001 年公开发表，自此以后，美国国家生物信息中心（NCBI）收录了来自典型乳酸菌物种（不包括肠球菌）的近 100 个完整基因组，根据数据统计显示，有超过 600 个基因组测序项目草案已经完成或正在进行。在基因组测序草案中，已经有 20 种乳酸杆菌被纳入为人类微生物组计划的一部分。此外，随着测序技术的进步和成本的降低，有学者对乳酸乳球菌 MG1363（*L. lactis* MG1363）基因组进行了重测序，并与其派生菌株乳酸乳球菌 NZ9000（*L. lactis* NZ9000）的基因组进行比较。通过比较发现了基因组中存在 6 个差异，在 ptcC 启动子中发现了 2 个特定的突变，它们在调节纤维二糖和葡萄糖摄取中起关键作用。有学者对 6 个乳酸杆菌和其他几个乳酸菌的基因组进行比较分析，鉴定出了 9 个壁龛特异性基因。另有学者对 20 个完整的乳酸杆菌基因组进行比较，发现它们的细菌泛基因组大约包含 14000 个基因，其中包括 383 个直系同源基因的核心基因组。

获得的大量的测序数据可以进行比较基因组研究，促进了乳酸菌进化趋势的确定、相互作用、分子机制以及泛基因组的基础研究和分析。泛基因组包含特定菌群的整套基因，包含菌群所有菌株的核心基因、菌群内至少两个菌株但不是所有菌株共有的可变基因，以及仅有一个菌株编码的特定基因。泛基因组水平的比较分析揭示种、属和株的基因组差异，可以进一步了解菌株的适应性。

乳品用乳酸菌有大量的与代谢和转运体系有关的假基因，它们在营养丰富的环境中不发挥作用。营养丰富的环境提供了主要碳源的乳糖、主要氨基酸来源的酪蛋白以及多数的维生素和矿物质。瑞士乳杆菌 DPC 4571（*Lactobacillus helveticus* DPC 4571）广泛用于干酪生产的发酵剂和辅助发酵剂的一株来自瑞士干酪的分离菌株，其基因组序列的最重要特征是：需要外部供应氨基酸和辅因子，这与肠道密切相关的嗜酸乳杆菌和约氏乳杆菌的特性类似，有较高的肽活力，在干酪基质中可以快速裂解，在干酪成熟中起关键作用。另外含有的不同寻常的高数量插入序列也表明水平基因转移在乳酸菌起源过程起重要作用，这对其在牛乳中生长有特定作用。另外一株瑞士乳杆菌 CNRZ32 的序列描述了更多的蛋白分解酶系统的更多关键组成，这扩展了对该系统的认知（表 4-1）。

表 4-1　瑞士乳杆菌 CNRZ32 蛋白质分解酶体系的组成

在基因测序之前鉴定和了解的基因	在基因组测序完成之后确定的基因
蛋白酶	
prtH	prtH2 以及 9 种另外的蛋白酶

续表

在基因测序之前鉴定和了解的基因	在基因组测序完成之后确定的基因
内肽酶	
pepE,pepO,pepo2 内肽酶	pepE2,pepF,pepO3 以及另外 2 种糖蛋白酶
氨肽酶	
pepC,pepN,pepX	pepC2 以及另外 7 种氨肽酶
二肽三肽酶	
pepD,pepI,pepQ,pepR	pepD2,pepD3,pepD4,pepQ2,pepT1 和 pepT2
其他	
	寡肽、二肽和三肽转运体系:oppA,oppA2,opp B-D,oppF,dtpA,dtpA2,dtpT,多氨基酸转运子

转录组学工具有助于定义乳酸菌和乳环境之间的关系。芯片技术证实了与生长在复杂培养基相比,在牛乳中生长的瑞士乳杆菌 CNRZ32 的蛋白质分解系统几种组件的过表达,包括前面描述的基因(pepE, pepN, pepR, pepO2, pepO, pepX)以及利用比较基因组学鉴定的基因(prtH2 和 opp 操纵子)。嗜酸乳杆菌 NCFM 在牛乳中生长的转录组分析确定了这种蛋白质分解体系中相似组件的表达,如包含在该益生菌的寡肽转运调控内的两个相似组件。

比较基因组学已鉴定多个在乳品发酵微生物编码的多个特征,解释了发酵和代谢特性对产品质量的影响。27 株嗜热链球菌的对比分析区分了 15 个不同的 *eps* 基因簇和 67 个糖基转移酶,导致特定重复单元的杂多糖的产生。在不同发酵条件下这些基因簇的特性可以便于筛选适合质构特性的、用在发酵酸奶产品的嗜热链球菌。

使用宏基因组学方法使得分析混合培养物中微生物成为可能,这在工业发酵中非常重要。宏基因组学等新型分子技术可以分析乳酸菌的代谢能力,有学者从非洲珍珠粟浆液中的乳酸菌和淀粉质发酵食品的宏基因组中筛选出了具有益生菌功能和代谢淀粉的基因。另有学者使用宏基因组学方法监测了韩国传统泡菜 29d 发酵过程中细菌种群、代谢能力和微生物群落整体遗传特征的动态变化,其宏基因组测序结果按其功能分类,具有糖类功能分类序列表明泡菜微生物组富含与单糖,双糖和寡糖发酵相关的基因;具有发酵功能分类序列表明微生物组富含与乳酸发酵以及乙酰丁香和丁二醇代谢有关的各种基因,随着泡菜发酵时间的延长,参与碳水化合物代谢和发酵代谢的基因数量通常会增加。

除发酵食品外,人体胃肠道复杂的微生物群落也引起了广泛关注,在人体胃肠道中已鉴定出超过 300 万个细菌基因。

2. 后基因组时代的代谢调控

转录调控对于微生物适应细胞外部或内部环境变化至关重要。在细菌中,转录可以被各种转录因子(TF)激活或抑制,这些转录因子识别基因启动子区域中的特定顺式调控 DNA 基因和 TF 结合位点(TFBS)。在同一 TF 直接控制下的一组基因或操纵子称为调节子(regulon),在一个生物体中,所有调节子形成转录调控网络。

近年来,已知乳制品和非乳制品乳酸菌基因组序列急剧增加。一项关于 30 个乳酸菌表现体的研究表明,3.5%(嗜热链球菌、德氏乳杆菌、瑞士乳杆菌)~7.5%(植物乳杆菌)的蛋白质组帮助转录调控。此外,不同物种之间 TF 的总量差异很大,范围为 63(瑞士乳杆菌)～240（植物乳杆菌）。从 30 株乳酸杆菌基因组中，观察到假定的 TF 分属于 49 个蛋白质家族（每个基因组平均有 36 个 TF），其中 90% 的 TF 在主要的 24 个蛋白质家族中（这样的 TF 每个基因组中至少有 2 个）。其中 Xre 家族是优势 TF 家族，总共有 298 个 TF，每个基因组中鉴定出十几个甚至几十个 Xre 成员（每个基因组平均 19 个）。其他 TF 家族数目表现较少，每个基因组含有至少 4 个 TF 的家族包括 TetR、GntR、OmpR、LacI、LysR、MerR 和 AraC。

已经有学者对单个的乳酸菌物种进行了系统性的全基因组转录调控网络分析，如植物乳杆菌和乳酸乳球菌。基于序列及模体（motif）基因调控网络的重建衍生出了 PEPPER、RegTransBase、PRODORIC、RegPrecise、FITBAR、RegAnalyst 和 MGcV 等多种分析工具。还有发现新模体（motif）的 MEME、Tmod、GIMSAN 和 EXTREME 等分析工具。

尽管对可适用基因组的分析已经非常广泛，但仍缺乏对乳酸菌调节网络全面的实验研究。乳酸菌中的大多数基因调控研究都集中在主要模式物种的单个调节子上，如乳酸乳球菌乳脂亚种 MG1363 或乳酸乳球菌乳酸亚种 IL1403。已有研究鉴定出了针对不同 α-葡萄糖苷或 β-葡萄糖苷、果糖、半乳糖、乳糖、麦芽糖、山梨糖或木糖同化基因的通用分解代谢物调控蛋白 CcpA（catabolite control protein A）和特异性蛋白转录因子（TFs），特异性蛋白转录因子包括分别来自 RpiR、DeoR、LacI 和 AraC 家族的 RpiR、DeoR、LacI 和 AraC。CcpA 是碳分解代谢产物阻遏（CCR）的组成部分，包括 HPr、HPr 激酶、果糖-1,6-双磷酸酯酶和葡萄糖 6 磷酸酯酶。转录组学和蛋白质组学等宏量方法的应用表明 CcpA 还参与了与膜转运、核苷酸和氮代谢、蛋白质生物合成及折叠相关的数十种基因的调控。此外，有研究证明依赖 CcpA 的碳分解代谢产物阻遏（CCR）会阻止粪肠球菌中柠檬酸盐代谢中涉及的两个操纵子的表达。

许多基因均受到 CcpA 或其他 TF 的不同程度的调控。在牛奶中，转录组学已鉴定出乳酸乳球菌中的多个调控网络。比较系统生物学方法揭示了磷酸盐在调节乳酸乳球菌和化脓性链球菌的中枢代谢和葡萄糖摄取中具有关键作用，比较两种菌株的动力学模型可以发现其中的不同，这可能是由于自然环境中磷酸盐水平具有差异。

最新的研究试图确定乳酸乳球菌细胞中蛋白水解系统和氨基酸生物合成调节的能力。有研究发现，通用转录调节因子 CodY 在反向调节蛋白水解系统组分中起着重要作用，而蛋白水解系统是由细胞内大量的支链氨基酸（BCAAs）激发的。随后的研究在其他乳酸菌中发现了一些蛋白水解系统组分对 CodY 的依赖性调节，如嗜热链球菌、肺炎链球菌、变形链球菌和酒类酒球菌，但是乳酸杆菌没有发现。最新研究表明，在乳杆菌科、肠球菌科、葡萄球菌科、食肉杆菌科、李斯特菌科、微小杆菌和杆菌科中存在分离于 CodY 的蛋白水解调节剂，并在瑞士乳杆菌中进行了全面分析，发现了一种新型的 BCARR 蛋白，该蛋白可抑制响应 BCAA 的蛋白水解基因表达。链球菌科和乳酸球菌中没有 BCARR 直系同源物，但乳酸球菌中具有 CodY 同源物。

对于氨基酸营养缺陷型乳酸菌菌株来说，氨基酸的吸收是非常重要的。硫氨基酸代谢调节除了 RNA 结构不同之外，还取决于 LysR 家族转录调节因子，包括乳酸乳球菌中的 CmbR 和变异链球菌中的 CysR、HomR 和 MetR。有学者采用转录组分析确认了通用型 ArgR 和 AhrC 调节因子，并表明这两种调节因子都能调控乳酸乳球菌中的精氨酸代谢。肺炎球菌的 ArgR 和 AhrC 并不像其他细菌一样直接调节精氨酸的生物合成和分解，而是调控与精氨酸和肽吸收相关的基因表达。有报道指出 AhrC 还与肺炎链球菌和粪肠球菌的毒力相关。有一项研究分析了在异亮氨酸逐步消耗的情况下乳酸乳球菌的整体转录组和蛋白质组学的反应机制，发现 CodY 似乎专门用于调节异亮氨酸的供应，而其他调节因子则与生长速度和细菌的严紧型反应（stringent response）相关。目前关于乳酸菌细胞代谢修饰以及涉及氨基酸缺乏的各种调节机制的相关研究还相对较少。

3. 功能基因组学与代谢

近年来乳酸菌菌株完整的基因序列为全球视角研究代谢途径创造了良好的条件。由于微观基因组反映代谢、生理机能、生物合成能力和不同条件环境下有机体的适应性，基因组序列的获得也扩展了对 LAB 代谢潜能和生物工艺能力的认知。

（1）转录组学、蛋白质组学和代谢组学

近期分子生物学的最大成就之一是开发了高通量功能基因组学方法，例如转录组学、蛋白质组学或代谢组学。转录组学是用来分析乳酸菌对于不同生长条件、培养条件以及多种外部压力环境下的响应。研究者应用包括功能性基因组学在内的多种研究方法对许多乳酸菌的呼吸代谢进行了表征，发现呼吸是被血红素、外援血红素和维生素 K_2 这类辅酶因子激活的，还有一些乳酸菌使用硝酸盐作为末端电子受体。此外，激活乳酸菌内的电子传递链导致了更高的生物量产生，并且增加了物种的耐受性，更有利于工业化的生产应用。

糖代谢长期被认为代表了乳酸菌中能量代谢的唯一手段，生成有机酸（主要是乳酸）为终产物。早期的研究忽视了 LAB 的呼吸功能，仅仅当乳酸乳球菌 IL1403 的全基因序列分析之后，在外源性血红素存在情况下这个菌株的呼吸功能首次被提出。接下来的研究证明乳酸乳球菌在氧气存在时肯定有呼吸的能力。在呼吸条件下，消耗乳酸的同时由丙酮酸生成乙酸、乙偶姻和双乙酰。呼吸作用的一个更重要结果是碳源向生物质能更有效的转化，从而导致细胞量的增加并提高了生长后的存活率。

运用呼吸技术获得的发酵剂已经应用在切达干酪的中试中，与标准条件下的发酵剂比较，生产参数都在正常范围内，成熟后没有感官差异；用于切达、菲达和农家乳酪的工业化生产中，在生产参数、干酪微生物、化学、结构或风味上依然没有明显差异。

转录组分析鉴定了参与氧气呼吸的基因。例如，乳酸乳球菌中的 ygfCBA 操纵子，编码了一个假定的转运系统和调节因子，受血红素强烈诱导，并参与血红素的耐受性和体内稳态的维持。YgfC（或 HrtR4）是一种血红素反应性阻遏物，可以响应优异血红素分子调节 hrtRBA（前体为 ygfCBA）操纵子的表达。最近有研究证实了 HrtR 的晶体结构，可以感知并结合一个血红素分子，从而调节血红素转运系统的表达，维持乳酸乳球菌内的血红素稳态。使用宏转录组学方法研究，发现来自人类肠道和实验室培养基中的植物乳杆菌基因表达谱之间有巨大差异。而在小鼠和人类胃肠道中的乳酸菌基因表达谱则比较相似，这表明存在一些相同的肠道适应机制。植物乳杆菌的代谢能力特别适合在胃肠道中吸收碳水化合物以及胞外多糖和细胞表面蛋白类化合物的表达。有学者对细菌在发酵酸奶的食物生态系统的转录组表达也进行了分析，在保加利亚乳杆菌存在下，嗜热链球菌 LMD-9 的氨基酸转运、代谢以及 DNA 复制的相关基因会过度表达，使用宏转录组学方法发现酸奶中的嗜热链球菌和保加利亚乳杆菌的相互作用涉及特定的化合物和代谢通路，同样的研究方法也用于韩国泡菜和酸面团等其他发酵食品中微生物的相关研究。

蛋白质组学可以增进对食品微生物代谢方面的相关理解。有学者使用蛋白质组学的方法定量分析瑞士奶酪成熟过程中释放的细菌酶。也有学者应用该方法研究乳酸菌在酸性及低温环境下的抗压反应。基于乳酸乳球菌转录组和蛋白质组学的蛋白质和 mRNA 的最新建模方法也提高了功能基因组学的定量能力。

关于乳酸菌整体代谢组学的研究并不普遍，有研究发现植物乳杆菌细胞中的叶酸基因簇过度表达会导致生长速率的降低。另有研究在代谢产物水平上分析了乳酸乳球菌对酸胁迫的反应，并通过全基因组转录组分析进行了补充，确定了乳酸输出的 H^+ 和乳酸化学计量，并且以此建立了一个代谢模型，该模型解释了乳酸乳球菌对酸胁迫反应的分子机制。

（2）微生物细胞的表型表征

表型芯片（PM）技术是一种高通量同时筛选多种表型的细胞分析系统，该技术可用于补充传统的基因组学、转录组学和蛋白质组学的研究。PM 可以检测将近 2000 个微生物表型，包括碳、氮、磷和硫代谢、pH 值增长范围、对 NaCl 和其他离子的敏感特性等，从而在单一试验中获得较全面的通路功能。近年来，有学者使用 PM 技术分析了乳酸菌，PM 技术常通过对比细胞的单一基因突变引起微生物差异来分析基因功能特性。例如，通过 PM 技术筛选多种碳源来确定乳酸脱氢酶（LDH）在乳酸乳球菌、粪肠球菌和化脓性链球菌中的作用。LDH 缺失基因突变的菌株不能和野生型菌株一样有效地利用所有碳源，这就解释了为什么即使在极丰富的培养基中它们的生长还会受到影响。另有研究发现变形链球菌中的 liaS 基因编码一种细胞外膜应激组氨酸激酶，这种激酶对毒力因子的表达很重要，liaS 突变体对靶向蛋白质合成、DNA 合成和细胞壁生物合成的各种抑制剂的耐受性更高。

PM 技术还可以用于分析自然存在的微生物，以及这些菌株的生物学特性、化学物质对其细胞的影响并可以作为生物工程优化的工具。有学者使用 PM 技术观察细菌环境适应的表型特性，比较了分离于蔬菜和水果的 72 株植物乳杆菌在不同碳源环境下的代谢表现，根据这些植物乳杆菌在 27 种不同碳源环境下的代谢表现将其分成了 8 类，发现菌株的不同类别与其原始栖息地并无关系。另一项研究结合了 PM 技术、基因组和转录组学方法来分析酸面团中的微生物存活能力。有效利用木质纤维素中的五碳（C_5）和六碳（C_6）糖的细菌将大大提高木质纤维素向生物燃料和生物产品转化的经济效益。使用 PM 技术分析发现，布氏乳杆菌可以代谢多种碳源，包括 C_5 和 C_6 单糖、二糖和寡糖。此外，布氏乳杆菌在厌氧条件下具有更高的代谢速率，而且耐受乙醇和其他极性条件。因此，布氏乳杆菌是用于各种生物制品转化的极佳微生物之一。

4. 乳酸菌系统生物学

多种建模方法已成功应用于乳酸菌的单一培养。动力学模型用来整合转运、酶动力学以及通量和代谢产物等方面研究的实验数据。在乳酸乳球菌中，动力学建模主要是建立糖酵解的模型。基因组测序、基因组分析和组学技术（蛋白质组学、转录组学、代谢组学等）已被用于构建基因组规模的代谢模型，这有助于阐明多种细胞的生化途径。使用高通量技术整合基因组数据与代谢指纹图谱可以进一步理解相关的生物学信息，这种技术集合已被用于研究微生物如何利用柠檬酸盐并产生相应的风味化合物。建模的最新发展和未来趋势是在混合培养基和复杂的生态系统中的研究应用，这种技术已被应用于含嗜热链球菌和保加利亚乳杆菌的酸奶等食品以及人类肠道微生物的研究中。多种微生物群落的生理学研究是一项具有挑战性的研究，需要结合系统发育、宏基因组学以及宏功能基因组学等多种研究技术。系统生物学是可以用来破译乳酸菌代谢机理的强大工具之一，可以整合基因、蛋白质和生化反应进一步研究微生物群落。

第二节　转运系统的比较基因组分析

分子系统发育学揭示了生命有三个域的存在：细菌、古细菌和真核生物。前两种域包括所有具有小细胞和缺乏真核细胞器的原核生物体，但是原核生物表现出巨大的细胞活性多样性，包括许多在真核生物没有的代谢能力。细菌种类远远高于古细菌和真核生物。其中包含厚壁菌门或者低 G＋C 含量的革兰氏阳性菌的细菌广受关注，包括可以形成芽孢的芽孢杆菌和梭状芽孢杆菌、致病性的葡萄球菌和李斯特菌、链球菌以及被统称为乳酸菌的一类细菌。乳酸菌在工业中的应用非常重要，因为乳酸菌可以发酵水果、蔬菜、肉类以及奶酪和酸奶等乳制品，不仅如此，乳酸菌在白酒和啤酒的酿制过程中也发挥一定的作用，当然有时也会引起腐败。由于乳酸菌具有预防和治疗作用，它们还可以提供一些具有益生元作用的生物聚合物和化学物质（如生物活性肽、短链酸、维生素），以此来促进其他有益的共生肠道细菌的生长。因此，在人体和动物体内，乳酸菌是主要的益生菌。

乳酸菌具有很强的基因编码合成能力，如分泌细菌素以及它的免疫系统使其免疫于自身分泌的肽毒素（抑菌肽）。这些分泌的抑菌肽被乳酸菌用来作为自身的生物防御及细胞间的信息传递载体。

在同一生境下的乳酸菌表现差异很大，这很大程度上取决于它们自身的代谢活力和转运能力。这些微生物包括干酪乳杆菌（*Lactobacillus casei*）、短乳杆菌（*Lactobacillus brevis*）、无糖片球菌（*Pediococcus pentosaceus*）、格氏乳杆菌（*Lactobacillus gasseri*）和经常在植物及其产物以及人类肠道中出现的德氏乳酸杆菌（*Lactobacillus delbrueckii*）等。这些菌常被用于发酵植物、乳制品和肉类制品。乳酸乳球菌乳脂亚种和嗜热链球菌与其他乳酸菌关系较远但是彼此之间紧密相关，它们都被发现于乳制品中。另外两种乳酸菌，即肠膜明串珠菌（*Leuconostoc mesenteroides*）和酒类酒球菌（*Oenococcus oeni*）彼此之间密切相关但与其他乳酸菌更加疏远，分别用于食品发酵和酿酒。

另一类细菌包括 G＋C 革兰氏阳性放线菌可以提供相似的功能，如长双歧杆菌被发现于人类和动物的肠道中，是一种重要的益生菌，和其他双歧杆菌一起发挥益生作用，也是母乳喂养婴儿肠道内的优势菌种，但并非是喂养配方奶粉婴儿肠道内的优势菌。双歧杆菌被认为对母乳喂养婴儿健康起到很大的益生作用。亚麻短杆菌是用于干酪成熟和维生素、类胡萝卜素生产的另一种放线菌。

跨膜运输对于乳酸菌发挥所有功能性作用是必不可少的环节，并且这些转运蛋白反映了生物体的进化历程。由基因组参考联盟测序的乳酸菌基因组内编码的转运蛋白补体已做了总结，以下针对不同的乳酸菌中多种转运蛋白的分布、与不同转运蛋白家族间的联系以及它们的功能性进行概述。与其他细菌包括放线菌、革兰氏阴性菌和古细菌相比，乳酸菌具有不寻常的转运蛋白分布。

一、通道形成蛋白

乳酸菌中的转运蛋白有一小部分是通道形成蛋白（1.7%～4.1%），在最初研究的 11 种细菌中发现了通道形成蛋白 MIP 家族的水孔蛋白和甘油易化蛋白。MIP 是主要内在蛋白，在转运蛋白分类数据库（transporter classification database，TCDB）中的分类为：TC 编号 1.A.8。MIP 家族蛋白会促进中性分子的通过，例如水、甘油、二羟基丙酮、CO_2、尿素和氨。所有分析的微生物中具有至少一种 MIP 家族蛋白，有些甚至有 6 种（表 4-2）。

表 4-2   部分乳酸菌中的水孔蛋白和甘油易化蛋白及其作用

蛋白	来源	渗透性
GlaLlac	乳酸乳球菌（L. lactis）	透过水和甘油
LpGlpF1	植物乳杆菌（L. plantarum）	透过 H_2O_2 促进尿素和乳酸的扩散
LpGlpF2	植物乳杆菌（L. plantarum）	透过水、甘油、二羟基丙酮、H_2O_2
LpGlpF3	植物乳杆菌（L. plantarum）	透过水、甘油、二羟基丙酮、H_2O_2
LpGlpF4	植物乳杆菌（L. plantarum）	透过水、甘油、二羟基丙酮、H_2O_2 和乳酸促进尿素和乳酸的扩散
LpGlpF5	植物乳杆菌（L. plantarum）	ND[①]
LpGlpF6	植物乳杆菌（L. plantarum）	ND[①]
LsGlpF1	类沙克乳杆菌（L. sakei）	透过水、甘油和乳酸
LsGlpF1	戊糖片球菌（P. pentosaceus）	透过水、甘油和乳酸

① 表示未发现对水、甘油、二羟基丙酮、乳酸和 H_2O_2 的渗透性。

第一个经过功能性表征的通道形成蛋白是来自 L. lactis 的 GlaLlac，它可以透过水和甘油。乳酸菌通常不能利用甘油作为唯一的碳源，但某些物种能够共同代谢葡萄糖和甘油。这些表型现象表明，与体外实验相比，这些通道可能参与了更多化合物的扩散和渗透作用。

有一项功能性研究旨在研究植物乳杆菌中 MIP 家族蛋白的通透性底物，在该植物乳杆菌中鉴定出 6 个旁系同源物，使用计算机模拟和体内试验鉴定出其中 4 个通透性蛋白的透过底物，这些蛋白可以促进水（LpGlpF2、LpGlpF3、LpGlpF4）、甘油（LpGlpF2、LpGlpF3、LpGlpF4）、二羟基丙酮（LpGlpF2、LpGlpF3、LpGlpF4）和尿素（LpGlpF1、LpGlpF4）的扩散。这些蛋白还可以透过 H_2O_2（LpGlpF1、LpGlpF2、LpGlpF3）和乳酸（LpGlpF1、LpGlpF4）。这是在原核细胞中描述关于水孔蛋白可以透过乳酸的功能。MIP 家族蛋白可以扩散乳酸最初是在人类（AQP9）、拟南芥（NIP2）和吸虫（SmAQP）中发现的。扩散乳酸的水孔蛋白作用与这些细菌的生长息息相关，因为在过量碳源下，乳酸诱导的酸胁迫是从生长期到生长停止的主要因素。

成孔毒素（poreforming toxins，蛋白质或肽，TC 编号 1.C）代表了一组抗性蛋白，这些蛋白在乳酸菌中研究已经很深入（表 4-3）。

表 4-3 部分乳酸菌中的功能性成孔毒素

TC 编号	名称	来源
1. C. 20. 1. 1	Ⅰ类羊毛硫抗生素乳酸链球菌素前体	*L. lactis*
1. C. 21. 1. 1	Ⅰ类羊毛硫抗生素乳链球菌素 481	*L. lactis*
1. C. 22. 1. 1	Ⅰ类羊毛硫抗生素乳球菌素 A	*L. lactis*
1. C. 22. 1. 2	硫醇激活肽乳球菌素 B	*L. lactis*
1. C. 22. 1. 5	姜黄素 FS47	*L. curvatus*
1. C. 22. 1. 6	植物乳杆菌素 A 前体	*L. plantarum*
1. C. 22. 1. 8	梨火疫菌素 L471(乳汁素 A)	*L. amylvorus*
1. C. 23. 1. 1	Ⅰ类羊毛硫抗生素乳球菌素 S	*L. sake* L45
1. C. 24. 1. 1	Ⅱa 类乳酸片球菌素 PA-1 前体	*P. acidilactici*
1. C. 24. 1. 2	Ⅱa 类沙克乳杆菌素 P 前体	*L. sake*
1. C. 24. 1. 5	Ⅱa 类肠膜明串珠菌素 Y105 前体	*Leuconostoc mesenteroides*
1. C. 24. 1. 6	Ⅱa 类冷明串珠菌素 A 前体	*Leuconostocgelidum*
1. C. 24. 1. 8	Ⅱa 类沙克乳杆菌素 A 前体	*L. sakei*, *L. curvatus*
1. C. 24. 1. 9	Ⅱa 类沙克乳杆菌素 MN 前提	*L. sakei*
1. C. 24. 1. 14	李斯特菌活性Ⅱa 类肽,乳球菌素 MMFⅡ	*L. lactis*
1. C. 25. 1. 1	Ⅱb 二肽乳球菌素 G	*L. lactis*
1. C. 26. 1. 1	Ⅱb 二肽乳杆菌素 F(LafA)-乳杆菌素 X(LafX)	*L. johnsonii*
1. C. 29. 1. 1	阴离子选择性Ⅱb 二肽细菌素,植物乳杆菌素 EF	*L. plantarum*
1. C. 30. 1. 1	阳离子选择性Ⅱb 二肽细菌素,植物乳杆菌素 J,K	*L. plantarum*
1. C. 30. 1. 2	植物乳杆菌素 Sb,Sa 前体	*L. plantarum*
1. C. 30. 1. 3	嗜热素 1,2 前体,细菌素 ThmA,B	*Strep. thermophilus*
1. C. 37. 1. 1	Ⅱc 类细菌素,乳球菌素 972	*L. lactis*
1. C. 53. 1. 1	环状细菌素,Ⅰ组,环型细菌素 Q	*L. sp-strain* QU12
1. C. 83. 1. 1	环状细菌素,Ⅱ组,格氏乳杆菌素 A	*L. gasseri*
1. C. 90. 1. 2	环状细菌素,Ⅰ组,格氏乳球菌素 ML	*L. garvieae*
1. C. 93. 1. 1	乳链球菌素 Q	*L. sp*

在产业化应用中,细菌素的生产是非常有用的。细菌素是由细菌产生的一种抗生素肽,具有杀死特定细菌的能力,通常与生产相关的菌紧密相关,以小的前体蛋白或肽为起始,通过蛋白水解消除其 N-末端前导序列,最终由一个、两个或多个跨膜 α-螺旋束形成成熟的肽链结构。很多细菌素的编码序列位于操纵子中,操纵子还编码一种免疫蛋白和带有 N 末端蛋白酶结构域的 ABC 转运系统。一些细菌素是通过Ⅱ型分泌途径进行运输的,而非 ABC-型转运系统。某些情况下,细菌素编码操纵子的表达是由类细菌素肽诱导的,这种类细菌素肽与一个两组分的传感器激酶反应调节剂相连。

由乳酸菌产生的肽菌素根据生化和遗传特性被分为两类。Ⅰ类肽是羊毛硫抗生素,这种肽非常小,并且是包含特殊氨基酸（如羊毛硫氨酸）的、翻译后修饰的肽。Ⅱ类肽包括未被修饰的细菌素,Ⅱ类肽细分为三个亚类,分别是Ⅱa 类（花青素样细菌素）、Ⅱb 类（二肽细菌素）和Ⅱc类（如非花青素样细菌素和一肽等其他类细菌素）。

关于Ⅰ类羊毛硫抗生素最好的研究实例就是乳链菌肽-nisin（TC编号1.C.20.1.1）。乳链菌肽使用脂质Ⅱ（Lipid Ⅱ）在细菌膜上形成通道，脂质Ⅱ是肽聚糖结构单元的异戊二烯链连接供体，既作为通道的固有成分也作为受体。

Ⅱ类不含羊毛硫氨酸的热稳定细菌素是小于10kDa的小细胞膜活性肽，其特征是细菌素前体中有Gly-Gly-1 Xaa＋1加工位点，由与ABC型细菌素转运通透酶相连的蛋白酶结构域进一步修饰。Ⅱ亚类细菌素包括Ⅱa李斯特活性肽，这种肽在Y-G-N-G-V-X-C的N末端有一个共有序列。乳酸片球菌素PA-1（TC编号1.C.24.1.1）和沙克乳杆菌素P（1.C.24.1.2）都属于这个家族。乳酸片球菌素PA-1在C端具有二硫键，而沙克乳杆菌素P没有。在沙克乳杆菌素P中引入这样一个二硫键可以扩大其靶细胞特异性，使其对许多细菌抗性提高10～20倍，二硫键的引入同时也提高了其热稳定性。

二、主要易化超家族

目前发现在自然界中存在的最大的次级代谢产物载体就是主要易化超家族（major facilitater superfamily，MFS），在TC数据库中转运分类号为2.A.1。目前这个超家族包含90个家族分类和10万条以上的已测序列，几乎可以转运所有具有生物学功能的小的代谢底物。这些成员可以作为溶质输入载体，以质子动力势作为能量源，利用质子同向转运机制催化溶质分子抗浓度梯度向胞内主动转运吸收，同时也可以利用质子反转运机制催化溶质分子克服浓度梯度排出胞外。一些MFS载体也是溶质平衡器，借助溶质单转运机制催化促进溶质扩散，一些MFS载体（包括输入载体和输出载体）可以催化溶质和溶质间的交换。矢量反应催化类型取决于载体本身。

当前公认的大多数MFS载体成员仅包含输入功能或输出功能的一种，而根据目前不同的报告研究指出，SP、DHA1、DHA2、OPA、NNP和OCT这六种家族可能同时存在两种载体功能。SP即为糖转运蛋白家族（sugarporter family），该家族成员通常可以利用糖，与H^+同向协同转运，也能平衡糖单向运输。SP家族的单向运输主要发生在动物体内，这些动物通常具有严格的体内平衡机制，从而在胞外血浆中能够保持恒定的高糖水平，但是有时也可以在高浓度糖环境中生长的酵母和某些细菌中发生SP单向运输。一些SP载体进化了受体功能，从而获得了调节传感器活性，但是这些家族成员未发现可以催化底物进行H^+逆向转运。

其他关于促进扩散的载体如接合酵母（Zygosaccharomyres）中果糖单向转运蛋白（2.A.1.2.23）是DHA1药物家族中的成员，是H^+逆向转运蛋白。推定的细菌胆汁酸吸收转运蛋白（2.A.1.3.13）是DHA2药物输出蛋白家族中的成员。SP和DHA1家族是MFS最大的两个家族。MFS以及其他家族在进化过程中失去阳离子同向转移能力，而生成底物单向转运体的现象时有发生，这些同向转运体和单向转运体通常可以催化底物和底物转换，但是在进化过程中，同向转运体和逆向转运体之间的转换很少发生。

在有机磷酸盐和磷酸盐反转运蛋白（OPA，2.A.1.4）家族中，大多数成员优先催化底物和底物之间的反转运，但是它们也可以催化底物和H^+之间的同向转运，甚至某些成员会更倾向于利用同向转运机制。在硝酸盐、亚硝酸盐转运蛋白（NNP，2.A.1.8）家族中相似

序列成员可以催化 NO_3^- 和 NO_2^- 的吸收、外排或者它们之间的交换。此外，动物中金属阳离子有机物（OCT，2.A.1.19）转运蛋白成员表现自发异位，催化底物的吸收、输出、交换或者单向转运。有时转运机制及底物和 H^+ 之间的化学计量取决于相对条件和转运的特异性底物。少部分 MFS 载体可以利用 Na^+ 代替 H^+ 作为共运阳离子。依赖于 Na^+ 的反向转运似乎很少见。

MFS 载体通常长约 400 个氨基酸残基（aa），并具有 12 个跨膜 α-螺旋扳手（TMSs），每 6 个 TMSs 有两个同源的重复单元。这些载体在细菌、古菌和原核细胞中均有发现。超过 2 万个 MFS 已用于序列分析，其中一些报道了 X-射线结构。一些证据表明，基础 6-TMS 重复单元来源于一个 3-TMS 编码遗传元素的复制，MFS 载体来源于简单的两个 TMS 的离子通道。

主要 MFS 载体在 5 个不同原核生物类别中的占比如表 4-4 所示。乳酸菌和非乳酸菌硬壁菌门中表现高比例的主要为易化超家族多药外排系统（62%～63%），而与其他细菌相比，有机和无机阳离子吸收转运蛋白表现较低（乳酸菌中仅含有 11%，其他硬壁菌门中含有 16%），其他细菌包括放线菌和革兰氏阴性菌中分别表现为 36% 和 32%。乳酸菌中高占比的药物输出载体反映了乳酸菌对吸收利用这些物质的倾向性，而阳离子吸收系统的低数量可能反映了它们的代谢模式是发酵（糖）而不是呼吸（有机酸）代谢模式。

表 4-4　主要 MFS 载体在 5 个不同原核生物类别中的占比

类别	LAB/%	非 LAB 硬壁菌门/%	放线菌/%	革兰氏阴性菌/%	古细菌/%
药物	63	62	48	41	59
阳离子	11	16	36	32	19
糖	8	8	8	9	10
氨基酸	0	0	0	2	0
肽	10	8	5	11	9
核苷酸	9	7	3	5	3

与其他原核细胞相比，乳酸菌具有 2～3 倍的核苷和碱基转运蛋白，乳酸菌中主要的功能性次级载体如表 4-5 所示。

表 4-5　乳酸菌中主要的功能性次级载体

TC 编号	名称	缩写	微生物来源
2.A.1.1.41	D-木糖和 H^+ 同向转运体	XylT	短乳杆菌
2.A.1.2.5	多药和 H^+ 反向转运体	LmrP	乳酸乳球菌
2.A.1.3.37	尿苷、脱氧尿苷、5-氟尿苷吸收转运体	UriP	
2.A.1.17.2	葡萄糖转运体	OEOE_0819	酒类酒球菌
2.A.1.23.1	结合胆汁盐和 H^+ 同向转运体	CbsT1	约氏乳杆菌 100-100
2.A.1.23.2	牛磺胆酸盐和胆酸盐反向转运体	CbsT2	
2.A.1.68.1	葡萄糖转运体	OEOE_1574	酒类酒球菌
2.A.2.1.2	岩藻糖基-α-1,6-N-乙酰氨基葡糖吸收转运体	AlfD	干酪乳杆菌
2.A.2.2.1	乳糖通透酶	LacS	嗜热链球菌

TC 编号	名称	缩写	微生物来源
2. A. 2. 2. 3	半乳糖通透酶	GalP	乳酸乳球菌
2. A. 2. 3. 3	吡喃木糖基葡糖通透酶	XylP	戊糖乳杆菌
2. A. 3. 7. 1	谷氨酸和 γ-氨基丁酸酯反向转运体	GadC	乳酸乳球菌
2. A. 7. 5. 2	可能的核糖转运体	RbsU	沙克乳酸杆菌
2. A. 7. 5. 3	葡萄糖和 H$^+$ 同向转运体	GlcU(YxfA)	乳酸乳球菌
2. A. 7. 21. 4	乳清酸转运体	OroP	
2. A. 17. 1. 6	POT 家族二肽和三肽转运体	DtpT	嗜热链球菌
2. A. 21. 3. 20	唾液酸转运体	NanT	沙克乳酸杆菌
2. A. 24. 2. 2	苹果酸和乳酸反向转运体	MaeP(MleP)	乳酸乳球菌
2. A. 24. 3. 1	生电型柠檬酸和 L 型乳酸交换体	CitN	
2. A. 24. 3. 2	柠檬酸和乳酸反向转运蛋白	CitP	肠膜明串珠菌
2. A. 26. 1. 3	支链氨基酸和 H$^+$ 同向转运体	BrnQ	德式乳杆菌
2. A. 40. 1. 2	高亲和力尿嘧啶通透酶	PyrP	乳酸乳球菌
2. A. 66. 2. 16	囊多糖输出载体	CpsU	嗜热链球菌
2. A. 69. 4. 5	苹果酸通透酶	MleP	酒类酒球菌
2. A. 77. 1. 3	镉抗性(CadD)家族	CadD	发酵乳杆菌
2. A. 87. 1. 1	核黄素吸收转运体	RibU	乳酸乳球菌
2. A. 88. 3. 2	硫胺素转运体(硫胺素 ECF 转运蛋白 S 成分)	ThiT	
2. A. 88. 3. 3		ThiT	干酪乳杆菌
2. A. 88. 6. 1	推定的核苷前提转运体	QrtT	沙克乳酸杆菌
2. A. 87. 2. 1	泛酸转运体(泛酸 ECF 转运蛋白 S 成分)	PanT	肠膜明串珠菌
2. A. 88. 5. 2	推定的烟酸吸收转运体(烟酸 ECF 转运蛋白 S 成分)	NiaX	乳酸乳球菌乳脂亚种
2. A. 88. 9. 1	预测的核苷前体转运体(核苷 ECF 转运蛋白 S 成分)	QueT	乳酸乳球菌
2. A. 88. 9. 2		QueT	*Leuc. gasicomitatum*
2. A. 115. 2. 4	新生霉素输出载体	NbcE	短乳杆菌
2. A. 118. 1. 7	可能的瓜氨酸、鸟氨酸反向转运体	ArcD	沙克乳酸杆菌
2. A. 3. 2. 9	组氨酸、组胺反向转运体	HdcP	嗜热链球菌
2. A. 3. 1. 19	His、Arg、Lys 转运体	HisP	乳酸乳球菌乳脂亚种
2. A. 3. 1. 18	赖氨酸转运体	LysP	
2. A. 3. 1. 21	丝氨酸转运体	SerP1	
2. A. 3. 1. 20		SerP2	
2. A. 3. 1. 22	苯丙氨酸、酪氨酸转运体	FywP	
2. A. 3. 2. 11	精氨酸、鸟氨酸转运体	ArcD1	
3. 3. 2. 10		ArcD2	
2. A. 3. 7. 6	天冬氨酸、谷氨酸转运体	AcaP	
2. A. 3. 7. 7	腐胺转运体	AguD	
2. A. 26. 1. 9	亮氨酸、异亮氨酸、缬氨酸转运体	BrnQ	
2. A. 3. 3. 23	支链氨基酸转运体	CtrA(BcaP)	乳酸乳球菌

三、其他大型二级载体超家族

除了 MFS 家族外，最大的三种二级载体超家族为抗性、结瘤和分裂的输出载体 RND（仅是输出载体）、药物及代谢转运蛋白 DMT（包括吸收和外排系统）和多药、寡糖、多糖载体（仅为外排系统）。以下针对这三种超家族进行介绍。

研究发现，除了单脂质输出 HAE2 家族成员（表 4-6），其他 RND（TC 编号 2. A. 6）超家族在乳酸菌中实质上是不存在的。其中，HME 重金属输出载体仅在革兰氏阴性菌中发现。HAE1、MDR 系统仅在革兰氏阴性菌和非乳酸菌硬壁菌门中出现，在后者中的含量更少。HAE3 同系物仅在古细菌和革兰氏阴性菌中存在，在所研究的革兰氏阳性菌中未发现。除了乳酸菌，在所有检测的原核细胞中，一般蛋白质分泌（Sec）辅助蛋白质 SecDF，共同组成了全长 RND 载体的等价物，该蛋白被认为有助于整体胞质膜蛋白的插入。丢失这种蛋白的大肠杆菌降低了蛋白质分泌效率并且增加了温度敏感表型。SecDF 是一个质子通路，其作用相当于一个膜伴侣，由质子动力（pmf）启动实现不依赖于 ATP 的蛋白易位。值得注意的是缺少 SecDF 蛋白粉的乳酸菌可以生长得很快，这可能是由于这些糖酵解生物体可以生成足够的 ATP，因此不需要 pmf 易位。

表 4-6　RND 超家族成员在五个原核生物类别中的分布占比

家族名称	HME	HME1	SecDF	HAE2	HAE3	系统/组织（比例）
LAB	0	0	0	100%	0	1/11(0.1)
非 LAB 硬壁菌门	0	28%	44%	28%	0	18/13(1.4)
放线菌	0	0	25%	75%	0	32/5(6.4)
革兰氏阴性菌	12%	58%	21%	0	8%	264/42(6.4)
古细菌	0	0	59%	0	41%	34/16(2.1)

与其他细菌类型相比，药物/代谢转运蛋白（DMT）超家族在乳酸菌和其他硬壁菌门中，以下两种家族成员占比减少，即小阳离子多药抗性外排系统成员和药物/代谢输出（DME）家族成员。目前鉴定的 DME 载体几乎都为输出载体。在检测的所有原核细胞中，古细菌中 SMR 家族成员占比最少，而 DME、Trp-E 和 TPPT 家族成员在古细菌中占比最多，如表 4-7 所示。RarD 和 BAT2 家族并未在古细菌中发现。

表 4-7　DMT 超家族成员在部分原核生物类别中的分布占比

TC 家族编号	1	3	5	7	21	23	24	蛋白/组织
TC 家族名称	SMR	DME	GRP	RarD	BAT2	Trp-E	TPPT	（比例）
非 LAB 硬壁菌门	21%	33%	13%	5%	7%	6%	15%	85/11(17.7)
放线菌	17%	50%	0	25%	8%	0	0	12/5(2.4)
革兰氏阴性菌	16%	60%	0	6%	5%	6%	5%	283/33(8.6)
古细菌	9%	64%	0	0	0	7%	20%	44/14(3.1)

与其他细菌类型相比，乳酸菌的 MOP 超家族（TC 编号 2. A. 66，如表 4-8 所示）中，

MATE 家族 MDR 系统和小鼠毒力因子家族 MVF 细胞壁脂质翻转酶占比很低。U-MOP 家族成员在整个原核细胞中占比都很低，但是与其他细菌类型相比，乳酸菌中的 PST 家族中多糖输出载体和 U-MOP1 家族成员表现相对增高。这些超家族中存在一些未知的特异性家族，部分仅存在于乳酸菌中，其中原因则需要通过鉴定这些未知转运载体的功能来判断。

表 4-8　MOP 超家族成员在五个原核生物类别中的分布占比

TC 家族编号	1	2	4	7	12	蛋白/组织（比例）
TC 家族名称	MATE	PST	MVF	U-MOP1	U-MOP4	
LAB	34%	47%	2%	15%	0	47/11(4.3)
非 LAB 硬壁菌门	53%	33%	4%	8%	1%	76/11(6.9)
放线菌	50%	8%	42%	0	0	12/5(2.4)
革兰氏阴性菌	41%	28%	21%	7%	3%	155/32(4.8)
古细菌	43%	41%	1%	15%	0	87/14(6.2)

四、 ABC 转运蛋白

ATP 结合盒（ABC）超家族转运蛋白成员分属于 92 个家族，包括 33 个吸收家族和 59 个输出家族（参阅 TCDB）。通常来讲每个家族对应于 1 个特定的底物，当然也有例外。它们可能特异于所有的小分子，并且其中一些家族成员的作用是输出一些大分子（蛋白、脂质和复杂的碳水化合物）。它们共同的特点是由 ABC 蛋白依赖性 ATP 水解系统驱动。

ABC 主要活性转运蛋白仅是在利用同源能量耦合 ABC 蛋白的意义上形成的统一蛋白质组，是重叠的跨膜转运载体，至少来自于 3 个独立进化的转运蛋白家族。其中之一是 ABC1 家族，每条多肽链上展现了 6 个 TMS，是由原始的 2-TMS 发夹肽进行的 2 个基因内 3 倍复制形成的 [图 4-5 (a)]。第二个家族 ABC2 是由 3-TMS 前体通过单个基因内复制形成的，形成了一系列独立进化的 6-TMS 蛋白，与 ABC1 蛋白没有序列相似性 [图 4-5 (b)]。第三个 ABC3 家族成员每条多肽链上有 4 个、8 个或者 10 个 TMS [图 4-5 (c)]，ABC3 蛋白有一个基本的 4-TMS 拓扑结构，但是在 8 和 10-TMS 同源物中该结构进行了复制，且在 10-TMS 蛋白中，复制产生了 2 个额外的非同源 TMSs 隔开了 2 个重复单元。这 3 种类型都存在于 3 种生命领域中，但根据生物体类型不同，数量差别很大。

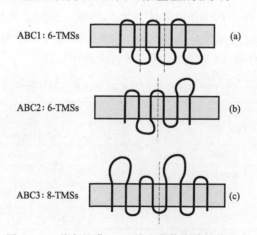

图 4-5　三种完整膜 ABC 输出载体家族结构示意

有超过 10 万条 ABC 超家族成员序列可供分析。ABC1、ABC2 和 ABC3 这三种转运载体在所有活体组织中含有的相对数量排序为 ABC1＞ABC2＞ABC3，但是这些载体类型的分布是生物特异性的。ABC 功能性超家族 ABC1、ABC2 和 ABC3 型输出载体在不同微生物中的分布如表 4-9 所示。在所检测的 5 个有机体组中出现的这 3 种拓扑类型的分布是独特的，只有少数例外。革兰氏阴性菌和古细菌与其他 3 种革兰氏阳性菌相比有更少的 ABC1 而含有更多的 ABC2 载体，古细菌中表现最不寻常，ABC2 载体数量远远超过 ABC1 载体。

表 4-9　ABC 功能性超家族 ABC1、ABC2 和 ABC3 型输出载体在不同微生物中的分布

细菌的类别	ABC1/%	ABC2/%	ABC3/%	不同家族的比重	家族成员数/原核生物种类（平均每类原核生物所具有的 ABC 家族成员数）
LAB	56	19	25	ABC1≫ABC3＞ABC2	305/11(28)
非 LAB 硬壁菌门	43	29	28	ABC1＞ABC2＝ABC3	335/11(31)
放线菌	55	17	28	ABC1≫ABC3＞ABC2	97/5(19)
革兰氏阴性菌	37	34	29	ABC1＞ABC2＞ABC3	641/33(19)
古细菌	23	52	25	ABC2≫ABC3＝ABC1	200/14(14)
家族数量总计	41	32	27	ABC1＞ABC2＞ABC3	1578/73(22)

就 ABC 输出载体主要功能类型的相对比例而言，MDR 载体系统在所有活体生物细胞中占主导地位。在乳酸菌和其他硬壁菌门中，有 64%～70% 的 ABC 输出载体可能具有药物/疏水性化合物流出物的保护功能（表 4-10、表 4-11）。

乳酸菌与其他硬壁菌门细菌相比具有 3 倍多的 ABC 型肽输出载体，超过革兰氏阴性菌和古细菌，和蛋白质输出载体比例大致相同。该结论与革兰氏阳性菌比革兰氏阴性菌中信号肽使用程度更多是一致的。但是这些生物体与其他原核门相比，含有更少的 ABC 脂质和复杂的碳水化合物输出载体。

表 4-10　部分乳酸菌中的功能性 ABC 转运蛋白

TCID 编号	名称	缩写	微生物来源
3.A.1.1.20	低聚果糖载体	MsmEFGK	嗜酸乳杆菌
3.A.1.2.17	一般核苷吸收载体	NupABC/BmpA	乳酸乳球菌
3.A.1.3.25	谷氨酰胺转运体	GlnPQ	
3.A.1.5.10	寡肽载体	OppABCDF	
3.A.1.5.25	ABC 肽/信号肽转运体	OptASBCDF	
3.A.1.5.32	ABCα-半乳糖苷载体	MsmEFGK	嗜酸乳杆菌
3.A.1.12.5	甘氨酸甜菜碱（高亲和力）和脯氨酸（低亲和力）的吸收系统	BusAA-ABC	乳酸乳球菌
3.A.1.25.4	生物素吸收系统	BioMNY	
3.A.1.25.6	核黄素 ECF 转运系统	EcfAA T/RibU	嗜热链球菌

续表

TCID 编号	名称	缩写	微生物来源
3. A. 1. 26. 9	叶酸转运体	FolT/EcfAA　T	短乳杆菌
3. A. 1. 28. 2		EcfAA　ST	
3. A. 1. 29. 1	假定的蛋氨酸前体/吸收转运体	MtsTUV	约氏乳杆菌
3. A. 1. 111. 3	Nisin 输出载体	NisT	乳酸乳球菌
3. A. 1. 111. 5	乳酸菌素 Q 输出载体	LcnDR3	
3. A. 1. 112. 2	片球菌素 PA-1 输出载体	PedD	乳酸片球菌
3. A. 1. 112. 3	细菌素(乳球菌素)输出载体	LcnC	乳酸乳球菌
3. A. 1. 117. 1	多药输出载体	LmrA	
3. A. 1. 117. 2	Hop 抗性蛋白	HorA	短乳杆菌
3. A. 1. 124. 1	3-组分乳链肽免疫性输出载体	NisFEG	乳酸乳球菌
3. A. 1. 135. 1	异二聚体多药输出载体	YdaG/YbdA	

注：TCID 指转运蛋白分类（transporter classification identity）。

表 4-11　功能型 ABC 输出载体在不同原核生物中的分布

底物 原核 生物	药物	复杂碳水 化合物 （CHOs）	酯类	蛋白	肽	氨基酸(Aas)	底物不明确	家族成员数量 及其中 ABC1、 ABC2 和 ABC3 的比重
LAB	64/% ABC1≫ ABC2 >ABC3	4 ABC2 >ABC3	1 ABC3	10 ABC1 =ABC3	12 ABC1	3 ABC1	6 ABC3≫ ABC2,ABC1	305 ABC1≫ABC3 >ABC2
非 LAB 硬壁 菌门	70 ABC1≫ ABC2,ABC3	5 ABC2 ≫ABC3	1 ABC2	10 ABC1= ABC3 >ABC2	4 ABC2> ABC3 >ABC1	3 ABC1	7 ABC3> ABC2 >ABC1	335 ABC1>ABC2 =ABC3
放线菌	42 ABC1> ABC2 >ABC3	6 ABC3 ≫ABC2	1 ABC1	10 ABC3	14 ABC1	8 ABC1	19 ABC3>1	97 ABC1≫ABC3 >ABC2
革兰 氏阴 性菌	39 ABC2> ABC1 >ABC3	10 ABC2≫ ABC3 >ABC1	10 ABC3> ABC1 >ABC2	16 ABC1 =ABC3	7 ABC3> ABC2 >ABC1	4 ABC1	14 ABC1= ABC3 >ABC2	641 ABC1>ABC2 >ABC3
古细菌	51 ABC3> ABC2 >ABC1	8 ABC2	3 ABC1 >ABC2	8 ABC3> ABC2 ≫ABC1	9 ABC1 >ABC2	5 ABC2 ≫ABC1	17 ABC3> ABC2 ≫ABC1	200 ABC2≫ABC3= ABC1
总计	52 ABC1> ABC2 >ABC3	7 ABC2≫ ABC3 >ABC1	5 ABC3> ABC2 ≫ABC1	12 ABC3> ABC1 ≫ABC2	8 ABC1> ABC2 >ABC3	4 ABC1 ≫ABC2	12 ABC3> ABC2 >ABC1	1578 ABC1>ABC2 >ABC3

　　ABC 吸收通透酶通常每条多肽链上有 5 个 TMS，其中某些经过内部复制增长到 10 个 TMS。近期研究表明，5 个基本的 TMS 单元通过基因内复制也可能会进化。统计分析表

明，TMS1-2 与 TMS4-5 是同源物。可能有以下两条进化路径，第一条是一个 2-TMS 发夹多肽链进行了复制，使得 5-TMS 的 N 末端发夹结构朝内而 C 末端发夹结构朝外，这样中间的 TMS（即 TMS3）在复制过程中可能从头合成（de novo）。第二条途径是一个 3-TMS 前体可能复制成一个 6-TMS 蛋白，而在这些 ABC 载体进化早期，由于一个小的 N 末端或者 C 末端缺失突变使第一个或者最后一个 TMS 丢失了。目前更倾向于第二种解释，因为这些吸收载体与 ABC2 输出载体表现出明显的序列相似性。

一些吸收载体，特别是维生素和微量元素特异性吸收载体，能够作为低亲和力、高效率的二级载体（当 ABC 蛋白缺失时）或者高亲和力、低效率的初级活性载体（当 ABC 蛋白叠加在跨膜载体上时）。这已在大肠杆菌生物素吸收系统 BioY 中得到论证。但是遗传数据表明，其他同源转运蛋白（原核 ThiW、TrpP、PNaS 家族的磷酸：H^+、Na^+ 同向转运蛋白）也可通过适当的 ATP 水解亚基催化初级活性载体吸收。近期研究表明，该家族载体比之前预期的多，并且很多是对维生素和维生素前体特异性的，这些结论需要更多的试验进一步验证。

五、重金属转运载体

重金属离子对于生命是必不可少的，但同时高浓度重金属离子也具有毒性。已知的有 8 个二级活性转运蛋白家族用于介导二价阳离子的吸收或输出，Nramp、VIT、ZIP 和 NiCoT 用于吸收离子，CaCA、CDF、CadD 和 RND/HME 用于输出离子。在乳酸菌中，Nramp 和 VIT 重金属吸收系统家族比 ZIP 和 NiCoT 吸收系统家族表现更为广泛（表 4-12），这种现象同样表现在非乳酸菌硬壁菌门中，除了 VIT 家族减少超过 10 倍。放线菌和革兰氏阴性菌中有更多同等数量的 4 种家族成员。但是在古细菌中，ZIP 家族比 Nramp 和 VIT 家族更占明显优势，而这 2 个家族又比 NiCoT 家族占比更多。

表 4-12 5 种不同原核生物类别中 8 个次级载体无机二价阳离子特异性家族分布

项目	转运蛋白 5/组织（所检查的基因组数目）				
生物类别/家族	LAB	非 LAB 硬壁菌门	放线菌	革兰氏阴性菌	古细菌
Nramp(Mn^{2+}、Fe^{2+}、Zn^{2+}、Cu^{2+}、Cd^{2+}、Ni^{2+}、Co^{2+} 吸收)	1.7	1.2	1	0.4	0.4
VIT(Fe^{2+}、Mn^{2+} 吸收)	1.3	0.1	0.5	0.2	0.4
ZIP(Zn^{2+}、Fe^{2+}、Co^{2+}、Mn^{2+}、Ni^{2+} 吸收)	0.1	0.3	0.5	0.5	0.9
NiCoT(Ni^{2+}、Co^{2+} 吸收或外排)	0.2	0.1	0.2	0.6	0.2
CaCA(Ca^{2+}、Mn^{2+}、Zn^{2+}、Mg^{2+} 外排)	0	0.4	0.8	0.8	0.8
CDF(Co^{2+}、Ni^{2+}、Cd^{2+}、Zn^{2+}、Cu^{2+} 外排)	1.5	2	0.8	1.3	1.8
CadD(Cd^{2+} 外排)	0.4	0.2	0.4	0	0
RND/HME(Ni^{2+}、Co^{2+}、Zn^{2+}、Ag^+、Pb^{2+}、Hg^{2+} 外排)	0	0	0	0.6	0

注：以每个家族中转运蛋白的平均数目表示。

对于重金属离子外排系统，CDF 家族在所有研究的原核细菌中占主导地位，但是 CadD 家族在革兰氏阳性菌中也较多。革兰氏阴性菌中未发现 CadD 家族成员，相反，RND 超家族的重金属离子输出载体（HME 家族）在革兰氏阴性菌中占比较高而未在革兰氏阳性菌中发现。这两种家族均不存在于古细菌中。因此 CadD 和 HME 家族存在于受限的原核门中。在任何一种类型的生物中仅存在其中一个家族，不能同时存在两种（表 4-12）。

Ca^{2+} 和 H^+、Na^+ 阳离子反转运体（CaCA 家族）在放线菌、革兰氏阴性菌和古细菌中表现相似，但是在非乳酸菌硬壁菌门中的数量明显减少，而且乳酸菌中完全缺乏这种载体。这些转运体的作用主要是排除细胞质中的 Ca^{2+}，但是它们中的一些也可以输出其他二价阳离子。在不同细菌类型中，P 型 Ca^{2+}-ATP 酶的表达与 CaCA 的数量成反比。因此，似乎 Ca^{2+} 的输出是必不可少的，但是 CaCA 家族成员和 P 型 Ca^{2+} ATP 酶均可发挥此作用，使用哪一种取决于环境或生理条件。例如，当主要能量来源于发酵代谢产生的 ATP 时，依赖 ATP 的主要活性转运蛋白比 pmf 驱动的次级载体更占优势。但是当呼吸作用提供一个 pmf 作为主要能源时，然后通过 F 型 ATP 酶从 pmf 获得 ATP，次级载体则更占优势。

六、原核生物中 P 型 ATP 酶

P 型 ATP 酶控制许多生物体类型的阳离子稳态。根据相关研究，硬壁菌门中 CaCA 家族成员数量较少，而 Ca^{2+}-ATP 酶的数量是放线菌和革兰氏阴性菌的 2～3 倍。相比而言，古细菌中 CaCA 家族成员占比很高，但也含有相当数量的 Ca^{2+}-ATP 酶。

乳酸菌基因组中编码的 P 型 ATP 酶（TC 编号 3.A.3），一般发生在真核生物中，而在多数其他细菌中不存在。这些酶包括动物的 Na^+、K^+ 交换 ATP 酶家族成员（TCBD 中的家族 1）、植物和真菌的 H^+/Mn^{2+}-ATP 酶家族成员（家族 3）以及真菌和单细胞真核生物的 Na^+ 或 K^+ 排出 ATP 酶（家族 9）。Na^+、K^+ 型 ATP 酶存在于乳酸菌和古细菌中，H^+/Mn^{2+}-ATP 酶在乳酸菌中存在，并且少量存在于革兰氏阴性菌和古细菌中，Na^+ 或 K^+ 输出载体仅在乳酸菌中出现。乳酸菌中真核生物的 K^+-ATP 酶类型的存在与原核生物的 Kdp 型 ATP 酶的缺乏相关。这些结论反映了乳酸菌与动物、植物和真菌之间可能存在紧密联系，尽管不能排除垂直下降的可能性。与其他原核生物相比，铜和重金属离子载体在硬壁菌门中特别是乳酸菌中的数量很少。保加利亚乳杆菌中介导铜稳态的 3 个铜 ATP 酶基因受培养基的酸化诱导。

研究已经确定了 P 型 ATP 酶不属于 10 种功能熟知的酶/转运蛋白（TC 编号 3.A.3.1～10），P 型 ATP 酶总共鉴定出 2 组家族，每组仅单独存在于原核生物中或者真核生物中，并不能同时存在 2 种生物中。该类别中的部分大型家族在原核生物中占比很高，如表 4-13 所示。

表 4-13　P 型 ATP 酶超家族在不同原核生物类别中的表现占比

家族编号	1	2	3	4	5	6	7	9	23	25	32	
家族/类别	Na^+、K^+（输出和输入）	Ca^{2+}（输出）	H^+、Mn^{2+}（输出）	Mg^{2+}（输入）	Cu^{2+}、Ag^+ 或 Cu^{2+}（输出和输入）	HM（输出）	K^+（输入）	Na^+、K^+（外排）	未知物	未知物	未知物	蛋白/组织（比例）
LAB	6%	31%	6%	7%	18%	13%	0	2%	9%	9%	0	89/11(8.1)
非 LAB 硬壁菌门	0	32%	0	9%	23%	17%	10%	0	5%	2%	2%	57/11(5.2)
放线菌	0	11%	0	0	33%	24%	3%	0	5%	5%	5%	37/5(7.4)
革兰氏阴性菌	0	11%	2%	9%	32%	15%	12%	0	0	2%	2%	121/33(3.7)
古细菌	5%	35%	3%	0	31%	19%	0	0	3%	3%	3%	58/14(4.1)
平均	2%	24%	3%	6%	27%	17%	6%	0.3%	3%	4%	2%	362/73(5.0)

七、原核生物特异性磷酸转移酶系统（PTS）

PTS 催化基团易位、偶联糖转运和糖磷酸化。磷酸烯醇丙酮酸是最初的磷酸基供体，使酶Ⅰ磷酸化，然后依次将磷酸基传递给 HPr、酶ⅡA、酶ⅡB，最后在依赖于跨膜转运蛋白酶ⅡC 的反应中传递给引入的糖。通常胞质的能量耦合蛋白质是酶Ⅰ和 HPr，而酶Ⅱ复合体包括ⅡA、ⅡB 和ⅡC 3 个亚基，有时彼此融合。在甘露糖系统中，还有ⅡD 亚基。这些系统在细菌中占主导，但也存在于一些古细菌中。

PTS 基团转运存在 4 个独立进化的家族（图 4-6）。

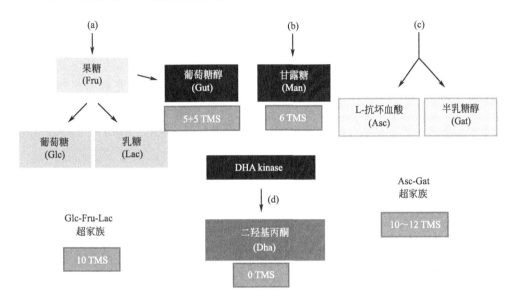

图 4-6　PTS 功能超家族中的 4 个独立进化的家族
(a) Glc、Fru、Lac 超家族；(b) Man 家族；(c) Asc、Gat 超家族；(d) Dha 家族

这些通透酶家族包含ⅡA、ⅡB、ⅡC 和甘露糖（Man）家族中的ⅡD 4 种蛋白质结构域。家族 1 即葡萄糖、果糖、乳糖（Glc、Fru、Lac）超家族，由 7 个系统发育簇转运蛋白组成。每一种都特异于一种特定的糖或糖型，包括葡萄糖、糖苷、果糖、甘露醇、乳糖、二乙酰壳二糖和葡萄糖醇。除了葡萄糖醇型系统，其余系统可能每条多肽链上均含有 10 个TMS。在葡萄糖醇系统中，10 个 TMS 可能被 2 个蛋白质分割，每个蛋白质又含有 5 个TMS。葡萄糖醇载体表现了足够的序列相似性，可以确定它们与 Glc、Fru、Lac 家族〔图4-6（a）〕的其他成员同源。尽管这些载体构成了这个超家族中序列差异最大的一组蛋白质。

甘露糖（Man）家族-家族 2 是唯一含有ⅡD 亚基的家族。仅这个家族系统表现了对己糖（葡萄糖、甘露糖、果糖、葡糖胺和 N-乙酰葡萄糖胺等）的广谱特异性。这些 6-TMS 蛋白相对于 Glc、Fru、Lac 家族的 10-TMS 是独立进化的〔图 4-6（b）〕。所有 Man 家族通透酶的组成（ⅡA、ⅡB、ⅡC 和ⅡD）对于该家族都是独有的，尽管ⅡA 蛋白质已被并入后期进化的 Dha PTS 中。

抗坏血酸（Asc）基团转移蛋白家族和半乳糖醇（Gat）特异性系统〔图 4-6（c）〕是两

个亲缘差异很大的家族，每条多肽链上含有 10～12 个 TMS，共同构成了家族 3。它们具有一个基本的 5-TMS 重复单元，复制后形成一个 10-TMS 拓扑结构外加一到两个额外的 TMS。它们可能是通过次级载体进化而来，半乳糖醇家族成员可能仍具有次级代谢载体功能。

最后，二羟基丙酮 PTS 系统 [Dha 系统，图 4-6 (d)] 并不是一个转运蛋白。它们使用磷酸烯醇丙酮酸作为磷酸供体，将胞质中 DHA 磷酸化。但是，不像其他的 PTS 通透酶，该家族的蛋白质复合物的 TMS 为 0，是一个多亚基胞质酶复合物，由可溶性 ATP 依赖型的 DHA 激酶产生。这些特殊的激酶存在于细菌中，包括有些也具有 DHA-PTS 激酶。

PTS 的 Dha 系统含有三个蛋白成分，即 DhaM（ⅡA）、DhaL（ⅡB）和 DhaK（ⅡC），DhaL 与 DHA 激酶的 N-末端序列对应，而 DhaK 与这些激酶的 C 末端序列对应。DhaM 包含一个域与甘露糖（Man）系统的ⅡA 蛋白亲缘差异很大，并且可以与其他 PTS 域融合。与 GAT 系统类似，这些系统不是完整的 PTS 系统。原因是 DhaL 包含紧密相连的 ADP，该蛋白是被磷酸化，而不是在蛋白质中以组氨酸或半胱氨酸残基出现；DhaK 通过组氨酸残基共价结合 DHA 以保证其特异性。没有发现其他任何 PTS 酶在酶和糖底物之间形成共价键。

生物体基因组中编码 PTS 蛋白的数量与基因组大小无关。例如，大型基因组生物（如大多数放线菌）和小型基因组生物（如支原体物种）同样很少含有 PTS 通透酶。包含乳酸菌的硬壁菌门有最多的 PTS 通透酶，尽管它们的基因组较小。乳酸菌中部分功能性 PTS 系统如表 4-14 所示。当然也不是所有的乳酸菌和其他硬壁菌门均含有大量的 PTS 载体，这些生物体之间的 PTS 通透酶相差超过 20 倍。那些 PTS 载体高占比的硬壁菌门中有超过 3% 的基因组编码 PTS 蛋白。

表 4-14 乳酸菌中部分功能性 PTS 系统

TC 编号	名称	来源
4. A. 3. 1. 2	乳糖 PTS 转运子 #1	格氏乳杆菌
4. A. 3. 1. 3	乳糖 PTS 转运子 #2	格氏乳杆菌
4. A. 3. 1. 4	纤维二糖特异性(PtcA-PtcB-CelB)载体	乳酸乳球菌
4. A. 6. 1. 6	葡萄糖载体 ManLMN	干酪乳杆菌
4. A. 6. 1. 7	葡萄糖、甘露糖、2-脱氧葡萄糖、果糖磷酸转移酶系统，ManLMN	嗜热链球菌
4. A. 6. 1. 10	己糖 PTS 吸收系统	酒类酒球菌
4. A. 6. 1. 11	甘露糖酶Ⅱ复合物，ⅡAB、ⅡC、ⅡD	乳酸乳球菌
4. A. 6. 1. 13	岩藻糖基-α-1,3-N-乙酰氨基葡萄糖 PTS 吸收载体(AlfEFG)	干酪乳杆菌

单个物种内的不同株表现了 PTS 载体含量惊人的差异性。例如，不同化脓性链球菌株之间可能会含有一个二羟基丙酮（DHA）-PTS 或缺失一个二羟基丙酮（DHA）-PTS；不同无乳链球菌菌株在是否存在额外的乳糖（Lac）系统方面存在着差异；不同肺炎链球菌菌株间在是否存在果糖（Fru）系统方面以及ⅡA Fru 是否与 BglG 样转录调节因子融合方面表现不同。

深入研究表明，在进化阶段，PTS 蛋白通过融合和剪接形成不同大小和蛋白结构域各异的蛋白时有发生。而且，PTS 基因的水平转移是近缘生物中 PTS 蛋白组成差异的原因。细菌之间的转运蛋白基因转移发生的频率与遗传距离大致成反比，而且细菌菌门间的水平转移很罕见。此外，在生命的三个域之间的转移也很少见。例如，PTS 蛋白编码基因在真核域中不存在，仅在部分古细菌中存在 PTS 蛋白。相比之下，编码线粒体载体（MC）家族的基因在大部分原核生物中都是缺失的。推断这两种转运蛋白超家族是在细菌、古细菌和真核生物发生巨大划分后进化的，并且部分古细菌中的 PTS 蛋白来自于细菌基因的水平转移。PTS 域与非 PTS 酶和转运系统的融合表明还有新型的 PTS 调控作用未被认识到。

八、多药耐药泵

乳酸菌中的 MFS-型 MDR 外排泵比其他细菌要高得多，呈现出了意想不到的趋势。例如，乳酸菌中有超过 60% 的 MFS 载体作为 MDR 疏水化合物载体，其他细菌中仅占 40%～50%。此外，在多数乳酸菌中，MFS 载体占优势，MFS（55%）＞ ABC（32%）＞MOP（7%）＞ RND（4%）＞ DMT（2%）。但是，在嗜热链球菌中，以上顺序为 MOP（47%）＞ABC（37%）＞MFS（16%）＞ RND 或 DMT；在德式乳杆菌和布氏乳杆菌中，顺序为 ABC（51%）＞ MFS（44%）＞ RND（<5%）＞ MOP 或 DMT（0）。所以可以看出，不仅乳酸菌与其他细菌相比表现出不寻常的趋势，不同乳酸菌之间的表现也存在很大差异。

九、营养物质转运蛋白

细菌中的糖吸收有三种机制。在乳酸菌中，PTS 通透酶占主导（52%），次级载体（34%）高于初级活性 ABC 转运蛋白（15%），与革兰氏阳性硬壁菌门病原体比例相似。但是，在放线菌中，其顺序为次级载体（50%）＞ABC 转运蛋白（41%）＞PTS 基团转运蛋白。在某些革兰氏阴性病原体中，其顺序为 ABC（70%）＞ PTS（22%）＞次级载体（8%）。这些相对数字可能反映了各种生物体中的能量产生方式。与其他类型细菌相比，对于单糖，乳酸菌更喜欢来源于哺乳动物或植物的糖苷和低聚糖。

实质上，在所有研究的原核生物中，PepT 家族（TC 编号 3.A.1.5）的 ABC 吸收载体（细菌中占 71%～86%，古细菌中几乎是 100%）对于其他所有肽吸收系统是占优势的。肽的次级活性载体是比较罕见的。在乳酸菌中，次级载体家族表现为 POT（TC 编号 2.A.17；16%）＞ OPT（TC 编号 2.A.67；10%）＞ AbgT（TC 编号 2.A.68）＞MFS（TC 编号 2.A.1.25）的 PAT 或 PUP（TC 编号 9.A.18）（几乎为 0）。这些次级载体的数量在乳酸菌中比 ABC 转运蛋白更多，在其他细菌中具有相同趋势，在革兰氏阴性菌中例外，PAT 和 PUP 家族表现良好，而这两个家族在大部分革兰氏阳性菌中几乎没有。ABC 系统通常比次级转运蛋白转运底物有更高的亲和力，因此这些数据可能反映了这些生物体进化过程中环境的肽浓度。

尽管大多数生物体中转运蛋白平均值接近 10%，而乳酸菌中的转运蛋白占据了整个基因组编码基因的 13%～19%。其中约 5% 转运蛋白是低特异性的双向通道蛋白，参与对胁迫条件的适应，约 55% 的转运蛋白用来营养吸收，而约 40% 起外排作用。吸收系统对物质的特异性为氨基酸＞糖＞阳离子＝阴离子＞肽，输出系统则是药物≫肽＞小分子物质。

相比依赖 ATP 的初级活性转运蛋白，多数乳酸菌中含有更多的次级载体。但是，在某些乳酸菌中（如德式乳杆菌和嗜热链球菌）则正好相反，这在一定程度上反映了这些生物所处的环境生态位及其进化史，也可能反映了这些生物更适合的生长环境。

乳酸菌在发酵食品、酿酒和促进哺乳动物健康方面具有极其重要的工业意义。通过研究发现，这些生物有着一些特殊但几乎普遍的特征。所有乳酸菌都有用于渗透适应的机械敏感性通道，并且它们具有非均衡的大量的保护药物外排泵，还具有比吸收游离糖多的低聚糖和糖苷吸收载体。尽管对电子载体的发现还比较有限，但仍发现乳酸菌中缺乏这样的载体。

乳酸菌中特征性地含有大量的肽吸收和外排系统，用于营养、信号传导、调节和生物保护作用。所有乳酸菌通过 Sec/Oxa1 系统分泌蛋白，但是它们缺乏 Sec 辅助蛋白 SecDF。由于自身飞快的生长速率，它们可以用 ATP 驱动分泌蛋白，而不是使用质子动力（pmf）。此外，似乎所有乳酸菌都具有与竞争相关的间隔 DNA 易位蛋白，尽管 DNA 吸收能力并未在这些生物体中表征出来。所有研究的乳酸菌都有至少一个（有时多个）肽聚糖（黏蛋白）前体输出载体。乳酸菌的其他非同寻常的特征包括以下几点。

① 几乎没有 RND 型输出载体。

② DMT 和 MOP 型载体很少，特别是用于药物和代谢物。

③ MFS 型药物外排载体占多数（占所有 MFS 型蛋白的 60％以上）。

④ 完整膜蛋白的三种独立进化的 ABC 型蛋白的不寻常分布（乳酸菌中 ABC1：ABC2：ABC3＝ABC1≫ABC3＞ABC2，其他细菌中为（ABC1＞ABC2＞ABC3＞），古细菌中为（ABC2≫ABC1＞ABC3）。

⑤ 糖的 PTS 基团转运蛋白高于初级和次级活性转运蛋白。

⑥ 不同乳酸菌中 PTS 转运蛋白表现出很大的差异性。

⑦ 二价阳离子载体：NRAMP 和 VIT 家族用于吸收，大部分 CDF 家族用于输出。

⑧ 存在真核生物型 Na^+/H^+-ATP 酶（TC 编号 3. A. 3. 1，3 和 9），这在多数细菌甚至其他硬壁菌门中都没有。

乳酸菌中的转运蛋白比例与其他细菌差异非常大，乳酸菌中含有丰富的转运蛋白，甚至有些主要存在于真核生物中。乳酸菌细胞中完备的转运蛋白系统与它们独特的生境密不可分，大多数的乳酸菌通过长期的进化，已适应特定的生境，如栖居于植物的茎、叶、果实，动物的肠腔、口腔、呼吸道泌尿道或乳汁。在这些生境中，通过动物或植物的生长代谢，可以提供维持乳酸菌生命活动所需要的各种营养元素。因此，在其较小的基因组上，乳酸菌需要尽可能保留编码维持生命活动所需要的转运蛋白的基因，同时，为保持与同一生境中其他微生物的竞争力，与细菌素合成、转运系统也相当完善，还有一部分转运蛋白基因则是在长期与真核生物（植物或动物）长期共同生活过程中通过种间的交流所获得。因此，乳酸菌转运蛋白系统的完备是进化的结果。

参考文献

[1] 李婷婷. 降胆固醇益生乳酸菌的筛选及其在大鼠体内的应用研究. 东北农业大学，2013.

[2] 志敏. 高效降胆固醇乳酸菌生物学特性、作用机制的研究及其在发酵香肠中的作用. 内蒙古农业大学，2015.

[3] 李颖，关国华. 微生物生理学. 北京：科学出版社，2013.

[4] Martinussen J，Solem C，Holm A K，et al. Engineering strategies aimed at control of acidification rate of lactic acid bacteria. Current Opinion in Biotechnology，2013，24（2）：124-129.

[5] Leemhuis H, Pijning T, Dobruchowska J M, et al. Glucansucrases: Three-dimensional structures, reactions, mechanism, α-glucan analysis and their implications in biotechnology and food applications. Journal of Biotechnology, 2013, 163 (2): 250-272.

[6] Dertli E, J Colquhoun I, Gunning A, et al. Structure and Biosynthesis of Two Exopolysaccharides Produced by *Lactobacillus johnsonii* FI9785. The Journal of biological chemistry, 2013: 288.

[7] Koryszewska-Baginska A, Bardowski J, Aleksandrzak-Piekarczyk T. Genome Sequence of the Probiotic Strain *Lactobacillus rhamnosus* (Formerly *Lactobacillus casei*) LOCK908. Genome Announcements, 2014, 1.

[8] Castillo Martinez F A, Balciunas E M, Salgado J M, et al. Oliveira RPdS: Lactic acid properties, applications and production: A review. Trends in Food Science & Technology, 2013, 30 (1): 70-83.

[9] Notararigo S, Nácher-Vázquez M, Ibarburu I, et al. Comparative analysis of production and purification of homo polysaccharides and heteropolysaccharides produced by lactic acid bacteria. Carbohydrate Polymers, 2013, 93 (1): 57-64.

[10] Patel S, Majumder A, Goyal A. Potentials of Exopolysaccharides from Lactic Acid Bacteria. Indian Journal of Microbiology, 2012, 52 (1): 3-12.

[11] Wang K, Li W, Rui X, et al. Characterization of a novel exopolysaccharide with antitumor activity from Lactobacillus plantarum 70810. International Journal of Biological Macromolecules, 2014, 63: 133-139.

[12] Feng M, Chen X, Li C, et al. Isolation and Identification of an Exopolysaccharide-Producing Lactic Acid Bacterium Strain from Chinese Paocai and Biosorption of Pb (Ⅱ) by Its Exopolysaccharide. Journal of food science, 2012, 77: T111-117.

[13] Pepe O, Ventorino V, Cavella S, et al. Prebiotic Content of Bread Prepared with Flour from Immature Wheat Grain and Selected Dextran-Producing Lactic Acid Bacteria. Applied and environmental microbiology, 2013: 79.

[14] Bienert G, Desguin B, Chaumont F, et al. Channel-mediated lactic acid transport: A novel function for aquaglyceroporins in bacteria. The Biochemical journal, 2013: 454.

[15] Sletten K. Purification and Amino Acid Sequence of Lactocin S, a Bacteriocin Produced by Lactobacillus sake L45. Appl. Environ. Microbiol., 1991, 57: 1829-1834.

第五章

益生菌与免疫

人体消化道（GIT）是与外界接触表面积最大的器官，不断接受各种环境、饮食和来自肠道菌群的微生物抗原刺激。除了帮助消化和吸收营养物质外，消化道还表现出非常复杂和精细的功能，既要对来自环境的各种抗原和肠道正常组成菌群表现出一定的口服耐受，又要对致病菌的入侵发挥主动防御功能，通过免疫应答予以清除。如果不能精细地调控会导致机体对感染性疾病的过度敏感，从而产生免疫失调。由于消化道可以有效地发挥上述功能，因此被认为是人体最大的免疫器官。

新生儿在刚出生时，免疫应答系统是不成熟的，以先天性免疫为主。来自肠道菌群和环境抗原的信号对出生后消化道免疫系统的发育和免疫调节通路的建立起着决定性的作用。婴儿早期对各种微生物接触不足或过多，会导致各种非过敏和自身免疫症的发病风险。通过容易出现过敏的婴儿和正常婴儿消化道菌群组成的差异可以清晰地看出消化道菌群对免疫调节功能的作用，但目前对究竟是哪些细菌或细菌的成分对消化道黏膜免疫系统的发育或激活发挥了关键作用还知之甚少。例如，在无菌小鼠中，只需要定殖一种消化道非常普遍的细菌脆弱拟杆菌（*Bacteroides fragilis*），就可以有效地促进淋巴结组织的形成，改变小鼠体内系统性的 T 细胞不足和 Th1/Th2 失衡情况。

越来越多的研究表明，炎症反应和免疫能力的变化是导致绝大多数感染、发炎和自身免疫疾病，包括各种代谢综合征的最根本原因。因此，有助于抑制免疫功能异常增高（极化的Th1、Th2 和 Th17 应答）和增强免疫功能低下个体的干预措施逐渐受到重视。益生菌是有确定组成的活菌，摄入足够数量后对宿主具有明确的健康促进作用。

在目前研究过的益生菌中，鼠李糖乳杆菌 LGG、干酪乳杆菌代田株、动物双歧杆菌 Bb-12、约氏乳酸杆菌 La1、乳酸双歧杆菌 DR10 和酿酒酵母菌 *boulardii* 是最为广泛研究的具有免疫调节特性的益生菌株。益生菌通过激活巨噬细胞、自然杀伤细胞（NK）、抗原特异性 T 淋巴细胞以及因菌株特异性和剂量依赖性释放各种细胞因子来提高非特异性细胞的免疫特性。混合型或者特异型（革兰氏阳性和革兰氏阴性）益生菌可能诱导不同的细胞因子的反应。婴幼儿摄取益生菌可以有效地预防免疫介导的疾病的发生，此类益生菌在妊娠期的介入也可以影响母体对胎儿后续发育起决定作用的免疫参数，其中主要包括脐带血干扰素

（IFN）-γ 水平、转化生长因子（TGF）-β1 水平以及母乳 IgA。益生菌可以通过摄取发酵乳或者酸奶来获取，并通过提高肠道内有效位点的 IgA$^+$ 细胞和产细胞因子的细胞数量，起到增强肠道黏膜免疫系统的功效。

第一节　免疫系统的组成及免疫应答的主要类型

一、免疫系统的组成

免疫是机体识别自我和排除异己的复杂生物学反应，是人和动物在长期进化过程中所形成的一种独特的自我保护生理功能。免疫功能是由免疫系统完成的。在免疫作用开始初期，免疫系统首先识别各种"非己"物质，进一步激活免疫细胞，产生特异杀伤能力或解毒作用。免疫系统的任何功能失调或是结构的改变，都将导致机体识别和清除异物或自身抗原能力的降低，进而引起各种感染性、自身免疫性疾病或肿瘤等。

1. 非特异性免疫

非特异性免疫（non-specific immunity/innate immunity）又称为先天性免疫、固有免疫或天然免疫，是机体在长期进化与发育过程中逐渐建立的一系列天然防御功能。非特异性免疫与生俱来、作用广泛而且无特异性，主要分为屏障系统、吞噬细胞和 NK 细胞、体液和组织液中的免疫分子。

（1）屏障系统

屏障系统是机体抵御外来有害物质，如细菌、病毒、真菌、蠕虫等的第一道防线，主要由体表屏障和内部屏障组成。体表屏障包括肌肤、黏膜及附属物，它们通过机械阻挡分泌杀菌和抑菌物质，以及正常菌群的拮抗来屏蔽有害物质的入侵。内部屏障由血脑屏障和血胎屏障组成，血脑屏障能阻挡血液中的病原体及其毒性产物进入脑组织及脑室，从而保护中枢神经系统，血胎屏障可以防止感染母体的病原体及有害产物进入胎儿体内。

（2）吞噬细胞和 NK 细胞

① 吞噬细胞（phagocyte）　当病原体突破机体的屏障系统进入体内时，在血液和组织中首先遇到的是吞噬细胞强大的吞噬、杀伤作用。吞噬细胞包括大吞噬细胞和小吞噬细胞。大吞噬细胞指血液中的单核细胞和分布在多种组织器官中的巨噬细胞，它们是专职吞噬细胞；小吞噬细胞指血液中的中性粒细胞。吞噬细胞在固有免疫中起关键作用。巨噬细胞通过抗体依赖性和非抗体依赖性的吞噬作用清除肿瘤细胞，也可以分泌一些可破坏被内吞的病原体、衰老或变异细胞的酶或蛋白质，如 TNF-α，它是巨噬细胞重要的杀伤肿瘤的效应因子。被激活的巨噬细胞能杀伤肿瘤细胞而不杀伤正常细胞。目前还不清楚巨噬细胞区别这两种细胞的机理，但这为用活化的巨噬细胞控制肿瘤及其转移提供了治疗前景。

② NK 细胞　自然杀伤（natural killer，NK）细胞是机体重要的免疫细胞，不同于 T、B 淋巴细胞，不仅可非特异性地杀伤肿瘤细胞和病毒感染细胞，与抗肿瘤、抗病毒感染和免疫调节有关，而且在某些情况下参与超敏反应和自身免疫性疾病的发生。NK 细胞可以通过

识别病毒感染的细胞而被活化并分泌 IFN-γ，IFN-γ 可以增强特异的 T 细胞，发挥对病毒感染的细胞的应答作用。另外，NK 细胞能被 IL-2 活化成淋巴因子激活的杀伤（lymphokine activated killer，LAK）细胞。

（3）体液和组织液中的免疫分子

先天免疫系统的免疫分子包括补体、急性期蛋白和细胞因子，特别是干扰素。其中补体系统对适应性免疫也是非常重要的。补体系统是所有脊椎动物共有的保护系统，是存在于正常人和动物血清、组织液及某些细胞膜上的一组经活化后具有酶活性的免疫相关蛋白。干扰素能介导防御病毒感染的重要因子，因此在特异性的体液和细胞免疫发展期间对减少感染特别重要。干扰素分为 I 型和 II 型。I 型干扰素（α 和 β）是许多不同的细胞对病毒应答时产生的细胞因子，并保护邻近细胞不受病毒感染。II 型干扰素是由免疫系统的专门细胞（Th1 细胞和 NK 细胞）产生的，不仅对抗病毒活性而且对吞噬细胞的激活也非常重要。

2. 特异性免疫

（1）细胞免疫

细胞免疫主要指由 T 细胞介导的免疫反应，在胸腺发育成熟的 T 细胞通过血流分布到全身各处，受到抗原刺激后活化、增殖和分化为效应 T 细胞，执行细胞免疫功能。

根据 T 细胞执行的功能不同分为：辅助 T 细胞（helper T cell，Th 细胞）、细胞毒性 T 细胞（cytotoxic T cell，Tc 细胞）、抑制性 T 细胞（suppressor T cell，Ts 细胞）和迟发型超敏反应 T 细胞（delayed-type hypersensitivity T cell，TDTH 细胞）。根据 T 细胞表面标志不同，即是否具有 CD4、CD8，将 T 细胞分为 CD4＋T 细胞和 CD8＋T 细胞。

CD4＋T 细胞主要为 Th 细胞和 TDTH 细胞，主要功能包括：辅助 B 细胞活化和产生抗体；激活巨噬细胞；增强其杀伤胞内病原菌和提呈抗原的能力；辅助 CD8＋T 细胞的活化，因此 CD4＋T 细胞又称辅助性 T 细胞。

CD8＋T 细胞主要为 Tc 细胞，因能特异性杀伤靶细胞，故称为杀伤性 T 细胞（Tk 细胞）或细胞毒性 T 细胞（CTL）。T 细胞在抗病毒感染、抗肿瘤免疫、移植排斥反应和某些自身免疫性疾病方面具有重要作用。

（2）体液免疫

体液免疫是 B 细胞受到抗原刺激后，通常在辅助性 T 细胞的帮助下分化成浆细胞，由浆细胞产生的抗体特异性地识别和破坏存在于细胞间的抗原（如入侵的病原体），抗原的跨细胞转移需要通过细胞间的液体，该应答过程被称为体液免疫（humoral immune）。在 B 细胞受到抗原刺激后分泌的抗体是一种糖蛋白，又称免疫球蛋白（immunoglobulin，Ig），因此，抗体水平的高低反映机体免疫力的强弱。

IgG 主要由脾和淋巴细胞的浆细胞合成，在婴儿出生后 3 个月开始产生，在血清中含量最高，占血清 Ig 含量的 75％～85％，是再次免疫应答产生的主要抗体，也是唯一能通过胎盘的抗体。IgG 主要分布在血液和细胞外液中，是抗感染的主要抗体，多数抗细菌、抗病毒和抗毒素抗体均为 IgG 类。

IgM 又被称为巨球蛋白，主要存在于血液中，是最早产生的 Ig，是初次免疫应答中的主要抗体，在早期免疫防御中具有重要作用，可以激活补体经典途径，是抗感染特别是抗早期感染的主要抗体。

IgA 分为血清型和分泌型。血清型 IgA 由脾脏和淋巴结中的浆细胞合成；分泌型 IgA 由黏膜固有层的浆细胞合成和分泌，主要分布于初乳、唾液、泪液、胃肠液等外分泌液中，是参与黏膜局部免疫的主要抗体。

IgE 在动物血清中浓度极低。

（3）细胞因子与免疫

细胞因子作为免疫调节分子在免疫网络系统中发挥重要的调节功能，巨噬细胞以及各种免疫效应细胞能够通过分泌各种细胞因子来调节机体的免疫反应。在体外细胞实验中，定量巨噬细胞的各种细胞因子的表达分泌量，从一定程度上可以反映机体免疫应答的水平和状态。

① 肿瘤坏死因子　肿瘤坏死因子（tumor necrosis factor，TNF）是 Garwell 等在 1975 年发现的一种能使肿瘤发生出血坏死的物质。肿瘤坏死因子分为 TNF-α 和 TNF-β 两种，前者主要由活化的单核-巨噬细胞产生，后者主要由活化的 T 细胞产生。TNF、IL-1 又被称为促炎性细胞因子（proinflammatory cytokine），它们共同具有内源性热原质的特性，介导发热反应，诱导肝脏合成急性期血浆蛋白，引起组织损伤，进而引起代谢性消耗（恶病质）的产生。TNF-α 是一种具有多种生物学活性的细胞因子，低浓度的 TNF-α 主要作用为抗感染、引起炎症反应和抗肿瘤；若 TNF 大量产生并进入血液，则能引起全身性反应，对肝、肺等多种脏器产生损害。若持续较长时间，患者可表现出恶液质状态。TNF-α 可刺激急性蛋白分泌，增加内皮细胞的通透性，诱导表皮黏附因子和其他炎症调节因子及生长因子的基因表达。TNF-α 能够激活环氧合酶 2、一氧化氮（NO）、前列腺素（PG）等炎症介质，诱导炎症细胞游出。不论是全身炎症反应或是局部炎症反应，都有促炎因子 TNF-α 的参与。

② 白介素-12　白介素-12（interleukin 12，IL-12）又称自然杀伤细胞刺激因子（NKSF）、细胞介导免疫起始因子，或细胞毒性淋巴细胞成熟因子（cytotoxic lymphocyte maturation factor，CLMF）、NK 细胞刺激因子（natural killer stimulating factor，NKSF），是由巨噬细胞和 B 细胞等产生的具有广泛生物学活性的细胞因子，由 p40 和 p35 亚基构成，能促进 T 细胞和 NK 细胞的增殖，刺激 T 细胞及 NK 细胞分泌多种细胞因子。白介素-12（IL-12）通过结合 IL-12 受体，提高 γ 干扰素（IFN-γ）含量并成为提高 Th1 细胞分泌的主要因素。IL-12 属于调节淋巴细胞活化、生长和分化的细胞因子，可诱导 T 母细胞分化为 Th1 细胞，促进 T 细胞和 NK 细胞增殖。IL-12 的主要生物学功能是诱导早期辅助性 T 母细胞分化为 Th1 细胞，只有 IL-12 能独立诱导 Th1 发育和增殖，从而控制细胞介导的免疫。Th1 细胞产生 IL-2、IL-3、IFN-γ 和 TNF-β/LT-α 以及 GM-CSF 等细胞因子，参与 T 细胞介导的细胞免疫。动物实验发现，IL-12 可显著抑制多种肿瘤细胞的生长和转移并延长实验动物的生存期。

③ 白介素-10（IL-10）　白介素-10（IL-10）又称为细胞因子合成抑制因子（cytokine synthesis inhibitory factor，CSIF），是 1989 年 Fiorentino 等发现的。成熟的 IL-10 分子由 160 个氨基酸残基组成。IL-10 能抑制由 LPS 激活的人单核细胞产生多种细胞因子，如 IL-

1α、IL-1β、IL-6 、IL-8、IL-12、IFN-α、GM-CSF、G-CSF、M-CSF、MIP-1α 和 TNF-α 等；IL-10 能抑制活化中性粒细胞和嗜酸性粒细胞产生促炎因子和趋化因子；IL-10 下调单核细胞 MHC Ⅱ 类分子、ICAM-1、CD80、CD86 的表达，上调 FcγR。IL-10 可与 IL-4、TGF-β 协同抑制 LPS 诱导巨噬细胞产生 NO。IL-10 在内毒素诱导的肝损伤中起着很重要的抗炎作用，具有抑制促炎性细胞因子的作用，可用于临床治疗 LPS 诱发 TNF-α 介导的肝损伤。

④ 干扰素（interferon，IFN）　干扰素（interferon，IFN）是由干扰素诱生剂诱导生物细胞产生的一类多功能、具有抗病毒活性的糖蛋白。Kishida 等根据干扰素的一系列生物活性，指出干扰素通过去除有害基因而调节动物细胞分化，调节个体发育和物种进化。干扰素是自我稳定的产物，可调节细胞功能，防御外来物质尤其是核酸的入侵，维持正常细胞的生理状态。干扰素系统是生物细胞普遍存在的一个防御系统。干扰素可增强 IgG 的可结晶（Fc）片段受体表达，从而有利于巨噬细胞对抗原的吞噬，有利于 K 细胞、NK 细胞对靶细胞的杀伤及对 T 淋巴细胞和 B 淋巴细胞的激活，因此 IFN 可提高机体的免疫应答能力。IFN-γ 主要由活化的分泌 IL-2 的 $CD4^+$ Th 细胞和几乎所有的 $CD8^+$ T 细胞产生，在小鼠由 Th1 亚群产生。IFN-γ 是一种强的抗原呈递细胞活化剂，参与免疫调节，同时也是 NK 细胞强活化剂。IFN-γ 直接作用于 T 淋巴细胞和 B 淋巴细胞，促进分化。

二、免疫应答的主要类型

益生菌对免疫系统的调节机理还没有完全研究清楚，但是人们普遍认为它们是通过竞争肠道内的营养成分、干扰致病菌在肠道内的定殖（定殖排斥）、竞争肠道上皮细胞结点、产生细菌素、降低结肠 pH 值以及对免疫系统的非特异性刺激来调节免疫系统的。益生菌能够刺激宿主对微生物致病菌的非特异性抵抗力，并帮助宿主将病原菌从体内清除。益生菌可以通过稳定肠道微生物环境和降低肠道屏障的通透性来缓解炎症。益生菌作用的机理可能包括通过改善肠道免疫球蛋白 A（IgA）和炎症反应来提升免疫屏障功能，还能通过改善肠道通透性和调整肠道菌群的组成来加强非免疫性肠道防御屏障。

为了更有效地应对微生物感染，免疫系统必须一直处于一种"报警"状态，而这一状态则是通过免疫刺激过程来保持的。免疫功能本身的作用机制非常复杂，并具有多重功能，需要应对由不同抗原引发的免疫应答，既可能是细胞免疫，也可能是体液免疫或者兼而有之，所引发的免疫应答类型由抗原的特性所决定。在体液免疫反应中，辅助性（CD4）T 淋巴细胞通过抗原呈递细胞表面的 Ⅱ 类主要组织相容性复合体（MHC）蛋白识别致病菌的抗原复合体，并产生相应的细胞因子，这些细胞因子会激活 B 细胞，再产生能与抗原特异性结合的抗体。这些 B 细胞经过克隆增殖并分化成浆细胞，然后产生特异性免疫球蛋白（抗体）。分泌出来的抗体与入侵微生物表面的抗原相结合，中和毒素或者病毒，促使它们被吞噬细胞吞噬，从而提高宿主的防御能力。

在细胞介导的免疫应答中，抗原与 MHC Ⅱ 蛋白的复合体可以被辅助性（CD4）T 淋巴细胞所识别，而抗原与 MHC Ⅰ 类蛋白的复合体可以被细胞毒（CD8）T 淋巴细胞所识别。这些活化的 CD4 细胞和 CD8 细胞的数量对维持细胞免疫应答十分关键。当 CD4 和 CD8 的比例失去平衡后，细胞免疫的机能就会受到严重影响，从而大大增加被感染的概率，并引发自身免疫性疾病甚至肿瘤。各种类型的 T 细胞被激活后都能产生细胞因子，并能通过克隆而增加数量。细胞因子是宿主防御反应过程中产生的可溶性介质，包括特异性和非特异性两种，作为效应分子在消除外来抗原的过程中扮演着极为重要的角色。

CD4 T 细胞根据其分泌的细胞因子和生理效应可以分为三个亚簇，分别是 Th1 细胞（这类细胞能分泌促炎细胞因子 IL-2、IFN-γ、TNF-β）、Th2 细胞（此类细胞能产生抗炎细胞因子 IL-4 和 IL-5，还能为 B 细胞的活化、IgE 和非补体结合的 IgG 亚型的分泌提供有力的帮助），以及 Treg 细胞（该类细胞调节过敏性免疫反应）。不同细胞因子在免疫应答中的作用见表 5-1。

表 5-1   免疫应答过程中产生的主要细胞因子及其在体内的生理活性

免疫因子	主要生理功能
IFN-γ	由 Th1 和 NK 细胞产生的致炎性因子，激活巨噬细胞，抑制 Th2
IL-2	由 Th1 细胞产生的致炎性因子，促进 T 细胞增殖
IL-4	由 Th2 和浆细胞产生的与过敏相关的细胞因子，促进嗜中性粒细胞的生长与分化
IL-5	由 Th2 和浆细胞产生的与过敏相关的细胞因子，促进嗜中性粒细胞的生长与分化
IL-6	致炎性细胞因子，急性期蛋白，由 T 细胞和巨噬细胞产生，促进 T 细胞和 B 细胞的生长，影响 IgA 的表达
IL-10	抗炎性因子，由 Th2 和 Treg 细胞（调节 T 细胞）产生，抑制巨噬细胞
IL-12	由巨噬细胞和树突细胞产生，激活 NK 细胞，诱导 Th1 反应，先天性免疫的标志
NK 细胞活力	可以快速、非特异性地清除病毒感染和肿瘤细胞，先天性免疫的标志
TNF-α	致炎性细胞因子，由 Th1 细胞、巨噬细胞和 NK 细胞产生，内皮活化

免疫系统由一系列复杂的免疫应答所组成，其中包括两种基本的免疫应答方式，即先天性免疫（innate immunity）和获得性免疫（acquired/adaptive immunity），在两者的共同作用下，可以保护机体免受来自外部和内部的侵害。先天性免疫具有遗传性，以非特异性的方式保护宿主免受其他微生物的感染。先天性免疫既不能提前发生，也不能克隆扩增，同时不会随外界环境的改变而作出反应。先天性免疫的特点是不会赋予宿主持久的免疫力，作为宿主的第一道防线，以自然杀伤（NK）细胞为主要代表，参与对被攻击目标（病毒感染的细胞、肿瘤细胞、骨髓干细胞、胚胎细胞）的识别和裂解。

益生菌在消化道（GIT）中，对消化道黏膜被识别以及对肠道菌群的影响过程如图 5-1 所示。主要有两条通路，即益生菌的菌体成分（**肽聚糖、磷壁酸**）被肠道相关淋巴组织（GALT）的固有层通过病原相关分子模式（pathogen associated molecular pattern，PAMP）进行识别，其主要受体为 Toll 样受体（Toll-like receptors，TLRs），促进树突细胞向不同方向分化，并分泌相应的细胞因子；同时，还可以通过产生有机酸降低肠道的 pH 值或分泌具有抗菌作用的各种肽如细菌素等，调节其他细菌的种类和数量，减少这些细菌尤其是致病菌对 GALT 的刺激作用。MyD88（myeloid differentiation factor 88）是 Toll 样受体信号通路中的重要转导蛋白，对调控机体的先天性免疫和获得性免疫发挥着关键作用。

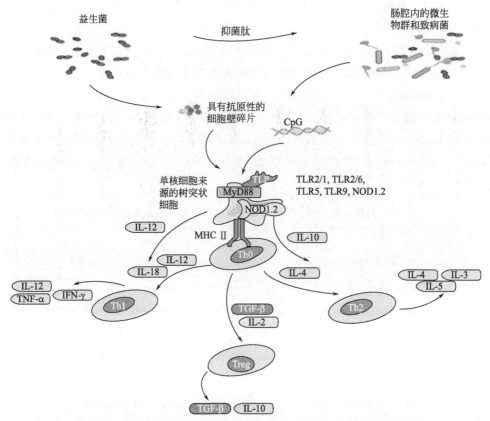

图 5-1   益生菌及肠道菌群被识别的过程及对免疫调节作用的示意

第二节   益生菌的免疫调节作用

一、益生菌对免疫系统的刺激作用

动物试验研究表明，采用益生菌干预后，能在宿主体内产生强烈的先天性免疫反应。益生菌与宿主的上皮层相互作用后，将免疫细胞召集到感染部位并诱导产生特异性免疫指标物质。副干酪乳杆菌副干酪亚种（*Lactobacillus paracasei* subsp. *paracasei* DC412）与 BALB/c 近交繁殖小鼠（体重 20～30g）或者 Fisher-344 近交繁殖大鼠的细胞相互作用后，能形成空泡组织，从而诱导早期的先天性免疫反应。这种先天性免疫反应的特征包括多形核白细胞（PMN）的召集、吞噬作用和肿瘤坏死因子-α（TNF-α）的产生。在上述动物模型中，对嗜酸乳杆菌（*Lactobacillus acidophilus* 1748 NCFB）的研究也获得了相同的结果。

研究表明，给 BALB/c 小鼠食用干酪乳杆菌（*Lactobacillus casei*）能够激活参与先天性免疫反应的免疫细胞，其特征是 CD206 和 Toll 样受体（TLR）-2 细胞的特异性标志产物的增加。先天性免疫系统可以通过 TLR 来识别致病菌的多种化学物质，例如脂多糖（LPS）和脂磷壁酸。这种机制可以使先天性免疫系统识别外来异物并触发一连串级联放大的免疫应答，例如产生各种促炎和抗炎细胞因子。TLR 主要是由巨噬细胞和树突状细胞（DC）来表达的，也可以由多种其他的细胞来产生，如 B 细胞和上皮细胞。TLR 被激活后，首先启动 DC 的反应，后者会产生一系列的细胞因子，并且上调或者下调 DC 细胞表面分子的表达。这些信号对进一步诱导先天性和获得性免疫应答起着关键作用。表 5-2 列出了益生菌对免疫系统刺激的主要研究结论，从中可以看到，鼠李糖乳杆菌（*Lactobacillus rhamnosus*）、干酪乳杆菌（*Lactobacillus casei*）和 *Lactobacillus acidophilus* 是乳杆菌属中研究较为广泛的菌种，而 *Bifidobacterium lactis* 则是双歧杆菌属中研究较为广泛的菌株。

表 5-2　益生菌对免疫反应的调节作用

益生菌菌株	摄取模式	测试对象	免疫反应
B. lactis Bi-07, *B. lactis* Bl-04, *L. acidophilus* La-14, *L. acidophilus* NCFM, *L. plantarum* Lp-115, *L. paracasei* Lpc-37, *L. salivarius* Ls-33	每人每天服用 2 颗胶囊，每颗胶囊含有单一菌种，菌量为 1×10^{10} CFU，持续 21d	成年人（年龄在 18～62 岁之间的健康志愿者）	在前期的反应中（0～21d），服用含有乳双歧杆菌的 B104 和嗜酸乳杆菌的 La-14，血清中 IgG 与对照组相比有明显提升。在后期的反应中（第 21～28 天），食用 *L. acidophilus* NCFMs 的人群的血清中 IgA 和 IgM 增加。食用益生菌对口服霍乱疫苗的总体疫苗效价没有影响
L. acidophilus, *B. infantis*, *B. bifidium*	与酸奶发酵菌 *L. bulgaricus* 和 *S. thermophilus* 一起食用	8 周龄的雌性 B6C3F1 小鼠	服用添加了 *L. acidophilus* 和 *Bifidobacterium* spp. 菌种的酸奶，可以增加黏膜和免疫系统对抗霍乱毒素的 IgA 的浓度
L. acidophilus, *L. reuteri*, *B. infantis*, *L. rhamnosus* GG	通过口服或肛门灌肠 1mL 含有单一益生菌（10^7 CFU）和 *Candida albicans* 的混合物	小鼠（bg/bg-nu/nu 和 bg/bg-nu/＋）	提高了有胸腺但免疫功能低下小鼠的 IgG、IgA 和 IgM 水平。在免疫缺陷小鼠中，针对白色念珠菌的抗体分泌和细胞介导的免疫应答降低了念珠菌病的发病率和病情严重程度
L. acidophilus, *Bacillus subtilis*	以单一或者组合的形式添加到食物中，益生菌浓度为 10^7 CFU/g，每天给予身体重量 8% 的食物，连续喂食 8 周	尼罗罗非鱼（*Oreochromis niloticus*）	喂食混合菌种的小组，提高了细胞比容值和血清杀菌活性。经过 1～2 个月的试验，所有的益生菌处理组与对照组相比，明显提高了四唑氮蓝（NBT）分析值、中性粒细胞黏附性和溶菌酶活性
L. acidophilus (LAVRI/DSM)	每组 5 只，两周内每天先喂食食有 1×10^9 CFU 的益生菌，再口服 1×10^8 CFU 的白色念珠菌的担孢子	8 周龄的雄性 B6C3F1 小鼠；H-2d 小鼠与 DBA/2 小鼠；H-2d 小鼠	刺激旁分泌环路 IL-4 和一氧化氮的产生。增强 IL-4 和 IFN-γ 在局部淋巴结的产生，以及 IFN-γ 和一氧化氮在唾液中的分泌
L. acidophilus LAVRI-A1	每天食用混有 3×10^9 CFU 细菌的麦芽糊精（放在小袋中的冻干粉与灭菌水 1～2mL 重悬），或者单独的麦芽糖糊精（对照组），总共服用 6 个月	人类（6 个月的新生儿）	服用益生菌的小组与对照组相比，TLR-2 和 TLR-4 调节的免疫反应没有明显差异。食用益生菌对 Th1 或者 Th2 细胞对于过敏原和其他刺激的反应没有明显作用。对于具有过敏倾向的婴儿，在出生后服用 *L. acidophilus* 6 个月，对其早期的先天性免疫没有影响
L. acidophilus Lal, *B. bifidum* Bb12	以单菌发酵奶的形式摄入 *B. bifidium* Bb12（组 1：1×10^{10} CFU/d）6 周，或者后 3 周摄入 *L. acidophilus*（组 2：7×10^{10} CFU/d）	人类（年龄在 23～62 岁的健康志愿者，其中 12 名女性、16 名男性）	在服用了发酵产品后提高了吞噬作用，提升了颗粒性白细胞和单核细胞的吞噬能力

益生菌菌株	摄取模式	测试对象	免疫反应
L. acidophilus La1 (L. johnsonii La1)	与酸奶菌种（S. thermophilus）一起，前三周服用 150mL 的发酵奶（组 1：发酵奶基料作为对照组；组 2：含有 1×10^7 CFU/mL 的 La1 发酵奶，组 3：食用储存 21～28 天，含有 1×10^6 CFU/mL 的 La1 发酵奶）	人类（健康的志愿者，27 名女性、15 名男性，年龄 21～57 岁）	提升了白细胞的氧化暴发活性和 PMN 细胞和单核细胞的吞噬能力。在服用含有 10^7 CFU/mL La1 发酵牛奶的小组中，该提升结果具有统计学意义
L. acidophilus La1	摄取用 La1 发酵的牛奶（150g）或者不含有 La1（对照）的酸化牛奶 28d	人类（健康的志愿者）	在服用 La1 的小组中，血清中的 IgA 有轻微的增加，对黏膜 IgA 水平无显著影响
L. casei Shirota（TMC 0413），L. rhamnosus GG（ATCC 53103-TMC 514）	被测试的益生菌单一地与下列其他的 LAB 菌种一起使用，如 L. acidophilus（TMC 0313。0356）、L. casei（TMC 0402，0409，1001，1002，1003）、L. rhamnosus（TMC 0503，0510）	老巨噬细胞菌株 J774	所有的菌株处理组都促进了 J774.1 细胞产生 IL-6、IL-12 和 TNF-α。七种测试菌株（TMC 0356、0409、0503、0510、1001、1002 和 1003）都增加了 IL-10 的分泌。其中 L. acidophilus TMC 0356 与其他菌株相比，生产了最高含量的 IL-6、IL-10、IL-12 和 TNF-α
L. acidophilus La1，B. bifidum Bb12	以全脂牛奶为介质，与 S. thermophilus、其他嗜温性乳球菌混合发酵，使 La1 和 Bb12 达到 $10^7\sim10^8$ CFU/g，喂养 3d（×125g 发酵牛奶）/d，同时摄入 S. typhi 疫苗	人类（健康的志愿者，14 名女性、16 名男性，19～59 岁）	与对照组相比，试验组提高了（四倍多）针对伤寒沙门菌的抗体反应，提升了血清中的总 IgA 水平
L. acidophilus（DDS-1 La1，NRRL 6934，NRRL B4527 和 NRRL 0734），B. bifidum	分别和 Escherichia coli ATCC 25922 一起	源于 BALB/c 小鼠的巨噬细胞株 RAW264.7	诱导 IL-1α 和 TNF-α 的产生。与其他的 Lactobacilli 和 Bifidobacteria 相比，La1 诱导巨噬细胞分泌更大量的 IL-1α 和 TNF-α
L. acidophilus，B. bifidum，Streptococcus faecalis	给 1 日龄的小鸡通过填喂法，以两种剂量（1×10^5 CFU 和 1×10^6 CFU 菌量）给予益生菌，并在 2 日龄时感染 Salmonella serovar typhimurium（1×10^4 CFU）	鸡（36 只，雌）	在不同处理组之间，盲肠扁桃体 IL-6 和 IL-10 基因的表达没有显著差异，但是在感染了沙门菌的鸡中，IL-12 和 IFN-γ 的表达被显著抑制
L. casei Shirota	处理组为含有 10^9 CFU/mL L. casei Shirota 的发酵奶（3d，100mL/d）	人类（20 名健康男性，40～65 岁）	在对照组和试验组之间，被测试的免疫反应相关参数没有任何显著性差异，包括 T 细胞、$CD4^+$ 细胞、$CD8^+$ 细胞、NK 细胞和 B 细胞的比率、NK 细胞的活性以及 IFN-γ、IL-1β 和 IL-2 的表达量
L. casei Shirota	口服含有 2.6×10^{11} CFU/g L. casei strain Shirota 的菌液（蒸馏水为介质）	BALB/c 小鼠（雄性，7～10 周）	提高了 IFN-γ 的产量，但对于 IL-4 或者 IL-5 没有影响；诱发了较高产量的 IL-12，可能来源于巨噬细胞，后者又导致 IFN-γ 的增加

续表

益生菌菌株	摄取模式	测试对象	免疫反应
L. casei, L. acidophilus	口服 L. casei（组 1）、L. acidophilus（组 2）或两者等比例的混合（组 3）发酵乳（20%稀释于水中,每天服用,含有 2.4×10^9 CFU 乳杆菌,连续 8d）,对照组服用 10%脱脂奶粉。再以口服的方式接触 Salmonella typhimurium	瑞士小白鼠（重 25～30g,每组 20～30 只）	与对照组相比,服用混合菌发酵乳的小组提高了血清和小肠液中抗沙门菌抗体的产量[血清中为对照组的 5 倍,小肠液为 1～2 倍],服用 L. casei 发酵乳小鼠的血清和小肠液中的沙门菌抗体分别为对照组的 2 倍和 3～5 倍
L. casei	L. casei 先用脱脂乳悬浮,再用水将脱脂乳稀释至原浓度的 20%。每天口服经过稀释、含有 1.2×10^9 CFU L. casei 的 20%灭菌脱脂奶（分别服用 2 天、5 天和 7 天）,对照组为灭菌的脱脂奶,再以口服的方式接触 Salmonella typhimurium 或者 Escherichia coli O111 K58	瑞士小白鼠（albino,重 25～30g,每组 20～30 只）	提高了肠道分泌物中的抗致病菌的 IgA 含量,但是各组中抗 Salmonella 的 IgG 和抗 Escherichia coli 的 IgG 的水平与对照组类似
L. casei YIT 003	腹腔注射或者静脉注射 0.1mg 的 L. casei 或者其他的免疫刺激剂,包括 Streptococcus pyogenes（OK-432）、Bacillus Calmette Gu'erin（BCG）或者从 Coriolus vasicolor（PSK）中分离得到的蛋白多糖结合体,处理时间分别为 2d、7d 或者 13d,随后静脉注射 Listeria monocytogenes	小鼠（ddY,雌性,5 周）	在小鼠内,可以通过激活巨噬细胞来增强吞噬作用。在 Listeria 感染的情况下,与其他的免疫刺激剂相比,L. casei 处理组显著延长了小鼠的存活寿命
不同 L. casei 菌株（Danone strain 001 LAB-1,LAB-2 和 Yakult）	单独或混合使用。口服 3 种菌株单独发酵乳、酸奶、LAB-1 和酸奶菌种混合发酵乳或者未发酵的牛乳。随后经口感染亚致死剂量（LD_{50}）的 S. typhimurium	小鼠	在喂食 L. casei LAB-1 或 Shirota 发酵乳的小鼠血液中的 IgA 含量、腹膜巨噬细胞 β-葡糖醛酸苷酶活力和吞噬指数显著升高
L. casei strain Shirota	单独使用,以 L. johnsonii JCM 0212 作为阴性对照	BALB/c 小鼠（雌性,6～8 周）和 OVA23-3 小鼠的后代（雄性,15～20 周）。小鼠巨噬细胞株 J774.1 和小鼠 B 淋巴细胞	在 OVA 刺激的脾细胞中,诱导了 IFN-γ 的分泌,但 IL-4 和 IL-5 的分泌被抑制,血液中总的 IgE 和抗原特异性 IgE 的分泌被明显抑制。与 L. casei 共培养时,巨噬细胞分泌的 IL-12 有一定程度的提高

续表

益生菌菌株	摄取模式	测试对象	免疫反应
L. rhamnosus GG	分别食用含有 10^{10} ～ 10^{11} CFU LGG 的发酵乳，125g×2 次/d（试验组），或者食用发酵后经巴氏杀菌、乳酸菌含量 <10^3 CFU 的酸奶，125g×2 次/d（安慰剂组）	婴儿（44 名营养良好，其中 39 名轮状病毒检测呈阳性，22 名安排在试验组，17 名在安慰剂组，33.4% 为女性，年龄 7～35 个月）	在急性腹泻阶段，服用 *L. rhamnosus* GG 可以提高婴儿体内产生 IgA 轮状病毒特异性抗体的细胞数量
L. rhamnosus GG （ATCC 53103）	单纯地含有 10^7 CFU/mL 的 *L. casei* GG，与 *L. acidophilus*（ATCC 393）、*L. casei*（ATCC 4356）、*Salmonella pullorum* 和 *Salmonella typhimurium* 比较抗细胞凋亡反应	年轻的成年小鼠的结肠细胞株和人类的结肠上皮癌细胞株	在离体培养中，LGG 能通过激活具有抗凋亡作用的 Akt/蛋白激酶 B，阻止肠道上皮细胞株的凋亡。与此同时，通过刺激 TNF-α、IL-1β、IL-1α 或者 IFN-γ 的产生，抑制由 p38/促分裂原激活的蛋白激酶引起的促凋亡作用
L. casei CRL 431	将 *L. casei* 重悬在 10%（体积分数）灭菌脱脂奶，按 1%（体积分数）加到饮用水中，持续 2d、5d 或者 7d。每天每只小鼠 10^8 CFU	BALB/c 小鼠（体重 25～30g，6 周）	产生 IgA 的细胞和 IL-6 的细胞数量增加。食用 *L. casei* 后，BALB/c 小鼠的先天性免疫应答被激活（参与先天性免疫应答的细胞的特异性产物增多，如 CD206 和 TLR2），但对 T 细胞的数量没有影响
L. casei，*L. acidophilus*	口服含有两种菌的发酵奶，随后经口接触 *Shigella sonnei*	小鼠	增加了小鼠被 *Shigella sonnei* 感染后的生存率，降低了致病菌易位到脾脏和肝脏的数量；同时增加了血清和肠道黏膜中的抗沙门菌抗体
L. rhamnosus GG	将冷冻干燥后的菌粉用水悬浮，分成两组，其中一组经过热处理（85～100℃ 10min）灭活，另一组含有 LGG 活菌 1×10^{11} CFU/g	人群试验（41 位营养良好的婴儿，年龄为 1.3～38.4 个月，其中 26 名带有轮状病毒的婴儿分到两组，每组 13 名）	LGG 活菌增强了 IgA 细胞和血清 IgA 对于轮状病毒的反应。临床康复情况在两组中差异不大。在康复阶段，轮状病毒特异性抗体 IgM 和 IgG 在两组中都没有检测到
L. rhamnosus GG，*L. casei* subsp. *rhamnosus*（*Lactophilus*），*S. thermophilus* 和 *L. delbrueckii* subsp. *bulgaricus*（Yalacta）	单独或者混合使用。将一种或者三种菌株复水 5mL[×2 次/（d·组），共 5d]，含有冻干的 *L. casei* GG（组 1：16 名）或者 *Lactophilus*（组 2：14 名），亦或 Yalacta（组 3：19 名）	人类（49 名轮状病毒感染婴儿，6～35 个月）	服用 *L. casei* GG 的病人与服用 *Lactophilus* 和 Yalacta 的小组相比，增加了轮状病毒特异性 IgA 抗体分泌细胞的数量。与 Yalacta 试验组相比，*L. casei* GG 和 *Lactophilus* 处理组在恢复期内血清中的 IgA 水平相对较高
L. rhamnosus GG （ATCC53103）	单独食用含有 *L. rhamnosus* 2.6×10^8 CFU/d 的牛奶 1 周（200mL×2 次/d），然后接下来的一周不食用牛奶蛋白	人类（对牛奶过敏的健康成年人，13 名女性、4 名男性，年龄为 22～50 岁）	在牛奶过敏的人群中，服用添加了 *L. rhamnosus* GG 的牛奶能有效地预防受体的过度表达，但是在健康人群中，它显著地增加了吞噬作用受体（CR1 和 CR3），以及中性粒细胞中 IgG（Fcγ RⅢ）和 IgA（FcαR）的表达

续表

益生菌菌株	摄取模式	测试对象	免疫反应
L. rhamnosus GG, *L. lactis*	单独口服冻干的 *L. rhamnosus* GG（4.0×10^{10} CFU/d）或者 *L. lactis*（3.4×10^{10} CFU/d），或是乙基纤维素（安慰剂）7d，并且在第 1d、第 3d、第 5d 伴随服用 *S. typhi* 疫苗	人类（30 名健康的成年志愿者，15 名男性、15 名女性，年龄为 20～50 岁）	在服用 *L. rhamnosus* GG 小组，特异性 IgA 抗体有了明显增加。*L. casei* 处理组与安慰剂组和 *L. casei* GG 处理组相比，中性粒子中 CR3 接受体的表达显著提高
L. rhamnosus GG	*L. rhamnosus* GG 与 D × RRV 恒河猴-人类重组基因活性轮状病毒疫苗一起口服	人类（婴儿，2～5 个月）	增加了特异性 IgM 分泌细胞数，意味着提高了对口服轮状病毒疫苗的免疫反应
L. rhamnosus（HN001），*L. acidophilus*（HN017），*B. lactis*（HN019）	单独口服 50μL 脱脂奶粉（对照组）或者奶粉中混入 HN001、HN017、HN019 菌株 10^9 CFU/d，一共服用 10d（在第 0d 和第 7d 投放霍乱毒素），或者是服用 28d（在第 7d 和第 21d 投放破伤风疫苗）	BALB/c 小鼠（雄性，6～7 周）	LAB 处理组与对照组相比，显著增强了周边血液细胞白细胞和腹膜巨噬细胞的吞噬活性。LAB 脾细胞与对照组小鼠的脾细胞相比，显著增加了它在伴刀豆素 A 刺激下所反应释放的 IFN-γ 量
L. rhamnosus HN001，*B. lactis* HN019	分别在产前（2～5 周）和产后服用（如果是母乳喂养，6 个月左右的产妇；2 岁左右的小孩）	人类（妈妈-孩子结对）	食用益生菌小组与对照组相比，提高了脐带血中中性粒子的 IFN-γ 水平、早期（1 周）母乳中 TGF-β1 的水平和母乳中 IgA 的水平
L. rhamnosus HN001	单纯服用脱脂奶粉（对照组，40 只）或者混入冻干的 *L. rhamnosus* 达到 3×10^8 CFU/g（44 只），试验周期为 7d，并伴随着经口投放 *E. coli* O157∶H7（每只小鼠 0.1mL 10^8 CFU）	BALB/c 和 C 57BL/6 小鼠（6～8 周，雄性）	服用益生菌的小鼠与对照组相比，显著提高了肠道中抗 *E. coli* 的 IgA 抗体的反应和血液中白细胞的吞噬作用
B. lactis HN019	两组不同的试验分别服用复水后的脱脂奶粉，混入 10^9 CFU 或者 2×10^8 CFU 的 *B. lactis*，并伴随着经口投放 10^7 CFU 的 *S. typhimurium*	BALB/c 小鼠（6～8 周）	摄取 *B. lactis*，提高了小鼠脾脏淋巴细胞的增殖反应、血液和腹膜细胞的吞噬能力，以及肠道黏膜抗沙门菌的抗体滴度。它同时还提高了存活率，降低了积累发病率指数，还减少了转移到肝和脾的致病菌数量
L. rhamnosus GG（ATCC 53103），*L. paracasei* subsp. *paracasei*（CRL431）	低脂牛奶混入菌株（试验组）或者不混入菌株（对照组），然后进行酸化。每次食用 10^{10} CFU 的益生菌/100g 的同时口服脊髓灰质炎减活疫苗	人类（66 名健康的志愿者，20～30 岁）	口服减毒活的脊髓灰质炎病毒，食用益生菌，能有效地增加脊髓灰质炎病毒中和抗体的效价以及脊髓灰质炎特异性血清抗体 IgG 和 IgA 的浓度

益生菌菌株	摄取模式	测试对象	免疫反应
B. animalis	单纯地每天服用 1×10^9 CFU 的 *B. animalis*（溶于生理盐水，第一周 100μL/d，第二周 200μL/d）或者生理盐水（对照组），然后通过吸入或者盐水喷雾剂的形式用血清蛋白腹腔致敏	BALB/c 小鼠（2 周，雌性和雄性比率一样）	适度地减少了在肺部的浸润嗜酸性粒细胞和淋巴细胞的数量，但是对过敏原特异性血清免疫球蛋白 E 的水平没有影响，打破了 Th1/Th2 的平衡，该平衡在雌性体内偏向于 Th1，然而在雄性体内显著降低了 ConA 诱导的 IL-13，并表现出具有降低卵清蛋白诱导的 Th2 型细胞因子水平的趋势
B. breve M16V，*B. infantis* NumRes251，*B. animalis* NumRes252 和 NumRes253，*L. plantarum* NumRes8，*L. rhamnosus* NumRes6	7～18 只小鼠，每只小鼠每天单独摄入 0.4mL PBS 混有 10^9 CFU 的益生菌，或者单纯的 PBS（安慰剂），试验从第 28 天持续到第 42 天，然后腹腔内投放卵清蛋白	BALB/c 小鼠（雄性 5～8 周，20～25g）	六种菌种中，*B. breve* 和 *L. plantarum* 抑制了对于乙酰甲胆碱的反应，减少了嗜酸性粒细胞在支气管肺泡灌洗液中的数量，减少了白蛋白特异性 IgE 和 IgG1 的表达。*B. breve* 还降低了 IL-4、IL-5 和 IL-10 的表达，与此同时，减少了卵清蛋白引起的皮肤急性过敏性反应

1. 益生菌对老年人和成年人的免疫刺激作用

益生菌作为膳食补充，可以提高人体细胞免疫的部分功能，尤其是在老年受试者中，其特征表现为激活巨噬细胞、自然杀伤细胞、抗原特异性细胞毒性 T 淋巴细胞，以及促进各种细胞因子的表达。乳酸双歧杆菌（*Bifidobacterium lactis* HN019）是研究较全面的益生菌，研究显示，它能增强 T 淋巴细胞、PMN 细胞的吞噬作用以及自然杀伤细胞的活性。在 Gill 的研究中，给 30 位老年健康志愿者（年龄 63～84 岁，平均 69 岁）服用含有 *Bifidobacterium lactis* HN019 的牛奶 9 周后，发现总的辅助（CD4$^+$）T 淋巴细胞和被激活的（CD25$^+$）T 淋巴细胞以及自然杀伤细胞（NK 细胞）的总数都明显增加，而在总的 T 淋巴细胞中，经染色后呈 CD8$^+$（MHC I-限制性 T 细胞）和 CD19$^+$ 细胞（B 淋巴细胞）以及人体内白细胞抗原包括 HLA-DR$^+$（表面携带 MHC Ⅱ类分子的抗原呈递细胞）阳性的细胞比例在整个试验过程中保持不变。

在一项随机双盲的、以安慰剂作为对照的试验中，给 25 名健康的老年受试者（平均年龄为 69 岁，年龄范围为 60～83 岁）服用含有 *Bifidobacterium lactis* HN019 的益生菌牛奶。受试者的外周血单核细胞在离体培养时，受到外来刺激后对 IFN-α 的表达明显提高。其中，对照组（总人数 12 名，男性 4 名、女性 8 名，平均年龄 69 岁，年龄范围 60～75 岁）的志愿者每天食用复原乳 180mL 2 次，试验组（总人数 13 名，男性 3 名、女性 10 名，平均年龄 70 岁）每天食用 2 次 180mL 含有 1.56×10^{11} CFU（菌落形成单位）*Bifidobacterium lactis* HN019 的活菌牛奶。试验结果表明，食用含有 *Bifidobacterium lactis* 牛奶受试者的 PMN 细胞吞噬能力比对照组有明显提高，而在食用添加了 *Bifidobacterium lactis* 的牛奶或者单纯牛奶的受试者中，由吞噬细胞所介导的杀菌活性有所增强。即使是相对短期的饮食调整（6 周），也足以使机体的免疫发生可以衡量的改变。

在另一项包括试验前、试验后以及试验中三个阶段的双盲人群干预试验中，共 50 名受试者（年龄跨度为 41～81 岁，平均年龄为 60 岁）被随机地分为两组。在最初和最后阶段的 3 个星期里，所有的受试者都服用 3 周的复合型低脂牛奶，然而在试验中间的 3 个月中，其

中一组服用含有 *Bifidobacterium lactis* 的低脂牛奶，而另一组则服用含有 *Bifidobacterium lactis* 的乳糖水解低脂牛奶。结果表明，与单纯食用低脂牛奶相比，食用含有 *Bifidobacterium lactis* 的低聚糖强化低脂牛奶后，PMN 细胞、自然杀伤细胞的活性增强最明显。

益生菌可以调节非特异性的细胞免疫反应，主要表现为增强吞噬细胞活性。在一个双盲、设有安慰剂作为对照组的随机交叉试验中，共有 26 名健康自愿者参与了试验（平均年龄为 25 岁）。研究结果表明，食用含有 *L. acidophilus* 74-2 和 *B. lactis* 420 的酸奶 3 周后，明显地增强了粒细胞和单核细胞的吞噬活性（从 92% 增强至 95%）。其他特定免疫指标和细胞的氧化爆发活性并没有受到任何影响。低聚糖有助于菌群在人体肠道中定植，并帮助益生菌发挥其促进健康的功能。健康成年人（总人数 28 名，男性 16 名、女性 12 名，平均年龄 36.9 岁，年龄范围 23～62 岁）在食用利用 *L. acidophilus* La1 或者 *B. bifidum* 发酵而成的奶制品后，总体性地增加了血液中的白细胞吞噬活性，尤其是粒细胞。

2. 益生菌对婴幼儿免疫系统的刺激作用

在婴幼儿早期建立起正常的细菌群，可以避免潜在的致病菌在肠道中的定植。在婴幼儿时期，充分接触各种微生物和接受益生菌的干扰，有助于促进免疫系统的发育成熟，从而起到治疗和预防婴幼儿和儿童时期由免疫介导的多种疾病。在一个双盲安慰剂控制的随机干预试验中，给年龄范围在 4～13 个月的干预组婴儿（89 名）服用补充 *L. paracasei* subsp. *paracasei* F19（10^8～10^9 CFU/d）的谷物食品，而对照组婴儿（90 名）只服用谷物食品。这两组婴儿在 3 个月、5.5 个月、12 个月的时候均接种了白喉和破伤风类毒素和无细胞百日咳（DTaP）、小儿麻痹症和流感嗜血杆菌疫苗（Hib）复合疫苗。研究者认为，服用 *L. paracasei* subsp. *paracasei* F19 可以提高婴儿的免疫反应，因为通过调整母乳喂养期和在 *L. paracasei* subsp. *paracasei* F19 定殖的双重作用下，血液中抗白喉毒素的抗体浓度得到提升（$P=0.024$）；而在接种疫苗阶段，益生菌的介入和定植与血液中抗破伤风类毒素抗体水平的增高有一定的相关性（$P=0.035$）。但是这种免疫刺激作用在统计学上差异不显著。与母乳喂养时间 $\geqslant$ 6 个月的婴儿相比，采用母乳喂养 $\leqslant$ 6 个月的婴儿在第一次和第二次接种 Hib 疫苗后，血液中抗 B 型流感嗜血杆菌（*Haemophilus influenzae*）（Hib）荚膜多糖的抗体浓度有了一定的增加（$P<0.05$），这种提升与母乳喂养时间有关，而与是否采取 *L. paracasei* subsp. *Paracasei* 无关。但这些试验中的作用机制至今还没有研究清楚。

由于先天性免疫是与生俱来的，给产妇补充益生菌可能影响胎儿的各种免疫指标和母乳中的免疫调节因子。Prescott 评估了补充益生菌对产妇脐带血和母乳的各项免疫指标物质的影响，表明在孕期补充益生菌能潜在地影响胎儿的各项免疫参数，以及母乳中的免疫调节因子。在试验中将孕妇分为三组，从分娩期前 2～5 周开始服用，一直持续到哺乳 6 个月为止，第一组每天食用 *Lactobacillus rhamnosus* HN001（总人数 34 名，剂量 6×10^9 CFU/d），第二组食用 *Bifidobacterium lactis* HN019（总人数 35 名，剂量 6×10^9 CFU/d），第三组食用安慰剂（总人数 36 名，安慰剂为葡聚糖、盐类和酵母提取物）。脐带血血浆和母乳样品分别在 3～7d、3 个月和产后 6 个月的各个时间点收集。试验过程中分析了脐带血血浆中细胞因子（IL-13，IFN-γ，IL-6，TNF-α，IL-10，TGF-β1）和可溶性 CD14（sCD14）以及母乳样品中的总 IgA 的含量。试验结果表明，如果新生儿的母亲每天服用 *Lactobacillus rhamnosus* HN001 或 *Bifidobacterium lactis* HN019，则在婴儿的脐带血血浆中具有较高水平的 IFN-γ

（$P=0.026$），而且这两组新生儿血液中的 IFN-γ 水平可以被检测到（＞5 pg/mL），与安慰剂组检测不到 IFN-γ（＜5 pg/mL）相比，IFN-γ 水平被提高到了从统计学上可以辨别的水平（$P=0.034$）。在食用益生菌的母亲中，乳母中的 IgA 水平也有了显著提高 [*Lactobacillus rhamnosus* HN001 组（$P<0.011$），*Bifidobacterium animalis* HN019 组（$P<0.008$）]，并且在早期（1周）的母乳样品中检测到了更高的转化因子（TGF）β1 水平 [*Lactobacillus rhamnosus* HN001（$P<0.075$）以及 *Bifidobacterium lactis* HN019（$P<0.041$）]。三个月后检测到食用益生菌的妇女母乳中 IgA 水平有了一定的增加（79%，$P<0.035$），当经历6个月后该数值变为 65%（$P<0.035$），与此同时，食用安慰剂的小组母乳中 IgA 水平分别是三个月时的 66%、6个月时的 44%。新生儿或者母乳中的 sCD14 的水平与随后研究人群中的过敏反应结果并没有表现出任何关联。然而，有可能意味着 *Bifidobacterium lactis* HN019 处理组与安慰剂处理组相比，降低了新生儿血浆中的 sCD14 水平（$P=0.041$），尽管也不是很明确。最有可能的解释是产妇食用益生菌后，会在产前起作用或者产后通过母乳中的免疫调节因子来产生影响，但是它们与过敏性反应结果的关系还有待研究。

在一个双盲、安慰剂作为对照组的前瞻性试验中也发现了有争议的结果，参加该试验的孕妇至少有一位直系亲属或伴侣患有过敏性疾病，在分娩前的 4~6 周内以及产后的 6 个月内，被随机地给予益生菌 *Lactobacillus rhamnosus* GG（LGG）（ATCC 53103，$5×10^9$ CFU×2次/d）或者是安慰剂（微晶纤维素）。该试验结果表明，服用 *Lactobacillus rhamnosus* GG 的小组与服用安慰剂的小组相比，产妇或新生儿脐带血细胞在受到 IL-2、β-乳球蛋白或 LGG 刺激后，脐带血细胞的增殖能力没有显著差异。*Lactobacillus rhamnosus* GG 在体外试验中能有效地提高单核细胞中 IL-10 和 IFN-γ 的释放，然而在孕期内服用 *Lactobacillus rhamnosus* GG 并不能改变新生儿或母乳中相关细胞的增殖能力以及对细胞因子表达的影响。虽然在前期的母乳样品中细胞因子水平有明显的差异，但是与以前其他研究人员的发现一致的是，Prescott 等的研究也显示，在哺乳期 3~6 个月的时间里，尽管在产后的 6 个月内产妇一直有摄取益生菌，各个小组之间在母乳中细胞因子水平方面没有检测出明显差异（*Lactobacillus rhamnosus* HN001，*Bifidobacterium lactis* HN019）。

二、益生菌发挥免疫调节作用的途径

获得性免疫的建立是通过机体与环境的相互作用而获得的。人类作为哺乳动物，已经演化出极其复杂的获得性免疫系统，无论是系统性还是局部性免疫系统，如黏膜。黏膜免疫体系可以被看作是机体的第一道防线，可以减少系统性免疫的开启频率，其主要通过炎症反应清除异物的入侵。作为机体的第一道防线，黏膜免疫是保护机体免受致病菌入侵的中枢。黏膜免疫系统由物理部分（黏膜）、分子部分（各种抗菌蛋白）和细胞部分组成，通过协同作用阻止微生物入侵机体。消化道免疫系统通常被称为与肠道相关淋巴组织（GALT），存在于其中的树突状细胞（DC 细胞）是益生菌及肠道共生菌群发挥免疫调节的关键。DC 细胞可以被不同的乳杆菌属细菌激活。GALT 是机体最大的淋巴组织，组成了宿主免疫系统的重要组成部分。免疫排斥、免疫抑制和口服耐受，共同作用的结果构成了黏膜免疫（图 5-2）。肠道上皮细胞在维持耐受和免疫的自平衡之间发挥着重要作用。

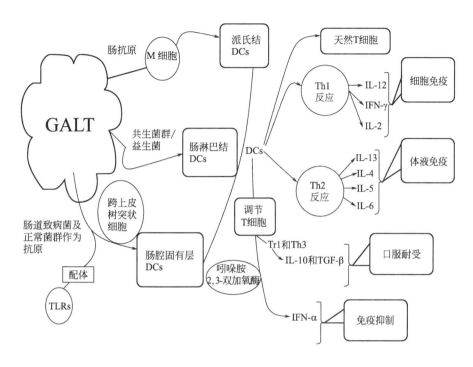

图 5-2　消化道黏膜相关淋巴组织（GALT）在免疫调节中的功能

　　由图 5-2 可以看出，肠腔抗原通过功能特异化的肠细胞（M 细胞）被运送到派氏结树突细胞（DCs），肠道致病菌及固有细菌直接被肠腔中黏膜固有层树突状细胞的跨上皮树突所识别和处理，其识别过程受到菌体表面成分与上皮细胞表面的一系列 Toll 样受体（TLRs）结合所诱发。肠道固有/共生菌群首先遭遇巨噬细胞，随后在肠淋巴结树突状细胞被灭活，从而避免其进入系统免疫体系。肠腔中的树突状细胞可以激活天然 T 细胞，并指导辅助 T 细胞是向 Th1 细胞、Th2 细胞还是调节 T 细胞（Treg）的方向极化。Th1 免疫应答严格依赖于树突状细胞产生的白介素-12（IL-12），并产生特征性的细胞因子干扰素-γ（IFN-γ）和 IL-2，随之引发细胞介导的免疫应答；Th2 免疫应答则涉及 IL-4、IL-5、IL-6 和 IL-13，并引发体液免疫。树突状细胞会引导 T 细胞摄取不同的调节因子，进而引发口服耐受。当辅助 T 细胞被极化成 Tr1 细胞和 Th3 细胞或其他调节性 T 细胞后，则会相应地释放 IL-10 和转化生长因子-β（TGF-β）。当 IFN-α 或具有免疫调节功能的酶被诱导时，如吲哚胺 2,3-双加氧酶（IDO），则会引起树突状细胞和调节 T 细胞的交互反应，最终引发免疫抑制。

　　免疫系统通过干扰肠道微生物在黏膜表面的定植来调节肠道菌群，反过来，细菌的组分和代谢产物又会影响免疫系统的活性。免疫调节的机制包括黏液的产生、乳酸菌信号对巨噬细胞的激活、分泌型 IgA 和中性粒细胞的激活、阻止炎性因子的释放以及提高外周免疫球蛋白的量。分泌型 IgA 与蛋白质的分解有关，同时不参与炎症反应。因此，它更重要的是与免疫排阻和渗透微生物相关。

　　肠道上皮细胞直接与肠道微生物接触，并且在免疫防御机制中起到了重要的作用。它们表达的黏附素分子对于 T 细胞的归宿（极化）和其他免疫细胞发挥免疫调节功能具有重要的作用。研究结果表明，益生菌的存在对免疫系统是有益的，可以通过影响肠道上皮细胞表达的识别受体的类型起作用。益生菌可以直接或间接地通过改变肠道微生物的组成或间接影响肠道微生物的活力来影响机体的免疫功能。它们可以通过增加表达 IgA 的细胞数量和肠道特定部位细胞因子产生细胞的数量来增强肠道黏膜免疫系统。部分益生菌，包括乳杆菌属和双歧杆菌属，可以增加 IgA 的产量。肠道黏膜免疫的某些功能只能被活的益生菌激发。Gill 等的研究表明，当受到霍乱毒素刺激的小鼠，只有活的 *L. rhamnosus* HN001 可以增强肠道黏膜抗体的数量，同时，他们也发现活的和热灭活的 *L. rhamnosus* HN001 都可以增加血液和腹腔巨噬细胞的吞噬活力，并且存在剂量效应。

1. 益生菌调节肠道菌群的组成和代谢活性

部分研究表明，食用益生菌发酵的牛奶可以调节肠道微生物的组成和代谢活性，刺激免疫应答，可以作为免疫增强剂。*L. casei* Shirota 菌株是一株广泛使用的益生菌，具有良好的益生功能，其功能在鼠中得到了验证。Galdeano 等分析了含有益生菌 *L. casei* DN 114001 的发酵奶对 BALB/c 小鼠的肠道非特异、先天性及获得性免疫反应的影响，表明该菌的细胞或菌体的碎片或者两者的共同作用，刺激肠道上皮细胞和肠道相关的免疫细胞。不同类型的免疫细胞在数量上都有所增加，包括 T 细胞、产生 IgA 的 B 淋巴细胞、同时参与先天免疫和获得性免疫的细胞（巨噬细胞）以及组成非特异性屏障的细胞（杯状细胞）等。其中，细胞因子 IL-6 的释放与产 IgA 的 B 细胞数量的增加以及被牛奶中的 *L. casei* 激活的钙调磷酸酶（calcineurin）有关，释放出来的 IL-6 会激活转录因子 NFAT（nuclear factor of activated T cells）。被激活的 NFAT 参与一系列免疫过程的调节，包括细胞凋亡、无能，T 细胞分化以及免疫系统的成熟老化。NFAT 通过钙调磷酸酶被激活在小鼠中得到了进一步证实。给 BALB/c 小鼠（鼠龄 6~8 周，体重 25~30g）连续 7d 通过灌喂每日服用 0.1mL（乳杆菌的活菌数量为 10^8 CFU，大肠杆菌的活菌数量为 10^6 CFU）*L. acidophilus*（菌株 CRL1642 和 A9）、*L. casei*（CRL431）或 *E. coli*（菌株 129 和 137）的菌悬液，试验结束后，处死小鼠，取出小肠进行免疫化学分析。试验结果表明，所有的试验菌株都增加了固有层（lamina propria）能分泌钙调磷酸酶的细胞的数量，然而只有革兰氏阳性细菌组包括 *L. acidophilus* 和 *L. casei* 的小鼠增加了 TLR-9 的表达。

给 Swiss 小鼠饲喂含有 *L. casei* 或 *L. acidophilus*，或者两者混合发酵的牛奶后，可以激活小鼠的免疫系统，表现为巨噬细胞和淋巴细胞的活性都得到增加。延长服用，没有发现肝肿大或者肾肿大等不良的副作用。然而，相反的效果在人体双盲试验中被发现。

益生菌与肠道上皮细胞和免疫细胞之间的作用引起了表型细胞改变、细胞因子释放以及细胞内信号途径的激活和抑制。*L. paracasei* DC412 表现出强免疫调节活性，通过刺激 TLR2、TLR4 调节的信号途径，导致一些炎症因子的释放，包括 IFN-γ、TNF-α、IL-6、IL-10。体外试验表明，益生菌 *L. casei* 对免疫细胞具有很好的刺激作用，增强 IL-6 的分泌，激活主要的先天免疫系统。

2. 益生菌调节黏蛋白的表达，增强肠道屏障功能

黏蛋白（mucins）是上皮细胞和恶性细胞分泌的糖蛋白的一个重要家族，结构上具有相似性，但是在重复串联多肽上不同。它们可能与膜相连（如 MUC1、MUC3A、MUC3B、MUC4、MUC12、MUC13 和 MUC17），或者是分泌型的（包括 MUC2、MUC5AC、MUC5B 和 MUC6）。已有报道，异常的黏蛋白表达可以影响细胞生长、分化、转形、黏附

和入侵。黏蛋白与肿瘤的形成和免疫监视有关。一些益生菌已经被证实可以通过刺激肠上皮细胞分泌 MUC2 和 MUC3，参与宿主的肠道屏障功能。体外研究表明，*L. plantarum* 299v 和 *L. rhamnosus* GG 增加了肠道上皮细胞分泌 MUC2 和 MUC3，从而阻止致病微生物黏附到肠上皮细胞。益生菌（*L. plantarum* 299v 和 *L. rhamnosus* GG）可以诱导编码 MUC3 蛋白基因的转录、翻译，促进宿主细胞分泌 MUC3 蛋白。当 HT-29 细胞与 *L. plantarum* 299v 共培养时，MUC3 的 mRNA 表达量上调。筛选对肠道上皮细胞具有黏附作用的益生菌，如 *L. plantarum* 299v 和 *L. rhamnosus* GG，可以增加 MUC3 蛋白基因的表达量，随后，细胞外分泌的 MUC3 可以抑制肠道致病菌的黏附。MUC3 蛋白 mRNA 表达量的增加直接导致 MUC3 蛋白表达量增加。在共培养时，相同的乳杆菌属菌株增加了 MUC3 的分泌，导致肠道致病菌黏附数的减少。

在另外的研究中，人类肠道细胞 Caco-2 与 *L. casei* GG 共培养 180min，分析单层细胞 MUC2 的表达。在低剂量和高剂量益生菌处理过程中，MUC2 蛋白密度没有显著增加。MUC2 的上调导致细菌移位减少。

3. 益生菌对肠道渗透性和 Th1/Th2 平衡的调节

益生菌可以调节肠道渗透性，增加肠道的屏障功能。肠道渗透性的增加会导致肠腔内的抗原，包括肠道微生物群易位进入循环系统。这种易位会导致黏膜免疫应答，并可能进一步导致慢性炎症。黏膜免疫系统的主要功能之一是对肠腔抗原发生有限的炎症反应，即受到外来侵染时，由细胞浸润和供血增加引起局部红肿，这是免疫应答的初步反应。如果这种免疫应答的强度进一步提升，可以导致被感染部位组织的破坏。这种局部免疫应答状态的控制主要通过调节 Th1/Th2 平衡来完成，益生菌可以以菌株特异性和剂量效应的方式增加与 Th2 免疫应答相关的细胞因子的表达，如 IL-2、TGF-β、IL-6 和 IL-10，使 Th1/Th2 平衡更有利于 Th2 免疫应答。研究者分析了 *B. animalis* 对大鼠 Th1 和 Th2 免疫应答的影响，将口服 *B. animalis* 后的大鼠脾细胞与细胞分裂原伴刀豆素 A（ConA）进行离体培养，结果表明，在雌性大鼠中，Th1/Th2 平衡趋向于 Th1 反应；然而，在雄性大鼠中，由伴刀豆素 A（ConA）诱导 IL-13 水平出现显著减少，并且针对由卵白蛋白（OVA）诱导的 Th2 反应的细胞因子水平较低。在过敏及自身免疫模型动物中，*B. animalis* 被证实可以降低多种免疫参数。部分益生菌，如 *L. rhamnosus* GG、*L. gasseri*（PA16/8）、*B. bifidum*（MP20/5）和 *B. longum*（SP07/3）的 DNA 可以对某些过敏原在一定程度上按剂量效应的方式调节其宿主的 Th1/Th2 反应，调节作用中超过 50% 的贡献来自于其 DNA。被测试的益生菌活细胞及其染色体 DNA 可以抑制来自葡萄球菌（*Staphylococcus*）内毒素 A（SEA）以及尘螨（*Dermatophagoides pteronyssinus*）刺激所引发的对参与 Th2 应答的细胞因子（IL-4 和 IL-5）的表达，并增强对 IFN-γ 表达的刺激作用。益生菌对 Th1/Th2 应答调节作用的强度在健康人群或过敏患者中存在明显差异。

三、益生菌的免疫调节作用具有菌株特异性

益生菌调节免疫系统的大量研究表明，益生菌的免疫调节作用是通过产生细胞因子来实现的，益生菌诱导肠道上皮细胞分泌细胞因子。更重要的是，同一种细胞因子可以由多种类型的细胞产生，在同一个细胞上可以产生多种效果，并可以作用于不同的细胞。体外试验研

究表明，*Lactobacillus plantarum* BFE 5759 和 BRE 1685，以及 *L. johnsonii* BFE 6128 可以激活 HT-29 细胞，分泌 IL-8。Kourelis 发现，*L. paracasei* subsp. *paracasei* DC412 菌株产生 IFN-γ、TNF-α、IL-6 和 IL-10。益生菌 *L. acidophilus* NCFB 1748 可以诱导产生相同的细胞因子，同时还可以产生 IL-12，这种反应主要受 TLR2 和 TLR9 的协同作用。*L. plantarum* 299v 可以诱导高水平的 IL-12。

IL-10 和 IL-12 由巨噬细胞、B 细胞和 DC 细胞产生。IL-12 通过刺激 T 细胞和 NK 细胞来诱导细胞免疫。IL-10 则通过抑制抗原呈递细胞直接调节细胞免疫。由于 IL-12 具有抗肿瘤、抗血管生成和抗代谢物的作用，因此，可以测试 IL-12 是否可能成为一种抗肿瘤药物。在一项研究中，给 BALB/c 小鼠（7～10 周龄）口服含有 *L. casei* Shirota 的菌悬液（2.6×10^{11} CFU/mL），小鼠的脾细胞被分离出来，并测试其细胞因子（IFN-γ、IL-12、IL-4 和 IL-5）含量。菌株 *L. casei* Shirota 可以刺激细胞分泌 IL-12，然后诱导产生 IFN-γ。更重要的是，*L. casei* Shirota 可以抑制抗原诱导产生的 IgE，通过诱导巨噬细胞分泌 IL-12。

乳杆菌可以激活巨噬细胞分泌炎性因子和抗炎因子。在 Morita 等的研究中，11 株 *L. acidophilus*、*L. casei* 和 *L. rhamnosus* 可以诱导巨噬细胞细胞株 J774.1 产生 IL-6、IL-12 和 TNF-α 细胞因子。其中的 7 株可以诱导巨噬细胞产生 IL-10。相比于其他菌株，*L. acidophilus* TMC 0536 可以显著诱导产生 IL-6、IL-10、IL-12 和 TNF-α。*L. casei* 在与 LGG 浓度相当的情况下可以诱导产生细胞因子 IL-12。在 Von der Weid 等的研究中，分析乳酸菌（*L. johnsonii* NCC533、*L. gasseri* NCC 2493、*L. paracasei* NCC2461、*L. casei* Shirota 和 *L. casei* GG）对 BALB/c 或 C57BL/6 小鼠的脾细胞进行刺激后的细胞因子水平。结果表明，菌株 *L. paracasei* NCC2461、*L. casei* GG 诱导产生大量的 IL-10，不同于之前的有关拮抗 IL-10 和 IL-12 产生的研究。菌株 *L. casei* Shirota 诱导产生 IL-12，菌株 *L. paracasei* NCC2461 诱导 BALB/c 小鼠脾细胞产生大量的 IL-12 和 IL-10，然而菌株 *L. casei* Shirota 产生少量的 IL-12 和 IL-10，这也不同于以前的报道。

Kekkonen 等研究 11 株分属于 *Streptococcus*、*Lactobacillus*、*Bifidobacterium*、*Lactococcus*、*Leuconostoc* 和 *Propionibacterium* 的潜在益生菌对人体外周血单核细胞（PBMC）产生细胞因子的影响。所有试验菌株都可以诱导细胞产生 TNF-α。最好的诱导分泌 Th1 型细胞因子 IL-12 和 IFN-γ 的菌株是 *Streptococcus thermophilus*、*Leuconostoc mesenteroides* subsp. *cremoris*（DSM18892）。与其他菌株相比，菌株 *Bifidobacterium*、*Propionibacterium* 诱导产生高产量的 IL-10。在另一项相关研究中，*L. rhamnosus* E509、*L. rhamnosus* GG E522（ATCC 53103）和 *L. delbrueckii* subsp. *bulgaricus* E585 菌株刺激人体外周血单核细胞分泌 IL-1β、IL-6 和 TNF-α，这些菌株诱导 Th1 型细胞因子 IL-12、IL-18 和 IFN-γ 的分泌。

1. 益生菌组合对细胞因子表达的影响

与单一的益生菌相比，益生菌组合所诱导的细胞因子可能完全不同。给正常大鼠食用由 *S. thermophilus*、*L. acidophilus* 和 *B. lactis* 构成的复合益生菌，会引起部分嗜中性粒细胞对肠黏膜及黏膜底层的浸润，表明该益生菌组合具有免疫调节作用。将人源肠固有层单核细胞、全血或经过富集的血浆单核细胞单独与 8 种不同的乳酸菌或者菌株间按一定的比例搭配以及 VSL♯3 益生菌组合进行共培养，包括 *L. acidophilus*、*L. delbrueckii* subsp. *bulgaricus*、

L. casei、*L. plantarum*、*B. longum*、*B. infantis*、*B. breve* 和 *S. thermophilus*，结果表明，这种益生菌组合可以上调树突状细胞对 IL-10 的表达、下调血液单核细胞及肠黏膜固有层树突状细胞对 IL-12 的表达。不同的菌株表现出对树突状细胞特定的免疫调节作用，其中双歧杆菌表现出抗炎反应，具体表现为树突状细胞分泌的 IL-10 增加，减少与 CD80 相关的共刺激免疫因子的分泌，并减少 IFN-γ 的表达。相反，乳杆菌则对降低树突状细胞对 IL-10 的表达几乎没有影响，链球菌菌株对 IL-10 的表达也几乎没有影响。在益生菌组合存在时，由 LPS 引起的炎症反应因为 IL-12 的表达被抑制而减弱，但同时可以维持 IL-10 在较高的水平上。

不同的益生菌组合可能诱导不同的细胞因子。在 Kekkonen 等进行的研究中，没有一种所测试的益生菌组合可以促进外周血单个核细胞（PBMC）对细胞因子的表达。在另一项测试不同的益生菌（11 株 *S. thermophilus*、*Lactobacillus*、*Bifidobacterium*、*Lactococcus*、*Leuconostoc* 或 *Propionibacterium*）和革兰氏阴性菌（*Escherichia coli*）对 PBMC 的共刺激研究中，其目的是观察这些细菌是否共同拥有单一的 TLR 信号转导通路，也发现不同的组合对 PBMC 表达细胞因子的影响具有显著差异。尽管 *E. coli* 单独存在时，可以诱导 PBMC 产生 TNF-α、IFN-γ 和 IL-10，在测试的细胞因子中，当 *E. coli* 和益生菌共同作用时，TNF-α 的表达没有明显变化，但 IFN-γ 的表达减少，而 IL-10 的表达则没有增加，表明不同的细菌，无论是革兰氏阳性还是阴性细菌，在竞争宿主细胞上的受体。当使用益生菌组合进行治疗时，一些种类的细菌可能会抑制另外种类的细菌对免疫的刺激作用。

2. 益生菌或其细胞组分对细胞因子的表达

细菌细胞壁的许多组分，例如脂多糖、肽聚糖和脂磷壁酸，都与细胞因子的诱导有关。这些细菌的细胞壁成分可以激活巨噬细胞、内皮细胞、平滑肌细胞和中性粒细胞，从而促进这些细胞释放多种调节因子。被激活的巨噬细胞可以产生多种蛋白类物质，包括细胞因子 TNF-α、IL-1、IL-6、IL-8、IL-12；金属蛋白酶，例如弹性蛋白酶（elastases）和组织蛋白酶（cathepsin）；脂肪代谢调节分子，例如前列腺素；还有活性氧和氮离子。研究者对 LPS、肽聚糖和脂磷壁酸刺激外周血单核细胞产生致炎细胞因子的作用进行了比较。根据外周血单核细胞产生的细胞因子，LPS 刺激产生的细胞因子是肽聚糖产生的细胞因子的 100～1000 倍，肽聚糖刺激产生的细胞因子是磷壁酸刺激产生细胞因子的 10～100 倍。革兰氏阴性菌产生的 LPS 可以诱导 IFN-α、IL-6 和 IL-10 的产生。

大部分被鉴定的益生菌是革兰氏阳性细菌，因此，菌体或其细胞成分可以刺激单核细胞或巨噬细胞。从革兰氏阳性细菌中提取的脂磷壁酸发现对单核巨噬细胞系 U937 有免疫刺激作用，它可以诱导释放 IFN-α 和 IL-10，并与其剂量存在相关性。来自益生菌 *L. acidophilus* A9 的脂磷壁酸与其他革兰氏阳性细菌（非益生菌株 *L. acidophilus* CRL 1462 和益生菌株 *L. casei* CRL 431）和革兰氏阴性细菌（*Escherichia coli* 129、*Escherichia coli* 137）相比，可以增强 IFN-α 和 IL-10 的水平。一些体外研究发现，益生菌的存在可以抑制促炎因子和趋化因子的形成。益生菌对免疫系统的刺激比革兰氏阴性致病菌对免疫系统的刺激弱。更重要的是，从人单核细胞中得到的 DC 细胞对不同的革兰氏阳性细菌有不同的反应。肠道细菌细胞壁诱导外周血单核细胞（PBMC）产生 TNF-α 和 IL-10，但是不会产生 IL-4 或者 IFN-γ。细胞壁或者 LPS 刺激产生的 IL-10 与血清相关，同时与 CD14 相关。更重要的是，黏附到 PBMC 上的细胞成分与产生 IL-10 和 TNF-α 相关。

研究益生菌的 DNA 对细胞因子表达的变化。从健康志愿者中提取 PBMC 细胞，与益生菌 VSL♯3 的 DNA 以及服用益生菌前粪便的总 DNA 和服用益生菌后粪便的总 DNA 共培养，*B. infantis*、*S. thermophilus*、*L. plantarum* 和 *L. delbrueckii* 的 DNA 刺激后，显著增加了 PBMC 细胞对 IL-1β 的表达，而 *B. longum*、*L. acidophilus* 和 *L. casei* 则显著减少了 PBMC 细胞对 IL-1β 的表达。*B. breve*、*B. infantis* 和 *S. thermophilus* 的 DNA 刺激增加了 PBMC 细胞对 IL-6 的表达，而 *B. longum* 和 *Lactobacillus* 的基因组刺激后显著降低了 IL-6 的量。*B. breve*、*B. infantis* 和 *S. theromophilus* 的 DNA 刺激 PBMC 细胞对 IL-10 的表达。*B. breve* 的 DNA 被证实比 *L. casei* 的 DNA 具有更强的诱导白介素产生的能力。

Miettinen 发现，一些活的乳酸菌可以诱导 TNF-α、IL-6 产生，在一些情况下，可以诱导 PBMC 细胞释放 IL-10，甚至比 LPS 诱导产生的 IL-10 的含量高。然而，乳酸菌在刺激 PBMC 细胞产生细胞因子时存在很大的差别。*L. rhamonsus* E509、*L. rhamonsus* E522、*B. animalis* E508 和 *L. acidophilus* E507 是 TNF-α 的诱导者，*L. rhamnosus* E509、*L. rhamnosus* E522 和 *B. animalis* E508 是 IL-6 的诱导者，包括 *B. longum* E505、*L. paracasei* E506、*L. acidophilus* E507、*B. animalis* E508、*L. rhamnosus* E509、*L. paracasei* E510、*L. rhamnosus* E522、*Lc. lactic* E523、*Lc. lactic* E414 和 *L. plantarum* E98。然而，活的 *L. casei* Shirota 比其热灭活形式更能刺激 IL-12 和 TNF-α 的产生。在不同的研究中，*L. salivarius* HA8 诱导促炎因子 IL-1β、IL-8 和 TNF-α 的产生，不管是否有 LPS 的存在，然而 LPS 存在时其效果更加明显。诱导细胞因子的产生可以表明乳酸菌可以刺激非特异性免疫反应。尽管其引起免疫反应的机制尚未明确，但是表明细胞壁组分和细胞相关的其他组分会引起不同的免疫反应。

3. 益生菌和革兰氏阴性细菌对细胞因子表达影响的差异

为了证明不同类型的细菌可以引起不同的免疫反应和细胞因子的表达，许多研究比较了益生菌和革兰氏阴性细菌的作用。以 *Klebsiella pneumonia* 和 *L. rhamnosus* 为例，两者都可以诱导 DC 细胞的成熟（特征为 CD83、CD86 的表达），但是导致成熟的 DC 细胞表达不同类型的细胞因子，成熟的 DC 细胞显示了不同的活化途径和功能特性。*K. pneumonia* 激活参与 Th1 应答的细胞，而 *L. rhamnosus* 则通过未成熟的 DC 细胞减少对 TNF-α、白介素 IL-6 和 IL-8 等致炎性细胞因子的表达。在 Cross 等的研究中，比较了 *L. casei* Shirota 与革兰氏阴性细菌 *E. coli* Nissle 1917（在医药上用作益生菌）对细胞因子诱导的差异，并同时与肠道致病性 *E. coli* 的作用进行了比对。所有菌株可以引起小鼠巨噬细胞 J774A.1 显著表达 IL-12 和 TNF-α，而只有肠道致病性的大肠杆菌可以引起 IL-10 表达，而 IL-18 和 TGF-β 则很少或者没有表达。与灭活菌体相比，活菌对 IL-10、IL-12 和 TNF-α 的诱导作用更明显，只有活的肠道致病性大肠菌群才能诱导 IFN-α 的产生。与之前的报道相反，益生菌所诱导产生的细胞因子的组成与致病性大肠杆菌相类似。

通常认为，革兰氏阳性细菌和革兰氏阴性细菌激活不同的免疫受体，诱导产生不同的细胞因子。以非益生菌株 *L. acidophilus* CRL 1462 和 A9，潜在益生菌 *L. acidophilus* CRL 924、*L. delbrueckii* subsp. *bulgaricus* CRL 423 和益生菌株 *L. casei* CRL 431 作为革兰氏阳性细菌，而 *E. coli* 129 和 *E. coli* 13-7 作为革兰氏阴性细菌的代表。通过灌胃的方式饲喂小鼠 2d、5d、7d，评价免疫刺激作用。结果表明，所有的菌株都增加了小鼠表达 IgA 的细胞的数量。革兰氏阳性细菌提升了分泌 IL-10 细胞的数量，相反，革兰氏阴性细菌则增加了表达 IL-12 细胞的数量。益生菌刺激后，主要增加了分泌 IFN-γ、TNF-α 以及 CD206 的细胞数量。所有的革兰氏阳性菌都增加了表达 TLR2 的细胞数量，革兰氏阴性菌则增加了 TLR4 的细胞数量。给 BALB/c 小鼠口服革兰氏阳性菌 *L. acidophilus* CRL 1462 和 A9，*L. casei* CRL 431 和革兰氏阴性菌 *E. coli* 129 和 *E. coli* 13-7 后，肠淋巴组织派氏结（Peyer's patches）中表达 IFN-γ 和 TNF-α（只有受到 LPS 刺激后才被诱导）的细胞比例增高，但表达 IL-10 的细胞所占的比例则没有增加。革兰氏阳性菌和革兰氏阴性菌的主要差异在于对 TLR9 的表达，它只能被革兰氏阳性菌的细胞刺激增加。随着大部分益生菌被用作商业菌株，益生菌和革兰氏阴性细菌引起的细胞因子表达和免疫反应主要取决于它们的细胞壁组分。

四、益生菌免疫调节作用的应用

1. 益生菌的抗感染作用

摄入益生菌后，免疫系统在控制感染上更加有效。摄入乳杆菌属和双歧杆菌属的细菌诱导肠道菌群变化，抑制致病微生物在胃黏膜上的黏附，因此，可以改变菌群，阻止抗生素相关的腹泻、梭菌相关的腹泻及肠道炎症。

细胞调节免疫和肠道微生物菌群与宿主抵制细菌感染相关。给 Wistar 大鼠口服活的 *L. casei* YIT 9029 可以增强其对李斯特菌感染的抵抗力，减少肠道、脾脏和肝脏中李斯特菌的数量。

先天和获得性免疫应答在宿主抗感染过程中高度关联又相互独立。体液免疫应答中涉及诱导、免疫记忆和克隆扩增以及赋予个体终身具有特定免疫能力等过程。关于益生菌在宿主体内诱导产生 IgA 和 IgG 方面的作用，总结见表 5-2。给小鼠口服 *B. breve* YIT 4064 可以激活体液免疫系统，增加体内抗轮状病毒 IgA 和抗流感病毒 IgG 的产生，并保护其免受轮状病毒和流感病毒的侵害。*B. animalis* 在小鼠中可以治疗念珠菌病，它不能完全阻止，但是可以减少其发生，并减弱念珠菌的感染。*B. animalis* 可以显著刺激宿主阻止念珠菌通过胸腺和黏液相关的淋巴组织。它可以通过非胸腺成熟 T 细胞，刺激 T 细胞相关的 IgA 和 IgG 抗体反应。

服用含有 *L. acidophilus* 和 *Bifidobacterium* 的酸奶可以增强黏液和系统 IgA 对霍乱病毒免疫原的反应。与服用不含益生菌的酸奶相比，服用含有益生菌（*L. casei* 和 *L. acidophilus*）的酸奶显著增加了 IgA。

L. rhamnosus GG 治疗可以显著增加非特异性体液免疫应答，表现为分泌 IgG、IgA 和 IgM 细胞的数量增加。*L. rhamnosus* GG 通过增强局部免疫反应，加快由轮状病毒引起的腹泻的痊愈过程。此外，针对轮状病毒特异性的 IgA 反应可以保护宿主，避免再次感染。在随机、安慰剂对照的双盲研究中，口服 *L. rhamnosus* GG 或 *L. acidophilus* CRL431，可以增加中和小儿麻痹病毒的抗体滴度，并影响血清中小儿麻痹病毒特异性 IgA 和 IgG 的形成，表明益生菌可以通过增加中和小儿麻痹病毒的抗体滴度，提升系统免疫能力，阻止细胞被病毒感染。

食用由 *L. casei* 和 *L. acidophilus* 发酵的牛奶可以作为胃肠道预防志贺菌（*Shigella*）感染的方法。给小鼠食用含有混合益生菌 *L. casei* 和 *L. acidophilus* 的酸奶后，在其血清和小肠液中发现高水平的抗志贺菌的抗体，表明免疫保护可以被黏膜组织调节。发酵牛奶可以显著抑制 *Sh. sonnei* 在肝脏和脾脏细胞中的定植。

2. 益生菌在预防过敏反应和肠道肿瘤方面的作用

益生菌可以缓解过敏性皮炎（AD），并且以不同的方式调节健康或患者周围免疫应答的参数。给健康志愿者以及过敏性皮炎（AD）患者服用包含 *L. paracasei* Lpc-37、*L. acidophilus* 74-2 和 *B. animalis* subsp. *lactis* DGCC 420 的益生菌饮料，受试者体内淋巴细胞的主要亚群不受益生菌干预的影响。但是，在健康志愿者中，CD57（＋）亚群的数量显著增加，而在患者中则没有改变；与此相反，AD 患者在食用益生菌后，CD4（＋）、CD54（＋）亚群的数量显著减少，而健康志愿者中则没有变化，表达 CD4（＋）、CD25（＋）的 T 细胞数量在健康志愿者和 AD 患者中没有显著差异。根据 Prescott 的研究结果，给极低年龄儿童服用发酵乳杆菌（*L. fermentum*），可以提高 Th1 应答中 IFN-γ 的水平，改变对来自皮肤和肠道细菌的反应，从而显著改善幼儿过敏性皮炎的状况。如果食用的是 *L. rhamnosus* 而不是 *B. animalis* subsp. *lactis*，在低龄幼儿中也可以显著减少湿疹发病的风险，但是在过敏性湿疹高发人群中，经过 2 年的观察，则没有明显的效果。在卵白蛋白致敏的哮喘小鼠中，对于测试的 6 株益生菌，*B. breve* 通过减少 IL-4、IL-5、IL-10、卵白蛋白（OVA）特异性 IgE 和 IgG 的表达，以及急性皮肤过敏反应，表现出最强的抗过敏作用。

研究结果表明，益生菌可以通过调节免疫反应，阻止肠道之外其他部位肿瘤的形成。NK 细胞活力的提升或下降与肿瘤的发病呈负相关。口服 *L. casei* Shirota 可以阻止肿瘤的发生并诱导 IgE 的产生。在试验动物中也发现，食用益生菌导致 NK 细胞的活性升高，具有抑制肿瘤形成的作用。炎症性免疫应答过程中产生的细胞因子会激活单核细胞和巨噬细胞，由它们释放的具有细胞毒的物质在体外可以引起肿瘤细胞裂解。给小鼠食用含有益生菌的酸奶后，炎症反应的降低归因于服用益生菌后抑制了肠道肿瘤的形成。益生菌通过增加 IgA、T 细胞和巨噬细胞的活性，从而抑制肠道肿瘤的生长。在动物中，益生菌还可以通过抑制由突变剂引发的 DNA 破坏，减少直肠癌的发病风险，但是在人体中缺少相关的验证。

参考文献

［1］ Arunachalam K，Gill H. Chandra R K. Enhancement of natural immune function by Christensen H R，Frokiaer，H. and Pestka，J. J. Lactobacilli differentially modulate expression of cytokines and maturation surface markers in murine dendritic cells. J. Immunol，2002，168：171-178.

［2］ Majamaa H，Isolauri E，Saxelin M. et al. Lactic acid bacteria in the treatment of acute rotavirus gastroenteritis. J. Pediatr. Gastroenterol. Nutr. 1995，20：333-338.

［3］ Aly S M，Abdel-Galil Ahmed Y，Abdel-Aziz Ghareeb A. et al. Studies on *Bacillus subtilis* and *Lactobacillus acidophilus*，as potential probiotics，on the immune response and resistance of *Tilapia nilotica*（Oreochromis niloticus）to challenge infections. Fish Shellfish Immunol. 2008，25：128-136.

［4］ Artis，D. Epithelial-cell recognition of commensal bacteria and maintenance of immune homeostasis in the gut. Nat. Rev. Immunol. 2008，8：411-420.

［5］ Clancy，R. Immunobiotics and the probiotic evolution. FEMS Immunol. Med. Microbiol. 2003，38：9-12.

［6］ Commane D，Hughes R，Shortt C. et al. The potential mechanisms involved in the anti-carcinogenic action of probiotics. Mutat. Res. 2005，591：276-289.

［7］ Cross M L. Microbes versus microbes：Immune signals generated by probiotic lactobacilli and their role in protection a-gainst microbial pathogens. FEMS Immunol. Med. Microbiol. 2002，34：245-253.

［8］ Cross M L.，Ganner A，Teilab D. et al. Patterns of cytokine induction by gram-positive and gram-negative probiotic bacteria. FEMS Immunol. Med. Microbiol. 2004，42：173-180.

［9］ Day RL，Harper AJ，Woods RM，et al. Probiotics：current landscape and future horizons. Future Sci OA. 2019 May 3；5（4）：FSO391. doi：10.4155/fsoa-2019-0004.

［10］ Perdigon G，Nader de Macias M E，Alvarez S，et al. Prevention of gastrointestinal infection using immunobiological methods with milk fermented with *Lactobacillus casei* and *Lactobacillus acidophilus*. J. Dairy Res. 1990，57：255-264.

［11］ De Vrese M，Rautenberg P，Laue C，et al. Probiotic bacteria stimulate virus-specific neutralizing antibodies follow-ing a booster polio vaccination. Eur. J. Nutr. 2005，44：406-413.

［12］ De Waard R，Garssen J，Bokken G C. et al. Antagonistic activity of *Lactobacillus casei* strain Shirota against gastro-intestinal *Listeria monocytogenes* infection in rats. Int. J. Food Microbiol. 2002，73：93-100.

［13］ Dogi C A，Galdeano C M，Perdigon G. Gut immune stimulation by non pathogenic Gram（+）and Gram（−）bac-teria. Comparison with a probiotic strain. Cytokine. 2008，41：223-231.

［14］ Dogi C A，Weill F，Perdigon G. Immune response of nonpathogenic Gram（+）and Gram（−）bacteria in induc-tive sites of the intestinal mucosa. Study of the pathway of signaling involved. Immunobiology. 2010，215：60-69.

［15］ Donkor O N，Shah N P，Apostolopoulos V，et al. Development of allergic responses related to microorganisms ex-posure in early life. Int. Dairy J. 2010，20：373-385.

［16］ Ezendam J，De Klerk A，Gremmer E R，et al. Effects of *Bifidobacterium animalis* administered during lactation on allergic and autoimmune responses in rodents. Clin. Exp. Immunol. 2008，154：424-431.

［17］ Gill H S. Probiotics to enhance anti-infective defenses in the gastrointestinal. tract. Best Pract. Res. Clin. Gastroen-terol. 2003，17：755-773.

［18］ Gill H S，Rutherfurd K J，Prasad J，et al. Enhancement of natural and acquired immunity by *Lactobacillus rhamno-sus*（HN001），*Lactobacillus acidophilus*（HN017）and *Bifidobacterium lactis*（HN019）. Br. J. Nutr. 2000，83：167-176.

［19］ Gill H S，Rutherfurd K J，Cross M L，et al. Enhancement of immunity in the elderly by dietary supplementation with the probiotic *Bifidobacterium lactis* HN019. Am. J. Clin. Nutr. 2001，74：833-839.

［20］ Haza A I，Zabala A，Arranz N，et al. Protective effect of a *Lactobacillus salivarius* strain of human origin. Food Sci. Technol. Int. 2005，11：251-259.

［21］ He F，Morita H，Ouwehand A C，et al. Stimulation of the secretion of pro-inflammatory cytokines by *Bifidobacte-rium* strains. Microbiol. Immunol. 2002，46：781-785.

［22］ Hessle C C，Andersson B，Wold A E. Gram-positive and Gram negative bacteria elicit different patterns of pro-in-flammatory cytokines in human monocytes. Cytokine. 2005，30：311-318.

［23］ Hlivak P，Odraska J，Ferencik M，et al. One-year application of probiotic strain *Enterococcus faecium* M-74 decrea-ses serum cholesterol levels. Bratisl Lek Listy. 2005，106：67-72.

［24］ Hoebe K，Janssen E，Beutler B. The interface between innate and adaptive immunity. Nat. Immunol. 2004，5：971-974.

［25］ Hougee S，Vriesema A J M，Wijering S C，et al. Oral treatment with probiotics reduces allergic symptoms in ovalbumin-sensitized mice：A bacterial strain comparative study. Int. Arch. Allergy Immunol. 2010，151：107-117.

［26］ Hsieh M L，Chou C C. Mutagenicity and antimutagenic effect of soymilk fermented with lactic acid bacteria and bifidobacteria. Int. J. Food Microbiol. 2006，111：43-47.

［27］ Kekkonen R A，Lummela N，Karjalainen H，et al. Probiotic intervention has strain-specific anti-inflammatory effects in healthy adults. World J. Gastroentero. 2008，14：2029-2036.

［28］ Klein A，Friedrich U，Vogelsang H，et al. *Lactobacillus acidophilus* 74-2 and *Bifidobacterium animalis* subsp *lactis* DGCC 420 modulate unspecific cellular immune response in healthy adults. Eur. J. Clin. Nutr. 2008，62：584-593.

［29］ Kopp M V，Goldstein M，Dietschek A，et al. *Lactobacillus* GG has in vitro effects on enhanced interleukin-10 and interferon-γ release of mononuclear cells but no in vivo effects in supplemented mothers and their neonates. Clin. Exp. Allergy. 2008，38：602-610.

［30］ Kopp M V，Hennemuth I，Heinzmann A，et al. Randomized，double-blind，placebo-controlled trial of probiotics for primary prevention：No clinical effects of *Lactobacillus* GG supplementation. Pediatrics. 2008，121：850-856.

［31］ Kourelis A，Zinonos I，Kakagianni M，et al. Validation of the dorsal air pouch model to predict and examine immunostimulatory responses in the gut. J. Appl. Microbiol. 2010，108：274-284.

［32］ Mack D R，Ahrne S，Hyde L，et al. Extracellular MUC3 mucin secretion follows adherence of *Lactobacillus* strains to intestinal epithelial cells in vitro. Gut. 2003，52：827-833.

［33］ Mack D R，Michail S，Wei S，et al. Probiotics inhibit enteropathogenic *E. coli* adherence in vitro by inducing intestinal mucin gene expression. Am. J. Physiol. Gastrointest. Liver Physiol. 1999，276：G941-G950.

［34］ Maldonado Galdeano C，Perdigon G. The probiotic bacterium *Lactobacillus casei* induces activation of the gut mucosal immune system through innate immunity. Clin. Vaccine Immunol. 2006，13：219-226.

［35］ Marteau P R，De Vrese M，Cellier C J，et al. Protection from gastrointestinal diseases with the use of probiotics. Am. J. Clin. Nutr. 2001，73：430S-436S.

［36］ Marteau P，Vaerman J P，Dehennin J P，et al. Effects of intrajejunal perfusion and chronic ingestion of *Lactobacillus johnsonii* strain La1 on serum concentrations and jejunal secretions of immunoglobulins and serum proteins in healthy humans. Gastroenterol. Clin. Biol. 2001，21：293-298.

［37］ Masuda E S，Imamura R，Amasaki Y，et al. Signalling into the T-Cell nucleus：NFAT regulation. Cell. Signal. 1998，10：599-611.

［38］ Matsuzaki T. Immunomodulation by treatmentwith *Lactobacillus casei* strain Shirota. Int. J. Food Microbiol. 1998，41：133-140.

［39］ Prescott S L，Dunstan J A，Hale J，et al. Clinical effects of probiotics are associated with increased interferon-γ responses in very young children with atopic dermatitis. Clin. Exp. Allergy. 2005，35：1557-1564.

［40］ Prescott S L，Wickens K，Westcott L，et al. Supplementation with *Lactobacillus rhamnosus* or *Bifidobacterium lactis* probiotics in pregnancy increases cord blood interferon-γ and breast milk transforming growth factor-β and immunoglobin A detection. Clin. Exp. Allergy. 2008，38：1606-1614.

［41］ Pronio A，Montesani C，Butteroni C，et al. Probiotic administration in patients with ileal pouch-anal anastomosis for ulcerative colitis is associated with expansion of mucosal regulatory cells. Inflamm. Bowel Dis. 2008，14：662-668.

［42］ Reid G. Probiotics and prebiotics—Progress and challenges. Int. Dairy J. 2008，18：969-975.

［43］ Reid G，Bruce A W，Fraser N，et al. Oral probiotics can resolve urogenital infections. FEMS Immunol. Med. Microbiol. 2001，30：49-52.

［44］ Reid G，Younes J A，Van Der Mei H C，et al. Microbiota restoration：Natural and supplemented recovery of human microbial communities. Nat. Rev. Microbiol. 2011，9：27-38.

［45］ Shu Q，Gill H S. Immune protection mediated by the probiotic *Lactobacillus rhamnosus* HN001（DR20TM）against Escherichia coli O157：H7 infection in mice. FEMS Immunol. Med. Microbiol. 2002，34：59-64.

［46］ Roessler A，Friedrich U，Vogelsang H，et al. The immune system in healthy adults and patients with atopic dermatitis seems to be affected differently by a probiotic intervention. Clin. Exp. Allergy. 2008，38：93-102.

［47］ Ryan K A，O'Hara A M，Van Pijkeren J P，et al. *Lactobacillus salivarius* modulates cytokine induction and virulence factor gene expression in *Helicobacter pylori*. J. Med. Microbiol. 2009，58：996-1005.

［48］ Sanders M E，Klaenhammer T R. Invited review. The scientific basis of *Lactobacillus acidophilus* NCFM functionality as a probiotic. J. Dairy Sci. 2001，84：319-331.

［49］ Shu Q，Lin H，Rutherfurd K J，et al. Dietary *Bifidobacterium lactis*（HN019）enhances resistance to oral *Salmo-*

nella typhimurium, infection inmice. Microbiol. Immunol. 2000，44：213-222.

[50] Spanhaak S，Havenaar R，Schaafsma G. The effect of consumption of milk fermented by *Lactobacillus casei* strain Shirota on the intestinal microflora and immune parameters in humans. Eur. J. Clin. Nutr. 1998，52：899-907.

[51] Taylor A L，Hale J，Wiltschut J，Lehmann H，et al. Effects of probiotic supplementation for the first 6 months of life on allergen- and vaccine-specific immune responses. Clin. Exp. Allergy. 2006，36：1227-1235.

[52] Tejada-Simon M V，Lee J H，Ustunol Z，et al. Ingestion of yogurt containing *Lactobacillus acidophilus* and *Bifidobacterium* to potentiate immunoglobulin a responses to cholera toxin in mice. J. Dairy Sci. 1999，82：649-660.

[53] Wickens K，Black P N，Stanley T V，et al. A differential effect of 2 probiotics in the prevention of eczema and atopy：A double-blind，randomized，placebo controlled trial. J. Allergy Clin. Immunol. 2008，122：788-794.

[54] Wollowski I，Rechkemmer G，Pool-Zobel B L. Protective role of probiotics and prebiotics in colon cancer. Am. J. Clin. Nutr. 2001，73：451- 455.

[55] Yan F，Polk D B. Probiotic bacterium prevents cytokine-induced apoptosis in intestinal epithelial cells. J. Biol. Chem. 2002，277：50959-50965.

[56] Yasui H，Nagaoka N，Mike A，et al. Detection of *Bifidobacterium* strains that induce large quantities of IgA. Microb. Ecol. Health Dis. 1992，5：155-162.

[57] Yasui H，Shida K，Matsuzaki T，et al. Immunomodulatory function of lactic acid bacteria. Antonie van Leeuwenhoek. 1999，76：383-389.

第六章

益生菌与高胆固醇血症

随着人们生活水平的日益提高，饮食结构发生了重大改变，进而使得胆固醇摄入过量。常见动物性食物胆固醇含量见表 6-1。

表 6-1　常见动物性食物胆固醇含量（以可食部分计） 　　　单位：mg/100g

食物名称	含量	食物名称	含量	食物名称	含量
猪肉（肥瘦）	80	牛脑	2447	鸭蛋	565
猪肉（肥）	109	猪肾	354	咸鸭蛋	647
猪肉（瘦）	81	鸡	106	鲤鱼	84
牛肉（肥瘦）	84	鸭	94	青鱼	108
牛肉（瘦）	58	鹅	74	海鳗	71
羊肉（肥瘦）	92	鸡肝	356	带鱼	76
羊肉（瘦）	60	鸭肝	341	对虾	193
猪肝	288	鹅肝	285	海蟹	125
牛肝	297	鸡蛋	585	赤贝	144
猪脑	2571	鸡蛋黄	1510	乌贼	268

注：数据来源于《中国居民膳食指南 2016》。

一般认为，血清中高胆固醇含量是诱发高血压、高脂血症、冠心病、动脉粥样硬化等众多心血管疾病的重要因素。统计表明，心血管疾病是目前引起人类死亡的主要杀手之一，而且其患病率和死亡率呈逐年上升趋势。根据世界卫生组织发布的《2020 年世界卫生统计》，每年至少 260 万人死于超重或肥胖，440 万人死于高胆固醇，710 万人死于高血压。因此，如何有效减少胆固醇摄入、降低血清胆固醇水平，直接关系到人类的健康，也是目前科学研究工作的热点之一。国内外大量的临床试验证实，服用益生菌及其相关制品具有减少人体血清胆固醇含量、降低心血管疾病发病率等功效。益生菌被人体摄入后，能够在肠道定植，参与消化、吸收及代谢等功能，影响糖-脂肪代谢和胆固醇-脂肪代谢，充分发挥降体脂、降胆固醇的功效。

第一节　高胆固醇血症与益生菌降胆固醇机制

自从益生菌及其发酵乳在人体内显示出潜在的降胆固醇功效以来，越来越多的研究者开始关注益生菌在预防和治疗高胆固醇血症方面的应用，并对益生菌降胆固醇的机制进行解析。

一、高胆固醇血症

胆固醇和甘油三酯是血液中主要的脂类物质，以和载体脂蛋白结合形成复合物的形式存在。所以高脂血症又称为高脂蛋白血症，可分为高胆固醇血症、高甘油三酯血症和混合性高脂血症。临床诊断上，一般认为血浆总胆固醇浓度＞5.17mmol/L（200mg/dL）可定义为高胆固醇血症。

高胆固醇血症的特征性临床表现为低密度脂蛋白胆固醇（LDL-C）和总胆固醇（TC）升高，一般为正常人的2～3倍，严重者甚至达到6～8倍；血浆中LDL-C水平增高，促使胆固醇在身体其他组织沉积，从而形成黄色瘤；胆固醇在血管壁上堆积，导致血管粥样病变，最终导致血管硬化；在肝脏堆积后，形成脂肪肝；在角膜浸润后，则形成角膜弓；血液黏稠度高，会增加心脏负担，并导致微循环系统运行不畅，易发生严重的冠心病和动脉粥样硬化；老年人由于高胆固醇血症，可以诱发脑梗死。应当指出，总胆固醇对动脉粥样硬化性心血管疾病的危险评估和预测价值不及低密度脂蛋白胆固醇，后者是更精准的指标。

二、影响胆固醇水平的主要因素

人体的胆固醇来源主要有两个途径，2/3来自于自身的肝脏合成，1/3来源于肠道中胆固醇的吸收（图6-1）。影响胆固醇水平的主要因素如下。

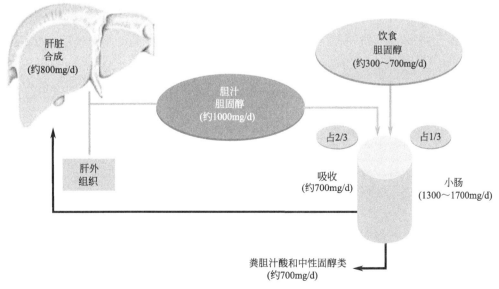

图 6-1　胆固醇合成吸收过程示意

（1）年龄与性别

常随年龄而上升，但 70 岁后不再上升甚或有所下降，中青年女性低于男性，女性绝经后其水平较同年龄男性高。

（2）饮食习惯

长期高胆固醇、高饱和脂肪酸摄入，可使胆固醇水平升高。

（3）遗传因素

与脂蛋白代谢相关的酶或受体基因发生突变，是引起胆固醇显著升高的主要原因。

三、高胆固醇血症的治疗方法

（1）药物治疗

可服用他汀类等药物来降低血清总胆固醇和低密度脂蛋白胆固醇。

（2）控制体重

许多流行病学资料显示，肥胖人群的平均血浆胆固醇和三酰甘油水平显著高于同龄的非肥胖者。

（3）运动锻炼

体育运动不但可以增强心肺功能、改善胰岛素抵抗和葡萄糖耐量，而且还可减轻体重、降低血浆中胆固醇和甘油三酯含量，升高高密度脂蛋白胆固醇（HDL-C）的水平。

（4）戒烟

吸烟可升高血浆胆固醇和甘油三酯水平，降低 HDL-C 水平。停止吸烟 1 年，血浆 HDL-C 可上升至不吸烟者的水平，冠心病的危险程度可降低 50%，甚至接近于不吸烟者。

（5）饮食治疗

饮食结构可直接影响血脂水平的高低。血浆胆固醇水平易受饮食中胆固醇摄入量的影响，进食大量的饱和脂肪酸也可增加胆固醇的合成。

（6）益生菌疗法

近年来，越来越多的研究表明一些益生菌及其发酵制品具有降低胆固醇和预防高胆固醇血症的功效。

四、益生菌降胆固醇机制

体外试验显示，益生菌能够从培养基中去除胆固醇，乳杆菌和双歧杆菌能够通过消化、吸收，从发酵培养基中去除胆固醇；经过热灭活的细胞和不生长的细胞同样能去除胆固醇，说明益生菌可能通过细胞表面结合的方式去除胆固醇；细胞经过含有或不含有胆固醇的培养基培养后，气相色谱法分析显示细胞膜中脂肪酸含量差异较大，说明可能是通过细胞膜摄入去除胆固醇。

动物试验同样显示益生菌具有降胆固醇的功效，胆固醇的去除可能与胆盐水解酶分解胆汁以及胆固醇与胆汁分解物的共沉淀有关。在人和哺乳动物中，胆固醇排除的主要途径是粪便。在分泌到消化道之前，初级胆盐是在肝脏中以胆固醇为前体合成的，并以结合胆盐的形式存储在胆囊中。胆汁水解后形成游离的胆盐，亲水性降低，导致其在肠腔中吸收较少，大部分进入粪便中。为了维持生理稳定，肝肠循环中损失的胆盐需要通过合成新的胆汁来进行补偿，这样就能降低血清胆固醇的含量。胆固醇浓度降低还可能与益生菌改变肠道有机酸（如乳杆菌和双歧杆菌能够产生乳酸、乙酸等）的浓度有关。

1. 胆盐水解酶降胆固醇作用

目前，大多数研究者认为，益生菌之所以能降低血清胆固醇水平，主要是由于某些菌株能够产生水解胆盐的胆盐水解酶（BSH 酶）。消化道中的许多菌株均可以产生胆盐水解酶，包括乳杆菌 *Lactobacillus*、双歧杆菌 *Bifidobacterium*、肠球菌 *Enterococcus*、梭菌 *Clostridium* 和拟杆菌 *Bacteroides* 等。在消化道致病菌（如单增李斯特菌 *Listeria monocytogenes*）和条件致病菌（如粪肠球菌 *Enterococcus faecalis* 和嗜麦芽黄单胞菌 *Xanthomonas maltophilia*）中也检测到 BSH 酶活力。

胆酸属于既亲水又疏水的两性分子，以胆固醇为前体，在肝脏进行合成；随后与甘氨酸或牛磺酸结合，并由胆囊分泌至小肠，协助进行脂质的吸收和降解。肠道微生物产生的 BSH 酶，能够催化初级胆盐——甘氨酸和牛磺酸结合胆盐，水解成氨基酸残基和游离胆盐（胆酸），这也是胆盐在肠道中生物转化的第一步反应。分解过程主要是胆酸与氨基酸之间连接键的酶水解。据报道，BSH 酶能够作用于多种胆酸结合物，包括人体内 6 种主要的结合胆酸，即甘氨胆酸（glycocholic acid，GCA）、甘氨酸脱氧胆酸（glycodeoxycholic acid，GDCA）、甘氨鹅脱氧胆酸（glycochenodeoxycholic acid，GCDCA）、牛磺胆酸（taurocholic，TCA）、牛磺酸脱氧胆酸（taurodeoxycholic，TDCA）和牛磺鹅脱氧胆酸（taurochenodeoxycholic acid，TCDCA）（见图 6-2）。

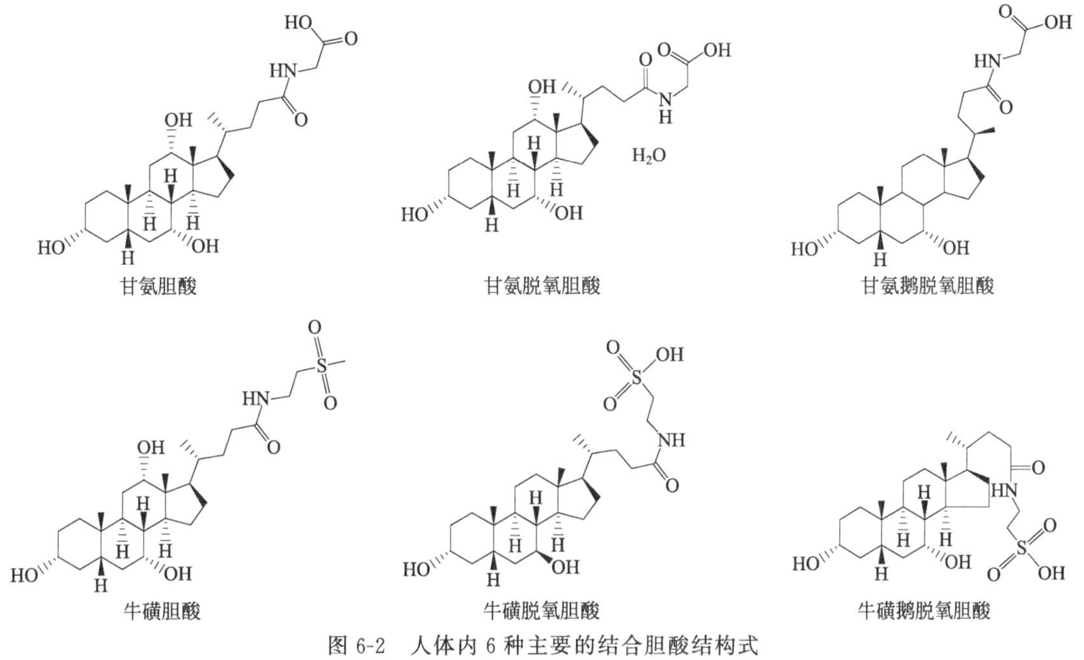

图 6-2　人体内 6 种主要的结合胆酸结构式

BSH 酶属于胆酰甘氨酸水解酶家族，不仅能够识别氨基酸侧链，也能识别胆盐的类固醇核心。大多数 BSH 酶催化甘氨酸结合胆盐比牛磺酸结合胆盐的效率更高。通过检测胆酸释放，11 株嗜酸乳杆菌或干酪乳杆菌被用于筛选其胆盐水解能力。结果显示，由甘氨胆酸钠水解释放出的胆酸比牛磺胆酸钠水解释放出的胆酸更多。De Smet 等观察到，植物乳杆菌中的 BSH 酶偏好水解甘氨脱氧胆酸，而不是牛磺脱氧胆酸。GDCA 比 TDCA 的毒性更高，这是由它们的弱酸或强酸性质决定的。在双歧杆菌中，BSH 酶对于甘氨酸结合胆酸的底物亲和力比牛磺酸结合胆酸更高。5 株双歧杆菌中，所有的 BSH 酶对于甘氨酸结合胆酸的水解速率也比牛磺酸结合胆酸更高。Jiang 等证实了 BSH 酶在 8 种乳杆菌中存在多样性。特别是瑞士乳杆菌、发酵乳杆菌和鸡乳杆菌具有分解牛磺酸结合胆盐的功能，而不能分解甘氨酸结合胆盐。然而，有研究人员报道，分解牛磺酸结合胆盐酶活性过高，并不是益生菌的优良特性，因为它会导致产生硫化氢。有证据显示，BSH 酶的底物亲和力是由胆盐的类固醇核心结构决定的。布氏乳杆菌 JCM 1069 是一株人类肠道分离菌，显示出针对牛磺酸脱氧胆酸的水解酶活力，但不能水解牛磺胆酸，尽管二者仅在 7α 位的类固醇基团有所差别。

BSH 酶的主要作用是胆汁解毒和保证益生菌在消化道中的存活。试验显示，BSH 酶活性部分下降的嗜淀粉乳杆菌，比生长速率明显降低。Dussurget 等证实，在单核细胞增生李斯特菌中敲除 bsh 基因会导致菌株对胆汁抗性的下降和减少菌株在肝脏的定植。Allain 等通过体内和体外实验发现，来自约氏乳杆菌 La1 的胆盐水解酶具有抗痢疾的作用。BSH 酶还有其他功能，如从胆盐中水解得到氨基酸，作为能量来源或者用于提高细胞膜的防御功能。

鉴于含 BSH 酶菌株的健康功效，FAO/WHO 纲要中将 BSH 酶活性作为食品中益生菌评价的一大指标。然而也有报道指出，微生物的 BSH 酶活性对于人体宿主具有潜在的危害性。游离胆酸经肠道微生物的多步 7α-脱羟基反应分解后，形成次级胆酸——脱氧胆酸（DCA）和石胆酸。次级胆酸能够在肝肠循环中积累到一个相当高的水平，由此会导致结肠癌、胆结石及其他消化道疾病。结肠癌病人的血清脱氧胆酸水平明显高于健康受试者，然而结肠对于 DCA 的吸收量不仅依赖于 7-脱羟基的速率，也依赖于保留时间、肠腔 pH 值和渗透性。Takahashi 等证实，益生菌中最常见的乳杆菌和双歧杆菌并不能通过脱羟基反应来分解胆盐。在他们的试验中，乳杆菌、双歧杆菌、乳球菌和链球菌属的受试菌株都无法将胆酸转化为脱氧胆酸或 7-酮基脱氧胆酸。另一项研究显示，嗜酸乳杆菌中也未检测到 7α-脱羟基酶的活力。通过选择不能分解胆盐的益生菌，可以有效避免其 BSH 酶活性所带来的副作用。

总之，BSH 酶降胆固醇的作用主要分为两个方面：一方面，BSH 酶通过胆盐水解反应降低了胆盐溶解度和吸收率，经粪便排出大量的游离胆酸，导致需要将更多的胆固醇从头合成胆酸，从而导致血清胆固醇减少（见图 6-3）。

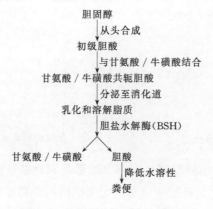

图 6-3　胆固醇在体内的代谢过程

另一方面，由于胆固醇在水中是微溶的，其吸收依赖于胆酸的可溶性。胆盐水解后能够降低胆固醇的溶解度和吸收效率，同时抑制了胆固醇微团的形成，从而减少肠道中的胆固醇吸收，导致血清胆固醇水平降低。在 Klaver 等的研究中，发现在 pH 值低于 6.0 时，水解胆盐与胆固醇发生共沉淀。研究者由此得出结论，当胆盐发生水解，并且 pH 值由于肠道内菌体产酸而下降时，胆固醇微团就会变得不稳定，导致胆固醇与游离胆酸共沉淀。Al Saleh 等证实，在所有受试的嗜酸乳杆菌、双歧杆菌和嗜热链球菌中，通过向培养基中添加 0.2% 的胆盐，能够去除更多的胆固醇，并且是通过沉淀去除。另有试验显示，当 pH 值低于 5.0 并且存在胆盐时，两歧双歧杆菌能够去除胆固醇；当用 pH 值为 7 的磷酸缓冲液洗涤菌体时，又能恢复部分被去除的胆固醇。

然而，经过试验发现并非所有具有高水解活性的菌株都能去除胆固醇。甚至有试验发现胆固醇去除与胆盐水解之间并无相关性。这就意味着除了 BSH 酶的作用，还存在其他去除胆固醇的机制。

2. 短链脂肪酸降低胆固醇

食物中的糖类经过人体肠道中益生菌的发酵，能够产生短链脂肪酸，如乙酸、丙酸和丁酸等。其中，乙酸不仅是脂肪生成的底物，也是胆固醇合成的前体，因而能促进胆固醇合成，这是由于胆固醇与其他长链脂肪酸一样，是通过乙酰辅酶 A 合成的。乙酰辅酶 A 先转变成中间产物——甲羟戊酸，随后经过多步的反应，转变成胆固醇（图 6-4）。

丙酸恰好相反。丙酸能够增加葡萄糖生成，抑制脂肪酸和胆固醇的合成，从而降低胆固醇浓度。因此，能够产生较多丙酸的底物，如果聚糖（包括菊粉和寡果糖），能够降低血脂。Yamashita 等研究了果聚糖降低糖尿病人血清胆固醇的潜在应用。结果显示，每天摄入寡聚果糖 8g，能够显著改善糖尿病人的糖脂代谢紊乱。通过观察雄性 Wistar 大鼠试验，Liong 和 Shah 同样指出，通过短链脂肪酸确实能够改变脂代谢，从而降低血清胆固醇水平。这一点通过其他证据也能证实，如血清胆固醇水平与盲肠内丙酸浓度呈负相关、与粪便中乙酸浓度呈正相关等。Fukushima 将嗜酸乳杆菌和双歧杆菌运用到小鼠模型中，得出这两种乳酸菌能够抑制合成胆固醇的关键酶 3-羟基-3-甲基戊二酰辅酶 A（HMG-CoA）的活性，从而降低胆固醇的合成量。

3. 菌体对胆固醇的吸收及细胞膜黏附作用

益生菌菌体能够通过吸收和同化作用，来降低血清胆固醇水平，包括益生菌细胞壁结合胆固醇，以及将胆固醇摄入细胞膜等。

Gilliland 从猪肠道中分离到一株嗜酸乳杆菌 P47，然后对其进行了降低胆固醇的体内和体外研究，结果发现在厌氧的条件下，随着牛胆汁的量逐渐加大，环境中胆固醇的残余量逐渐下降，而在破碎细胞后，细胞中胆固醇含量有所增加，从而推测菌体细胞对胆固醇有吸收作用。

Liong 和 Shah 报道，除了具有生长活性的细胞外，非生长和死亡的乳酸杆菌细胞也可以从介质中去除胆固醇，证实了处于稳定期和衰亡期的益生菌细胞膜具有结合胆固醇的能力。

通过对 28 株加氏乳杆菌细胞壁结合胆固醇能力的比较，Usman 和 Hosono 发现，不同菌株结合胆固醇能力的差别与细胞壁中糖肽的化学结构性质有关。而嗜酸乳杆菌 ATCC43121 能够通过同化作用吸收胆固醇，并非通过代谢将其降解。这种通过细胞壁、细

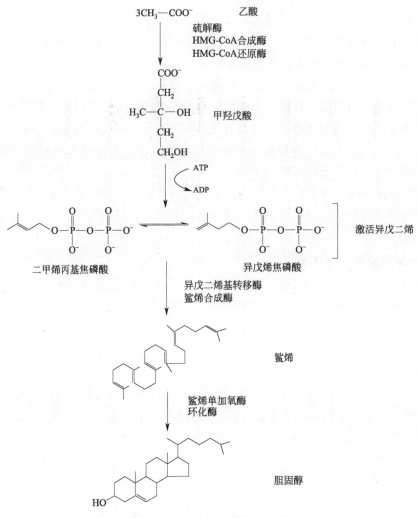

图 6-4　胆固醇在体内的合成途径

胞膜去胆固醇的作用，具有其天然机制，通常与提高菌体抵御外界不利因素、保持细胞稳定性有关。实验证实，在培养基中添加胆固醇微团和胆盐，能够提高菌体抵御超声波裂解的能力。同样，在乳杆菌和双歧杆菌的培养基中添加胆固醇，能够提高菌体抵御超声波和酶水解的能力。

Lye 通过扫描电镜发现了胆固醇黏附于乳酸菌的细胞表面，有研究者认为胆固醇黏附于细菌的细胞上是一种物理现象，受细胞壁肽聚糖结构和化学性质影响，肽聚糖包含能够与胆固醇结合的氨基酸。Lye 等发现具有降胆固醇功能的干酪乳杆菌的细胞膜上脂肪酸、饱和脂肪酸和不饱和脂肪酸的变化非常显著。通过荧光探针插入到细胞膜评估结合胆固醇的位置时，检测到绝大部分胆固醇被摄入磷脂尾部、磷脂上部和细胞膜的极性头部区域，经过超声处理后引起细胞膜改变，还能进一步提高细胞膜对胆固醇的摄入。

Li 等的试验显示，经过 12h 培养，6 株植物乳杆菌通过同化作用去除了 63.45％～81.62％的胆固醇，而仅有 18.38％～36.55％的胆固醇是通过共沉淀去除的。Araki 等发现，胆固醇结合到细菌细胞表面能抑制胆固醇微胶粒的形成。胶束的形成需要胆汁盐、磷脂和胆固醇分子。胶束的破坏将导致脂肪酸无法运送到肠道黏膜表面进行吸收，从而导致胆固醇水平降低。此外，Fukushima 等报道嗜酸乳杆菌可以与胆汁盐结合，从而推断与乳杆菌结合的胆汁盐能够破坏胆固醇微胶粒的形成。Nakajima 等用可以产生和不产生胞外多糖的菌种发酵牛奶饲喂大鼠后，发现大鼠血清中胆固醇含量有明显的不同。研究者分析称胆固醇含量的不同是由于菌体产生的胞外多糖的差异。由于胞外多糖对消化水解酶具有耐受性以及具有持水性能，能够使胆固醇黏附于胞外多糖，使肠道对胆固醇的吸收有所降低。

4. 其他作用机制

另一个可能的降胆固醇机制是通过菌株产生的胆固醇还原酶，将胆固醇转变为粪（甾）醇。与胆固醇相比，粪（甾）醇在人体肠道内吸收很少，导致其在粪便中的含量较高，从而降低血清胆固醇水平。

迄今为止，益生菌降胆固醇的作用机制尚不十分明确。益生菌在实现降血脂的作用时，不一定是以上机制中单一的一种，也可能是两种或多种作用机制协同进行。大多数研究者对益生菌降胆固醇机制比较倾向于益生菌细胞与胆固醇的结合以及胆盐水解酶的作用。现阶段研究的降胆固醇机制主要是基于体外实验，由于人体肠道内环境复杂，仅仅通过体外实验来研究益生菌降胆固醇机制还不能被充分认可。所以，对益生菌降胆固醇的机制还需要更加深入的研究，尤其是对益生菌降低人体血清中胆固醇的研究。

第二节　胆盐水解酶

胆盐水解酶（bile salt hydrolase，BSH，EC 3.5.1.24）存在于许多哺乳动物的肠道微生物中，对于胆酸代谢具有至关重要的作用，因而常常被作为益生菌筛选的关键指标之一。近年来，已经有许多关于不同微生物来源的 BSH 酶的结构特性和基因调控的报道，这些研究对于解析 BSH 酶降胆固醇的益生功效具有很好的帮助。

一、理化特性

尽管对于 BSH 酶的研究主要集中于乳杆菌属（表 6-2），然而其他益生菌（如长双歧杆菌、片球菌等）也能产生 BSH 酶。产气荚膜梭菌 *Clostridium perfringens*、单增李斯特菌 *Listeria monocytogenes* 和流产布鲁氏菌 *Brucella abortus* 等一些致病菌也具有 BSH 活力。

表 6-2　乳杆菌属中 BSH 酶的存在情况

菌种	拉丁名称	检测菌株数/株	含有 BSH 酶的菌株数/株	占比/%
植物乳杆菌	*Lactobacillus plantarum*	182	147	80.77
罗伊氏乳杆菌	*Lactobacillus reuteri*	30	28	93.33
德氏乳杆菌	*Lactobacillus delbrueckii*	30	4	13.33
卷曲乳杆菌	*Lactobacillus crispatus*	26	24	92.31
瑞士乳杆菌	*Lactobacillus helveticus*	23	1	4.35
格氏乳杆菌	*Lactobacillus gasseri*	21	21	100.00
嗜酸乳杆菌	*Lactobacillus acidophilus*	16	15	93.75
鸟乳杆菌	*Lactobacillus aviarius*	15	15	100.00

续表

菌种	拉丁名称	检测菌株数/株	含有 BSH 酶的菌株数/株	占比/%
瘤胃乳杆菌	*Lactobacillus ruminis*	14	12	85.71
唾液乳杆菌	*Lactobacillus salivarius*	14	11	78.57
约氏乳杆菌	*Lactobacillus johnsonii*	9	9	100.00
黏膜乳杆菌	*Lactobacillus mucosae*	8	8	100.00
嗜淀粉乳杆菌	*Lactobacillus amylophilus*	6	6	100.00
口乳杆菌	*Lactobacillus oris*	4	3	75.00
动物乳杆菌	*Lactobacillus animalis*	3	3	100.00
鼠乳杆菌	*Lactobacillus murinus*	3	3	100.00
果囊乳杆菌	*Lactobacillus ingluviei*	3	1	33.33
产马乳酒乳杆菌	*Lactobacillus kefiranofaciens*	3	1	33.33
敏捷乳杆菌	*Lactobacillus agilis*	2	2	100.00
母鸡乳杆菌	*Lactobacillus gallinarum*	2	1	50.00
胃窦乳杆菌	*Lactobacillus antri*	1	1	100.00
田鼠乳杆菌	*Lactobacillus apodemi*	1	1	100.00
谷物乳杆菌	*Lactobacillus frumenti*	1	1	100.00
仓鼠乳杆菌	*Lactobacillus hamsteri*	1	1	100.00
肠乳杆菌	*Lactobacillus intestinalis*	1	1	100.00
卡利克斯乳杆菌	*Lactobacillus kalixensis*	1	1	100.00
面包乳杆菌	*Lactobacillus panis*	1	1	100.00
罗氏乳杆菌	*Lactobacillus reuteri*	1	1	100.00
嗜黑麦乳杆菌	*Lactobacillus secaliphilus*	1	1	100.00
阴道乳杆菌	*Lactobacillus vaginalis*	1	1	100.00
厄尔纳拉乳杆菌	*Lactobacillus ultunensis*	1	1	100.00

BSH 酶一般具有同源四聚体结构（图 6-5），每个单体中含有 316～338 个氨基酸（表 6-3），平均分子量约为 37 kDa。但是也存在例外，某些乳杆菌中的 BSH 酶以二聚体、三聚体的形式存在。来自短芽孢杆菌属的耐热型 BSH 酶为二聚体。

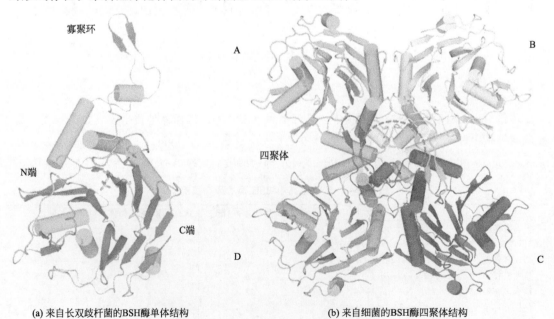

(a) 来自长双歧杆菌的BSH酶单体结构　　(b) 来自细菌的BSH酶四聚体结构

图 6-5　不同来源的 BSH 酶结构

BSH 酶催化胆盐水解的最适 pH 值一般为 $4.5 \sim 6.5$，最适温度一般为 $40 \sim 50℃$。在低 pH 值下，甘氨酸结合胆盐更具毒性，因而 BSH 酶活性在肠道的低 pH 值区域具有更重要的意义。

不同来源 BSH 酶的催化效率差别很大，比活力从 0.107 IU/mg（来自产气荚膜梭菌的 BSH 酶）到 1390 IU/mg（来自粪肠球菌的 BSH 酶）不等。据报道，来自产气荚膜梭菌、长双歧杆菌、嗜酸乳杆菌和粪肠球菌的 BSH 酶，对于甘氨酸结合胆盐具有更高的亲和力；而来自唾液乳杆菌的 BSH 酶，对于甘氨酸结合胆盐和牛磺酸结合胆盐两者都具有较好的亲和力。

在植物乳杆菌、约氏乳杆菌和两歧双歧杆菌等乳酸菌中，均发现了多个拷贝的 BSH 酶。然而在所有菌株中，都只有一种 BSH 酶具有较好的催化活性，其他 BSH 酶的功能仍有待阐明。

表 6-3　不同乳杆菌来源 BSH 酶的氨基酸数目

菌株	氨基酸数目/个	登记号
嗜酸乳杆菌 NCFM	325	YP_193782
嗜酸乳杆菌 NCFM	325	AAV42923.1
动物乳杆菌	324	WP_010690294.1
布氏乳杆菌 NRRL B-30929	327	AEB72500
发酵乳杆菌 NCDO 394	325	AEZ06356
格氏乳杆菌 ATCC 33323	316	ABJ59469.1
格氏乳杆菌 ATCC 33323	325	ABJ60345.1
约氏乳杆菌 PF01	316	ABQ01980
约氏乳杆菌 100-100	326	AF297873_1
约氏乳杆菌 100-100	316	AAC34381
约氏乳杆菌 NCC533	326	AAS09178
约氏乳杆菌 NCC533	325	AAS08969
约氏乳杆菌 NCC533	316	AAS08038
植物乳杆菌 MBUL69	243	ACG76118
植物乳杆菌 WCFS1	324	CCC80500
植物乳杆菌 LP80	325	S51638
植物乳杆菌 ST-Ⅲ	324	ADO00098
植物乳杆菌 ST-Ⅲ	338	ADN97280
植物乳杆菌 ST-Ⅲ	328	ADN99975
植物乳杆菌 ST-Ⅲ	317	ADN99333
罗伊氏乳杆菌 100-23	325	EDX41535
唾液乳杆菌 UCC118	316	YP_536688
唾液乳杆菌 NRRL B-30514	324	JX120368
唾液乳杆菌 JCM1046	325	ACL98204
阴道乳杆菌	325	WP_056974571
阴道乳杆菌	325	WP_040530699.1

二、结构特征

根据晶体结构显示，BSH 酶具有高度相似的结构和催化位点。除了 N 端的 Cys2，活性位点中的 Arg18、Asp21、Asn81、Asn175 和 Arg228 等残基在绝大多数 BSH 酶中都具有高度保守性。

BSH 酶属于 Ntn 水解酶家族，通常含有一段保守的 αββα 折叠结构，其 N 端具有亲核氨基酸，往往作为主要的催化位点。尽管氨基酸数目差别较大，然而 Ntn 水解酶家族的成员都具有相似的空间结构，因而表现出相似的催化反应机制。这些酶主要是通过 N 端的亲核残基（如丝氨酸、半胱氨酸或苏氨酸等）来催化肽键水解。所有的 BSH 酶在 N 端都含有半胱氨酸。

Ntn 水解酶家族的成员具有多种催化功能，包括青霉素酰化酶、胆盐水解酶、α-谷氨酰胺转氨酶、蛋白酶体等。其中，BSH 酶与青霉素 V 酰化酶（penicillin-V acylase，PVA）在序列和结构上显示出高度的同源性和相近的进化关系，以及相似的活性位点和催化机制。尽管 BSH 酶和 PVA 酶具有不同的催化底物，然而由于其序列高度相似，导致基因注释时经常发生错误。

三、基因分析

在益生菌中，很多菌与 BSH 酶相关的基因仅有 1～2 个，如 Oh 等在嗜酸乳杆菌 PF01 中发现一段 bsh 基因，并成功地在大肠杆菌中进行异源表达。Kim 等将两歧双歧杆菌中的 bsh 基因克隆表达后，发现它与其他双歧杆菌编码 BSH 酶的基因不同，是一单顺反子。Lambert 等研究发现了植物乳杆菌 WCFS1 中存在 4 个胆盐水解酶活性相关基因 $bsh1$、$bsh2$、$bsh3$、$bsh4$，其中 $bsh1$ 对胆盐水解酶起主要作用。任婧等从植物乳杆菌 ST-Ⅲ中克隆到 4 个 bsh 基因，经过在大肠杆菌中过表达，对这 4 个基因进行了功能鉴定。结果显示，这 4 个酶具有不同的底物亲和力，其中 $bsh1$ 催化活性最高。bsh 基因克隆的成功构建，为利用基因工程菌进行胆盐水解酶酶学特性的研究和胆盐水解酶降胆固醇机制的解析打下了良好基础。

迄今为止，关于乳酸菌中胆盐水解酶活力和分布的研究主要是由 Tanaka 等完成的，其研究超过 300 株乳酸菌中胆盐水解酶的表达水平，不仅包含双歧杆菌属和乳杆菌属，还包括乳酸乳球菌、肠膜明串珠菌和嗜热链球菌。在 300 多株菌株中，筛选到 273 株属于双歧杆菌和乳杆菌的菌株具有 BSH 酶活性，但是在乳酸乳球菌、肠膜明串珠菌和嗜热链球菌中并未检测到。乳杆菌作为最常见的益生菌，其大多数菌株都存在 BSH 酶活性。Schillinger 等在嗜酸乳杆菌和约氏乳杆菌的所有菌株中都检测到 BSH 酶活性，但并没有在所有的干酪乳杆菌中检测到。

益生菌通常具有多种 BSH 酶活性，其优势在于能够保证菌体在不同环境下得到最大的存活率。因为每一种 BSH 酶都能对不同组成的胆汁发挥作用，使得菌体在胆汁环境中存活不同时间。据报道，嗜酸乳杆菌 NCFM 产生两种 BSH 酶，是由 $bshA$ 和 $bshB$ 基因编码而来的，具有不同的底物亲和力。研究发现，多株植物乳杆菌中都具有 4 个 bsh 基因，过表达和敲除 bsh 基因显示，只有 $bsh1$ 负责大部分的 BSH 酶活性，而 $bsh2$、$bsh3$、$bsh4$ 在这些菌株中似乎是保守的，具有重要的生理意义。在另一项试验中，比较了几株具有高 BSH 酶活性的菌株（包括植物乳杆菌、嗜酸乳杆菌和格氏乳杆菌）中的 7 个 bsh 基因，结果显示，编码具有高活性 BSH 酶的 LA-$bshA$、LA-$bshB$、LG-bsh 和 LP-$bsh1$ 基因具有较高的同源性（高于 45%），而编码低活性或无活性 BSH 酶的 LP-$bsh2$、LP-$bsh3$ 和 LP-$bsh4$ 基因，具有较低的相似度（低于 26.3%）。微生物基因组分析显示，许多益生菌菌株内都含有预测的、同源的 bsh 基因。但是在不同种属之间，这些基因的结构和调控是不同的，而且 bsh 基因能够以单顺反子和多顺反子两种形式转录。通过逆转录 PCR 和 Northern blot 试验，证实双歧杆菌属中 bsh 基因一般转录成多顺反子。大多数双歧杆菌中的胆盐耐受性菌株显示出相似的遗传结构，同一个操纵子中含有 *bsh* 和其他 2 个基因。虽然没有明显的证据显示这 3 个蛋白具有功能上的相关性，但是研究结果表明胆盐耐受性可能与 BSH 酶及一些转运蛋白有关。El-kins 等发现，约氏乳杆菌 100-100 能够表达 2 种具有显著差别的 BSH 酶——BSHa 和 BSHb，其中编码 BSHb 酶的 *cbsHb* 基因、*cbsT*1 部分基因和完整的结合胆盐运输蛋白基因 *cbsT*2 共同组成一个操纵子。他们还分析了人体内嗜酸乳杆菌 KS-13 的 *cbsHb* 基因的 DNA 序列，发现该菌株中含有 *cbsT*1、*cbsT*2 和 *cbsHb* 基因，与约氏乳杆菌 100-100 中的 DNA 序列的相似度分别达到 84%、87% 和 85%，而在这些基因的两端则缺乏相似度，说明 *bsh* 基因具有一定的水平性。许多试验已经证实了不同基因在肠道细菌间的水平转移。通过细胞与细胞接触发生的 DNA 接合转移，在许多乳酸菌中都已经被发现。

四、进化分析

据报道，乳杆菌属中约有 28% 的菌株能够编码 BSH 蛋白。Liang 等对 170 种乳杆菌的 BSH 酶及与其相近的 PVA 酶进行了进化分析。结果显示，绝大多数（占比 84.62%）含有 BSH 酶的乳杆菌能够适应脊椎动物，充分说明了在乳酸菌进化过程中，为了适应宿主消化道环境，倾向于编码 BSH 蛋白。

通过对来自 34 种乳杆菌的 60 个 BSH 酶的进化分析，发现可以分为 5 类，分别命名为 BSH A、BSH B、BSH C、BSH D 和 BSH E。其中，大多数 BSH A 和 BSH B 蛋白表现出较高的催化活性。

BSH A 亚型包含 8 种蛋白质，分别来自乳酸片球菌、戊糖片球菌、干酪乳杆菌、副干酪乳杆菌、鼠李糖乳杆菌和短乳杆菌等。BSH B 亚型包含 18 种蛋白质，主要来自 12 种常见的益生菌，包括植物乳杆菌、格氏乳杆菌、约氏乳杆菌、唾液乳杆菌、罗伊氏乳杆菌、嗜酸乳杆菌、保加利亚乳杆菌和瑞士乳杆菌等。BSH C 亚型中，仅有来自清酒乳杆菌和面包乳杆菌的 BSH 酶显示出较高的活力。

五、胆盐耐受性

在外界存在胆盐压力的环境下，许多细菌能够表达 *bsh* 基因，并表现出 BSH 酶活力，使得它们能够抵御宿主胆盐带来的抑菌作用。胆盐能够破坏菌体细胞膜的完整性，而 BSH 酶能够减少结合胆酸对于菌体的毒性。因此，有学者认为，微生物 BSH 酶活性是菌体为了适应在宿主消化道定植而进化出的结果。

另外，研究结果显示，微生物能够利用胆盐水解产物作为碳源、氮源和能量来源。例如，甘氨酸可以代谢产生氨和二氧化碳，牛磺酸可以代谢产生氨、二氧化碳和硫酸盐。因此，BSH 酶能够为菌体生长提供营养物质。

六、BSH 酶影响宿主代谢

近年来，越来越多的研究者发现，胆酸是一种具有多种功能的信号分子，不仅能够调控自身的合成和循环，还能够影响甘油三酯和胆固醇的合成，以及碳水化合物和能量代谢。大量研究报道，胆酸能够特异性地激活细胞核激素——法尼酯衍生物 X 受体（FXR）以及 GPCR 膜受体 TGR-5，并对其产生反馈抑制。同时，该两种物质对于宿主的脂代谢、葡萄糖代谢和能量代谢具有调控作用。

肠道微生物与宿主的胆酸依赖型信号通路存在着密切的联系。胆酸能够通过 FXR 和 TGR-5，调控微生物在肠道中的生长和组成。肠道菌群又能够调控胆酸的生物转化和组成，从而影响信号通路。微生物的代谢活动能够增加胆酸的多样性，主要是影响羟基的数目和胆酸的结合状态。例如，一方面，结合胆酸具有更好的溶解性，有利于形成微胶粒，增加小肠对脂质的吸收。另一方面，游离胆酸则具有更高的疏水性，溶解度较低，难以被宿主摄入，因而往往随粪便排出体外。

微生物代谢胆酸能力的变化，有时会给宿主带来负面效果，如引起脂质代谢紊乱、短肠综合征、肠易激综合征、结直肠癌和胆结石等。因此，研究 BSH 酶对于全面解析和预防高胆固醇血症、肥胖、糖尿病和肝功能紊乱等代谢性疾病具有重要意义。

第三节　降胆固醇益生菌的体外筛选与动物实验

20 世纪 70 年代初，Mann 等研究者发现非洲马赛人食用的乳制品中含有大量乳酸杆菌，这些菌株具有降低血清胆固醇的功效，这为探寻降低人体血清胆固醇的方法提供了思路。

要从众多候选菌株中筛选得到具有应用潜力的菌株，通常要经过三个阶段的评估工作，依次为体外初步筛选、动物实验功能验证和人体实验功能确证。近年来，研究者已经通过体外筛选和动物实验等获得了许多具有降胆固醇能力的益生菌，包括从婴儿粪便中分离得到的植物乳杆菌 PH04、植物乳杆菌 NRRL B-4524、副干酪乳杆菌，从中国西藏酸乳酒中分离得到的植物乳杆菌 MA2、植物乳杆菌 9-41-A 和发酵乳杆菌 Ml-16，以及在发酵苹果汁中分离得到的丘状乳杆菌 JCM1123 等。通过体外模型和动物模型分离筛选具有明确功能的菌株是当前益生菌研究领域的重要课题。

一、降胆固醇益生菌的体外筛选

为了在短时间内找出优质潜力菌株，首先需要进行菌株的体外筛选。这个过程可以有效筛选潜力菌株，减少后续动物实验与人体实验的盲目性。目前国内外常用的体外筛选方法有两种，一种是快速评估候选菌株对培养基中添加的胆固醇的清除能力，另一种是评估候选菌株能否水解结合胆酸盐，也就是检测其能否表现出胆盐水解酶活性。

1. 具有体外降胆固醇能力菌株的标准筛选方法

该筛选方法主要是通过在乳酸菌通用培养基中额外添加胆固醇或胆酸盐，并加入少量的巯基乙酸钠以维持还原性环境。然后在筛选培养基中接种测试菌株，过夜培养后收集发酵液进行胆固醇残留检测，对检测样品经过一系列预处理后，通过比色法或其他方法进行生化测定，再计算接种前后培养基中胆固醇的去除率，以评估菌株的体外降解胆固醇能力。

2. 具有去结合胆盐能力菌株的标准筛选方法

部分研究重视乳酸菌所表达的胆盐水解酶（BSH）在辅助降血脂作用上的机制。近年来，关于胆盐水解酶降胆固醇的作用机制越来越清晰，因此也成为许多实验室筛选功能菌株的一个重要评价指标。目前，胆盐水解酶活性的检测方法主要有薄层色谱法和茚三酮显色法等。定性检测方法简单、方便、省时，可大规模同时筛选多个菌株，能有效地从众多候选菌株中快速筛选出有 BSH 活力的益生菌株。薄层色谱法还能区分出菌株所表达的 BSH 酶的作用底物类型，能够为后续定量分析提供许多有效信息，以指导进一步评估。定量分析目前主要包括两种，一般先采用茚三酮显色法测定菌株特异性水解底物的能力，底物主要包括牛磺胆酸盐（TCA）、脱氧牛磺胆酸盐（TDCA）、甘氨胆酸盐（GCA）、脱氧甘氨胆酸盐（GD-CA）等。其次，还可以采用高效液相色谱法来分析这些不同底物的水解情况。

近年来，不少研究者通过体外标准筛选方法，获得了许多具有潜力的降胆固醇益生菌。2001 年，香卫钦等分离出一株对培养基上清液中的胆固醇有较高清除率的乳酸菌。郭东起等以体外降胆固醇能力、细胞黏附性、抑菌性及耐酸耐胆盐能力为指标，分离筛选出 6 株具有降胆固醇能力的乳酸菌，并且确定乳酸菌 GL-A 为潜在的功能性益生菌。2013 年，Turchi 等从意大利食品中分离出一株植物乳杆菌，并对其降胆固醇潜力进行研究。2015 年，Eun Ah Choi 等从泡菜中分离出植物乳杆菌 EM，研究发现其具有良好的抗生素耐受性、抗菌活性以及胆酸胆盐耐受性。

陈大卫等利用选择性培养基、人工胃液及含胆盐培养基，从江苏如皋长寿地区的人群肠道中分离筛选出耐酸耐胆盐能力较强的乳酸菌，并研究其降胆固醇能力及作用方式。结果表明，分离筛选到的 60 株乳酸菌在 pH 值 3.0 的人工胃液中存活率均大于 30%；来源于中年组、老年组及长寿组的乳酸菌存活率分别为 69%、71%、70%，均显著高于青少年组（$P < 0.05$）；在 0.3% 及 0.5% 胆盐培养基中的存活率均大于 20%，老年组及长寿组的乳酸菌在 0.3% 胆盐培养基中的存活率分别为 53.85%、55.26%，均显著高于青少年组和中年组（$P < 0.05$）；来源于长寿组的乳酸菌降胆固醇能力显著高于中年组（$P < 0.05$），其中，乳杆菌属与魏斯氏菌属的胆固醇降解率显著高于肠球菌属（$P < 0.05$），其降胆固醇的主要方式为细胞吸收和共沉淀。来源于长寿地区人群的乳酸菌耐酸耐胆盐能力及降胆固醇能力较强，其中长寿组的乳酸菌要高于其他年龄组。

2018 年，王海霞等以实验室分离鉴定的 7 株益生菌为研究对象，以菌株的胆固醇降解率、胆盐水解酶活力及模拟胃肠道消化耐受性为评价指标，筛选出降胆固醇综合性能良好的潜力菌株植物乳杆菌 KLDS 1.0320，其胆固醇降解率达到 61.22%，胆盐水解酶活力为 0.71U/mL，模拟胃肠道消化后活菌数为 6.89lg（CFU/g）。

2019 年，丁淑娟等对 34 株供试菌株通过体外清除胆固醇能力、胆盐水解酶活性、胃肠液耐受能力进行降胆固醇功能菌株筛选，得到 3 株潜力菌株，分别为植物乳杆菌 15-12、乳酸片球菌 71 和戊糖片球菌 JQIII-13。通过菌株对 HT-29 人结肠癌细胞系的黏附能力以及对 5 株常见人致病菌的抑菌能力两方面评价，结果显示 3 株菌对 HT-29 都具有良好的黏附性能，其发酵上清液表现出特定的抑菌作用。

周海柱等采用邻苯二甲醛法，从民间自制泡菜样品中分离筛选出 4 株具有高效降解胆固醇能力的植物乳杆菌 PL2、PL5、PL16 和 PL194，其体外胆固醇降解率分别为 48.22%、51.67%、48.43% 和 48.56%。通过耐酸、耐胆盐及抑菌性实验测定菌株的益生潜能，发现 4 株乳酸菌均可在 pH 值 2.0 的环境下生存 3h，菌株 PL2 和 PL5 可以在 0.3% 的胆盐浓度下存活 3h，菌株 PL5 对致病性大肠杆菌、沙门氏菌、金黄色葡萄球菌和福氏志贺氏菌均有显著的抑制作用。

李艳等通过体外耐酸耐胆盐实验、抗氧化实验及降胆固醇和降甘油三酯实验，以主成分分析法（PCA）为科学依据，从 12 株乳酸菌中筛选得到一株具有辅助降脂功能的乳酸菌株——鼠李糖乳杆菌 LV108，其胆盐耐受性为 47.99%、胆固醇降解率为 28.76%、甘油三酯降解率为 21.11%，具备辅助降血脂能力。

陈仪婷等以胆固醇同化吸收能力为指标，通过高效液相色谱法从 12 株乳酸菌中筛选出 2 株具有较高降胆固醇能力的乳酸菌——植物乳杆菌 YXB23 和乳酸片球菌 YDA12，其胆固醇降解率分别为 35.33% 和 33.53%，并且具有较高的耐酸耐胆盐能力。

二、益生菌降胆固醇的动物实验

经过体外实验筛选之后，开始研究在体外具有降胆固醇能力的益生菌能否在动物体内发挥同样的作用，主要通过菌液或将含有益生菌的发酵乳制品灌喂动物来研究菌株体内降胆固醇作用。从 20 世纪 70 年代开始，大量的动物体内试验显示，给猪喂食约氏乳杆菌和罗伊氏乳杆菌，能够导致血清胆固醇的降低。对于大鼠和小鼠分别喂食益生菌混合物和罗伊氏乳杆菌，同样观察到血清胆固醇降低的现象。大鼠经喂养含有格氏乳杆菌的非发酵乳，表现出血清总胆固醇、低密度脂蛋白胆固醇和胆酸的下降，而高密度脂蛋白胆固醇水平有所升高。其他类似试验也显示许多益生菌的降胆固醇和降低甘油三酯的能力，这些结果引起了国内外微生物及营养学学者的广泛关注，从而掀起了益生菌降胆固醇的研究热潮。

为了研究益生菌对预防高胆固醇血症的作用，Taranto 等在诱导小鼠产生高胆固醇血症之前，连续 7d 对其喂食罗伊氏乳杆菌 CRL1098。另外，还尝试了喂食低浓度的益生菌细胞（10^4 个细胞/d）。结果显示，即使在如此低剂量的情况下，罗伊氏乳杆菌对于预防小鼠产生高胆固醇血症仍然有效。Damodharan 针对分离自发酵乳的瑞士乳杆菌 KII13 和 KHI1，进行了益生菌体内试验。高胆固醇血症小鼠实验表明，该菌株能够显著降低总胆固醇（TC）和低密度脂蛋白胆固醇（LDL-C）水平，并且优于阳性对照组嗜酸乳杆菌 ATCC 43121。胆固醇代谢相关基因分析显示，*LDLR* 和 *SREBF2* 基因表达显著上调，可能与胆固醇降低有关。

Mei 等通过小鼠实验，考察了同时服用决明子蒽醌和具有降胆固醇功效的益生菌，对于非酒精性脂肪肝的影响。结果显示，该方法能够有效降低血脂水平，并且编码胆固醇 7α-羟化酶（CYP7A1）、低密度脂蛋白受体（LDL-R）和法尼酯衍生物 X 受体（FXR）等与胆汁酸和胆固醇代谢相关的基因表达显著上调，而 3-羟基-3-甲基-戊二酰辅酶 A 还原酶（HMGCR）基因表达显著下调。

研究者将植物乳杆菌 KLDS 1.0320 按照 2.0% 的添加量，与最适益生元菊粉（添加量为 2.0%）添加至低脂契达干酪中，喂饲高脂血症小鼠。结果显示，实验组小鼠的血清总胆固醇、甘油三酯（TG）及低密度脂蛋白胆固醇的含量均受到显著抑制（$P < 0.05$），且动脉硬化指数（AI）下降了 43.81%。说明干酪中添加植物乳杆菌及益生元能够降低小鼠体内血脂水平，对高脂血症引起的动脉硬化具有较好的抑制功效。另外，实验小鼠肝脏中 TC、TG 显著降低，而粪便中 TC、TG 显著升高。说明该益生菌能够使更多的胆固醇排出体外，从而降低胆固醇在肝脏的堆积，而菊粉的添加能够进一步加快胆固醇的排泄。上述研究为益

生菌降胆固醇机理提供了新的解释。

陈大卫等研究了体外具有降胆固醇功能的乳酸菌在体内的辅助降血脂作用。研究者利用高脂饲料建立高脂血症大鼠模型，通过灌胃发酵乳杆菌 f5 发酵液，研究其对高血脂大鼠血清 TC、TG、HDL-C、LDL-C，肝脏 TC、TG 及粪便 TC、TG、总胆汁酸（TBA）的调节作用。结果表明，饲喂 14d 高脂饲料显著提高了大鼠血清 TC、TG、LDL-C 的水平（$P<0.05$），HDL-C 的水平显著低于空白对照组（$P<0.05$），高脂饲料还显著增加了大鼠的肝指数及血清、肝脏的 TC、TG 含量（$P<0.05$）；喂饲 28d 发酵乳杆菌 f5 发酵液的干预显著提高了高血脂大鼠对饲料的利用率（$P<0.05$），对大鼠肝指数有显著的改善作用（$P<0.05$），同时发酵乳杆菌 f5 发酵液组大鼠血清的 TC、TG 及 LDL-C 水平显著低于模型组（$P<0.05$），肝脏的 TC、TG 含量显著降低（$P<0.05$），粪便中 TC、TG 及 TBA 的含量显著高于模型组（$P<0.05$）。发酵乳杆菌 f5 具有良好的辅助降血脂功能，可作为良好的候选益生菌菌株。

Usman 等用具有胆盐水解酶活性的格氏乳杆菌 SBT0270 饲喂高胆固醇血症大鼠，结果发现喂食后大鼠血清中 TC 和 LDL-C 水平明显降低，同时粪便中胆汁酸的含量也明显增加。由此研究者认为该菌株在体内降胆固醇的能力与其胆盐水解酶活性密切相关。Ha 等从人的粪便中分离得到一株具有高 BSH 酶活性的植物乳杆菌 CK102，研究结果显示，该菌株能够降低白化封闭群大鼠的总血清胆固醇、低密度脂蛋白胆固醇和甘油三酯的水平。

董改香等利用高脂饲料诱发 SD 大鼠高胆固醇血症后，饲喂具有胆盐水解酶（BSH）活性乳酸菌的脱脂乳，检测不同组别大鼠血清中总胆固醇、甘油三酯、低密度脂蛋白胆固醇、高密度脂蛋白胆固醇含量的变化。结果显示，菌株 BSH 活性的高低可降低大鼠 TC、TG、LDL-C，并且升高 HDL-C，并且具有显著性差异（$P<0.05$）。因此，BSH 活性对改善大鼠血脂含量有重要作用。丁淑娟等采用高脂血症 SD 大鼠模型评价，显示菌株对于模型大鼠血液中的 TC 和 TG 均具有显著的降低作用，同时也有助于肝脏 TC、TG 水平的降低，并能促进 TC 和 TBA 随粪便排出体外。Xie 等研究发现，经植物乳杆菌 9-41-A 和发酵乳杆菌 M1-16 处理的大鼠，除了血清胆固醇之外，肝脏的胆固醇和甘油三酯水平显著降低，肝脏的脂肪沉积也会显著减少。

2005 年，Nguyen 等用分离自婴儿粪便的植物乳杆菌 PH04 饲喂高血脂大鼠，相比于对照组，实验组大鼠血清胆固醇和甘油三酯含量分别下降 7％和 10％，表明植物乳杆菌 PH04 具有降胆固醇的益生功效。2016 年，张娟等从青藏高原地区的发酵牦牛酸奶中分离出一株具有降胆固醇能力的植物乳杆菌 Lp3，发现高脂饲料组大鼠血清总胆固醇、甘油三酯和低密度脂蛋白胆固醇显著高于灌喂益生菌 Lp3 的实验组。Lim 等研究发现，通过乳酸片球菌 LAB4 和植物乳杆菌 LAB12，能够降低成年斑马鱼的血清和肝脏胆固醇含量，清除率分别达 64％和 71％。同时，喂养乳酸菌的实验组斑马鱼还显示出学习和记忆能力的明显改善，表明乳酸菌能够用于预防高胆固醇血症和阿尔兹海默症。

目前，已从泡菜、动物肠道及传统发酵乳制品中筛选到了许多具有高胆固醇去除效果的益生菌株，且通过动物实验已验证了其在体内的降血清胆固醇能力，但在研究过程中仍存在一些问题。

首先，益生菌降低胆固醇的能力受菌株活性、胆盐浓度、培养基的 pH 值等多种因素影响，且不同的益生菌存在显著差异。因此，降胆固醇益生菌的具体筛选方法和条件还需进一步优化。

其次，已证明 BSH 酶直接影响菌株降低胆固醇的能力，但也有研究证明某些含有高 BSH 活力的菌株并不具备降胆固醇的活性，因而将 BSH 活力的高低作为唯一指标来筛选降胆固醇益生菌存在弊端，故菌株筛选模型还需要进一步研究和建立。BSH 酶可以解离产生更多的去结合态胆盐，进而被微生物降解成次级胆酸盐，但后者是致癌物，所以高 BSH 活力的降胆固醇菌株的安全性必须加以验证。

第三，将降胆固醇乳酸菌应用于动物实验，动物的选择、动物数量、灌喂剂量、试验时间等都对降胆固醇能力的测定存在影响及不确定因素，从而对深入解析体内降胆固醇机制产生影响。益生菌降胆固醇机理尚未明确，菌体对胆固醇的吸收同化作用与动物体内的降胆固醇机制的关联有待进一步探究。

第四节　益生菌降胆固醇的临床研究及应用

经过体外实验、动物实验验证功能后，益生菌最终要在人体发挥益生功效。因此，益生菌降胆固醇的临床研究十分必要。21 世纪以来，研究者越来越多地关注益生菌及其发酵乳在临床上的降胆固醇功效。在许多患有高胆固醇血症的受试者中，服用益生菌后表现出能够使高于正常水平的血清胆固醇下降的功效。

一、益生菌降胆固醇的临床研究

目前，临床试验主要采用随机、双盲和安慰剂对照的交互试验，考察益生菌降胆固醇的临床功效。Schaarmann 等对患有高胆固醇血症的女性进行了观察，发现摄入含嗜酸乳杆菌和长双歧杆菌的酸乳后，LDL-胆固醇和三酰甘油的浓度都有所下降。Xiao 等研究发现，含长双歧杆菌的发酵乳不仅能在大鼠中降低血清总胆固醇、低密度脂蛋白胆固醇和甘油三酯，而且对高胆固醇血症患者和健康人群同样有效。临床研究对象为 32 名受试者，其中 16 人仅饮用经嗜热链球菌和德氏保加利亚乳杆菌发酵的酸乳作为对照；而另外 16 人饮用的酸乳中额外添加长双歧杆菌 BL1。8 名摄入长双歧杆菌 BL1 的受试者和 1 名对照者出现了血清总胆固醇含量下降的现象。有中度高胆固醇血症（血清总胆固醇含量＞240mg/dL）的受试者也表现出明显的血清总胆固醇下降，表明长双歧杆菌 BL1 具有潜在的改善血脂的能力。

Costabile 等选用了一株具有高胆盐水解酶活力的植物乳杆菌 ECGC 13110402，考察其对 49 位患有轻度至中度高胆固醇血症成年患者的影响。研究采用随机双盲模式，受试者每天两次服用含有 $2×10^9$ CFU 的植物乳杆菌胶囊或安慰剂。结果发现，服用活性成分的受试者在 0～12 周内表现出明显的 LDL-C 下降（$P=0.030$）；在 0～6 周内，表现出明显的 TC 下降（$P=0.045$）；在 6～12 周内，60 岁以上受试者表现出明显的三酰甘油（TAG）下降（$P=0.030$）和 HDL-C 上升（$P=0.007$）。6～12 周内还观察到收缩压的显著下降（$P=0.003$）。代谢组学和宏基因组学分析显示，服用该植物乳杆菌不会引起消化道功能的显著变化，也没有产生副作用，因而该方法可以作为预防和减少心血管疾病的潜在疗法。

Aalin 等研究发现长期服用含嗜酸乳杆菌的酸奶，能显著降低血清 TC 和 LDL-C 浓度。Xiao 等研究低脂酸奶对年龄 28～60 岁成年男性血清胆固醇的影响，发现每天饮用 300g 含 10^8 CFU/g 长双歧杆菌的低脂酸奶 4 周，能够显著降低中度高胆固醇血症患者的血清胆固醇水平。

二、益生菌防治高胆固醇血症的应用

近年来，益生菌在防治高胆固醇血症方面的应用越来越多，主要有两个方面：①制备降胆固醇的乳酸菌制剂；②将有高效降胆固醇作用的乳酸菌加入食品中，生产具有降胆固醇作用的功能性食品。

1. 降胆固醇乳酸菌制剂

目前，乳酸菌制剂的研究已经有近百种之多，例如乳酸菌胶囊剂、乳酸菌片剂、乳酸菌冲剂等。这些制剂大多都是针对胃肠疾病而制成的，目前市面上还没有专门的降胆固醇乳酸菌制剂产品。但是，许多研究者通过大量筛选，获得了一批具有优良降胆固醇性能的乳酸菌，可能制备成降胆固醇乳酸菌制剂。

李晓军等研究了一种由乳双歧杆菌 HN019 和鼠李糖乳杆菌 HN001 构成的益生菌组合的降胆固醇能力，分别采用体外测定胆固醇脱除率和灌胃高脂模型大鼠的方法，考察该益生菌组合物的降胆固醇能力。结果显示，该益生菌组合物体外的胆固醇脱除率达到 78.82%，能够显著降低高脂模型大鼠的血清总胆固醇、甘油三酯和低密度脂蛋白胆固醇，且差异有统计学意义（$P<0.01$）。该益生菌组合物具有较强的降胆固醇能力，可进一步开发为降胆固醇微生态制剂。

2. 降胆固醇乳酸菌发酵食品

目前，对降胆固醇乳酸菌应用较为广泛的就是将其添加到各类乳制品、发酵肉类和泡菜中，使这些食品在人们食用后能产生降血脂、降胆固醇的作用，或者直接降低食品中的胆固醇，以达到减少人体对高胆固醇食品的吸收。当前已经有利用降血脂乳酸菌开发的具有降血脂、降胆固醇作用的乳制品，还有加入降血脂、降胆固醇的乳酸菌生产出的胆固醇含量较低的香肠制品。

朱奇奇等将降胆固醇植物乳杆菌 L4 与商业酸奶益生菌进行复配，发现在商业益生菌与 L4 菌粉比例为 1∶1、发酵时间为 10.6h、发酵温度为 40.9℃、蔗糖质量分数为 8.1%、后发酵时间为 16h 条件下进行发酵，酸奶感官评分最高。4℃冷藏 21d 后乳酸菌数为 $4.01×10^9～4.45×10^9$ CFU/mL，其胆固醇降解率为 43.6%。

蒲博将具有降血脂作用的乳酸菌制备出了具有良好稳定性的活菌制剂，再将此乳酸菌制剂应用于泡菜的发酵中，使泡菜的发酵时间更短，亚硝酸含量减少，增加了泡菜的安全性，使发酵过程更为稳定，是一种具有降胆固醇作用的发酵食品。董浩等研究中药与乳酸菌是否具有协同降胆固醇的作用，采用酸菜汁为实验材料，利用碳酸钙平板透明圈法以及传统食品泡菜中降胆固醇乳酸菌的筛选方法，筛选到一株降胆固醇能力较强的鼠李糖乳杆菌 H4，对培养基中的胆固醇降解率为 86.96%。用该菌株与五味子水煎液的混合物灌胃小鼠，能显著降低高血脂小鼠血浆中的 TC、TG、LDL-C 水平，且无明显的毒副作用，有望开发成保健食品。

三、益生菌降胆固醇活性的影响因素

研究发现，益生菌降胆固醇活性受多方面因素的影响，主要包括以下几点。

1. 菌株种类及其生长状态

目前，对植物乳杆菌、嗜酸乳杆菌、双歧杆菌降胆固醇的研究最多，研究者发现不同生长状态的菌株具有不同的降胆固醇活性。Liong 等研究干酪乳杆菌和嗜酸乳杆菌在 37℃、20 h 厌氧培养过程中胆固醇的变化，相比于正常生长状态的菌体，休眠菌体及经热灭活细胞的降胆固醇活性显著降低，说明菌体的不同生长状态会对胆固醇的移除率产生直接影响。

2. 益生元

研究表明，菊粉及寡聚果糖等益生元能够改善动物体内的胆固醇代谢，并且宿主体内的消化酶不能消化利用益生元，益生元能够选择性地刺激动物消化道内有益菌增殖或被乳酸菌选择性地分解成短链脂肪酸等物质。因此，将益生元与益生菌相结合，能够更好地发挥降胆固醇功效，促进人体健康。

Liong 等比较分析了多种益生元组合，发现干酪乳杆菌、低聚果糖和糊精-麦芽糖复合剂经合理配比后，具有提高降胆固醇活性的作用，饲喂小鼠上述益生元与菌体，发现小鼠血清胆固醇水平和甘油三酯分别下降了 16.7％和 27.1％。益生元除了通过刺激肠道微生物的增殖提高益生菌降胆固醇能力，还可以将益生元分解成乙酸盐、丙酸盐、丁酸盐等具有预防心血管疾病、改善脂质代谢等功能的短链脂肪酸。丁酸盐能为人体结肠上皮细胞提供能量，并抑制胆固醇在肝脏中的合成，从而降低人体血清胆固醇的含量。丙酸盐能够通过抑制肝脏中脂肪酸的合成，来降低甘油三酯的分泌。

3. 胆盐

研究发现，益生菌在一定浓度胆盐的培养条件下，具有更强的胆固醇吸收能力。因此，胆盐耐受性通常作为筛选降胆固醇益生菌的重要指标。不同菌株具有不同的胆盐耐受性，但也不是胆盐耐受性越高的菌株其降胆固醇作用越强。

4. pH 值

Lye 等研究菌株在含有胆固醇的培养基中生长时，发现培养基中的胆固醇含量随菌体生长 pH 值的变化而变化。pH 值降低会使胆固醇吸收量增加，可能是因为 pH 值降低使菌体密度增大，导致降胆固醇活性增强；同时随 pH 值的降低，胆固醇和胆盐会形成共沉淀，起到降低培养基中胆固醇的作用。

王秀娟等通过改变酸乳中的保加利亚乳杆菌和嗜热链球菌生长环境，优化乳酸菌高效降胆固醇的最适条件，发现保加利亚乳杆菌和嗜热链球菌在接种量为 2％、pH 值为 6.7、37℃条件下，培养 48 h 后，降胆固醇效果最好，降解率分别为 4.12％和 4.53％。

四、益生菌给药新方法

一般认为，益生菌必须在作用部位保持活性，才能起到益生效果。因此，除了筛选菌株，还需要做大量的试验来提高益生菌的存活能力。传统的方法是将益生菌进行固定化，包括海藻酸钙和卡拉胶等。这些方法能够提高冷冻保存的存活性，但是许多凝胶包埋的方法都

具有酸敏感性。另一种方法是将益生菌进行微胶囊化（图 6-6），这是食品工业中的一种重要方法。

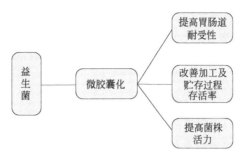

图 6-6　益生菌微胶囊化

微胶囊化是包埋物质的一种理化方法和机械过程，能够使颗粒达到几纳米到几毫米。大多数情况下，人们采用天然的生物大分子，如海藻酸、卡拉胶或结冷胶等，对益生菌进行微胶囊化。试验证实，海藻酸凝胶胶囊化技术能够很好地保证益生菌在极端酸性和胆汁环境下的存活率。近年来，已有多种含胶囊化益生菌的食品上市。常用的益生菌食物载体有酸乳、乳酪、冰激凌和蛋黄酱等。然而益生菌添加入食物的范围受到限制，原因在于食物环境的不适宜（如低 pH 值或具有竞争性的微生物）和非最佳保存条件。如今，益生元和纤维素常用作益生菌的保护剂。真空注入和热风干燥技术的结合是一项提高益生菌存活率的新技术。通过这项技术，能够获得一种具有充足微生物含量、低湿度、稳定的益生菌效果。另外，乳蛋白是一种生物活性大分子的天然载体，其结构和理化特性完全符合递送系统的要求。酪蛋白酸凝胶和凝乳酶诱导的凝胶，常用于益生菌的微胶囊化。乳蛋白具有绝佳的缓冲能力，能够提供益生菌抵御胃酸环境的极好保护。

益生菌配方具有降胆固醇血症的功能，得到越来越多的报道。Kumar 等证实，胶囊化的产 BSH 酶的植物乳杆菌 Lp91，确实能够降低大鼠的血清胆固醇和三酰甘油水平。Bhathena 等通过对仓鼠进行微胶囊化益生菌配方的连续 18 周灌胃，证实其血清胆固醇、LDL 胆固醇水平和动脉硬化指数确实比对照组低，并且将从布氏乳杆菌 ATCC4005 中分离得到的 BSH 酶固定化在 0.5% 的结冷胶中，通过口服喂食具有高胆固醇血症的 Wistar 大鼠，证实能够降低血清胆固醇和三酰甘油水平。以上结果说明，口服固定化酶能够起到降低血清胆固醇水平的药理作用。

尽管能够提高益生菌在肠道中的存活率，并延长其在食品中的保质期，但是人们仍需考虑益生菌是否需要以活性状态到达作用位点，并且服用活的微生物是否具有风险。已有的证据显示，热致死、紫外失活的益生菌，甚至仅仅是益生菌的一部分，同样能起到益生效果，对宿主还更安全。试验显示，植物乳杆菌 TN 635 的发酵上清液能够抑制许多致病性革兰氏阴性菌和真菌的生长，其抗菌成分是一种对热、表面活性剂和有机试剂稳定的蛋白质。在另一项比较抑制致病菌黏附 Caco-2 细胞的试验中，活菌与热灭活的嗜酸乳杆菌表现出类似的效果。随着该领域研究的不断深入，必将产生利用益生菌降低胆固醇水平的全新治疗方法。

虽然大多数研究发现益生菌具有降胆固醇功效，但是并不是所有的研究均支持这一结论。在评估益生菌或含益生菌产品降胆固醇功效的体内试验中，得到了不一样的结果。产生这些矛盾的试验结果与诸多因素有关，可能与试验设计有关，缺乏统计意义，样本数量不充足，试验中对于营养摄入和能量支出的控制不够，或是血脂基础水平的变化等。Simons 等使用了双盲、安慰剂对照和平行试验，共有 46 名胆固醇水平升高（≥4mmol/L）的志愿者参加。试验结果显示，受试者每天两次服用发酵乳杆菌胶囊（每颗胶囊含有 2×10^9 CFU），连续 10 周，并未观察到三酰甘油、总胆固醇、低密度脂蛋白胆固醇、高密度脂蛋白胆固醇在统计学上的显著变化。同样，Jahreis 等在香肠中注入副干酪乳杆菌，也没有观察到健康受试者血脂水平的变化。益生菌的种类和添加量、受试者的年龄和性别、起始胆固醇水平、试验周期等方面的差别，使得比较试验结果很困难。

尽管对于益生菌降胆固醇的作用机制和功效仍存在争议，但是必须看到，许多试验确实证实了益生菌能够通过单独或者与胆酸相互作用，在动物或人体内发挥降胆固醇功效。已经有越来越多的研究者提出不少针对益生菌降胆固醇的分子机制假说，包括膜蛋白水平、酶调控以及转录或翻译过程中的基因表达等，然而还需要进一步的试验来验证这些假说。目前通过抑制素治疗胆固醇的方法存在严重的不良反应，并不是最佳选择。因此，今后可以通过安全、有效、廉价的益生菌干预方法，来进行胆固醇相关疾病的控制，这也是益生菌研究的发展趋势。

参考文献

[1] Costabile A，Buttarazzi I，Kolida S，et al. An in vivo assessment of the cholesterol-lowering efficacy of *Lactobacillus plantarum* ECGC 13110402 in normal to mildly hypercholesterolaemic adults. PLoS ONE，2017，12 (12)：e0187964.

[2] Penney N C，Kinross J，Newton R C，et al. The role of bile acids in reducing the metabolic complications of obesity after bariatric surgery：a systematic review. International Journal of Obesity，2015，39 (11)：1565-1574.

[3] Fuentes M C，Lajo T，Carrion J M，et al. Cholesterol-lowering efficacy of *Lactobacillus plantarum* CECT 7527，7528 and 7529 in hypercholesterolaemic adults. British Journal of Nutrition，2013，109：1866-1872.

[4] Lye H S，Rahmat-Ali G R，Liong M T. Mechanisms of cholesterol removal by lactobacilli under conditions that mimic the human gastrointestinal tract. International Dairy Journal，2010，20 (3)：169-175.

[5] Ettehad D，Emdin C A，Kiran A，et al. Blood pressure lowering for prevention of cardiovascular disease and death：a systematic review and meta-analysis. Lancet，2016，387 (10022)：957-967.

[6] Lim F T，Lim S M，Ramasamy K. Cholesterol lowering by *Pediococcus acidilactici* LAB4 and *Lactobacillus plantarum* LAB12 in adult zebrafish is associated with improved memory and involves an interplay between npc1 and ab-ca1. Food Function，2017，8：2817-2828.

[7] Allain T，Chaouch S，Thomas M，et al. Bile-Salt-Hydrolases from the Probiotic Strain *Lactobacillus johnsonii* La1 Mediate Anti-giardial Activity in Vitro and in Vivo. Frontiers in Microbiology，2018，8：2707.

[8] Damodharan K，Palaniyandi S A，Yang S H，et al. Functional Probiotic Characterization and In Vivo Cholesterol-Lowering Activity of *Lactobacillus helveticus* Isolated from Fermented Cow Milk. Journal of Microbiology and Biotechnology，2016，26 (10)：1675-1686.

[9] O'Flaherty S，Briner Crawley A，Theriot C M，et al. The *Lactobacillus* Bile Salt Hydrolase Repertoire Reveals Niche-Specific Adaptation. Msphere，2018，3 (3)：e00140-18.

[10] Xu F Z，Guo F F，Hu X J，et al. Crystal structure of bile salt hydrolase from *Lactobacillus salivarius*. Acta Crystallographica，2016，F72：376-381.

[11] Gonzalez-Vazquez R，Azaola-Espinosa A，Mayorga-Reyes L，et al. Isolation，Identification and Partial Characterization of a *Lactobacillus casei* Strain with Bile Salt Hydrolase Activity from Pulque. Probiotics and Antimicrobial Proteins，2015，7：242-248.

[12] Degirolamo C, Rainaldi S, Bovenga F, et al. Microbiota modification with probiotics induces hepatic bile acid synthesis via downregulation of the Fxr-Fgf15 axis in mice. Cell Reports, 2014, 7: 12-18.

[13] Fuentes M C, Lajo T, Carrión J M, et al. Cholesterol-lowering efficacy of *Lactobacillus plantarum* CECT 7527, 7528 and 7529 in hypercholesterolaemic adults. British Journal of Nutrition, 2013, 109: 1866-1872.

[14] Guo C F, Zhang L W, Han X, et al. A sensitive method for qualitative screening of bile salt hydrolase-active *lactobacilli* based on thin-layer chromatography. Journal of Dairy Science, 2011, 94: 1732-1737.

[15] Ishimwe N, Daliri E B, Lee B H, et al. The perspective on cholesterol-lowering mechanisms of probiotics. Molecular Nutrition & Food Research, 2015, 59: 94-105.

[16] Jones M L, Martoni C J, Parent M, et al. Cholesterol-lowering efficacy of a microencapsulated bile salt hydrolase-active *Lactobacillus reuteri* NCIMB 30242 yoghurt formulation in hypercholesterolaemic adults. British Journal of Nutrition, 2012, 107: 1505-1513.

[17] Joyce S A, Macsharry J, Casey P G, et al. Regulation of host weight gain and lipid metabolism by bacterial bile acid modification in the gut. PNAS, 2014, 111: 7421-7426.

[18] Kumar R, Grover S, Batish V K. Hypocholesterolaemic effect of dietary inclusion of two putative probiotic bile salt hydrolase-producing *Lactobacillus plantarum* strains in Sprague-Dawley rats. British Journal of Nutrition, 2011, 105: 561-573.

[19] Pavlovic N, Stankov K, Mikov M. Probiotics interactions with bile acids and impact on cholesterol metabolism. Applied Biochemistry and Biotechnology, 2012, 168: 1880-1895.

[20] Pereira D I, Mccartney A L, Gibson G R. An in vitro study of the probiotic potential of a bile-salt-hydrolyzing *Lactobacillus fermentum* strain, and determination of its cholesterol-lowering properties. Applied and Environmental Microbiology, 2003, 69: 4743-4752.

[21] Trautvetter U, Ditscheid B, Kiehntopf M, et al. A combination of calcium phosphate and probiotics beneficially influences intestinal lactobacilli and cholesterol metabolism in humans. Clinical Nutrition, 2012, 31: 230-237.

[22] Park Y H, Kim J G, Shin Y W, et al. Effects of *Lactobacillus acidophilus* 43121 and a mixture of *Lactobacillus casei* and *Bifidobacterium longum* on the serum cholesterol level and fecal sterol excretion in hypercholesterolemia-induced pigs. Bioscience Biotechnology and Biochemistry, 2008, 72 (2): 595-600.

[23] Miremadi F, Ayyas M, Sherkat F, et al. Cholesterol reduction mechanisms and fatty acid composition of cellular membranes of probiotic *Lactobacilli* and *Bifidobacteria*. Journal of Functional Foods, 2014, 9: 295-305.

[24] Chand D, Avinash V S, Yadav Y, et al. Molecular features of bile salt hydrolases and relevance in human health. Biochimica et Biophysica Acta, 2017, 1861 (1): 2981-2991.

[25] Liang L F, Yi Y H, Lv Y Y, et al. A Comprehensive Genome Survey Provides Novel Insights into Bile Salt Hydrolase (BSH) in Lactobacillaceae. Molecules, 2018, 23 (5): 1157-1168.

第七章

益生菌与糖尿病和肥胖

肠道菌群与人体共同进化，为宿主提供其自身不具备的酶和生化代谢通路。肠道菌群通过与人体和外界环境相互作用，影响人体的营养、免疫和代谢。越来越多的研究表明，肠道菌群失调与肥胖及相关代谢性疾病，如 2 型糖尿病、非酒精性脂肪肝、高血压等，密切相关。随着生物信息学和宏基因组学的快速发展，肠道微生物作为一个环境因素对人体健康影响的研究正受到越来越多的重视。

第一节 肠道微生物与糖尿病和肥胖

一、肠道微生物与 1 型糖尿病

肠道免疫系统对于 1 型糖尿病是否发生起着非常重要的作用，正常的肠道微生物对于肠道先天免疫系统的调节和免疫耐受的建立是必不可少的。肠道微生物紊乱、肠上皮细胞完整性受损以及肠道免疫功能失衡也都与 1 型糖尿病的发展有关。因此，肠道微生物的组成与 1 型糖尿病的发生之间的关系近年来越来越受到关注。

Brugman 等利用生物育种糖尿病易感性（bio-breeding diabetes prone，BB-DP）大鼠进行实验发现，患上糖尿病的和不患糖尿病的大鼠之间肠道微生物的组成存在差异，这种差异在相应的临床症状出现之前很长一段时间内就可以检测到。通过抗生素处理能够降低糖尿病的发病概率，延缓糖尿病的发生。这说明肠道菌群参与了 1 型糖尿病的发生。Roesch 等的研究也发现，生物育种糖尿病抗性（bio-breeding diabetes resistant，BB-DR）大鼠肠道中的乳杆菌属和双歧杆菌属的细菌数量明显多于 BB-DP 大鼠，且其数量与 1 型糖尿病的发生呈负相关。髓样分化因子（myeloid differentiation factor 88，MyD88）是识别微生物刺激的先天性免疫受体的一个关键接头分子。研究发现，MyD88 缺陷的无特定病原微生物（specific pathogen free，SPF）的非肥胖糖尿病（non-obese diabetic，NOD）小鼠发生 1 型糖尿病的风险很低。但是用抗生素处理变成无菌小鼠后，患 1 型糖尿病的风险显著增加，让其重新获得一定的肠道微生物（通常存在于人体肠道中的代表性的细菌门）以后，又能显著降低其发病的概率。这说明肠道微生物与先天免疫系统相互作用在 1 型糖尿病的发生发展中起着重要作用。

最近一项对发生 1 型糖尿病的 NOD 系小鼠研究发现，肠道微生物通过性激素来影响自身免疫风险。在通常的情况下，雌性小鼠比雄性小鼠对自身免疫性疾病更加易感，雄性小鼠似乎因为有较高的睾酮水平而得到保护。但是，这种差异在 NOD 小鼠于无菌环境下长大时消失了。在发病之前，将雄性小鼠的肠道内容物移植到雌性小鼠的肠道中可使雌性小鼠得到保护而不会发生各种 1 型糖尿病的症状。抑制睾酮的活性则可逆转这种保护性的作用。该研究提示，预防或延缓 1 型糖尿病、类风湿性关节炎和多发性硬化等慢性疾病的发生可能可以以肠道微生物群为标靶来评估。

《自然免疫学》（*Nature Immunology*）杂志上，来自澳大利亚莫纳什大学的研究人员发现，乙酰化和丁酰化的高直链玉米淀粉（HAMSA、HAMSB）被肠道微生物分解产生的代谢物乙酸盐和丁酸盐可以抑制 1 型糖尿病的发生；无论是单独添加 HAMSA 或 HAMSB，还是两者共同添加，都能观察到糖尿病发病率的降低，同时饲喂 HAMSA 和 HAMSB 的则几乎没有出现发病小鼠。其机制为：乙酸盐能够改变 B 细胞内 14 个基因的表达情况，影响 B 细胞和 T 细胞的相互作用，抑制 T 细胞的扩增；而丁酸盐则会增加体内调节性 T 细胞（Treg）的数量，提高 Treg 的细胞功能，Treg 能够抑制效应 T 细胞的活化增殖，在预防自身免疫疾病中发挥着重要作用；这两种代谢物还都能降低白介素-12（IL-12）的水平，IL-12 主要由 B 细胞和巨噬细胞分泌，能够刺激 T 细胞活化、增殖，与 1 型和 2 型糖尿病的发病都有关联。另一项研究发现，人乳寡糖（HMOS）可调节后代的菌群及免疫系统：非肥胖糖尿病（NOD）小鼠模型中，早期喂养人母乳，可减缓 1 型糖尿病的发展以及随后的胰腺炎加剧；HMOS 单用或是与丁酸或乙酸联用，均可诱导耐受性树突细胞的发育，增强调节性功能 T 细胞的功能。其机制为：HMOS 改变肠道菌群的组成，增加菌群多样性及厚壁菌门/拟杆菌门比例，增加有益短链脂肪酸（乙酸和丁酸）的生成，调节细胞因子 IL-17、IL-4、TNF-α、TNF-γ 的表达。

对人群的调查研究也发现 1 型糖尿病与肠道微生物的改变相关。其中一项研究发现，1 型糖尿病患病儿童与同年龄段基因型也匹配的健康儿童相比，其肠道微生物的多样性和稳定性是降低的。不仅是微生物的组成，而且其相互之间的交互作用方式也影响人体的免疫系统。另一项对 22 例血液中具有糖尿病特异性自身抗体（抗胰岛细胞自身抗体，anti-islet cell autoantibodies）的儿童（患病儿童）与 22 例抗胰岛细胞自身抗体阴性的对照儿童（健康儿童）的粪便样本进行对比研究发现，患病儿童与健康儿童之间肠道细菌的多样性、组成以及单种细菌的丰度都没有显著差别。但是患病儿童的肠道细菌相互作用网络在 0.5～2 周岁时发生了显著变化，影响了免疫系统。

《微生物组学》（*Microbiome*）上发表的一项研究表明，1 型糖尿病易感基因可影响肠道菌群：在非肥胖糖尿病（NOD）小鼠模型中鉴定出 NOD 相关菌群；在 *Idd3* 及 *Idd5* 基因位点引入保护性等位基因（IL-2、Ctla4、Slc11a1 及 Acadl）可显著改变 NOD 相关菌群；引入保护性等位基因的小鼠表现出肠道内免疫调节通路的恢复，相应通路的恢复也可由靶向 IL-2 的治疗完成；在 TwinsUK 的健康人队列中，选取 IL-2 通路上与 1 型糖尿病风险相关的等位基因，这些等位基因与拟杆菌属、毛螺菌科、疣微菌科相关，与 NOD 小鼠中保护性等位基因引起变化的菌群相似。近期中南大学湘雅二医院与国外单位合作发表的一项研究发现：在新发 1 型糖尿病的未成年患者中，肠道菌群产生的乙酸、丙酸和丁酸等短链脂肪酸减少，且菌群介导的 IgA 免疫应答发生变化；通过无菌 NOD 小鼠模型实验证明，与健康肠道菌群对照，来自 1 型糖尿病患者的肠道菌群促进了不同的 IgA 介导的免疫反应，而用乙酸盐则可减少肠道菌群诱导的 IgA 免疫反应，并缓解胰岛炎严重程度。

二、肠道微生物与 2 型糖尿病

2 型糖尿病的发生与肠道菌群的改变具有极大的相关性。在一项包含 36 名成年男子样本的研究中发现，2 型糖尿病患者肠道中拟杆菌门/梭菌门细菌数量的比例与血糖浓度呈极显著的正相关；而且与正常人相比，糖尿病患者体内的某一种菌比如 β-变形菌纲的数目会显著增加。另外，拟杆菌门/厚壁菌门的比例与血糖水平呈正相关（$P=0.04$），与肥胖程度 BMI 存在一定程度负相关，虽然该差异没有统计学意义（$P=0.17$），但与其他报道基本相符。肠道微生物组成上的这种差异提示超重/肥胖相关的肠道微生物种群与糖尿病相关的肠道微生物种群有所不同。

中国深圳华大基因研究院的一项研究分析了 345 例中国受试者的肠道微生物 DNA，其中 171 例患有 2 型糖尿病，发现 2 型糖尿病患者特征为中度肠道微生物菌群失调，产丁酸盐细菌丰度下降，而各种条件致病菌增加，并且细菌还原硫酸盐和抗氧化应激能力增强。对另外 23 例受试者的分析证实这些肠道微生物指标可能对于区分 2 型糖尿病有用。丁酸盐是一种可以被肠道细胞使用的能量分子，也有助于减弱结肠炎症反应。肠道内的丁酸盐含量降低、条件致病菌增多以及微生物基因组中耐氧化压力基因增多，都会增加肠道内的炎症反应，导致胰岛素抵抗进而罹患 2 型糖尿病。该研究不仅从物种、功能及生态群落上详尽展示了肠道微生物与 2 型糖尿病的关联特征，而且还指出肠道微生物可以更好地被用来对 2 型糖尿病等疾病进行风险评估及监控。另一项研究从 145 名年龄为 70 岁的欧洲妇女的粪便宏基因组样本中发现，相比 2 型糖尿病患者和先兆患者，健康妇女具有更多数量的已知能够生成丁酸的肠道细菌。

赵立平团队和仝小林联合发表了一项研究，将 187 名 2 型糖尿病患者分成高剂量组、中等剂量组、低剂量组和对照组，利用传统中药方剂"葛根芩莲汤"进行随机、双盲、安慰剂对照的为期 12 周的临床试验中发现，相对于对照组和低剂量组，该中药复方对高剂量组和中等剂量组的 2 型糖尿病患者具有显著降低空腹血糖和糖化血红蛋白的作用，另外对患者治疗前后粪便样品中 DNA 所做的高通量测序和生物信息学分析，表明这种作用与菌群结构变化紧密相关，且菌群结构变化先于临床症状的改善，提示菌群的变化可能是症状改善的原因之一。另外，该研究从 4000 多种细菌中找出了一种被称为普拉梭菌（*Faecalibacterium prausnitzii*）的细菌，发现该种细菌的数量在用药后显著升高，且与空腹血糖、餐后 2h 血糖和糖化血红蛋白含量呈负相关，该细菌具有抗炎特性，能产生丁酸盐，在华大基因的研究中被发现在糖尿病人肠道中其数量显著降低。值得注意的是，该细菌可以人工培养，可以单独分离出这种有益菌进一步研究其抗糖尿病的作用机制，甚至有望将其用于糖尿病的改善或辅助治疗。

赵立平、张晨虹团队与合作者彭勇德团队在《科学》（*Science*）上发表了一项重要研究成果，证实高膳食纤维营养干预辅助阿卡波糖（一种 α-淀粉酶抑制剂）治疗，可快速有效地改善 2 型糖尿病。他们将 2 型糖尿病患者随机分成两组（U 组 16 例，为常规治疗组；W 组 27 例，接受同等热量的结构多样化的高膳食纤维营养干预），均用阿卡波糖治疗，研究两组间临床指标改善与肠道菌群结构改变的相关性，并定位到菌株水平组成的功能菌群。结果表明：干预初期两组的糖化血红蛋白均有明显改善，但干预 28d 后，W 组的糖化血红蛋白等指标改善得比 U 组更快更好，W 组糖化血红蛋白达标的患者比例也明显高于 U 组（W 组为 89％，U 组为 50％），W 组的其他血糖指标、体重和血脂情况的改善也更好。该临床效果可经粪菌移植在小鼠中重现，患者肠道菌群组成结构发生改变，高膳食纤维富集了由 15 株乙酸产生菌和 5 株丁酸产生菌（包含在 15 株乙酸产生菌中）组成的功能群（guild），丁酸（及丁酸合成通路）只在 W 组中显著增加，促进胰高血糖素样肽-1（GLP-1）和胃肠肽类激素酪酪肽（PYY）分泌改善血糖，其丰度和多样性与临床治疗效果显著相关，该功能群同时抑制了吲哚和硫化氢等有害代谢产物产生菌；W 组中有 7 个被富集的菌株与至少一个临床指标显著相关。选取假小链双歧杆菌（*Bifidobacterium pseudocatenulatum*）C95 株接种至高脂饮食小鼠体内，显著改善了小鼠的体重、体脂、血糖等指标。从该研究可见，肠道菌群先是快速响应高膳食纤维信号，导致代谢产物变化，再使得宿主代谢发生变化。这样的时序差异不仅仅意味着膳食纤维改变的肠道菌群是宿主代谢改善的主要原因，并且该研究明确鉴定出一个与临床治疗效果显著相关的短链脂肪酸产生菌株所组成的功能群，提供了以肠道菌群为早期靶点预测饮食干预效果的可能，可以这些关键细菌为靶点，或可由此发展靶向性、个性化的营养方案来防治 2 型糖尿病。

在《自然遗传学》（*Nature Genetics*）上发表的一项研究，采集了 952 名正常血糖个体的信息，这些个体可获得全基因组基因分型、肠道宏基因组序列和粪便短链脂肪酸（SC-FA）水平，然后将该信息与全基因组关联摘要统计信息相结合，获得 17 种代谢和人体测量学特征。使用双向孟德尔随机（MR）分析评估因果关系，发现口服葡萄糖耐量试验后，宿主遗传驱动肠道微生物产丁酸的增加与胰岛素反应改善有关（$P=9.8\times10^{-5}$），促进餐后胰岛素的分泌；而另一种短链脂肪酸——丙酸盐的产生或吸收异常与 2 型糖尿病风险增加有因果关系（$P=0.004$）。在《糖尿病医疗》（*Diabetes Care*）上发表的一项为期 7.4 年的人群随访研究，包括了 4851 名芬兰中老年男性，其中包括 522 名 2 型糖尿病患者，利用血浆代谢组学，对菌群代谢产物与 2 型糖尿病的关联性进行分析，发现了更多的相关代谢产物：肌酸、1-棕榈油酰甘油（16∶1）、尿酸盐、2-羟基丁酸酯/2-羟基异丁酸甲酯、黄嘌呤、黄尿酸、犬尿酸、3-（4-羟基苯基）乳酸酯、1-油基甘油（18∶1）、1-肉豆蔻酰甘油（14∶0）、二甲基甘氨酸以及 2-羟基马尿酸盐（水杨酸盐）与 2 型糖尿病风险增高相关，且与胰岛素分泌或胰岛素抗性有关；1-亚油酰甘油磷酸胆碱（18∶2）可显著降低 2 型糖尿病风险。

肠道菌可能利用食物中的成分代谢产生破坏胰岛素信号通路、诱发 2 型糖尿病的物质。比如近期《细胞》（*Cell*）上发表的哥德堡大学的 Ara Koh 和 Fredrik Backhed 等的一项研究发现，2 型糖尿病患者的肠道细菌会把肉类等食物中的组氨酸代谢成咪唑丙酸，42 株与产生咪唑丙酸有关的菌株中有 28 株（67％）在 2 型糖尿病患者中富集，通过激活 mTORC1，降解胰岛素受体的底物 IRS1 和 IRS2，抑制胰岛素信号通路，造成胰岛素抵抗，诱发 2 型糖尿病。

三、肠道微生物与肥胖

以 Jeffrey Gordon 为首的华盛顿大学医学院等的研究人员指出：与非肥胖人群相比，肥胖人群的肠道微生物所积累的脂肪量更多，这为针对肥胖患者的治疗提出了一种新思路。早在 2004 年，Gordon 就首次提出"微生物的杂居能够协助控制体重"的观点，此后他又将肥胖小鼠中获得的细菌注入苗条小鼠后，发现苗条小鼠的体重会上升。研究人员推测这些使宿主肥胖的微生物会从食物中积累更多的能量，能量被宿主吸收并转化为多余的脂肪。结果发现接受肥胖个体肠道细菌的无菌小鼠，会比移植了苗条个体肠道细菌的小鼠增加更多的体重、积累更多的脂肪，同时相关的代谢也会发生改变，例如支链氨基酸更多了。此外研究人员还模拟了细菌的生长，寻找哪种细菌特别能够侵入肥胖小鼠，发现拟杆菌门成员能够进入肥胖小鼠的肠道，定居在小鼠体内。关于双胞胎肥胖的相关研究表明，肥胖人群肠道菌群的总体多样性减少。

法国农业科学研究院、哥本哈根大学、深圳华大基因研究院等单位组成的一支国际联合研究小组利用定量宏基因组学（quantitative metagenomics）方法，在对丹麦 169 名肥胖病人和 123 名非肥胖人的肠道菌群的研究基础上绘制出了人类肠道菌群的图谱。该研究指出，肠道菌群的丰富性与肥胖相关疾病的易感性相关，即肠道菌群种类少的人更容易患有肥胖相关疾病，表现出胰岛素抵抗、血脂异常和慢性炎症表型。有可能引起消化道和整个身体轻度炎症的菌群在他们的体内占优势。其慢性炎症状态会影响代谢，提高 2 型糖尿病和心血管疾病的风险。该研究团队带头人 Jeroen Raes 博士还建立了一个佛兰德人肠道菌群计划（Flemish gut flora project），以期扩大样本量和样本覆盖区域来验证这个规律是否在其他国家也同样适用。

来自《临床内分泌与代谢》（Journal of Clinical Endocrinology and Metabolism）上的一项研究，从 920 名瑞典成年人中鉴定出了与身体质量指数（BMI）相关的 19 种血浆代谢产物，其中谷氨酸盐与 BMI 的正相关性最为显著，支链氨基酸及相关代谢产物的水平也与 BMI 呈正相关，而丝氨酸、天冬酰胺、苏氨酸和柠檬酸则与 BMI 呈负相关；另外从其中 674 名参与者的粪便菌群中鉴定出与 BMI 相关的 4 个肠道细菌属，3 个菌属 ［（瘤胃球菌属、布劳特氏菌属（Blautia）、多尔氏菌属（Dorea）］的相对丰度与 BMI 呈正相关，SHA-98 菌属则与 BMI 呈负相关。

对肥胖和正常宿主的肠道菌群组成和分布的研究证据揭示肠道菌群参与了能量和宿主肥胖的发生。对于遗传性肥胖模型（ob/ob）小鼠的实验证实体重的增加与肠道细菌组成的改变有关，这些动物无法生成瘦素导致它们食欲过剩和肥胖。厚壁菌门（Firmicutes）和拟杆菌门（Bacteroidetes）是胃肠道中两个最主要的细菌门，占了肠道微生物种类的 80%～90%。肥胖的老鼠与同窝出生的正常老鼠相比，盲肠内容物中的拟杆菌门减少了 50%，厚壁菌门成比例增加。与正常人群相比，肥胖人群的肠道中厚壁菌门的细菌数量明显增多，拟杆菌门的细菌数量明显减少。给予肥胖志愿者接受一年的脂肪受限（fat restricted，FAT-R）或糖受限（carbohydrate restricted，CARB-R）的食物，体重明显下降，同时肠道内厚壁菌门细菌的比例随之下降，拟杆菌门细菌比例随之上升，拟杆菌丰度与体重呈负相关。

分别将 ob/ob 肥胖小鼠中高厚壁菌/拟杆菌比的结肠内容物和瘦小鼠的低厚壁菌/拟杆菌比的结肠内容物移植到野生型无菌小鼠肠道中，发现前一种比例的细菌移植鼠的脂肪量上升了2倍，体重也有较大增长。该研究还发现来源于 ob/ob 鼠的细菌包含编码特异性分解难消化的多糖的酶的基因，如 α-半乳糖苷酶、β-半乳糖苷酶、丙酮酸甲酸裂解酶和 KO0656。肥胖小鼠较瘦小鼠的结肠内容物中含有更多的短链脂肪酸且粪便中的能量更少，提示肥胖的动物从食物中摄取更多的能量。而另一项研究用西式高脂、高糖饮食喂养无菌鼠或常规小鼠，导致与 ob/ob 鼠类似的结肠内厚壁菌/拟杆菌比值升高。但与 ob/ob 模型不同，厚壁菌的增加只是由于单一的细菌进化支——柔膜体纲的激增。同上一项研究那样将西式饮食诱导产生的结肠菌群和正常饮食小鼠的结肠菌群分别移植到无菌鼠后，前一种菌群移植鼠同样显示更多的肥胖基因特征。相反地，通过限制西式饮食中的碳水化合物而限制能量摄入后，柔膜体纲（Mollicutes）细菌减少。宏基因组库（metagenomic library）分析表明，西式饮食所导致的高比例的柔膜体纲菌群富含与果糖及甘露糖代谢及磷酸转移酶途径相关的基因。这一途径对于细菌摄入和发酵单糖及宿主的多糖非常重要。作为肠道细菌发酵碳水化合物的结果，生成的短链脂肪酸提供额外的能量，最后促成老鼠体内脂肪的积累。Gordon 团队近期一项研究中募集了4对健康女性双胞胎（1对同卵双胞胎，3对异卵双胞胎），每对双胞胎中一个肥胖，其 BMI 达 30kg/m²，另一个较瘦，二者 BMI 差异持续多年 ≥5.5kg/m²。将她们肠道内的微生物分别移植到无菌小鼠的肠道内。结果发现，移植肥胖型微生物菌群的无菌小鼠（OB 小鼠）比移植瘦型微生物菌群的无菌小鼠（LN 小鼠）增加更多的体重和脂肪，同时相关的代谢也会发生改变，例如支链氨基酸更多了。而胖瘦这两种小鼠合笼且以低脂高纤饮食饲养 5d 后，胖小鼠体重的增长和肥胖代谢表型的发展得到遏制。这种改善作用与瘦小鼠肠道微生物中拟杆菌侵入胖小鼠肠道以及摄入饮食能量有关。

以上研究的逻辑论证关系可以用图 7-1 来示意（其中颜色变深表示量的增加，颜色变浅表示量的减少，①表示有益于健康的指标变化，②表示不益于健康的指标变化）。

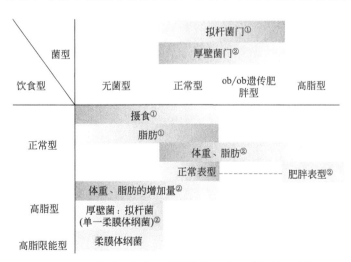

图 7-1　肠道微生物与肥胖研究的试验设计与关系分析

《自然遗传学》（*Nature Genetics*）发表了一项大规模研究，分析了英国双胞胎队列（Twins UK）的 500 对双胞胎的粪便代谢组，从而了解肠道如何控制这些代谢过程并分配体脂，以确定代谢活动有多少是遗传的、多少是由环境因素饮食来决定的。结果显示：17.9%的肠道过程可归因于遗传因素，而 67.7%受到环境因素饮食的影响，8 种代谢物均与 BMI 有关。

《肥胖综述》（*Obesity Reviews*）一项荟萃分析纳入了 12 项观察性研究，总结了一种由肠道微生物代谢的胆碱产生的、无色的小分子氧化胺——氧化三甲胺（TMAO）与肥胖测量风险相关的证据：在涉及健康个体的研究中，循环 TMAO 浓度与 BMI 升高之间存在剂量反应关系（$P_{非线性}=0.007$），揭示了循环 TMAO 浓度与肥胖之间呈剂量依赖性正相关。

还有研究发现抗氧化药物 Tempol 能够通过改变肠道微生物组成，抑制参与体内脂肪和血糖代谢的法尼醇 X 受体（farnesoid X receptor，FXR）的水平，从而降低高脂饮食诱导的小鼠体重。基于宏基因组学和代谢组学的研究表明，Tempol 治疗组中小鼠肠道的乳酸杆菌数目减少会导致肠道牛黄-β-鼠胆酸的浓度增加，进而抑制肠道 FXR 信号通路。《科学》（*Science*）上发表了一项有关菌群调控宿主肠道的营养摄入和代谢的昼夜节律影响小鼠血脂和肥胖的研究。研究发现：肠道菌群诱导小肠上皮细胞的组蛋白脱乙酰酶 3（HDAC3）表达；菌群通过调控 HDAC3 与靶基因的结合，来控制肠上皮细胞组蛋白乙酰化和基因表达（营养摄入和脂代谢相关基因等）的节律性，调控营养摄入的昼夜节律；HDAC3 还可与 PGC1α 结合，共同活化雌激素相关受体 α，增强脂质转运蛋白基因 Cd36 的表达，促进脂质吸收，引起血液甘油三酯浓度的节律性变化；打破昼夜节律（模拟倒时差）可促进小鼠的食源性肥胖，该现象依赖于肠上皮 HDAC3。这为肠道菌群调控宿主代谢和生物钟提供了新的机制，也表明靶向肠上皮 HDAC3 可能是治疗肥胖等代谢疾病的新策略。

《食品科学与营养评论》（*Critical Reviews in Food Science and Nutrition*）上发表了一篇综述性文章，系统论述了高脂膳食（包括饱和脂肪和不饱和脂肪）对机体炎症的诱导、高糖膳食（主要是蔗糖和果糖）对机体代谢的损害，以及在两种膳食诱导下肠道菌群通过影响肠-脑轴对机体炎症的刺激。高脂饮食和高糖饮食都会导致肠道菌群数量或多样性的失调，但改变方式不同，会导致不同途径的神经适应：高脂饮食增加肠道细菌易位和脂多糖结合蛋白（LPS-binding proteins，LBP）激活，刺激 Toll 样受体 4（Toll-like receptor 4，TLR4）炎症通路，调节进食中心的脑功能；蔗糖的过度摄入导致代谢紊乱，果糖的摄入易造成肠屏障功能障碍、亚临床炎症，蔗糖摄入也促进果糖的吸收、造成肥胖和糖成瘾。饮食造成的肠道菌群紊乱通过影响迷走神经传入信号影响下丘脑功能（尤其是炎症和神经胶质增生），进而刺激肥胖发生。

Nie Y.Z. 团队在《蛋白质与细胞》（*Protein&Cell*）上发表的综述总结一些细菌菌株能够改变肠道激素的分泌，这也可以被释放到血液循环系统中，并因此通过下丘脑神经内分泌途径影响食欲和饱腹感。这个作用至少有一部分是由菌群衍生的代谢物决定的，比如乳酸促进餐后饱腹感，乙酸促进食欲，血清素和 γ-氨基丁酸在内的神经刺激代谢物影响对食欲的中枢控制等。

Charisse Petersen 等在《科学》（*Science*）上发表了一项重要发现，即肠道菌中阻止肥胖的"减重"菌——梭菌（*Clostridia*），通过阻断肠道吸收脂肪的能力来防止体重增加。研究人员在研究宿主-菌群相互作用的过程中，观察到了年龄相关代谢综合征（MetS）的发展。在该模型中，脱硫弧菌的扩张和梭菌的丢失是与肥胖有关的关键特征，并且存在于患有

MetS 的人类中。将梭菌移植给无菌小鼠，使梭菌成为肠道中唯一的活菌，与无菌小鼠相比，前者更瘦，脂肪更少，而且还具有较低含量的基因 CD36，该基因调节身体对脂肪酸的摄取。

四、肠道微生物影响肥胖、糖尿病等代谢性综合征的机制

综合近年来的研究成果，赵立平将肠道菌群对宿主肥胖的影响主要归结于两大方面：影响脂肪积累（能量储存）以及系统性慢性低度炎症。

1. 肠道微生物影响脂肪累积（能量储存）

美国华盛顿大学的 Gordon 团队首次提出了肠道菌群作为一种环境因素调节脂肪储存的观点。随着研究的深入，肠道细菌影响脂肪代谢和累积（能量储存）方面的论证得到较多发展，主要表现为以下几点。

（1）通过"开源"增加能量的吸收和储存

① 促进多糖等降解吸收。帮助将摄入饮食中宿主不能自行消化分解的物质转化为短链脂肪酸（short chain fatty acid，SCFA）等小分子物质，供宿主吸收利用、储存能量。

② 调节 miR-181 在小鼠 WAT 中的表达从而影响能量消耗和脂肪累积。白色脂肪组织（WAT）中微 RNA 家族 miR-181 的表达升高，可抑制能量消耗、促进食源性肥胖和脂肪积累、导致胰岛素抵抗和 WAT 炎症；肥胖小鼠中，菌群的色氨酸衍生代谢物吲哚及其衍生物（可抑制 miR-181 表达）水平降低，肥胖儿童中也存在血液吲哚水平降低、WAT 内 miR-181 表达升高的现象。给小鼠补充吲哚可抑制 WAT 表达 miR-181，改善食源性肥胖和糖耐受损。

（2）通过"节流"增加能量的吸收和储存

① 刺激胃肠肽类激素的产生促吸收。降解多糖等产生的短链脂肪酸同时还是重要的信号分子，激活 G 蛋白偶联受体 GPR41，使血清中胃肠肽类激素酪酪肽（peptide YY，PYY）水平显著上升，抑制食物摄入、胃肠排空、胰腺和肠道分泌及肠道蠕动，增加营养物质（主要是葡萄糖）的吸收和能量的获取。

② 促进甘油三酯储存。抑制禁食诱导脂肪因子（fasting-induced adipose factor，FIAF；也称血管生成素连接蛋白 4，Angiopietin-like protein 4，Angptl4）的表达，促进肠上皮细胞中脂蛋白脂肪酶（lipoprotein lipase，LPL）的表达，促进肠道对脂肪的吸收，从而促进脂肪细胞中甘油三酯的储存，加速肥胖进程。

③ 促进甘油三酯的积聚。促进脂肪合成基因（*fas*、*acc*）及其调节蛋白基因的表达来促进甘油三酯在肝脏脂肪细胞中的积聚，其中调节蛋白为糖类反应元件结合蛋白（carbonhydrate response element-binding protein，ChREBP）和固醇调节元件结合蛋白 1（sterol regulatory element-binding protein 1，SREBP-1）。

④ 抑制脂肪酸氧化。降低肝脏和肌肉中控制细胞能量代谢的关键酶 AMPK 的活性，从而抑制依赖于 AMPK 的脂肪酸氧化。AMPK 为 AMP 活化蛋白激酶（AMP-activated protein kinase）。

2. 肠道细菌影响肥胖相关的系统性慢性低度炎症

肥胖症患者会表现出系统性的慢性低度炎症，诺贝尔奖获得者梅契尼可夫提出肠道菌群

产生的毒素是人体衰老和得病的主要原因。2007 年，Patrice D. Cani 和他的合作者在糖尿病领域的顶尖杂志《糖尿病》中提出"代谢性内毒素血症假说"，即小鼠肠道菌群的内毒素能够进入血液，引起低度的慢性炎症，从而导致小鼠出现肥胖、胰岛素抵抗等代谢损伤。依据该假说，可以对高脂饮食引发的慢性低水平炎症的机制进行解释。

① 高脂饮食诱导肠道菌群改变，可能增加了条件致病菌的数量，而降低了保护肠道屏障功能的细菌的数量。

② 这种菌型变化影响肠上皮细胞基因表达，导致肠道通透性增加。如给小鼠饲喂益生元（低聚果糖），增加其肠道内双歧杆菌数量，增加胰高血糖素样肽 2（glucagon-like pep-tide 2，GLP-2）的表达，进而增加了紧密连接蛋白 1（zonula occluden 1，ZO-1）、闭合蛋白（occludin）等的表达，降低了肠通透性。

③ 肠道通透性的增加，使进入血液的内毒素增加。如 Cani 团队发现，高脂饮食的小鼠体内脂多糖（lipopolysaccharide，LPS）水平比对照组高，且出现低度炎症。LPS 是革兰氏阴性菌的细胞壁成分，菌体死亡后释放出的 LPS 与其受体 CD14 形成复合物并被免疫细胞表面 Toll 样受体 4（Toll-like receptor，TLR4）所识别后产生多种炎症因子，从而引起炎症反应和产生代谢异常。进一步地，给正常饮食小鼠持续注射低剂量 LPS（来自大肠埃希菌 E.coli），也能使其血液中内毒素水平升高至与高脂组相同，且两组小鼠的体重、空腹血糖、脂肪组织变化、肝脏胰岛素抵抗和高胰岛素血症等生理变化均相似。另一方面，敲除 LPS 受体 CD14 基因的小鼠无论是饲喂高脂饮食还是注射 LPS，均未出现代谢失调症状。再如双歧杆菌增加导致肠道通透性下降，则进入宿主血液的 LPS 减少，从而炎性反应减轻；另外如果高脂组小鼠同时服用抗生素，则可减少血液中毒素水平，从而避免代谢性失调症状，这都从侧面反映了内毒素可能来自某种或某些条件致病菌。

④ 引发慢性炎症反应，慢性炎症反应的累积进而产生了肥胖、胰岛素抵抗等代谢失调表现。

高脂饮食导致的肥胖小鼠中肌肉、肝脏和脂肪组织中多种炎性因子表达量增加，如白介素 1（interleukin 1，IL-1）和白介素 6（IL-6）、肿瘤坏死因子 α（tumor necrosis factor α，TNF-α）以及单核细胞趋化蛋白 1（monocyte chemoattractant protein 1，MCP-1）等。这些炎性因子参与胰岛素抵抗的形成。如 TNF-α 水平上升能促进胰岛素受体底物 1（insulin receptor substrate 1，IRS-1）的丝氨酸磷酸化，干扰正常酪氨酸的磷酸化，从而减弱胰岛素信号转导，降低 IRS-1 对胰岛素的敏感性，进而引发胰岛素抵抗。由此，也将肥胖与 2 型糖尿病联系了起来。另有耶鲁大学的研究人员发现被称为炎性小体（inflammasome）的一类蛋白影响小鼠肠道菌群，与肥胖和非酒精性脂肪肝的形成有关。炎性小体的活化介导 caspase-1（半胱天冬酶-1）的剪切，最终造成炎性细胞因子 IL-1β 和 IL-18 的分泌。位于肝细胞内的炎性小体能够介导针对细菌碎片（来源于从肠腔经由门脉循环转移的肠道菌群）的细胞免疫应答。炎性小体成分的缺陷会改变结肠菌群的组成，当将基因缺陷的小鼠与健康的野生型小鼠合笼喂养时，前者的结肠菌群可转移至后者，从而造成高脂喂养的健康动物出现类似非酒精性脂肪性肝炎（non-alco-holic steatohepatitis，NASH）又称慢性肝炎（chronic hepatic inflammation）的肝组织学特征。研究者进一步将这一微生物组的改变与肝脏内 Toll 样受体（TLRs）4 和 9 的激活相关联起来，这两个细胞表面受体（TLR4 和 TLR9）激动剂流入门脉循环，导致 TNF-α 表达升高，促使非酒精性脂肪肝炎的发展。

代谢性内毒素血症假说虽然没有给内毒素产生菌是否是造成宿主肥胖的原因提供直接的实验证据，但是为后来的研究指明了方向。赵立平团队在此基础上通过对一种可产生内毒素的条件致病菌——阴沟肠杆菌的研究发现，给出了此间因果关系的直接证据。该阴沟肠肝菌菌株 B28 分离自一名体重达 175kg、BMI 达 $58.8kg/m^2$ 的肥胖患者。接种此菌株的无菌小鼠摄入高脂饲料后，会发生严重的肥胖和胰岛素抵抗症状。而对于超级肥胖患者，该菌数量经膳食干预 4 周后迅速下降，干预 23 周后降至检测不到的水平，同时患者体重下降 30%，高血糖、高血压、高血脂等代谢失调症状也恢复至正常水平。该研究表明，肥胖患者肠道内毒素产生菌的过度增长可能是导致其肥胖和胰岛素抵抗的重要原因，这也是国际上首次证明肠道细菌与肥胖之间具有直接因果关系。该团队另一项关于黄连素用于治疗糖尿病机理研究发现，黄连素会显著改变肠道菌群结构，减少内毒素进入血液循环系统，减轻慢性炎症，从而达到治疗或预防糖尿病的目的。这项研究从另一个角度为代谢性内毒素血症假说提供了支持，且提示肠道菌群可以作为肥胖和糖尿病治疗的靶标之一。

《科学》（*Science*）上发表了一篇文章，提到肠道上皮细胞通过紧密连接等结构形成屏障，维持人体健康，多种疾病或致病因素也会破坏或削弱肠道屏障功能，进一步引发肠道炎症甚至全身问题。比如：Clorf106 基因突变的炎性肠病患者中，ARF6 过度活化促进钙黏蛋白内吞，削弱了肠道屏障功能，促发肠道炎症；致病菌可诱导肠道屏障缺陷，并易位至淋巴结和肝脏，触发系统性自身免疫病；高血糖症通过 GLUT2 改变肠上皮细胞基因转录，破坏肠道屏障，加剧肠道细菌产物的扩散，导致肠道炎症和全身感染并发症。由此也提示，通过调节肠道菌群，调节紧密连接和炎症反应，可作为改善肠漏及其引发疾病的治疗策略之一。比如《美国科学院院报》（*PNAS*）上发表的文章就发现可溶性环氧化物水解酶（sEH）是介导肥胖诱导肠屏障功能缺陷重要的内源性调节因子。通过敲除或抑制 sEH 虽然不影响高脂膳食诱导的小鼠肥胖，但可以有效改善肥胖引起的肠屏障功能缺陷和菌群易位，缓解脂肪组织炎症，该效应依赖于肠道菌群。这一发现为有效预防和治疗肥胖引起的肠屏障功能缺陷提供了新的药物靶点。

Christoph A. Thaiss 等的研究表明：肥胖与肠道菌群的时空动态密切相关；菌群的节律性变化，经血清聚胺影响宿主生物钟和代谢节律，而扰动宿主生物钟可促使菌群向肥胖型转化。减肥成功后肥胖诱导的菌群改变仍会存在，这种菌群"记忆"促进体重反弹，与肥胖菌群降解膳食黄酮引起的能耗减少有关。慢性高血糖可影响肠上皮代谢和基因表达，破坏紧密连接，导致肠道屏障受损，使菌群成分移位进入血液，促进系统炎症。靶向影响宿主生理的菌群代谢物是治疗肥胖的一个新思路。

《自然通讯》（*Nature Communications*）上发表了一项关于母亲肥胖影响婴儿菌群，促进后代肥胖和脂肪肝的研究。该研究给无菌小鼠定植来自肥胖（Inf-ObMB）或正常体重（Inf-NWMB）母亲所生的 2 周龄婴儿的粪便菌群，并进行比较。Inf-ObMB 小鼠肝脏中内质网应激和先天免疫相关基因表达增加，并出现小儿非酒精性脂肪肝（NAFLD）中较常见的门静脉周围炎症的组织学特征；Inf-ObMB 小鼠的肠道通透性增加、巨噬细胞吞噬作用减弱、细胞因子产生减少，提示巨噬细胞功能受损；Inf-ObMB 小鼠暴露于西方饮食可促进体重过度增加并加速 NAFLD 发展。

血糖调控方面，中科院生物物理所刘志华和中山大学附属第一医院魏泓与团队在《细胞研究》（*Cell Research*）上发表了一项研究，发现肠道菌群来源的 Nod1 配体经肠道溶菌酶的作用被释放进血液，可被胰岛 β 细胞内的 Nod1 感知，进而调节 β 细胞内的胰岛素运输和分泌。糖刺激引起的小鼠胰岛素分泌，需要 Nod1 介导的对肠道菌群的感知，β 细胞中的 Nod1 缺陷可损害糖耐受。该肠道-胰岛轴对于调控宿主糖耐受有重要作用。

五、肥胖、糖尿病的综合研究

肠道菌群参与人体脂肪累积，并与胰岛素抵抗有关，在人类肥胖和糖尿病等代谢性疾病的发作和发展中起到关键作用，有证据表明一些肠道菌有望作为这类疾病的潜在生物标志物，比如双歧杆菌和阿克曼菌等。最近有一项研究关注了 17 名肥胖个体、22 名肥胖且伴随 2 型糖尿病个体，以及 27 名健康个体的近端（十二指肠）肠道菌群，发现肥胖个体、肥胖并伴随 2 型糖尿病个体中，双歧杆菌属丰度显著低于健康个体，并与高密度脂蛋白（HDL）浓度呈正相关（此相关性仅存在于肥胖并伴随 2 型糖尿病个体组）。因此，双歧杆菌属细菌将来可能成为 2 型糖尿病和肥胖疾病发生发展的生物标志物之一。肥胖个体肠道内 Akk 菌较少，利用 Akk 菌干预有助于降低小鼠体重和血糖。近期有一项研究发现：IL-36γ（IL-36 通路的激动剂配体）在肥胖个体中的表达水平升高，在 2 型糖尿病个体中与血糖水平呈负相关；敲除 IL-36Ra（IL-36 受体拮抗剂）的小鼠中，IL-36 细胞因子基因表达和通路活性上升，可抑制饮食诱导的体重增长、高血糖和胰岛素抵抗；该作用由肠道菌群的变化介导，与具有代谢保护性的 Akk 菌（嗜黏蛋白阿克曼菌）增多有关；IL-36 可增加结肠黏液分泌，进而促进 Akk 菌生长。

除了肠道部位的菌群与肥胖、糖尿病密切相关外，最近有研究报道了脂肪组织也存在菌群，且与肥胖和糖尿病的炎症相关。加拿大 Marette A. 团队在《自然代谢》（*Nature Metabolism*）发表的一项研究中，用 16S rRNA 基因测序结合多样化的阴性对照，分析了血糖正常和患有 2 型糖尿病的肥胖患者的 5 处肠外组织的微生物谱，包括血浆、肝脏和 3 处脂肪组织（大网膜、肠系膜和皮下），发现 2 型糖尿病肥胖患者的血浆细菌量较少，肝脏和大网膜脂肪组织中存在较高细菌负荷，包括来自肠道和环境的细菌，且菌群组成特征呈现组织器官特异性和糖尿病特异性。2 型糖尿病信号在肠系膜脂肪组织中最明显，其中糖尿病患者的细菌多样性降低，革兰氏阳性细菌（如粪杆菌属）则较少，而典型的机会性革兰氏阴性肠杆菌科细菌丰度升高。糖尿病患者的血浆样品同样富含肠杆菌科细菌，包括致病性埃希氏菌和志贺氏菌。血浆和脂肪组织中的细菌应该是源于肠屏障损伤引起的菌群（或菌群成分）移位，与糖尿病相关的组织菌群特征是否影响血糖调控，尚需进一步研究。德国 Kovacs P. 团队在《肠道》（*Gut*）发表了一项研究，为肠漏及其相关的菌群移位可能促进代谢性疾病方面提供了新的证据。他们对 75 名患有或不患有 2 型糖尿病的肥胖患者的血液和脂肪组织样本（网膜、肠系膜和皮下）中的细菌 16S rRNA 基因进行了测序和定量，并使用了酶联荧光原位杂交（catalysed reporter deposition - fluorescence in situ hybridisation，CARD-FISH）方法检测脂肪组织样本中的细菌。变形菌和厚壁菌是主要的菌门，细菌的数量与免疫细胞的浸润、炎症和代谢参数相关，具有组织特异性。患有和未患有糖尿病的受试者的细菌组成有所不同，并且与相关临床测试（包括全身和组织特异性炎症标志物）有关。此外，体外用细菌 DNA 处理脂肪细胞可刺激 TNF-α 和 IL-6 的表达。该研究提示了细菌在引发和维持脂肪组织局部亚临床炎症并影响肥胖的代谢结果中的重要作用。

越来越多的证据表明，肠道菌群与疾病相关的功能具有菌株特异性，基于 16S rRNA 测序 OTU 水平分析会出现严重偏差；宏基因组与代谢组多组学联合分析可鉴定出潜在致病菌、与疾病相关的代谢物及宿主细菌共代谢物的前体所需的基因；经分离定植特异菌株到无菌动物模型进行机理研究验证后，这种功能菌可能成为诊断生物标志物和治疗靶标。赵立平和张晨虹系统性论述了要从菌株水平来研究菌群与代谢性疾病的关联和因果。

随着基因组和肠道微生物组等多组学技术的发展，精准营养与精准医学已成为体重和肥胖管理以及血糖控制的重要课题。个性化不仅包括代谢表型、饮食偏好、临床病史和生活方式，还包括新的个性化标准，其中基因型和肠道菌群的组成是定制疾病治疗方案的基础，特别是代谢紊乱。因此，越来越多的研究开始关注饮食模式，研究食物营养素、肠道微生物组成和遗传背景之间复杂的交互作用对肥胖和糖尿病的影响。2015 年，以色列魏茨曼研究所的 Eran Elinav 和 Eran Segal 团队利用人工智能，根据健康人的微生物组和其他参数，并根据他们的特定餐食，预测他们的餐后血糖变化（餐后血糖的异常升高是糖尿病的一个危险因素）。这项技术已经转化为一个被称作第二天（Day Two）的商业项目，旨在帮助 2 型糖尿病患者控制血糖。近期《自然》（Nature）也发表了一项研究，对 106 个健康和血糖调控受损个体进行长达 4 年的随访，对受试者的血液转录组、代谢组、细胞因子和蛋白质组以及肠道和鼻腔微生物组进行多组学的深度纵向分析，在群体和个体层面揭示了、稳态和应激状态（如呼吸道病毒感染和接种流感疫苗）下，血糖调控受损和健康者的生理、菌群差异，为糖尿病的早期诊断，以及阐释糖尿病前期的生物学机制带来启示。健康状态下，个体的生理和菌群特征相对稳定，但个体间差异明显。对单人多组学数据的纵向追踪有助于在糖尿病诊断前鉴定出个体化的疾病相关分子特征。

第二节　益生菌用于糖尿病、肥胖的改善

益生菌可以调节小鼠、大鼠以及人的血糖代谢。研究表明，肠道菌群紊乱是糖尿病的一个发病原因。小鼠、大鼠的动物实验表明，益生菌有助于预防妊娠糖尿病和治疗 2 型糖尿病。

一、常见糖尿病、肥胖动物模型

综合过去的研究报道，合适的动物模型是研究益生菌对糖尿病和肥胖的作用的重要载体。糖尿病动物模型的造模方法主要分为自发性、诱发性（实验性）和转基因，其中实验性又分为饮食诱发性（如高果糖饮食诱发性、高脂饮食诱发性等）、化学药物诱发性〔（如四氧嘧啶（Alloxan）诱发性、链脲佐菌素（Streptozotocin）诱发性等）〕、激素诱发性、病毒诱发性、手术切除胰腺诱发性等，具体模型如表 7-1 所示。

表 7-1　常见糖尿病、肥胖动物模型

(A)1 型糖尿病				
造模方式	代表动物	造模机制	主要特征	应　用
自发性(自发性糖尿病倾向的近交系纯种动物)				
遗传诱发性	NOD 小鼠	胰岛炎造成 β 细胞破坏可辅以注射环磷酰胺(cyclophosphamide)加速发病和提高发病的可预测性将 NOD 小鼠的 T 细胞移植到无糖尿病的小鼠体内也可使其发病	3～4 周龄出现胰岛炎,10～14 周龄胰腺胰岛素损失近 90% 时糖尿病发病明显并且体重快速下降;雌性发病率高于雄性;不伴有酮症酸中毒,无外周血淋巴细胞减少;具有一些与人类 1 型糖尿病相似的基因表型	旨在自体免疫响应调节的疗法的测评、旨在自体免疫疾病发病的防治或延缓的干预
	BB 大鼠	源自远交 Wistar 大鼠	通常在青春期后发病,90% 左右在 8～16 周龄期间发病,雌雄发病率相近,缺乏胰岛素,伴有酮症酸中毒,没有肥胖,发病之初呈现胰腺炎的症状,人类组织相关性抗原(MHC)参与发病过程,但出现淋巴细胞减少(非人类 1 型糖尿病特征)	阐释 1 型糖尿病的遗传学、适合胰岛移植耐受诱导的小动物模型、用于糖尿病性神经性病变的研究和干预
	LEW.1AR1 Ztm-iddm 大鼠	糖尿病大鼠进一步近交	大鼠初始表现出胰岛炎,明显的糖尿病表现在 8～9 周龄,发病率约 20%,进一步近交后雌雄发病率都增加到约 60%,在高血糖症出现前一周表现出胰岛细胞浸润;与 NOD 小鼠和 BB 大鼠相比,未表现其他的自体免疫疾病	研究糖尿病并发症、考察涉及糖尿病病程的机制以及干预研究
遗传诱发性				
	AKITA 小鼠	C57BL/6NSlc 小鼠的 insulin 2 基因发生自发性突变,阻止了胰岛素原的正确处理,造成错误折叠蛋白的过载和随后的内质网应激	缺少 β 细胞,3～4 周龄发生严重的胰岛素依赖的糖尿病,特征是高血糖、胰岛素水平过低、多尿、多饮,不治疗很难存活超过 12 周龄	移植疗法研究;用作 1 型糖尿病大血管病变和神经性病变的模型;也用于胰岛内质网应激的潜在缓解剂以及这类模型中 2 型糖尿病的某些病理
化学药物诱发性(适用于以不依赖 β 细胞来降血糖的药物和疗法的研究)				
链脲佐菌素(Streptozotocin)	小鼠、大鼠、家兔、狗、猪、猕猴	通过细胞转运进入 β 细胞,引起 DNA 烷基化,从而抑制胰岛素产生或产生自由基造成 DNA 损伤和细胞死亡	单次高剂量-高血糖的简单模型	胰岛/干细胞移植疗法的测评
			多次低剂量-诱发胰岛炎模型,不能十分接近的模拟人类自发的自免疫疾病	靶向细胞因子和 NO 的疗法的测评
四氧嘧啶(Alloxan)	小鼠、大鼠、家兔、狗	β 细胞的快速吸收和产生羟基自由基,造成 β 细胞 DNA 碎裂,阻碍胰岛素分泌	毒性强,剂量范围窄	胰岛素新剂型的测评

(A)1 型糖尿病				
造模方式	代表动物	造模机制	主要特征	应　用
病毒诱发性				
脑-心肌炎病毒（encephalomyo-carditis virus）柯萨奇病毒 B（coxacki B virus）基勒姆大鼠病毒（Kilham rat virus）	大鼠	直接感染 β 细胞或启动抗 β 细胞的自体免疫响应，使 β 细胞脱颗粒、坏死		造模复杂，结果取决于病毒复制水平和感染的时机，根据条件不同，病毒可同时诱导以及预防自体免疫反应
淋巴细胞性脉络丛脑膜炎病毒（lymphocytic choriomeningitis virus，LCMV）	大鼠、小鼠	LCMV 的病毒抗原（核蛋白和糖蛋白）在大鼠胰岛素启动子下被表达	小鼠并不自发生任何 β 细胞破坏的信号，一旦注射 LCMV 后，免疫应答与 β 细胞中表达的抗原交叉反应，导致 β 细胞的破坏	
手术诱发性				
切除胰腺	大鼠、狗、猫、猪、灵长类	β 细胞缺失而产生永久性糖尿病	高血糖症，但可能增加低血糖风险，也导致胰腺外分泌功能不足	对猪进行胰腺切除，随后分离胰岛自体移植能精确模拟人类的胰岛自体移植
转基因				
	NOD-RIP-B7-1 小鼠	过度表达辅助刺激因子 B7.1		
(B)2 型糖尿病				
造模方式	代表动物	造模机制	主要特征	应　用
自发性				
单一基因肥胖模型（肥胖诱导高血糖症）				
	Lep$^{ob/ob}$ 小鼠	C57Bl/KS 背景远交小鼠的 ob 基因自发突变，缺少瘦素，胰岛体积急剧增加，胰岛素释放失常，引起肝脂肪生成和肝糖原异生显著增加，高血糖又刺激胰岛素分泌，引起胰岛素抵抗，刺激脂肪的形成，染色体隐性遗传	2 周龄时开始体重增加，发展成高胰岛素血症，4 周龄时高血糖症明显，血糖持续升高，3～5 月龄时达峰值；其他代谢失常，包括高脂血症、体温调节紊乱、体力活动下降；不育	2 型糖尿病新疗法的研究；改善胰岛素抵抗的疗法的研究；缺少完全被破坏的 β 细胞，糖尿病症并不太严重，不能完全代表人类的 2 型糖尿病
	Lepr$^{db/db}$ 小鼠	C57BLKS/L 背景小鼠瘦素受体中的一个常染色体隐性突变，导致食欲增加，摄食过量	3～4 周龄时明显肥胖、2 周龄时出现明显高胰岛素血症、4～8 周龄时发展高血糖症，几个月以后发展出酮症，寿命相对较短	2 型糖尿病新疗法的研究；改善 β 细胞功能的疗法的研究
	Zucker（糖尿病）肥胖大鼠	Merck M 大鼠和 Sherman 大鼠杂交后瘦素受体突变，导致食欲增加，摄食过量	4 周龄时变得肥胖，高胰岛素血症、高血脂症、高血压、糖耐量受损	2 型糖尿病新疗法的研究
		Zucker 糖尿病肥胖大鼠由于 β 细胞凋亡水平增加导致胰岛素得不到补偿	Zucker 糖尿病肥胖大鼠肥胖程度不及 Zucker 肥胖大鼠，但胰岛素抵抗更严重，初始在 8 周龄时出现高胰岛素血症，但随后胰岛素水平会下降；雄鼠 8～10 周龄时糖尿病发病，雌鼠不会发展成明显的糖尿病；表现出糖尿病并发症的症候	

续表

(B)2 型糖尿病				
造模方式	代表动物	造模机制	主要特征	应　用
自发性				
单一基因肥胖模型(肥胖诱导高血糖症)				
多基因肥胖模型(肥胖诱导高血糖症)				研究 2 型糖尿病症状的逆转;理解肥胖和葡萄糖内稳态的相互影响;研究糖尿病并发症
	KK 小鼠	来源于 ddY 小鼠的轻度肥胖、高瘦素血症品系、多食	严重的高胰岛素血症,肌肉和脂肪组织中都存在胰岛素抵抗,胰岛增生并且脱颗粒,也表现出糖尿病性肾症的症候	改善胰岛素抵抗的疗法的研究
	OLETF 大鼠	源自 Long Evans 大鼠远交群中的自发性糖尿病大鼠,胆囊收缩素(CCK)-A 受体 mRNA 的表达完全缺失,导致食欲亢进和肥胖,胰腺的内、外分泌功能均降低	轻度肥胖,迟发性高血糖症(18 周龄后),雄鼠遗传糖尿病,也表现出肾脏并发症,胰岛经历三个阶段的组织学变化:早期(6~20 周龄)——细胞浸润和退化;中期(20~40 周龄)——增生;末期(40 周龄以后)——胰岛纤维化并被结缔组织取代	改善 β 细胞功能的疗法的研究
多基因肥胖模型(肥胖诱导高血糖症)				
	NZO 小鼠(新西兰肥胖小鼠)	选择性繁育 可能是瘦素抵抗造成的瘦素跨越血脑屏障的转运存在缺陷	食欲强、肥胖,9~12 周龄时高胰岛素血症,抵抗外周瘦素给药,但对中枢瘦素给药敏感;血糖升高,糖耐量受损,并随年龄增加而恶化,约 50%雄鼠发展成糖尿病;胰岛增生,3~6 月龄时肥厚,但 β 细胞损失发生得更晚,具有成人隐性自身免疫性疾病的症候	糖尿病并发症的研究
	TallyHo/Jng 小鼠	源自 Theiler Original 小鼠远交群中自发性高血糖症和高胰岛素血症小鼠的选择性繁育	肥胖程度增加,血清三酰甘油、胆固醇和游离脂肪酸水平升高,高血糖症仅发生于雄鼠,且于 10~14 周龄时发病;胰岛肥大、脱颗粒、高胰岛素血症明显	肥胖和 2 型糖尿病以及糖尿病伤口愈合的研究,但尚不能完全表现糖尿病并发症
	NoncNZO 10/LtJ 小鼠	结合非依赖性糖尿病风险,将来自两个不相关的 NZO 小鼠品系的数量性状位点赋予非肥胖非糖尿病小鼠(NON/Lt)	8 周龄时肝和骨骼肌组织出现胰岛素抵抗,12 周龄开始发展出慢性高血糖症;β 细胞损失之前,胰岛数量增加;一些 1 岁龄的雄鼠出现糖尿病性肾病	糖尿病伤口愈合的研究
非肥胖型				
	GK 大鼠(Go-to-Kakizaki rats)	将 Wistar 大鼠中葡萄糖耐受最弱的大鼠反复繁育 胰岛素抵抗性似乎不是引发高血糖症的主要原因,葡萄糖代谢缺陷与 β 细胞数量和/或功能异常有关	瘦,葡萄糖不耐受,葡萄糖诱导胰岛素分泌有缺陷,不合并酮症	2 型糖尿病 β 细胞功能障碍、糖尿病并发症的研究
	中国地鼠(Chinese hamster)	近亲繁殖	轻/中度高血糖、非肥胖型	
	NSY 鼠	jcl ICR 远交系小鼠根据耐糖量选择繁殖		

续表

(B)2 型糖尿病				
造模方式	代表动物	造模机制	主要特征	应　　用
遗传诱发性				
	AKITA 小鼠	由于内质网应激造成 β 细胞破坏		防止内质网应激、改善 β 细胞存活的疗法的研究
饮食诱发性(胰岛补偿不足导致肥胖、高胰岛素血症及葡萄糖内稳态改变)				
高果糖致肥胖	C57BL/6J 小鼠	诱导具 2 型糖尿病倾向的小鼠产生胰岛素抵抗		
高脂致肥胖	C57BL/6J 小鼠 DBA/2F 小鼠 大鼠 C57BL/6 与 DBA/2F 一代杂合子	增加食物中来自脂肪的热量比例(一般饮食:11%,高脂饮食:58%),诱导具 2 型糖尿病倾向的小鼠产生胰岛素抵抗,缺少 β 细胞补偿导致糖耐量受损	高脂饮食喂养一周后体重明显增加超过对照组,试验中需多喂养几周使症状更明显	作为环境因素,比肥胖诱导糖尿病的遗传学模型更精确地模拟人类的状况 常用于转基因或基因敲除模型中,可能在通常情况下未表现出明显糖尿病表型的情形 改善胰岛素抵抗的疗法的研究
	desert gerbil (沙漠沙鼠,嗜沙肥鼠 Psammomys obesus)	本性不贪食,一定试验条件下通过高能营养供给可导致肥胖、高胰岛素血症和随之而来的糖尿病	肥胖、高胰岛素血症	节俭基因(thrifty gene)效应的理想模型,可用于研究那些在突然从营养不足变化到营养丰富后常出现胰岛素抵抗和代谢综合征的人群 改善 β 细胞功能的疗法的研究
	尼罗大鼠/非洲草鼠(Nile grass rat);又称尼罗垄鼠(Arvicanthis niloticus)	连续饲喂标准饲料而自发发病	一岁龄时出现肥胖、血脂异常和高血糖,也表现出其他糖尿病和代谢综合征的症候,如 β 细胞减少、动脉粥样硬化和肝脂肪变性	代谢综合征模型 防止饮食诱导肥胖的疗法的研究
化学药物诱发性				
链脲佐菌素(Streptozotocin, STZ)	狗 出生刚 2d 的新生大鼠	高脂饮食结合 STZ 诱导	肥胖和轻度 2 型糖尿病	肥胖和轻度 2 型糖尿病
		100mg/kg STZ 静脉注射或腹腔注射给药 6 周时由于 β 细胞数量不足和功能缺陷发生高血糖症	给药 2d 后,高血糖达峰值;到第 10d 时,β 细胞再生、血糖恢复正常;而到 6 周时,再次发生高血糖症	成人 β 细胞再生和/或 2 型糖尿病
激素诱发性				
垂体前叶提取物				
生长素			使外周组织利用葡萄糖发生障碍,对胰岛素敏感性降低,刺激 β 细胞过度分泌,终致衰竭	
肾上腺皮质激素				
甲状腺素			促进糖原异生,抑制外周组织葡萄糖的利用,即降低胰岛素的效能	

续表

(B)2 型糖尿病				
造模方式	代表动物	造模机制	主要特征	应　用
激素诱发性				
胰高血糖素			使外周组织利用葡萄糖发生障碍，对胰岛素敏感性降低，刺激 β 细胞过度分泌，终致衰竭	
免疫性				
抗胰岛素抗体等		使内源性胰岛素降低		
下丘脑性				
电凝法				
金硫葡萄糖		选择性损伤丘脑下部腹内侧核的饱食中枢，使成熟动物过度摄食、肥胖、胰岛素抵抗		
转基因				
KK-A^Y 小鼠		将黄色肥胖基因 A^Y 引入 KK 小鼠，下丘脑中抑制黑皮质素（melano-cortin）受体 4 的刺豚鼠蛋白发生异常表达	肥胖，与 KK 小鼠相比，其高胰岛素血症更严重，胰岛变化更明显	
hIAPP 小鼠		转基因小鼠在胰岛素启动子下表达人胰岛淀粉样多肽（hIAPP，human islet amyloid polypeptide），在胰岛组织中形成淀粉体，增加 hIAPP 表达量会增加 β 细胞毒性		防止淀粉体沉积、改善 β 细胞存活的疗法的研究 β 细胞的复制对 hIAPP 毒性敏感，故此模型中 β 细胞对增加的胰岛素需求的适应性是受限的
MKR 小鼠		骨骼肌过度表达失活的 IGF-1 受体与内源性 IGF-1 受体及胰岛素受体形成杂合受体，干扰这些受体的正常功能	明显胰岛素抵抗	
MODY 小鼠		5 种蛋白质的基因缺失或突变：肝细胞核因子 4α（HNF4α/MODY1），葡萄糖激酶（GKP/MODY2），肝细胞核因子 1α（HNF21AP/MODY3），胰岛素启动因子（IPF 1/MODY4），肝细胞核因子 1β（HNF 1β/MODY5）		
GK/IRS-1 双基因敲除小鼠		小鼠葡萄糖激酶基因外显子用新霉素抵抗（neomycin resistance）基因取代，制成目标载体，杂合入正常小鼠		

（B）2型糖尿病				
造模方式	代表动物	造模机制	主要特征	应　　用
转基因				
	IR/IRS-1	胰岛素受体（insulin receptor，IR）和胰岛素受体底物-1（insulin receptor substrate，IRS-1）双基因剔除杂合体小鼠，使该鼠 IR/IRS-1 表达减少	伴有高胰岛素血症和胰岛 β 细胞增生，明显胰岛素抵抗	
	IRS-2-/-小鼠	胰岛素抵抗和胰岛素分泌不足（不能引起 β 细胞代偿性增生，无法对抗胰岛素抵抗），但单个 β 细胞胰岛素分泌正常甚至升高		

注：MODY：maturity onset diabetes of the young（人青春晚期糖尿病）；NOD：non-obesity diabetes（非肥胖性糖尿病）；BB：Biobreeding（选育）；NOD-RIP-B7-1：NOD-Rat Insulin Promoter-B7-1（大鼠胰岛素启动子 B7-1）；NSY：Nagoya-Shibata-Yasuda（小鼠）。

其他模型如下。

① 线粒体相关。mtDNA 突变小鼠，β 细胞 Tfam（mitochondrial transcriptionfactor A）突变，mtDNA 严重耗竭。

② 妊娠相关。GDM 小鼠，妊娠引起 PI3K 与 IRS-1 解离，与 IR 结合活性增加，胰岛素介导的精氨酸磷酸化增多而 IRS-1 表达及其酪氨酸磷酸化减少从而使 IRS-1 结合及激活 PI3K 能力下降，胰岛素功能不能发挥，出现胰岛素抵抗。

糖尿病研究中的多种动物模型在实际使用中要根据研究目的的不同来谨慎选择，例如在药理试验中被测药物的假定作用机制有助于合适的动物模型的选择。

① 要考虑糖尿病类型和发病机制。选择 1 型糖尿病动物模型时，要注意是否对自体免疫有需求，不同的 1 型糖尿病模型其发病时间和可预测性也有差别。选择 2 型糖尿病动物模型时，重在考虑高血糖症的发生机制以及与该研究是否相关。这些机制包括胰岛素抵抗和/或 β 细胞障碍。

② 要考虑并发症问题。大多数 2 型糖尿病模型可以通过遗传学或饮食诱导的方式造成肥胖型，但是这通常伴随多种相关疾病，如血脂异常和动脉粥样硬化，这些并发症对 2 型糖尿病人群而言是很常见的，但也只代表了一部分糖尿病人群。另外，也要注意不是所有的糖尿病动物模型和动物品系都会发展出并发症，例如 C57BL/6 品系相对来说不易形成糖尿病性肾病，因此如果研究目的是要考察糖尿病性肾病或糖尿病性神经疾病等并发症，那么在选择合适的动物模型时要特别注意。

③ 动物物种、品系和性别的差别也要仔细考察。因为不同的物种、背景品系和性别对糖尿病及其治疗的易感性是不同的。理想情况下，应该考察不只一种物种或品系。一些动物模型中同一造模方式下不同性别的动物其糖尿病表型有所差别，但这种差别在人类身上却并不存在。此外，还有很多基因敲除和转基因的糖尿病动物模型表现出随性别不同而出现的表型差别，尽管准确的机理还没有阐明，但有报道提出某些情况下是由于性激素的影响。在不

同的小鼠模型中，性激素的影响可能是相互冲突的，例如切除雄鼠性腺在一些小鼠模型中能防止糖尿病，而在另一些小鼠模型中则没有这样的作用或甚至增加糖尿病发病率。性别差异也可能涉及线粒体、细胞的氧化还原状态以及应激响应。当选择使用基因敲除和转基因小鼠时，要注意确保下丘脑的潜在表达不影响疾病表型，并且要包括相应的对照试验。

④ 要考虑不同动物模型生理意义的差异。一些模型可能比其他模型更接近疾病的发展情况。例如胰腺再生模型是相对极端的情况，在这些模型中 β 细胞扩张的机制是否在人类身上仍然起作用尚有待阐明。当为 1 型或 2 型糖尿病选择模型的时候，更可取的方式是选择多个不同模型以便于体现人类糖尿病患者的多样性。

二、益生菌对糖尿病的宿主葡萄糖内稳态的改善作用机制

益生菌对糖尿病的宿主葡萄糖内稳态的改善作用主要表现在两大指标：初级指标和次级指标。初级指标包括糖尿病的发生、空腹血糖（fasting blood glucose）、餐后血糖（post-prandial blood glucose）、糖化血红蛋白（HbA1c）、胰岛素、胰岛素敏感性和胰岛素抵抗。次级指标包括炎症标志物、血脂、体重和能量摄入。这些指标归纳起来主要是血糖、胰岛素、炎症标志物、血脂、体重等几方面。

在对高糖饮食诱导的 2 型糖尿病大鼠模型的研究中发现，含有干酪乳杆菌和嗜酸乳杆菌的乳酸菌制剂可以显著降低模型大鼠的血糖浓度、血浆胰岛素、血浆胆固醇、低密度脂蛋白等 2 型糖尿病的症状。

研究发现，糖尿病患者体内也存在肠道菌群紊乱现象。益生菌可以通过调节肠道菌相，有益菌会更多地附着在肠道上皮细胞。益生菌可以抑制宿主胃肠道对葡萄糖的吸收，从而降低血糖水平。益生菌通过吸收葡萄糖进入菌体内，减少宿主的吸收，从而降低血糖水平。另外，益生菌可以降低循环中 LPS 的浓度，减少炎症反应，提高胰岛素敏感性，改善胰岛素抵抗，进而达到防治糖尿病的目的。

益生菌调节血脂的作用可能与其调节和利用内源性代谢产物并且加速短链脂肪酸代谢有关。如双歧杆菌、乳杆菌的微生态制剂，可使胆固醇转化为人体不吸收的粪甾醇类物质，从而降低胆固醇水平；由益生菌本身的同化作用，将肠道内的胆固醇同化，组成益生菌体的细胞膜或细胞壁，达到降低胆固醇的效果。1977 年，Gilliland 提出了乳酸菌在生长过程中通过降解胆盐促进胆固醇的分解代谢，从而降低胆固醇含量的观点。嗜酸乳杆菌和菊粉的合生元制剂可以通过改变脂质运载体来降低人体血浆总胆固醇和低密度脂蛋白胆固醇。植物乳杆菌 ST-Ⅲ（CGMCC No.0847）和干酪乳杆菌 BD-Ⅱ（CGMCC No.0849）具有降低大鼠血清胆固醇的作用。相关研究表明，ST-Ⅲ能提高大鼠高密度脂蛋白胆固醇并控制或减轻其体重。

三、益生菌对宿主葡萄糖内稳态的改善作用的研究报道总结

关于益生菌在以上几方面的调节改善作用的研究报道总结归纳如表 7-2～表 7-4 所示。

除了如上所列的正向影响，也存在某些益生菌或益生菌组合对动物、人体的体重、血糖没有显著影响或负向影响。导致体重增加或血糖升高，被解释为一些益生菌菌株可以增强营养吸收和肠道消化过程。这可能是因为菌株的不同或受试对象的差异所带来的。

表 7-2　益生菌对糖尿病模式动物的改善作用

益生菌	模式动物	糖尿病诱发模式	血糖	胰岛素	疾病发生	炎症标志物	血脂	体重	EI
干酪乳杆菌 YIT 9018	小鼠/NOD/F	自发性 I	*	*		*(CD8＋T, IFN-γ,IL-2)		*	N
干酪乳杆菌 YIT 9018	小鼠/AlbinoBALB/c/M	四氧嘧啶诱发 I	N		*(糖尿病)	*(血清 NO)		*	N
干酪乳杆菌	小鼠/KK-AY/M	自发性 II			*(糖尿病)	*(细胞因子)		*	*
鼠李糖乳杆菌 GG 株 (LGG)	大鼠/Wistar/M	链脲佐菌素诱发 II	N(BG) *(HbA$_{lc}$)	*				*	
复合益生菌 VSL＃3	小鼠/NOD/F	自发性 I			*(糖尿病)	*(IL-10)			
约氏乳杆菌 (L. johnsonii)	大鼠/Wistar/M	链脲佐菌素诱发 II			*(高血糖症)				
嗜酸乳杆菌和干酪乳杆菌	大鼠/Wistar/M	高果糖饮食诱发 II			*(糖尿病)		*(TC, TG, LDL, VLDL, FFA, HDL-C)		
嗜酸乳杆菌和干酪乳杆菌	大鼠/Wistar/M	链脲佐菌素诱发 II		*			*(TC, TG, LDL, VLDL, HDL-C)		
复合益生菌	大鼠/Wistar/M	四氧嘧啶诱发 I	*						
格氏乳杆菌 (L. gasseri)	小鼠/DB/DB/M	自发性 II	*(FBS,PPBG) ↓N(HbA$_{lc}$)					*	
约氏乳杆菌 N6.2	大鼠/BB-DP/mix M & F	自发性 I			*(糖尿病)	*(己酰赖氨酸)			*
嗜酸乳杆菌和双歧杆菌	大鼠/Albino/M	链脲佐菌素诱发 II	*	*			*(TC,TG)		
植物乳杆菌 DSM	小鼠/C57BL/6J/F	高脂饮食诱发 II	*	N		N(IL-6,SAA)	N(TC,TAG, NEFA)	*	

续表

益生菌	模式动物	糖尿病诱发模式	调节改善的指标						
			血糖	胰岛素	疾病发生	炎症标志物	血脂	体重	EI
干酪乳杆菌代田株（shirota）	大鼠/SD/M	链脲佐菌素诱发II	N			*（CRP，IL-6）N（IL-4）		N	
假链状双歧杆菌（*B. pseudocatenulatum*），长双歧杆菌 SPM 1205 和 SPM 1207	大鼠/SD/M	高脂饮食诱发II	*				*（LDL，HDL-C）	*	N
双歧杆菌	大鼠/Wistar/M	高脂饮食诱发II	*（FBS）			*（IL-1β，MPO，HAI）	*（TG）		
干酪乳杆菌代田株（shirota）	小鼠/C57BL/6J DIO/M	高脂饮食诱发II	N（FBS），*（PPBG）	N		*（LBP）		N	N
开菲尔（kefir）	大鼠/Wistar/M	链脲佐菌素诱发II	*（BG）			*（IL-1，IL-6，IL-10）			
植物乳杆菌 TN627	大鼠/Wistar/M	四氧嘧啶诱发I	*（BG）	N	*（糖尿病）	N（TNF-α，IL-10，IL-6）	*（TG，LDL-C，HDL-C）		
干酪乳杆菌 Zhang	大鼠/SD/M	高脂含蔗糖饮食（HFS）诱发II；HFS+低剂量链脲佐菌素诱发II	*（BG，FBS，PPBG）		*（糖尿病）	*（IFN-γ，TNF-α，LPS）N（IL-10）			
Akk 菌 Muc^T（CIP 107961^T）	小鼠/NOD	自发性I	*（BG 升高超过 12mmol/L）		*（糖尿病）				

注：1. NOD：非肥胖性糖尿病小鼠（non-obese diabetic mice）；DIO：饮食诱导的肥胖（diet induced obese）；EI：能量摄入（energy intake）；F：雌性（female）；M：雄性（male）；I：1 型糖尿病；II：2 型糖尿病；L：乳杆菌（*Lactobacillus*）；B：双歧杆菌（*Bifidobacterium*）。

2. *：差异具有统计学意义（significant）；N：差异没有统计学意义（non-significant）。

3. BG：血糖（blood glucose）；FBS：空腹血糖（fasting blood sugar）；PPBG：餐后血糖（post prandial blood glucose）；HbA$_{1c}$：糖化血红蛋白（glycosylated hemoglobin a$_{1c}$）。

4. IL：白细胞介素（interleukin）；IFN-γ：干扰素-γ（interferon-γ）；NO：一氧化氮（nitric oxide）；SAA：血清淀粉样蛋白（serum amyloid A）；MPO：髓过氧化物酶（myeloperoxidase）；LBP：脂多糖结合蛋白（lipopolysaccharide-binding protein）；CRP：C 反应蛋白（C-reactive protein）；HAI：组织学炎症活动指数（histological inflammatory activity index）；

5. TC：总胆固醇（total cholesterol）；TG：甘油三酯（triglycerides）；TAG：三酰甘油（甘油三酯 triacylglycerol）；FFA：游离脂肪酸（free fatty acid）；NEFA：非酯化脂肪酸（non-esterified fatty acids）；LDL-C：低密度脂蛋白胆固醇（low density lipoprotein cholesterol）；VLDL-C：极低密度脂蛋白胆固醇（very low density lipoprotein cholesterol）；HDL-C：高密度脂蛋白胆固醇（high density lipoprotein cholesterol）。

表 7-3　益生菌对糖尿病患者的改善作用

益生菌	患者类别	国家	患者年龄/岁	血糖	胰岛素	WGDP	炎症标志物	血脂
						调节改善的指标		
鼠李糖乳杆菌和乳双歧杆菌（B. lactis）	孕妇/普通妇女	芬兰	30	*（Glu 耐受）	*（HOMA，胰岛素敏感性）	N		
嗜酸乳杆菌 NCFM	2 型糖尿病个体、糖耐量受损个体，健康个体	丹麦	48~66		*（胰岛素敏感性）		N（TNF-α，IL-6，IL-1ra，CRP，炎症反应）	
嗜酸乳杆菌和双歧杆菌	2 型糖尿病个体	伊朗	30~60	*（FBS，HbA$_{1c}$）	*（空腹胰岛素，胰岛素敏感性）		*（SOD，GSH-Px 活性，TAS）	*（TC，LDL-C），N（TG，HDL-C）
瑞士乳杆菌发酵酸奶	2 型糖尿病病持续超过 1 年，HbA$_{1c}$ 水平在 6.0%~10.0%（42~86mmol/mol，仅口服降糖药（二甲双胍和磺酰脲））	丹麦	40~70	*（Glu 增加幅度更小）				
含干酪乳杆菌、嗜酸乳杆菌和双歧杆菌的益生菌发酵乳	2 型糖尿病个体	伊朗	35~65	*（Glu，HbA$_{1c}$）				
嗜酸乳杆菌、干酪乳杆菌和双歧杆菌各 2×10^9 CFU/g	妊娠糖尿病个体，初产妇，孕妇	伊朗	18~40	*（Glu）	*（HOMA，胰岛素敏感性）			*（TG，VLDL）

注：1. 全身性炎症反应通过处理过程前后给参与者注射大肠杆菌脂多糖来进行评估；

2. L.：乳杆菌（Lactobacillus）；B.：双歧杆菌（Bifidobacterium）；

3. *：差异具有统计学意义（significant），N：差异没有统计学意义（non-significant）；

4. HOMA：稳态模型评估法（homeostasis model assessment）；HOMA-IR：胰岛素抵抗的稳态模型评估法（homeostasis model assessment of insulin resistance）；CRP：C 反应蛋白（C-reactive protein）；

5. Glu：葡萄糖（glucose）；FBS：空腹血糖（fasting blood sugar）；HbA$_{1c}$：糖化血红蛋白（glycosylated hemoglobin A$_{1c}$）；WGDP：妊娠期体重的增加（weight gain during pregnancy）；

6. TNF-α：肿瘤坏死因子 α（tumor necrosis factor α）；IL-6：白介素-6（interleukin 6）；IL-1ra：白介素-1 受体拮抗剂（interleukin 1 receptor antagonist）；SOD：超氧化物歧化酶（superoxide dismutase）；GSH-Px：谷胱甘肽过氧化物酶（glutathione peroxidase）；TAS：总抗氧化能力（total antioxidant status）；FFA：游离脂肪酸（free fatty acid）；TG：甘油三酯（triglycerides）；LDL-C：低密度脂蛋白胆固醇（low density lipoprotein cholesterol）；

7. TC：总胆固醇（total cholesterol）；HDL-C：高密度脂蛋白胆固醇（high density lipoprotein cholesterol）。

表 7-4　益生菌对肥胖模式动物的改善作用

益生菌	剂量	模式动物	肥胖诱发模式	调节改善的指标						
				血糖	脂肪组织体积/脂肪细胞大小	胰岛素	炎症标志物	血脂	体重	EI
鼠李糖乳杆菌 PL60		C57/BL6J 小鼠	HFD		↓（组织）				↓	N
乳杆菌属		SD 大鼠	HFD		↓（组织）				↓	→
植物乳杆菌 PL62		C57/BL6J 小鼠	HFD		↓（组织）				↓	N
加氏乳杆菌（$L.\ gasseri$）SBT2055		SD 大鼠	HFD		N（组织），↓（细胞）				N	
副干酪乳杆菌 ST11（NCC2461）		Wistar 大鼠	HFD		↓（组织）				↓	N
加氏乳杆菌（$L.\ gasseri$）SBT2055		Zucker obese & lean 大鼠	HFD		↓（组织）				N	N
复合益生菌 VSL#3		SD 大鼠	HFD		↓（组织）				N	N
加氏乳杆菌（$L.\ gasseri$）BNR17		db/db 小鼠	ND						↓	→
植物乳杆菌 14		C57/BL6 小鼠	HFD		↓（组织），↓（细胞）	↓			N	N
加氏乳杆菌（$L.\ gasseri$）BNR17		SD 大鼠	HCD		↓（组织），↓（细胞）					
假链状双歧杆菌（$B.\ pseudocatenulatum$）SPM 1204，长双歧杆菌 SPM 1205 和 SPM 1207		SD 大鼠	HFD		↓（组织）					N
长双歧杆菌 88		Wistar 大鼠	HFD	→	↓（组织）				↓	
干酪乳杆菌代田株（shirota）		C57/BL6 小鼠	HFD	→	N（组织）				N	
植物乳杆菌 DSM15313		SD 大鼠	HFD	→	↓（组织）				↓	
戊糖片球菌（$P.\ Pentosaceus$）LP28	3×10⁹ CFU（1.25×10⁹ CFU/g）*6 周	小鼠（C57BL/6[d]）DIO（DI2492）小鼠	HFD	→	↓肝脂肪大小、脂质滴				↓体重增加	

续表

益生菌	剂量	模式动物	肥胖诱发模式	调节改善的指标						
				血糖	脂肪组织体积/脂肪细胞大小	胰岛素	炎症标志物	血脂	体重	EI
植物乳杆菌 KY1032 和弯曲乳杆菌(*L. curvatus*)HY7601		C57BL/6J 小鼠	高脂高胆固醇饮食		↓(组织)			↓(TC)		
加氏乳杆菌(*L. gasseri*)BNR17		C57BL/6J 小鼠	HCD(蔗糖)		↓(组织)	↓	↓(IL-1)		↓	
植物乳杆菌 OLL2712		C57BL/6J 小鼠	HFD	↓						
植物乳杆菌 14		KK/Ta 小鼠/M2型糖尿病	自发性2型糖尿病		↓(组织)	↓(胰岛素、胰岛素抵抗)	↓(TNF-α,IL-6)			
加氏乳杆菌(*L. gasseri*)SBT2055		C57BL/6J 小鼠	ND		↓(组织)		抑制附睾脂肪组织中促炎基因 CCL2 和 CCR2 上调	↓(肝脏中 TG)	↓	
棒状乳杆菌(*L. coryniformis*)CECT5711		C57BL/6J 小鼠	HFD	↓		↓(胰岛素抵抗)	↓(LPS,TNF-α,NADPH 氧化酶)↑(抗氧化酶,NO 生物利用度)		N	
植物乳杆菌 LG42	1×10^7CFU/d,1×10^9CFU/d*12周	雄性 C57BL/6J 小鼠	HFD		↓附睾脂肪、背部脂肪	↓		↓(TG)	↓	
植物乳杆菌 FH185	1×10^9CFU/d*6周	雄性 C57BL/6 小鼠	HFD		↓附睾脂肪垫的脂肪细胞					
植物乳杆菌 K21	1×10^9CFU/d*8周	雄性 C57BL/6J 小鼠	HFD	(无改善)	↓附睾脂肪积聚			↓(胆固醇,TG)	↓体重增加	
植物乳杆菌 HAC01	1×10^8CFU/d*8周	雄性 C57BL/6 小鼠	HFD		↓肠系膜脂肪库(减少50%)和附睾脂肪细胞；↑脂质氧化基因表达				↓	

续表

益生菌	剂量	模式动物	肥胖诱发模式	血糖	脂肪组织(体积/脂肪细胞大小)	调节改善的指标					EI
						胰岛素	炎症标志物	血脂	血压	体重	
嗜酸乳杆菌:长双歧杆菌:粪肠球菌的比例为1:1:1	总计 2.0×10^7 CFU/d $*$ 4周		HFD,HCD							↓体重增加	体重增加

注:EI:能量摄入(Energy Intake);HFD:高脂饮食(high-fat diet);HCD:高碳水化合物饮食(high-carbohydrate diet);ND:正常饮食(normal diet)。其他符号同上表。

表7-5　益生菌对肥胖患者的改善作用

益生菌	剂量	患者类别	国家	患者年龄/岁	血糖	脂肪体积	调节改善的指标				
							胰岛素	炎症标志物	血脂	血压	体重
唾液乳杆菌		肥胖青少年	丹麦	12~15	N		N(胰岛素,HOMA-IR)	N(CRP,IL-6,TNF-α)	N(TC,HDL,LDL,TG,FFA)		
植物乳杆菌 Tensia(+载体奶酪+低热量饮食)		肥胖和高血压(>130mmHg/85mmHg)成人,无胃肠道疾病史,无食物过敏,无急性感染,无怀孕,哺乳	俄罗斯	30~69	↓(主要由于低热量饮食)			(↓活性氧物种)	不增加 TC,LDL,TG	↓	↓BMI
鼠李糖乳杆菌 CMGCCL.3724(+低聚果糖+菊粉)		肥胖男性和女性,BMI(29~41kg/m²),三个月内体重变化<5kg,无高血压,无2型糖尿病,无血脂异常家族史	加拿大	18~55		N(男),↓(女)					N(男+女),N(男),↓(女)
加氏乳杆菌 SBT2055	1×10^7 CFU/d $*$ 12周	BMI[男(24.2±2.5)kg/m²,女(25.5±1.4)kg/m²]	日本	51.1±6.6					↓非脂化脂肪酸,TG		
加氏乳杆菌 BNR17	1×10^{10} CFU/d $*$ 12周	BMI(25~35kg/m²)	韩国	20~75		↑内脏脂肪减少,↓腰围				↓	
短双歧杆菌 B-3	2×10^{10} CFU/d $*$ 12周	BMI(25~30kg/m²)	日本	20~64		↓体脂			↑HDL改善,胆固醇		↓

注:TC:总胆固醇(total cholesterol);TG:甘油三酯(triglycerides);LDL:低密度脂蛋白(low density lipoprotein);HOMA-IR:稳态模型胰岛素抵抗指数(homa insulin resistance index);"植物乳杆菌 Tensia(+载体奶酪+低热量饮食)"条目中血压的下降与血浆中植物乳杆菌 TENSIA 产生的乙酰精胺(acetylated spermidine)有关。

四、益生菌对糖尿病和体重（肥胖）的预防和控制举例

益生菌抗糖尿病作用的潜在机制：促进 SCFA（乙酸盐、丙酸盐和丁酸盐）的产生，导致分泌肠促胰岛素激素，从而影响肠道屏障、血糖水平；增强免疫；减少氧化应激等。

1. 益生菌对 1 型糖尿病的预防和治疗作用（动物和临床试验）举例

通过益生菌来调节肠道微生物已经作为一种控制糖尿病风险的方法。干酪乳杆菌 YIT 9018 治疗 NOD 小鼠可使其避免 1 型糖尿病的发生，并且降低脾脏 $CD8^+$ T 细胞和全身性炎症标志物的数量。该益生菌治疗的小鼠也表现出较高的细胞因子 IL-2 水平及其表达水平，这可能有助于稳定 $Foxp3^+$ Treg 细胞。NOD 小鼠口服包含 $3 \times 10^{11}/g$ 活菌菌粉的复合益生菌 VSL♯3（VSL Pharmaceuticals，Ft Lauderdale，FL，USA）后，胰岛炎症、β 细胞损伤程度以及 1 型糖尿病发病率均比对照组降低。该复合益生菌包括双歧杆菌（长双歧杆菌、婴儿双歧杆菌和短双歧杆菌）、乳杆菌（嗜酸乳杆菌、干酪乳杆菌、德式乳杆菌保加利亚亚种和植物乳杆菌）以及唾液链球菌嗜热亚种。该研究发现派氏结（Peyer's patches）和脾脏中 IL-10 水平增加，胰腺中 IL-10 的表达上升，表明口服复合益生菌通过降低胰岛炎症的严重程度起到了免疫调节作用，从而阻止了 1 型糖尿病的发展。益生菌保护性效应的另一个潜在机理可能是其通过与肠上皮细胞的结合、诱导肠上皮细胞黏蛋白的表达来抑制肠致病性细菌的黏附。

一项对健康人的研究表明，摄入植物乳杆菌可以提高紧密连接蛋白的表达，从而提高肠道的完整性。另一项在芬兰进行的 PRODIA 研究考察了儿童 1 型糖尿病的遗传易感性以及复合益生菌（包含鼠李糖乳杆菌 LGG、鼠李糖乳杆菌 LC705、短双歧杆菌 Bbi99 以及费氏丙酸杆菌谢氏亚种 JS（*Propionibacterium freudenreichii* ssp. *shermanii* JS）对该人群糖尿病自身抗体的降低作用。表 7-6 列出了可能引起易发糖尿病动物模型和人体发生自体免疫糖尿病风险的微生物和其他因素。

表 7-6　可能引起自体免疫糖尿病风险的微生物和其他因素

可能延迟或防止自体免疫糖尿病发生	可能促进自体免疫糖尿病发生
慢性病毒感染[1]	
分枝杆菌感染[1]	拟杆菌种[1,2]
细菌抗原[1]	拟杆菌属[1,2]
蜡状芽孢杆菌（*B. cereus*）单独培养[1]	醇溶蛋白（Gliadin）[1,2]
乳杆菌属[1,2]	肠上皮细胞完整性受损[1,2]
约氏乳杆菌（*Lactobacillus johnsonii*）N6.2[1]	剖宫产分娩[2]
干酪乳杆菌[1]	童年时缺少传染源、共生微生物、寄生物等的接触[2,3]
益生菌 VSL♯3[1]	急性病毒感染[2]［柯萨奇病毒（Coxsackie virus）］
双歧杆菌属[1]	

①动物模型；②人体；③源自卫生假说（hygiene hypothesis）：童年时缺少传染源、共生微生物、寄生物等的接触，抑制了免疫系统的正常发展。

美国康奈尔大学生物化学工程师 John March 等对非病原性大肠杆菌 Nissle 进行基因改造，使其能产生 GLP-1，触发培养皿中的人类肠上皮细胞产生胰岛素，喂食这种基因工程

细菌可降低糖尿病小鼠血糖水平。

2. 益生菌对 2 型糖尿病的预防和治疗作用（动物和临床试验）举例

2007 年，英国雷丁大学 Gibson 团队发现，给糖尿病小鼠喂食低聚果糖，可使高脂饮食诱导的糖尿病小鼠肠道内的双歧杆菌显著增殖，修复受损的肠道微生态，降低内毒素水平。低聚果糖使糖尿病小鼠空腹胰岛素降低，餐后胰岛素分泌增加，胰岛素抵抗得以缓解。印度中央食品技术研究所研究表明，低聚果糖和低聚木糖都能有效降低小鼠空腹血糖含量，减轻糖尿病症状。其中，低聚果糖的效果更显著。动物实验的结果在人体试验中同样得到了印证。阿根廷国立图库曼大学的研究发现，糖尿病患者每天摄入 10g 低聚果糖，可有效缓解胰岛素抵抗、降低血糖水平。

嗜黏蛋白-阿克曼氏菌（*Akkermansia muciniphila*，Akk 菌）占肠道细菌的 3%～5%，肥胖者体内这种细菌较少。这种细菌能使肥胖小鼠在不改变其饮食的情况下，大幅度降低体重，而且降低体内胰岛素抗体水平，减轻 2 型糖尿病症状。这种细菌可以导致肠道黏液屏障变厚，从而阻止某些物质从肠道进入血液，也改变了来自消化系统的化学信号，促使身体其他部位改变处理脂肪的方式。另有一项研究报道二甲双胍可以通过增加膳食肥胖小鼠肠道的 *Akkermansia* spp. 数量来改善高脂膳食小鼠的血糖紊乱，口服 Akk 菌而没有服用二甲双胍的高脂膳食小鼠糖耐量也有显著改善，并且通过诱导 Foxp3 调节 T 细胞（Foxp3 regulatory T cells，Tregs）显著缓解了脂肪组织炎症。近期比利时鲁汶大学 Cani 团队采用随机、双盲、安慰剂对照人体试验，将超重/肥胖志愿者人群随机分为 3 组，分别每天口服 10^{10} 个 Akk 活菌、巴氏灭活 Akk 死菌和安慰剂 3 个月，期间不需要改变饮食习惯或者运动习惯。结果发现：与安慰剂组相比，口服灭活 Akk 菌可提高受试人群约 28% 的胰岛素敏感性，降低胰岛素血症和血浆总胆固醇；与安慰剂组相比，口服灭活 Akk 菌还轻微降低了受试人群的体重（$-2.27kg \pm 0.92kg$）、脂肪量（$-1.37kg \pm 0.82kg$）和臀围（$-2.63cm \pm 1.14cm$），且完全抵消安慰剂组白细胞数量的增加（白细胞计数与葡萄糖耐受不良和 2 型糖尿病风险有关）；口服 Akk 死菌能够显著降低血浆脂多糖（LPS）水平，全身组织损伤和肌肉特异性损伤的标志物也有所降低；Akk 死菌对生理指标改善优于 Akk 活菌。

张和平课题组发现干酪乳杆菌 *L. casei* Zhang 对大鼠糖耐量受损具有预防及改善作用。该研究采用高果糖水诱导 SD（Sprague-Dawley）大鼠高胰岛素血症合并糖耐量受损，试验分为正常组（NC）、预防组（LP）和对应模型组（HMⅠ）、治疗组（LT）和对应模型组（HMⅡ）5 个组。结果发现，*L. casei* Zhang 可以显著预防和改善糖耐量受损大鼠口服糖耐量，并显著升高肠道乳杆菌和双歧杆菌数量以及显著降低梭菌数量和肝糖原含量（$P < 0.05$）。预防组体重、血清胰岛素水平和胰高血糖素样肽 2（Glucagon-like peptide 2，GLP-2）水平明显低于 HMⅠ组（$P < 0.05$）。治疗组肠道 *Bacteroides fragilis* 数量、血清骨钙素水平、肝脏 AdipoR2、LXR-α 和 PPAR-γ mRNA 水平均显著高于 HMⅡ组，而丙二醛（MDA）水平显著低于 HMⅡ组（$P < 0.05$）。预防机制主要可能是 *L. casei* Zhang 可以减少肠道对大量果糖的吸收以及降低 GLP-2 水平从而降低体重和胰岛素水平。治疗改善机制主要可能是摄入 *L. casei* Zhang 可以保持肠道中较高数量的维生素 K_2 主要产生菌脆弱拟杆菌（*Bacteroides fragilis*）以增加骨钙素水

平，从而改善口服糖耐量水平。该课题组还进一步研究了 L. casei Zhang 降低 2 型糖尿病大鼠血糖并防止其糖尿病发病的机制。该研究采用高脂肪蔗糖（high fat sucrose，HFS）饮食诱导 SD 大鼠雄鼠的前胰岛素抵抗（pre-insulin resistance），采用低剂量链脲佐菌素（STZ）和 HFS 诱导 SD 大鼠雄鼠的 2 型糖尿病，两种模型试验分别分为 3 个组，即 HF（HFS）模型组、PB（HFS＋L. casei Zhang）治疗组和 CT（正常对照）组，以及 M（HFS＋STZ）模型组、P（HFS＋L. casei Zhang ＋STZ）治疗组和 A（正常对照）组。实验表明，L. casei Zhang 通过迅速改变肠道微生物组成来抑制大鼠高血糖症的发生和发展。高血糖症是与 1 型免疫响应、高血浆胆酸和尿液氯离子损失相关联的。L. casei Zhang 可以显著降低由链脲佐菌素诱导产生的内毒素 LPS 水平，抑制 Th1 相关的促炎因子 IFN-γ 和 TNF-α 水平以及 Th1 免疫响应相关的 T-bet mRNA 水平。L. casei Zhang 改变肠道微生物组成的短期效应可能在慢性炎症发生前通过上调氯离子依赖基因（ClC1-7，GlyRα1，SLC26A3，SLC26A6，GABAAα1，Bestrophin-3 和 CFTR）阻止氯离子损失，从而引起多器官中氯离子的内流。盲肠中微生物组成发生变化尤其是胆酸 7α-脱羟基细菌减少，同时粪便中胆酸含量减少，这些变化与器官氯离子内流相一致。研究人员推断 L. casei Zhang 防止 2 型糖尿病的发生可能主要是通过基于肠道微生物的胆酸-氯离子交换机制，相关的精确机理有待进一步研究。

一项发表在《细胞代谢》（Cell Metabolism）上的研究为益生菌和脂肪酸参与血糖调节提供了证据：小肠上段的长链酰基辅酶 A 合成酶 3（ACSL3）依赖型-脂肪酸感应通路影响糖稳态，在常规饲料组大鼠小肠上段注入脂肪乳化剂、油酸、亚油酸，可增加葡萄糖耐受、减少葡萄糖生成；高脂饮食减少小肠上段的加氏乳杆菌数量和 ACSL3 表达量，损害 ACSL3 依赖型-脂肪酸感应；移植常规饲料组大鼠的小肠菌群，可恢复高脂饮食组大鼠的加氏乳杆菌数量和 ACSL3 依赖型-感应通路，摄入加氏乳杆菌也可恢复高脂饮食组大鼠的 ACSL3 依赖型-脂肪酸感应通路。

近期一项针对 74 名 2 型糖尿病患者的随机、双盲、安慰剂对照试验研究发现，口服活性罗伊氏乳杆菌 ADR-1 或热灭活 ADR-3，可分别改善患者的血糖、血清胆固醇或血压，且患者粪便中的罗伊氏乳杆菌水平增加与糖化血红蛋白的降低相关。另一项针对 61 名 2 型糖尿病患者的随机、双盲、安慰剂对照试验研究发现，补充 Ecologic® Barrier 多菌株益生菌（双歧杆菌属及乳杆菌属中的多个菌株）产品 6 个月，减少了患者血液中近 70% 的内毒素，并降低血糖、胰岛素、胰岛素抵抗指数（HOMA-IR）、甘油三酯、总胆固醇、总胆固醇/HDL 胆固醇、TNF-α 及 IL-6，显著增加了脂联素。但相比于安慰剂组，上述指标中仅有胰岛素抵抗指数在益生菌组中得到了临床上的显著降低。

3. 益生菌对体重（肥胖）的控制

（1）益生菌对体重（肥胖）的控制机制

① 抑制食欲，增加饱腹感。益生菌可以通过刺激 CCK、GLP-1 等饱腹因子的释放，以及减少胃促生长激素的分泌，从而减少食物摄入，降低体重和脂肪的蓄积。

② 降低胆固醇。益生菌可以通过同化作用以及共沉淀作用减少胆固醇的吸收。

③ 调节肠道菌相。益生菌进入肠道内后，使失衡的肠道菌相正常化（厚壁菌门减少，拟杆菌门增加），降低肠上皮细胞的通透性，减少循环中 LPS 的含量，减少炎症因子，进而

提高胰岛素敏感性。

（2）益生菌对体重（肥胖）的控制举例

Tabuchi 等的研究表明，给糖尿病小鼠口服乳酸杆菌后能降低血浆葡萄糖水平和延迟葡萄糖耐量的发展。MARTIN 等给予无菌小鼠一次性口服婴儿粪便，随后每天给予乳酸杆菌变性酪蛋白和乳酸杆菌鼠李糖的混合剂，发现益生菌能增加胆汁酸的肠肝循环，刺激糖酵解，调节氨基酸和短链脂肪酸的代谢。Cani 等发现在小鼠肠道中选择性地增加双歧杆菌会减少全身性炎症和肝炎的发生，可能是通过防止肠道通透性增加和细菌迁移来实现的。

益生元如低聚果糖、菊糖、半乳糖苷、乳果糖等，能刺激肠道菌的生长与活性。Cani 等对 10 例非肥胖者（5 男 5 女，BMI：$18.5 \sim 27.4 \mathrm{kg/m^2}$）给予 2 周的低聚果糖摄入，能增加试验者在用餐时的饱食感，减少对食物的欲望，每天热能的摄入量比平时要降低 5% 左右。

将益生菌和益生元联合使用来改变肠道菌群的状况以治疗肥胖，二者联合使用以减少热能的摄入量，减少脂肪的沉积，增加产生饱食感和能量的消耗来取得好的治疗效果。

综上所述，益生菌作为一种环境因素，与饮食和能量摄入、肠道微生物、化学/物理/其他微生物（如病毒）刺激类似，各环境因素以及遗传因素等分别或协同作用，影响宿主的代谢，从而起到延缓或预防糖尿病和肥胖的作用，潜在机制如图 7-3 所示。这些机制包括对各种微生物的拮抗作用、对黏膜和上皮的竞争性黏附（抑菌活性）、增加的黏液产生和增强屏障完整性（增强屏障功能）以及调节人类免疫系统（免疫调节）。

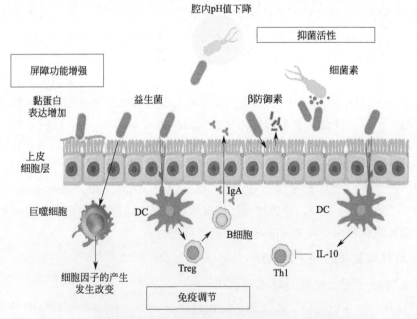

图 7-2 益生菌通过调节肠道菌相改善体重（肥胖）的潜在机制

益生菌也可能与益生元一起联用，即"合生元"（synbiotics），可增强对血糖和炎症的控制。益生菌或益生元可有益地改变肠道微生物群的组成，以维持葡萄糖稳态。可能的作用机制包括：产生的 SCFA 导致肠促胰岛素激素的分泌，介导了胰岛素依赖性和饱腹性效应；

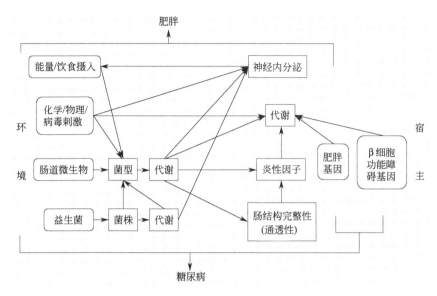

图 7-3　益生菌作为一种环境因素对肥胖和糖尿病的影响

通过减轻氧化应激和降低促炎细胞因子来保护 β 细胞；组织中 AMP 参与骨骼肌葡萄糖运转蛋白（尤其是 GLUT4）的上调，带来抗脂解活性和胰岛素敏感性增强。此外，益生菌产生的 SCFA 的另一个作用是通过 IGN 控制血糖，并由门静脉周围神经系统介导。SCFA 的抗糖尿病作用需要进一步研究。使用抗性淀粉和合生元可能成为糖尿病的一种营养策略。

第三节　相关因果机制研究及功能性益生菌的筛选

一、相关因果机制研究的一般方法和原理

肥胖等代谢综合征的原因并不只是上述一种，是否还有其他条件致病菌也有类似作用，具体作用机制是什么，肠道细菌与饮食和宿主的相互作用机制又是什么，这都需要更多的实验证据，以及更深入地研究其间的作用过程和分子机制。赵立平在近期的综述文章中总结出了这类研究的一般模式：

① 从宿主疾病信息与全微生物组的关联性分析去寻找可能的关键菌种类；

② 对易于分离可单独培养的功能性细菌，导入无菌动物中复制疾病模型；

③ 若功能菌不易单独培养，可进行大规模干预研究（如评估下调候选序列水平是否改善疾病表型）。

以上三方面相结合，综合运用多元统计工具（如主成分分析、冗余分析和偏最小二乘模型等）、多组学协方差分析研究关键细菌/序列与宿主代谢（组学）指标、转录组通路和蛋白组通路等之间的相关性，从而研究从肥胖致病菌到疾病各种症状的出现之间的分子机制，并综合论证其中的因果关系。该模式除了可以用于探究肠道细菌在肥胖及其相关代谢性疾病的发生、发展中的地位和作用，也可以应用于肠道菌群与其他慢性病的关系研究，对于深入认识人体慢性病的发病机制，开发疾病诊断、预防和治疗的新技术、新方法具有重要的意义。

二、功能性益生菌的筛选

1. 调节血糖作用的益生菌体外预筛选

主要采用麦芽糖酶/α-葡萄糖苷酶（maltase/α-glucosidase）抑制模型，如干酪乳杆菌 JH-28、LC2W（CGMCC No. 0828）和植物乳杆菌 ST-Ⅲ（CGMCC No. 0847）等。江南大学陈卫课题组以鼠李糖乳杆菌 *Lactocobacillus rhamnosus* GG（LGG）作为阳性对照菌株，对该实验室的 7 株乳酸菌的 α-葡萄糖苷酶酶活的抑制能力、抗氧化能力及其基本的益生特性进行了研究，并用主成分分析方法做了总体评价，获得了具有潜在降糖作用的干酪乳杆菌 CCFM0412。该菌株具有较好的 α-葡萄糖苷酶抑制活性、较强的抗氧化能力。该课题组还通过耐酸、耐胆盐、抗氧化能力和 α-葡萄糖苷酶酶活抑制率考察后，从 11 株乳酸菌中筛选出一株干酪乳杆菌 *L. casei* 2W（LC2W）和一株鼠李糖乳杆菌 Z7。LC2W 的性能显著优于 LGG，Z7 是最接近 LGG 的菌株，这两株菌可能具有潜在的抗糖尿病作用。乳业生物技术国家重点实验室也在 2011 年发现干酪乳杆菌 LC2W 具有抑制麦芽糖酶和 α-葡萄糖苷酶活性的作用，并于 2012 年获得专利授权。

也可采用 DPP4 抑制模型。基肽酶-4 抑制剂（DPP-4i）是目前被美国临床内分泌学会推荐的 2 型糖尿病一线降糖药物。第三军医大学的魏泓教授与郑宏庭教授团队在《E 生物医药》（EBioMedicine）发表研究报告，发现 DPP-4i 可以通过改变菌群结构来发挥降血糖的功效。与阿卡波糖相比，DPP-4i 造成的菌群改变挽救了由 HFD 诱导的 68.6% 菌属的变化，改善小鼠葡萄糖耐量；增加了拟杆菌的丰度，促进了肠道菌群的功能转变，增加了琥珀酸的产生。因此，通过筛选对 DPP4 有抑制作用的菌株也就能较大可能地筛选到可以调节肠道菌群结构、改善血糖水平的潜力菌株。

2. 调节血脂作用的益生菌体外预筛选

主要采用胆固醇移除模型（如罗氏乳杆菌 DSM122460）以及降解胆盐和结合胆固醇模型，如植物乳杆菌 ST-Ⅲ（CGMCC No. 0847）和干酪乳杆菌 BD-Ⅱ（CGMCC No. 0849）等。

3. 靶向宿主相关基因和肠道菌的精准筛选

如靶向小肠上皮细胞的组蛋白脱乙酰酶 3（HDAC3）表达、肠道紧密连接、肠道 Akk 菌丰度等。

参考文献

[1]　Boerner B P, Sarvetnick N E, Annals N Y a S. Type 1 diabetes: role of intestinal microbiome in humans and mice. Year in Diabetes and Obesity, 2011, 1243: 103-118.

[2]　San-Cristobal R, Navas-Carretero S, Martinez-Gonzalez M A, et al. Contribution of macronutrients to obesity: implications for precision nutrition. Nature Reviews Endocrinology, 2020, 16 (6): 305-320.

[3]　Backhed F, Ding H, Wang T, et al. The gut microbiota as an environmental factor that regulates fat storage. Proc Natl Acad Sci USA, 2004, 101 (44): 15718-15723.

[4]　Bäckhed F, Manchester J K, Semenkovich C F, et al. Mechanisms underlying the resistance to diet-induced obesity in germ-free mice. Proceedings of the National Academy of Sciences, 2007, 104 (3): 979-984.

[5]　Cani P D, Neyrinck A M, Fava F, et al. Selective increases of bifidobacteria in gut microflora improve high-fat-diet-induced diabetes in mice through a mechanism associated with endotoxaemia. Diabetologia, 2007, 50 (11):

2374-2383.

［6］ Marino E，Richards J L，Mcleod K H，et al. Gut microbial metabolites limit the frequency of autoimmune T cells and protect against type 1 diabetes. Nature Immunology，2017，18（5）：552-562.

［7］ Xiao L，Van't Land B，Engen P A，et al. Human milk oligosaccharides protect against the development of autoimmune diabetes in NOD-mice. Scientific Reports，2018，8：3829.

［8］ Mullaney J A，Stephens J E，Costello M E，et al. Type 1 diabetes susceptibility alleles are associated with distinct alterations in the gut microbiota. Microbiome，2018，6：35.

［9］ Huang J，Pearson J A，Peng J，et al. Gut microbial metabolites alter IgA immunity in type 1 diabetes. JCI insight，2020，5（10）：e135718.

［10］ Larsen N，Vogensen F K，Van Den Berg F W，et al. Gut microbiota in human adults with type 2 diabetes differs from non-diabetic adults. PloS one，2010，5（2）：e9085.

［11］ Ley R E，Bäckhed F，Turnbaugh P，et al. Obesity alters gut microbial ecology. Proc Natl Acad Sci USA，2005，102（31）：11070-11075.

［12］ Ley R E，Turnbaugh P J，Klein S，et al. Microbial ecology：human gut microbes associated with obesity. Nature，2006，444（7122）：1022-1023.

［13］ Qin J，Li Y，Cai Z，et al. A metagenome-wide association study of gut microbiota in type 2 diabetes. Nature，2012，490（7418）：55-60.

［14］ Karlsson F H，Tremaroli V，Nookaew I，et al. Gut metagenome in European women with normal，impaired and diabetic glucose control. Nature，2013，498（7452）：99-103.

［15］ Xu J，Lian F，Zhao L，et al. Structural modulation of gut microbiota during alleviation of type 2 diabetes with a Chinese herbal formula. The ISME Journal，2015，9（3）：552-562.

［16］ Zhao L P，Zhang F，Ding X Y，et al. Gut bacteria selectively promoted by dietary fibers alleviate type 2 diabetes. Science，2018，359（6380）：1151-1156.

［17］ Sanna S，Van Zuydam N R，Mahajan A，et al. Causal relationships among the gut microbiome，short-chain fatty acids and metabolic diseases. Nature Genetics，2019，51（4）：600-605.

［18］ Vangipurapu J，Fernandes Silva L，Kuulasmaa T，et al. Microbiota-Related Metabolites and the Risk of Type 2 Diabetes. Diabetes care，2020，43（6）：1319-1325.

［19］ Koh A，Molinaro A，Stahlman M，et al. Microbially Produced Imidazole Propionate Impairs Insulin Signaling through mTORC1. Cell，2018，175（4）：947-961.

［20］ Ridaura V K，Faith J J，Rey F E，et al. Gut microbiota from twins discordant for obesity modulate metabolism in mice. Science，2013，341（6150）：1241214.

［21］ Turnbaugh P J，Hamady M，Yatsunenko T，et al. A core gut microbiome in obese and lean twins. Nature，2009，457（7228）：480-484.

［22］ Ottosson F，Brunkwall L，Ericson U，et al. Connection Between BMI-Related Plasma Metabolite Profile and Gut Microbiota. Journal of Clinical Endocrinology & Metabolism，2018，103（4）：1491-1501.

［23］ Turnbaugh P J，Bäckhed F，Fulton L，et al. Diet-induced obesity is linked to marked but reversible alterations in the mouse distal gut microbiome. Cell host & microbe，2008，3（4）：213-223.

［24］ Zierer J，Jackson M A，Kastenmuller G，et al. The fecal metabolome as a functional readout of the gut microbiome. Nature Genetics，2018，50（6）：790-795.

［25］ Dehghan P，Farhangi M A，Nikniaz L，et al. Gut microbiota-derived metabolite trimethylamine N-oxide（TMAO）potentially increases the risk of obesity in adults：An exploratory systematic review and dose-response meta-analysis. Obesity Reviews，2020，21（5）：e12993.

［26］ Kuang Z，Wang Y H，Li Y，et al. The intestinal microbiota programs diurnal rhythms in host metabolism through histone deacetylase 3. Science，2019，365（6460）：1428-1434.

［27］ Sun L J，Ma L J，Ma Y B，et al. Insights into the role of gut microbiota in obesity：pathogenesis，mechanisms， and therapeutic perspectives. Protein Cell，2018，9（5）：397-403.

[28] Petersen C，Bell R，Kiag K A，et al. T cell-mediated regulation of the microbiota protects against obesity. Science，2019，365（6451）：eaat9351.

[29] 赵立平，费娜. 肠道菌群与肥胖症的关系研究进展. 微生物与感染，2013，8（2）：67-71.

[30] Delzenne N M，Neyrinck A M，Bäckhed F，et al. Targeting gut microbiota in obesity：effects of prebiotics and pro-biotics. Nature Reviews Endocrinology，2011，7（11）：639-646.

[31] Samuel B S，Shaito A，Motoike T，et al. Effects of the gut microbiota on host adiposity are modulated by the short-chain fatty-acid binding G protein-coupled receptor，Gpr41. Proceedings of the National Academy of Sciences，2008，105（43）：16767-16772.

[32] Karra E，Chandarana K，Batterham R L. The role of peptide YY in appetite regulation and obesity. The Journal of physiology，2009，587（1）：19-25.

[33] Cani P D，Amar J，Iglesias M A，et al. Metabolic endotoxemia initiates obesity and insulin resistance. Diabetes，2007，56（7）：1761-1772.

[34] Cani P D，Possemiers S，Van De Wiele T，et al. Changes in gut microbiota control inflammation in obese mice through a mechanism involving GLP-2-driven improvement of gut permeability. Gut，2009，58（8）：1091-1103.

[35] Wright S D，Ramos R A，Tobias P S，et al. CD14，a receptor for complexes of lipopolysaccharide（LPS）and LPS binding protein. Science，1990，249（4975）：1431-1433.

[36] Fei N，Zhao L. An opportunistic pathogen isolated from the gut of an obese human causes obesity in germfree mice. The ISME journal，2013，7（4）：880-884.

[37] Zhang X，Zhao Y，Zhang M，et al. Structural Changes of Gut Microbiota during Berberine-Mediated Prevention of Obesity and Insulin Resistance in High-Fat Diet-Fed Rats. PLoS ONE，2012，7（8）：e42529.

[38] Citi S. Intestinal barriers protect against disease. Science，2018，359（6380）：1097-1098.

[39] Soderborg T K，Clark S E，Mulligan C E，et al. The gut microbiota in infants of obese mothers increases inflamma-tion and susceptibility to NAFLD. Nature Communications，2019，10：2965.

[40] Zhang Q，Pan Y，Zeng B H，et al. Intestinal lysozyme liberates Nod1 ligands from microbes to direct insulin traffic-king in pancreatic beta cells. Cell Res，2019，29（7）：516-532.

[41] Sroka-Oleksiak A，Mlodzinska A，Bulanda M，et al. Metagenomic Analysis of Duodenal Microbiota Reveals a Po-tential Biomarker of Dysbiosis in the Course of Obesity and Type 2 Diabetes：A Pilot Study. J Clin Med，2020，9（2）：369.

[42] Giannoudaki E，Hernandez-Santana Y E，Mulfaul K，et al. Interleukin-36 cytokines alter the intestinal microbiome and can protect against obesity and metabolic dysfunction. Nature Communications，2019，10：4003.

[43] Anhe F F，Jensen B a H，Varin T V，et al. Type 2 diabetes influences bacterial tissue compartmentalisation in hu-man obesity. Nat Metab，2020，2（3）：233-242.

[44] Massier L，Chakaroun R，Tabei S，et al. Adipose tissue derived bacteria are associated with inflammation in obesity and type 2 diabetes. Gut，2020，in press，DOI：10. 1136/gutjnl-2019-320118.

[45] Zhang C H，Zhao L P. Strain-level dissection of the contribution of the gut microbiome to human metabolic dis-ease. Genome Med，2016，8：41.

[46] Zeevi D，Korem T，Zmora N，et al. Personalized Nutrition by Prediction of Glycemic Responses. Cell，2015，163（5）：1079-1094.

[47] Firouzi S，Barakatun-Nisak M Y，Ismail A，et al. Role of probiotics in modulating glucose homeostasis：evidence from animal and human studies. International journal of food sciences and nutrition，2013，64（6）：780-786.

[48] 郭本恒，蒋能群，孙立国等. 植物乳杆菌 ST-Ⅲ 的减肥用途：CN，200410066891. 7. 2006-04-05.

[49] 蒋能群，孙立国，郭本恒. 植物乳杆菌 ST-Ⅲ 菌株及其在调节血脂方面的应用：CN，03116377. 7. 2004-01-14.

[50] 蒋能群，孙立国，郭本恒. 干酪乳杆菌 Bd-Ⅱ 菌株及其在降低血脂方面的应用：CN，03128995. 9. 2004-12-08.

[51] Hanninen A，Toivonen R，Poysti S，et al. Akkermansia muciniphila induces gut microbiota remodelling and controls

islet autoimmunity in NOD mice. Gut，2018，67（8）：1445-1453.

[52] Hove K D，Brons C，Faerch K，et al. Effects of 12 weeks of treatment with fermented milk on blood pressure，glucose metabolism and markers of cardiovascular risk in patients with type 2 diabetes：a randomised double-blind placebo-controlled study. Eur J Endocrinol，2015，172（1）：11-20.

[53] Ostadrahimi A，Taghizadeh A，Mobasseri M，et al. Effect of Probiotic Fermented Milk（Kefir）on Glycemic Control and Lipid Profile In Type 2 Diabetic Patients：A Randomized Double-Blind Placebo-Controlled Clinical Trial. Iran J Public Health，2015，44（2）：228-237.

[54] Karamali M，Dadkhah F，Sadrkhanlou M，et al. Effects of probiotic supplementation on glycaemic control and lipid profiles in gestational diabetes：A randomized，double-blind，placebo-controlled trial. Diabetes & Metabolism，2016，42（4）：234-241.

[55] Park J E，Oh S H，Cha Y S. *Lactobacillus plantarum* LG42 isolated from gajami sik-hae decreases body and fat pad weights in diet-induced obese mice. Journal of Applied Microbiology，2014，116（1）：145-156.

[56] Park S Y，Cho S A，Lee M K，et al. Effect of *Lactobacillus plantarum* FH185 on the Reduction of Adipocyte Size and Gut Microbial Changes in Mice with Diet-induced Obesity. Korean J Food Sci Anim Resour，2015，35（2）：171-178.

[57] Wu C C，Weng W L，Lai W L，et al. Effect of Lactobacillus plantarum Strain K21 on High-Fat Diet-Fed Obese Mice. Evid-based Complement Altern Med，2015：391767.

[58] Ogawa A，Kadooka Y，Kato K，et al. *Lactobacillus gasseri* SBT2055 reduces postprandial and fasting serum non-esterified fatty acid levels in Japanese hypertriacylglycerolemic subjects. Lipids Health Dis，2014，13：36.

[59] Kim J，Yun J M，Kim M K，et al. *Lactobacillus gasseri* BNR17 Supplementation Reduces the Visceral Fat Accumulation and Waist Circumference in Obese Adults：A Randomized，Double-Blind，Placebo-Controlled Trial. J Med Food，2018，21（5）：454-461.

[60] Minami J，Iwabuchi N，Tanaka M，et al. Effects of Bifidobacterium breve B-3 on body fat reductions in pre-obese adults：a randomized，double-blind，placebo-controlled trial. Biosci Microbiota Food Health，2018，37（3）：67-75.

[61] Kim Y A，Keogh J B，Clifton P M. Probiotics，prebiotics，synbiotics and insulin sensitivity. Nutrition Research Reviews，2018，31（1）：35-51.

[62] Duan F，Curtis K L，March J C. Secretion of insulinotropic proteins by commensal bacteria：Rewiring the gut to treat diabetes. Applied and environmental microbiology，2008，74（23）：7437-7438.

[63] Duan F，March J C. Commensal bacteria as signal mediators within a mammalian host：EP，20090730686. 2009-04-08.

[64] Depommier C，Everard A，Druart C，et al. Supplementation with Akkermansia muciniphila in overweight and obese human volunteers：a proof-of-concept exploratory study. Nature Medicine，2019，25（7）：1096-1103.

[65] Zhang Y，Wang L，Zhang J，et al. Probiotic *Lactobacillus casei* Zhang ameliorates high-fructose-induced impaired glucose tolerance in hyperinsulinemia rats. European journal of nutrition，2014，53（1）：221-232.

[66] Bauer P V，Duca F A，Waise T M Z，et al. *Lactobacillus gasseri* in the Upper Small Intestine Impacts an ACSL3-Dependent Fatty Acid-Sensing Pathway Regulating Whole-Body Glucose Homeostasis. Cell Metabolism，2018，27（3）：572-587.

[67] Sabico S，Al-Mashharawi A，Al-Daghri N M，et al. Effects of a 6-month multi-strain probiotics supplementation in endotoxemic，inflammatory and cardiometabolic status of T2DM patients：A randomized，double-blind，placebo-controlled trial. Clinical Nutrition，2019，38（4）：1561-1569.

[68] Zhao L. The gut microbiota and obesity：from correlation to causality. Nat Rev Microbiol，2013，11（9）：639-647.

[69] 吴正钧，季红，范文娅，等. 干酪乳杆菌 LC2W 在制备 Alpha-糖苷酶抑制剂中的用途：CN，201110404272.4. 2012-07-04.

[70] 吴正钧，韩瑨，周方方，等. 由植物乳杆菌 ST-Ⅲ 发酵的发酵豆制品和 α-葡萄糖苷酶抑制剂：CN，103169075A. 2013-06-26.

[71] Liao X Y，Song L Y，Zeng B H，et al. Alteration of gut microbiota induced by DPP-4i treatment improves glucose homeostasis. EBioMedicine，2019，44：665-674.

[72] Jiang N，Guo B，Sun L. *Lactobacillus casei* Bd-Ⅱ stain and used to reduce blood cholesterol：US，7270994 B2. 2007-09-18.

第八章

益生菌与衰老

第一节 衰老的概念、分类、表现以及研究意义

一、衰老的概念

衰老（ageing，aging，senescence）是指生物体随着时间累积的功能下降，其特点在于生理完整性的渐进性丧失，由此导致生理功能的受损和死亡易感性的增加。这种恶化是大多数人类疾病（包括癌症、糖尿病、心血管疾病、代谢疾病、免疫功能疾病、肾脏疾病以及神经退行性疾病等）的主要危险因素。更准确地说，通常研究的衰老应该是机体"老化"（aging，ageing）的动态过程，而 senescence 更倾向衰老的状态，或多数时候特指细胞的衰老，二者既有联系又有区别，不过很多时候习惯上将这二者等同表述。

二、衰老的类型

1. 从机体水平分为自然衰老和疾病引起的衰老

自然衰老即生理性衰老（physiological senility），是指正常状况下生物发育成熟后随年龄增加所出现的生理性退化，细胞、组织、器官的形态和结构逐步发生退行性改变，自身机能减退，内环境失衡和应激能力下降，也称正常衰老，这是不可逆转的趋向死亡的现象。

疾病引起的衰老即病理性衰老（pathological senility），是指在自然衰老基础上，由于疾病或某种外来异常因素导致衰老的加速，使以上衰退现象提早出现，也称异常衰老。

这两个过程难以严格区分，实际上往往同时存在，并相互影响和促进。

2. 从细胞水平分为细胞复制性衰老和非复制性衰老

细胞复制性衰老（replicative senescence）也称Ⅰ型细胞衰老，由细胞有丝分裂中复制压力和障碍导致染色体损伤反应和细胞复制功能的丧失，从而阻滞细胞周期，通常由细胞周期依赖蛋白激酶（cyclin-dependent protein kinase，CDK）抑制因子增加导致。常见的相关疾病如单个和家族再生障碍性贫血、骨髓增生异常综合征、常染色体显性角化不良症、特发

性肺纤维化、肿瘤、高血压等。

细胞非复制性衰老（non-replicative senescence）也称Ⅱ型细胞衰老，主要是终末端完全分化细胞由合成、代谢和内环境稳定压力所导致的细胞器等重要膜性结构损伤以及由细胞代谢障碍所引起的细胞特殊分化后的动能丧失。常见的相关疾病如帕金森病、阿尔茨海默病为代表的神经退行性疾病以及糖尿病等。最近的研究发现β细胞衰老是1型和2型糖尿病的一个共同原因。

三、衰老的表现

1. 衰老在机体各系统的表现

衰老存在4点共性，即各种生物都必然会发生的普遍性、由生物本身遗传性所决定的内在性、不可逆转的渐进性、最终导致生物体生理功能下降甚至发生疾病和死亡的有害性。对人体来说，衰老的速度因人因时因环境而异，衰老的表现如表8-1所示。

表 8-1　衰老的表现

改变的方面	指标	发生年龄	具体表现
形貌	须发	30岁	男性通常开始脱发,40~50岁变灰白
	皮肤	25岁	由光滑变暗淡松弛,40~50岁出现皱纹/老年斑
	肌肉	20岁	由丰满变萎缩(皮下脂肪减少)
	韧带	40~50岁	失去弹性(关节磨损)
	行为	40~50岁	行动变迟缓,步履变蹒跚
	视觉	40~50岁	眼晶状体硬化,出现老花眼
	听觉	40~50岁	听力减退(耳蜗神经退化)
	牙齿	40~50岁	脱落(牙龈萎缩)
	味觉	40~50岁	迟钝(味蕾减少)
	嗅觉	40~50岁	敏感度下降
	背部	40~50岁	驼背,身高变矮(脊柱退行性改变)
	体重	40~50岁	减轻(骨质疏松、细胞液减少)
神经系统	神经细胞	20岁	减少(神经细胞不可再生)
	脑动脉血管	40~50岁	粥样硬化、血管壁萎缩
	大脑	70岁	重量减轻、脑膜变厚、脑回变窄、额叶萎缩、大脑皮层表面积减少,记忆力减退,生理性睡眠时间缩短(也有说法是20岁开始神经细胞逐步减少)
心血管系统	冠状动脉	20~30岁	硬化
	心输血量	30岁	逐年减少
呼吸系统	肺组织	20岁	弹性下降、体积萎缩、肺泡比例减少、肺活量降低
消化系统	胃	30岁	胃黏膜萎缩,胃液分泌减少,消化功能下降
	肝	65岁	细胞再生能力变差,细胞数量减少,使肝脏萎缩、重量减轻,解毒功能下降
	胆	40岁	胆汁分泌减少
	胰腺	40岁	分泌减少
	肠	55岁	肌层萎缩,肠黏膜分泌减少,肠蠕动功能减弱,消化吸收能力变差
泌尿系统	肾	30岁	体积缩小、重量变轻、肾小球数目减少,肾血管硬化,功能减退
	输尿管/膀胱/尿道	30岁	萎缩而容量减少,易发生尿频现象(也有说法是膀胱衰老始于65岁)
	男性前列腺	50岁	男性前列腺肥大,引起排尿障碍

续表

改变的方面	指标	发生年龄	具体表现
内分泌系统	腺体	35岁	萎缩、重量减轻、纤维化、内分泌素减少,对环境应激能力下降,激素水平普遍下降
	睾丸/卵巢等	35岁	萎缩
免疫系统	胸腺/脾脏/骨髓/淋巴结	性成熟后	腺体萎缩、组织纤维化、重量减轻,外周血中淋巴细胞尤其是T细胞减少,杀伤细胞NK活力下降,自身免疫抗体增多,易患自身免疫性疾病
血液	细胞/蛋白质/水分	25岁	红细胞减少,贫血倾向,血清中白蛋白减少,血沉加快,血液中总蛋白量减少,血液含水分减少,使血液黏稠度升高,易引发心脑血管疾病
肌肉骨骼系统	骨组织	35岁	钙代谢不平衡,骨密度下降,易骨折
	关节软骨	20～30岁	变硬失去弹性,灵活度下降
	骨骼肌	20～30岁	肌纤维萎缩、肌肉变硬失去弹性,使行动迟缓、协调性下降
代谢	脂肪/蛋白质/糖、水分/钾/氧	25岁	代谢水平普遍下降,体内组织水分含量减少,动脉血中氧分压减少,气体交换能力下降,钾含量下降
细胞更替	可再生细胞(上皮细胞、皮肤和肝细胞、血液组成细胞)	25岁	细胞更新能力下降
	非再生细胞(如神经细胞、心肌细胞、骨骼肌细胞)	20岁	细胞死亡后不再补充
肠道菌群	菌群种类分布	55岁	双歧杆菌减少

衰老的相关研究表明,衰老与很多疾病发生机制具有共同的基础,如:癌症与肿瘤(乳腺癌、血癌、结肠癌等)、神经退行性疾病(如阿尔茨海默病、帕金森病、癫痫症等)、情绪和认知方面疾病(如抑郁症、焦虑症、自闭症、认知能力下降等)、三高症(高血压、高脂血症、高血糖)、其他心血管疾病(动脉硬化、心脏病、冠心病)、肾脏疾病、免疫系统相关疾病(自体免疫疾病、免疫系统功能下降等)以及其他老年性疾病(白内障、骨质疏松、肌肉萎缩、耳聋等)等。

2. 衰老在肠道菌群的表现

老年人与年轻人肠道菌群存在明显差异,衰老与肠道菌群组成具有一定的相关性。从细胞数量上来说,人体其实是由10%的自身细胞和90%的共生微生物共同组成的一个超有机体,这些共生细菌中绝大部分位于人体肠道。与人体共生或寄生的微生物如细菌、原生动物、病毒等的基因组的总和被称为人类的"第二基因组"(other genome),即人类宏基因组(human metagenome)。肠道菌群种类和分布情况及其代谢产物与人体老化程度、健康和疾病都有重要关系。

2007年对狗衰老的研究表明,随着年龄增长和能量摄入限制,肠道菌群代谢出现明显的变化,说明肠道菌群代谢可能与寿命的延长和疾病的发生存在密切关系。2008年研究人员发现肠道菌群的组成和动态变化与人体的代谢表型密切相关,肠道菌群和代谢表型不仅在中国人和美国人之间存在差异,而且在成年人和婴儿之间也具有明显的差异。

研究发现,肠道菌群并非人体生来就有,而是外来细菌通过胎儿分娩时阴道物质摄入、哺乳时口腔摄入以及空气吸入等途径进入体内,并在肠道内逐渐定植形成的。人体肠道细菌中最主要的菌属包括双歧杆菌属、乳杆菌属、拟杆菌属和真杆菌属等,在肠道不同节段内随着 pH 值的差异，细菌的分布和数量也不完全相同。重要的是，从婴儿期到老年期，人体肠道内的菌群分布是随着年龄变化而变化的（表 8-2）。

一项对丹麦 330 名出生后 9 个月、18 个月和 36 个月的健康婴儿粪便样本的研究，依据基于拟杆菌属和普氏菌属相对水平的肠型概念对样本进行分类，发现肠型建立出现在 9～36 月龄之间。30％的个体在 18～36 月龄间肠型发生改变。菌群结构最明显受影响的时间是 9～18 个月断奶添加辅食的时候，会导致乳酸杆菌、双歧杆菌和肠杆菌特征性被梭菌属和拟杆菌属为优势菌的特征性所替代。研究发现从第 9～18 个月的时候，身体质量指数的增加与产短链脂肪酸梭菌属的增长呈正相关。大量研究证实，随着机体的衰老，有益微生物数量和有害微生物数量呈此消彼长的趋势。

表 8-2　人体肠道内菌群分布随着年龄的变化

年龄段	肠道菌群分布情况
刚出生	无菌
出生后几小时	大量需氧菌和兼性厌氧菌
2～3d	严格厌氧菌(双歧杆菌)大幅取代好氧菌和兼性厌氧菌
5～7d 开始的婴儿期	双歧杆菌的增长达到高峰,后趋于稳定,成为主要菌群
离乳期	拟杆菌、厌氧链球菌等厌氧菌逐步增多,双歧杆菌数量逐渐减少到约为总菌数的 10%,类型由婴儿双歧杆菌和短双歧杆菌转变为长双歧杆菌和青春双歧杆菌
健康成年阶段	维持上述菌群结构稳定
老年期	双歧杆菌进一步减少

不同疾病状态对应的特定部位的菌群也会发生相应变化，即肠道菌群的病理性演替（pathological succession），这在某些消化道疾病中尤其明显。例如慢性腹泻对应于厌氧菌（如双歧杆菌、乳杆菌和拟杆菌等）数量的减少，以及好氧菌中肠杆菌和肠球菌数量的增加。

正常情况下肠道微生物与肠体的互动平衡保证了肠道整体的健康。对于肠道中有益微生物（如乳杆菌和双歧杆菌）较多的人，其健康和长寿的概率较大。

菌群失调则会伴随一系列的健康问题，包括肠道疾病［如肠易激综合征（irritable bowel syndrome，IBS）、炎性肠病（inflammatory bowel disease，IBD）、便秘、腹泻、胀气、消化不良等］、代谢综合征（如高脂血症、高血压、肥胖症、糖尿病）、免疫力低下、心脏病、营养不良、过敏、哮喘、牙周病、癌症、精神疾病（如抑郁症、自闭症等），甚至艾滋病。一项对 178 名年龄在 64～102 岁、平均年龄 78 岁的老人的研究发现，老年人的健康状况与他们的饮食种类和肠道菌群紧密相关，他们的饮食选择会对其肠道内的菌群产生作用，进而影响到他们的总体健康水平。该研究发现肠道内的微生物群落会随着人们所居住的地点和所吃的食物而发生变化。通常来说，随着人体的老化，消化系统的功能也会减弱，需要更多种类的微生物来发挥消化食物的功能，让人体功能更有效运转。

四、关于衰老及延缓衰老的研究意义

一方面，长生不老是人类数千年来的终极梦想，无论是世界各地出土的木乃伊，还是人类孜孜以求的"长生不老药"都寄托了人类对永生的渴望。另一方面，当今社会人口老龄化问题日益凸显，癌症及与衰老相关的人体退行性疾病高发。现代医学的发展已经尽可能降低了新生儿及幼儿死亡率，延长寿命只能寄希望于降低老年病的发病率和致死率，但老年病治疗费用增长，由此带来的治疗和护理成本也将给社会带来沉重负担。

　　因此，延缓衰老、预防老化相关的退行性疾病的药物或食物能提高人们的生活质量，减轻老龄化社会的养老和护理成本，相关研发工作具有广阔的应用前景、市场价值和社会效益。研究的目的是改善正常衰老过程中人体的健康状况，并且在保证人体一定健康状况的前提下尽可能延长人体寿命。

第二节　肠道微生物与宿主机体衰老

一、肠道微生物角度

　　随着宏基因组学的兴起和迅速发展，肠道微生物与机体健康和疾病之间关系的研究也成为最引人注目的焦点之一。相关研究于 2011 年、2013 年都入选《科学》（Science）年度十大突破，该期刊甚至在 2012 年为肠道菌群专门开设了专辑，后又推出"肠道微生物与健康"专辑。还有人提出超有机体（metaorganism）概念，如图 8-1 所示，即认为肠道菌群与宿主是共生关系，应把它们作为一个有机统一的物质和能量代谢系统来研究衰老机制和延缓衰老以及治疗疾病。

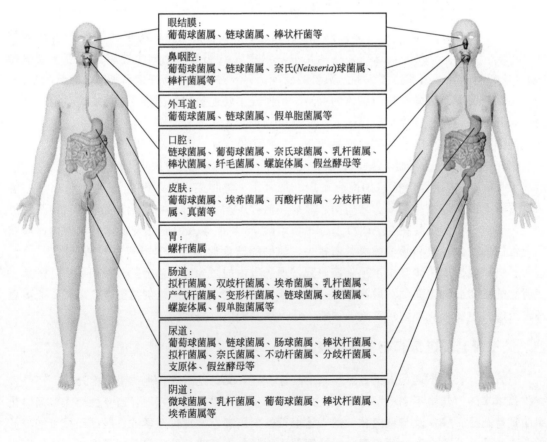

图 8-1　人体与其上多处分布的微生物构成超有机体

衰老在肠道等部位微生物结构方面的表现说明人体共生菌群与衰老以及衰老相关的疾病存在非常显著的相关性，如图 8-2 所示。例如《老年科学》（*GeroScience*）上发表的一项研究表明，通过 65 名 70～82 岁的老年人，对健康衰老与非健康衰老受试者的肠道菌群及口腔菌群进行了分析，发现两组间肠道菌群多样性无显著性差异，但健康衰老组的唾液菌群 α-多样性、肠道菌中 AKK 菌的丰度显著高于非健康衰老组，肠道及口腔菌群中链球菌属丰度均显著低于非健康衰老组。正常的肠道菌群可通过影响淋巴细胞来调节机体对过敏原的反应，从而影响过敏疾病的产生。肠道菌群产生的类胡萝卜素类物质可在一定程度上降低动脉粥样硬化和中风的风险。肠道菌群的结构变化甚至可以影响机体的行为模式。赵立平课题组通过饮食限制模型小鼠研究了肠道菌群的分布与小鼠寿命的相关性。减少食物摄入、限制热量可以延长模式生物的寿命。该研究发现，饮食限制模型小鼠肠道中与寿命呈正相关的乳杆菌属细菌数量增加以及与寿命呈负相关的细菌数量减少，且伴随血清中脂多糖结合蛋白（lipopoysacchride binding protein，LBP）水平的降低，说明节食的动物可以建立最佳的肠道菌群组合，通过减少整体炎症而改善了健康状况。肠道微生物群的这些结构变化与延长寿命之间确切的因果关系及作用机制尚需进一步研究，而且这种变化能否用作开发药食性抗衰老干预措施的生物标记尚需进一步确认。不过有望结合肠道菌群变化和血清 LBP 水平对宿主衰老以及与年龄相关炎症反应的升高得出早期预警信息。

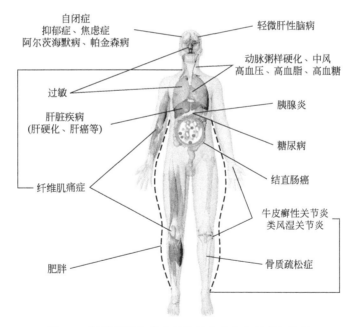

图 8-2　肠道菌群与衰老相关的疾病存在显著相关性

另外有报道发现一种典型的慢性炎症牛皮癣性关节炎是由皮肤微生物和炎症性肠道微生物共同促发引起的。也有报道发现类风湿关节炎与肠道微生物 *Prevotella copri* 有关。另据纽约大学医学院的流行病学家发现，肠道细菌缺乏多样性会增加人们患上结直肠癌的风险。此外，结直肠癌患者肠道内的梭状芽孢杆菌含量少，革兰氏阳性的梭菌纲尤其是粪球菌属能将膳食纤维和碳水化合物转化为丁酸，可抑制炎症和癌细胞在结肠内的生成。科学家表示，这项研究成果意味着对肠道内的微生物进行鉴定和识别，可帮助预防和治疗结直肠癌。肠道菌群变化也会影响结直肠癌发展及药物代谢。仁济医院消化学科暨上海市消化疾病研究所、癌基因及相关基因国家重点实验室房静远教授团队近期在《细胞》上发表了一项研究发现，对大肠癌术后化疗后复发及不复发的患者黏膜组织的 DNA 进行了测序分析，发现在肿瘤复发患者中，肠道中具核梭杆菌（*Fusobacterium nucleatum*）含量明显升高，这类患者术后容易复发，也容易发生化疗失败，研究明确了具核梭杆菌诱导癌细胞自噬而导致化疗耐药与肿瘤手术后的复发机制。香港中文大学的于君团队最近在《胃肠病学》（*Gastroenterology*）上发表的一项研究发现，在接受过抗生素处理（杀灭肠道菌）的结直肠癌小鼠模型中，阿司匹林可减小结直肠肿瘤数量及负荷，血清中阿司匹林浓度也高于常规小鼠；常规小鼠中阿司匹林剂量和结直肠癌发展呈负相关，但随着球形芽孢杆菌（*Lysinibacillus sphaericus*）丰度增加，这种相关性消失；粪便中有益菌（双歧杆菌和乳杆菌）增加，致病菌或条件致病菌（*Alistipes finegoldii* 和脆弱拟杆菌）减少；无菌小鼠在阿司匹林处理后，结直肠癌的发展也可被显著抑制；但在未接受抗生素处理的结直肠癌小鼠模型中，阿司匹林则无类似的抗癌作用，这是因为肠道菌群中的球形芽孢杆菌可降解阿司匹林，消除阿司匹林通过改善肠道菌群而发挥的抗癌作用。

浙江大学医学院附属第一医院李兰娟院士课题组发现了毛螺菌科等细菌变化与重症肝病发病密切相关，并从分子生物学角度阐明了骨桥蛋白调节 NKT 细胞致肝损伤机制，创建了纳米抗菌肽治疗内源性感染和微生态干预防治重症肝病的新策略，这意味着未来可以通过肠道微生物代谢标志物，鉴别诊断肝硬化和肝癌。肠道微生物还会影响抗癌药物对癌症的疗效，法国国家卫生医学研究所等机构的研究人员发现环磷酰胺能够破坏肠道黏液层，让肠道细菌进入循环系统，其中一些到达脾脏和淋巴结的细菌能促进免疫细胞生成，而免疫细胞会攻击癌细胞。但用抗生素杀死实验鼠的肠道细菌后，环磷酰胺间接促生免疫细胞的能力会大大降低。美国国家癌症研究院等机构的科研人员选取正接受化疗、存活率为 70％的癌症实验鼠，并用抗生素杀死其肠道细菌，结果导致这些实验鼠摄入的化疗药物不再起作用，它们的存活率也在两个月后下降到 20％。

最近《科学》（*Science*）报道了以色列魏茨曼科学研究所的一项研究。该研究对 1526 个肿瘤及其邻近正常组织样本进行 16S 测序、免疫组化、免疫荧光等分析，辅以显微镜检和细胞培养，发现并确认大量不同细菌具有代谢活性，大部分位于细胞内，在癌细胞和免疫细胞中都存在，包括 7 种癌症类型（乳腺癌、肺癌、卵巢癌、胰腺癌、黑色素瘤、骨癌和脑瘤，每种肿瘤都有不同的菌群组成，并发现肿瘤内细菌或其预测功能与肿瘤类型和亚型、患者吸烟状况以及对免疫疗法的反应之间的相关性。这些微生物从哪里来，与炎症、癌症之间是否存在因果关联，与肠道和环境微生物之间又有什么关系（部分研究提示肠道微生物决定胰腺癌肿瘤内微生物的种类），可以通过什么手段去干预，这里面还有很多谜团有待解开。在癌前状态下，检出产肠毒素的细菌可能预示着普遍的致癌性炎性状态；致癌后，物理和分子屏障的破坏以及相对的免疫抑制可能会增加细菌转移到通常无菌的位点的可能性。肿瘤微环境的这种"渗漏"已在血管通透性的背景下得到了广泛描述，但是目前关于渗漏对细菌侵袭的影响程度尚不清楚。此外，已观察到肿瘤相关细菌存在于细胞内，这增加了一个可能性，即细菌实际上不能自由地进入肿瘤或邻近组织，而可能是以完整形式或碎片形式，通过免疫细胞或癌细胞的迁移而被运输到那里的。

目前的研究大部分集中在整体菌群失调对常见疾病的影响，尚没有太多与特定细菌分布失衡相关的报道，并且肠道菌群变化与衰老以及疾病发生的关系，目前尚不完全确定。随着这方面研究的不断深入，疾病与特定细菌之间的相关性和因果关系越来越多地被发现和证实。比如 2007 年 Patrice D. Cani 和合作者在糖尿病领域的顶尖杂志《糖尿病》中报道：小鼠肠道菌群的内毒素能够进入血液，引起低度的慢性炎症，从而导致小鼠出现肥胖、胰岛素抵抗等代谢损伤。赵立平课题组在 2012 年首次发现阴沟肠杆菌在人体肠道中的过度生长是造成肥胖的直接原因之一。这也是国际上首次证明肠道细菌与肥胖之间具有直接因果关系。无菌小鼠获得结肠癌小鼠肠道内的细菌后更容易患结肠癌，这种处理后的癌化小鼠与原荷瘤小鼠一样具有更多数量的拟杆菌、*Odoribacter* 和 *Akkermansia* 属细菌，而普雷沃氏菌科（Prevotellaceae）和紫单胞菌科（Porphyromonadaceae）细菌数量减少，表明肠道中某些微生物成分或许是诱发大肠癌的风险因素之一。粪菌移植在治疗艰难梭菌相关性肠道疾病中有着十分有效的治疗效果。在 5 名溃疡性结肠炎患者利用粪菌移植进行治疗的研究中发现，具有抗炎和/或产生短链脂肪酸作用的普拉梭菌、粪罗斯氏菌（*Roseburia faecis*）、卵形拟杆菌等在患者体内成功定植是治疗成功的标志。疾病的严重程度（以 Mayo 评分为衡量指标）与肠杆菌科细菌所占比例过高和毛螺旋菌科细菌所占比例偏低有关。2011～2012 年美国麻省理工大学研究人员建立了类似于血库和精子库的粪便库 OpenBiome，主要给艰难梭菌（*Clostridium difficile*）感染患者提供粪便移植治疗材料。尽管该项目后来产生一些争议并且受到美国 FDA 的诸多限制，但是仍然对相关疾病的预防和治疗具有借鉴和启发意义。

二、"大脑-肠道-微生物"相互作用角度

众所周知，中枢神经系统是人体神经系统的最主体部分，包括脑和脊髓，其主要功能是传递、储存和加工信息，产生各种心理活动，支配与控制人的全部行为。运动功能，如自主神经系统具有相对独立性，不完全受大脑支配。另外，肠神经系统的自主性很强，也不完全受大脑意识支配。继英国医生兰格利（J. N. Langley）于 1921 年首次描述肚子内藏有神经丛后，时隔 75 年美国哥伦比亚大学教授迈克·格尔森（Michael Gershon）提出了"第二大脑"理论，认为胃肠道是人体的第二个大脑，又称为腹脑或肠脑。随着神经胃肠学的兴起，科学家发现腹脑实际是一个肠胃神经系统，拥有大约 1 亿个神经细胞，仅相当于第一大脑神经元数量的千分之一，但能够自主运作，存储与兴奋有关的记忆，还能反映人的痛苦、欢乐、焦虑和紧张等情绪。此外肠细胞还能生产 95% 的血清素（即 5-羟色胺），该神经递质经由大脑的分泌量只占 5%。这两个"大脑"对机体的调控方面彼此相对独立，但同时又相互影响。因此，近年来兴起了脑-肠轴（gut-brain axis，GBA）的概念。脑-肠轴是整合了大脑和肠道功能的双向应答系统。相关研究为胃肠道功能失调提供了很多病理生理解释，并不断有证据表明脑-肠轴在炎症性肠道紊乱如炎性肠病（inflammatory bowel disease，IBD）中起到关键作用。而肠道微生物又与宿主肠道存在互动，大脑会影响肠道微生物的组成和分布情况，肠道微生物也会影响大脑和宿主行为，因此，关于"大脑-肠道-微生物"轴（brain-gut-enteric microbiota axis）的概念（图 8-3）及其相关研究也越来越热门。

"大脑-肠道-微生物"轴的一般框架包括中枢神经系统、神经内分泌和神经免疫系统、

自主神经系统、肠神经系统以及肠道微生物群落。这些组件之间相互作用形成一个复合的反射网络，以传入神经纤维投射到综合一体化的中枢神经系统结构，以传出神经纤维投射到平滑肌。简单说来，就是通过这种双向通信网络，从大脑传出的信号可以影响运动、感觉和胃肠道分泌模式；反过来，来自胃肠道的信息可以影响大脑功能。如图 8-3（a）所示，稳定的肠道微生态有利于大脑-肠道之间正常的信号转导以及机体的健康状态；如图 8-3（b）所示，肠道微生态失衡会导致大脑-肠道之间异常的信号转导以及机体的中枢神经系统问题和疾病发生。中枢神经系统水平的应激也会影响肠道功能并引起肠道微生态的扰动。

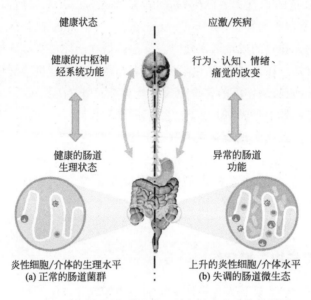

图 8-3　"大脑-肠道-微生物"轴与健康和疾病的关系

1. 微生物对宿主胃肠道的影响

研究微生物与宿主之间的关系时，常用的方法有：①将无菌的实验动物（对照组）和移植入单种细菌或多种细菌的实验动物（实验组）进行比较；②利用口服抗生素来干扰肠道的共生细菌，以探讨微生物对宿主功能的影响。在无菌小鼠肠道内植入人类和普通小鼠肠道的主要微生物多形拟杆菌（*Bacteroides thetaiotaomicron*）的相关研究表明，肠道微生物能通过调节宿主基因表达来调控营养吸收、加强黏膜屏障、代谢异型生物质和促进血管增生，影响神经系统的功能。新霉素和杆菌肽两种抗生素的联合使用会大幅度减少小鼠肠道中乳杆菌种群的数量，从而改变肠道微生物的群落结构，导致生理炎症的产生。将副干酪乳酸杆菌（*Lactobacillus paracasei*）投喂给小鼠后，抗生素引起的炎症、神经递质含量以及内脏运动反应都得到了改善。以上这些结果表明，共生细菌能够影响肠道的初级传入神经，并以实例证明了神经系统的感受部分与肠道微生物间的功能关系。

2. 宿主胃肠道生理状态对肠道微生物的影响

在正常状态下，宿主消化道为共生细菌提供了保证其群落结构和功能完整性的稳定生境；消化道的生理状况受到干扰则会导致微生物生境的失衡，从而改变微生物群落的组成。

生物胺如去甲肾上腺素的释放能够影响肠道微生物的群落组成。这种神经递质能够刺激病原和非病原的大肠杆菌的体外生长并影响其与黏膜的黏附性。

无论是消化道还是中枢神经系统引起的宿主生理状态变化，都能使消化道细菌群落组成产生变化。由于感染或抗生素甚至其他情况，例如应激等诱导的微生物群落变化，则会导致生理炎症和扰乱消化道的生理状况，从而改变了微生物种类。

3. 宿主大脑对肠道微生物的影响

对小鼠和恒河猴进行母婴分离的研究表明，母婴分离给幼兽带来了精神压力诱导系统细胞因子的响应，增强了肠道通透性，并使消化道微生物群落组成发生变化，乳杆菌的减少导致了肠道病原菌如空肠弯曲菌（*Campylobacter jejuni*）的出现，这些变化使消化道对炎症刺激更加敏感。对成年动物施以利血平形成的压力模型中伴随着消化道对炎症的敏感增强，但其潜在的机制与母婴分离模型不同。目前关于压力改变消化道菌群组成的机制包括肠上皮细胞功能和黏液分泌的变化以及胃肠道动力的变化。在压力期间释放去甲肾上腺素至消化道内将选择性地刺激某种特定的细菌生长，并影响其对肠道黏膜的黏附能力。

4. 肠道微生物影响宿主大脑和行为

大脑-肠道-微生物轴的信号可通过多种机制发生。肠道微生物可以产生生物活性物质，包括神经递质、胆汁酸、短链脂肪酸（SCFAs）、支链氨基酸和肠道激素等。乙酸盐、丁酸盐、丙酸盐和乳酸盐在内的 SCFAs 可以进入循环系统，并且可能通过这一途径向大脑发出信号。微生物也可以调节色氨酸的代谢，从而在某些情况下调节血清素信号。多巴胺、去甲肾上腺素、γ-氨基丁酸（GABA）和乙酰胆碱也可以由肠道微生物合成。肠壁受肠神经系统（ENS）的神经支配，主要负责肠道运动，这可以被神经递质和 SCFAs 所靶向。此外，微生物含有与微生物相关的分子模式，这种模式可以被 ENS 中的 Toll 样受体识别。实际上，免疫信号是大脑-肠道-微生物轴信号发生的一个重要机制。肠道还含有密集的免疫细胞，它们在肠上皮黏液层的物理屏障之后，为抵抗病原体提供了第二道防线。肠道微生物群可以影响促炎和抗炎细胞因子的产生，然后通过循环系统向大脑发出信号，应激时肠道屏障通透性也可能受到负面影响。迷走神经与大脑-肠道-微生物轴信号密切相关，是肠道和大脑之间沟通的关键模式之一。

近年来的研究发现，有大量的证据表明肠道菌群影响宿主大脑、认知、情绪和行为。2019 年比利时鲁汶大学 Raes J. 团队在《自然微生物学》（*Nature Microbiology*）上发表了一项大规模人群研究，先调查了 1054 人的肠道菌群与生活质量以及抑郁状况之间的关系，进而在另外 1070 人中进行验证，证明了肠道菌群与心理健康和生活质量之间的重要联系。他们发现，产生丁酸的粪杆菌属（*Faecalibacterium*）和粪球菌属（*Coprococcus*）细菌始终与较高的生活质量指标相关，而排除抗抑郁药物带来的混杂因素之后，抑郁人群的肠道菌群仍然缺少小杆菌属（*Dialister*）和粪球菌属这两类菌。该团队进一步构建了已测序的肠道原核生物的神经活性潜能目录，通过粪便基因组的肠脑模块分析确定了微生物合成多巴胺代谢产物 3,4-二羟基苯基乙酸（3,4-dihydroxyphenylacetic acid）的能力与生活质量成正相关，并表明了肠道微生物产的 γ-氨基丁酸（GABA）在抑郁症中的潜在作用。美国东北大学 Strandwitz P. 团队的一项研究发现，利用缺少 GABA 这种关键生长因子的菌株 KLE1738（不能单独培养，需与能产 GABA 的脆弱拟杆菌共培养），从微生物共生的角度筛选鉴定产生 GABA 的肠道菌（肠道中有许多潜在的 GABA 产生或代谢菌，GABA 产生通路主要在拟杆菌属、副拟杆菌属和埃希氏杆菌属中活跃表达），在抑郁症（与 GABA 失调相关）病人中，发现拟杆菌属的丰度与抑郁症特征负相关。最近重庆医科大学第一附属医院谢鹏团队通过食蟹猴实验研究表明，肠道菌群可能通过调节外围或中枢神经甘油磷脂代谢来参与抑郁症的发病。

近期德国一项研究通过 666 名老年受试者，分析帕金森病风险因素和前驱症状标志物与肠道菌群的关联，发现缺乏体育活动和便秘在厚壁菌肠型个体中最常见，便秘和阈下震颤麻痹在普氏菌肠型个体中最少见。有初步证据表明，在男性精神分裂症患者中，白色念珠菌的存在与更严重的精神症状有关；另有研究描述了一些与精神分裂症严重程度相关的特殊分类群，包括韦荣氏菌科（Veillonellaceae）和毛螺旋菌科（Lachnospiraceae）。

关于大鼠肝功能衰竭模型的研究表明某些细菌产生的苯并二氮䓬受体（benzodiazepine receptor）的配体可能有助于改善肝性脑病（hepatic encephalopathy）。连续施以婴儿双歧杆菌 14 天能使小鼠的血清色氨酸水平升高，表明共生微生物可以影响宿主色氨酸代谢，从而可能影响小鼠的抑郁症状的行为。对一小部分自闭症（也称孤独症，autism）病人的研究发现，其肠道微生物中梭菌较多；而在一个非对照试验中发现，少部分迟发性自闭症儿童在服用万古霉素（vancomycin）后其自闭症状出现短时缓解。这时候对肠道微生物与自闭症行为之间的相关性还处于猜测阶段。研究发现，非侵入性病原菌进入盲肠后，大脑会做出响应，脑干神经核被快速激活，小鼠表现出焦虑样的行为。这种响应被认为是通过从传入迷走神经到孤束核（nucleus of the solitary tract）和外侧臂旁神经核（lateral parabrachial nucleus）的信号所介导的。小鼠感染幽门螺杆菌后，也会表现出行为上的改变，感染造成的胃生理上的改变会在成功杀灭这些幽门螺杆菌（Helicobacter pylori）后得到改善，伴随感染出现的摄食行为的改变却会保留下来。这种摄食行为的改变伴随着下丘脑食欲调节肽——阿片黑皮素原（pro-opiomelanocortin，POMC）的改变。感染幽门螺杆菌前后介导大脑和行为改变的机制可能涉及对感染响应的免疫激活。另外感染幽门螺杆菌后大脑化学和行为的改变可以在饲喂鼠李糖乳杆菌（Lactobacillus rhamnosus）和瑞士乳杆菌（Lactobacillus helveticus）后得到逆转。

一项关于无菌小鼠的研究考察了共生微生物在下丘脑-垂体-肾上腺皮质轴（hypothalamus-pituitary-adrenal cortex axis，HPA）对应激的响应所起的作用，该工作对于肠道微生物影响 HPA 发育的研究具有里程碑式的意义。在轻度束缚应激条件下，与年轻的无特定病原菌级的小鼠（specific pathogen-free mice，SPF mice）相比，年轻的无菌小鼠释放的促肾上腺皮质激素（adrenocorticotrophic hormone，ACTH）和皮质酮（corticosterone）增加。这种激素变化在无菌小鼠定植婴儿双歧杆菌后完全被逆转，但是定植 SPF 级小鼠的肠道微生物以后只有部分逆转。这表明 SPF 级小鼠存在某些肠道微生物有助于抑制 ACTH 以及增加这种响应的细菌，而婴儿双歧杆菌明显是抑制 ACTH。对无菌小鼠单独定植肠道病原菌大肠杆菌的研究表明，大肠杆菌对应激响应的增加需要依赖对其肠上皮细胞的黏附。另外，上述增加的应激响应的逆转只在非常年轻的小鼠身上发现，表明宿主对应激响应的神经调节的可塑性是存在一个临界期的。该研究另一个重要发现是，与 SPF 级小鼠相比，无菌小鼠大脑皮质和海马中源自大脑的神经营养因子的表达和蛋白水平下降。该神经营养因子调节大脑几个方面的活性，包括情绪和认知功能。另有研究报道了无菌小鼠在应激和无负荷条件下情景学习的缺陷。该研究也发现无菌小鼠在应激条件下表现出更高水平的焦虑（一个放大的应激响应）。以上研究表明肠道微生物影响大脑应激响应的发展，并影响年轻小鼠的认知功能。

有研究报道了对成年小鼠肠道微生物进行干扰会影响其行为。给小鼠灌胃抗生素（新霉素和杆菌肽）7d，并加上抗真菌剂纳他霉素一起来干扰小鼠肠道微生物，通过跳台实验（step-down test）和明暗箱实验（light box-dark box test）来观察小鼠的焦虑样或胆怯行为。抗生素处理的 Balb/c 小鼠其肠道微生物被干扰后，并没有表现出恐惧或焦虑，而是表现出更高的活动性，表明肠道微生物影响了成年宿主的行为。这与饮食改变引起的肠道微生物改变会影响宿主行为的研究结果相一致。

也有研究报道了肠道菌群组成异常促进链脲霉素诱导的糖尿病小鼠的认知功能障碍。研究发现，在糖尿病小鼠模型中，通过 Morris 水迷宫试验判断部分小鼠出现认知功能障碍；认知功能障碍组（CD）与认知功能正常组（Non-CD）相比，肠道菌群组成及多样性发生变化，理研菌科等丰度降低，普雷沃氏菌科等丰度升高；粪菌移植实验表明，菌群的组成与认知功能之间有因果关联，将 Non-CD 小鼠的粪便菌群移植给无菌小鼠，可显著改善后者的水迷宫实验表现，且与肠道菌群的变化相关。该研究表明，异常的肠道菌群组成有助于糖尿病诱导的认知功能障碍的发作，改善肠道菌群组成是糖尿病和相关认知障碍合并症的潜在治疗策略。

爱尔兰科克大学 Cryan 教授等进行的动物实验证实了肠道微生物确实会影响大脑。他们发现，将帕金森病、精神分裂症、自闭症和抑郁症患者的粪便移植到大鼠和小鼠体内后，这些动物往往也出现相应的疾病症状；而如果给这些动物移植健康人的粪便，有时会减轻这些症状；其中的因果连接可能是一些肠道菌产生的色氨酸。微生物和宿主细胞都能将色氨酸转化成重要的神经递质——5-羟色胺（与抑郁症和其他精神疾病相关），但微生物组的变化可能将色氨酸转化成犬脲氨酸（kynurenine）后再生成具有神经元毒性的物质。以色列魏茨曼研究所的两位 Eran 教授最近在《自然》（Nature）上发表了一项研究发现，肌萎缩侧索硬化症（即渐冻症，ALS）中肠道菌群及其相关代谢物与 ALS 的紧密关系：易感 ALS 的 SOD1-Tg 模型小鼠在运动神经障碍出现前，已存在肠道菌群失调，抗生素处理可加剧病症；鉴定出 11 种细菌与 ALS 相关，或减轻（Akk 菌）或恶化（迪氏副拟杆菌、扭链瘤胃球菌等）症状；Akk 菌可能通过促进生成烟酰胺来改善症状；因为参与色氨酸和烟酰胺代谢的肠道菌基因减少，在 ALS 患者的血液和脑脊液中也存在烟酰胺水平降低的现象。如衰老相关基因 C9orf72 基因的一种六碱基重复序列突变是 ALS 中最为常见的基因变异，易引起神经炎症。另一项发表在《自然》（Nature）上的研究发现，C9orf72 缺陷小鼠在不同动物房饲养时，其生存率、炎症和自身免疫表型差异明显，与肠道菌群的差异有关；肠道菌群可调节外周免疫细胞对脊髓的浸润和小神经胶质活化，从而影响 C9orf72 缺陷小鼠的神经炎症。这两项研究从不同角度论证了肠道菌群对 ALS 这种神经退行性疾病的重要影响。研究还发现，幼年小鼠体内某些特定微生物的存在或缺失会影响它们成年后对压力的反应；另一些老鼠试验则表现出微生物在神经系统发育过程中的作用。

肠道微生物影响宿主行为的机制尚不十分明确，可能包括免疫介导的、神经或肱骨机制

（immune-mediated，neural，or humeral mechanisms）。这些机制并不是互相排斥的，而很可能是相关联或并行的。免疫机制包括胃肠道中先天性免疫反应的激活。先天性免疫反应和获得性免疫反应之间存在紧密的整合，获得性免疫反应的整合对于正常的认知功能非常重要。迷走神经在将信号从胃肠道转导到大脑的过程中起着重要作用，可以被细菌产物如内毒素或炎性细胞因子［如白介素-1β（interleukin-1β）］以及肿瘤坏死因子-α所刺激。迷走神经对外围炎症性事件的刺激做出响应，抑制来自肠道巨噬细胞并由该细胞上烟碱乙酰胆碱受体（nicotinic acetylcholine receptor）的亚单位α-7所介导的促炎因子的释放。当小鼠患上抑郁症的时候，这种响应被削弱。非侵入性病原体植入后，信号迅速传导到大脑，表现为脑干迷走神经核的活性上升，伴随出现小鼠的焦虑样行为。因此，微生物的干扰可能通过依赖于迷走神经的方式来传导信号，并导致行为的改变，例如在大鼠的十二指肠植入乳杆菌能在几分钟内快速增强胃迷走神经的活性。

　　共生细菌的存在是如何将信息传递给大脑的，并且是如何诱导行为改变的呢？一些研究表明可溶性因子（soluble factors）参与其中。因子-S（factor-S）是睡眠不足动物的大脑和体液中累积的睡眠诱导物质。其独特之处在于它来自于细菌并且来自于细菌的细胞壁。研究表明，胃肠道细菌是因子-S的重要来源，因为当口服抗生素干扰胃肠道微生物以后，正常的睡眠模式会被打乱。共生细菌也产生苯并二氮䓬受体的配体的前体，而该配体可能作用于大鼠肝衰竭模型中的肝性脑病。具有轻微肝性脑病的患者服用长双歧杆菌（*Bifidobacterium longum*）和低聚果糖9周以后，其认知功能得到改善。尽管作用机制尚难以理解，但长双歧杆菌可能抑制具有尿素酶活性的共生细菌，降低氨的水平或细菌来源的其他物质包括硫醇（mercaptan）和噻吩（thiole）的产生。

　　总的说来，较早时候的研究发现肠道微生物影响中枢神经系统的可能机制主要有以下几方面：微生物组成的改变、免疫激活、迷走神经对刺激的响应和信号传导、色氨酸代谢、微生物代谢（如产生胆酸、维生素、短链脂肪酸等）、微生物神经代谢（如产生神经递质和神经调质）等。《科学》（*Science*）发表的一项来自杜克大学的研究发现，小鼠的部分肠内分泌细胞表达突触相关黏附蛋白，可以直接与迷走神经节神经元形成突触，并合成谷氨酸作为神经递质，可将感应到的肠腔内的营养等信息（比如糖信号），以毫秒级速度传递至迷走神经，从而快速传递给大脑，这比肠内分泌细胞释放激素胆囊收缩素作用于迷走神经的速度要快得多。这类与突触连接的肠内分泌细胞被称作神经足细胞（neuropod cell），它们形成的神经上皮回路在一个突触中将肠腔连接到脑干，从而为大脑打开了一个物理导管，以突触的时间精度和地形分辨率来精准感知肠刺激，如图8-4所示。

　　由图8-4可见，肠上皮中的神经足细胞含有大密核神经肽小泡和小神经递质小泡。大囊泡包含多种具有内分泌功能的神经肽，例如胆囊收缩素（cholecystokinin，CCK）、促胰液素（secretin）和5-羟色胺（5-HT），与神经递质共释放。神经足细胞的激活刺激突触小泡释放，包括神经递质谷氨酸。当这种快速的神经传递作用于传入迷走神经神经元时，可以在几毫秒内将营养物质的信号直接传递给大脑。

　　该研究填补了肠-脑神经回路的空白，也为通过调节肠内信号来影响大脑功能和行为的干预手段提供了新思路。如GABA分子因为太大而无法通过血脑屏障到达大脑，故而有可能通过迷走神经或者分泌细胞来发挥作用。

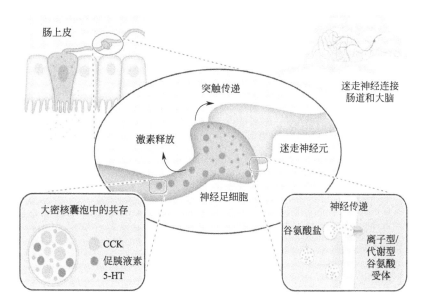

图 8-4　谷氨酸能神经突触细胞的突触传递

　　流行病学和动物实验研究提供了越来越多关于肠道菌群与自闭症、焦虑症、精神分裂症、帕金森病和阿尔茨海默病等精神疾病相关的证据。总体来说，动物实验研究方面主要采用的方法包括使用无菌动物、致病菌感染的动物、暴露于益生菌制剂或抗生素的动物等。这些研究大多数集中在微生物调节宿主应激反应及其相关的行为，通常为一些精神紊乱的行为，如焦虑、抑郁、自闭等。肠道微生物的研究主要包括菌群变化与疾病或健康的相关性、肠道菌群对药物代谢和个性化治疗的影响以及通过对肠道菌群的干预来达到治疗的目的（包括粪菌移植、特制菌药丸等）。这些研究不但极大程度上增加了对人体与肠道共生细菌的认识，还有助于设计合理的菌群干预方案，涉及益生菌和益生元的相关研究与应用。

第三节　益生菌对宿主机体衰老的延缓作用

　　肠道菌群失衡的主要表现为共生菌比例的下降，因此可以通过直接补充共生菌，或通过补充促进共生菌生长的物质来调节肠道菌群恢复健康的动态平衡。前者最常见的是乳酸杆菌和双歧杆菌，同时也有少量链球菌等。通过适当的方式适度补充这些益生菌，可以在一定程度上达到调节肠道菌群组成进而改善健康状况的目的。"益生元"（prebiotic）是指低聚半乳糖、菊糖等。低聚果糖可能也是潜在的益生元之一，摄入一定果糖可增加人类肠道菌群中双歧杆菌的比例。

　　目前关于益生菌对衰老过程的影响的研究主要集中于以下几方面：多种益生菌可表现出延长模式生物寿命或促进生长，调节血脂、血压、血糖，保护神经干细胞，改善认知能力和情绪行为，抑制病毒引起的自噬等作用。

一、延长机体寿命

1. 线虫

任发政课题组发现唾液乳杆菌 FDB89 可以通过能量限制效应，并激活 AMPK—DAF-16 信号通路来延长线虫的平均寿命；另外他们还发现一株长寿老人来源的双歧杆菌 BB68 延长线虫平均寿命则是通过激活 TIR-1—JNK-1—DAF-16 免疫调控信号通路来起作用的。因此不同菌株的机制的共性及特异性需要进一步深入研究。敲除 DAF-16 基因导致的线虫突变体，其寿命缩短，对病原体和应激的响应更敏感。有研究报道唾液乳杆菌延长短寿命线虫的寿命，而罗伊氏乳杆菌和乳酸片球菌可抑制野生型和短寿命线虫的寿命。双歧杆菌的细胞壁成分可以通过激活 SKN-1（P38 MAPK 信号通路调控）来延长线虫的平均寿命。鼠李糖乳杆菌能延长线虫平均寿命，也能降低小鼠结肠炎发生概率。植物乳杆菌和发酵乳杆菌延长线虫平均寿命。乳杆菌（瑞士乳杆菌、植物乳杆菌和鼠李糖乳杆菌）和双歧杆菌（婴儿双歧杆菌和长双歧杆菌）可以延长线虫平均寿命且增强线虫对沙门菌的防御能力。此外，一氧化氮有助于增加血液流动、传递神经信号和调节免疫功能，而人类在衰老过程中一氧化氮水平会下降。一项新的研究表明，虽然线虫体内不像人类和很多其他有机体一样拥有产生一氧化氮所需的酶，但是用能够产生一氧化氮的枯草芽孢杆菌来饲喂这种线虫则可以延长其寿命。这是由于产生的一氧化氮气体扩散至线虫组织中，并激活了通过两种主调节物 hsf-1 和 daf-16 发挥作用的一套基因的高特异性响应，从而导致对环境胁迫产生较高的抵抗力和更长的寿命。这表明有望通过产一氧化氮的益生菌来延缓机体衰老。

2. 果蝇

TOR 是生长和寿命相关的调节因子，植物乳杆菌可以通过基于 TOR 通路的能量传感来调节生长激素，从而促进果蝇幼虫的生长，说明了益生菌通过 TOR 通路来影响宿主寿命的潜在的可能性。

3. 小鼠

多胺（polyamines）可以通过抑制巨噬细胞中炎性细胞因子的合成来降低全身性炎症。哺乳动物中多胺随着老龄化进程而降低。肠道中多胺水平的下降与肠屏障功能紊乱有关。有研究发现，动物双歧杆菌 LKM512 可以增加肠道中多胺的含量，其中的亚精胺能通过诱导自噬来延长小鼠的寿命。

4. 人

1908 年，俄国免疫学家、诺贝尔奖获得者伊力亚·梅契尼科夫（Elie Metchnikoff）正式提出了"酸奶长寿"理论。通过对保加利亚人的饮食习惯进行研究，他发现长寿人群有经常饮用含有益生菌的发酵牛奶的传统。他在其著作《延年益寿》（Prolongation of Life）中系统地阐述了自己的观点和发现。一项对 14 位百岁老人和 10 位较年轻老人的肠道菌群的研究，发现与较年轻的老人相比，百岁老人肠道菌群特征极为明显。在百岁老人肠道菌群中，肠杆菌科、双歧杆菌和拟杆菌数量较低，梭菌聚类 I 较多；两类人群的乳杆菌和双歧杆菌种类相类似，而乳杆菌亚群的组成有很大不同；百岁老人肠道最具特征的菌群是长双歧杆菌，且每个百岁老人都只分离出一种长双歧杆菌菌株。20 世纪 90 年代，中国学者张篯教授对世界第五长寿区——中国广西巴马地区的调查发现，健康百岁以上老人肠道内双歧杆菌在厌氧菌中的比例为 53%～87%，比一般青年人（40%）要高。

二、调节肠道微生态平衡

益生菌产生乳酸或乙酸、有机酸、游离脂肪酸、过氧化氢、细菌素等，使肠内环境保持酸性，抑制腐败菌的增殖和肠内腐败物质的产生，抑制炎症反应；也能够通过定植于黏膜、皮肤等的表面或细胞之间而形成生物屏障，阻止病原微生物的定植，起着占位、争夺营养、生物夺氧、互利共生或拮抗作用。益生菌能缓解应激引起的消化道功能失调的症状，并减缓承受母婴分离压力的大鼠幼崽消化道中乳酸杆菌下降的趋势。

三、抗氧化与抗重金属毒性

益生菌可以清除自由基，吸收重金属等各种肠内毒素，并且改善排便，避免体内毒素累积，因此具有有效延缓老化的可能性。

陈卫等从抗氧化能力角度筛选出一株鼠李糖乳杆菌 CCFM1107，并用于对小鼠酒精性肝损伤保护作用的研究。结果表明，CCFM1107 能显著抑制血清转氨酶和内毒素水平的升高，降低血清和肝脏中甘油三酯和胆固醇含量；谷胱甘肽、谷胱甘肽氧化酶和超氧化物歧化酶含量升高，丙二醛水平降低。另外通过增加乳酸杆菌和双歧杆菌的数量，减少了肠球菌和肠杆菌数量，恢复了酒精导致的肠道内稳态失调。鼠李糖乳杆菌是通过降低氧化应激和恢复肠道菌群来缓解酒精性肝损伤的，与其他乳杆菌和药物不同。

陈卫等发现植物乳杆菌 CCFM8661 可以有效降低重金属铅暴露小鼠血液、肝脏及肾脏中的铅含量，恢复靶点 ALAD 的活力，并缓解铅暴露对机体造成的氧化损伤；还发现植物乳杆菌 CCFM8610 可以防止镉对小鼠的急性毒性，并评估了该益生菌对小鼠慢性镉毒性的保护作用。CCFM8610 具有良好的镉结合能力，对小鼠的急性镉中毒具有保护作用。该益生菌能有效降低镉的小肠吸收，减少组织中镉的蓄积，减轻肝肾的氧化应激，并改善肝组织的病理变化，且该益生菌对于急性镉中毒的保护作用比简单的抗氧化治疗更显著。后续实验中他们将实验小鼠分为饮水摄入镉和腹膜内注射镉两组，每组又分为对照组、仅有镉摄入组（Cd）、仅有 CCFM8610 处理组（CCFM8610）、摄入镉并且用 CCFM8610 处理组（Cd-CCFM8610）共 4 个亚组。实验结果表明，口服摄入镉的时候，CCFM8610 能有效降低镉的小肠吸收以及在组织中的沉积，减轻组织的氧化应激，逆转肝肾的损伤，改善相应的组织病理变化；当腹膜内注射入镉的时候，CCFM8610 虽然不能降低组织中的镉积累或逆转抗氧化酶的活性，但仍然提供了保护作用，防止了氧化应激，逆转了镉毒性生物标志物的改变，并且减轻了相应的组织病理改变。以上结果表明，CCFM8610 可以有效对抗小鼠的慢性镉中毒，除了通过降低镉的小肠吸收，也通过直接防止镉诱导的氧化应激反应来进行。另外也证明防止镉诱导的氧化应激反应不太可能是通过防止镉诱导的抗氧化酶活性的改变来起作用的。

姜毓君等通过清除羟自由基实验对嗜酸乳杆菌 NCFM、植物乳杆菌 ATCC 14917 和植物乳杆菌 NDC 75017 这三株乳酸菌的抗氧化能力进行了比较，并以 H_2O_2 诱导的 Caco-2 细胞氧化损伤模型考察了这三株乳酸菌的抗氧化保护作用，证明这三株乳酸菌是通过调节

Caco-2 细胞内抗氧化酶的活性来起到抗氧化作用的。

Suh 等研究了短乳杆菌的红参发酵产物用作化妆品成分的抗老化潜力。研究发现，相比于未发酵的红参，发酵产物中糖醛酸、多酚和类黄酮的含量更多，抗氧化活性更强，皂苷代谢产物含量更高，对酪氨酸酶的抑制活性（美白）更强。中国台湾弘光科技大学的林永升课题组通过体外实验发现鼠李糖乳杆菌 LRH113 发酵上清具有抗氧化、抑制酪氨酸酶活性以及保湿能力；中国台湾生和生物科技股份有限公司等进行了该益生菌的人体试验，结果表明该益生菌的发酵上清液对紫外线斑、皮肤纹理、原生紫质以及水分散失率都有显著改善作用。

吉林省农业科学院和吉林农业大学合作研究了植物乳杆菌 C88 联合人参多糖对自然衰老模型小鼠的体内抗氧化作用。体外抗氧化活性分析表明，人参酸性或中性多糖与 C88 的复合物均具有良好的 DPPH、ABTS 和 O_{2^-}·自由基清除作用以及较强的铁离子螯合能力，且复合物的抗氧化作用均强于组合前的植物乳杆菌 C88 和人参多糖，酸性多糖与 C88 的复合物的作用强于中性多糖与 C88 的复合物。另外对小鼠体内与年龄及脂质过氧化相关的抗氧化酶活性和非酶抗氧化活性的分析结果表明，复合物可明显增强自然衰老小鼠的血清和肝脏中超氧化物歧化酶（superoxide dismutase，SOD）、谷胱甘肽过氧化物酶（glutathione peroxidase，GSH-Px）、过氧化氢酶（catalase，CAT）的活性以及总抗氧化能力，同时降低小鼠血清和肝脏组织中的丙二醛（malondialdehyde，MDA）含量。

第四节　益生菌对宿主认知和情绪障碍的改善作用

近几年来，随着脑-肠-微生物轴的研究日益广泛和深入，越来越多的研究开始关注益生菌通过肠道微生物来对宿主的认知和情绪障碍发挥作用。该领域的先驱和权威专家、神经药理学家，爱尔兰科克大学的 John F. Cryan 教授在该团队发表的一篇综述中提出了由他和精神病医生 Ted Dinad 共同提出的精神益生菌（psychobiotics）的概念，聚焦药物、益生菌等细菌为介导的对精神障碍、神经发育障碍以及神经退行性疾病等的直接或辅助的治疗探索。psychobiotic 这个术语最早由 Dinan 等在 2013 年提出，作为一类全新的精神药物，被定义为当摄入足够的量时，对患有精神疾病的病人产生健康益处的活的有机体。这一定义后来扩展到任何由细菌介导的影响大脑的外源性因子，因此就包括影响脑-肠-微生物轴的益生菌、益生元（prebiotcs）、合生元（synbiotics，益生菌与益生元的组合）、类生元（parabiotics，益生菌体成分）和后生元（postbiotics，益生菌代谢产物）等。2020 年 5 月三大顶尖科学期刊之一的《科学》（Science）也以《认识精神微生物组》（Meet the psychobiome）为题对微生物组学和精神益生菌对精神疾病的治疗契机做了特写报道，在标题上就说明了精神微生物组（psychobiome）的概念。

一、改善认知、情绪、记忆

Kefir 对小鼠脑部的无血清培养的小鼠胚胎细胞（serum-free mouse embryo cell，SFME cell）中的神经系统干细胞具有保护性抗氧化作用。

加利福尼亚大学洛杉矶分校的研究人员发现摄取食物中的细菌会影响人类的大脑功能。该研究将 36 名 18～55 岁的女性随机分为三组：实验组食用由几种益生菌混合的酸奶，每天2 次，持续 4 周；对照组食用一种未用益生菌发酵但味道像酸奶的乳制品；第三组无饮食干预（正常饮食）。利用功能性磁共振成像（functional magnetic resonance imaging，fMRI）扫描统计了 4 周试验前后的女性脑部的数据，包括静态以及情绪识别应答的测试。结果表明，相比于食用不含益生菌酸奶的对照组女性，实验组女性在两侧岛叶的活动中表现出活性降低，岛叶处理和整合机体内部来自肠道的感应，躯体感应皮层在情绪反应测试中也下降。在反应测试中，实验组女性在大脑网络的参与度降低，包括情感、认知和感觉相关的区域。另外两个组的女性的大脑网络中，表现出稳定或者活性增加。在静态大脑扫描中，食用了益生菌的实验组女性在中脑导水管周围灰质和前额皮层的认知相关区域之间，表现出更强的联系。那些正常饮食的女性在中脑导水管周围灰质与情绪、感觉相关的两区域表现出更强的联系。

自闭症是肠道菌群紊乱的表现，口服脆弱拟杆菌可以修复自闭症模型小鼠的肠道屏障，改善自闭症及其血清代谢和行为异常。美国研究人员发现患有心理障碍（如自闭症）儿童的尿液中含有大量的 3-(3-羟基苯基)-3-羟基丙酸 [3-(3-hydroxyphenyl)-3-hydroxypropionic acid，HPHPA]，高于相应年龄和性别的对照组，也高于由于艰难梭菌感染引起复发腹泻的成人组。这种化学物可能来自梭状芽孢杆菌属中的多种厌氧菌，是间酪氨酸（3-羟基苯丙氨酸，3-hydroxyphenylalanine）的可能的代谢物。间酪氨酸是一种酪氨酸类似物，会耗尽实验动物大脑中的儿茶酚胺，引起自闭症。针对注意力不集中的儿童进行研究分析，发现他们的肠道内有过多的梭状芽孢杆菌分泌物，当服用含有益生菌的酸奶后，肠道问题改善，注意力不集中的状况也有所改善。

很多研究表明肠道微生物可能影响宿主的焦虑和抑郁行为。Cryan 和 Bienenstock 联合研究团队发现鼠李糖乳杆菌 JB-1 通过迷走神经在大脑和肠道微生物之间传递信号来影响小鼠的情绪行为，该益生菌能影响中央 GABA（γ-氨基丁酸，中枢神经系统抑制性神经递质）受体在不同脑区的表达，降低应激诱导的皮质酮水平，减少焦虑和抑郁症相关的行为。江南大学王刚团队和爱尔兰科克大学 Cryan 教授团队的合作研究表明，短双歧杆菌 CCFM1025可以通过提高短链脂肪酸产生菌 [粪球菌属（*Coprococcus*）、瘤胃球菌属（*Ruminococcus*）] 的丰度，提高肠道色氨酸羟化酶 1（TPH1）的表达和 5-羟色氨酸（5-HTP）的分泌，从而显著减轻慢性应激小鼠的抑郁和焦虑样行为。

二、预防神经退行性疾病（脑-肠轴）

肠道生态失调是各种胃肠道疾病背后的主要因素，也可能增加脂多糖、促炎细胞因子、T 辅助细胞和单核细胞，通过脑-肠-微生物轴引起肠屏障和血脑屏障通透性增加。因此，错误折叠的蛋白质累积、轴突损伤和神经元脱髓鞘形成，会促使神经退行性疾病的发生，如帕金森病（Parkinson's disease，PD）、阿尔茨海默病（Alzheimer's disease，AD）、多发性硬化症（multiple sclerosis，MS）和肌萎缩侧索硬化症（amyotrophic lateral sclerosi，ALS）等。研究表明，益生菌的摄入可能有助于改善肠道和血脑屏障的完整性，从而改善上述神经退行性疾病。

有研究表明，HPHPA 的最高值出现在急性精神分裂症病人急性精神病发作期间的尿液样本中，口服万古霉素治疗后，HPHPA 值显著下降。瑞士乳杆菌发酵乳的乙醇沉淀物能降低小鼠 β 淀粉样蛋白含量和改善记忆缺失。益生菌与脑-肠-微生物轴信号的研究如表 8-3 所示。

表 8-3　益生菌与脑-肠-微生物轴信号的研究

人体试验	益生菌	干预周期	干预效果
健康对照	多菌株联用： 嗜热链球菌 CNCM I-1630， 保加利亚乳杆菌 CNCM I-1632， 乳酸乳球菌乳酸亚种 CNCM I-1631， 嗜酸乳杆菌，嗜热链球菌，植物乳杆菌， 乳双歧杆菌 CNCM I-2494， 罗伊氏乳杆菌 DSM17938	3 周	↓ 焦虑评分（HAM-A）
	干酪乳杆菌代田株（YIT 9029）	8 周	焦虑、抑郁等参数无变化；↓ 与压力有关的身体症状
	多菌株联用： 干酪乳杆菌 W56，副干酪乳杆菌 W20， 乳双歧杆菌 W51 和 W52， 唾液乳杆菌 W24，植物乳杆菌 W62， 两歧双歧杆菌 W23，嗜酸乳杆菌 W22， 乳酸乳球菌 W19	4 周	一些焦虑和抑郁测试中肠道菌群特征有所改善（LEIDS，PANAS）；情绪记忆改善（fMRI）
	多菌株联用：两歧双歧杆菌 W23， 乳双歧杆菌 W52，嗜酸乳杆菌 W37， 短乳杆菌 W63，干酪乳杆菌 W56，唾液乳杆菌 W24，乳酸乳球菌 W19 和 W58	4 周	↓ 对悲伤情绪的认知反应（LEIDS-R 测试），尤其是攻击性和反省思想；抑郁或焦虑无变化
	长双歧杆菌 1714	4 周	↑ 神经认知表现（PAL）；↑ 脑电图流动性（额中线）
	鼠李糖乳杆菌（JB-1）™	4 周	对 HPA 轴、压力、抑郁、焦虑和认知无明显影响
	发酵乳制品：动物双歧杆菌乳酸亚种 多菌株联用： 嗜热链球菌，保加利亚乳杆菌，乳酸乳球菌乳酸亚种	4 周	对情绪处理的反应改变（fMRI）
	组 1：嗜酸乳球菌 LA5，乳双歧杆菌 BB12 组 2：干酪乳杆菌，嗜酸乳杆菌， 鼠李糖乳杆菌，保加利亚乳杆菌， 短双歧杆菌，长双歧杆菌，嗜热链球菌，低聚果糖	6 周	益生菌治疗均可改善 GHQ 量表；抑郁症和焦虑症得到改善（DASS）；对 HPA 轴活性或犬尿氨酸/色氨酸无影响
	多菌株联用：格氏乳杆菌 SBT2055，长双歧杆菌 SBT2928	12 周	↓ 血清皮质醇；焦虑测试中有改善（GHQ-28 分量表）
情绪低落	多菌株联用：瑞士乳杆菌 R0052，长双歧杆菌 R0175	8 周	对所分析的情绪、压力和焦虑程度没有影响
无尿皮质醇 10～50ng/mL（低）	多菌株联用：瑞士乳杆菌 R0052，长双歧杆菌 R0175	30d	↓ 感知压力分数（PSS），抑郁和焦虑评分（HADS） ↓ HSCL-90 分，包括躯体化、强迫症、焦虑症和抑郁症评分

续表

人体试验	益生菌	干预周期	干预效果
压力	多菌株联用:嗜酸乳杆菌 Rosell-52,长双歧杆菌 Rosell-175	3 周	↓应激相关的胃肠道症状;对其他症状(身体、心理、睡眠)无影响
	植物乳杆菌 DR7	12 周	↓压力和焦虑测试;↑记忆和认知能力;↑血清素能信号;↓血浆皮质醇;↓促炎细胞因子
怀孕	鼠李糖乳杆菌 HN001	<6 个月	↓产后抑郁和焦虑评分(改良的 EPDS 和 STAI)
考生(考试压力)	干酪乳杆菌代田株 YIT 9029	8 周	↓唾液皮质醇水平;↓压力/焦虑的身体症状
	植物乳杆菌 299v	14d	感知压力无差异 ↑唾液中的 L. plantarum 299v 和乳杆菌(在第 14 天时)
老人	干酪乳杆菌代田株(Yakult)	3 周	对于基线情绪量表最差的人的抑郁症有所改善(POMS) 对认知没有影响
	罗伊氏乳杆菌 DSM 17938	12 周	对抑郁症、焦虑症或感觉到的压力没有持续的影响(HADS,PSS)
	瑞士乳杆菌 IDCC3801	12 周	↑RVIP 和 Stroop 彩色单词任务中的认知表现(认知上要求很高的任务);对压力水平(PSS)或抑郁水平(GDS-SF)无影响
IBS(肠易激综合征)患者	长双歧杆菌 NCC3001	6 周	↓抑郁分数(HADS-D);对焦虑没有影响;↓对恐惧刺激的反应;↑生活质量
	多菌株联用:副干酪乳杆菌副干酪亚种 F19,嗜酸乳杆菌 La5,乳双歧杆菌 Bb12	8 周	对焦虑或抑郁测试无明显影响(HADS)
MDD(重度抑郁症)患者	多菌株联用:嗜酸乳杆菌,干酪乳杆菌,两歧双歧杆菌	8 周	↓抑郁分数(BDI)
	多菌株联用:瑞士乳杆菌 R0052,长双歧杆菌 R0175(CNCM strain I-3470)	8 周	↓BDI 分数 ↓犬尿氨酸与色氨酸比例
	植物乳杆菌 299v(辅助抗抑郁药)	8 周	注意力和言语学习改善;↓循环犬尿氨酸浓度
	丁酸梭菌 MIYAIRI 588(辅助抗抑郁药)	8 周	抑郁评分改善
慢性疲劳综合征	干酪乳杆菌代田株	8 周	↓焦虑症状(BAI);抑郁分数(BDI)不变
AD(阿尔茨海默病)患者	多菌株联用:嗜酸乳杆菌,干酪乳杆菌,两歧双歧杆菌,发酵乳杆菌	12 周	↑认知(MMSE);血脂和碳水化合物代谢因子变化
	多菌株联用:发酵乳杆菌,植物乳杆菌,乳双歧杆菌或嗜酸乳杆菌,两歧双歧杆菌,长双歧杆菌	12 周	对认知没有影响
HIV(艾滋病)患者	多菌株联用:植物乳杆菌 DSM 24730,嗜热链球菌 DSM 24731,短双歧杆菌 DSM 24732,副干酪乳杆菌 DSM 24733,德氏乳杆菌保加利亚亚种 DSM 24734,嗜酸乳杆菌 DSM 24735,长双歧杆菌 DSM 24736,婴儿双歧杆菌 DSM 24737	6 个月	↑多个测试中的神经认知表现

续表

人体试验	益生菌	干预周期	干预效果
精神分裂症患者	多菌株联用：鼠李糖乳杆菌 GG，乳双歧杆菌乳酸亚种 Bb12	14 周	对女性没有治疗作用；白色念珠菌抗体水平改变
	多菌株联用：鼠李糖乳杆菌 GG，乳双歧杆菌乳酸亚种 Bb12	14 周	精神病症状的频率没有变化； ↓严重排便困难的发生率； ↓急性 von Willebrand 因子； ↑MCP-1、BDNF、RANTES、MIP-1
	多菌株联用：鼠李糖乳杆菌 GG，乳双歧杆菌乳酸亚种 Bb12	2 周	PANSS 总症状评分无差异； ↓严重排便困难的发生率
	短双歧杆菌 A-1	4 周	焦虑和抑郁评分改善
精神分裂症患者/双相情感障碍患者	多菌株联用：鼠李糖乳杆菌 GG，乳双歧杆菌乳酸亚种 Bb12	14 周	肠道症状改善；对精神病症状无影响
ASD（孤独症谱系障碍）	多菌株联用：嗜酸乳杆菌，鼠李糖乳杆菌，长双歧杆菌	3 个月	自闭症严重程度改善（ATEC）

表中符号说明如下。AD，Alzheimer's disease，阿尔茨海默病；

ASD，autism spectrum disorder，自闭症谱系障碍；

ATEC，Autism Treatment Evaluation Checklist，自闭症治疗评估清单；

BAI，Beck's Anxiety Inventory，贝克的焦虑量表；

BDI，Beck's Depression Inventory，贝克的抑郁症清单；

BDNF，brain-derived neurotrophic factor，脑源性神经营养因子；

DASS，depression anxiety stress scales，抑郁焦虑量表；

EPDS，Edinburgh Postnatal Depression Scale，爱丁堡产后抑郁量表；

GHQ，General Health Questionnaire，一般健康问卷；

HADS，hospital anxiety and depression scale，医院焦虑和抑郁量表；

HAM-A，Hamilton Anxiety Rating Scale，汉密尔顿焦虑量表；

HPA，hypothalamic-pituitary-adrenal，下丘脑-垂体-肾上腺（轴）；

HSCL，Hopkins Symptom Checklist，霍普金斯症状清单；

IBS，irritable bowel syndrome，肠易激综合征；

LEIDS，Leiden Index of Depression Sensitivity，莱顿抑郁敏感性指数；

LEIDS-R，Leiden Index of Depression Sensitivity-Revised，莱顿抑郁敏感性指数-修正版；

MCP-1，Human macrophage chemoattractant protein-1，人巨噬细胞趋化蛋白-1；

MDD，major depressive disorder，重度抑郁症；

MIP-1，macrophage inflammatory protein，巨噬细胞炎症蛋白-1；

MMSE，Mini-Mental State Examination，简易精神状态检查；

PAL，paired associates learning，配对同伴学习；

PANAS，positive and negative affect schedule，正面和负面影响量表；

PANSS，positive and negative syndrome scale，正负综合征量表；

POMS，profile of mood states，情绪状态特征；

PSS，perceived stress scale，感知压力量表；

RANTES，Regulated upon Activation，Normal T cell Expressed and presumably Secreted，重组人趋化因子 CCL5；

RVIP，rapid visual information processing，快速的视觉信息处理；

STAI，State-Trait Anxiety Inventory，国家特质焦虑量表。

第五节　功能性益生菌的预筛选

各种益生菌甚至同种益生菌的不同菌株，其益生功能各有不同，如何快速有效地定向寻找具有延缓衰老、防治或改善与衰老相关疾病等作用的功能性益生菌，在初筛之前可能还需要一个体外预筛选过程。

一、延缓衰老作用的益生菌体外预筛选

1. 单胺氧化酶抑制模型

该模型基于 Finch 和 Everitt 提出的衰老的内分泌学说。该学说认为中心神经系统存在衰老钟（控制衰老的神经结构）。单胺类递质，如去甲肾上腺素（norepinephrine）、5-羟色胺（5-hydroxy tryptamine）、多巴胺（dopamine）等，控制衰老钟的运行。中枢神经系统中存在于线粒体外膜上的单胺氧化酶（monoamine oxidase，MAO）是催化内源性和外源性单胺类物质氧化脱氨的催化剂，且该过程除了降低血清素、去甲肾上腺素和多巴胺，还产生可能会导致神经细胞死亡的活性氧（如 H_2O_2）。该酶按照底物类型的不同，分为 A 型和 B 型，前者（MAO-A）位于神经元内，主要作用于极性芳香胺，如 5-羟色胺、去甲肾上腺素、多巴胺等；后者（MAO-B）位于神经胶质细胞中，主要作用于非极性芳香胺，如苯乙胺（phenethylamine）、苄胺（benzylamine）等。多巴胺也是 MAO-B 的底物，且脑中多巴胺的分解代谢主要依靠 MAO-B（MAO-A 作用仅占 20%）。抑制 MAO-B 的活性可减少多巴胺的降解和再摄取，提高脑内多巴胺浓度，并通过降低 H_2O_2、MPP^+（1-methyl-4-phenylpyridinium，1-甲基-4-苯基吡啶离子）等神经毒素水平延缓黑质细胞的死亡过程。由于 MAO-B 抑制剂不仅能改善帕金森病症状，而且还能起神经保护作用，因此是目前抗帕金森病药物研发的热点。

MAO-A 主要分布在外周胃肠道、肝脏、肾脏、肺；在脑内主要分布在肾上腺素能神经元内，它的一个重要作用就是平衡大脑中 5-羟色胺的分泌。MAO-A 的高低直接影响个体的情绪水平，进而对其行为产生影响。目前，MAO-A 基因与暴力攻击行为和抑郁症的关联性也是研究的一个热点。MAO-A 抑制剂可在一定程度上对个体的暴力情绪或抑郁症情绪水平产生一定的影响。Robinson 发表的关于 MAO 和衰老关系的报告中就提到人的后脑及血小板中 MAO-B 的活性随年龄上升，在 45 岁以前酶的活性曲线是平缓的，而 45 岁以后呈现直线上升趋势，被认为是老化的标志。Eckert 等进一步指出，在许多脑区 MAO-B 的活性与年龄呈正相关，而 MAO-A 无此现象。Brody 的研究表明，人脑皮层神经元在 70~90 岁内丧失数量达到总神经元库的 30%。神经元的丧失为胶质细胞所补偿。这一过程与 MAO-B

随年龄上升一致。

MAO-A 随年龄下降与神经元丧失一致。在衰老脑组织中，MAO-A 和 MAO-B 的消长，直接影响了单胺类递质的代谢及其调节功能。人们一直以来都在寻找或合成 MAO 的抑制剂，希望能通过抑制 MAO 活性来缓解抑郁症、帕金森综合征、阿尔茨海默病等与衰老相关的神经退行性疾病。Knoll 首先使用 MAO-B 抑制剂司来吉兰（selegiline，L-deprenyl）实现了大鼠寿命的延长。然而临床用于治疗神经系统疾病的化学合成药物多属于不可逆抑制剂，疗效不佳且副作用大。近年来，研究侧重于合成可逆的选择性抑制剂和寻找纯天然低副作用的抑制剂。

MAO 抑制剂不仅能提高老年人脑内儿茶酚胺的水平，而且对治愈一些老年常见的抑郁症也颇有效。有研究发现 MAO-A 及抑制 MAO-A 的转录因子 R1 对细胞凋亡和增殖起作用，抑制 MAO-A 会阻止细胞凋亡，MAO-A 和 R1 参与了原癌基因 c-Myc 诱导的细胞增殖信号通路。近年来还有报道 MAO 是氧化应激的另一个重要来源，其活性影响心脏的生物学功能。MAO 抑制剂有可能用于缺血性和非缺血性心肌疾病。已报道的天然 MAO 抑制剂，大多源自植物、真菌和放线菌，少数源自动物组织，乳酸菌来源的几乎没有。乳业生物技术国家重点实验室利用该模型首次筛选了一株鼠李糖乳杆菌 KF-7（CGMCC No. 6430）和一株干酪乳杆菌 JH-23，其代谢产物具有抑制 MAO 的作用。

2. 以自由基清除为代表的抗氧化模型

该模型常用指标包括对自由基的清除能力，如对 DPPH、羟自由基、超氧阴离子等的清除能力；氧化应激的耐受能力，如对一定浓度的 O_2 或 H_2O_2 的耐受能力；抗脂质过氧化的能力，如对亚油酸过氧化抑制率或脂质过氧化产物丙二醛的含量进行测定来反映；产生抗氧化物质的能力，如某些益生菌能够产生如超氧化物歧化酶（superoxide dismutase，SOD）、谷胱甘肽过氧化物酶（glutathione peroxidase，GSH-Px）、过氧化氢酶（catalase，CAT）、NADH 氧化酶、金属硫蛋白等特殊的活性物质表现其抗氧化特性。

3. Caco-2 细胞模型

Caco-2 细胞模型（the human colon adenocaricinoma cell lines model，人结肠腺癌细胞模型）的细胞系来源于人体结肠癌细胞，主要用于研究药物吸收及营养物质的转运调节，在抗衰老的研究中可以利用 Caco-2 细胞作为细胞来源，建立与细胞衰老相关的细胞脂质过氧化损伤模型，从益生菌中筛选有抑制脂质过氧化能力的菌株。

二、调节免疫、护肤抗皱、抑制/预防肿瘤等作用的益生菌体外预筛选

1. 调节免疫作用的益生菌体外预筛选

主要采用刺激外周血单核细胞（peripheral blood mononuclear cells，PBMCs）增殖的细胞模型（如副干酪乳杆菌 M5AL、J23AL、G15AL 和 T3AL）和利用琼脂扩散法和孔扩散法的体外抑菌模型［如长双歧乳杆菌 J16 和干酪乳杆菌 LC2W（CGMCC 0828）］等。

2. 护肤抗皱作用的益生菌体外预筛选

主要可以从调节免疫、减少湿疹，体外抑制皮肤病原体（例如铜绿假单胞菌、金黄色葡萄球菌、痤疮丙酸杆菌等），清除自由基等角度构建模型。

3. 抑制/预防肿瘤作用的益生菌体外预筛选

主要可以从调节免疫和炎症反应，抑制致病菌（例如具核梭杆菌等），改善肠道屏障完整性，抑制癌细胞（例如 HT-29 和 Caco-2 等）角度构建模型。

三、调节血压、血脂、血糖作用的益生菌体外预筛选

1. 调节血压作用的益生菌体外预筛选

主要采用血管紧张素转化酶（angiotensin converting enzyme，ACE）抑制模型［如干酪乳杆菌 LC2W（CGMCC No. 0828）］等。

2. 调节血脂作用的益生菌体外预筛选

主要采用胆固醇移除模型（如罗氏乳杆菌 DSM122460）以及降解胆盐和结合胆固醇模型［如植物乳杆菌 ST-Ⅲ（CGMCC No. 0847）和干酪乳杆菌 BD -Ⅱ（CGMCC No. 0849）］等。

3. 调节血糖作用的益生菌体外预筛选

主要采用麦芽糖酶/α-葡萄糖苷酶（maltase/α-glucosidase）抑制模型［如干酪乳杆菌 JH-28、LC2W（CGMCC No. 0828）和植物乳杆菌 ST-Ⅲ（CGMCC No. 0847）］等。

四、精准益生菌筛选策略

关于衰老相关机制研究的证据表明，延长寿命的秘诀绝不仅仅是使用抗氧化药物或减少食量那么简单。虽然大量的自由基可能有害，但它们的存在也会触发保护性的应答。有专家认为，没有任何遗传学证据能说明增强机体的抗氧化防御能够延缓衰老。另外，虽然公认饮食或热量限制在动物实验中有效，说明机体会因为营养不足而启动保护性机制，但长期过度的营养缺乏，也同样会引起疾病。想增进健康并延长寿命，通过治疗减少或纠正基因组损伤仍然不是个短期内轻易就能实现的目标。但考虑到很多疾病之间的高度相关性，而且这些相关性或多或少又都汇集到肠道微生物系统，因此，以肠道菌群结构为调整靶标的针对代谢调节系统的干预措施，可能更容易实施，基于肠道微生物调节相关理论的益生菌膳食补充和辅助性防治将具有极大的潜力。

人类基因组草图早已完成，人类蛋白组草图也已基本完成，人类肠道微生物组和表型组大数据采集正在进行。肠道微生物似乎与几乎所有的疾病都能建立关联，益生菌和益生元似乎也存在"万金油"的被质疑之声，但我们要看到个体的差异、个体肠道微生物的差异、个体对干预措施的响应差异、益生菌的菌株生理特性和功效差异、在不同人体中定植能力和定植时间的个体差异等，因此，我们需要不断探索，寻找、研究、开发适合于不同人群、不同健康和疾病状况的益生菌菌株，并明确其剂量效应关系。随着肠道微生物组学、代谢组学、基因疗法、免疫疗法的发展，预计未来在疾病治疗和健康管理方面，将逐步走向个性化，菌群干预产品也会多样化。比如根据个体基因组测序、代谢组分析以及蛋白组分析，结合肠道菌群（微生物组、宏基因组）的检测结果，可以选择特定功能的益生菌进行有针对性的干预，来实现延长机体寿命或防治相关疾病的目的。

最近在《自然微生物学》（*Nature Microbiology*）上发表了一篇题为《从益生菌迈向精

准益生菌》（Moving from probiotics to precision probiotics）的文章，就精准益生菌开发策略以及面临的挑战进行了评述。该文章总结了两种研究开发策略（图 8-5）。

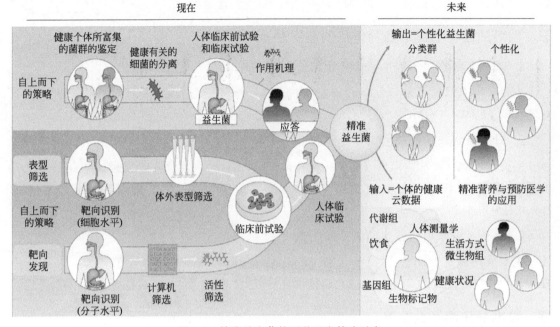

图 8-5 精准益生菌的两种开发策略示意

由图 8-5 可知，一种是自上而下的经验主义策略，即筛选健康个体相比疾病状态下所富集的且被人体服用后对人体健康有益的微生物，或从人们长期食用的发酵食品中筛选对人体健康有益的微生物，最后研究明确宿主反应和/或作用机制的决定因素；另一种是自下而上的基于表型和基于靶标的筛选策略，表型方法即通过体外的生化反应（如酶反应等）、细胞模型或体内的动物模型筛选具有某些生化响应或对细胞、动物产生某些效应的微生物，基于靶标的方法即综合多组学手段，通过计算机模拟（包括人工智能）来预测，评估细菌所产生的可调节宿主或微生物与健康或疾病有关的信号通路的分子效应物的能力，通过微生物与宿主之间的分子相互作用来筛选益生菌株，最后通过动物实验和临床验证功效。由此筛选鉴定出来的益生菌株被称为精准益生菌（precision probiotics），有望用于精准药物和精准营养，而肠道菌群就很可能成为精准益生菌发挥功效的靶标之一。

精准益生菌前景非常诱人，然而开发的道路上也面临不小的挑战，比如菌株的安全性、异质性、如何预测菌株在不同个体中的功效等，这需要大量的临床数据、宿主个体的遗传学数据、饮食活动数据和代谢水平数据以及微生物组数据等，并且建立标准化的方法，还要注意个人隐私信息的合法合规获取和使用的问题。

参考文献

[1] López-Otín C，Blasco M A，Partridge L, et al. The Hallmarks of Aging. Cell，2013，153（6）：1194-1217.

[2] Johnson S C，Rabinovitch P S，Kaeberlein M. mTOR is a key modulator of ageing and age-related disease. Nature，2013，493（7432）：338-345.

[3] 刘俊平. 衰老及相关疾病细胞分子机制研究进展. 生物化学与生物物理进展，2014，03：215-230.

[4] Tian Y，Zhang Y W，Fu X H. beta Cell Senescence as a Common Contributor to Type 1 and Type 2 Diabetes. Trends Mol Med，2019，25（9）：735-737.

[5] 梅慧生. 人体衰老与延缓衰老研究进展——人体老化的特征和表现. 解放军保健医学杂志，2003，01：49-51.

[6] 张籛，陈进超. 巴马健康老人食物结构与肠道双歧杆菌关系的初步研究. 食品科学，1994，9：47-49.

[7] Claesson M J，Jeffery I B，Conde S，et al. Gut microbiota composition correlates with diet and health in the elderly. Nature，2012，488（7410）：178-184.

[8] Ravichandran M，Priebe S，Grigolon G，et al. Impairing L-Threonine Catabolism Promotes Healthspan through Methylg-lyoxal-Mediated Proteohormesis. Cell Metabolism，2018，27（4）：914-925.

[9] Bell R D，Winkler E A，Singh I，et al. Apolipoprotein E controls cerebrovascular integrity via cyclophilin A. Nature，2012，485（7399）：512-516.

[10] Willcox B J，Donlon T A，He Q，et al. FOXO3A genotype is strongly associated with human longevity. Proceedings of the National Academy of Sciences，2008，105（37）：13987-13992.

[11] Chew J，Gendron T F，Prudencio M，et al. C9ORF72 repeat expansions in mice cause TDP-43 pathology，neuronal loss，and behavioral deficits. Science，2015，348（6239）：1151-1154.

[12] 童坦君，张宗玉. 衰老机制及其学说. 生理科学进展，2007，38（01）：14-18.

[13] Singh H，Torralba M G，Moncera K J，et al. Gastro-intestinal and oral microbiome signatures associated with healthy aging. GeroScience，2019，41（6）：907-921.

[14] Yu T C，Guo F F，Yu Y N，et al. *Fusobacterium nucleatum* Promotes Chemoresistance to Colorectal Cancer by Mod-ulating Autophagy. Cell，2017，170（3）：548-563.

[15] Collins S M，Bercik P. The relationship between intestinal microbiota and the central nervous system in normal gas-trointestinal function and disease. Gastroenterology，2009，136（6）：2003-2014.

[16] Grenham S，Clarke G，Cryan J F，et al. Brain-Gut-Microbe Communication in Health and Disease. Frontiers in Physiology，2011，2（94）：1-15.

[17] Falk P G，Hooper L V，Midtvedt T，et al. Creating and maintaining the gastrointestinal ecosystem：What we know and need to know from gnotobiology. Microbiol Mol Biol Rev，1998，62（4）：1157-1170.

[18] Van Der W D，Sturm C A. Antibiotic decontamination of the digestive tract of mice. Technical procedures. Lab Anim Care，1968，18：1-10.

[19] Hooper L V，Wong M H，Thelin A，et al. Molecular analysis of commensal host-microbial relationships in the intes-tine. Science，2001，291（5505）：881-884.

[20] Cryan J F，Dinan T G. Mind-altering microorganisms：the impact of the gut microbiota on brain and behaviour. Nat Rev Neurosci，2012，13（10）：701-712.

[21] Valles-Colomer M，Falony G，Darzi Y，et al. The neuroactive potential of the human gut microbiota in quality of life and depression. Nat Microbiol，2019，4（4）：623-632.

[22] Strandwitz P，Kim K H，Terekhova D，et al. GABA-modulating bacteria of the human gut microbiota. Nat Microbi-ol，2019，4（3）：396-403.

[23] Zheng P，Wu J，Zhang H P，et al. The gut microbiome modulates gut-brain axis glycerophospholipid metabolism in a region-specific manner in a nonhuman primate model of depression. Mol Psychiatr，2020，13，in press. DOI：10.1038/s41380-020-0744-2.

[24] Heinzel S，Aho V T E，Suenkel U，et al. Gut Microbiome Signatures of Risk and Prodromal Markers of Parkinson Disease. Annals of Neurology，2020，88（2）：320-331.

[25] Sudo N，Chida Y，Aiba Y，et al. Postnatal microbial colonization programs the hypothalamic-pituitary-adrenal sys-tem for stress response in mice. J Physiol-London，2004，558（1）：263-275.

[26] Yu F，Han W，Zhan G F，et al. Abnormal gut microbiota composition contributes to cognitive dysfunction in strepto-zotocin-induced diabetic mice. Aging-Us，2019，11（10）：3262-3279.

[27] Pennisi E，Richardson K. MEET THE PSYCHOBIOME. Science，2020，368（6491）：570-573.

[28] Blacher E, Bashiardes S, Shapiro H, et al. Potential roles of gut microbiome and metabolites in modulating ALS in mice. Nature, 2019, 572 (7770): 474-480.

[29] Burberry A, Wells M F, Limone F, et al. C9orf72 suppresses systemic and neural inflammation induced by gut bacteria. Nature, 2020, 26, in press. DOI: 10.1038/s41586-020-2288-7.

[30] Borovikova L V, Ivanova S, Zhang M H, et al. Vagus nerve stimulation attenuates the systemic inflammatory response to endotoxin. Nature, 2000, 405 (6785): 458-462.

[31] Kaelberer M M, Buchanan K L, Klein M E, et al. A gut-brain neural circuit for nutrient sensory transduction. Science, 2018, 361 (6408): eaat5236.

[32] Kaelberer M M, Rupprecht L E, Liu W W, et al. Neuropod Cells: Emerging Biology of the Gut-Brain Sensory Transduction. Annual review of neuroscience, 2020, 43: 337-353.

[33] Bravo J A, Forsythe P, Chew M V, et al. Ingestion of Lactobacillus strain regulates emotional behavior and central GABA receptor expression in a mouse via the vagus nerve. Proceedings of the National Academy of Sciences, 2011, 108 (38): 16050-16055.

[34] Yeon S-W, You Y S, Kwon H-S, et al. Fermented milk of Lactobacillus helveticus IDCC3801 reduces beta-amyloid and attenuates memory deficit. Journal of Functional Foods, 2010, 2 (2): 143-152.

[35] Metchnikoff E, Metchnikoff I I. The prolongation of life: optimistic studies. Springer Publishing Company/Putnam, 1908.

[36] Zhao Y, Zhao L, Zheng X, et al. *Lactobacillus salivarius* Strain FDB89 Induced Longevity in Caenorhabditis elegans by Dietary Restriction. Journal of Microbiology, 2013, 51 (2): 183-188.

[37] Zhai Q X, Wang G, Zhao J X, et al. Protective Effects of *Lactobacillus plantarum* CCFM8610 against Acute Cadmium Toxicity in Mice. Applied and Environmental Microbiology, 2013, 79 (5): 1508-1515.

[38] Zhai Q X, Wang G, Zhao J X, et al. Protective Effects of *Lactobacillus plantarum* CCFM8610 against Chronic Cadmium Toxicity in Mice Indicate Routes of Protection besides Intestinal Sequestration. Applied and Environmental Microbiology, 2014, 80 (13): 4063-4071.

[39] Morita Y, Jounai K, Sakamoto A, et al. Long-term intake of *Lactobacillus paracasei* KW3110 prevents age-related chronic inflammation and retinal cell loss in physiologically aged mice. Aging-Us, 2018, 10 (10): 2723-2740.

[40] Morita Y, Jounai K, Miyake M, et al. Effect of Heat-Killed *Lactobacillus paracasei* KW3110 Ingestion on Ocular Disorders Caused by Visual Display Terminal (VDT) Loads: A Randomized, Double-Blind, Placebo-Controlled Parallel-Group Study. Nutrients, 2018, 10 (8): 1058.

[41] Zheng X B, Wu K N, Song M Y, et al. Yogurt consumption and risk of conventional and serrated precursors of colorectal cancer. Gut, 2020, 69 (5): 970-972.

[42] Chong E S L. A potential role of probiotics in colorectal cancer prevention: review of possible mechanisms of action. World J Microbiol Biotechnol, 2014, 30 (2): 351-374.

[43] 吴正钧, 郭本恒, 叶锦. 干酪乳杆菌 LC2W 菌株及其在抗高血压方面的应用: CN, 03129450.2. 2005-01-19.

[44] 郭本恒, 蒋能群, 孙立国, 等. 植物乳杆菌 ST-Ⅲ 的减肥用途: CN, 200410066891.7. 2006-04-05.

[45] 蒋能群, 孙立国, 郭本恒. 植物乳杆菌 ST-Ⅲ 菌株及其在调节血脂方面的应用: CN, 03116377.7. 2004-01-14.

[46] 蒋能群, 郭本恒, 孙立国. 干酪乳杆菌 Bd-Ⅱ 菌株及其在降低血脂方面的应用: CN, 03128995.9. 2004-12-08.

[47] Long-Smith C, O'riordan K J, Clarke G, et al. Microbiota-Gut-Brain Axis: New Therapeutic Opportunities//INSEL P A. Annual Review of Pharmacology and Toxicology, 2020, 60: 477-502.

[48] Tian P, O'riordan K J, Lee Y-K, et al. Towards a psychobiotic therapy for depression: Bifidobacterium breve CCFM1025 reverses chronic stress-induced depressive symptoms and gut microbial abnormalities in mice. Neurobiology of stress, 2020, 12: 100216.

[49] Sarkar S R, Banerjee S. Gut microbiota in neurodegenerative disorders. J Neuroimmunol, 2019, 328: 98-104.

[50] Finch C E. The regulation of physiological changes during mammalian aging. Quarterly Review of Biology, 1976, 51 (1): 49-83.

[51] Everitt A. The neuroendocrine system and aging. Gerontology, 1980, 26 (2): 108-119.

[52] 季红, 吴正钧, 艾连中, 等. 一种鼠李糖乳杆菌及其用途: CN, 102994432A. 2012-03-27.

[53] 王豪, 郭本恒, 吴正钧, 等. 一株具有抑制单胺氧化酶作用的干酪乳杆菌筛选. 微生物学报, 2010, 50 (2): 197-203.

[54] 何一薇, 郭本恒, 陈卫, 等. 干酪乳杆菌JH23代谢产物对单胺氧化酶的抑制作用. 天然产物研究与开发, 2012, 24 (07): 882-887.

[55] Veiga P, Suez J, Derrien M, et al. Moving from probiotics to precision probiotics. Nat Microbiol, 2020, 5 (7): 878-880.

第九章

益生菌与口腔及皮肤健康

第一节　益生菌与口腔健康

一、人口腔菌群概况

　　口腔是人体消化道的重要组成部分。口腔位于消化道的上部，是外界环境作用于肠道菌群的首要关口，其中含有大量的微生物。人们对于口腔菌群的研究晚于肠道菌群，但近年来进展很快，日益成为研究和应用的热点。已有研究表明，人类口腔中至少含有 700 种细菌，其中有一半以上未实现培养。人类微生物组计划项目也包含了口腔微生物组的研究，同时收获了大量的实验数据。越来越多的研究表明，口腔微生物和肠道微生物可以相互作用，并在特定疾病的防控中发挥共性调节作用。

　　人体口腔中因为含有唾液、食物残渣等，为口腔内的菌群提供了合适的繁衍环境。新生儿出生后数天内的口腔菌群与母亲阴道内的菌群相同，随后逐渐接近成人的口腔菌群。正常人口腔菌群的结构组成丰富，包括诸多细菌、真菌和病毒，其中细菌占主要优势。真菌中的念珠菌（*Candida*）也较为常见，此外还包括寄生于细菌中的病毒。口腔菌群失调是菌群失调的常见部位，伴随着疾病的发生与发展，正常菌群的组成及丰富度也发生着变化，甚至出现非原著细菌、真菌和病毒在口腔的定植。口腔健康与肠道健康甚至是肠外疾病的防护息息相关，值得引起重视。

　　由于人体的口腔常与食物、水和空气接触，其中的细菌组成及比例很容易发生改变。然而，这些细菌的种类却并不会有明显的变化。人体口腔中最常见的菌群是厚壁菌门（Firmicutes）、拟杆菌门（Bacteroidetes）、变形菌门（Proteobacteria）和放线菌门（Actinobacteria）的细菌，包括甲型链球菌（α-hemolytic *Streptococcus*）和厌氧链球菌（anaerobic *Streptococcus*），其次是葡萄球菌（*Staphylococcus*）、奈瑟氏菌（*Neisseria*）、乳杆菌（*Lactobacillus*）等。口腔内有伤口或者经口腔手术后，甲型链球菌可通过伤口进入血液。一般情况下，少量菌很快会被肝、脾、淋巴结和骨髓中的吞噬细胞清除。但若心脏瓣膜有病损，或者是安装了人工瓣膜，细菌就会被阻留并繁殖，导致心内膜炎。厌氧链球菌中有一种变异链球菌（*Streptococcus mutans*），与龋齿的形成关系密切。该菌能分解食物中的蔗糖，产生高分子量、黏度大的不溶性葡聚糖，以致将口腔中其他菌群黏附于牙齿表面而形成菌斑。变异链球菌是人体口腔菌群中丰度最高的菌，也是导致龋病的主要致病菌。乳杆菌是指能使糖类发酵产生乳酸的细菌，正常情况下是机体内益于宿主健康的微生物。但因其具有产酸特性，使得口腔内酸碱度（pH 值）下降，导致牙釉质和牙质脱钙，因而也是造成龋齿的重要因素。

口腔不同部位微环境之间的差别非常大，如氧暴露情况、营养物质等方面。与之相对应，不同部位的微生物组成也有明显差异。从氧暴露情况来看，人体口腔不同部位分别定植着对氧气需求不同的微生物。例如，唾液菌群主要由好氧菌和兼性厌氧菌构成，舌头表面主要由厌氧菌定植，而牙釉质斑块则主要由兼性厌氧微生物定植。随着唾液的浸润及不断流动，这些不同部位的微生物之间也会有实时变化。

口腔不同部位微环境之间的差别决定了其微生物组成的不同。有研究团队使用非培养依赖的方法，通过 16S rRNA 基因测序对健康人群口腔中的 9 个部位的微生物组成进行了研究。结果发现在属的水平上，孪生球菌（*Gemella*）、颗粒链菌（*Granulicatella*）、链球菌（*Streptococcus*）以及韦荣氏球菌属（*Veillonella*）存在于几乎所有人的 9 个部位样本中，提示这些属的细菌构成了人类口腔微生物组的核心菌群。除此以外的其他物种虽然也有一些以较高频率出现，但大多数都只分布在口腔的特定部位。对于特定的个体而言，每个部位的优势种可能有 34～72 种；而从总体水平看，不同人群的大多数部位会有 20～30 种不同的优势种。

二、菌群相关的口腔健康问题

口腔健康是世界卫生组织确定的人体健康十大标准之一，是反映人体健康和生命质量的一面镜子。口腔健康与全身健康密不可分。口腔健康是全身健康的前提，离开了口腔健康就不会有身体的健康。常见引起口腔不适症状的致病菌和潜在防治作用的益生菌如表 9-1 所示。

表 9-1　常见引起口腔不适症状的致病菌和潜在防治作用的益生菌

口腔不适症状	致病菌	益生菌	作用机理
牙菌斑	伴放线杆菌、牙龈卟啉单胞菌、中间普氏菌	罗伊氏乳杆菌	降低口腔唾液内的 pH 值、中和自由电子的抗氧化成分，如 H_2O_2
龋齿	变形链球菌、唾液链球菌、格式乳杆菌、罗伊氏乳杆菌、副干酪乳杆菌	鼠李糖乳杆菌、副干酪乳杆菌、罗伊氏乳杆菌、唾液乳杆菌、植物乳杆菌、双歧杆菌	黏附作用、产生有机酸、抗生素等代谢产物
牙龈炎、牙周炎	变形链球菌、牙龈卟啉单胞菌、放线杆菌、福赛斯坦纳菌、齿垢密螺旋体	罗伊氏乳杆菌、唾液链球菌、干酪乳杆菌	降低促炎因子
口臭	阿托波氏菌、沟迹真杆菌、牙周梭杆菌、牙龈卟啉单胞菌、具核梭杆菌	唾液链球菌、保加利亚乳杆菌、干酪乳杆菌、唾液链球菌 K12、食窦魏斯氏菌	产生细菌抑制素、竞争吸附位点

1. 牙菌斑与龋齿

牙菌斑由黏性基质和致病菌构成，是导致各类口腔不适及疾病的关键因素，与口腔健康密切相关。它是牙齿表层形成的一种细菌性的动态变化的生物膜，多种致病菌如变形链球菌（*Streptococcus mutans*）、血链球菌（*Streptococcus sanguis*）、黏性放线菌（*Actinomyces viscous*）、嗜酸乳杆菌（*Lactobacillus acidophilus*）、牙龈卟啉单胞菌（*Porphyromonas gingivalis*）、齿垢密螺旋体（*Treponema denticola*）、福赛斯坦纳菌（*Tannerella forsythia*）、放线共生放线杆菌（*Aggregatibacter actinomycetemcomitans*）等黏附生长于其中。口腔致病菌经感染，可能导致龋齿、牙龈出血肿痛、牙周炎、牙齿敏感、口臭等口腔不适症状。余太平等通过对 94 例糖尿病患者给予牙周病的早期牙菌斑防治发现，相比对照组，实验组的平均牙龈指数和牙周袋深度均有显著性减少，提示了早期牙菌斑防控的潜在意义。

龋齿是影响人类健康最常见的慢性及多因素综合导致的疾病之一。龋齿的出现是由三种主要因素共同决定的，包括产酸和嗜酸的微生物、来自饮食的碳水化合物和宿主因素（如口腔日常护理不当等）。经济和行为因素也在龋齿的病因学中发挥重要作用。龋病的发生归根结底是由于口腔内正常微生物群生态失衡，造成牙齿表面形成牙菌斑，且产生典型的生物膜特征。具体来讲，当摄入了糖或淀粉后，产酸的细菌就会占上风。致龋微生物如变异链球菌和白念珠菌（*Candida albicans*）协同作用，分解碳水化合物代谢产生乳酸、甲酸、乙酸和丙酸等产物。它们的存在会导致口腔内环境 pH 值下降至 5.5 以下，导致牙釉质中羟基磷灰石的脱矿化和水解破坏牙齿硬组织结构的蛋白。其中，变异链球菌、其他链球菌中的非变异链球菌群、放线菌和乳酸菌在人类口腔疾病发展中起着关键作用。在不同程度的龋齿病人的口腔中，口腔微生物因个体的遗传因素、吸烟、饮食差异也存在着差异。益生菌防治龋齿的作用机理一般认为是通过降低口腔唾液内的 pH 值、产生 H_2O_2 等抑菌物质、中和矿化牙菌斑的自由电子等途径达到抑制牙菌斑的目的。

罗伊氏乳杆菌（*Lactobacillus reuteri*）是被广泛报道的防治龋齿的益生菌。相关研究报道，孕妇妊娠晚期和婴儿出生后的一年中，日常摄入罗伊氏乳杆菌对于儿童后续成长过程中龋齿和牙龈炎发生率降低有关。Pamela 等关于益生菌对口腔变形链球菌和白色念珠菌抑制能力的体外研究指出，所选的 8 株乳酸菌均显示出良好的抑制效果，具有成为商业益生菌产品的潜力。此外，近年来的报道也提出，罗伊氏乳杆菌在适宜的环境条件下表现出一定的致龋特性。唾液乳杆菌（*Lactobacillus salivarius*）WB21 也被报道可以联合绿茶儿茶素，抑制变异链球菌的生长和不溶性葡聚糖的产生，表明二者联合作用对口腔健康的潜在保健作用。一项针对 2～7 岁、患龋齿不同程度的儿童的牙菌斑上的菌落进行的 16S rRNA 基因序列分析发现，斑块细菌群落表现出时间稳定性，且健康牙齿表面的微生物群落与蛀牙活动期间的微生物群落有显著差异。同样，在儿童龋齿防治的研究中，益生菌疗法作为一种安全生物的抗菌剂，通过有效抑制口腔变形链球菌的数量来调节口腔菌群失衡，从而减低了龋齿的疾病发生率，并可以结合氟化物等传统疗法，进一步提高龋齿防治效果，促进口腔健康。一项双盲随机对照试验给 5 岁低龄患龋齿儿童服用 2 周的富含乳双歧杆菌和嗜乳酸杆菌的益生菌酸奶后，基于 16S rRNA 高通量测序结果，测试服用前、服用 2 周后、停止服用后 1 个月三个节点的致病菌的水平，结果显示游离细菌丰度部分改变，但口腔益生菌在第一个、第三个节点的变化并无统计学意义，提示了益生菌疗法治疗龋齿仍有待探究定植等相关问题。

2. 牙龈出血和牙龈肿痛

牙菌斑已被证明可引发和促进牙龈发炎。临床上，牙龈炎是公认的牙周疾病的危险因素和危险信号。从组织学上讲，在病变发展为牙周炎之前，可以对牙龈炎的各个阶段进行表征，以期为牙周疾病的发生发展提供可靠的信号指征。同时，口腔异味、牙龈炎和牙周炎之间也存在相关性。研究发现，牙周组织中的挥发性硫化物介导了从健康口腔到牙龈炎再到牙周炎转变。牙龈出血也是常见的口腔不良症状之一，是指牙龈自发性或经轻微刺激引起的少量流血。轻微症状表现为在吮吸、刷牙、咀嚼硬物时唾液中带有血丝，严重时表现为牙龈受到外在刺激时即出血较多甚至是自发性出血。通常牙龈出血伴随牙周组织疾病产生，例如牙周炎和牙龈炎。牙龈出血是由多方面原因共同决定的，主要与牙龈经常发炎、龋齿、牙龈损伤和刷牙方式有关，多由口腔炎症所致。也有报道指出，有时也与某些系统性疾病包括白血病、血液病、重症肝病、高血压等有关。因此，需要重视口腔保健，增强患者以及正常人群对牙龈出血等口腔疾病的防控意识。牙周脓肿是指牙周炎发展到一定程度后导致的急性炎症状态，例如，牙周袋发展特别深，而深部的炎症组织无法顺畅引流的时候，牙龈就会局部出现肿胀，形成牙周脓肿，进而可能诱发牙周炎。对于身体抵抗力比较差的个体，如糖尿病患者及免疫干预治疗期间的病人，牙周炎症如果控制不佳会很容易引发牙周脓肿及后续的更深层次的系统感染。

牙龈炎是一种高发病率的口腔炎症，源于牙菌斑黏附致病菌感染，典型的致病菌是变形链球菌。诸如乳酸菌和双歧杆菌等益生菌具有抗氧化特性，已被确定可以对牙龈成纤维细胞发挥保护作用。罗伊氏杆菌也发挥出良好的抑制菌斑生成的效果。一项评价益生菌对 15～16 岁在校学生牙菌斑和牙龈炎的影响的随机对照实验指出，经 14d 的连续作用，氯己定（常见洗牙制剂）组和益生菌组均导致了牙菌斑斑块的统计学意义的下降，能显著减轻牙龈上菌斑和齿龈炎，为益生菌疗法在减少菌斑和齿龈炎方面的应用提供了新的思路。Lee 等通过对比实验发现，34 名成年患者分别经 14d 益生菌短乳杆菌（*Lactobacillus breve*）CD2 含片和安慰剂治疗，表明 CD2 可能通过阻止一氧化氮的合成，下调炎症级联而延迟牙龈炎的发展，因此口服 CD2 治疗牙龈炎症具有可行性。Twetman S. 在强调了益生菌疗法应用于牙龈炎防治可能性同时，验证了防控机理可能是基于减少肿瘤坏死因子等细胞因子，与此同时也指出，不能忽略益生菌只能短暂定植等应用阻碍。

变形链球菌、牙龈卟啉单胞菌、放线杆菌、福赛斯坦纳菌、齿垢密螺旋体是引起牙周炎等口腔炎症的常见致病菌，而益生菌包括罗伊氏乳杆菌、唾液链球菌、干酪乳杆菌等可以通过降低口腔炎症因子而发挥防治牙周炎的作用。一项针对 40 名牙周炎患者持续 1 年的随访研究指出，罗伊氏乳杆菌可以显著降低患者的菌斑指数、牙龈指数和致病菌附着水平，需要进一步探究最优的作用剂量来加快益生菌在口腔保健方面的应用。Morales 等借助一项随机安慰剂对照试验通过对益生菌和抗生素在慢性牙周炎非手术治疗中的微生物和临床效果证实，相比单纯的机械治疗，鼠李糖乳杆菌（*Lactobacillus rhamnosus*）对 47 名慢性牙周炎患者起到了类似的牙周临床改善效果。针对益生菌的系统综述和荟萃分析（50 项研究，共计 3247 名参与者）也表明，益生菌的口腔保健作用的主要研究对象集中于儿童，报道了乳酸菌支持治疗牙龈炎或牙周炎，表现为显著降低牙龈出血和牙龈指数，但对牙菌斑块指数的作用有限，抗龋齿作用有待进一步验证。此外，糖尿病患者更容易发生牙周病等感染性症状，以优良菌株替代致病性菌株的细菌治疗日益成为热点。一项双盲随机对照研究指出，80例诊断为 2 型糖尿病和牙龈炎的成人患者经口服干酪乳杆菌（*Lactobacillus casei*）进行 30d 的益生菌治疗后，检测到牙菌斑和牙龈出血均有统计学意义的降低，表明了益生菌疗法在控制 2 型糖尿病和牙龈炎患者中发挥的潜在益处。与此同时，另外一项类似研究在证实益生菌乳饮料可以减少菌斑引起的牙龈炎症的影响的同时，观察到了因益生菌乳饮料含糖而导致的菌斑面积扩增的趋势，因此，在制备益生菌饮料时同样要优化配方，以避免其带来的不良后果。

3. 牙齿敏感

牙齿敏感也叫牙本质敏感（DH），是极易被忽视的由细菌及其产物引起的口腔问题之一。其特征是对牙齿颈部区域的热、物理或化学刺激的痛苦反应，可能会给患者带来极大的不适感。牙龈萎缩和牙釉质流失均导致牙本质暴露，而导致这种情况的发生。刺激物（热、化学、机械等）在牙本质上的确切传播方式仍不清楚，这些假设包括直接神经刺激、流体动力学和直接离子扩散，最普遍接受的机制是流体动力学。对于超敏反应，治疗可能比预防更合适。

治疗过敏性牙齿有两种主要方法，第一种是阻塞裸露的牙本质小管以防止液体运动，第二种是抑制牙本质小管的神经元传递刺激。目前多采用第一种机制。减轻牙齿敏感性的第一干预措施是使用牙本质脱敏剂。目前市场上可买到的脱敏剂，包括氟化物清漆、草酸盐凝胶等，只要添加在漱口水、牙膏等口腔护理产品中即可。第二种机制是基于硝酸钾的应用。目前预防牙齿侵蚀和牙本质过敏的证据极少且可信度欠佳，尤其是关于其在儿童和青少年中患病率的报道非常有限，但 DH 在年轻患者中变得越来越频繁。鉴于在预防牙科的许多领域存在知识空白，因此需要采取措施，例如在龋病学和预防牙科的许多领域进行高质量的临床研究，提出高效的预防性管理措施以减少诱发因素。一项基于对 210 名参与者的调查问卷的研究显示，不正确的刷牙方式可能是导致牙本质过敏症的最大诱因。同时，对牙齿敏感的认识和理解不到位也可能是导致诊断和治疗存在难题的原因所在。

4. 口臭

口臭是一种常见的疾病，是导致口腔异味的主要根源，其因果关系牵涉许多口腔和全身的因素。虽然口臭涉及的病理因素多种多样，但口腔因素更为一致，一般认为是由细菌腐败引起，阿托波氏菌（*Atopobium parvulum*）、沟迹真杆菌（*Eubacterium sulci*）、牙周梭杆菌（*Fusobacterium periodonticum*）被认为是常见的引起口臭的几种重要细菌，且大多涉及口腔微生物群产生的挥发性硫化物，如硫化氢和甲基硫醇等。常用的口腔治疗性药物包括抗菌药物、镇痛药等，唾液链球菌等益生菌则可以产生细菌抑制素而产生抑菌效果，具有治疗口臭的应用前景，但也有报道指出某些唾液链球菌可能会刺激牙龈卟啉单胞菌产生黏性蛋白导致口臭。近年来，口腔微生物释放的恶臭气体被认为是致癌物质的一个重要因素，口腔异味可能有助于评估吸入性肺炎和口腔癌的风险。此外，口腔中特定微生物及其丰度变化被认为与肠道相关的肿瘤如结直肠癌等有明显的关联性。

杨雯洁等借助益生菌对口臭致病菌抑菌作用的体外研究发现，保加利亚乳杆菌和唾液链球菌对常见口腔致病菌，如牙龈卟啉单胞菌、具核梭杆菌（*Fusobacterium nucleatum*）发挥出显著的竞争排斥作用，2 种益生菌还代谢出抗菌物质，有望进一步造成口腔致病菌的生长拮抗。一项益生菌含片联合基础牙周治疗的研究发现，相比对照组，益生菌组治疗总有效率高达 96.7％，且口腔挥发性硫化物水平显著低于对照组，具有推广临床应用改善口臭等口腔症状的价值。干酪乳杆菌 ATCC 334 也对牙周病原体引起的口臭具有益作用。一份研究对象为 10 名学龄前儿童的研究报道（口臭 5 例，无口臭 5 例）指出，从每个参与者口腔中牙菌斑上分类菌落，并使用 16S rRNA 焦磷酸测序来鉴定存在的微生物，发现口腔菌群由放线菌、拟杆菌门、变形菌门、厚壁菌门、梭菌门等组成，且健康组和口臭组之间无多样性指数差异，但相对丰度存在显著差异。

氯己定消毒是一种口腔卫生消毒的化学方法，通过对 208 名儿童随机分组，分别采用刮舌、氯己定、氯己定联合益生菌的方法综合评价口臭严重程度以及治疗效果，证实了氯己定口服消毒后再应用益生菌治疗，可以达到长期的减轻口臭的效果。Berk 等将 100 例患者随机分为 3 组，分别为舌根刮除组、舌根益生菌植入组和单纯漱口液组，借助 3 个指标评分衡量干预前后三种方法口臭去除效果发现，舌根益生菌植入组测量值均显著下降并可以在治疗结束后维持在较低水平。因此，提出了一种全新的益生菌改善口臭的方法，即通过刮舌将益生菌植入舌背。益生菌作为诸多疾病调节剂的研究很多，使用频率和应用潜力也令人惊喜，虽然基于现有研究和报道，益生菌在口腔疾病尤其是龋齿等方面的防治效果仍然存在争议，但整体而言益生菌对口腔保健发挥了启示作用。关于益生菌防控效果的研究可能更多地集中在如何定植、如何与致病菌相互拮抗以及产生抗菌代谢物等方面。

5. 口腔疾病与多种全身性疾病的关系

随着对口腔疾病的重视和研究日趋深入，人们逐渐认识到，口腔黏膜是与我们的内环境相连接的。口腔就像是人体的一道防火墙，而口腔疾病更是全身性疾病的体征，其作为早期的疾病症状，成为疾病体征的一部分，与人类健康息息相关。综合既有报道可以发现，心血管疾病、糖尿病、冠心病、脑中风、癌症、阿尔兹海默症、维生素缺乏症、造血系统疾病、肺部感染等都与口腔疾病有关。例如，报道指出维持口腔环境的平衡，即口腔菌群的平衡状态，能够对我们的心血管健康产生积极的影响。牙周病是糖尿病的常见并发症之一。一项在尼日利亚教学医院接受医学和牙科研究生培训的住院医生中进行的调查结果显示，关于口腔疾病与糖尿病这类常见心血管疾病的认识仍旧存在显著差异。近年来的系统性回顾分析肯定了糖尿病与牙周病、牙齿脱落，特别是口腔癌之间的相关性，证实了短期牙周保健等管理措施对糖尿病代谢的有益影响。一项基于 3183 例受试者的荟萃分析研究也指出，牙周病患者中口腔癌的易感性呈现递增的趋势；也发现，儿童急性淋巴细胞白血病患者通常由于疾病本身以及严重影响其健康和生活质量的化疗副作用而出现各类口腔问题。一项针对 103 例 3～15 岁儿童患者进行的横断面观察研究表明，白血病化疗组口腔表现为黏膜炎、口腔溃疡、牙龈炎及念珠菌病，口腔疾病的发生频率和严重程度与化疗时期长短有关，同时也导致了患童的整体摄入营养及健康状况的改变。此外，自从艾滋病开始流行以来，HIV 相关的口腔病变已被报道。最常见的病变是口腔念珠菌病和口腔毛状白斑，还包括口腔黏膜病、牙周病、唾液腺病和龋齿等。基于 49 例脑卒中并发肺部感染患者的发病原因以及护理方法的回顾性分析也提示，做好口腔护理是预防肺部感染的有效途径。根据横断面研究方法，对 150

名妇科医生在孕期口腔保健方面的知识和实践行为以及牙周病与不良妊娠结局的关系进行评估的结果也显示，大多数（95.4%）医生认为口腔健康与怀孕有关，且牙周病会影响怀孕的结果。进一步的研究也发现，怀孕期间的女性更易患口腔疾病，同时具核梭杆菌（*Fusobacterium nucleatum*）等口腔病原体可以从母亲口腔转移至子宫中，导致不良妊娠的出现。另外，也有报道指出，口腔幽门螺杆菌（*Helicobacter pylori*）及相关的胃肠道疾病复发之间存在必然联系，口腔幽门螺杆菌的防控才是源头治理的关键。

三、益生菌与口腔菌群及健康

　　最早将乳酸菌与口腔疾病关联起来的学者是 Kragen H.。自从对益生菌的相关研究开始不久，人们便开始探索其潜在医用功能。益生菌是活的微生物，主要是细菌，其对于肠道健康的促进作用已经有了较多的研究和应用。益生菌在口腔中可能发挥与肠道中相似的有益功效。当被摄入后，除了基本的营养外，益生菌还会对机体健康产生有益作用。其中较为多见的口腔益生菌包括乳杆菌属和双歧杆菌属，此外还包括肠球菌属、链球菌属以及丙酸杆菌属等，其中以鼠李糖乳杆菌、干酪乳杆菌、双歧杆菌、唾液链球菌较为多见。摄入任何形式的益生菌，如含益生菌的食品（奶酪、酸奶、发酵牛奶、果汁或口香糖）或片剂、胶囊等，均具有口腔益生性。益生菌已被证明可减少龋齿的发病率，以及控制牙龈炎、口臭和口腔念珠菌感染等症状。益生菌的作用机理，一般可以归纳如下：

　　① 通过与病原微生物竞争宿主表面的黏附位点和营养物质而发挥拮抗作用，干扰致病菌在牙菌斑内定植。

　　② 刺激免疫系统，分泌有机酸、抗生素等代谢产物，改变宿主的 pH 值环境来发挥抑菌作用。

　　③ 分泌抑菌物质，如 H_2O_2，中和矿化牙菌斑的自由电子，抑制牙菌斑的持续生成。

　　④ 减少促炎因子，如白介素等的生成。益生菌通过多种途径，改变致病菌在牙菌斑的生存环境，从源头抑制细菌的定植和生长，最终达到干预口腔健康的目的。

　　关于益生菌的口腔益生功能研究众多，应用前景广阔。毋庸置疑，奶酪及发酵乳等乳制品是益生菌的适宜载体，相当多的研究报道了添加益生菌制备酸奶及其改善口腔环境的潜在应用。大量的体外实验、动物实验、临床研究和流行病学研究证实了鼠李糖乳杆菌预防龋齿和提高免疫力的生理特性。益生菌疗法的单独干预或结合传统的化学疗法，有望在口腔疾病的防控中，尤其在儿童口腔健康维护中达到更好的防龋齿、治疗牙周炎等效果；此外，部分学者也肯定了益生菌作为抗生素替代制剂的潜在可能性。虽然益生菌在口腔管理诸如防治牙周病、龋齿和口臭（或口腔异味）中可发挥积极作用，凭借其调节菌群丰度及多样性而具有传统疗法所不具备的安全有效等优势，但也存在一定的局限性。比如益生菌使用结束后，宿主往往不能保持这种作用。关于益生菌在牙周病治疗中的应用研究同样指出，在减少牙龈炎症等方面，益生菌只表现出短期益处。因此，对于口腔益生菌的作用及其机制的研究还需要进一步深入，需要继续寻找益生菌定植生物膜的方法并探究竞争性抑制致病菌的机制和潜在应用效果，以期开发性能优异且效果持久的益生菌。

　　总体而言，益生菌作为口腔菌群，在一定程度上可以有效抑制口腔致病菌的定植和生长。在宣传口腔健康保护意识、倡导积极健康的口腔管理等方面，益生菌疗法提供了一个新的研究视角。

第二节　益生菌与皮肤健康

一、人体皮肤菌群概况

皮肤被称作人体最大的器官，为多种微生物所覆盖，其中大多数微生物对皮肤无害甚至有益。皮肤微生物群（skin microbiome）包括细菌、真菌、病毒、螨虫等定植在皮肤上的微生物。常驻菌群包括痤疮丙酸杆菌（*Propionibacterium acnes*）、金黄色葡萄球菌（*Staphylococcus aureus*）、马拉色菌（*Pityrosporum*）等。研究发现，每一种微生物都有其各自适宜的生长部位，各种各样的微生物分布在人体表皮，因年龄、遗传、环境等因素而呈现动态性变化，特定细菌在某些部位大量繁殖时会引起对应的皮肤疾病。与此同时，由微生物引起的皮肤疾病也日益受到人们的关注，例如皮肤过敏、痤疮、皮炎、湿疹、体臭、头皮屑、银屑病等。近年来，随着分子生物学技术的高速发展，宏基因组学等高通量测序技术的建立，以及培养组学等技术的兴起，为研究皮肤微生物及与疾病的关系提供了新的契机。

二、菌群相关的皮肤健康问题

1. 皮肤菌群平衡及维持

人体皮肤的环境与肠道内的环境存在很大差异。与肠道内高糖类物质、低盐、营养丰富、潮湿、中性的环境不同，皮肤表面的微环境通常表现为高脂肪、高盐、相对干燥、营养贫瘠、偏酸性等特征。这些微环境的显著不同导致皮肤菌群和肠道菌群在组成方面存在明显差异。从总体上看，人类皮肤的常驻菌群包括痤疮丙酸杆菌（*Propionibacterium acnes*）、金黄色葡萄球菌（*Staphylococcus aureus*）、马拉色菌（*Pityrosporum*）等。由于人体不同部位的皮肤在微环境方面存在差异，每一种微生物都有其各自适宜的生长部位，因而不同部位的皮肤通常有着特定的细菌分布。

首先，在油脂分泌旺盛部位，丙酸杆菌（如痤疮丙酸杆菌）作为亲脂性微生物而广泛分布，具体集中部位有头皮、鼻翼、背部、外耳道等，此外这些皮脂溢出部位还广泛存在着马拉色菌、螨虫等。其次，在皮肤湿度相对较高的部位，如肚脐、腋下、臀线等处，发现了葡萄球菌和棒状杆菌的集中分布，这可能与这两类菌群喜好潮湿环境的特性有关。最后，与一般观念（如肠道内微生物分布多样性最为广泛）相悖，像臀部、前臂、腿部等较为干燥的区域，微生物的分布却更为广泛，已有研究报道了放线菌门、厚壁菌门、拟杆菌门等丰富的皮肤微生物菌群在人体干燥部位的广泛分布。

有研究发现微生物在人体表皮的分布会随着年龄、环境等因素而呈现动态性变化。皮肤菌群与人类疾病尤其是皮肤疾病息息相关，调节皮肤菌群的平衡并维持其优势菌群的分布，是预防和控制皮肤疾病的关键。同时，菌群之间的相互抑制或促进作用，确保了正常皮肤状态的维持。例如，实验证实，皮肤常驻细菌痤疮丙酸杆菌（A14-1）和表皮葡萄球菌（F65）等表现出了对常见致病菌，如金黄色葡萄球菌（C189）、铜绿假单胞菌（C8514）和大肠杆菌的拮抗作用，一般在共生72h内表现出明显的抑制效果；反之，皮肤常驻菌之间则表现为协同作用。皮肤常驻菌之间及与致病菌之间的自发调节作用，发挥着维持机体皮肤健康状况的保健作用。也有报道指出，增补益生菌同样在维持皮肤菌群平衡中起到了积极作用。

2. 影响皮肤菌群平衡的因素

皮肤菌群平衡由多重因素介导，宿主因素（年龄、皮肤状况、皮肤护理）、环境因素（空气质量、天气情况）及其他外界因素（如是否服用抗生素等）均对皮肤菌群平衡产生影响。

① 皮肤菌群存在明显的个体差异性，受宿主自身的遗传、年龄、性别、皮肤管理等因素影响。例如基于健康人皮肤正常菌群的研究可以看到，随年龄增加，皮肤上的表皮葡萄球菌减少而金黄色葡萄球菌则增多，且男性表皮葡萄球菌、棒状杆菌、疮疱丙酸杆菌的菌群数量高于女性，女性肌肤则倾向于存在更多的金黄色葡萄球菌和真菌。对于正常人甚至是重症病人而言，皮肤管理发挥着重要作用，有助于清除表皮真菌、细菌，维护皮肤清洁状态从而有效抑制炎症导致的各类痤疮、压疮、感染等不良症状。尤其是对青少年而言，及时清洁皮肤可以有效控制亲脂性微生物痤疮丙酸杆菌的生长。

② 环境因素同样发挥重要作用，空气质量的好坏往往决定着人体接触到的真菌、细菌、病毒数目的多少，而像湿度较低的天气也可能诱发喜湿菌，如葡萄球菌和棒状杆菌大量繁殖紫外线等长时间照射也破坏宿主免疫系统，导致表皮菌群异常生长。

③ 除上述因素外，抗生素对皮肤菌群平衡产生重要影响，适量的抗生素可以有效杀害病菌，但过的抗生素则可能误伤有益菌，从而破坏菌群平衡，进而诱发相关疾病。当然，菌群内部借助代谢物也可相互作用而调节皮肤菌群平衡。研究证实，皮肤真菌（马拉色菌）的代谢产物球形蛋白酶可以水解金黄色葡萄球菌蛋白A（一种参与免疫逃避和生物膜形成的重要金黄色葡萄球菌毒力因子），从而为皮肤健康保驾护航。此外，常用皮肤清洁产品的使用也对皮肤菌群的正常生长起到一定的改善作用。现在多推荐采用生物方法介导菌群生长，例如口服益生菌可以明显改善婴儿特异性皮炎。

3. 常见的皮肤健康问题

（1）皮肤过敏

过敏是一种典型的复杂性和异质性的疾病，也是影响生活质量的重要因素。接触性致敏物，如化学药物、致敏食物、香水等挥发性物质、粉尘等，是引起皮肤过敏的重要因素。同时，儿童常见的皮肤病——特应性皮炎，由于在治疗过程中长期使用药膏和保湿剂，也容易因接触化学物质而导致皮肤过敏。对抗过敏性疾病一般有三种策略，包括预防、对症治疗、生物疗法（诸如益生菌），可以对皮肤过敏的改善起到积极作用。一项报道显示，特应性皮炎是一种多因素引发的慢性疾病，受遗传、环境、免疫和营养来源影响。与感染相关的花生等食物过敏则借助金黄色葡萄球菌和疱疹感染的加剧，会加重特应性皮炎的发生与发展。应改善临床管理方法和护理策略，坚持推荐的饮食和使用策略，防止任何复发感染，确保患者的生活质量。

（2）面部痤疮

人体皮肤微生物群落在皮肤健康和疾病中起着重要的作用。痤疮是由皮肤共生菌痤疮丙酸杆菌导致的面部皮炎，是一种常见的青春期皮肤疾病，这与青春期青少年体内油脂分泌过剩，亲脂性微生物痤疮丙酸杆菌大量繁殖并逐渐占据优势有关。然而，目前在菌株水平上的对痤疮丙酸杆菌等种群结构和多样性的了解却较少。一项以 49 例痤疮患者和 52 例健康人群为研究对象，通过采集其鼻毛囊皮脂腺单位，在菌株水平和基因组水平上对痤疮丙酸杆菌进行了比较。借助宏基因组分析表明，尽管这两个群落的相对丰度相似，但菌株群体结构却存在显著差异，且某些菌株与痤疮高度相关，而其他菌株则在健康皮肤中富集。通过对 66 个痤疮菌株进行测序，并比较 71 个痤疮菌株的基因组，确定了各种痤疮菌株与痤疮或健康相关的潜在遗传决定因素，从而有助于更好地建立起皮肤菌群分布、多样性和疾病的相关性，成为未来治疗干预的潜在目标，强调了对人体微生物组进行应变水平分析以确定共生体在健康和疾病中的作用的重要性。关于疾病发病机制中皮肤微生物群对宿主代谢物信号的功能能力变化及分子响应的研究尚不多见，其中一种作用机制指明，宿主维生素 B_{12} 的摄入可以调节皮肤微生物群的活动，并在痤疮的发病过程中起到信号传递的作用，也为宿主与皮肤微生物群之间代谢介导的相互作用在疾病发展中发挥重要作用提供了证据。

（3）脂溢性皮炎

脂溢性皮炎是一种常见的炎症性皮肤病，常出现于头皮、脸中央部和前胸中。在青少年和成年人中，通常表现为头皮剥落（头皮屑）。脂溢性皮炎也可引起轻微到明显的鼻唇沟红斑，常伴有油腻状鳞屑，有时也表现为与免疫缺陷有关的罕见的婴儿全身型疾病。传统的医学治疗方法包括使用皮质类固醇、钙调神经磷酸酶抑制剂和其他治疗模式，但部分个体会出现局部药物过敏的情况。头皮微生物组中的马拉色菌感染与脂溢性皮炎的发病机制有关。一项针对 19 例皮炎患者进行的随机对照双盲研究得出，16 例患者除头皮外还存在其他炎症部位。经不同剂量药物干预，除 5 例患者外，其余患者的身体和头皮损伤及瘙痒症状均有显著好转，结论是马拉色菌感染是脂溢性皮炎的直接原因，而头皮屑是皮肤异常的表现症状。

（4）湿疹

特应性湿疹（AE）是世界范围内最常见的慢性皮肤病之一，可显著影响患者及其家人的生活。欧洲国家大规模的研究指出，特应性湿疹与患者生活质量、焦虑抑郁情绪等紧密相关。在过去 20 多年中，过敏性疾病发病率尤其在工业化国家中表现十分突出，必须探索新的治疗方法。许多关于母乳喂养在预防特异性疾病方面的影响的研究结果相互矛盾，一些研究在肯定母乳喂养应该被推荐给所有的婴儿的同时，也发现若父母至少一方存在特异性湿疹病史可能带来遗传风险，并指出母乳喂养是特异性湿疹的一个危险因素。一项随机双盲对照研究评估了益生菌在早期控制过敏性炎症的潜力，实验针对 27 个平均年龄为 4.6 个月的母乳喂养特应性湿疹婴儿，给予 2 个月双歧杆菌或乳酸菌菌株。与未补充组相比，补充益生菌配方组患儿的皮肤状况有显著改善，这一研究结果为特异性益生菌改变过敏性炎症提供了临床验证。这也进一步表明，益生菌可能抵消肠道环境之外的炎症反应。这些益生菌菌株的联合作用将指导婴儿在断奶期更好地应对过敏。因此，益生菌方法可能为寻找未来的食物过敏治疗和预防策略提供一个新的方向。

（5）体臭

皮肤微生物群落被认为对人类的健康至关重要，在体臭的形成中起着关键作用，例如腋窝中的葡萄球菌和棒状杆菌群的特征分布导致了体臭。一般认为，汗水和细菌的结合、过度活跃的汗腺及不良的卫生状况是体臭形成的主要原因。一组以 53 名健康受试者的腋窝微生物为代表的深入研究，通过结合变性梯度凝胶电泳和 16S rRNA 测序技术发现，葡萄球菌和棒状杆菌是腋窝中的两个重要菌群并且呈现性别差异性。女性腋窝多见葡萄球菌群而男性腋窝则更多聚集棒状杆菌群，菌群分析同时也证实了腋窝菌群的个体差异性，实验同时验证了除臭剂的使用对腋窝微生物群落的物种多样性有一定的线性影响。此外，鉴于体臭同指纹、虹膜一样是独特的，研究皮肤微生物菌群与气味之间的联系，拓展并形成气味扫描技术，可成为现有生物识别工具的独立技术或补充技术。该技术有很大的发展空间，值得深入研究。

（6）头皮屑

头皮屑是一种人类常见的头皮疾病，通常被认为是伴随着脂溢性皮炎而出现的轻微头皮异常生理状况，不仅会给人带来不舒服的感觉，还会给人造成不愉快的外在印象。系统性的研究指出，头皮屑的形成是一个常见但复杂的问题，与许多因素有关，如 pH 值、含水量或亲脂微生物马拉色菌导致的皮脂分泌等。头皮屑、头皮皮炎等生理状况、宿主个人因素（如性别、年龄和头皮区域）和头皮微生物之间都存在内在联系。研究发现，头皮屑、头皮皮炎与宿主的年龄相关，并且在同一头皮的不同区域存在差异。皮脂量和含水量与头皮屑的形成呈负相关，与头皮上的两种优势菌（丙酸杆菌和葡萄球菌）呈显著的负相关。优势真菌（马拉色菌）对健康头皮微环境的贡献则相反。细菌和真菌之间虽然没有显示出紧密的联系，但它们的内部成员却呈现紧密相关性。此外，与真菌相比，细菌与头皮屑的严重程度有更强的相关性。实验结果综合表明，头皮屑的严重程度与宿主和微生物之间的相互作用密切相关，调节头皮上细菌的平衡，特别是通过增强丙酸杆菌和抑制葡萄球菌在头皮区域的分布，可能是一个潜在减少头皮屑的解决方案。

（7）银屑病

人体是多种微生物富集所在地，皮肤和肠道微生物群落都影响着免疫组织的发育和功能。银屑病是一种慢性炎症性免疫介导的皮肤病，全世界约有 2％的人口受其影响，并且 20％的银屑病患者的特征性皮肤病变伴有银屑病关节炎，特征是隆起，鳞状，界限清楚，红斑性椭圆形斑块。研究发现，免疫耐受的破坏和炎性因子的过量产生在银屑病的发病机制中起重要作用，但确切的机制尚不清楚。皮肤微生物组的研究表明，与健康对照组相比，银屑病患者的链球菌相对丰度增加，丙酸杆菌水平下降，放线菌数量相对较少，也就是说皮肤微生物菌群多样性的减少似乎成为银屑病患者患关节炎风险升高的标志。相关报道也提出，可以通过抗生素治疗、应用益生菌或移植整个健康的微生物群来调节皮肤微生物群，实现银屑病的治疗。银屑病关节炎常与银屑病相伴相生，在这些炎症性免疫介导病的病因中，微生物菌群是一个越来越受关注的靶点，能够通过免疫调节影响肠道以外的其他部位，包括关节。关于银屑病关节炎与微生物菌群之间相互作用的进一步研究有助于寻找到银屑病关节炎的新疗法。

三、益生菌与皮肤菌群

遍布全身的微生物组成了人类的微生物群，相关研究表明，皮肤微生物群的变化可能是慢性病理的基础，而口服益生菌，如对宿主有益的细菌或酵母，则可以通过调节宿主与微生物的相互作用，在预防和治疗不可愈合的创伤方面发挥作用；临床应用和人体相关的研究强调了益生菌在预防或治疗各种感染性、免疫介导性和炎性疾病方面的潜力；分子测序和微生物学方面的进展也阐明了人类微生物群在发育、健康和疾病中的重要性。

益生菌作为一种有益菌可被用来改变微生物环境，目前面临的挑战包括需要更好地理解治疗机制和定植能力，以及在受控人群试验中的效果验证等。目前的证据表明，基于益生菌的疗法在开发宿主-微生物关系和改善临床结果方面具有相当大的潜力。例如，以调节皮肤微生态为基础策略，益生菌在特应性皮炎（湿疹）和皮肤过敏反应中可发挥预防和治疗作用；其他研究也提到了使用氨氧化细菌去治疗一些皮肤疾病；而另一些研究则是使用痤疮丙酸杆菌（P. acnes）中的有益菌株来治疗痤疮；也有研究者在外用产品中加入益生元，但目前只有很少的证据证明益生元对皮肤微生态起有效作用。

乳酸菌被美国食品和药物管理局（FDA）列为公认安全物质（GRAS），其作为代表性的益生菌，在各类皮肤疾病中显示防控优势。一项以乳杆菌分离的乙醇提取物（SEL001）对诱导的小鼠银屑病皮肤炎症的实验结果表明，该法可能是一种治疗银屑病的新方法，并可替代其他对皮肤产生许多副作用的药物；虽然痤疮丙酸杆菌参与痤疮的发生发展是公认的，且包括表皮葡萄球菌在内的其他细菌也已从痤疮病灶中分离出来，但益生菌和痤疮菌之间的相互作用尚不清楚。一项为研究探讨人源和鼠源罗伊乳杆菌对痤疮和表皮葡萄球菌增殖的影响的研究发现，采用人源罗伊乳杆菌（KCTC 3594 和 KCTC 3678）和鼠源罗伊乳杆菌（KCTC 3679），均对痤疮和表皮葡萄球菌的生长有明显的抑制作用。在检测的罗伊乳杆菌中，罗伊氏乳杆菌 KCTC 3679 对痤疮和表皮葡萄球菌的生长抑制作用最强，其次是罗伊乳杆菌 KCTC 3594 和罗伊乳杆菌 KCTC 3678。罗伊乳杆菌的抑菌活性最显著的特征是有机酸的产生。这些研究结果都表明，罗伊乳杆菌可能是一种有益的益生菌，可用来控制细菌的生长，预防痤疮及痤疮炎症，基于正常的人类皮肤其可以产生一系列的抗菌化学物质，在消除潜在的皮肤病原体方面起着重要的作用。植物乳杆菌是一种革兰阳性细菌，它能产生抗菌肽，临床研究把抗菌肽涂在皮肤上观察到了抗炎作用，并增强了皮肤的抗菌性能，确定了乳酸菌提取物可以有效减少皮肤红斑、修复皮肤、改善屏障和减少化学刺激物、减少皮肤微生物和消除痤疮病灶和痤疮红斑。研究显示5%的乳酸菌提取物可用于治疗轻度痤疮病变。近年来，肠道-脑-皮肤轴的某些科学研究进一步证实，肠道微生物和口腔优势菌群可影响全身炎症、氧化应激、血糖控制、组织脂质含量，甚至是情绪状态（如抑郁和焦虑），与皮肤尤其是痤疮的严重程度相关。肠道菌群和皮肤之间的这种复杂关系也可能受到饮食因素的影响，这是目前研究痤疮领域密切关注的方向。

此外，双歧杆菌也是调节皮肤菌群的重要菌株，具有较好的抗菌和抗炎效应。例如青春双歧杆菌 SPM0308 被报道可有效防治痤疮 KCTC3320、金黄色葡萄球菌，可降低常见痤疮的发生风险，且不产生不良反应，具有成为预防常见痤疮丙酸杆菌的益生菌的潜力。

参考文献

[1] 王书艳. 浅谈口腔疾病与全身性疾病的关系 [J]. 中国现代药物应用，2008, 2 (14): 100-101.

[2] Kakkad A, Bhasin N. Diabetes and Oral Diseases: A Review [J]. Indian Journal of Stomatology, 2015, 3 (6): 71.

[3] D Aiuto F, Gable D, Syed Z E A. Evidence summary: The relationship between oral diseases and diabetes [J]. British Dental Journal, 2017, 222 (12): 944-948.

[4] Juárez-López M L A, Solano-Silva M N, Fragoso-Ríos R, et al. Oral diseases in children with acute lymphoblastic

leukemia with chemotherapy treatment [J]. Critical Reviews in Oncology Hematology, 2018, 56 (2): 132-135.

[5] Liu Y, Hong-Kun W U, Zhou X D. Research Progress of Human Immunodeficiency Virus Infection/Acquired Immunodeficiency Syndrome-related Oral Diseases [J]. International Journal of Stomatology, 2007, 34 (02): 100-103.

[6] Hashim R, Akbar M. Gynecologists' knowledge and attitudes regarding oral health and periodontal disease leading to adverse pregnancy outcomes [J]. Current Oral Health Reports, 2014, S166-72.

[7] Nazmul Huda M, Winnike J H, Crowell J M, O'Connor A, Bennett B J. Microbial modulation of host body composition and plasma metabolic profile. Scientific Reports, 2020, 10 (1): 6545.

[8] Liu H, Yi J, Zhang H P, et al. Research and application of oral probiotics in the prevention and treatment of oral diseases [J]. Journal of Pharmaceutical Research, 2015, 34 (6): 357-360.

[9] Darwazeh A, FFDRCSI. Probiotics and Oral Disease An Update [J]. Smile Dental Journal, 2011, 1 (6): 6-8.

[10] Sabatini S, Lauritano D, Candotto V, et al. Oral probiotics in the management of gingivitis in diabetic patients: A double blinded randomized controlled study [J]. Journal of Biological Regulators & Homeostatic Agents, 2017, 31 (2): 197-202.

[11] Slawik S, Staufenbiel I, Schilke R, et al. Probiotics affect the clinical inflammatory parameters of experimental gingivitis in humans [J]. European Journal of Clinical Nutrition, 2011, 65 (7): 857-863.

[12] 肖一春. 人体口腔微生物组群与牙菌斑生物膜 [J]. 生物技术世界, 2010, 97 (12): 72.

[13] Wade G W. The oral microbiome in health and disease [J]. Pharmacological Research, 2013, 69 (1): 137-143.

[14] Pride D T, Salzman J, Haynes M, et al. Evidence of a robust resident bacteriophage population revealed through analysis of the human salivary virome [J]. ISME Journal, 2012, 6 (5): 915-926.

[15] Ge X, Rodriguez R, Trinh M, et al. Oral Microbiome of Deep and Shallow Dental Pockets In Chronic Periodontitis [J]. Plos One, 2013, 8 (6): e65520.

[16] Metwalli K H, Khan S A, Krom B P, et al. Streptococcus mutans, Candida albicans, and the Human Mouth: A Sticky Situation [J]. Plos Pathogens, 2013, 9 (10): e1003616.

[17] Lamont R J, Koo H, Hajishengallis G. The oral microbiota: dynamic communities and host interactions [J]. Nature Reviews Microbiology, 2018, 16 (12): 745-759.

[18] Bashan A, Gibson T E, Friedman J, et al. Universality of human microbial dynamics [J]. Nature, 2016, 534 (7606): 259-262.

[19] Angulo M T, Moog C H, Liu Y Y. A theoretical framework for controlling complex microbial communities [J]. Nature Communications, 2019, 10 (1): 1045.

[20] Dong L, Yin J, Zhao J, et al. Microbial Similarity and Preference for Specific Sites in Healthy Oral Cavity and Esophagus [J]. Frontiers in microbiology, 2018, 9: 1603.

[21] O'Toole P W, Jeffery I B. Microbiome-health interactions in older people [J]. Cellular and Molecular Life Sciences. 2018, 75 (1): 119-128.

[22] Gilbert J A, Blaser M J, Caporaso J G, et al. Current understanding of the human microbiome [J]. Nature Medicine, 2018, 24 (4): 392-400.

[23] Benn A, Heng N, Broadbent J M, et al. Studying the human oral microbiome: challenges and the evolution of solutions [J]. Australian Dental Journal, 2018, 63 (1): 14-24.

[24] Aas J A, Paster B J, Stokes L N, et al. Defining the normal bacterial flora of the oral cavity [J]. Journal of Clinical Microbiology, 2005, 43 (11): 5721-5732.

[25] Rosier B T, Marsh P D, Mira A. Resilience of the Oral Microbiota in Health: Mechanisms That Prevent Dysbiosis [J]. Journal of Dental Research, 2018, 97 (4): 371-380.

[26] Sampaio-Maia B, Caldas I M, Pereira M L, et al. The Oral Microbiome in Health and Its Implication in Oral and Systemic Diseases [J]. Advances in applied microbiology, 2016, 97: 171-210.

[27] Solbiati J, Frias-Lopez J. Metatranscriptome of the Oral Microbiome in Health and Disease [J]. Journal of Dental Research, 2018, 97 (5): 492-500.

[28] Marsh P D. In Sickness and in Health-What Does the Oral Microbiome Mean to Us? An Ecological Perspective [J]. Advances in applied microbiology, 2018, 29 (1): 60-65.

[29] Tong X, Leung M H Y, Wilkins D, Cheung H H L, Lee P K H. Neutral Processes Drive Seasonal Assembly of the Skin Mycobiome. mSystems, 2019, 4 (2): e00004-19.

[30] Zeeuwen P L, Kleerebezem M, Timmerman H M, Schalkwijk J. Microbiome and skin diseases. Current Opinion in Allergy and Clinical Immunology, 2013, 13 (5): 514-520.

[31] Chen M A, Zhang H. Skin Microbiome and Probiotic Therapeutic Approaches for Skin Diseases [J]. Food science, 2016, 9 (37): 269-273.

[32] Drago L, Iemoli E, Rodighiero V, et al. Effects of Lactobacillus salivarius LS01 (DSM 22775) treatment on adult atopic dermatitis: a randomized placebo-controlled study [J]. International Journal of Immunopathology & Pharmacology, 2011, 24 (4): 1037-1048.

[33] Arents B W M, Mensing U, Seitz I A, et al. Atopic eczema score of emotional consequences—a questionnaire to assess emotional consequences of atopic eczema [J]. Allergo Journal International, 2019, 28: 277-288.

[34] Eyerich S, Metz M, Bossios A, et al. New biological treatments for asthma and skin allergies [J]. Allergy, 2020, 75 (3): 546-560.

[35] Belkaid Y, Tamoutounour S. The influence of skin microorganisms on cutaneous immunity. Nature Reviews in Immunology, 2016, 16 (6): 353-366.

[36] Funda T, Mehmet Y, Evren S, et al. Staphylococcus aureus is the most common bacterial agent of the skin flora of patients with seborrheic dermatitis [J]. Dermatology Practical & Conceptual, 2018, 8 (2): 80-84.

[37] Andersson T, Ertürk Bergdahl G, Saleh K, et al. Common skin bacteria protect their host from oxidative stress through secreted antioxidant RoxP. Scientific Reports, 2019, 9 (1): 3596.

[38] 陈嘉惠, 尹嘉文, 杨文林. 特应性皮炎与人体微生物感染的研究进展 [J]. 中国皮肤性病学杂志, 2018, (7): 827-829.

[39] Grice E A, Dawson T L Jr. Host-microbe interactions: Malassezia and human skin. Current Opinion in Microbiology, 2017, 40: 81-87.

[40] Capone K A, Dowd S E, Stamatas G N, et al. Diversity of the Human Skin Microbiome Early in Life [J]. Journal of Investigative Dermatology, 2001, 131 (10): 2026-2032.

[41] Craft N, Li H. Response to the Commentaries on the Paper: Propionibacterium acnes Strain Populations in the Human Skin Microbiome Associated with Acne [J]. Journal of Investigative Dermatology, 2013, 133 (9): 2295-2297.

[42] Qiu L, Yang D, Tao X, et al. Enterobacter aerogenes ZDY01 Attenuates Choline-Induced Trimethylamine N-Oxide Levels by Remodeling Gut Microbiota in Mice [J]. Journal of Microbiology & Biotechnology, 2017, 27 (8): 1491-1499.

[43] Sanders M E. Probiotics: Considerations for Human Health [J]. Nutrition Reviews, 2008, 61 (3): 91-99.

[44] Shu M, Wang Y, Yu J, et al. Fermentation of Propionibacterium acnes, a Commensal Bacterium in the Human Skin Microbiome, as Skin Probiotics against Methicillin-Resistant Staphylococcus aureus [J]. Plos One, 2013, 8 (2): e55380.

[45] 吴佳慧, 纪瑞, 谭俊, 等. 益生菌对皮肤健康的影响及其作用机制研究 [J]. 工业微生物, 208, 48 (05): 17-22.

[46] 段云峰, 金锋. 肠道微生物与皮肤疾病——肠-脑-皮轴研究进展 [J]. 科学通报, 2017, 62 (5): 360-371.

[47] 马晨, 张和平. 皮肤微生物与益生菌在皮肤疾病诊疗中的应用 [J]. 食品科学, 2016, 37 (9): 293-297.

[48] 郭鹏, 魏文侠, 王海见, 等. 肠道内微生物菌群与病原菌相互关系和毒性调节的研究进展 [J]. 饲料研究, 2017, (19): 29-32.

[49] 孟庆娜, 陈伟. 益生菌皮肤应用 [J]. 医学美学美容旬刊, 2014, (23): 682.

[50] 张云智, 卢洪洲. 正常菌群对人体健康影响的研究进展 [J]. 中国感染控制杂志, 2005, 4 (2): 189-190.

［51］ 丛林，廖勇，杨蓉娅. 敏感性皮肤治疗进展［J］. 实用皮肤病学杂志，2017，(10)：140-144.

［52］ Chen Y E，Fischbach M A，Belkaid Y. Skin microbiota-host interactions［J］, Nature，2018，553：427-436.

［53］ Kemter A M，Nagler C R. Influences on allergic mechanisms through gut, lung, and skin microbiome exposures ［J］. Journal of Clinical Investigation，2019，130：1483-1492.

［54］ Gilbert J A，Blaser M J，Caporaso J G，et al. Current understanding of the human microbiome［J］. Nature Medicine，2018，24（4）：392-400.

［55］ Grice E A. et al. Topographical and temporal diversity of the human skin microbiome. Science，2009，324：1190-1192.

［56］ Oh J，et al. Biogeography and individuality shape function in the human skin metagenome. Nature，2014，514：59-64.

［57］ Oh J，Byrd A L，Park M，Kong H H，Segre J A. Temporal stability of the human skin microbiome. Cell，2016，165：854-866.

［58］ Kong H H，et al. Temporal shifts in the skin microbiome associated with disease flares and treatment in children with atopic dermatitis. Genome Research，2012，22：850-859.

［59］ Hurabielle C，Link V M，Bouladoux N，et al. Immunity to commensal skin fungi promotes psoriasiform skin inflammation. Proceedings of National Academy of Sciences USA，2020，117（28）：16465-16474.

［60］ Parlet C P，Brown M M，Horswill A R. Commensal Staphylococci Influence Staphylococcus aureus Skin Colonization and Disease. Trends in Microbiology，2019，27（6）：497-507.